파이썬 객체지향 프로그래밍 4/e

파이썬 객체지향 프로그래밍 4/e

다각도로 살펴보는 OOP 시스템

스티븐 로트 · 더스티 필립스 지음 김우현 옮김

i!i
에이콘

에이콘출판의 기틀을 마련하신 故 정완재 선생님 (1935-2004)

지은이 소개

스티븐 로트 Steven Lott

컴퓨터가 크고 비싸며 드물던 때부터 프로그래밍을 해왔다. 수십 년 동안 첨단 기술 분야에서 일하면서 그는 많은 아이디어와 기술을 접했다.

90년대부터 파이썬으로 다양한 도구와 애플리케이션을 개발해왔다. 『객체지향 파이썬 프로그래밍』(에이콘, 2017), 『모던 파이썬 쿡북』(에이콘, 2018), 『함수형 파이썬 프로그래밍』(에이콘, 2017)을 포함해 팩트출판사에서 많은 책을 썼다.

테크노마드이고, 보통 미국 동부 해안에 있는 보트에서 산다. 이야깃거리가 있기 전까지는 집에 오지 말라는 말을 따르려고 노력한다.

더스티 필립스 Dusty Phillips

캐나다에서 활동하는 소프트웨어 개발자다. 세계에서 가장 큰 정부, 세계에서 가장 큰 소셜 네트워크, 2인 창업 그리고 그 사이의 모든 곳에서 경력을 쌓았다. 이 책 외에도 『Creating Apps In Kivy』(O'Reilly, 2014)를 썼으며 현재 소설 집필에 몰두하고 있다.

시작한 것을 끝내게 도와준 스티븐 로트, 제가 쓴 글을 높이 평가해 주신 모든 독자분들, 그리고 무엇보다도 제 아내 젠 필립스(Jen Phillips)에게 감사드립니다.

| 감수자 소개 |

베르나트 가보르 Bernát Gábor

트란실바니아 출신으로 영국 런던의 블룸버그Bloomberg에서 수석 소프트웨어 엔지니어로 일하고 있다. 주로 파이썬 프로그래밍 언어와 패러다임을 주로 사용해 블룸버그에서 데이터 수집 파이프라인의 품질을 향상시키는 데 중점을 두고 있다. 10년 이상 파이썬과 함께 일해왔으며, 파이썬 도메인의 주요 오픈 소스 기여자이며, 패키징 분야에 관심을 두고 있다. 또한 virtualenv, build, tox 등과 같은 세간의 이목을 끄는 프로젝트의 저자이자 유지 관리자다. 자세한 내용은 https://bernat.tech/about 을 참조하라.

매일같이 소중한 지원을 해준 제 약혼자 리사에게 깊은 감사를 표합니다. 사랑해!

| 옮긴이 소개 |

김우현(woosa7@daum.net)

대학생 시절 선배와 함께 창업한 후 20년 넘게 소프트웨어 개발자로 살아오다가 인공지능 분야에서 새로운 길을 만들어가고 있다. 숙명여자대학교 나노/바이오 전산화학 연구센터에서 데이터 과학자로 근무했으며, 현재 프리랜서 AI 개발자로 일하고 있다. 옮긴 책으로는 『R 데이터 구조와 알고리즘』(에이콘, 2017), 『자바 데이터 사이언스 쿡북』(에이콘, 2018), 『피처 엔지니어링, 제대로 시작하기』(에이콘, 2018), 『The Python 3 Standard Library by Example』(에이콘, 2020) 등이 있다.

이 책은 파이썬에서 객체지향 디자인을 활용해 견고하고 유지보수가 쉬운 애플리케이션을 개발하는 데 중점을 두고 설명한다. 모든 장에 걸쳐 있는 사례 연구는 아이리스 꽃 분류를 위한 머신러닝 애플리케이션을 개발하는 실제 프로젝트를 다루고 있어서 전체적인 맥락에서 각 주제를 일관성 있게 이해할 수 있도록 구성돼 있는 것이 장점이다. 또한 UML 다이어그램을 통해 디자인 패턴과 코드를 통합적으로 다루고 있는 것도 장점이다.

파이썬 3.5부터 타입 힌트가 도입됐지만 실무에서는 잘 사용되지 않았다. 하지만 이 책을 통해 타입 힌트를 사용하면 타입 힌트가 지속적인 유지보수에 얼마나 큰 기여를 하는지 알게 될 것이다. 유사한 기능을 가진 객체들에 대해 상속이나 구성 관계를 사용하는 방법과 파이썬의 편리한 특징 중 하나인 덕 타이핑^{duck typing}의 유용함을 배울 수 있다.

객체지향을 사용해야 할 때가 언제인지, 그리고 사용하지 말아야 할 때가 언제인지를 다루는 부분은 이 책의 핵심 중 하나이다. 이 책의 가장 중요한 부분은 널리 사용되는 12가지 디자인 패턴과 이 패턴을 파이썬에서 구현하는 방법을 다루는 부분이라고 할 수 있다. 파이썬이 다른 언어에 비해 객체지향 디자인을 더 쉽고 우아하게 적용할 수 있다는 것을 알게 될 것이다.

객체지향 프로그래밍과 함수형 프로그래밍이 어떻게 다르고 어떤 부분에서 서로 만나는지 다루고 있는 부분은 매우 흥미롭다. 이 주제를 잘 이해하면 클래스의 복잡성으로 피할 수 있는 대안적인 디자인을 도입하는 데 도움이 될 것이다. 또 한 가지, 파이썬의 컴프리헨션^{comprehension}과 제너레이터^{generator} 함수는 코드를 단순화할 수 있는 훌륭한 방법이다. 파이썬의 내장 컬렉션이 얼마나 효율적인 도구인지 다시 한 번 이해하게 될 것이다.

마지막으로 unittest와 pytest를 사용해 파이썬 애플리케이션을 위한 자동화된 단위 테스트 스위트를 제공하는 방법을 보여준다. 이렇게 자동화된 테스트를 사용하면 개발 프로젝트에서 상당히 많은 부하를 줄일 수 있다. 독자들도 파이썬의 자동화된 테스트에 익숙해지기를 바란다.

이 책은 파이썬이 얼마나 훌륭하고 사용하기 편한 개발 언어인지 잘 보여주고 있다. 독자들은 이 책에서 배운 기술을 활용해 파이썬 개발 프로젝트에서 많은 성과를 얻을 수 있을 것이다.

| 차례 |

07장   파이썬 데이터 구조   317

13장   객체지향 프로그램 테스트   687

14장   동시성

파이썬 프로그래밍 언어는 매우 인기 있으며 다양한 애플리케이션에서 사용된다. 파이썬 언어는 작은 프로그램을 비교적 쉽게 만들 수 있도록 설계됐다. 보다 정교한 소프트웨어를 만들기 위해서는 여러 가지 중요한 프로그래밍 및 소프트웨어 디자인 기술이 필요하다.

이 책은 파이썬으로 프로그램을 만들기 위한 객체지향 접근법을 설명한다. 객체지향 프로그래밍의 용어를 소개하고 단계별 예제를 통해 소프트웨어 디자인 및 파이썬 프로그래밍을 학습한다. 개별 요소로부터 소프트웨어를 빌드하기 위해 상속과 구성 관계를 사용하는 법을 설명한다. 파이썬의 내장 예외 및 내장 데이터 구조는 물론 파이썬 표준 라이브러리의 요소들을 사용하는 방법을 보여준다. 다양한 디자인 패턴을 자세한 예제와 함께 설명한다.

그리고 소프트웨어가 동작하는지 확인하기 위해 자동화된 테스트를 작성하는 방법도 다룬다. 또한 파이썬에서 제공하는 다양한 동시성 라이브러리를 사용하는 법을 보여준다. 이를 통해 컴퓨터에서 멀티코어 및 멀티프로세서를 사용할 수 있는 소프트웨어를 작성할 수 있다. 사례 연구를 통해서는 약간 복잡한 문제에 대한 여러 가지 솔루션을 보여주는 간단한 머신러닝 예제를 다룬다.

⠿ 이 책의 대상 독자

파이썬의 객체지향 프로그래밍을 처음 접하는 독자를 대상으로 한다. 파이썬에 대한 기초 지식이 있다고 가정한다. 다른 객체지향 프로그래밍 언어에 대한 배경 지식이 있는 독자를 위해 파이썬의 접근 방식이 갖는 독특한 특징을 설명할 것이다.

데이터 과학 및 데이터 분석에서 파이썬을 많이 사용하기 때문에 관련 수학과 통계 개념도 다룬다. 이 분야의 지식은 개념을 보다 구체적으로 적용하는 데 도움이 될 수 있다.

⠿ 이 책의 구성

전체적으로 네 부분으로 구성돼 있다. 처음 여섯 개의 장은 객체지향 프로그래밍의 핵심 원리와 개념을 설명하며 파이썬에서 이 개념들이 어떻게 구현되는지를 설명한다. 다음 세 개의 장에서는 객체지향 프로그래밍의 렌즈를 통해 파이썬 내장 기능을 자세히 살펴본다. 10장, 11장, 12장에서는 여러 가지 디자인 패턴과 이것을 파이썬에서 처리하는 방법을 살펴본다. 마지막 부분에서는 테스트와 동시성을 다룬다.

1장, 객체지향 디자인 객체지향 디자인의 기초가 되는 핵심 개념을 소개한다. 상태와 동작, 속성과 메서드, 객체를 클래스로 그룹화하는 방법 등에 대한 아이디어로 로드맵을 제공한다. 캡슐화, 상속 및 구성 관계도 살펴본다. 사례 연구에서는 k-최근접 이웃$^{k\text{-}NN,}$ $^{k\text{-}Nearest\ Neighbors}$ 분류기를 구현하는 머신러닝 문제를 소개한다.

2장, 파이썬의 객체 파이썬에서 클래스 정의가 어떻게 동작하는지 보여준다. 여기에는 타입 힌트$^{type\ hints}$라고 불리는 타입 주석$^{type\ annotations}$, 클래스 정의, 모듈, 패키지 등이 포함된다. 클래스 정의 및 캡슐화에 대한 실무적인 고려사항을 알려준다. 사례 연구에서는 k-NN 분류기의 일부 클래스를 구현하기 시작할 것이다.

3장, 객체가 유사한 경우 클래스들이 서로 어떻게 연관돼 있는지 설명한다. 여기에는 상속과 다중 상속의 사용법이 포함된다. 클래스 계층 구조에서 클래스 간의 다형성 개념을 살펴볼 것이다. 사례 연구에서는 가장 가까운 이웃을 찾는 데 사용되는 거리 계산을 위한 몇 가지 디자인을 살펴볼 것이다.

4장, 예상치 못한 상황을 예상하기 파이썬의 예외와 예외 처리에 대해 자세히 살펴본다. 내장 예외의 계층 구조도 다룬다. 또한 고유한 문제 도메인이나 애플리케이션을 반영하기 위해 고유한 예외를 정의하는 방법도 살펴볼 것이다. 사례 연구에서는 데이터 유효성 검사에 예외를 적용한다.

5장, 객체지향 프로그래밍의 사용 시기　디자인 기법에 대해 더 깊이 있게 다룬다. 이 장에서는 파이썬에서 프로퍼티property를 사용해 속성attribute을 구현하는 방법을 살펴볼 것이다. 또한 객체들의 컬렉션을 다루기 위한 관리자 객체의 일반적인 개념을 살펴본다. 사례 연구에서는 이런 아이디어를 적용해 k-NN 분류기를 폭넓게 구현한다.

6장, 추상 기본 클래스와 연산자 오버로딩　추상화에 대한 개념과 파이썬이 추상 기본 클래스를 지원하는 방법에 대해 깊이 있게 다룬다. 여기에는 공식적인 Protocol 정의 메소드와 덕 타이핑duck typing을 비교하는 것이 포함된다. 또한 파이썬의 내장 연산자를 오버로드하는 기법도 포함된다. 메타클래스와 이를 사용해 클래스 구조를 수정하는 방법도 살펴볼 것이다. 사례 연구에서는 추상화를 조심스럽게 사용해 디자인을 단순화하는 방법을 보여주기 위해 기존 클래스 중 일부를 재정의할 것이다.

7장, 파이썬 데이터 구조　다양한 파이썬 내장 컬렉션을 살펴볼 것이다. 이 장에서는 튜플, 딕셔너리, 리스트, 집합 등을 다룬다. 또한 데이터클래스와 명명된 튜플이 클래스의 여러 공통 기능을 제공함으로써 어떻게 디자인을 단순화할 수 있는지 살펴본다. 사례 연구에서는 이런 새로운 기술을 사용하기 위해 이전의 일부 클래스 정의를 수정할 것이다.

8장, 객체지향과 함수형 프로그래밍의 교차점　클래스 정의가 아닌 파이썬 구조체construct를 살펴본다. 파이썬의 모든 것이 객체지향적이지만 함수 정의를 사용하면 클래스 정의의 복잡성을 피해 호출 가능한 객체를 생성할 수 있다. 또한 파이썬의 컨텍스트 관리자 구조체와 with 문을 살펴볼 것이다. 사례 연구에서는 클래스 복잡성을 피하는 대안적인 디자인을 살펴볼 것이다.

9장, 문자열, 직렬화, 파일 경로　객체를 문자열로 직렬화하는 방법과 문자열을 파싱해 객체를 생성하는 방법을 다룬다. 여기서는 Pickle, JSON, CSV 등을 포함한 여러 형식을 살펴볼 것이다. 사례 연구에서는 k-NN 분류기가 샘플 데이터를 로드하고 처리하는 방법을 다시 살펴본다.

10장, 이터레이터 패턴　반복 처리에 대한 파이썬의 보편적인 개념을 설명한다. 모든 내장 컬렉션은 반복 가능하며, 이 디자인 패턴은 파이썬 동작에서 핵심을 차지한다. 파이썬의 컴프리헨션comprehension과 제너레이터generator 함수도 살펴볼 것이다. 사례 연구에서는 제너레이터 표현식과 리스트 컴프리헨션을 사용해 학습 및 테스트 샘플을 분할하는 이전 디자인을 다시 살펴본다.

11장, 일반 디자인 패턴　몇 가지 일반적인 객체지향 디자인을 살펴본다. 여기에는 데코레이터[Decorator], 옵저버[Observer], 전략[Strategy], 커맨드[Command], 상태[State], 싱글톤[Singleton] 디자인 패턴이 포함된다.

12장, 고급 디자인 패턴　좀 더 발전된 객체지향 디자인을 살펴본다. 여기에는 어댑터[Adapter], 퍼사드[Façade], 플라이웨이트[Flyweight], 추상 팩토리[Abstract Factory], 컴포짓[Composite], 템플릿[Template] 패턴이 포함된다.

13장, 객체지향 프로그램 테스트　unittest와 pytest를 사용해 파이썬 애플리케이션을 위한 자동화된 단위 테스트 스위트를 제공하는 방법을 보여준다. 이를 통해 모의 객체를 사용해 테스트할 때 단위를 분리하는 것과 같은 고급 테스트 기법을 살펴볼 수 있다. 사례 연구에서는 3장에서 다뤘던 거리 계산에 대해서 테스트 케이스를 작성하는 것을 보여준다.

14장, 동시성　멀티코어 및 멀티프로세서 컴퓨터 시스템을 사용해 신속하게 계산을 수행하고 외부 이벤트에 응답하는 소프트웨어를 작성하는 방법을 살펴본다. 스레드와 멀티프로세싱 뿐만 아니라 파이썬의 asyncio 모듈도 살펴볼 것이다. 사례 연구에서는 k-NN 모델에서 하이퍼파라미터 튜닝을 수행하기 위해 이런 기술을 사용하는 방법을 보여줄 것이다.

⁝⁝• 이 책의 활용 방법

모든 예제는 파이썬 3.9.5 버전으로 테스트했다. 타입 힌트가 일치하는지 확인하기 위한 mypy는 0.812 버전을 사용했다.

일부 예제는 데이터를 얻기 위해 인터넷 연결이 필요하다. 이런 웹 사이트와의 상호작용에는 일반적으로 약간의 다운로드가 포함된다.

일부 예제에는 파이썬 표준 라이브러리가 아닌 다른 패키지가 포함돼 있다. 관련 장에서 해당 패키지에 대해 설명하고 설치 가이드를 제공할 것이다. 이 추가적인 패키지들은 모두 파이썬 패키지 인덱스^{Python Package Index}(https://pypi.org)에 있는 것이다.

예제 코드 다운로드

이 책의 소스 코드는 깃허브의 다음 저장소에서 다운로드 받을 수 있다.

https://github.com/PacktPublishing/Python-Object-Oriented-Programming---4th-edition.

에이콘출판사의 도서정보 페이지인 http://www.acornpub.co.kr/book/python-oop-4e에서도 동일한 예제 코드를 다운로드할 수 있다.

컬러 이미지 다운로드

이 책에 사용된 스크린샷/다이어그램의 컬러 이미지를 PDF 파일로 제공한다. 다음 링크에서 다운로드 받을 수 있다. https://static.packt-cdn.com/downloads/9781801077262_ColorImages.pdf 또한 에이콘출판사의 도서정보 페이지인 http://www.acornpub.co.kr/book/python-oop-4e에서도 다운로드할 수 있다.

편집 규약

이 책 전체에서 사용되는 몇 가지 텍스트 편집 규약은 다음과 같다.

텍스트 내 코드: 문장 안에서의 코드 단어, 데이터베이스 테이블명, 폴더명, 파일명, 파일 확장자, 경로, 더미 URL, 사용자 입력값 등은 다음과 같이 표시한다. 예: ">>> 프롬프트에서 antigravity 모듈을 임포트해 파이썬이 실행 중인 것을 확인할 수 있다."

코드 영역은 다음과 같이 표기한다.

```python
class Fizz:
  def member(self, v: int) -> bool:
    return v % 5 == 0
```

코드 영역의 특정 부분에 주의를 기울이고자 할 때 관련 라인이나 항목은 굵게 표시된다.

```python
class Fizz:
  def member(self, v: int) -> bool:
    return v % 5 == 0
```

모든 커맨드라인 입력 및 출력은 다음과 같이 작성된다.

```
python -m pip install tox
```

NOTE

주의사항 또는 중요한 정보를 나타내는 표시이다.

TIP

팁과 요령을 나타내는 표시이다.

⁝⁝⁝ 독자 의견

독자로부터의 피드백은 언제나 환영한다.

문의: feedback@packtpub.com으로 이메일을 보내면 되고, 메시지 제목에 책 제목을 적으면 된다. 이 책에 대한 질문은 questions@packtpub.com으로 이메일을 보내주기 바란다. 한국어판에 관한 질문이 있다면 에이콘출판사 편집 팀(editor@acornpub.co.kr)이나 옮긴이의 이메일로 문의하길 바란다.

오탈자: 책의 내용이 정확하도록 모든 노력을 기울였지만 실수가 있을 수도 있다. 만약 책에서 실수를 발견할 경우 알려주면 매우 감사할 것이다. www.packt.com/submit-errata를 방문해 해당 책을 선택하고 Errata Submission Form 링크를 클릭한 다음, 상세 내용을 입력하면 된다. 한국어판의 정오표는 에이콘출판사의 도서정보 페이지인 http://www.acornpub.co.kr/book/python-oop-4e에서 찾아볼 수 있다.

저작권 침해: 인터넷상에서 어떤 형태로든 불법 복제물을 발견하게 되면 웹사이트 주소나 이름을 출판사에 알려주길 부탁한다. 저작권 침해 자료에 대한 링크는 copyright@packtpub.com으로 보내주면 된다.

01

객체지향 디자인

소프트웨어 개발에서 디자인은 종종 프로그래밍 전에 수행되는 단계라고 여겨지지만 이것은 사실이 아니다. 실제로 분석, 프로그래밍, 디자인 단계들은 서로 겹치고 결합되고 엮이는 경향이 있다. 이 책에서는 디자인과 프로그래밍 이슈를 별도로 나누지 않고 함께 다룰 것이다. 파이썬 언어의 장점 중 하나는 디자인을 명확하게 표현할 수 있다는 것이다.

1장에서는 좋은 아이디어를 소프트웨어로 어떻게 구현할 수 있는지를 이야기한다. 코드 작성을 시작하기 전에 다이어그램과 같이 생각을 명확히 하는 데 도움이 되는 몇 가지 디자인 도구를 사용할 것이다. 1장은 다음과 같은 주제를 다룬다.

- 객체지향의 의미
- 객체지향 디자인과 객체지향 프로그래밍의 차이
- 객체지향 디자인의 기본 원리
- 표준화 모델링 언어^{UML, Unified Modeling Language} 기초

또한 이 책의 객체지향 디자인 사례 연구에서는 "4+1" 아키텍처 뷰 모델을 사용했다. 여기서는 다음과 같은 주제를 다룰 것이다.

- 유명한 아이리스 꽃 분류 문제와 고전적인 머신러닝 애플리케이션 개요
- 이 분류기에 대한 일반적인 프로세스 컨텍스트
- 문제 해결에 적합할 것으로 보이는 클래스 계층 구조의 두 가지 뷰를 작성

⫸ 객체지향 소개

객체가 무엇인지는 누구나 알고 있다. 사람이 감지하고 느끼고 조작할 수 있는 실체다. 사람이 가장 먼저 상호작용하는 객체는 일반적으로 아기의 장난감이다. 나무 블록이나 플라스틱 모형, 커다란 퍼즐 조각은 일반적으로 만나게 되는 첫 번째 객체다. 아기는 벨이 울리고, 버튼이 눌리고, 손잡이가 당겨지는 등 특정 객체가 특정 기능을 수행한다는 것을 빠르게 배운다.

소프트웨어 개발에서의 객체 정의도 그와 크게 다르지 않다. 소프트웨어의 객체는 사람이 잡거나 감지하고 느낄 수 있는 실체가 아니지만 특정 기능을 수행할 수 있고 그 객체에 특정 기능이 행해지는 어떤 것에 대한 모델이다. 공식적으로 객체는 데이터data 및 그와 관련된 동작들behaviors의 모음이다.

이제 객체가 무엇인지는 알았다. 그렇다면 객체지향의 의미는 무엇일까? 사전적으로 지향oriented은 나아가는 방향을 의미한다. 객체지향 프로그래밍은 객체를 모델링하는 방향으로 코드를 작성하는 것을 의미한다. 이것은 복잡한 시스템의 동작을 설명하기 위해 사용되는 많은 기법 중 하나이다. 시스템은 데이터와 동작을 통해 상호작용하는 객체들의 모음을 기술함으로써 정의된다.

아마도 객체지향 분석, 객체지향 디자인, 객체지향 분석 및 디자인, 객체지향 프로그래밍 등의 용어를 접해 봤을 것이다. 이 용어들은 모두 일반적인 객체지향 생태계에서 매우 관련성이 높은 개념들이다.

사실 분석, 디자인, 프로그래밍은 모두 소프트웨어 개발의 단계들이다. 이 단계들을 객체지향이라고 부르는 것은 단지 어떤 종류의 소프트웨어 개발을 추구할 것인지 정하는 것이다.

객체지향 분석OOA, Object-Oriented Analysis은 누군가가 소프트웨어 애플리케이션으로 전환되기를 원하는 문제, 시스템, 또는 과업을 살펴보고 객체 및 이 객체들 간의 상호작용을 식별해 내는 프로세스이다. 분석 단계는 수행돼야 할 모든 것들에 관한 것이다.

분석 단계의 결과물은 종종 요구사항requirements이라는 형식으로 시스템을 설명한 것이다. 분석을 한 단계 완료했다면 "식물학자로서 나는 사용자가 정확하게 식별할 수 있도록 돕기 위해 식물을 분류해주는 웹사이트가 필요하다"와 같이 과업을 요구되는 기능으로 전환했을 것이다. 다음은 웹사이트 방문자가 수행할 수 있는 작업에 대한 몇 가지 요구사항이다. 각 항목은 객체와 연결된 동작이다. 이탤릭체는 동작을, 볼드체는 객체를 나타낸다.

- 과거 업로드 내역 조회

- 알려진 예제를 새로 업로드

- 품질 테스트

- 제품 조회

- 추천 상품 보기

어떤 면에서 분석은 부적절한 용어다. 앞에서 언급했던 아기는 블록과 퍼즐 조각을 분석하지 않는다. 대신에 아기는 자신의 주변환경을 탐색하고, 모형을 조작하고, 그것이 잘 맞는지 확인한다. 따라서 객체지향 탐색이 더 나은 표현일 수 있다. 소프트웨어 개발에서 분석의 초기 단계에는 고객 인터뷰, 프로세스 연구, 가능성 제거 등이 포함된다.

객체지향 디자인OOD, Object-Oriented Design은 요구사항을 구현 명세로 변환하는 프로세스이다. 설계자는 객체의 이름을 정하고, 동작을 정의하고, 다른 객체의 특정 동작을 활성화할 수 있는 객체를 지정해야 한다. 디자인 단계는 수행돼야 할 작업이 수행되는 방법으로 변환되는 것에 관한 모든 것이다.

디자인 단계의 결과물은 구현 명세이다. 디자인을 한 단계 완료했다면 객체지향 분석에서 정의된 요구사항이 이상적으로는 모든 객체지향 프로그래밍 언어에서 구현할 수 있는 클래스와 인터페이스 집합으로 전환됐을 것이다.

객체지향 프로그래밍^{OOP, Object-Oriented Programming}은 디자인을 제품 소유자가 원래 요청했던 작업을 수행하는 프로그램으로 변환하는 프로세스이다.

세상이 이 이상과 맞닿아 모든 오래된 교과서가 말했던 것처럼 완벽한 순서로 이 단계들을 하나씩 진행할 수 있다면 정말 좋을 것이다. 하지만 현실은 훨씬 더 암울하다. 이 단계들을 아무리 분리하려고 애를 써도 디자인을 하는 동안 추가 분석이 필요해지는 것은 항상 있는 일이다. 프로그래밍을 하는 동안에도 디자인 단계에서 좀 더 명확성이 요구되는 기능을 발견하게 된다.

대부분의 21세기 개발은 이런 계단식 또는 폭포수 단계 모델이 제대로 작동하지 않는다는 것을 인식하고 있다. 더 나아 보이는 것은 반복적인 개발 모델이다. 반복적인 개발은 과업의 작은 부분을 모델링, 디자인, 개발한 다음에 각 기능을 개선하기 위해 결과물을 검토하고 확장하며, 새로운 기능을 추가하는 것이 포함되는 일련의 짧은 개발주기를 반복한다.

이 책의 나머지 부분은 객체지향 프로그래밍에 관한 것이지만 이 장에서는 디자인 맥락에서 기초적인 객체지향 원리를 다룰 것이다. 이는 소프트웨어 구문이나 파이썬 트레이스백과 씨름할 필요 없이 개념을 이해할 수 있게 해준다.

⠿ 객체와 클래스

객체는 데이터 및 그와 연관된 동작들의 모음이다. 그러면 객체의 타입은 어떻게 구분할 수 있을까? 사과와 오렌지는 모두 객체이지만 이건 그냥 말 뿐이므로 서로 비교할 수 없다. 사과와 오렌지가 컴퓨터 프로그래밍에서 자주 모델링 되지는 않지만 과수원을 위한 재고관리 애플리케이션을 만든다고 가정해보자. 예제를 위해 사과는 통에 넣고 오렌지는 바구니에 넣는다고 가정한다.

여기서 다룰 문제 도메인은 사과, 오렌지, 바구니, 통의 네 가지 객체를 가지고 있다. 객체지향 모델링에서 객체의 종류에 대해 사용되는 용어는 클래스class이다. 따라서 기술적인 측면에서 이제 네 가지 클래스의 객체를 갖고 있다.

객체와 클래스의 차이점을 이해하는 것이 중요하다. 클래스는 관련된 객체를 설명한다. 클래스는 객체를 만들기 위한 청사진과 같다. 테이블에 오렌지 세 개가 놓여 있다. 각 오렌지는 별개의 객체이지만 세 개의 오렌지는 모두 하나의 오렌지 클래스, 그리고 그와 연관된 속성attribute 및 동작behavior을 갖는다.

재고 시스템에 있는 객체들의 네 가지 클래스 간의 관계는 UML의 클래스 다이어그램을 사용해 설명할 수 있다. 다음은 첫 번째 클래스 다이어그램이다.

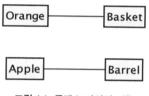

그림 1.1 클래스 다이어그램

이 다이어그램은 일반적으로 오렌지라고 부르는 오렌지Orange 클래스의 인스턴스가 바구니Basket와 연관이 있고, 사과Apple 클래스의 인스턴스인 사과는 통Barrel과 연관이 있음을 보여준다. 연관 관계association는 두 클래스 간의 관계 중 가장 기본적인 방식이다.

UML 다이어그램의 문법은 일반적으로 매우 분명하다. 다이어그램을 보면 무슨 일이 일어나고 있는지 대부분 이해할 수 있기 때문에 튜토리얼을 읽을 필요도 없다. UML은 그리기도 매우 쉽고 직관적이다. 무엇보다도 많은 사람들이 클래스 간의 관계를 설명할 때 자연스럽게 상자들과 그 사이에 선을 그린다. 이런 직관적인 다이어그램을 기반으로 하는 표준이 있으면 개발자가 설계자나 관리자 등과 쉽게 의사소통을 할 수 있다.

UML 다이어그램은 일반적으로 클래스 정의를 설명하지만 여기서는 객체의 속성을 설명하고 있다. 다이어그램은 Apple 클래스와 Barrel 클래스를 보여주며 주어진 사과가 특정 통 안에 있음을 알려준다. UML을 사용해 개별 객체를 묘사할 수도 있지만 거의 필요하지 않다. 이렇게 클래스들을 보는 것만으로 각 클래스의 멤버인 객체에 대해 충분히 알 수 있다.

일부 개발자들은 UML이 시간 낭비라고 생각한다. 그들은 반복적인 개발을 인용하면서 화려한 UML 다이어그램으로 작성된 공식 명세는 구현되기도 전에 불필요해질 것이라고 말한다. 또한 이런 공식적인 다이어그램을 유지하고 관리하는 것은 시간 낭비이며, 누구에게도 도움이 되지 않는다고 주장한다.

한 명 이상으로 구성된 모든 개발팀은 때때로 모여 앉아서 현재 개발중인 요소를 상세하게 논의해야 한다. UML은 빠르고 쉽고 일관된 의사소통을 하기에 매우 유용하다. 공식적인 클래스 다이어그램을 우습게 여기는 조직에서도 디자인 회의나 팀 회의에서 비공식 버전의 UML을 사용하기도 한다.

더 나아가 개발자가 소통해야 할 가장 중요한 사람은 미래의 자신이다. 사람들은 자신이 내린 디자인 의사결정을 다 기억할 수 있다고 생각하지만 항상 "내가 왜 그랬지?" 하는 순간이 미래에 숨어있기 마련이다. 디자인을 시작할 때 초기 다이어그램을 작성했던 종이를 보관하면 결국 나중에 유용한 참고자료가 될 것이다.

그러나 이 장은 UML에 대한 튜토리얼이 아니다. 이 주제에 대해서는 인터넷에서 구할 수 있는 것도 많고 책도 많이 있다. UML은 클래스와 객체 다이어그램보다 훨씬 더 많은 것을 다룬다. 유스 케이스^{use case}, 배포^{deployment}, 상태 변경^{state change}, 활동^{activity} 등에 대한 UML 구문도 있다. 여기서는 객체지향 디자인에 대해 논의하면서 몇 가지 공통 클래스 다이어그램을 다룰 것이다. 하지만 독자는 예를 들어 구조 다이어그램을 선택할 수도 있고, 팀이나 개인적인 디자인 세션에서 무의식적으로 UML에서 영감을 받은 구문을 사용할 수도 있다.

첫 번째 다이어그램은 정확하긴 하지만 사과가 통에 들어간다거나 한 개의 사과가 들어갈 수 있는 통이 몇 개가 있는지 알려주지 않는다. 사과가 어떻게든 통과 연관이 있다는 것만 알려준다. 종종 클래스들은 분명 연관돼 있고 추가 설명이 필요하지 않지만 필요에 따라 명확성을 위해 추가할 수 있는 옵션이 있다.

UML의 장점은 대부분이 옵션이라는 것이다. 현재 상황에 맞는 정보만 다이어그램에 지정하면 된다. 간단한 화이트보드 회의에서는 상자 사이에 단순히 선만 그릴 수 있다. 공식 문서에는 더 자세한 설명을 넣을 수 있다.

사과와 통의 경우 많은 사과를 하나의 통에 넣는다는 연관은 상당히 확실하지만, 누구도 하나의 사과가 하나의 통을 더 이상 못 쓰게 만들 수 있다고 혼동하지 않도록 하기 위해 다음과 같이 다이어그램을 개선할 수 있다.

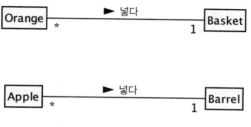

그림 1.2 더 자세한 클래스 다이어그램

작은 화살표로 무엇이 무엇 안에 들어가는지 보여줌으로써 이 다이어그램은 오렌지가 바구니에 들어간다는 것을 보여준다. 또한 관계의 양쪽에서 연관에 사용할 수 있는 해당 객체의 수를 알려준다. 하나의 바구니에는 *로 표시되는 많은 오렌지 객체를 담을 수 있다. 하나의 오렌지는 정확히 하나의 바구니에 들어갈 수 있다. 이 숫자는 객체의 다중도multiplicity를 말해 준다. 이것을 카디널리티cardinality로 설명하는 것을 들었을 수도 있다. 카디널리티는 특정 수나 범위이며, 여기에서 사용하는 다중도는 "하나 이상의 인스턴스"로 생각하는 것이 도움이 될 수 있다.

때때로 관계 선의 어느 쪽 끝에 어떤 다중도 수가 있어야 하는지를 잊어버릴 수 있다. 한 클래스와 가까운 쪽의 다중도 수는 연관의 다른 쪽 끝에 있는 객체와 연관될 수 있는 해당 클래스의 객체 수이다. 사과가 통에 들어가는 연관의 경우 왼쪽에서 오른쪽으로 읽어서 사과 클래스의 많은 인스턴스 즉, 많은 사과 객체들은 하나의 통에 들어갈 수 있다. 오른쪽에서 왼쪽으로 읽으면 하나의 통은 모든 한 개의 사과와 연관될 수 있다.

지금까지 클래스의 기초와 객체 간의 관계를 지정하는 방법을 살펴봤다. 이제 객체의 상태를 정의하는 속성과, 상태 변경 또는 다른 객체와의 상호작용을 포함하는 객체의 동작을 살펴보자.

⫸ 속성과 동작 지정

이제 몇 가지 기본적인 객체지향 용어를 파악했다. 객체는 서로 연관될 수 있는 클래스의 인스턴스이다. 클래스 인스턴스는 고유한 데이터와 동작을 갖는 특정 객체이다. 탁자에 있는 특정 오렌지는 오렌지의 일반 클래스에 대한 한 개의 인스턴스라고 말할 수 있다.

예를 들어 오렌지는 익었거나 익지 않은 상태이다. 특정 속성의 값을 통해 객체의 상태를 구현한다. 또한 오렌지는 동작을 갖는다. 하지만 오렌지 자체는 일반적으로 수동적이다. 따라서 상태 변경을 내포하고 있다. 상태와 동작이라는 두 단어의 의미에 대해 알아보자.

객체 상태를 설명하는 데이터

데이터부터 시작하자. 데이터는 특정 객체의 개별 특성, 즉 현재 상태를 나타낸다. 클래스는 해당 클래스의 멤버인 모든 객체의 일부로서 일련의 특성 집합을 정의할 수 있다. 각 객체는 주어진 특성에 대해 다른 데이터 값을 가질 수 있다. 예를 들어 탁자에 있는 세 개의 오렌지는 각각 무게가 다를 수 있다. 오렌지 클래스는 해당 데이터를 나타내는 무게 속성을 갖는다. 오렌지 클래스의 모든 인스턴스에는 무게 속성이 있지만 각 오렌지는 이 속성에 대해 다른 값을 갖는다. 속성이 고유한 값을 가질 필요는 없으며 두 오렌지의 무게가 같을 수도 있다.

속성은 종종 멤버member 또는 프로퍼티property라고도 불린다. 일부 저자는 일반적으로 프로퍼티는 읽기 전용이지만 속성은 값을 설정할 수 있으므로 이 두 용어는 서로 의미가 다르다고 말한다. 파이썬 프로퍼티는 읽기 전용으로 정의될 수 있지만 그 값은 궁극적으로 쓰기 가능한 속성값을 기반으로 하기 때문에 읽기 전용이라는 개념은 의미가 없다. 따라서 이 책에서는 두 용어를 서로 호환해서 사용한다. 추가적으로 5장, '객체지향 프로그래밍의 사용 시기'에서 논의할 property 키워드는 특정 종류의 속성에 대해 파이썬에서 특별한 의미를 갖는다.

파이썬에서는 속성을 인스턴스 변수라고 부르기도 한다. 이것은 속성이 작동하는 방식을 명확히 이해하는 데 도움이 될 수 있다. 인스턴스 변수는 클래스의 각 인스턴스에 대해 고유한 값을 갖는 변수이다. 파이썬에는 또 다른 종류의 속성도 있지만 시작하는 이 시점에서는 가장 일반적인 종류만 다룰 것이다.

과일 재고 관리 애플리케이션에서 농부는 오렌지가 어느 과수원orchard에서 왔는지, 언제 수확했는지date_picked, 무게weight가 얼마인지 알고 싶을 수 있다. 또한 각 바구니가 있는 위치location를 추적하고 싶을 수도 있다. 사과는 색상color 속성을 가질 수도 있으며, 통은 다른 크기size로 제공될 수도 있다.

사과도 마찬가지로 언제 수확됐는지 알고 싶은 경우처럼 이런 프로퍼티 중 일부는 여러 클래스에 속할 수도 있지만 이 첫 번째 예제에서는 클래스 다이어그램에 몇 가지 서로 다른 속성을 추가했다.

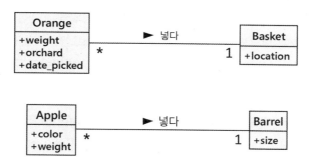

그림 1.3 속성이 있는 클래스 다이어그램

디자인이 얼마나 상세해야 하는지에 따라 각 속성값의 타입을 지정할 수도 있다. UML에서 속성 타입은 정수, 부동소수점 수, 문자열, 바이트, 불리언Boolean과 같이 많은 프로그래밍 언어에서 공통인 일반적인 이름이다. 리스트, 트리, 그래프 등의 일반적인 컬렉션을 나타낼 수도 있다. 또는 애플리케이션의 다른 클래스를 속성 타입으로 사용할 수도 있다. 이 부분이 디자인 단계와 프로그래밍 단계가 겹칠 수 있는 영역 중 하나이다. 한 프로그래밍 언어에서 사용 가능한 원시 자료형이나 내장 컬렉션은 다른 언어에서 사용 가능한 것과 다를 수 있다.

다음은 파이썬 종속적인 타입 힌트가 있는 버전이다.

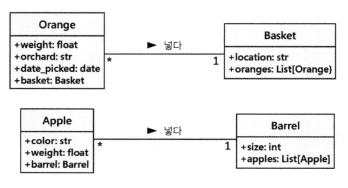

그림 1.4 속성 및 타입이 있는 클래스 다이어그램

일반적으로 구현 명세서는 프로그래밍 단계에서 선택되므로 디자인 단계에서 데이터 타입에 지나치게 신경을 쓸 필요는 없다. 디자인 단계에서는 일반적 이름으로 충분하다. 이것이 datetime.datetime과 같은 파이썬 타입에 대한 플레이스홀더placeholder로서 date를 사용한 이유이다. 디자인에서 리스트 컨테이너 타입을 호출하는 경우 자바 개발자는 이를 구현할 때 링크드리스트LinkedList나 어레이리스트ArrayList 사용을 선택할 수 있으며, 반면에 파이썬 개발자는 List[Apple]을 타입 힌트로 지정하고 구현시에는 list 타입을 사용한다.

지금까지의 과수원 예제에서 속성은 모두 기본 원시 자료형이었다. 그러나 연관을 사용해 일부 암시적 속성을 명시적으로 만들 수 있다. 오렌지의 경우 해당 오렌지가 들어있는 바구니를 참조하는 속성으로서 Basket 타입 힌트로 지정된 basket 속성을 갖는다.

동작은 행위이다

이제 데이터가 어떻게 객체의 상태를 정의하는지 알았다. 마지막으로 확인이 필요한 용어는 동작이다. 동작은 객체에서 발생할 수 있는 행위action이다. 객체의 특정 클래스에서 수행될 수 있는 동작은 클래스의 메서드method로 표현된다. 프로그래밍 수준에서 메서드는 구조적 프로그래밍에서의 함수와 유사하지만 메서드는 속성, 특히 이 객체와 연관된 데이터를 갖는 인스턴스 변수에 액세스할 수 있다. 함수와 마찬가지로 메서드도 매개변수parameter를 받아들이고 값을 반환할 수 있다.

메서드의 매개변수는 해당 메서드로 전달돼야 하는 객체의 모음으로써 제공된다. 특정 호출 중에 메서드에 전달되는 실제 객체 인스턴스를 일반적으로 인수[argument]라고 한다. 이 객체들은 메서드 본문의 매개변수에 바인딩된다. 이것들은 메서드에서 동작이나 작업을 수행하는 데 사용된다. 반환된 값은 해당 작업의 결과이다. 내부 상태 변경은 메서드 실행의 또 다른 효과이다.

좀 억지스럽긴 하지만 사과와 오렌지 예제를 기본적인 재고관리 애플리케이션으로 확장해보자. 조금 더 확장해서 견고한지 살펴보자. 오렌지와 연관될 수 있는 한 가지 행위는 오렌지를 따는[pick] 것이다. 구현을 생각한다면 pick은 두 가지를 수행해야 한다.

- 오렌지의 Basket 속성을 업데이트해 바구니에 오렌지를 넣는다.
- 해당 바구니의 오렌지 리스트에 이 오렌지를 추가한다.

따라서 pick은 어떤 바구니를 처리하는지 알아야 한다. pick 메서드에 Basket 매개변수를 제공해 이를 수행한다. 농부는 주스도 판매하기 때문에 Orange 클래스에 짜기[squeeze] 메서드를 추가할 수 있다. squeeze 메서드가 호출되면 얻어진 주스의 양을 반환하고 바구니에서 해당 오렌지를 제거한다.

Basket 클래스는 판매[sell] 행위를 할 수 있다. 바구니가 판매되면 재고관리 시스템은 회계 및 수익 계산을 하고자 아직 지정되지 않은 객체에 데이터를 업데이트할 수 있다. 또한 그와는 반대로 바구니의 오렌지가 팔기 전에 상할 수도 있기 때문에 폐기[discard] 메서드를 추가해야 한다. 이 메서드들을 다이어그램에 추가해보자.

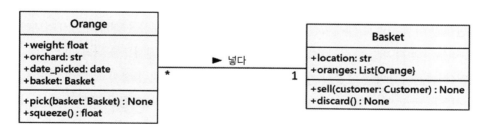

그림 1.5 속성과 메서드가 있는 클래스 다이어그램

개별 객체에 속성과 메서드를 추가하면 객체들이 상호작용하는 시스템을 만들 수 있다. 시스템 내의 각 객체는 특정 클래스의 멤버이다. 클래스는 객체가 가질 수 있는 데이터의 타입과 호출할 수 있는 메서드를 지정한다. 각 객체의 데이터는 동일한 클래스의 다른 인스턴스들과 다른 상태에 있을 수 있다. 각 객체는 상태의 차이로 인해 메서드 호출에 다르게 반응할 수 있다.

객체지향 분석 및 디자인은 어떤 객체들이 있고 어떻게 상호작용해야 하는지 파악하는 것이다. 각 클래스는 책임과 함께 협력성을 갖는다. 다음 절에서 가능한 한 간단하고 직관적으로 이런 상호작용을 만드는 데 사용할 수 있는 원리를 설명할 것이다.

바구니 판매는 Basket 클래스의 무조건적인 기능이 아니라는 것에 주의하라. 표시되지 않은 다른 클래스가 바구니들과 그것의 위치에 관심을 가질 수 있다. 종종 디자인에는 한계가 있다. 또한 다양한 클래스에 할당된 책임에 대해서 의문이 들 수 있다. 책임 할당 문제는 항상 깔끔한 기술적 솔루션이 있는 것이 아니기 때문에 대안적인 디자인을 검토하기 위해 UML 다이어그램을 여러 번 그려봐야 한다.

⁝⁝▶ 정보 은닉과 공용 인터페이스 생성

객체지향 디자인에서 객체를 모델링하는 주요 목적은 해당 객체의 공용 인터페이스^{public interface}가 무엇인지 결정하는 것이다. 인터페이스는 다른 객체가 해당 객체와 상호작용하기 위해 액세스할 수 있는 속성 및 메서드의 모음이다. 객체의 내부 작업에 다른 객체는 접근할 필요가 없으며, 일부 언어에서는 이것이 허용되지 않는다.

일반적인 실제 사례로 텔레비전을 들 수 있다. 텔레비전에 대한 인터페이스는 리모컨이다. 리모컨의 각 버튼은 텔레비전 객체에서 호출할 수 있는 메서드를 나타낸다. 이런 메서드에 접근해 객체를 호출할 때 텔레비전이 케이블 연결, 위성 접시, 인터넷 장치 등에서 신호를 받고 있는지는 알 필요도 없고 신경 쓰지도 않는다. 볼륨을 조절할 때는 어떤 전자신호가 전송되는지, 또는 소리가 스피커나 헤드폰으로 전송되는지 여부는 신경 쓰지 않는다. 만약 출력 신호를 외부 스피커와 헤드셋으로 분할하려고 내부 작업에 접근해 텔레비전을 열면 품질 보증이 무효화된다.

객체의 구현을 숨기는 이 프로세스를 정보 은닉^{information hiding}이라고 한다. 종종 캡슐화^{encapsulation}라고도 하지만 캡슐화는 더 포괄적인 용어다. 캡슐화된 데이터가 꼭 숨겨져야 하는 것은 아니다. 타임 캡슐을 만드는 것처럼 캡슐화는 말 그대로 속성 위에 캡슐 또는 래퍼^{wrapper}를 만드는 것이다. TV의 외부 케이스는 TV의 상태와 동작을 캡슐화한다. 외부 화면, 스피커, 리모컨 등은 접근할 수 있다. 하지만 TV 케이스 안에 있는 증폭기나 수신기의 배선에는 직접 접근할 수 없다.

컴포넌트 시스템을 구입한다면 캡슐화 수준을 변경해 구성 요소 간의 인터페이스를 더 많이 노출시킬 수 있다. 만약 IoT^{Internet of Things}(사물 인터넷) 제작자라면 이것을 더 분해해 케이스를 열어 제조업체가 시도한 정보 은닉을 깨뜨릴 수도 있다.

캡슐화와 정보 은닉을 구별하는 것은 크게 의미가 없으며 디자인 단계에서는 특히 그렇다. 실무적으로는 이 용어를 같은 의미로 사용한다. 파이썬 개발자는 비공개 접근불가 변수를 사용해 정보 은닉을 할 필요가 없으며, 따라서 캡슐화에 대한 보다 포괄적인 정의를 따른다. 그 이유에 대해서는 2장, '파이썬의 객체'에서 논의할 것이다.

하지만 공용 인터페이스는 매우 중요하다. 다른 클래스가 공용 인터페이스에 의존하는 경우 나중에 변경하기 어렵기 때문에 신중하게 디자인해야 한다. 인터페이스를 변경하면 거기에 의존하는 모든 클라이언트 객체가 손상될 수 있다. 예를 들어 더 효율적으로 만들기 위해, 또는 로컬과 네트워크로 데이터에 액세스하려고 내부를 원하는 대로 변경하더라도 공용 인터페이스가 수정되지 않는 한 클라이언트 객체는 이를 통해 여전히 해당 객체와 통신할 수 있다. 반면에 공개적으로 액세스되는 속성 이름을 변경하거나 메서드가 받아들이는 인수의 순서나 타입을 변경해 인터페이스를 수정하면 모든 클라이언트 클래스도 함께 수정돼야 한다. 공용 인터페이스를 디자인할 때는 단순함을 유지해야 한다. 항상 코드가 얼마나 어려운지가 아니라 얼마나 사용하기 쉬운지에 기반을 두고 객체의 인터페이스를 디자인해야 한다. 이 조언은 사용자 인터페이스^{User Interface}에도 적용된다. 이러한 이유로 공용 인터페이스가 아니라는 경고로서 이름 앞에 _가 붙어있는 파이썬 변수를 종종 보게 될 것이다.

프로그램 객체는 실제 객체를 나타낼 수 있지만 실제 객체가 되는 것은 아님을 기억하라. 프로그램 객체는 모델이다. 모델링의 가장 큰 장점 중 하나는 관련 없는 세부사항을 무시할 수 있다는 것이다. 저자 중 한 명이 어렸을 때 만든 모형 자동차는 겉으로는 진짜 1956년형 썬더버드처럼 보였지만 달리지 못했다. 운전하기에 너무 어린 아이에게 이런 세부사항은 지나치게 복잡하고 관련도 없다. 모델은 실제 개념을 추상화한 것이다.

추상화abstraction는 캡슐화 및 정보 은닉과 관련된 또 다른 객체지향 용어이다. 추상화는 주어진 작업에 가장 적합한 세부사항 수준을 정하는 것을 의미한다. 추상화는 내부의 세부사항으로부터 공용 인터페이스를 추출하는 프로세스이다. 자동차 운전자Driver는 운전대, 액셀, 브레이크와 상호작용해야 한다. 모터, 드라이브 트레인, 브레이크 하위 시스템 등의 작동은 운전자에게 중요하지 않다. 반면에 정비사Mechanic는 엔진 튜닝, 브레이크 블리딩 등과 같은 다른 수준의 추상화가 필요하다. 다음은 자동차에 대한 두 가지 추상화 수준의 예이다.

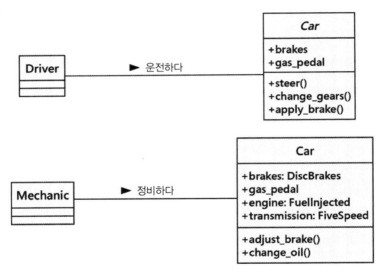

그림 1.6 자동차에 대한 추상화 수준

이제 유사한 개념을 나타내는 몇 가지 새로운 용어를 알게 됐다. 이 용어를 문장으로 요약하면 다음과 같다. 추상화는 별도의 공용 인터페이스로 정보를 캡슐화하는 프로세스이다. 비공개private 요소는 정보 은닉의 대상이 될 수 있다. UML 다이어그램에서 + 표시 대신에 − 표시를 사용해 공용 인터페이스의 일부가 아님을 나타낼 수 있다.

이런 모든 정의에서 얻을 수 있는 중요한 교훈은 모델은 그것과 상호작용해야 하는 다른 객체가 모델을 이해할 수 있도록 만들어야 한다는 것이다. 즉 작은 세부사항에 주의를 기울여야 한다.

메서드와 프로퍼티가 의미 있는 이름을 갖고 있는지 확인하라. 시스템을 분석할 때 객체는 일반적으로 원래 문제를 나타내는 명사로 표기하는 반면 메서드는 일반적으로 동사로 표현한다. 속성은 형용사나 여러 개의 명사로 표시될 수 있다. 이 규칙에 따라 클래스, 속성, 메서드 이름을 정해야 한다.

인터페이스를 디자인할 때 스스로 자신이 객체라고 상상해보라. 당신은 당신의 책임에 대한 명확한 정의를 원하고 그러한 책임을 이행하기 위한 프라이버시를 매우 강하게 원한다. 당신의 데이터에 다른 객체가 액세스하는 것이 아주 유익하다고 생각되지 않는 한 그것을 허용하지 말라. 특정 작업을 수행하는 것이 확실히 당신의 책임이 아니라면, 그 작업을 수행하도록 강제할 수 있는 인터페이스를 다른 객체에게 제공하지 말라.

⠶ 구성 관계

지금까지 상호작용하는 객체들의 그룹으로 시스템을 디자인하는 방법을 배웠다. 각 상호작용에는 적절한 추상화 수준에서 객체를 보는 것이 포함된다. 그러나 아직 이런 수준의 추상화를 만드는 방법은 배우지 않았다. 이를 수행하기 위한 방법은 다양하다. 10, 11, 12장에서 고급 디자인 패턴에 대해 논의할 것이다. 하지만 대부분의 디자인 패턴은 구성composition과 상속inheritance으로 알려진 두 가지 기본 객체지향 원리에 의존한다[1]. 그중 구성 관계가 더 간단하므로 먼저 시작해보자.

구성은 여러 객체를 묶어서 새 객체를 만드는 것이다. 일반적으로 구성은 한 객체가 다른 객체의 일부분일 때 좋은 선택이다. 앞에서 자동차에 대해 이야기할 때 구성에 대한 첫 번째 힌트를 살펴봤다. 화석 연료 자동차는 엔진, 변속기, 시동기, 헤드라이트, 앞유

---

1   디자인 패턴에서 객체 간의 사용 관계에는 연관(Association), 구성(Composition), 집합(Aggregation), 의존(Dependency, 또는 상속) 관계가 있다 - 옮긴이

리 등의 여러 부품으로 구성돼 있다. 엔진은 피스톤, 크랭크 샤프트, 밸브 등으로 구성된다. 이 예에서 구성은 추상화 수준을 제공하는 좋은 방법이다. Car 객체는 운전자에게 필요한 인터페이스를 제공할 뿐만 아니라 차량의 구성 요소에 대한 접근을 허용해 정비사에게 적합한 더 깊은 수준의 추상화도 제공할 수 있다. 물론 정비사가 문제 진단이나 엔진 조정을 위해 더 많은 정보가 필요하다면 관련 구성 요소를 더 세부적으로 분해할 수 있다.

자동차는 구성 관계를 배우기 위한 쉬운 예이지만 컴퓨터 시스템을 디자인할 때는 별로 유용하지 않다. 물리적인 객체는 구성 요소 객체들로 분리하기 쉽다. 입자가속기를 몰랐던 고대 그리스인들이 원자가 물질의 가장 작은 단위라고 가정한 이후로 사람들은 이런 객체의 분리를 계속 해 왔다. 컴퓨터 시스템은 많은 독특한 개념을 포함한다. 그래서 실세계의 밸브나 피스톤을 식별하는 것처럼 구성 요소 객체를 식별하는 것이 자연스럽게 일어나지 않는다.

객체지향 시스템에서 객체는 종종 사람, 책, 전화기와 같은 물리적 객체를 나타낸다. 하지만 더 많은 경우에 객체는 추상적인 아이디어를 나타낸다. 사람은 이름이 있고, 책에는 제목이 있고, 전화기는 전화를 거는 데 사용된다. 전화 걸기, 제목, 계정, 이름, 약속, 지불 등은 일반적으로 물리적인 세계에서는 객체로 인식되지 않지만 컴퓨터 시스템에서는 모두 자주 모델링되는 구성 요소이다.

컴퓨터와 관련된 예제를 좀 더 모델링해 구성 관계를 실제로 알아보자. 컴퓨터화 된 체스 게임을 디자인한다고 가정해보자. 체스는 80년대와 90년대에 매우 인기있는 오락이었다. 사람들은 언젠가 컴퓨터가 인간 체스 마스터를 이길 것이라고 예측했다. 1997년에 IBM의 딥 블루^{Deep Blue}가 세계 체스 챔피언인 개리 카스파로프^{Gary Kasparov}를 이기자 체스에 대한 관심은 시들해졌다. 요즘은 항상 딥 블루의 후예가 이긴다.

체스 게임^{game}은 8x8 격자의 64개 위치^{position}를 갖는 보드^{board}를 체스 세트로 사용해 두 플레이어^{player} 간에 진행된다. 보드는 두 플레이어가 서로 다른 방식으로 번갈아가며^{turn} 이동할 수 있는 각 16개의 말^{piece}로 구성된 두 세트의 말을 가질 수 있다. 각 말은 다른 말을 잡을 수 있다. 매 턴마다 컴퓨터 화면^{screen}에 보드를 다시 그려야 한다.

이것은 객체지향 분석을 디자인으로 전환하는 일반적인 첫 단계이다. 이 시점에서는 구성 관계를 강조하기 위해 플레이어나 여러 유형의 말에 대해 신경 쓰지 않고 보드에 집중할 것이다.

가능한 가장 높은 수준의 추상화부터 시작해보자. 두 명의 플레이어가 교대로 말을 이동하며 체스 세트Chess Set와 상호작용한다.

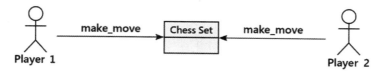

그림 1.7 체스 게임에 대한 객체/인스턴스 다이어그램

이것은 앞에서 봤던 클래스 다이어그램과 유사해 보이지 않는다. 그렇기 때문에 좋은 것이다. 이 그림은 객체 다이어그램이며 인스턴스 다이어그램으로도 불린다. 이 다이어그램은 어느 시점의 특정 상태에서의 시스템을 설명하며, 클래스 간의 상호작용이 아니라 객체의 특정 인스턴스를 설명한다. 두 플레이어 모두 같은 클래스의 멤버이므로 클래스 다이어그램은 이와 약간 다르다.

그림 1.8 체스 게임의 클래스 다이어그램

이 다이어그램은 정확히 두 명의 플레이어가 하나의 체스 세트와 상호작용할 수 있음을 보여준다. 또한 한 플레이어는 한 번에 하나의 체스 세트만 가지고 플레이할 수 있음을 나타낸다.

하지만 우리는 UML이 아닌 구성 관계에 대해 논의하고 있으므로 체스 세트가 무엇으로 구성돼 있는지 생각해보자. 현재는 플레이어가 무엇으로 구성돼 있는지 신경 쓰지 않는다. 플레이어가 심장과 뇌, 다른 장기들을 가지고 있다고 가정할 수 있지만 이 모델과는 관련이 없다. 사실 플레이어가 심장도 뇌도 없는 딥 블루가 되는 것을 막을 수는 없지만 말이다.

체스 세트는 보드와 32개의 말로 구성된다. 또한 보드에는 64개의 위치가 있다. 체스 세트의 말은 다른 세트의 말로 바꿀 수 있기 때문에 말은 체스 세트의 일부가 아니라고 주장할 수도 있다. 컴퓨터화된 체스 버전에서 이 주장은 가능성이 낮거나 불가능하지만, 우리를 집합 관계로 이끌어 준다.

집합 관계는 구성 관계와 거의 똑같다. 차이점은 집합 객체가 독립적으로 존재할 수 있다는 것이다. 다른 체스 보드와 위치는 연관되는 것이 불가능하기 때문에 보드는 위치들로 구성돼 있다고 말할 수 있다. 그러나 체스 세트와 독립적으로 존재할 수 있는 말들은 체스 세트와 집합 관계에 있다고 말한다.

집합 관계와 구성 관계를 구별하는 또 다른 방법은 객체의 수명에 대해 생각하는 것이다.

- 구성(외부) 객체가 관련(내부) 객체의 생성과 소멸을 제어한다면 구성 관계가 가장 적합하다.
- 관련 객체가 구성 객체와 독립적으로 생성되거나 해당 객체보다 오래 지속될 수 있는 경우에는 집합 관계가 더 적합하다.

또한 구성 관계는 곧 집합 관계라는 것을 명심하라. 집합 관계는 단순히 더 일반적인 형태의 구성 관계일 뿐이다. 모든 구성 관계는 집합 관계이지만 그 반대의 경우는 아니다.

현재의 체스 세트 구성을 설명하고 구성 관계를 파악하기 위해 객체에 몇 가지 속성을 추가해 보자.

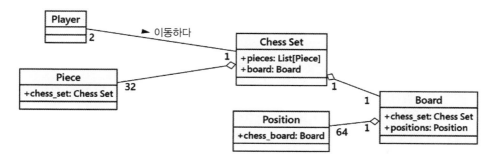

그림 1.9 체스 게임의 클래스 다이어그램

구성 관계는 UML에서 속이 찬 다이아몬드로 표시된다. 속이 빈 다이아몬드는 집합 관계를 나타낸다. 보드와 말에 대한 참조가 체스 세트에 속성으로 저장되는 것과 똑같은 방식으로 보드와 말은 체스 세트의 일부로 저장된다는 것을 알 수 있다. 다시 말하지만 이것은 실제로 디자인 단계를 지나면 집합 관계와 구성 관계의 차이는 종종 무시된다는 것을 보여준다. 구현이 되면 거의 동일한 방식으로 동작한다.

하지만 팀에서 서로 다른 객체가 상호작용하는 방식을 논의할 때는 둘을 구별하는 것이 도움이 될 수도 있다. 관련 객체들이 얼마나 오래 존재하는지에 대해 얘기할 때는 이것들을 서로 구별해야 할 것이다. 많은 경우 보드와 같은 구성 객체를 삭제하면 모든 위치는 삭제된다. 그러나 집합 객체는 자동으로 삭제되지 않는다.

⁞⁞⁝ 상속

객체 간의 세 가지의 관계, 즉 연관, 구성, 집합 관계에 대해 논의했다. 그러나 아직 체스 세트에 관해 충분히 명시하지 않았고 이 세 가지 도구로만 우리가 필요한 것을 하기엔 좀 부족해 보인다. 앞에서 플레이어가 인간일 수도 있고 또는 인공지능을 가진 소프트웨어일 수도 있다는 가능성을 얘기했다. 플레이어가 인간과 연관돼 있다거나 또는 인공지능 구현이 플레이어 객체의 일부라고 말하는 것은 옳지 않아 보인다. 여기서 정말 필요한 것은 "딥 블루가 플레이어다" 또는 "개리 카스파로프가 플레이어다"라고 말할 수 있는 능력이다.

이 관계는 상속으로 형성된다. 상속은 객체지향 프로그래밍에서 가장 잘 알려져 있으면서 과도하게 사용되는 관계이다. 상속은 일종의 가계도와 같다. 더스티 필립스[Dusty Phillips]는 이 책의 저자 중 한 명이다.

그의 할아버지 성은 필립스였고 아버지는 그 성을 물려 받았다. 더스티는 아버지에게서 그것을 물려 받았다. 사람으로부터 기능과 동작을 상속받는 것 대신에 객체지향 프로그래밍에서는 한 클래스가 다른 클래스로부터 속성과 메서드를 상속받을 수 있다.

예를 들어 체스 세트에는 32개의 말이 있지만 폰, 룩, 비숍, 나이트, 킹, 퀸이라는 6가지 유형이 있으며, 각 말은 이동할 때 다르게 동작한다. 모든 말의 클래스는 색상[color] 및 자신이 속한 체스 세트^{chess_set}와 같은 프로퍼티를 가지며, 또한 각 말은 고유한 모양^{shape}을 갖고 있고 서로 다른 방식으로 이동한다^{move}. 6가지 유형의 말이 Piece 클래스에서 어떻게 상속되는지 살펴보자.

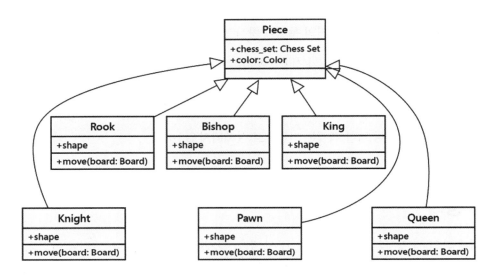

그림 1.10 체스 말이 Piece 클래스로부터 상속받는 방법

속이 빈 화살표는 각 말의 클래스가 Piece 클래스로부터 상속한다는 것을 나타낸다. 모든 자식 클래스는 기본 클래스로부터 상속 받은 chess_set와 color 속성을 자동으로 갖는다. 각 말은 보드를 렌더링할 때 화면에 말을 그리기 위한 shape 프로퍼티와 각 턴마다 말을 보드의 새 위치로 이동하기 위한 move 메서드를 제공한다.

그림을 보면 Piece 클래스의 모든 하위 클래스는 move 메서드를 가져야 한다는 것을 알 수 있다. 그렇지 않으면 보드가 말을 이동하려고 할 때 혼란스러울 것이다. '마법사' 말을 추가한 체스 게임의 새 버전을 만드는 것도 가능하다. 이 때 현재의 디자인은 move 메서드 없이 새로운 말을 디자인하는 것이 허용된다. 그러면 보드가 그 말에게 움직이도록 요청했을 때 보드는 얼어버릴 것이다.

Piece 클래스에 더미 move 메서드를 만들어 이 문제를 해결할 수 있다. 그러면 하위 클래스는 좀 더 구체적인 구현으로 이 메서드를 재정의 할 수 있다. 예를 들어 기본 구현에서는 "이 말은 움직일 수 없음"이라는 오류 메시지를 표시하도록 할 수 있다.

하위 클래스에서 메서드를 재정의하는 것은 매우 강력한 객체지향 시스템을 개발할 수 있게 해준다. 예를 들어 인공지능으로 Player 클래스를 구현하려는 경우 Board 객체를 취해 어떤 말을 어디로 이동할지 결정하는 calculate_move 메서드를 제공할 수 있다. 가장 기본 클래스는 무작위로 말과 방향을 선택하고 그에 따라 이동할 수 있다. 그 다음에 딥 블루를 구현하는 하위 클래스에서 이 메서드를 재정의 할 수 있다. 첫 번째 클래스는 초보자와의 경기에 적합하다. 후자는 그랜드 마스터에게 도전할 수도 있다. 중요한 것은 어떤 이동이 선택됐는지 보드에 정보를 주는 것 등과 같이 클래스의 다른 메서드는 변경할 필요가 없다는 것이다. 이 구현은 두 클래스 사이에 공유될 수 있다.

체스 말의 경우에 move 메서드의 기본 구현을 제공하는 것은 실제로 의미가 없다. 모든 하위 클래스에서 move 메서드가 필요하다고 지정해 주기만 하면 된다. 이것은 Piece 클래스를 추상으로 선언된 move 메서드를 갖는 추상 클래스^{abstract class}로 만들면 된다. 추상 메서드는 기본적으로 다음과 같다.

> "추상 메서드는 추상이 아닌 모든 하위 클래스에 존재하도록 요구되지만 현재 클래스에서 구현되는 것은 지양한다."

실제로 어떤 메서드도 구현하지 않은 추상 클래스를 만드는 것이 가능하다. 이 클래스는 단순히 클래스가 무엇을 해야 하는지 알려주지만 어떻게 해야 하는지에 대해서는 전혀 정보를 제공하지 않는다. 일부 언어에서는 이런 순수 추상 클래스를 인터페이스라고 한다. 파이썬에서도 추상 메서드 플레이스홀더로만 클래스를 정의하는 것이 가능하지만 매우 드물다.

추상화를 제공하는 상속

이제 객체지향 용어에서 가장 긴 단어에 대해 살펴보자. 다형성^{polymorphism}은 하위 클래스가 구현된 것에 따라 클래스를 다르게 처리하는 것이다. 앞에서 체스 말 시스템으로 이미 설명했다. 그 디자인을 좀 더 살펴보면 Board 객체는 플레이어에 의한 말의 이동을 받아들이고 말의 move 함수를 호출할 수 있음을 봤다. 보드는 자신이 어떤 유형의 말을 다루고 있는지 알 필요가 없다. 할 일은 move 메서드를 호출하는 것 뿐이며, 호출된 하위 클래스가 나이트 또는 폰으로서 이동 작업을 처리한다.

다형성은 꽤 멋지지만 파이썬 프로그래밍에서는 거의 사용되지 않는 단어이다. 파이썬은 객체의 하위 클래스를 부모 클래스처럼 처리할 수 있도록 한 단계 더 나아간다. 파이썬으로 구현된 보드는 그것이 비숍 말이든 자동차든 또는 오리든 상관없이 move 메서드가 있는 모든 객체를 사용할 수 있다. move가 호출되면 비숍은 보드에서 대각선으로 이동하고, 자동차는 어딘가로 움직이고, 오리는 기분에 따라 헤엄치거나 날아 갈 것이다.

파이썬에서는 이런 유형의 다형성을 일반적으로 덕 타이핑duck typing이라고 부른다. "오리처럼 걷거나 오리처럼 헤엄친다면 그것을 오리라고 부른다." 그것이 정말로 오리인지 즉, 상속의 기초가 되는 것인지에 상관없이 단지 그것이 헤엄치거나 걷는 것에만 관심이 있다. 거위와 백조는 오리와 같은 동작을 쉽게 제공할 수 있다. 이를 통해 미래의 설계자는 실제로 모든 가능한 종류의 물새에 대한 공식적인 상속 계층을 지정하지 않고도 새로운 유형의 새를 생성할 수 있다. 위의 체스 예제에서는 공식적인 상속을 사용해 체스 세트에서 가능한 모든 말을 다룬다. 또한 덕 타이핑은 원래 설계자가 계획하지 않은 완전히 다른 즉흥적인 동작을 생성함으로써 개발자가 디자인을 확장할 수 있게 해준다. 예를 들어 미래의 설계자는 오리와 공통 상위 클래스를 가진다는 것을 선언하지 않고도 동일한 인터페이스로 작동하는 걷고 헤엄치는 펭귄을 만들 수 있다.

다중 상속

자신의 가계도에서 상속을 생각해보면 하나 이상의 부모로부터 그 특성을 상속한다는 것을 알 수 있다. 낯선 사람이 한 어머니에게 아들이 아버지의 눈을 닮았다고 말한다면 대개 그녀는 "예, 하지만 그의 코는 내 코와 닮았죠"라고 대답할 것이다.

객체지향 디자인은 하위 클래스가 기능적으로 여러 부모 클래스로부터 상속할 수 있는 다중 상속multiple inheritance이 특징이다. 실무적으로 다중 상속은 까다로운 일이 될 수 있기 때문에 자바와 같은 일부 프로그래밍 언어는 이를 엄격히 금지한다. 하지만 다중 상속은 그 나름의 용도가 있다. 대부분의 경우 서로 구별되는 두 가지 동작 집합을 갖는 객체를 만드는 데 사용된다. 예를 들어 이미지를 만들기 위해 스캐너에 연결하고 스캔된 이미지를 팩스 보내도록 디자인된 객체는 scanner 객체와 faxer 객체에서 상속받아 만들 수 있다.

두 클래스가 서로 분명하게 다른 인터페이스를 갖는다면 하위 클래스가 둘 모두에서 상속받는 것은 일반적으로 해롭지 않다. 그러나 서로 중복되는 인터페이스를 제공하는 두 클래스에서 상속받으면 복잡해진다. 스캐너와 팩스는 서로 겹치는 기능이 없으므로 두 기능을 쉽게 결합할 수 있다. 문제가 되는 예는 move 메서드를 가진 오토바이 클래스와 move 메서드를 가진 보트 클래스이다.

이것들을 궁극의 수륙양용 차량으로 병합하고 싶다면 그 결과로 나온 클래스는 move를 호출할 때 무엇을 수행해야 하는지 어떻게 알 수 있을까? 디자인 수준에서 이를 설명해야 한다.

파이썬에는 어떤 메서드가 사용될지 알기 위해 도움이 되는 정의된 메서드 결정 순서 MRO, Method Resolution Order가 있다. MRO 규칙은 간단하지만 중복을 피하는 것은 훨씬 더 간단하다. 서로 관련 없는 부분을 결합하는 "믹스인mixin" 기술을 이용한 다중 상속이 도움이 될 수도 있다. 그러나 대부분의 경우 구성 객체를 디자인하는 것이 더 쉬울 것이다.

상속은 동작을 확장하고 기능을 재사용하기 위한 강력한 도구다. 또한 이전 패러다임에 비해 객체지향 디자인에서 가장 시장성이 높은 도구 중 하나이다. 그래서 객체지향 개발자가 다루게 되는 첫 번째 도구인 경우가 많다. 하지만 망치를 갖고 있다고 해서 나사가 못으로 변하는 것은 아니라는 점을 인식하는 것이 중요하다. 상속은 관계가 명확한 경우에 완벽한 솔루션이다. 하지만 이것을 넘어서면 남용될 수 있다. 개발자들은 종종 상속을 사용해 관계가 보이지 않는 두 객체의 코드를 공유하기도 한다. 이것이 반드시 나쁜 디자인은 아니지만, 왜 그렇게 하기로 결정했는지, 그리고 다른 관계나 다른 디자인 패턴이 더 적합하지 않은지 질문해 볼 수 있는 좋은 기회가 될 수 있다.

⠶ 사례 연구

이 책은 전체적으로 사례 연구를 하고 있다. 이를 통해 다양한 관점에서 면밀하게 하나의 문제를 검토할 것이다. 가능성 있는 여러 디자인과 디자인 패턴을 살펴보는 것은 매우 중요하다. 여러 번에 걸쳐 단 하나의 정답은 없다는 것을 언급할 것이다. 즉, 많은 좋은 답이 있다는 것이다. 이 사례 연구의 의도는 현실적인 깊이와 복잡성을 포함하고 절충을 통해 어려운 결정으로 이어지는 현실적인 예제를 제공하는 것이다. 이 책은 독자가 객체지향 프로그래밍과 디자인 개념을 적용할 수 있도록 돕는다. 이것은 유용한 것을 만들기 위해 여러 기술적 대안 중에서 선택하는 것을 의미한다.

이 사례 연구의 첫 번째 부분은 문제에 대한 개요와 왜 이것을 다루는지에 대한 것이다. 이 배경 하에서 솔루션 디자인 및 구조를 수립하기 위한 문제의 여러 측면을 이후의 장들에서 다룰 것이다. 이 개요 부분에는 해결해야 할 문제의 요소들을 포착하기 위한 몇 가지 UML 다이어그램이 포함된다. 디자인 선택의 결과를 검토하고 디자인 선택에 변화를 주면서 이 다이어그램들은 이후의 장들에서 발전하게 될 것이다.

많은 현실적인 문제와 마찬가지로 저자는 여기에 개인적인 편견과 가정을 가져올 것이다. 그것이 미치는 결과에 대해서는 사라 와쳐-베처Sara Wachter-Boettcher의 『Technically Wrong』(W. W. Norton & Company, 2018)과 같은 책을 참조하라.

사용자는 분류classification라고 부르는 작업을 자동화하고 싶어 한다. 분류는 제품 추천의 기반이 되는 아이디어이다. 고객이 지난 번에 제품 X를 샀으니 아마 유사한 제품인 Y에도 관심을 가질 것이다. 고객의 욕구가 분류되면 해당 제품 클래스에서 다른 품목을 찾을 수 있다. 이 문제에는 복잡한 데이터 구성 이슈가 포함될 수 있다.

따라서 작고 관리하기 쉬운 데이터로 시작하는 것이 도움이 된다. 사용자는 궁극적으로 복잡한 소비자 제품을 다루기 원하지만 어려운 문제를 해결하는 것이 이런 애플리케이션을 구축하는 방법을 배우는 좋은 방식이 아님을 알고 있다. 관리 가능한 수준의 복잡도에서 시작한 다음에 원하는 모든 작업을 수행할 수 있을 때까지 개선하고 확장하는 것이 좋다. 그러므로 이 사례 연구에서는 아이리스 꽃에 대한 분류기classifier를 만들 것이다. 이는 고전적인 문제이기 때문에 아이리스 꽃 분류에 대한 접근 방식과 관련된 문헌은 매우 많다.

분류기가 사용할 학습 데이터로서 정확하게 분류된 아이리스 예제가 필요하다. 다음 절에서 학습 데이터가 어떻게 보이는지 살펴볼 것이다.

구축할 소프트웨어를 설명하고 요약하기 위해 UML을 사용해 여러 가지 다이어그램을 작성할 것이다.

여기서는 4+1 뷰^{view}라는 기법을 사용해 문제를 조사할 것이다. 뷰에는 다음과 같은 것들이 있다.[2]

- 데이터 엔티티, 엔티티의 정적 속성, 엔티티 간의 관계에 대한 논리 뷰$^{logical\ view}$. 이 것은 객체지향 디자인의 핵심이다.

- 데이터가 처리되는 방법을 설명하는 프로세스 뷰$^{process\ view}$. 이것은 상태 모델, 활동 다이어그램, 시퀀스 다이어그램 등을 포함해 다양한 형태를 취할 수 있다.

- 구축할 코드 구성 요소에 대한 개발 뷰$^{development\ view}$. 이 다이어그램은 소프트웨어 구성 요소 간의 관계를 보여준다. 이것은 어떻게 클래스 정의가 모듈 및 패키지로 모이는지 보여줄 때 사용된다.

- 통합 및 배포할 애플리케이션의 물리 뷰$^{physical\ view}$. 애플리케이션이 일반적인 디자인 패턴을 따르는 경우에는 정교한 다이어그램이 필요하지 않다. 그렇지 않은 경우에는 구성 요소 컬렉션이 통합되고 배포되는 방법을 보여주기 위한 이 다이어그램이 필수다.

- 다른 네 가지 뷰에 대한 통합 컨텍스트를 제공하는 컨텍스트 뷰$^{context\ view}$. 컨텍스트 뷰는 구축할 시스템을 사용하거나 상호작용하는 액터^{actor}를 설명하는 경우가 많다. 액터에는 인간은 물론 자동화된 인터페이스가 포함될 수 있다. 둘 다 시스템 외부에 있으며 시스템은 이런 외부 액터에게 응답해야 한다.

---

2 P. Kruchten, Architectural Blueprints – The "4+1" View Model of Software Architecture, IEEE Software 12(6), 1995 (https://arxiv.org/ftp/arxiv/papers/2006/2006.04975.pdf) 참조 – 옮긴이

컨텍스트 뷰로 시작해 다른 뷰들이 설명하는 것이 무엇인지 이해하는 것이 일반적이다. 사용자와 문제 도메인에 대한 이해가 발전함에 따라 컨텍스트도 함께 발전할 것이다.

4+1 뷰가 모두 함께 발전한다는 사실을 인식하는 것은 매우 중요하다. 한 뷰를 변경하면 일반적으로 다른 뷰에 반영된다. 항상 소프트웨어로 이어지는 일련의 디자인 단계에서 한 뷰가 어떤 방식으로 기본이 되고 다른 뷰는 첫 번째 뷰를 기반으로 한다고 생각하는 것은 흔한 실수이다.

애플리케이션이나 소프트웨어를 분석하기 전에 문제에 대한 요약과 배경 지식으로 시작한다.

문제 개요

앞에서 언급했듯이 쉬운 문제인 꽃 분류로 시작한다. 여기서는 k-최근접$^{k\text{-Nearest Neighbors}}$, 줄여서 k-NN이라고 하는 유명한 접근방식을 구현할 것이다. 정확하게 분류된 아이리스 예제로서 분류기 알고리듬이 사용할 학습 데이터셋이 필요하다. 각 학습 샘플은 숫자로 된 여러 속성과 마지막에 아이리스 종^{species}에 대한 분류 정보를 갖고 있다. 이 아이리스 예제에서 각 학습 샘플은 하나의 아이리스 꽃으로서, 꽃잎 및 꽃받침의 크기 등과 같은 속성값이 해당 아이리스의 종을 표현하는 레이블과 함께 숫자 벡터로 인코딩돼 있다.

미지의 샘플, 즉 종을 알고 싶은 아이리스가 주어지면 벡터 공간에서 미지의 샘플과 알려진 샘플들 사이의 거리를 측정할 수 있다. 가까운 곳에 있는 소수의 이웃 그룹을 이용해 투표를 할 수 있다. 미지의 샘플은 근접한 이웃들의 다수결을 통해 해당 하위 모집단으로 분류될 수 있다.

두 개의 차원 또는 속성만 있는 경우 다음과 같이 k-NN 분류를 도식화할 수 있다.

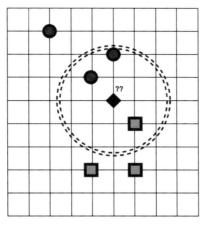

그림 1.11 k-최근접 이웃

미지의 샘플은 "??"로 표시된 다이아몬드이다. 이것은 사각형과 원형으로 표시된 종의 알려진 샘플로 둘러싸여 있다. 점선으로 된 원 안에서 세 개의 근접 이웃을 찾은 경우에 투표를 통해 미지의 샘플이 원형의 종과 가장 유사하다고 결정할 수 있다.

여기서 한 가지 기본이 되는 개념은 다양한 속성이 가시적인 숫자 값을 가지고 있다는 것이다. 단어, 주소, 그 외의 비서수 데이터를 서수적인 값으로 변환하는 것은 어려울 수 있다. 좋은 소식은 명시적 측정 단위를 사용한 서수 값을 이미 가진 데이터가 시작할 데이터라는 점이다.

또 한 가지 알아야 개념은 투표에 참여하는 이웃의 수이다. 이것이 k-최근접 이웃의 k 인자이다. 앞의 다이어그램에서는 k=3인 이웃을 표시했다. 세 개의 가장 가까운 이웃 중 두 개는 원이고 세 번째는 사각형이다. k값을 5로 변경하면 이웃 구성이 변경되고 사각형이 다수가 된다. 어느 것이 맞는 것일까? 이것은 분류 알고리듬이 수용 가능한 범위에서 잘 작동하는지 검증하기 위해 알려진 정답을 갖고 있는 테스트 데이터를 사용해 확인할 수 있다. 앞의 다이어그램에서 다이아몬드의 위치는 의도적으로 어려운 분류 문제를 생성하기 위해 두 군집 사이의 중간에 세심하게 선택된 것이다.

이것이 어떻게 작동하는지 학습할 수 있는 유명한 데이터셋이 아이리스 분류 데이터이다. 이 데이터에 대한 배경 지식은 https://archive.ics.uci.edu/ml/datasets/iris를 참조하라. 또한 https://www.kaggle.com/uciml/iris 등의 다른 곳에서도 찾아볼 수 있다.

경험이 많은 독자는 객체지향 분석 및 디자인 작업을 진행하는 동안에 약간의 차이와 모순이 있음을 알게 될 것이다. 이것은 의도적인 것이다. 모든 범위의 문제에 대한 초기 분석에는 학습과 재작업이 포함된다. 이 사례 연구는 학습해 가면서 점점 더 발전할 것이다. 차이나 모순을 발견했다면 자신의 디자인을 만든 후에 이어지는 장들에서 배우게 되는 것에 수렴하는지 확인하라.

문제의 일부 측면을 살펴봤으므로 이제 액터와 이 액터가 시스템과 상호작용하는 방식을 설명하는 유스 케이스$^{use\ case}$ 또는 시나리오를 통해 보다 구체적인 컨텍스트를 제공할 수 있다. 컨텍스트 뷰부터 시작한다.

컨텍스트 뷰

아이리스 종을 분류하는 애플리케이션의 컨텍스트는 다음의 두 액터 클래스를 포함한다.

- 적절하게 분류된 학습 데이터와 테스트 데이터를 제공하는 "식물학자". 식물학자는 또한 분류를 위한 적절한 매개변수를 수립하기 위한 테스트를 수행한다. 간단한 k-NN의 경우에 어떤 k 값을 사용해야 하는지 결정할 수 있다.

- 미지의 데이터에 대한 분류를 수행해야 하는 "사용자". 사용자는 신중하게 측정을 수행한 후 분류 결과를 얻기 위해 이 데이터와 함께 분류기 시스템에 요청한다. "사용자"라는 이름은 모호한 것 같지만 무엇이 더 좋은지 확실하지 않다. 지금은 그대로 두고 문제가 예상될 때까지 변경을 미룬다.

다음 UML 컨텍스트 다이어그램은 두 액터와 세 가지 시나리오를 보여준다.

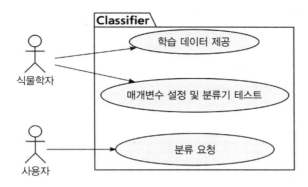

그림 1.12 UML 컨텍스트 다이어그램

전체 시스템은 직사각형으로 표시된다. 타원은 사용자 스토리 또는 시나리오를 나타낸다. UML에서 특정 모양은 의미를 가지며 객체에 대해서는 직사각형을 사용한다. 타원형과 원은 시스템에 대한 인터페이스인 사용자 스토리를 위한 것이다.

프로세스를 진행하기 위해서는 적절하게 분류된 학습 데이터가 필요하다. 데이터셋은 학습 셋과 테스트 셋의 두 부분으로 돼 있다. 좀 길지만 더 정확한 표현인 "학습 및 테스트 데이터" 대신에 이후에는 줄여서 "학습 데이터"라고 부를 것이다.

튜닝 가능한 매개변수는 식물학자가 설정하며, 그는 분류기가 잘 작동하는지 확인하기 위해 테스트 결과를 조사해야 한다. 다음은 튜닝할 수 있는 두 가지 매개변수이다.

- 사용할 거리 계산 방식
- 투표에 사용할 이웃의 수

이 장의 뒷부분에 나오는 프로세스 뷰 절에서 이 매개변수를 자세히 살펴볼 것이다. 또한 이후 장들의 사례 연구에서 이 아이디어를 다시 살펴볼 것이다. 거리 계산은 흥미로운 문제이다.

그리드^{grid}로 각 실험을 정의하고 테스트셋으로 측정한 결과를 사용해 그리드를 채울 수 있다. 가장 잘 맞은 조합이 식물학자가 추천하는 매개변수 집합이 된다. 이 경우에는 두 가지 옵션이 있으므로 그리드는 아래와 같은 2차원 테이블이다. 더 복잡한 알고리듬을 사용하면 그리드가 다차원 공간이 될 것이다.

		k 인자		
		k=3	k=5	k=7
거리계산 알고리듬	유클리드(Euclidean)	테스트 결과…		
	맨해튼(Manhattan)			
	체비쇼프(Chebyshev)			
	쇠렌센(Sorensen)			
	그 외?			

테스트가 끝나면 사용자는 분류 요청을 할 수 있다. 사용자는 이 학습된 분류기로부터 분류 결과를 받기 위해 미지의 데이터를 제공한다. 장기적인 관점에서 이 "사용자"는 사람이 아닐 수 있으며, 웹사이트의 판매 또는 카탈로그 엔진에서 이 똑똑한 분류기반 추천 엔진으로 연결할 수 있다.

이런 시나리오를 유스 케이스 또는 사용자 스토리 선언으로 요약할 수 있다.

- 식물학자로서 나는 사용자가 식물을 정확하게 식별할 수 있도록 적절하게 분류된 학습 및 테스트 데이터를 이 시스템에 제공하고 싶다.

- 식물학자로서 나는 새로운 샘플이 정확하게 분류되도록 하기 위해 분류기의 테스트 결과를 조사하고 싶다.

- 사용자로서 나는 분류기에 몇 가지 주요 측정값을 제공하면 정확하게 분류된 아이리스 종을 얻기를 원한다.

사용자 스토리로 명사와 동사가 주어지면 해당 정보를 사용해 애플리케이션이 처리해야 할 데이터의 논리 뷰를 생성할 수 있다.

논리 뷰

컨텍스트 다이어그램을 보면 학습 데이터와 테스트 데이터로 프로세스가 시작된다. 이 것은 분류 알고리듬을 테스트하는 데 사용되는 적절하게 분류된 샘플 데이터이다. 다음 다이어그램은 다양한 학습 및 테스트 데이터셋을 포함하는 클래스를 보는 한 가지 방식을 보여준다.

그림 1.13 학습 및 테스트에 대한 클래스 다이어그램

이것은 이 클래스의 각 인스턴스의 속성을 가진 객체의 TrainingData 클래스를 보여준다. TrainingData 객체는 샘플 컬렉션에 이름, 업로드 날짜, 테스트가 완료된 날짜 등을 제공한다. 현재 시점에서 각 TrainingData 객체에는 k-NN 분류기 알고리듬에 사용되는 단일 매개변수 k가 있어야 한다. 또한 인스턴스는 학습 리스트와 테스트 리스트라는 두 개의 개별 샘플 리스트를 포함한다.

객체의 각 클래스는 여러 개의 칸이 있는 직사각형으로 표시된다.

- 가장 위쪽 칸은 객체의 클래스 이름을 제공한다. 두 가지 경우에 대해 타입 힌트인 List[Sample]을 클래스 이름으로 사용했다. 이것은 일반 클래스인 list가 리스트의 내용으로 오직 Sample 객체만 갖도록 하는 방식으로 사용된다.

- 클래스 사각형의 두 번째 칸은 각 객체의 속성을 보여준다. 이 속성은 이 클래스의 인스턴스 변수라고도 한다.

- 마지막으로 메서드를 클래스 인스턴스의 맨 아래 칸에 추가한다.

Sample 클래스의 각 객체는 다음과 같은 속성을 갖는다. 네 개의 부동소수점 측정값과 샘플에 대해 식물학자가 할당한 분류 결과인 하나의 문자열 값이다. 이 샘플에 할당된 분류 결과를 소스 데이터에서 클래스라고 부르기 때문에 속성 이름을 class로 사용했다.

UML 화살표는 두 종류의 관계를 채워지거나 비어 있는 다이아몬드로 표시한다. 속이 찬 다이아몬드는 구성 관계를 보여준다. TrainingData 객체는 부분적으로 두 개의 컬렉션으로 구성된다. 속이 빈 다이아몬드는 집합 관계를 보여준다. List[Sample] 객체는 Sample 항목들의 집합이다. 앞서 배운 내용을 요약하면 다음과 같다.

- 구성은 실존적 관계이다. 두 개의 List[Sample] 객체 없이 TrainingData를 가질 수 없다. 반대로 List[Sample] 객체는 TrainingData 객체의 일부가 아닌 경우 애플리케이션에서 사용되지 않는다.

- 반면에 집합은 항목이 서로 독립적으로 존재할 수 있는 관계이다. 이 다이어그램에서 많은 Sample 객체는 List[Sample]의 일부이거나 이 리스트와 독립적으로 존재할 수 있다.

속이 빈 다이아몬드로 Sample 객체가 List 객체로 집합하는 것을 보여주는 것이 적절한지는 분명하지 않다. 도움이 되지 않는 디자인 세부사항일 수 있다. 확실하지 않은 경우엔 사용자의 기대를 충족시키는 구현으로서 이것이 명확하게 요구될 때까지는 이런 종류의 세부적인 정보는 생략하는 것이 좋다.

앞에서 List[Sample]를 별도의 객체 클래스로 표시했다. 이것은 리스트에 포함될 객체의 클래스가 Sample로 지정된 파이썬의 일반적인 List이다. 이런 세부 수준을 피하기 위해서 다음과 같은 다이어그램으로 관계를 요약하는 것이 일반적이다.

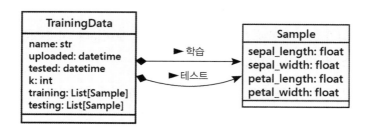

그림 1.14 축약된 클래스 다이어그램

조금 축약된 이 형식은 데이터 구조가 중요하지 않은 분석 작업에 도움이 될 수 있다. 특정 파이썬 클래스 정보가 더 중요해질수록 데이터 구조는 디자인 작업에는 도움이 적어진다.

초기 스케치가 주어지면 이 논리 뷰를 그림 1.12의 컨텍스트 다이어그램에 언급된 세 가지 시나리오 각각과 비교한다. 사용자 스토리의 모든 데이터 및 프로세스가 이 다이어그램의 클래스, 속성, 메서드 등에 책임 있게 할당됐는지 확인해야 한다.

사용자 스토리를 살펴보면서 다음 두 가지 문제를 발견했다.

- 테스트와 매개변수 튜닝이 이 다이어그램과 어떻게 매칭되는지 명확하지 않다. k 인자가 필요하다는 것은 알고 있지만 k 인자 선택과 그로 인한 결과를 보여주는 관련 테스트 결과가 없다.
- 사용자의 요청뿐만 아니라 사용자에 대한 응답도 표시되지 않았다. 어떤 클래스도 자신의 책임으로서 이런 항목을 가지고 있지 않다.

첫 번째 문제는 사용자 스토리를 다시 읽고 더 나은 논리 뷰를 만들기 위해 다시 시도해야 함을 말해준다. 두 번째 문제는 경계의 문제이다. 웹 요청 및 응답에 대한 상세가 누락된 것보다 먼저 본질적인 문제 도메인인 분류 및 k-NN에 대해 설명하는 것이 더 중요하다. 사용자의 요청을 처리하기 위한 웹 서비스는 많은 솔루션 기술 중 하나일 뿐이므로 시작하는 지금 시점에서는 미뤄두자.

지금은 데이터 처리에 중점을 둘 것이다. 여기서는 애플리케이션에 대한 설명서를 작성하는 데 효과적인 순서를 따르고 있다. 우선 데이터를 설명해야 한다. 데이터는 가장 오래 지속되는 부분이며 프로세스의 정제를 통해 계속 보존되는 것이다. 프로세스는 컨텍스트가 변경되고 사용자 경험 및 선호도가 변경됨에 따라 달라지기 때문에 프로세스는 데이터에 비해 부차적일 수 있다.

프로세스 뷰

세 가지 사용자 스토리가 있다. 그렇다고 3개의 프로세스 다이어그램을 작성해야 하는 것은 아니다. 복잡한 처리의 경우 사용자 스토리보다 프로세스 다이어그램이 더 많을 수 있다. 어떤 경우에는 사용자 스토리가 너무 단순해 좀더 세심하게 디자인된 다이어그램이 필요할 수도 있다.

이 애플리케이션의 경우 최소한 다음과 같은 세 가지 고유한 프로세스가 있는 것으로 보인다.

- TrainingData를 구성하는 Sample의 초기 데이터셋을 업로드한다.

- 주어진 k 값으로 분류기 테스트를 실행한다.

- 새 Sample 객체로 분류를 요청한다.

이런 유스 케이스에 대한 활동^{activity} 다이어그램을 스케치할 것이다. 활동 다이어그램은 여러 상태 변경을 요약한다. 프로세스는 시작 노드에서 시작해 종료 노드에 도달할 때까지 진행된다. 웹 서비스와 같은 트랜잭션 기반 애플리케이션에서는 전체 웹 서버 엔진을 표시하지 않는 것이 일반적이다. 그러면 표준 헤더, 쿠키 및 보안 문제를 포함해 HTTP의 일반적인 특성을 설명하지 않아도 된다. 그 대신 일반적으로 각 개별적인 요청에 대한 응답을 생성하기 위해 수행되는 고유한 프로세스에 중점을 둔다.

활동은 모서리가 둥근 직사각형으로 표시된다. 객체 또는 소프트웨어 구성 요소의 특정 클래스가 관련된 경우 관련 활동에 연결할 수 있다.

중요한 것은 프로세스 뷰에서 작업하는 동안 아이디어가 떠오르면 논리 뷰도 함께 업데이트하는 것이다. 두 가지 관점을 완전히 독립적으로 수행하는 것은 어렵다. 새로운 아이디어가 나올 때마다 각 뷰를 점진적으로 변경하는 것이 중요하다. 추가적인 사용자 입력이 요구되는 경우에도 역시 이 두 뷰의 발전으로 이어질 것이다.

식물학자가 초기 데이터를 제공할 때 시스템이 어떻게 반응하는지 보여주는 다이어그램을 작성할 수 있다. 다음은 첫 번째 예이다.

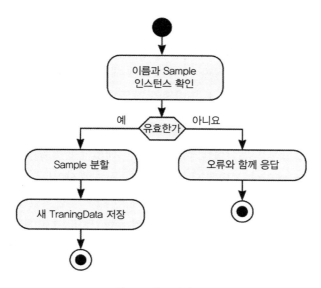

그림 1.15 활동 다이어그램

`KnownSample` 컬렉션은 학습 서브셋과 테스트 서브셋 두 개로 분할된다. 문제 요약이나 사용자 스토리에는 이런 분할을 위한 규칙이 없다. 이것은 초기의 사용자 스토리에서 세부 정보가 누락됐음을 보여준다. 사용자 스토리에서 세부 정보가 누락되면 논리 뷰도 불완전해질 수 있다. 현재로서는 대부분의 데이터 즉 75%를 학습에 사용하고 나머지 25%를 테스트에 사용한다는 가정 하에 작업한다.

각 사용자 스토리에 대해 유사한 다이어그램을 작성하는 것이 종종 도움이 된다. 이것은 또한 모든 활동이 단계를 구현하고 각 단계에서 발생한 상태 변경을 나타내기 위한 관련 클래스를 가지고 있는지 확인하는 데 도움이 된다.

이 다이어그램에는 분할partition이라는 동사가 포함돼 있다. 즉 이 동사를 구현하는 방법이 필요하다는 것을 암시한다. 이것은 프로세스가 구현될 수 있는지 확인하기 위해 클래스 모델을 다시 검토하게 해준다.

다음으로 구축해야 할 구성 요소 중 일부를 살펴볼 것이다. 이것은 예비 분석이기 때문에 더 자세한 디자인을 수행하고 클래스 정의를 만들기 시작하면서 아이디어는 더 발전할 것이다.

개발 뷰

최종 배포와 개발해야 할 구성 요소 사이에는 종종 미묘한 절충이 있다. 드문 경우지만 배포 제약이 적으면 설계자는 개발할 구성 요소에 대해 자유롭게 생각할 수 있다. 물리 뷰는 개발 뷰로부터 발전할 것이다. 일반적인 경우에 사용해야 하는 특정 대상 아키텍처와 물리 뷰의 요소는 정해져 있다.

이 분류기를 더 큰 규모의 애플리케이션의 일부로 배포하는 방법에는 여러 가지가 있다. 데스크톱 애플리케이션, 모바일 애플리케이션, 또는 웹사이트를 구축할 수도 있다. 인터넷에 연결된 컴퓨터는 어디에나 있기 때문에 한 가지 일반적인 접근 방식은 웹 사이트를 만들고 데스크톱 앱과 모바일 앱에서 여기에 연결하는 것이다.

예를 들어 웹 서비스 아키텍처는 서버에 요청을 할 수 있음을 의미한다. 응답은 브라우저에 표시하기 위한 HTML 페이지이거나 모바일 애플리케이션에서 표시할 수 있는 JSON 문서일 수 있다. 일부 요청은 완전히 새로운 학습 데이터셋을 제공한다. 또 다른 요청은 미지의 샘플을 분류하기 위한 것이다. 아래의 물리 뷰에서 아키텍처에 대해 자세히 설명할 것이다. 플라스크^{Flask} 프레임워크를 사용한 웹 서비스 구축을 원할 수도 있다. 플라스크에 대한 자세한 내용은 『Mastering Flask Web Development』(Packt, 2018) 또는 『Learning Flask Framework』(Packt, 2015)를 참조하라.

다음 다이어그램은 플라스크 기반 애플리케이션을 구축할 때 필요한 일부 구성 요소를 보여준다.

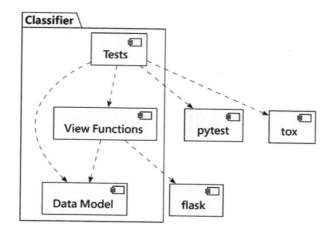

그림 1.16 구축해야 할 구성 요소들

이 다이어그램은 여러 모듈을 포함하는 파이썬 패키지인 Classifier를 보여준다. 세 가지 최상위 모듈은 다음과 같다.

- **Data Model**: 아직 분석 단계이기 때문에 이 이름은 파이썬스럽지 않다. 나중에 구현으로 가면서 변경할 것이다. 문제 도메인을 정의하는 클래스들을 모듈로 분리하는 것은 종종 도움이 된다. 이는 해당 클래스를 사용하는 특정 애플리케이션에서 별도로 테스트할 수 있게 해준다. 이 부분이 기본이므로 여기에 중점을 둘 것이다.

- **View Functions**: 이 또한 파이썬스럽지 않은 분석용 이름이다. 이 모듈은 애플리케이션에서 Flask 클래스의 인스턴스를 생성한다. 모바일 앱이나 브라우저에서 표시할 수 있는 응답을 생성함으로써 요청을 처리하는 함수를 정의한다. 이런 함수는 모델의 기능을 노출하며 모델 자체의 깊이와 복잡성을 포함하지 않는다. 이 책의 사례 연구에서 이 구성 요소는 다루지 않을 것이다.

- **Tests**: 모델과 뷰 기능에 대한 단위 테스트를 한다. 테스트는 소프트웨어가 사용 가능한지 확인하는 데 필수다. 이것은 13장, '객체지향 프로그램 테스트'의 주제이기도 하다.

점선 화살표로 종속성을 표현했다. 다양한 패키지와 모듈이 어떻게 관련돼 있는지 명확히 하기 위해 파이썬의 "imports" 레이블로 주석을 달 수 있다.

이후 장에서 디자인을 계속 진행하면서 이 초기 뷰를 확장할 것이다. 구축해야 할 사항에 대해 생각했다면 이제 애플리케이션의 물리 뷰를 작성해 배포 방법을 고려할 수 있다. 위에서 언급했듯이 개발과 배포 사이에는 미묘한 차이가 있다. 종종 두 가지 뷰는 함께 작성된다.

물리 뷰

물리 뷰는 소프트웨어가 물리적 하드웨어에 설치되는 방법을 보여준다. 웹 서비스의 경우에는 종종 CI/CD$^{Continuous Integration and Continuous Deployment}$(지속적 통합 및 지속적 배포) 파이프라인을 말한다. 이것은 소프트웨어에 대한 변경이 하나의 단위로 테스트되고, 기존 애플리케이션과 통합되고, 통합된 전체로 테스트된 다음에 사용자를 위해 배포된다는 것을 의미한다.

웹 사이트를 가정하는 것이 일반적이지만 커맨드라인 애플리케이션으로 배포할 수도 있다. 로컬 컴퓨터에서 실행될 수도 있으며, 또한 클라우드 컴퓨터에서 실행될 수도 있다. 또 다른 선택은 분류기를 핵심으로 웹 애플리케이션을 구축하는 것이다.

다음 다이어그램은 웹 애플리케이션 서버의 뷰를 보여준다.

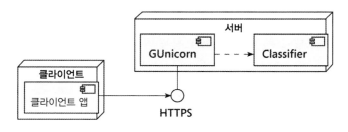

그림 1.17 애플리케이션 서버 다이어그램

이 다이어그램은 클라이언트와 서버 노드를 "구성 요소"가 설치된 3차원 "상자"로 보여준다. 여기서는 세 가지 구성 요소를 식별했다.

- 클라이언트 앱 애플리케이션을 실행하는 클라이언트. 이 애플리케이션은 분류기 웹 서비스에 연결해 RESTful 요청을 한다. 이것은 자바 스크립트로 작성된 웹사이트일 수 있다. 또는 코틀린^{Kotlin}이나 스위프트^{Swift}로 작성된 모바일 애플리케이션일 수도 있다. 이런 모든 프론트엔드는 웹 서버에 대해 공통 HTTPS 연결을 한다. 이 보안 연결에는 인증서 및 암호화 키 쌍의 구성이 요구될 수도 있다.

- GUnicorn 웹 서버. 이 서버는 중요한 HTTPS 프로토콜을 포함해 웹 서비스 요청의 여러 세부적인 것을 처리할 수 있다. 자세한 내용은 https://docs.gunicorn.org/en/stable/index.html을 참조하라.

- 분류기 애플리케이션. 이 뷰에서 복잡성은 생략됐고 전체 Classifier 패키지는 더 큰 웹 서비스 프레임워크의 작은 구성 요소로 축소됐다. 이것은 Flask 프레임워크를 사용해서 구축할 수 있다.

이러한 구성 요소 중 클라이언트 앱은 분류기를 개발하기 위해 수행하는 작업의 일부가 아니다. 컨텍스트를 설명하기 위해 이것을 포함했지만 실제로는 만들지 않는다.

분류기 애플리케이션이 웹 서버에 종속됨을 보여주기 위해 점선 화살표를 사용했다. GUnicorn은 웹 서버 객체를 임포트해서 요청에 응답하는 데 사용한다.

이제 애플리케이션에 대해 살펴봤으니 코드 작성을 고려해 볼 수 있다. 코드를 작성하는 동안 다이어그램을 최신 상태로 유지하는 것은 도움이 된다. 때때로 이 다이어그램들은 코드의 광야에서 유용한 로드맵 역할을 한다.

결론

이 사례 연구에서 중요한 개념은 다음과 같다.

1. 소프트웨어 애플리케이션은 조금 복잡할 수 있다. 여기에는 사용자, 데이터, 프로세스, 구축할 구성 요소, 물리적 구현을 나타내는 5가지 뷰가 있다.

2. 실수는 하기 마련이다. 이 개요에는 약간의 틈이 있다. 부분적인 솔루션이라도 나아가는 것이 중요하다. 파이썬의 장점 중 하나는 소프트웨어를 빠르게 구축할 수

있다는 것이다. 즉, 나쁜 아이디어에 깊이 들어가지 않는다. 코드를 빠르게 제거하거나 교체할 수 있다.

3. 확장에 열린 마음을 가져야 한다. 분류기가 구현된 후에 k 매개변수를 설정하는 것은 지루한 과정이다. 중요한 다음 단계는 그리드 검색 튜닝 알고리듬을 사용해 튜닝을 자동화하는 것이다. 하지만 이러한 것들은 일단 제쳐두고 먼저 작동하는 소프트웨어를 얻은 다음, 나중에 이를 확장해 이런 유용한 기능을 추가하는 것이 도움이 된다.

4. 각 클래스에 명확한 책임을 할당해야 한다. 이것은 어느 정도 성공적이었고 일부 책임은 모호하거나 완전히 생략했다. 이 초기 분석을 세부 구현으로 확장하면서 다시 검토할 것이다.

이후의 장들에서 이런 다양한 주제에 대해 더 깊이 파고들 것이다. 이 사례 연구의 의도는 현실적인 작업을 제시하는 것이므로 재작업이 필요하다. 독자가 파이썬에서 사용 가능한 객체지향 프로그래밍 기법을 점점 더 많이 알게 됨에 따라 일부 디자인 결정이 수정될 수 있다. 또한 솔루션의 일부분은 디자인 선택과 문제 자체에 대한 이해가 발전함에 따라 개선될 것이다. 교훈을 기반으로 한 재작업은 개발에 대한 애자일[agile] 접근법의 결과이다.

⁂ 정리

다음은 1장의 핵심 사항이다.

- 객체지향 컨텍스트에서 문제의 요구사항 분석
- 시스템 작동 방식에 대해 의사소통하기 위해 UML 다이어그램을 작성하는 방법
- 정확한 용어를 사용해 객체지향 시스템에 대해 논의
- 클래스, 객체, 속성, 행위의 차이점 이해

- 어떤 객체지향 디자인 기법은 다른 기법보다 더 많이 사용된다. 이 책의 사례 연구에서는 다음 몇 가지에 중점을 뒀다.
  - 기능을 클래스로 캡슐화
  - 새로운 기능으로 클래스를 확장하기 위한 상속
  - 구성 객체로부터 클래스를 생성하기 위한 구성 관계

⠿ 연습

이 책은 실무적인 책이다. 따라서 독자의 분석과 디자인을 위해 가짜 객체지향 분석 문제를 많이 넣지 않았다. 대신 자신의 프로젝트에 적용할 수 있는 몇 가지 아이디어를 제공하고자 한다. 이전에 객체지향 경험이 있다면 이 장에 많은 노력을 기울일 필요가 없다. 그러나 파이썬을 사용해 왔지만 클래스 등에 대해 전혀 신경 쓰지 않은 경우에는 유용하게 학습할 수 있다.

먼저 최근에 완료한 개발 프로젝트를 살펴보자. 디자인에서 가장 눈에 띄는 객체를 식별하라. 이 객체에 대해 가능한 한 많은 속성을 생각해 보라. 다음 속성을 갖고 있는가? 색상, 무게, 크기, 이익, 비용, 이름, ID, 가격, 스타일 등.

속성 타입에 대해 생각해 보자. 그것은 원시 데이터형인가 아니면 클래스인가? 이 중에 어떤 속성이 위장된 동작이었는가? 때로는 데이터처럼 보이는 것이 실제로는 객체의 다른 데이터로부터 계산되며, 이런 경우 메서드를 사용해 그 계산을 수행할 수 있다. 객체가 다른 메서드나 행위를 가지고 있는가? 어떤 객체가 그 메서드를 호출하는가? 그 객체는 이 객체와 어떤 종류의 관계를 갖는가?

이제 다가오는 프로젝트에 대해 생각해보자. 프로젝트가 무엇인지는 중요하지 않다. 재미있는 개인 프로젝트이거나 수백만 달러의 계약일 수 있다. 완전한 애플리케이션일 필요는 없다. 단지 하나의 하위 시스템이어도 괜찮다. 기본적인 객체지향 분석을 수행하라. 요구사항과 상호작용하는 객체를 식별한다. 해당 시스템에서 가장 높은 수준의 추상화를 특징으로 하는 클래스 다이어그램을 작성하라. 핵심적인 상호작용 객체를 식별하라. 또한 사소한 지원 객체를 식별하라. 가장 흥미로운 객체의 속성과 메서드에 대해 자세히 살펴보라. 다양한 객체에서 다양한 수준의 추상화를 수행해보라. 상속이나 구성 관계를 사용할 수 있는 곳을 찾자. 상속을 피해야 할 곳을 찾아보라.

목표는 시스템을 설계하는 것이 아니다. 만약 야망과 가용 시간 모두가 충족된다면 그렇게 하는 것이 좋다. 하지만 여기서는 객체지향 디자인에 관해 생각하는 게 목표다. 당신이 작업했거나 미래에 작업할 것으로 예상되는 프로젝트에 집중해 그것을 실현하라.

마지막으로 검색 엔진을 방문해 UML에 대한 튜토리얼을 찾아보라. 수십 가지가 있으므로 선호하는 학습 방법에 맞는 것을 찾으라. 앞에서 식별한 객체에 대한 클래스 다이어그램 또는 시퀀스 다이어그램을 작성하라. 구문을 외우는 데 너무 집착하지 말라. 중요한 것은 언제든지 다시 찾아 볼 수 있다. UML 언어에 대한 감각을 얻으라. 무언가가 당신의 두뇌에 남아 있을 것이며, 다음 OOP 토론을 위해 다이어그램을 빠르게 작성할 수 있다면 좀 더 쉽게 의사소통할 수 있을 것이다.

⠶ 요약

이 장에서는 객체지향 디자인에 초점을 맞춰 객체지향 패러다임의 용어를 살펴봤다. 서로 다른 객체를 서로 다른 클래스로 분리하고 클래스 인터페이스를 통해 해당 객체의 속성과 동작을 설명할 수 있다. 추상화, 캡슐화, 정보 은닉은 관련성이 높은 개념이다. 연관, 구성, 상속을 포함해 객체 간에는 다양한 종류의 관계가 있다. UML 구문은 재미와 의사소통에 유용할 수 있다.

다음 2장에서는 파이썬에서 클래스와 메서드를 구현하는 방법을 살펴볼 것이다.

02

파이썬의 객체

이제 디자인을 갖게 됐으며 그 디자인을 작동하는 프로그램으로 바꿀 준비가 됐다. 물론 일반적으로 바로 그렇게 되지는 않는다. 이 책에서 좋은 소프트웨어 디자인에 대한 예제와 힌트를 보게 되겠지만, 이 책은 객체지향 프로그래밍에 초점을 둔다. 그러므로 이제 객체지향 소프트웨어를 만들 수 있게 해주는 파이썬 구문을 살펴보자.

2장을 마치면 다음을 이해하게 될 것이다.

- 파이썬의 타입 힌트
- 파이썬에서 클래스를 생성하고 객체를 인스턴스화하는 방법
- 클래스를 패키지와 모듈로 조직화
- 다른 사람이 객체의 데이터를 침해해서 내부 상태를 무효화시키지 못하게 제안하는 방법
- 파이썬 패키지 인덱스[PyPI, Python Package Index]의 써드파티 패키지로 작업하기

이 장에서는 또한 사례 연구를 계속해 일부 클래스를 디자인할 것이다.

⁝⁝> 타입 힌트 소개

클래스 생성에 대해 자세히 살펴보기 전에 클래스가 무엇인지 그리고 클래스를 올바르게 사용하는 방법은 어떤 것인지에 대해 이야기할 필요가 있다. 여기서 핵심이 되는 개념은 파이썬의 모든 것은 객체라는 것이다.

"Hello, world!" 또는 42와 같은 리터럴 값을 작성하면 실제로는 내장 클래스의 인스턴스가 생성된다. 대화형 파이썬을 실행하고 이 객체의 프로퍼티를 정의하는 클래스에 대해 내장 type() 함수를 사용할 수 있다.

```
>>> type("Hello, world!")
<class 'str'>
>>> type(42)
<class 'int'>
```

객체지향 프로그래밍의 요점은 객체 간의 상호작용을 통해 문제를 해결하는 것이다. 6*7 이라고 쓰면 두 객체의 곱셈은 내장 int 클래스의 메서드에 의해 처리된다. 더 복잡한 동작의 경우에는 고유한 새 클래스를 작성해야 할 때가 많다.

다음은 파이썬 객체가 작동하는 방식에 대한 처음 두 가지 핵심 규칙이다.

- 파이썬의 모든 것은 객체이다.
- 모든 객체는 최소한 하나 이상의 클래스의 인스턴스로 정의된다.

이런 규칙에는 흥미로운 점이 많다. class 문을 사용한 클래스 정의는 클래스 타입의 새 객체를 생성한다. 클래스의 인스턴스를 생성할 때 클래스 객체는 인스턴스 객체를 생성하고 초기화하는 데 사용된다.

클래스와 타입의 차이점은 무엇일까? class 문은 새 타입을 정의하게 해준다. 이 때 class라는 명령문을 사용하기 때문에 이것을 전체 텍스트에서 클래스라고 부를 것이다. 아래의 유용한 인용문에 대해서는 일라이 벤더스키[Eli Bendersky]의 글인 "Python objects, types, classes, and instances - a glossary"를 다음 링크에서 참조하라. https://eli.

thegreenplace.net/2012/03/30/python-objects-types-classes-and-instances-a-glossary

> "'클래스'와 '타입'이라는 용어는 두 개의 이름이 동일한 개념을 나타내는 한 예이다."

이 책에서는 일반적인 사용법을 따르면서 주석^{annotations}을 타입 힌트^{type hints}로 부를 것이다.

이 책에서는 일반적인 사용법을 따르면서 주석annotations을 타입 힌트type hints로 부를 것이다.

중요한 또 다른 규칙이 있다.

- 변수는 객체에 대한 참조이다. 휘갈겨진 이름이 쓰여 있고 무언가에 달라붙어 있는 노란색 스티커 메모를 생각해 보라.

이것은 실제로 꽤 멋지다. 이는 객체가 무엇인지에 대한 타입 정보가 해당 객체와 연관된 클래스에 의해 정의된다는 것을 의미한다. 이 타입 정보는 어떤 식으로든 변수에 첨부되지 않는다. 따라서 다음과 같은 코드는 유효하지만 매우 혼란스러운 파이썬이 된다.

```
>>> a_string_variable = "Hello, world!"
>>> type(a_string_variable)
<class 'str'>
>>> a_string_variable = 42
>>> type(a_string_variable)
<class 'int'>
```

내장 클래스인 str을 사용해 객체를 만들었다. 객체에 긴 이름인 a_string_variable을 할당했다. 그 다음에 다른 내장 클래스 int를 사용해 객체를 만든다. 이 객체에 같은 이름을 할당했다. 그러면 이전 문자열 객체는 더 이상 참조를 갖지 않게 되고 더 이상 존재하지 않게 된다.

다음은 이 변수가 객체에서 객체로 어떻게 이동했는지 보여주는 두 단계이다.

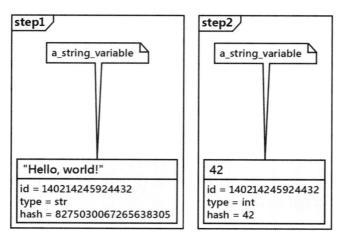

그림 2.1 변수 이름과 객체

다양한 프로퍼티는 변수의 일부가 아니라 객체의 일부이다. type()으로 변수의 타입을 확인하면 변수가 현재 참조하는 객체의 타입을 볼 수 있다. 변수는 고유한 타입을 갖지 않는다. 단지 이름일 뿐이다. 마찬가지로 변수에 대해 id()를 요청하면 변수가 참조하는 객체의 ID를 볼 수 있다. 따라서 a_string_variable이라는 이름을 정수 객체에 할당하면 오해의 소지가 있을 수 있다.

타입 검사

객체와 타입 간의 관계에 대해 한 단계 더 나아가 이런 규칙의 결과를 좀 더 살펴보자. 다음은 함수 정의이다.

```
>>> def odd(n):
...     return n % 2 != 0

>>> odd(3)
True
>>> odd(4)
False
```

이 함수는 매개변수 n에 대해 약간의 계산을 수행한다. 나눗셈한 나머지인 모듈로^{modulo}를 계산한다. 홀수를 2로 나누면 1이 남는다. 짝수를 2로 나누면 0이 남는다. 이 함수는 모든 홀수에 대해 True 값을 반환한다.

숫자를 제공하지 못하게 되면 어떻게 될까? 일단 시도해보자. 이것이 파이썬을 배우는 일반적인 방법이다. 대화형 프롬프트에서 코드를 입력하면 다음과 같은 결과가 나온다.

```
>>> odd("Hello, world!")
Traceback (most recent call last):
  File "<doctestexamples.md[9]>", line 1, in <module>
odd("Hello, world!")
  File "<doctestexamples.md[6]>", line 2, in odd
    return n % 2 != 0
TypeError: not all arguments converted during string formatting
```

이것은 파이썬의 매우 유연한 규칙으로 인한 중요한 결과이다. 예외를 일으키는 어리석은 일을 하는 것을 막을 수 있는 것은 없다. 다음은 중요한 팁이다.

TIP

> 파이썬은 객체에 실제 존재하지 않는 메서드에 접근하는 것을 막지 않는다.

이 예제에서는 str 클래스에서 제공하는 % 연산자가 int 클래스에서 제공하는 % 연산자와 같은 방식으로 작동하지 않아서 예외가 발생한다. 문자열에서 % 연산자는 자주 사용되지 않지만 보간^{interpolation}을 수행한다. "a=%d" % 113은 문자열 'a=113'으로 연산된다. 왼쪽에 %d와 같은 형식 지정이 없는 경우의 예외가 TypeError이다. 정수의 경우에는 나눗셈의 나머지이다. 355 % 113은 정수 16을 반환한다.

이런 유연성은 잠재적인 문제에 대한 정교한 예방보다는 사용의 용이성을 선호한다는 것을 반영한다. 즉 사람들이 정신적인 오버헤드 없이 변수 이름을 정할 수 있게 해준다.

파이썬의 내부 연산자는 피연산자가 연산자의 요구사항을 충족하는지 확인한다. 그러나 앞에서 작성한 함수 정의에는 런타임 타입 검사가 포함돼 있지 않다. 또한 런타임 타입 검사를 위한 코드를 추가하고 싶지도 않다. 그 대신에 도구를 사용해 테스트의 일부로서 코드를 검사한다. 타입 힌트라고 하는 주석을 제공하고 도구를 사용해 타입 힌트의 일관성을 위한 코드 검사를 할 수 있다.

첫 번째로 주석을 살펴보자. 몇 가지 컨텍스트에서 변수 이름 뒤에 콜론 :과 함께 타입 이름이 올 수 있다. 함수 및 메서드에 대한 매개변수에 대해서도 이렇게 할 수 있다. 할당문에서도 이것을 할 수 있다. 또한 함수 또는 클래스 메서드 정의에 -> 구문을 추가해 예상되는 반환 타입을 설명할 수도 있다.

타입 힌트는 다음과 같다.

```
>>> def odd(n: int) -> bool:
...     return n % 2 != 0
```

이 odd() 함수 정의에 두 가지 타입 힌트를 추가했다. 매개변수 n의 인수 값은 정수여야 한다고 지정했다. 또한 결과 값은 불리언 타입의 두 값 중 하나가 되도록 지정했다.

힌트는 저장공간을 약간 소비하지만 런타임에는 영향을 미치지 않는다. 파이썬은 이런 힌트를 무시한다. 즉 이것은 선택사항임을 의미한다. 그러나 코드를 읽는 사람은 타입 힌트를 보고 기뻐할 것이다. 타입 힌트는 코드 작성자의 의도를 알리는 좋은 방법이다. 배우는 동안에는 생략할 수 있지만 이전에 작성한 것을 확장하기 위해 해당 코드로 다시 돌아갈 경우에는 타입 힌트를 좋아하게 될 것이다.

mypy 도구는 힌트의 일관성을 확인하기 위해 사용된다. 파이썬에 내장돼 있지 않으며 별도의 다운로드 및 설치가 필요하다. 이 장의 뒷부분인 써드파티 라이브러리 절에서 가상 환경과 도구 설치에 대해 설명할 것이다. 지금은 python -m pip install mypy 또는 아나콘다를 사용하는 경우에는 conda install mypy를 사용해 설치한다.

src 디렉터리에 bad_hints.py라는 파일이 있고, 이 파일 안에 다음과 같이 두 함수와 main() 함수를 호출하기 위한 몇 줄이 있다고 가정해보자.

```
def odd(n: int) -> bool:
  return n % 2 != 0

def main():
```

```
    print(odd("Hello, world!"))

if __name__ == "__main__":
  main()
```

OS의 터미널 프롬프트에서 다음과 같이 mypy 명령을 실행하면

```
% mypy --strict src/bad_hints.py
```

mypy는 적어도 다음을 포함해 여러 잠재적인 문제를 찾아낼 것이다.

```
src/bad_hints.py:12: error: Function is missing a return type
annotation
src/bad_hints.py:12: note: Use "-> None" if function does not return
a value
src/bad_hints.py:13: error: Argument 1 to "odd" has incompatible type
"str"; expected "int"
```

파일 위쪽에 여기 표시되지 않은 주석들이 있기 때문에 def main(): 문은 예제의 12번째 줄에 있다. 사용하는 버전에 따라 1번 줄에 오류가 있을 수 있다. 이 예제에는 두 가지 문제가 있다.

- main() 함수에 반환 타입이 없다. mypy는 반환값이 없을 경우를 명시하기 위해 -> None을 포함할 것을 제안한다.

- 더 중요한 것은 13번째 줄이다. 코드는 str 값을 사용해 odd() 함수를 평가하려고 한다. 이것은 odd()에 대한 타입 힌트와 일치하지 않으며 발생 가능한 다른 오류가 있음을 나타낸다.

이 책에 있는 대부분의 예제에는 타입 힌트가 있다. 타입 힌트는 선택사항이지만 학습 면에서 도움이 된다고 생각한다. 파이썬의 대부분은 타입과 관련해 포괄적이기 때문에 파이썬 동작을 간결한 표현인 힌트로 설명하기 어려운 경우도 있다. 이 책에서는 이런 극단적인 경우는 피할 것이다.

PEP^Python Enhancement Proposal 585는 타입 힌트를 좀 더 간단하게 만드는 몇 가지 새로운 언어 기능을 다룬다. 이 책의 모든 예제는 mypy 0.812 버전을 사용해 테스트했다. 그 이전 버전은 새로운 구문 및 주석 기법에 몇 가지 문제가 있다.

타입 힌트로 매개변수와 속성을 설명하는 방법에 대해 이야기했으니 이제 실제로 클래스를 만들어보자.

파이썬 클래스 생성

파이썬이 매우 깔끔한 언어라는 사실을 깨달으려고 파이썬 코드를 많이 작성해 볼 필요는 없다. 파이썬은 뭔가를 만들고 싶을 때 수많은 전제조건 코드를 설정하지 않고 그냥 할 수 있다. 아마도 본 적이 있겠지만 파이썬의 hello world 코드는 한 줄에 불과하다.

마찬가지로 파이썬 3에서 가장 간단한 클래스는 다음과 같다.

```
class MyFirstClass:
    pass
```

이 책의 첫 번째 객체지향 프로그램이다. 클래스 정의는 class 키워드로 시작한다. 그 뒤에 클래스를 식별하는 이름이 오며 콜론으로 끝난다.

TIP

클래스 이름은 반드시 문자나 밑줄로 시작해야 하며 문자, 밑줄, 또는 숫자로만 구성될 수 있다는 표준 파이썬 변수 명명 규칙을 따라야 한다. 또한 파이썬 스타일 가이드, 일명 PEP 8은 클래스 이름은 대문자로 시작하고 이후의 모든 단어도 대문자로 시작하는 CapWords 표기법을 사용할 것을 권장한다.

클래스 정의 다음 줄부터는 들여쓰기된 클래스 내용이 온다. 다른 파이썬 구조체도 마찬가지이지만, 클래스를 구분하고자 다른 많은 언어에서 사용하는 중괄호, 키워드, 또는 대괄호가 아닌 들여쓰기가 사용된다. 또한 탭으로 들여쓰기한 다른 사람의 코드에 맞춰야 하는 이유가 없는 한 스타일 가이드에 따라 들여쓰기에는 네 개의 공백을 사용한다.

이 첫 번째 클래스에 실제로 데이터나 동작을 추가하지 않았기 때문에 두 번째 줄에 pass 키워드를 사용해 더 이상 추가 작업이 필요하지 않음을 나타낸다.

가장 기본적인 이 클래스로 할 수 있는 일이 많지 않다고 생각할 수도 있지만, 이 클래스의 객체를 인스턴스화 할 수 있다. 이 클래스를 파이썬 3 인터프리터에 로드해 대화식으로 실행해 볼 수 있다. 이렇게 하려면 앞에 나온 클래스 정의를 first_class.py라는 파일에 저장한 후 python -i first_class.py 명령을 실행한다. -i 인수는 파이썬이 코드를 실행한 다음 대화형 인터프리터로 이동하도록 한다. 다음의 인터프리터 세션은 이 클래스와의 기본적인 상호작용을 보여준다.

```
>>> a = MyFirstClass()
>>> b = MyFirstClass()
>>> print(a)
<__main__.MyFirstClass object at 0xb7b7faec>
>>> print(b)
<__main__.MyFirstClass object at 0xb7b7fbac>
```

이 코드는 객체 변수 이름 a와 b를 할당해 새 클래스로부터 두 객체를 인스턴스화한다. 클래스의 인스턴스를 생성하는 것은 클래스 이름과 괄호를 입력하는 간단한 일이다. 일반적인 함수 호출과 유사해 보인다. 클래스를 호출하면 새 객체가 생성된다. 출력될 때 두 객체는 자신이 어떤 클래스이고 어떤 메모리 주소에 있는지 알려준다. 메모리 주소는 파이썬 코드에서 많이 사용되지 않지만 여기서는 두 객체가 서로 별개의 객체임을 보여준다.

is 연산자를 사용해 그들이 별개의 객체임을 알 수 있다.

```
>>> a is b
False
```

이것은 많은 객체를 생성하고 각 객체에 서로 다른 변수 이름을 할당할 때 혼란을 줄이는 데 도움이 될 수 있다.

속성 추가

여기 기본 클래스가 있지만 쓸모는 없다. 데이터를 갖고 있지 않으며 아무것도 하지 않는다. 주어진 객체에 속성을 할당하려면 어떻게 해야 할까?

사실 속성을 추가하기 위해 클래스 정의에서 특별히 해야 할 것은 없다. 점 표기법dot notation을 사용해 인스턴스화 된 객체에 임의의 속성을 설정할 수 있다. 다음 예제를 보라.

```
class Point:
  pass

p1 = Point()
p2 = Point()

p1.x = 5
p1.y = 4

p2.x = 3
p2.y = 6

print(p1.x, p1.y)
print(p2.x, p2.y)
```

이 코드를 실행하면 끝에 있는 두 개의 print 문이 두 객체의 새 속성값을 말해준다.

```
5 4
3 6
```

이 코드는 데이터나 동작이 없는 빈 Point 클래스를 생성한다. 그 다음에 해당 클래스에서 두 개의 인스턴스를 만들고 각 인스턴스에 x, y 좌표를 할당해 2차원에서 점의 위치를 지정한다. 객체의 속성에 값을 할당하려면 <객체>.<속성> = <값> 구문을 사용하면 된다. 이를 점 표기법이라고 한다. 값은 파이썬 원시 자료형, 내장 데이터 타입, 또는 다른 객체 등 무엇이든 될 수 있다. 또한 함수나 다른 클래스가 될 수도 있다.

이렇게 속성을 생성하는 것은 mypy 도구에 혼란을 준다. Point 클래스 정의에 힌트를 포함하는 쉬운 방법은 없다. p1.x: float = 5와 같이 할당문에서 힌트를 포함할 수 있다.

타입 힌트 및 속성에 대한 훨씬 더 나은 접근방식이 있으며 이 방법은 이 장의 뒤쪽에 있는 '객체 초기화' 절에서 살펴볼 것이다. 먼저 클래스 정의에 동작을 추가해보자.

동작 추가

이제 속성이 있는 객체를 가지게 됐다. 하지만 객체지향 프로그래밍은 실제로 객체 간의 상호작용에 관한 것이다. 즉 이런 속성에 어떤 일이 일어나게 하는 행위를 불러 일으키는 데 관심이 있다. 데이터가 있는 지금이 바로 클래스에 동작을 추가할 때다.

Point 클래스에 몇 가지 행위를 모델링 해보자. 점을 x, y가 모두 0인 원점으로 이동하게 하는 reset 메서드로 시작할 수 있다. 매개변수가 필요하지 않기 때문에 시작하기 좋은 코드이다.

```
class Point:
  def reset(self):
    self.x = 0
    self.y = 0

p = Point()
p.reset()
print(p.x, p.y)
```

이 print 문은 두 속성이 모두 0임을 보여준다.

```
0 0
```

파이썬에서 메서드는 함수와 동일한 형식으로 지정된다. def 키워드로 시작하고 그 뒤에 공백과 메서드 이름이 온다. 그 뒤에는 일련의 매개변수 목록을 포함하는 괄호가 오며 콜론으로 끝난다. 인스턴스 변수라고도 하는 self 매개변수는 잠시 후에 살펴볼 것이다. 다음 줄부터는 들여쓰기로 메서드 내부의 명령문을 포함한다. 이 명령문들은 객체 자체에 그리고 메서드가 적합하다고 판단한 전달받은 매개변수에 대해 수행되는 임의의 파이썬 코드이다.

reset() 메서드는 힌트가 널리 사용되는 위치가 아니기 때문에 타입 힌트를 생략했다. '객체 초기화' 절에서 힌트를 사용하기 좋은 위치에 대해 살펴볼 것이다. 먼저 이 인스턴스 변수에 대해서 그리고 self 변수가 어떻게 작동하는지 좀 더 살펴보자.

self

문법적으로 클래스의 메서드와 클래스 외부의 함수 사이의 한 가지 차이점은 메서드는 하나의 필수 인수를 갖는다는 것이다. 이 인수는 관례적으로 self라고 명명된다. 이제까지 파이썬 개발자가 이 변수를 다른 이름으로 사용하는 것을 본 적이 없다. 관례는 매우 강력한 것이다. 하지만 개발자가 이것을 this 또는 심지어 Martha라고 부르는 것을 기술적으로 막을 수는 없지만 PEP 8에 성문화된 파이썬 커뮤니티의 사회적 압력을 인정하고 self를 고수하는 것이 가장 좋다.

메서드에 대한 self 인수는 메서드가 호출되는 객체에 대한 참조이다. 이 객체는 클래스의 인스턴스이며 그래서 종종 인스턴스 변수라고도 한다.

이 변수를 통해 해당 객체의 속성과 메서드에 액세스 할 수 있다. self 객체의 x, y 속성을 설정할 때 reset 메서드 안에서 수행되는 것이다.

> **TIP**
>
> 클래스와 객체의 차이점에 주의하라. 메서드는 클래스에 붙은 함수로 생각할 수 있다. self 매개변수는 해당 클래스의 특정 인스턴스를 참조한다. 두 개의 서로 다른 객체에서 메서드를 호출하면 동일한 메서드를 두 번 호출하지만 두 개의 다른 객체를 self 매개변수로 전달한다.

p.reset() 메서드를 호출할 때 self 인수를 전달할 필요는 없다. 파이썬은 이 부분을 자동으로 처리한다. p 객체의 메서드를 호출하고 있다는 것을 알고 있으므로 해당 객체 p를 Point 클래스의 메서드에 자동으로 전달한다.

메서드를 클래스에 속한 함수로 생각하는 것이 도움이 될 수 있다. 객체에 대한 메서드를 호출하는 대신 클래스에 정의된 함수를 호출해 해당 객체를 self 인수로서 명시적으로 전달할 수도 있다.

```
>>> p = Point()
>>> Point.reset(p)
>>> print(p.x, p.y)
```

내부적으로 앞의 예제와 똑같은 프로세스가 발생하기 때문에 출력은 동일하다. 이것은 실제로 좋은 프로그래밍 방법은 아니지만 self 인수에 대한 이해를 확고히 하는 데는 도움이 된다.

만약 클래스 정의에서 self 인수 넣는 것을 잊으면 어떻게 될까? 파이썬은 다음 오류 메시지와 함께 종료된다.

```
>>> class Point:
...     def reset():
...         pass
...
>>> p = Point()
>>> p.reset()
Traceback (most recent call last):
  File "<stdin>", line 1, in <module>
TypeError: reset() takes 0 positional arguments but 1 was given
```

이 오류 메시지는 그렇게 명확하지 않다. "이 바보야, self 인수를 잊었어"라는 메시지가 더 유용할 것이다. 인수가 누락됐음을 나타내는 오류 메시지를 본다면 메서드 정의에서 self 매개변수를 잊었는지 가장 먼저 확인해야 한다.

여러 개의 인수

여러 개의 인수는 메서드에 어떻게 전달할까? 원점뿐만 아니라 임의의 위치로 점을 이동시킬 수 있는 새로운 메서드를 추가해보자. 다른 Point 객체를 입력으로 받아들이고 그 두 점 사이의 거리를 반환하는 또 하나의 메서드도 추가한다.

```
import math

class Point:
  def move(self, x: float, y: float) -> None:
```

```
      self.x = x
      self.y = y

  def reset(self) -> None:
    self.move(0, 0)

  def calculate_distance(self, other: "Point") -> float:
    return math.hypot(self.x - other.x, self.y - other.y)
```

두 개의 속성 x와 y, 세 개의 메서드인 move(), reset(), calculate_distance()가 있는 클래스를 정의했다.

move() 메서드는 x, y의 두 인수를 받아들이고 self 객체에 값을 설정한다. reset은 알려진 특정 위치로의 이동일 뿐이기 때문에 reset() 메서드는 move() 메서드를 호출한다.

calculate_distance() 메서드는 두 점 사이의 유클리드 거리를 계산한다. 거리를 계산하는 방법은 여러 가지가 있다. 3장 '객체가 유사한 경우'의 사례 연구에서 몇 가지 대안을 살펴볼 것이다. 지금은 다음 수식을 이해하길 바란다. 정의는 $\sqrt{(x_s - x_o)^2 + (y_s - y_o)^2}$ 이며 이것은 math.hypot() 함수이다. 파이썬에서는 self.x를 사용하지만 수학자들은 x_s를 선호한다.

다음은 이 클래스 정의를 사용하는 예제이다. 이것은 인수를 사용해 메서드를 호출하는 방법을 보여준다. 괄호 안에 인수를 넣고 동일한 점 표기법을 사용해 인스턴스의 메서드 이름에 액세스한다. 메서드를 테스트하기 위해 임의의 위치를 선택했다. 테스트 코드는 각 메서드를 호출하고 콘솔에 결과를 출력한다.

```
>>> point1 = Point()
>>> point2 = Point()

>>> point1.reset()
>>> point2.move(5, 0)
>>> print(point2.calculate_distance(point1))
5.0
>>> assert point2.calculate_distance(point1) ==
point1.calculate_distance(
...     point2
... )
```

```
>>> point1.move(3, 4)
>>> print(point1.calculate_distance(point2))
4.47213595499958
>>> print(point1.calculate_distance(point1))
0.0
```

assert 문은 훌륭한 테스트 도구이다. assert 이후의 표현식이 False, 0, 공란, 또는 None
으로 평가되면 프로그램은 종료된다. 이 경우에는 어느 한 점이 다른 점의 calculate_
distance() 메서드를 호출하는지에 상관없이 거리가 동일한지 확인하기 위해 사용한다.
더 엄격한 테스트를 작성하게 될 13장, '객체지향 프로그램 테스트'에서 assert를 많이
사용하는 것을 보게 될 것이다.

객체 초기화

move를 사용하거나 또는 직접 액세스해서 Point 객체의 x, y 위치를 명시적으로 설정하
지 않으면 실제 위치가 없는 Point 객체가 생길 수 있다. 위치가 없는 이 점에 액세스를
시도하면 어떻게 될까?

그냥 실행해보자. 시도하고 그 결과를 보는 것은 파이썬 연구에 매우 유용하다. 대화형
인터프리터를 열고 입력하라. 대화형 프롬프트는 이 책을 쓸 때 사용한 도구 중 하나
이다.

다음 세션은 누락된 속성에 액세스하려고 하면 어떤 일이 발생하는지 보여준다. 이전
예제를 파일로 저장했거나 책과 함께 배포된 예제를 사용하는 경우 python -i more_
arguments.py 명령을 사용해 파이썬 인터프리터에 로드할 수 있다.

```
>>> point = Point()
>>> point.x = 5
>>> print(point.x)
5
>>> print(point.y)
Traceback (most recent call last):
  File "<stdin>", line 1, in <module>
AttributeError: 'Point' object has no attribute 'y'
```

이번엔 적어도 유용한 예외를 던졌다. 예외에 대해서는 4장, '예상치 못한 상황을 예상하기'에서 자세히 다룰 것이다. 무엇인가를 잘못 타이핑한 경우에 나오는 SyntaxError와 같은 것은 아마도 전에 본 적이 있을 것이다. 이 시점에서는 단지 무엇인가 잘못됐음을 경고한다.

이 출력은 디버깅에 유용하다. 대화형 인터프리터에서는 첫 번째 줄에서 오류가 발생했음을 알려주는데, 대화형 세션에서는 한 번에 한 줄만 실행되므로 이는 부분적으로만 맞다. 파일에서 스크립트를 실행하는 경우에는 정확한 줄 번호를 알려주기 때문에 문제가 되는 코드를 쉽게 찾을 수 있다. 또한 오류가 AttributeError임을 보여주고 오류의 의미를 알 수 있는 유용한 메시지를 제공한다.

이 오류를 잡아서 수정할 수 있지만 이 경우에는 일종의 기본값을 지정해야 할 것 같다. 아마도 모든 새 객체는 기본값으로 reset()을 해주거나 아니면 객체를 만들 때 어떤 위치에 생성돼야 하는지 사용자가 강제로 알려주도록 할 수 있다면 좋을 것이다.

흥미롭게도 mypy는 y가 Point 객체의 속성인지 여부를 결정할 수 없다. 속성은 정의에 따라 동적이므로 클래스 정의의 일부로서 속성에 대해 단순한 리스트를 가지고 있지 않다. 그러나 파이썬에는 예상되는 속성 집합의 이름을 지정하는 데 도움이 되는 몇 가지 널리 따르는 규약이 있다.

대부분의 객체지향 프로그래밍 언어에는 객체가 만들어질 때 객체를 생성하고 초기화하는 특수 메서드 인 생성자constructor 개념이 있다. 그런데 파이썬은 조금 달라서 생성자와 함께 초기화 메서드initializer를 갖는다. 생성자 메서드인 __new__()는 매우 특이한 것을 하지 않는 한 거의 사용되지 않는다. 그래서 훨씬 더 일반적인 초기화 메서드 __init__()에 대해 논의할 것이다.

파이썬 초기화 메서드는 __init__ 이라는 특별한 이름을 갖고 있다는 점을 제외하면 다른 메서드와 동일하다. 앞뒤에 있는 이중 밑줄은 이것이 파이썬 인터프리터가 특별한 경우로 취급하는 특수 메서드임을 의미한다.

이제 Point 객체가 인스턴스화 될 때 사용자가 x, y 좌표를 반드시 제공해야 하는 초기화 함수를 Point 클래스에 추가해보자.

```python
class Point:
  def __init__(self, x: float, y: float) -> None:
    self.move(x, y)

  def move(self, x: float, y: float) -> None:
    self.x = x
    self.y = y

  def reset(self) -> None:
    self.move(0, 0)

  def calculate_distance(self, other: "Point") -> float:
    return math.hypot(self.x - other.x, self.y - other.y)
```

Point 인스턴스를 구성하는 방법은 다음과 같다.

```python
point = Point(3, 5)
print(point.x, point.y)
```

이제 Point 객체는 x, y 좌표 없이는 절대 존재하지 않는다. 적절한 초기화 매개변수를 포함하지 않은 채 Point 인스턴스를 생성하려고 하면 이전에 메서드 정의에서 self 인수를 잊었을 때와 유사하게 "인수 부족" 오류로 인해 인스턴스 생성이 실패할 것이다.

대부분의 경우 초기화 문은 __init__() 함수에 넣는다. 모든 속성이 __init__() 메서드에서 초기화 됐는지 확인하는 것은 매우 중요하다. 이렇게 하면 모든 속성을 한 곳의 분명한 위치에서 제공함으로써 mypy 도구에 도움이 된다. 또한 다른 사람이 코드를 읽는 데에도 도움이 된다. 클래스 정의 외부에 설정된 미스터리한 속성을 찾기 위해 전체 애플리케이션을 뒤지지 않아도 되게 해주기 때문이다.

선택사항이지만 메서드 매개변수와 결과 값에 대해 타입 주석을 포함하는 것은 대개 도움이 된다. 각 매개변수 이름 뒤에 각 값의 예상 타입을 포함했다. 정의문 끝에 -> 연산자와 메서드에서 반환되는 타입을 포함했다.

타입 힌트와 기본 인수

앞서 몇 번 언급했듯이 타입 힌트는 옵션이다. 런타임에 아무 것도 하지 않는다. 하지만 일관성을 확인하기 위해 힌트를 검사할 수 있는 도구가 있다. mypy는 타입 힌트를 확인하는 데 널리 사용된다.

두 개의 인수가 필수로 요구되도록 만들고 싶지 않다면 파이썬 함수가 기본 인수를 제공할 때 사용하는 것과 동일한 구문을 사용할 수 있다. 키워드 인수 구문은 각 변수 이름 뒤에 등호를 추가한다. 호출 객체가 이 인수를 제공하지 않으면 기본 인수가 대신 사용된다. 변수는 여전히 함수에서 사용할 수 있지만 인수 리스트에서 지정된 값을 갖는다. 다음은 그 예이다.

```
class Point:
    def __init__(self, x: float = 0, y: float = 0) -> None:
        self.move(x, y)
```

개별 매개변수에 대한 정의가 길어져 코드 줄이 매우 길어질 수 있다. 일부 예제에서는 논리적으로 한 줄인 코드가 물리적으로 여러 줄로 확장된 것을 볼 수 있다. 이것은 파이썬이 () 안의 물리적 줄들을 결합하는 방식에 의존한다. 줄이 길어지면 다음과 같이 작성할 수 있다.

```
class Point:
    def __init__(
        self,
        x: float = 0,
        y: float = 0
    ) -> None:
        self.move(x, y)
```

이 스타일은 자주 사용되지는 않지만 유효하며 줄을 더 짧고 읽기 쉽게 해준다.

타입 힌트와 기본 인수는 편리하지만 새로운 요구사항이 발생했을 때 사용하기 쉽고 확장하기 쉬운 클래스를 제공하기 위해 할 수 있는 일은 이보다 훨씬 더 많다. 이제 독스트링docstrings 형식으로 코드에 문서를 추가할 것이다.

독스트링을 이용한 코드 설명

파이썬은 매우 읽기 쉬운 프로그래밍 언어이며, 어떤 사람들은 코드 자체가 문서라고 말하기도 한다. 하지만 객체지향 프로그래밍을 수행할 때는 각 객체와 메서드가 하는 일을 명확하게 요약하는 API 문서를 작성하는 것이 중요한다. 그러나 문서를 최신 상태로 유지하는 것은 어렵다. 이를 수행하는 가장 좋은 방법은 문서를 코드에 바로 작성하는 것이다.

파이썬은 독스트링으로 이를 지원한다. 각 클래스, 함수, 메서드의 헤더는 콜론으로 끝나는 정의 다음의 첫 번째 들여쓰기 줄에 표준 파이썬 문자열을 가질 수 있다.

독스트링은 아포스트로피(')또는 따옴표(")로 묶인 파이썬 문자열이다. 스타일 가이드에서 한 줄의 길이가 80자를 초과하지 않아야 된다고 제안하기 때문에 종종 독스트링은 상당히 길게 여러 줄에 걸쳐 있을 수 있으며, 이런 경우에는 삼중 아포스트로피(''') 또는 삼중 따옴표(""") 문자로 묶인다.

독스트링은 클래스나 메서드의 목적을 명확하고 간결하게 요약해야 한다. 사용법이 명확하지 않은 매개변수를 설명해야 하며, 또한 API 사용 방법에 대한 짧은 예제를 포함하기에도 좋은 위치이다. API 사용자가 알고 있어야 하는 모든 경고나 문제점도 기록해야 한다.

독스트링에 포함하면 좋은 것 중 하나는 구체적인 예제이다. doctest와 같은 도구는 이런 예제를 찾아 예제가 정확한지 테스트 할 수 있다. 이 책의 모든 예제는 doctest 도구로 확인했다.

독스트링 사용법을 설명하기 위해 완전히 문서화된 Point 클래스로 이 절을 끝낼 것이다.

```python
class Point:
    """
    점을 2차원 좌표로 표현한다.

    >>> p_0 = Point()
    >>> p_1 = Point(3, 4)
    >>> p_0.calculate_distance(p_1)
    5.0
    """

    def __init__(self, x: float = 0, y: float = 0) -> None:
        """
        새 점의 위치를 초기화한다.
        x, y 좌표를 지정할 수 있다.
        그렇지 않으면 점은 기본적으로 원점에 설정된다.

        :param x: float x-coordinate
        :param y: float y-coordinate
        """
        self.move(x, y)

    def move(self, x: float, y: float) -> None:
        """
        점을 2차원 공간에서 새로운 위치로 이동한다.

        :param x: float x-coordinate
        :param y: float y-coordinate
        """
        self.x = x
        self.y = y

    def reset(self) -> None:
        """
        점을 기하학적 원점인 0, 0으로 재설정한다.
        """
        self.move(0, 0)

    def calculate_distance(self, other: "Point") -> float:
        """
        현재 점에서 매개변수로 전달받은 두번째 점까지의
        유클리드 거리를 계산한다.

        :param other: Point instance
```

```
        :return: float distance
        """
        return math.hypot(self.x - other.x, self.y - other.y)
```

이 파일 내용을 대화형 인터프리터에 입력하거나 또는 python -i point.py와 같이 저장된 파일을 실행해 로드한다. 그리고 파이썬 프롬프트에서 help(Point)<엔터>를 입력한다.

다음 출력과 같이 클래스에 대해 깔끔하게 형식화된 문서가 보여야 한다.

```
Help on class Point in module point_2:

class Point(builtins.object)
 |  Point(x: float = 0, y: float = 0) -> None
 |
 |  Represents a point in two-dimensional geometric coordinates
 |
 |  >>> p_0 = Point()
 |  >>> p_1 = Point(3, 4)
 |  >>> p_0.calculate_distance(p_1)
 |  5.0
 |
 |  Methods defined here:
 |
 |  __init__(self, x: float = 0, y: float = 0) -> None
 |      Initialize the position of a new point. The x and y
 |      coordinates can be specified. If they are not, the
 |      point defaults to the origin.
 |
 |      :param x: float x-coordinate
 |      :param y: float x-coordinate
 |
 |  calculate_distance(self, other: 'Point') -> float
 |      Calculate the Euclidean distance from this point
 |      to a second point passed as a parameter.
 |
 |      :param other: Point instance
 |      :return: float distance
 |
 |  move(self, x: float, y: float) -> None
 |      Move the point to a new location in 2D space.
```

```
|        :param x: float x-coordinate
|        :param y: float x-coordinate
|
|    reset(self) -> None
|        Reset the point back to the geometric origin: 0, 0
|
|    ----------------------------------------------------------------
|    Data descriptors defined here:
|
|    __dict__
|        dictionary for instance variables (if defined)
|
|    __weakref__
|        list of weak references to the object (if defined)
```

이 문서는 내장 함수에 대한 문서만큼 세련되게 보이며, `python -m doctest point_2.py`와 같이 실행해 독스트링에 표시된 예제를 확인할 수도 있다.

또한 mypy를 실행해 타입 힌트도 확인할 수 있다. `mypy --strict src/*.py`를 사용해 src 폴더의 모든 파일을 확인한다. 문제가 없으면 mypy 애플리케이션은 출력을 생성하지 않는다. mypy는 표준 설치에 포함되지 않으므로 추가적으로 설치해야 한다는 것을 기억하라. 설치해야 하는 추가 패키지에 대한 정보는 서문을 확인하라.

모듈과 패키지

이제 클래스를 생성하고 객체를 인스턴스화하는 방법을 배웠다. 객체지향이 아닌 코드도 마찬가지이지만 너무 많은 클래스를 작성하게 되면 클래스를 추적하기 어려워진다. 작은 프로그램의 경우엔 모든 클래스를 하나의 파일에 넣고 파일 끝에 작은 스크립트를 추가해 클래스들과 상호작용을 시작할 수 있다. 그러나 프로젝트가 커지면 정의한 많은 클래스 중에서 편집해야 할 클래스를 찾기가 어려울 수 있다. 이것이 바로 모듈module이 필요한 지점이다. 모듈은 단순한 파이썬 파일 그 이상은 아니다. 작은 프로그램 안에서 단일 파일은 하나의 모듈이다. 두 개의 파이썬 파일은 두 개의 모듈이다. 같은 폴더에 두 개의 파일이 있다면 한 모듈의 클래스를 로드해 다른 모듈에서 사용할 수 있다.

파이썬 모듈 이름은 파일 이름에서 .py가 없는 이름이다. model.py라는 파일은 model이라는 모듈이다. 모듈 파일은 로컬 디렉터리와 설치된 패키지가 있는 경로를 검색해 찾을 수 있다.

import 문은 모듈을 임포트 하거나 모듈에서 특정 클래스나 함수를 임포트 할 때 사용된다. 앞에 나온 Point 클래스에서 이미 그 예를 보았다. import 문을 사용해 파이썬의 내장 math 모듈을 가져와 거리 계산을 위해 hypot() 함수를 사용했다. 이제 새로운 예제를 시작해보자.

예를 들어 전자상거래 시스템을 구축하는 경우 데이터베이스에 많은 데이터가 저장돼있을 것이다. 데이터베이스 액세스와 관련된 모든 클래스와 함수를 별도의 파일에 넣고센스있게 database.py라고 이름 붙일 수 있다. 그러면 다른 모듈, 예를 들어 고객 모델, 제품 정보, 재고 등의 모듈에서 데이터베이스에 액세스하기 위해 database 모듈로부터 클래스를 임포트 할 수 있다.

database라는 모듈부터 시작하자. 이것은 Database 클래스를 갖고 있는 database.py라는 파일이다. 두 번째 모듈인 products는 제품관련 쿼리를 담당한다. products 모듈의 클래스는 database 모듈로부터 Database 클래스를 인스턴스화해야 데이터베이스의 제품 테이블에 대한 쿼리를 실행할 수 있다.

Database 클래스에 액세스하고자 사용할 수 있는 import 구문에는 여러 가지 변형이 있다. 한 가지는 모듈을 전체적으로 임포트하는 것이다.

```
>>> import database
>>> db = database.Database("path/to/data")
```

이 버전은 database 모듈을 임포트해서 database 네임스페이스namespace를 생성한다. database 모듈의 모든 클래스와 함수는 database.<something> 표기법을 사용해 액세스할 수 있다.

또는 from...import 구문을 사용해 필요한 클래스 하나만 임포트할 수 있다.

```
>>> from database import Database
>>> db = Database("path/to/data")
```

이 버전은 database 모듈에서 Database 클래스만 임포트한다. 몇 개의 모듈에서 몇 개의 항목만 필요한 경우에 이 방법은 database.Database와 같이 완전히 정규화된 이름의 사용을 단순화하는 데 도움이 될 수 있다. 여러 다른 모듈에서 많은 항목을 가져올 때 이처럼 식별자를 생략하면 잠재적으로 혼란의 원인이 될 수도 있다.

어떤 이유로 products 파일 안에 이미 Database라는 클래스가 있어서 두 이름을 혼동하지 않게 하려면 products 모듈 안에서 사용할 때의 클래스 이름을 바꿀 수 있다.

```
>>> from database import Database as DB
>>> db = DB("path/to/data")
```

또한 하나의 선언문으로 여러 항목을 임포트 할 수도 있다. database 모듈에 Query 클래스도 포함돼 있다면 다음 코드를 사용해 두 클래스를 모두 임포트할 수 있다.

```
from database import Database, Query
```

다음 구문을 사용해 database 모듈에서 모든 클래스와 함수를 가져올 수 있다.

```
from database import *
```

TIP

이렇게 사용하지 말라. 경험이 많은 대부분의 파이썬 개발자라면 이 구문을 절대 사용하지 말라고 말할 것이다. 몇몇 사람은 이것이 유용한 특정 상황이 있다고 말하지만 동의하지 않는다. 이 구문을 피해야 하는 이유를 배우는 한 가지 방법은 이 구문을 사용하고 2년 후에 다시 그 코드를 이해하려고 해보는 것이다. 하지만 이제 간단한 설명으로 잘못 작성된 코드와 2년의 시간을 절약할 수 있다.

이 구문을 피해야 하는 몇 가지 이유는 다음과 같다.

- `from database import Database`를 사용해 파일 맨 위에서 Database 클래스를 명시적으로 임포트하면 Database 클래스의 출처를 쉽게 확인할 수 있다. 나중에 파일의 400번 줄에 db = Database()라고 사용하더라도 import 문을 보면 빠르게 해당 Database 클래스가 어디에서 왔는지 알 수 있다. 그 다음에 Database 클래스의 사용 방법에 대한 설명이 필요하면 원본 파일을 방문하거나 대화형 인터프리터에서 모듈을 임포트하고 help(database.Database) 명령을 사용할 수도 있다. 하지만 from database import * 구문을 사용하면 해당 클래스가 있는 위치를 찾는 데 훨씬 더 오래 걸린다. 그러면 코드 유지 관리는 굉장히 어려워질 것이다.

- 상충되는 이름이 있는 건 좋지 않다. Database라는 이름의 클래스를 제공하는 서로 다른 두 개의 모듈이 있다고 가정해 보자. from module_1 import *와 함께 from module_2 import *를 사용하면 두 번째 임포트 문이 첫 번째 임포트로 생성된 Database 이름을 덮어쓴다. import module_1 및 import module_2를 사용해 모듈 이름을 식별자로 이용해 module_1.Database와 module_2.Database를 명확하게 구분한다.

- 또한 대부분의 코드 편집기는 일반적인 임포트를 사용하는 경우에 안정적인 코드 완성 기능, 클래스 정의로의 이동 기능, 인라인 문서 등과 같은 추가 기능을 제공할 수 있다. import * 구문은 이런 기능을 안정적으로 수행하지 못하게 한다.

- 마지막으로 import * 구문을 사용하면 예상치 못한 객체를 로컬 네임스페이스로 가져올 수 있다. 물론 임포트 되는 모듈에 정의된 모든 클래스와 함수를 임포트하지만, 특별히 __all__ 리스트가 모듈에 제공되지 않는 한 이 임포트는 해당 파일로 임포트된 모든 클래스나 모듈도 임포트할 수 있다.

모듈에서 사용되는 모든 이름은 해당 모듈에 정의돼 있든 또는 다른 모듈로부터 명시적으로 임포트했든 정확히 지정된 위치에서 가져와야 한다. 갑자기 어딘가에서 튀어나온 변수가 없어야 한다. 현재 네임스페이스에 있는 이름이 어디에서 유래됐는지 즉시 식별할 수 있어야 한다. 이 구문을 사용하면 언젠가 "이 클래스는 도대체 어디서 나온 거야?" 하는 당혹스러운 순간이 올 수 있다.

재미를 위해 대화형 인터프리터에 `import this`를 입력해보라. 파이썬 개발자들에게 익숙한 관용구들을 몇 가지 농담과 함께 요약한 멋진 시를 출력한다. 앞의 논의와 관련된 것으로 "Explicit is better than implicit(명시적인 것이 암시적인 것보다 낫다)"를 들 수 있다. 네임스페이스에 이름을 명시적으로 임포트하면 암시적인 `import *` 구문보다 코드를 훨씬 쉽게 탐색할 수 있다.

모듈 조직화

프로젝트가 점점 더 많은 모듈의 모음으로 성장하면 다른 수준의 추상화, 즉 모듈 수준에서 중첩된 계층 구조를 추가할 수 있다. 하지만 모듈 안에 모듈을 넣을 수는 없다. 하나의 파일은 결국 하나의 파일만 보유할 수 있으며 모듈은 단지 파일일 뿐이다.

하지만 파일은 폴더에 넣을 수 있으며 따라서 모듈도 가능하다. 패키지^{package}는 폴더 안에 있는 모듈 모음이다. 패키지 이름은 폴더 이름이다. 이 폴더가 디렉터리의 다른 폴더와 구별되는 패키지임을 파이썬에게 알려야 한다. 이를 위해서는 폴더에 `__init__.py`라는 일반적으로 비어 있는 파일을 두면 된다. 이 파일이 없으면 해당 폴더에서 모듈을 임포트할 수 없다.

작업 폴더 안에 있는 ecommerce 패키지 안에 모듈을 넣는다. 이 작업 폴더에는 프로그램을 시작하기 위한 main.py 파일도 있다. 다양한 결제 옵션을 위해 ecommerce 패키지 내에 다른 패키지도 추가한다.

깊게 중첩된 패키지를 생성할 때는 약간의 주의가 필요하다. 파이썬 커뮤니티의 일반적인 조언은 "평평한 것이 중첩된 것보다 좋다"이다. 하지만 이 예제에서는 다양한 결제 방법에 대해 몇 가지 공통 기능이 있기 때문에 중첩된 패키지를 생성해야 한다.

src라는 프로젝트 폴더를 루트 디렉터리로 한 폴더 계층 구조는 다음과 같다.

```
src/
  +-- main.py
  +-- ecommerce/
      +-- __init__.py
      +-- database.py
```

```
+-- products.py
+-- payments/
|   +-- __init__.py
|   +-- common.py
|   +-- square.py
|   +-- stripe.py
+-- contact/
    +-- __init__.py
    +-- email.py
```

src 디렉터리는 전체 프로젝트 디렉터리의 일부이다. src 외에도 프로젝트는 종종 docs 나 tests 같은 이름을 가진 디렉터리를 갖는다. 프로젝트 상위 디렉터리에는 mypy와 같은 도구에 대한 구성 파일도 있는 것이 일반적이다. 이에 대해서는 13장, '객체지향 프로그램 테스트'에서 다시 다룰 것이다.

패키지 간에 모듈이나 클래스를 임포트할 때는 패키지 구조에 주의해야 한다. 파이썬 3에서 모듈을 임포트하는 방법에는 절대경로 임포트와 상대경로 임포트의 두 가지가 있다. 각각을 살펴보자.

절대경로 임포트

절대경로 임포트는 임포트 하려는 모듈, 함수, 클래스에 대한 전체 경로를 지정한다. products 모듈 내부의 Product 클래스에 액세스해야 하는 경우 다음 구문 중 하나를 사용해 절대경로 임포트를 수행할 수 있다.

```
>>> import ecommerce.products
>>> product = ecommerce.products.Product("name1")
```

또는 패키지 내의 모듈로부터 단일 클래스 정의를 지정해 임포트할 수 있다.

```
>>> from ecommerce.products import Product
>>> product = Product("name2")
```

또는 패키지에서 전체 모듈을 가져올 수 있다.

```
>>> from ecommerce import products
>>> product = products.Product("name3")
```

import 문은 마침표 연산자를 사용해 패키지 또는 모듈을 구분한다. 패키지는 모듈 이름을 포함하는 네임스페이스이며, 객체가 속성 이름을 포함하는 네임스페이스인 것과 매우 유사하다.

위 선언문들은 모든 모듈에서 작동한다. main.py, database 모듈, 또는 두 결제 모듈 모두에서 이 구문을 사용해 Product 클래스를 인스턴스화 할 수 있다. 실제로 파이썬에서 패키지를 사용할 수 있다고 가정하는 것은 그 패키지를 임포트 할 수 있다는 것이다. 예를 들어 패키지를 파이썬의 site-packages 폴더에 설치하거나 PYTHONPATH 환경 변수에 설정해 임포트 할 패키지나 모듈을 검색하려는 폴더를 파이썬에게 알릴 수 있다.

그렇다면 이 중에 어떤 구문을 선택해야 할까? 그것은 개발자의 취향과 애플리케이션에 달려 있다. 사용하려는 products 모듈 내에 수십 개의 클래스와 함수가 있는 경우에는 일반적으로 from ecommerce import products 구문을 사용해 모듈 이름을 임포트한 다음 products.Product를 사용해 개별 클래스에 액세스한다. products 모듈에서 한 두 개의 클래스만 필요한 경우에는 from ecommerce.products import Product 구문을 사용해 직접적으로 임포트할 수 있다. 다른 사람들이 읽고 확장하기 쉬운 코드를 작성하는 것이 중요하다.

상대경로 임포트

깊이 중첩된 패키지 내부에서 관련된 여러 모듈로 작업할 때 전체 경로를 지정하면 이미 부모 모듈의 이름을 알고 있기 때문에 중복되는 것처럼 보인다. 이 때 상대경로 임포트가 필요하다. 상대경로 임포트는 기본적으로 현재 모듈을 기준으로 상대적인 위치에 있는 클래스, 함수, 모듈을 찾는 방법이다. 상대경로 임포트는 모듈 파일 안에서만 의미가 있으며, 더 나아가 복잡한 패키지 구조가 있는 경우에만 의미가 있다.

예를 들어 products 모듈에서 작업 중이고 그 옆에 있는 database 모듈에서 Database 클래스를 가져오려면 상대경로 임포트를 사용할 수 있다.

```
from .database import Database
```

database 앞의 마침표는 현재 패키지 안에 있는 database 모듈을 사용한다는 것을 나타 낸다. 이 경우 현재 패키지는 현재 편집 중인 products.py 파일이 포함된 패키지, 즉 ecommerce 패키지이다.

ecommerce.payments 패키지 내부의 stripe 모듈을 편집하고 있는 경우 예를 들어 부모 패키지 내의 database 모듈을 사용하길 원할 수 있다. 이것은 다음과 같이 두 개의 마침 표로 쉽게 할 수 있다.

```
from ..database import Database
```

더 많은 마침표를 사용해 계층 구조를 더 올라갈 수 있지만 어느 시점에서는 패키지가 너무 많다는 것을 인정해야 한다. 물론, 다른 한쪽 아래로 내려갔다가 다른 폴더로 다시 올라갈 수도 있다. 다음은 email 모듈의 send_mail 함수를 payments.stripe 모듈로 임포 트하려는 경우 해당 모듈이 포함된 ecommerce.contact 패키지로부터 임포트하는 예 이다.

```
from ..contact.email import send_mail
```

이 임포트는 두 개의 마침표를 사용해 payments 패키지의 부모를 나타내고 〈패키지〉.〈모 듈〉 구문을 사용해 email 모듈 이름을 찾기 위해 contact 패키지로 내려간다.

상대경로 임포트는 보이는 것만큼 유용하지 않다. 앞서 언급했듯이 파이썬은 "평평한 것이 중첩된 것보다 좋다"고 말한다. 파이썬의 표준 라이브러리는 패키지가 적고 중첩 패키지는 거의 없기 때문에 비교적 평평하다. 자바Java에 익숙하다면 파이썬 커뮤니티에 서 피하고 싶어할 정도로 패키지가 깊이 중첩돼 있음을 알 것이다. 패키지 사이에서 모 듈 이름이 재사용되는 특정 문제를 해결하려면 상대경로 임포트가 필요하다. 상대경로 임포트는 몇 가지 경우에 도움이 될 수 있다. 부모의 공용 패키지를 찾기 위해 두 개 이 상의 점이 필요하다는 것은 디자인을 평평하게 만들어야 한다는 것을 암시한다.

전체로서의 패키지

패키지 내의 모듈이 아닌 패키지에서 직접 온 것처럼 보이는 코드를 임포트할 수 있다. 보게 되겠지만, 포함된 모듈은 특수한 이름을 가지고 있기 때문에 숨겨진다. 이 예제에는 database.py와 products.py라는 두 개의 모듈 파일을 갖는 ecommerce 패키지가 있다. database 모듈에는 많은 위치에서 액세스되는 db 변수가 있다. from ecommerce.database import db가 아니라 from ecommerce import db로 임포트할 수 있다면 편리하지 않겠는가?

디렉터리를 패키지로 정의하는 __init__.py 파일을 기억하는가? 이 파일은 자주 사용하는 변수나 클래스 선언을 포함해 패키지의 일부로 사용할 수 있다. 예제의 ecommerce/__init__.py 파일에 다음 선언문을 넣는다.

```
from .database import db
```

그러면 main.py나 다른 파일에서 다음 임포트 문을 사용해 db 속성에 액세스할 수 있다.

```
from ecommerce import db
```

이것은 ecommerce/__init__.py 파일을 ecommerce.py 파일처럼 생각하면 도움이 된다. 즉 ecommerce 패키지가 패키지 프로토콜뿐만 아니라 모듈 프로토콜도 가지고 있는 것으로 볼 수 있다.

이것은 모든 코드를 하나의 모듈에 넣었다가 나중에 이를 나눠 여러 모듈을 가진 패키지로 변경하기로 결정한 경우에 유용할 수 있다. 새 패키지에 대한 __init__.py 파일이 여전히 이를 사용하는 다른 모듈과의 주요 접점이 될 수 있지만, 코드는 내부적으로 여러 모듈 또는 하위 패키지로 구성될 수 있다.

하지만 __init__.py 파일에 많은 코드를 넣지 않는 것이 좋다. 개발자는 이 파일에서 실제 로직이 발생할 것으로 예상하지 않으며, from x import *의 경우와 마찬가지로 코드의 특정 부분에서 선언을 찾고 있는데 __init__.py를 확인할 때까지 찾을 수 없는 경우엔 문제가 될 수 있다.

일반적인 모듈을 살펴봤으니 이제 모듈 내부에 무엇이 있어야 하는지 살펴보자. 다른 언어와 달리 규칙은 유연하다. 자바에 익숙하다면 파이썬이 자유롭게 항목을 묶을 수 있게 한다는 것을 알 수 있을 것이다.

모듈 내에서의 코드 조직화

파이썬 모듈은 중요한 개념이다. 모든 애플리케이션 또는 웹 서비스에는 하나 이상의 모듈이 있다. 단순해 보이는 파이썬 스크립트도 모듈이다. 하나의 모듈 안에 변수, 클래스, 함수 등을 지정할 수 있다. 이는 네임스페이스 충돌 없이 전역 상태^{global state}를 저장하는 편리한 방법일 수 있다. 예를 들어 예제에서는 다양한 모듈 안에서 Database 클래스를 임포트한 다음에 인스턴스화했지만, database 모듈로부터 전역으로 사용 가능한 하나의 database 객체만 갖는 것이 더 합리적일 수 있다. database 모듈은 다음과 같을 수 있다.

```python
class Database:
    """데이터베이스 클래스 구현"""

    def __init__(self, connection: Optional[str] = None) -> None:
        """데이터베이스에 대한 연결 생성"""
        pass

database = Database("path/to/data")
```

그런 다음에 앞에서 언급한 임포트 방법 중 하나를 사용해 database 객체에 액세스할 수 있다.

```python
from ecommerce.database import database
```

이전 클래스의 문제점은 모듈이 처음 임포트 될 때, 즉 일반적으로 프로그램이 시작될 때 즉시 database 객체가 생성된다는 것이다. 데이터베이스에 연결하는 데 시간이 오래 걸리거나, 구동이 느려지거나, 또는 구성 파일을 읽어야 해서 데이터베이스 연결 정보를 아직 사용할 수 없는 경우가 있기 때문에 이 상황이 항상 이상적인 것은 아니다. 모듈 수준의 변수를 생성하기 위한 initialize_database() 함수를 호출함으로써 실제로 필요한 시점까지 database 객체의 생성을 지연시킬 수 있다.

```
db: Optional[Database] = None

def initialize_database(connection: Optional[str] = None) -> None:
  global db
  db = Database(connection)
```

Optional[Database] 타입 힌트는 이것이 None이거나 Database 클래스의 인스턴스를 가질 수 있음을 mypy에 알린다. Optional 힌트는 typing 모듈에 정의돼 있다. 이 힌트는 database 변수의 값이 None이 아닌지 확인하기 위해 애플리케이션의 다른 곳에서 유용하게 사용될 수 있다.

global 키워드는 파이썬에게 initialize_database() 내부의 database 변수가 함수 외부의 모듈 수준임을 알려준다. 변수를 전역으로 지정하지 않았다면 파이썬은 함수가 종료되면 없어질 새로운 지역 변수를 생성하고, 모듈 수준의 값은 변경되지 않은 채로 있을 것이다.

한 가지 추가 변경이 필요하다. database 모듈을 전체로서 임포트해야 한다. 모듈 내부로부터 db 객체를 임포트할 수는 없다. 아직 초기화되지 않았을 수 있기 때문이다. db가 의미있는 값을 갖기 전에 database.initialize_database()가 호출됐는지 확인해야 한다. 데이터베이스 객체에 직접 액세스 하려면 database.db를 사용한다.

일반적인 대안은 현재의 데이터베이스 객체를 반환하는 함수이다. 데이터베이스에 대한 액세스가 필요한 모든 곳에서 이 함수를 임포트할 수 있다.

```
def get_database(connection: Optional[str] = None) -> Database:
  global db
  if not db:
    db = Database(connection)
  return db
```

예제에서 알 수 있듯이 모든 모듈 수준 코드는 임포트될 때 즉시 실행된다. class 및 def 문은 나중에 함수가 호출될 때 실행될 코드 객체를 만든다. 이것은 전자상거래 예제의 main 스크립트와 같이 실행을 수행하는 스크립트의 경우 까다로운 일이 될 수 있다. 종종 유용한 작업을 수행하는 프로그램을 작성하고 나면 나중에 다른 프로그램에서 그 모듈로부터 함수나 클래스를 임포트하고 싶어진다. 그러나 임포트하는 즉시 모듈 수준의 모든 코드가 실행된다. 주의하지 않으면 그 모듈 내부의 몇 가지 함수에만 액세스 하려다가 결국 그 모듈의 첫 번째 프로그램을 실행해 버릴 수도 있다.

이 문제를 해결하려면 항상 시작 코드를 관례적으로 main()이라 부르는 함수에 넣고 모듈을 스크립트로서 실행하고 있다는 것을 알고 있을 때만 해당 함수를 실행해야 하며, 이 코드가 다른 스크립트에서 임포트될 때는 실행되지 않아야 한다. 다음과 같이 조건문으로 main에 대한 호출을 보호할 수 있다.

```python
class Point:
    """점을 2차원 좌표로 표현한다."""
    pass

def main() -> None:
    """
    유용한 작업을 수행한다.

    >>> main()
    p1.calculate_distance(p2)=5.0
    """
    p1 = Point()
    p2 = Point(3, 4)
    print(f"{p1.calculate_distance(p2)=}")

if __name__ == "__main__":
    main()
```

Point 클래스와 main() 함수는 걱정 없이 재사용할 수 있다. 별다른 프로세스가 발생하지 않도록 이 모듈의 내용을 임포트할 수 있다. 그러나 메인 프로그램으로서 실행하면 main() 함수를 실행한다.

이것은 모든 모듈에는 임포트 될 때 모듈의 이름을 지정하는 __name__ 특수 변수가 있기 때문에 작동한다. 파이썬은 클래스의 __init__ 메서드와 같은 특수 변수에 이중 밑줄을 사용한다는 것을 기억하라. python module.py 명령으로 모듈이 직접 실행되면 임포트되는 것이 아니므로 __name__은 임의로 "__main__" 문자열로 설정된다.

메서드는 클래스 안에, 클래스는 모듈 안에, 모듈은 패키지 안에 있다. 이게 전부일까?

사실은 아니다. 이것은 파이썬 프로그램에서 일반적인 순서이지만 유일하게 가능한 레이아웃은 아니다. 클래스는 어디서라도 정의할 수 있다. 일반적으로 모듈 수준에서 정의되지만 다음과 같이 함수 또는 메서드 안에서 정의될 수도 있다.

```python
from typing import Optional

class Formatter:
    def format(self, string: str) -> str:
        pass

def format_string(string: str, formatter: Optional[Formatter] = None)
-> str:
    """
    formatter 객체를 사용해 문자열을 포맷한다.
    formatter는 문자열을 수신하는 format() 메서드를 가져야 한다.
    """

    class DefaultFormatter(Formatter):
        """제목 대소문자 형식으로 문자열을 포맷한다."""

        def format(self, string: str) -> str:
            return str(string).title()

    if not formatter:
        formatter = DefaultFormatter()

    return formatter.format(string)
```

포맷터 클래스에 필요한 것이 무엇인지 설명하기 위해 추상화로 Formatter 클래스를 정의했다. 추상 기본 클래스[abc, abstract base class] 정의를 사용하지 않았다. 이에 대해서는 6장 '추상 기본 클래스와 연산자 오버로딩'에서 자세히 설명할 것이다. 대신에 Formatter 클래스에 본문이 없는 메서드를 제공했다. 이런 의도에 대해 mypy가 공식적인 정의를 갖도록 하기 위해 완전한 타입 힌트를 넣었다.

format_string() 함수 안에서 Formatter 클래스를 확장한 내부 클래스를 만들었다. 이것은 공식적으로 함수 내부의 이 클래스에 특정 메서드 집합이 있음을 기대하게 한다. Formatter 클래스 정의, formatter 매개변수, 그리고 DefaultFormatter 클래스의 구체적인 정의 사이의 연결은 실수로 무언가를 잊지 않았음을 보장해준다.

이 함수를 다음과 같이 실행할 수 있다.

```
>>> hello_string = "hello world, how are you today?"
>>> print(f" input: {hello_string}")
 input: hello world, how are you today?
>>> print(f"output: {format_string(hello_string)}")
output: Hello World, How Are You Today?
```

format_string 함수는 문자열과 옵션인 formatter 객체를 받아들인 다음 해당 문자열에 포맷터를 적용한다. Formatter 인스턴스가 제공되지 않으면 로컬 클래스로 자체 포맷터를 만들고 인스턴스화한다. 함수 범위 안에서 생성되기 때문에 이 클래스는 해당 함수 외부에서 액세스할 수 없다. 이와 마찬가지로 함수도 다른 함수 내에서 정의할 수 있다. 일반적으로 모든 파이썬 명령문은 언제든지 실행할 수 있다.

이런 내부 클래스와 내부 함수는 모듈 수준에서의 범위에 필요하지 않거나 적합하지 않거나 단일 메서드 안에서만 의미가 있는 일회성일 때 유용하다. 그러나 이 기법을 자주 사용하는 파이썬 코드는 일반적이지 않다.

클래스를 만드는 방법과 모듈을 만드는 방법을 살펴봤다. 이런 핵심 기술로 문제 해결에 유용하고 도움이 되는 소프트웨어를 만드는 것에 대해 생각할 수 있다. 하지만 애플리케이션이나 서비스가 커지면 종종 경계의 문제가 발생한다. 객체가 서로의 프라이버시를 존중해 소프트웨어가 복잡한 상호관계 속에서 혼란스럽게 얽히는 것을 피해야 한다. 각 클래스가 멋지게 캡슐화된 것이 훨씬 좋다. 이제 좋은 디자인을 만들기 위해 소프트웨어를 조직화하는 또 다른 측면을 살펴볼 것이다.

⠿ 데이터 액세스 제어

대부분의 객체지향 프로그래밍 언어에는 액세스 제어^{access control}라는 개념이 있다. 이것은 추상화와 관련이 있다. private, 즉 비공개로 표시된 객체의 속성과 메서드는 해당 객체만 액세스할 수 있음을 의미한다. protected로 표시된 것은 해당 클래스와 그 하위 클래스만 액세스할 수 있음을 의미한다. 나머지는 public, 즉 공개이므로 다른 객체의 액세스가 허용된다.

그러나 파이썬은 이렇게 하지 않는다. 파이썬은 언젠가 방해가 될 수 있는 것을 강제적으로 요구하지 않는다. 대신 강제적이지 않은 가이드라인과 모범 사례를 제공한다. 기술적으로 클래스의 모든 메서드와 속성은 공개적으로 사용할 수 있다. 메서드를 공개적으로 사용하지 못하게 하려는 경우에는 해당 메서드가 내부 전용임을 나타내는 메모를 독스트링에 넣을 수 있다. 독스트링에는 가급적이면 공개 API의 작동 방식에 대한 설명도 함께 포함하는 것이 좋다.

종종 "여기 있는 모두는 성인이다"라는 말로 이것을 상기시킬 수 있다. 모두가 소스 코드를 볼 수 있다면 변수를 private으로 선언할 필요가 없다.

관례에 따라 일반적으로 내부 속성이나 내부 메서드 앞에는 밑줄 문자 _를 붙여야 한다. 파이썬 개발자는 이것을 내부 변수로 이해하고 직접 액세스하기 전에 세 번 생각할 것이다. 그러나 개발자가 내부 변수에 액세스 하는 것이 최선이라고 생각한다면 인터프리터에는 그것을 막을 수 있는 것이 없다. 그들이 그렇게 생각한다면 굳이 막을 이유가 무엇인가? 그 클래스가 나중에 어떤 용도로 사용될지, 그리고 추후 릴리즈에서 제거될지 전혀 알 수 없기 때문이다. 밑줄 문자를 붙이는 것은 그것을 되도록 사용하지 말라는 경고 표시이다.

외부 객체가 프로퍼티나 메서드에 액세스하지 않도록 강력하게 제안할 수 있는 또 다른 방법이 있다. 접두사로 이중 밑줄 __ 을 사용한다. 이것은 해당 속성에 대해 네임 맹글링 name mangling을 수행한다. 본질적으로 네임 맹글링은 외부 객체가 정말로 원할 경우 여전히 메서드를 호출할 수 있지만 그것을 위해서는 추가 작업이 필요하며 속성이 비공개로 유지돼야 한다는 강력한 표시이다.

이중 밑줄을 사용하면 프로퍼티 앞에 _<클래스이름>이 붙는다. 클래스의 메서드가 내부적으로 변수에 액세스하면 자동으로 맹글링이 해제된다. 외부 클래스가 이 비공개 프로퍼티에 액세스하기를 원하면 그것은 스스로 네임 맹글링 처리를 해야만 한다. 따라서 네임 맹글링은 프라이버시를 보장하지 않으며 단지 강력하게 권할 뿐이다. 이런 경우는 매우 드물며 사용되는 경우 종종 혼란의 원인이 된다.

TIP

> 자신의 코드에 새로운 이중 밑줄 이름을 만들지 말라. 그것은 슬픔과 고통만 초래할 뿐이다. 이중 밑줄은 파이썬에서 내부적으로 정의된 특수 이름을 위해 예약된 것으로 생각하라.

중요한 것은 디자인 원리인 캡슐화가 클래스의 메서드가 속성에 대한 상태 변경을 캡슐화하도록 보장한다는 것이다. 속성 또는 메서드가 비공개인지 아닌지 여부는 캡슐화를 통해 나오는 좋은 디자인에 영향을 주지 않는다.

캡슐화 원리는 개별 클래스 뿐만 아니라 많은 클래스를 갖는 모듈에도 적용된다. 또한 많은 모듈을 갖는 패키지에도 적용된다. 객체지향 파이썬의 설계자는 책임을 분리하고 기능을 명확하게 캡슐화해야 한다.

이 책은 문제 해결을 위해 파이썬을 사용하고 있다. 파이썬은 유용한 소프트웨어를 만드는 데 도움이 되는 거대한 표준 라이브러리를 제공한다. 방대한 표준 라이브러리가 파이썬을 "배터리 포함" 언어로 설명하는 이유이다. 상자에서 꺼내자마자 필요한 거의 모든 것이 있으며 배터리를 사기 위해 상점으로 달려갈 필요가 없다.

표준 라이브러리 외부에는 훨씬 더 광범위한 써드파티 패키지가 있다. 다음 절에서는 더 많은 기성품을 이용해 파이썬을 확장하는 방법을 살펴볼 것이다.

⠿ 써드파티 라이브러리

파이썬은 파이썬을 실행하는 모든 기기에서 사용할 수 있는 패키지와 모듈의 모음인 표준 라이브러리와 함께 제공된다. 그러나 여기에 필요한 모든 것이 포함돼 있지 않다는 것을 곧 알게 될 것이다. 이 경우에는 두 가지 옵션이 있다.

- 지원 패키지를 직접 작성

- 다른 사람의 코드를 사용

패키지를 라이브러리로 바꾸는 자세한 방법에 대해서는 다루지 않겠지만, 해결해야 할 문제가 있으나 코딩하고 싶지 않은 경우에는 http://pypi.python.org/의 파이썬 패키지 색인PyPI, Python Package Index에서 원하는 라이브러리를 찾을 수 있다. 최고의 개발자는 게으르기 때문에 직접 작성하는 대신 기존의 입증된 코드를 재사용하는 것을 선호한다. 설치하려는 패키지를 찾았다면 pip라는 도구를 사용해 설치할 수 있다.

다음과 같은 운영체제 명령을 사용해 패키지를 설치할 수 있다.

```
% python -m pip install mypy
```

아무런 준비 없이 이 작업을 시도하면 시스템 파이썬 디렉터리에 써드파티 라이브러리를 직접 설치하거나, 또는 시스템 파이썬을 업데이트할 권한이 없다는 오류가 발생할 가능성이 크다.

파이썬 커뮤니티의 일반적인 합의는 OS의 일부로 존재하는 파이썬은 건드리지 않는다는 것이다. 이전의 Mac OS X 릴리즈에는 파이썬 2.7이 설치돼 있었다. 이것은 최종 사용자가 실제로 사용할 수 없다. OS의 일부로 생각하는 것이 가장 좋다. 이것을 무시하고 새로 파이썬을 설치하라.

파이썬에는 작업 디렉터리에 가상 환경으로 파이썬 설치 환경을 제공하는 유틸리티인 venv라는 도구가 있다. 이 환경을 활성화하면 파이썬과 관련된 명령이 시스템 파이썬 대신 가상 환경의 파이썬에서 작동한다. 따라서 pip 또는 python 명령을 실행할 때 시스템 파이썬을 전혀 건드리지 않는다. 사용 방법은 다음과 같다.

```
cd project_directory
python -m venv env
source env/bin/activate      # 리눅스 또는 맥OS에서 사용
env/Scripts/activate.bat     # 윈도우에서 사용
```

다른 OS의 경우 가상 환경을 활성화하는 데 필요한 사항은 https://docs.python.org/3/library/venv.html을 참조하라.

가상 환경이 활성화되면 python -m pip가 가상 환경에 새 패키지를 설치하고 OS의 파이썬은 그대로 둔다. 이제 python -m pip install mypy 명령을 사용해 현재의 가상 환경에 mypy 도구를 추가할 수 있다.

권한이 요구되는 파일에 액세스할 수 있는 가정용 컴퓨터에서는 단일한 중앙의 시스템 파이썬에서 새 패키지를 설치하고 작업하는 데 어려움을 겪을 수 있다. 시스템 디렉터리에 특수한 권한이 필요한 엔터프라이즈 컴퓨팅 환경에서는 가상 환경이 필요하다. 가상 환경 접근방식은 항상 작동하지만 중앙집중식 시스템 수준의 접근방식은 항상 작동하는 것이 아니기 때문에 일반적으로 가상 환경을 만들고 사용하는 것이 가장 좋다.

각 파이썬 프로젝트에 대해 서로 다른 가상 환경을 만드는 것이 일반적이다. 가상 환경은 어디에나 저장할 수 있지만 다른 프로젝트 파일과 동일한 디렉터리에 보관하는 것이 좋다. Git과 같은 버전 제어 도구로 작업할 때 .gitignore 파일은 가상 환경이 Git 저장소에 들어가지 않도록 할 수 있다.

새로운 프로젝트를 시작할 때 디렉터리를 만들고 cd 명령어로 해당 디렉터리로 이동한다. 그 다음에 python -m venv env 유틸리티를 실행해 일반적으로 env와 같은 간단한 이름을 사용하거나 때로는 CaseStudy39와 같은 더 복잡한 이름을 사용해 가상 환경을 만든다.

마지막으로 앞에 나온 코드의 마지막 두 줄 중 하나를 사용해 주석에 표시된 대로 운영체제에 따라 환경을 활성화한다.

프로젝트에서 작업을 수행할 때마다 cd로 디렉터리를 이동하고 source 또는 activate.bat 줄을 실행해 특정 가상 환경을 사용한다. 프로젝트를 전환할 때는 deactivate 명령으로 환경 설정을 해제한다.

가상 환경은 써드파티 종속성을 파이썬의 표준 라이브러리와 별도로 유지하는 데 필수적이다. 일반적으로 특정 라이브러리의 다른 버전에 의존하는 여러 프로젝트가 존재한다. 예를 들어 이전 버전의 웹사이트는 Django 1.8에서 실행되고 최신 버전은 Django 2.1에서 실행될 수 있다. 각 프로젝트를 별도의 가상 환경에 두면 두 버전의 Django에서 쉽게 작업할 수 있다. 또한 다른 도구를 사용해 동일한 패키지를 설치하려는 경우 시스템 설치 패키지와 pip 설치 패키지 간의 충돌을 방지한다. 마지막으로 가상 환경은 OS 파이썬을 둘러싼 OS 권한에 대한 제한을 우회한다.

> **TIP**
>
> 가상 환경을 효과적으로 관리하기 위한 여러 써드파티 도구가 있다. 이 도구로는 virtualenv, pyenv, virtualenvwrapper, conda 등이 있다. 데이터 과학 환경에서 작업하는 경우에는 더 복잡한 패키지를 설치할 수 있도록 conda를 사용해야 할 수도 있다. conda는 써드파티 패키지의 거대한 파이썬 생태계를 관리하는 문제를 해결하기 위한 다양한 접근 방식이 적용된 많은 기능을 가지고 있다.

⁙ 사례 연구

이 절에서는 실제적인 예제의 객체지향 디자인을 확장한다. 구축할 소프트웨어를 설명하고 요약하는 데 도움이 되는 UML 다이어그램부터 시작하자.

여기서는 클래스 정의를 파이썬으로 구현하는 것에 대한 여러 고려사항을 설명할 것이다. 정의할 클래스를 설명하는 다이어그램을 검토하는 것으로 시작한다.

논리 뷰

다음은 빌드해야 하는 클래스의 개요이다. 한 가지 새 메서드를 제외하고는 이전 장에 나온 모델과 같다.

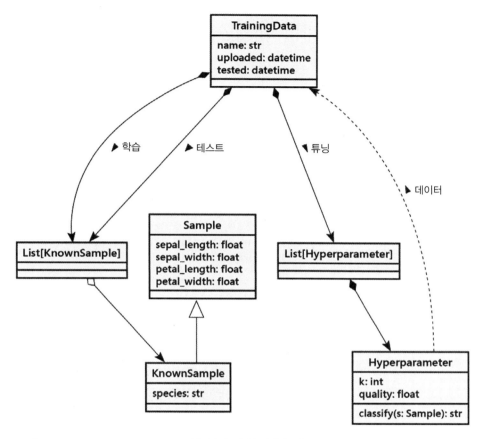

그림 2.2 논리 뷰 다이어그램

핵심 데이터 모델을 정의하는 세 개의 클래스와 리스트 클래스를 사용한 클래스가 있다. 리스트를 사용하는 클래스는 List 타입 힌트로 표시했다. 다음은 이 네 가지 핵심 클래스이다.

- TrainingData 클래스는 데이터 샘플의 두 가지 리스트, 즉 모델 학습에 사용되는 리스트와 모델 테스트에 사용되는 리스트가 있는 컨테이너이다. 두 리스트 모두 KnownSample 인스턴스로 구성된다. 또한 하이퍼파라미터[hyperparameter] 값을 갖는 리스트도 있다. 일반적으로 하이퍼파라미터는 모델의 동작을 변경하는 튜닝값이다. 여기서의 아이디어는 최고 품질의 모델을 찾기 위해 여러 가지 하이퍼파라미터로

테스트하는 것이다. 또한 이 클래스에 약간의 메타데이터^{metadata}를 할당했다. 작업 중인 데이터의 이름, 데이터를 처음 업로드한 일시^{datetime}, 모델에 대해 테스트를 수행한 일시이다.

- Sample 클래스의 각 인스턴스는 작업 데이터의 핵심 부분이다. 이 예제의 데이터는 아이리스의 꽃받침^{sepal} 길이와 너비, 꽃잎^{petal} 길이와 너비를 측정한 것이다. 식물학과 대학원생들이 이 데이터를 수집하기 위해 많은 꽃을 주의깊게 측정했다. 그들이 일하는 동안 잠시 멈춰 꽃 향기를 맡을 시간이 있었기를 바란다.

- KnownSample 객체는 확장된 Sample이다. 이 부분의 디자인은 3장 '객체가 유사한 경우'의 초점이다. KnownSample은 분류돼 할당된 종^{species}이라는 속성이 Sample에 추가된 것이다. 이것은 학습 및 테스트에 사용할 수 있도록 숙련된 식물학자가 데이터를 분류한 것이다.

- Hyperparameter 클래스는 고려해야 할 최근접 이웃의 수를 정할 때 사용되는 k를 갖고 있다. 또한 이 k 값을 사용한 테스트 요약도 속성으로 갖는다. 품질^{quality}은 얼마나 많은 테스트 샘플이 정확히 분류됐는지 알려준다. k가 1이나 3처럼 작은 값이면 잘 분류되지 않을 것으로 예상할 수 있다. 또한 매우 큰 값의 k도 품질이 좋지 않을 것으로 예상되며, 따라서 k는 중간 정도의 값이 더 잘 작동할 것으로 기대한다.

다이어그램의 KnownSample 클래스는 별도의 클래스 정의일 필요가 없다. 세부적으로 작업을 진행하면서 이런 각 클래스에 대한 몇 가지 대안적인 디자인을 살펴볼 것이다.

Sample 및 KnownSample 클래스부터 시작하자. 파이썬은 새 클래스를 정의하기 위한 세 가지 필수 경로를 제공한다.

- class 정의. 여기서는 이것에 집중할 것이다.

- @dataclass 정의. 이것은 여러 가지 내장 기능을 제공한다. 편리하긴 하지만 일부 세부 구현 사항을 흐릴 수 있기 때문에 파이썬을 처음 사용하는 개발자에게는 적합하지 않다. 이것에 대해서는 7장, '파이썬 데이터 구조'에서 따로 살펴볼 것이다.

- `typing.NamedTuple` 클래스 확장. 이 정의의 가장 주목할만한 특징은 객체의 상태를 변경할 수 없다는 것이다. 즉 속성값을 변경할 수 없다. 변하지 않는 속성은 애플리케이션의 버그가 학습 데이터를 엉망으로 만들지 않도록 하는 데 유용할 수 있다. 이것도 7장에서 살펴볼 것이다.

첫 번째 디자인 결정은 파이썬의 `class` 문을 사용해 `Sample`과 그 하위클래스인 `KnownSample`에 대한 클래스 정의를 작성하는 것이다. 이것은 데이터클래스와 네임드튜플(NamedTuple)을 사용하는 대안으로 향후에 7장에서 대체될 수 있다.

샘플과 그 상태

그림 2.2의 다이어그램은 `Sample` 클래스와 확장된 `KnownSample` 클래스를 보여준다. 이것은 다양한 종류의 샘플을 완전히 분해한 것 같지 않다. 사용자 스토리와 프로세스 뷰를 검토해보면 차이나는 부분이 있는 것 같다. 특히 사용자에 의한 "분류 요청"에는 미지의 샘플이 필요하다. 미지의 샘플은 `Sample`과 동일한 꽃 측정값 속성을 가지고 있지만 `KnownSample`에 할당된 `species` 속성은 없다. 더 나아가 속성값을 추가하는 상태 변경도 없다. 미지의 샘플은 식물학자에 의해 공식적으로 분류되지 않는다. 그것은 알고리듬에 의해 분류되지만 식물학자가 아닌 AI일 뿐이다.

따라서 `Sample`의 두 가지 하위 클래스를 만들 수 있다.

- `UnknownSample`: 이 클래스는 `Sample`의 처음 4개 속성을 포함한다. 사용자는 분류를 할 때 이 객체를 제공한다.
- `KnownSample`: 이 클래스에는 `Sample` 속성과 함께 분류 결과 속성, 즉 종 이름이 있다. 이것은 모델 학습 및 테스트에 사용된다.

일반적으로 클래스 정의는 상태와 동작을 캡슐화하는 것이다. 사용자가 제공하는 UnknownSample 인스턴스는 종이 없이 시작된다. 그 다음에 분류기 알고리듬이 종을 추론한 후 Sample은 알고리듬에 의해 할당된 종을 갖도록 상태를 변경한다.

클래스 정의에 대해 항상 해야 하는 질문은 다음과 같다.

"상태의 변화와 함께 동작의 변화가 있는가?"

이 경우에 일어날 수 있는 새로운 일이나 다른 일은 없는 것 같다. 아마도 이것은 몇 가지 옵션 속성을 갖는 단일 클래스로 구현될 수 있을 것이다.

또 한가지 가능한 상태 변경 문제가 있다. 현재 Sample 객체를 학습 또는 테스트 서브셋으로 분할하는 책임을 맡은 클래스가 없다. 이것도 일종의 상태 변경이다.

이것은 두 번째 중요한 질문으로 이어진다.

"이 상태 변경을 담당하는 클래스는 무엇인가?"

이 경우에서 TrainingData 클래스가 테스트 데이터와 학습 데이터의 구별을 가지고 있어야 할 것 같다.

클래스 디자인을 자세히 살펴볼 때 도움이 되는 한 가지 방법은 개별 샘플의 다양한 상태를 모두 열거하는 것이다. 이 기법은 필요한 클래스 속성을 찾는 데 도움이 된다. 또한 클래스의 객체에 대한 상태를 변경하는 메서드를 식별하는 데 도움이 된다.

샘플의 상태 전환

이제 Sample 객체의 수명 주기를 살펴보자. 객체의 수명 주기는 객체 생성에서 시작해 상태가 변경되고 경우에 따라 더 이상 참조가 없을 때 수명이 종료된다. 다음과 같은 세 가지 시나리오가 있다.

1. **초기 로드**: 원시 데이터의 소스로부터 TrainingData 객체를 채우기 위해 load() 메서드가 필요하다. 9장, '문자열, 직렬화, 파일 경로'의 내용을 일부 미리 보면, CSV 파일을 읽으면 딕셔너리의 시퀀스가 생성된다. load() 메서드는 CSV 리더를 사용해 Sample 객체를 만들고, 종 속성값과 함께 이를 KnownSample 객체로 만든다고 예상할 수 있다. 그 다음에 load() 메서드는 KnownSample 객체를 학습 및 테스트 리스

트로 분할하며, 이는 TrainingData 객체에 대한 중요한 상태 변경이다.

2. **하이퍼파라미터 테스트**: Hyperparameter 클래스에는 test() 메서드가 필요하다. test() 메서드는 연관된 TrainingData 객체의 테스트 데이터셋과 함께 작동한다. 각 샘플에 대해 분류기를 적용하고 식물학자가 지정한 종과 AI 알고리듬의 추측이 일치하는 항목의 수를 센다. 이는 test() 메서드가 테스트에 사용하는 단일 샘플에 대해 분류기를 적용하는 classify() 메서드가 필요하다는 것을 알려준다. test() 메서드는 품질 점수로 Hyperparameter 객체의 상태를 업데이트할 것이다.

3. **사용자의 분류 요청**: RESTful 웹 애플리케이션은 요청을 처리하기 위해 종종 별도의 뷰 함수를 사용한다. 미지의 샘플을 분류하라는 요청을 처리할 때 뷰 함수는 분류에 사용되는 Hyperparameter 객체를 갖는다. 이 객체는 최고의 결과를 내기 위해 식물학자가 선택한다. 사용자 입력은 UnknownSample 인스턴스가 된다. 뷰 함수는 Hyperparameter.classify() 메서드를 적용해 분류된 아이리스의 종을 사용자에 대한 응답으로 생성한다. AI가 UnknownSample을 분류할 때 발생하는 상태 변경이 정말로 중요한가? 다음은 그 두 가지 뷰이다.

   - 각 UnknownSample은 classified 속성을 가질 수 있다. 이것을 설정하면 Sample의 상태가 변경된다. 이 상태 변경과 연관된 동작 변경이 있는지는 분명하지 않다.

   - 분류 결과는 Sample의 일부가 아니다. 그것은 뷰 함수의 지역 변수이다. 함수에서의 이 상태 변경은 사용자에게 응답으로 사용되지만 Sample 객체 내에서는 생명이 없다.

이런 대안들의 세부적인 분해에는 다음과 같은 핵심 개념이 있다.

> **TIP**
>
> "정답"은 없다.

어떤 디자인 결정은 비기능적 및 비기술적 사항을 기반으로 한다. 여기에는 애플리케이션의 수명, 미래의 유스 케이스, 유입될 수 있는 추가적인 사용자, 현재 일정 및 예산, 교육적 가치, 기술적 위험, 지적 재산권 생성, 회의에서 데모가 얼마나 멋지게 보일지 등이 포함될 수 있다.

1장 '객체지향 디자인'에서 이 애플리케이션이 소비자 제품 추천을 위한 선구자라는 힌 트를 놓쳤다. 1장에서는 이렇게 말했다. "사용자는 궁극적으로 복잡한 소비자 제품을 다루기 원하지만 어려운 문제를 해결하는 것이 이런 애플리케이션을 구축하는 방법을 배우는 좋은 방식이 아님을 알고 있다. 관리 가능한 수준의 복잡도에서 시작한 다음에 원하는 모든 작업을 수행할 수 있을 때까지 개선하고 확장하는 것이 좋다."

따라서 UnknownSample에서 ClassifiedSample로의 상태 변경을 매우 중요하게 생각할 수 있다. Sample 객체는 추가 마케팅 캠페인을 위해 데이터베이스에 저장되거나, 또는 새 제품을 사용할 수 있게 되고 학습 데이터가 변경될 때 다시 분류될 수도 있다.

UnknownSample 클래스에 분류 결과 및 종 데이터를 유지하기로 결정한다.

이 분석은 모든 다양한 Sample을 다음 디자인으로 통합할 수 있음을 시사한다.

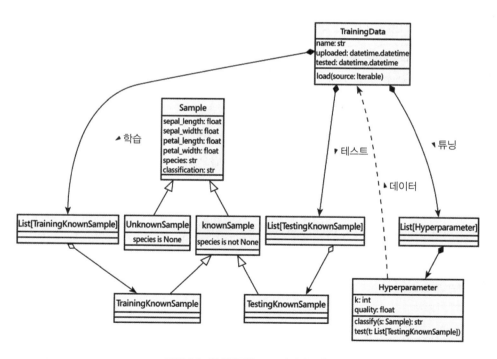

그림 2.3 업데이트된 UML 다이어그램

116

이 뷰는 속이 빈 화살표을 사용해 Sample의 여러 하위 클래스를 보여준다. 여기서는 이 것을 하위 클래스로서 직접 구현하지 않을 것이다. 이런 객체에 대한 몇 가지 분명한 유스 케이스가 있음을 보여주기 위해 화살표를 포함했다. 특히 KnownSample의 상자는 Sample 객체에 대한 고유 특성을 요약하기 위해 "species is not None(종은 None이 아니다)"이라는 조건을 갖는다. 유사하게 UnknownSample은 종 속성값이 None인 Sample 객체의 특성을 명확히 하기 위해 "species is None(종은 None이다)"이라는 조건을 갖는다.

일반적으로는 이런 UML 다이어그램에 파이썬의 "특수" 메서드를 표시하는 것을 피한다. 이것은 시각적 혼란을 최소화하는 데 도움이 된다. 하지만 어떤 경우에는 특수 메서드가 꼭 필요하고 다이어그램에 표시할 가치가 있다. 구현시에는 거의 항상 __init__() 메서드가 필요하다.

실제적으로 도움이 될 수 있는 또 다른 특수 메서드가 있다. __repr__() 메서드는 객체에 대한 표현을 만드는 데 사용된다. 이 표현은 일반적으로 객체를 재구축하기 위한 파이썬 표현식 구문을 갖는 문자열이다. 간단한 숫자의 경우에는 그냥 숫자이다. 간단한 문자열의 경우에는 따옴표가 포함된다. 좀 더 복잡한 객체의 경우 클래스의 세부 정보와 객체의 상태를 표현하기 위해 필요한 모든 파이썬 구두점을 사용한다. 종종 클래스 이름 및 속성값에 f-문자열f-string을 사용한다.

다음은 단일 샘플의 모든 특징을 캡처하는 것으로 보이는 Sample 클래스의 시작이다.

```python
class Sample:

    def __init__(
        self,
        sepal_length: float,
        sepal_width: float,
        petal_length: float,
        petal_width: float,
        species: Optional[str] = None,
    ) -> None:
        self.sepal_length = sepal_length
        self.sepal_width = sepal_width
        self.petal_length = petal_length
        self.petal_width = petal_width
        self.species = species
```

```python
    self.classification: Optional[str] = None

def __repr__(self) -> str:
  if self.species is None:
    known_unknown = "UnknownSample"
  else:
    known_unknown = "KnownSample"
  if self.classification is None:
    classification = ""
  else:
    classification = f", {self.classification}"

  return (
    f"{known_unknown}("
    f"sepal_length={self.sepal_length}, "
    f"sepal_width={self.sepal_width}, "
    f"petal_length={self.petal_length}, "
    f"petal_width={self.petal_width}, "
    f"species={self.species!r}"
    f"{classification}"
    f")"
  )
```

__repr__() 메서드는 이 Sample 객체의 상당히 복잡한 내부 상태를 반영한다. 종의 존재/부재와 분류 결과의 존재/부재에 의해 암시된 상태는 작은 동작의 변경으로 이어진다. 이 시점까지 객체 동작에서의 모든 변경은 객체의 현재 상태를 표시하는 데 사용되는 __repr__() 메서드로 제한된다.

중요한 것은 상태 변화가 동작의 변화로 이어진다는 것이다.

Sample 클래스에는 두 가지 애플리케이션 종속적인 메서드가 있다. 그것은 다음 코드와 같다.

```python
def classify(self, classification: str) -> None:
  self.classification = classification

def matches(self) -> bool:
  return self.species == self.classification
```

classify() 메서드는 미분류에서 분류로의 상태 변경을 정의한다. matches() 메서드는
분류 결과를 식물학자가 지정한 종과 비교한다. 이것은 테스트에 사용된다.

다음은 이런 상태 변경이 어떻게 보이는지에 대한 예이다.

```
>>> from model import Sample
>>> s2 = Sample(
...     sepal_length=5.1, sepal_width=3.5, petal_length=1.4,
petal_width=0.2, species="Iris-setosa")
>>> s2
KnownSample(sepal_length=5.1, sepal_width=3.5, petal_length=1.4,
petal_width=0.2, species='Iris-setosa')
>>> s2.classification = "wrong"
>>> s2
KnownSample(sepal_length=5.1, sepal_width=3.5, petal_length=1.4,
petal_width=0.2, species='Iris-setosa', classification='wrong')
```

이제 Sample 클래스는 실행 가능한 정의를 갖게 됐다. __repr__() 메서드는 상당히 복잡
해 몇 가지 가능한 개선 사항이 있음을 시사한다.

이 메서드는 각 클래스에 대한 책임을 정의하는 데 도움이 될 수 있다. 이것은 속성과 메
서드를 함께 묶기 위한 약간의 추가적인 이유와 함께 속성과 메서드에 대한 요약이 될
수 있다.

클래스 책임

어떤 클래스가 실제 테스트 수행에 책임을 갖는가? TrainingData 클래스가 테스트셋의
각 KnownSample에 대해 분류기를 호출하는가? 아니면 아마도 그렇겠지만 Hyperparameter
클래스에 테스트셋을 제공하고 테스트를 위임하는가? Hyperparameter 클래스는 k 값에
대한 책임이 있고 k-최근접 이웃 알고리듬을 갖고 있으므로 Hyperparameter 클래스가
자신의 k 값과 제공받은 KnownSample 인스턴스의 리스트를 사용해 테스트를 실행하는
것이 합리적으로 보인다.

또한 TrainingData 클래스가 다양한 Hyperparameter에 대한 시도를 기록하기에 적합한
장소인 것이 분명해 보인다. 이는 TrainingData 클래스가 가장 높은 정확도로 아이리스

를 분류하는 *k* 값을 갖는 Hyperparameter 인스턴스를 식별할 수 있음을 의미한다.

여기에 여러가지로 관련된 상태 변경이 있다. 이 경우엔 Hyperparameter와 TrainingData 클래스가 모두 작업의 일부를 수행한다. 전체로서의 시스템은 개별 요소가 상태를 변경함에 따라 시스템의 상태를 변경할 것이다. 이것은 때때로 새롭게 등장하는 동작으로 설명된다. 여기서는 많은 일을 하는 몬스터 클래스를 작성하는 대신에 예상 목표를 달성하기 위해 협력하는 좀 더 작은 클래스들을 작성했다.

TrainingData의 test() 메서드는 UML 이미지에서 보여주지 않은 것이다. Hyperparameter 클래스에는 test()를 포함시켰지만, 당시에는 TrainingData에 추가할 필요가 없어 보였다.

다음은 클래스 정의의 시작이다.

```python
class Hyperparameter:
    """하이퍼파라미터 값과 분류의 전체 품질"""

    def __init__(self, k: int, training: "TrainingData") -> None:
        self.k = k
        self.data: weakref.ReferenceType["TrainingData"] = weakref.ref(training)
        self.quality: float
```

아직 정의되지 않은 클래스에 대한 타입 힌트를 작성하는 방법에 유의하라. 클래스가 파일에서 나중에 정의될 때 아직 정의되지 않은 클래스에 대한 참조는 전방 참조[forward reference]이다. 아직 정의되지 않은 TrainingData 클래스에 대한 전방 참조는 클래스 이름이 아닌 문자열로 제공된다. mypy는 코드를 분석할 때 문자열을 적절한 클래스 이름으로 해석한다.

테스트는 다음 메서드로 정의된다.

```python
def test(self) -> None:
    """전체 테스트 스위트 실행 """
    training_data: Optional["TrainingData"] = self.data()
    if not training_data:
        raise RuntimeError("Broken Weak Reference")
    pass_count, fail_count = 0, 0
```

```
    for sample in training_data.testing:
      sample.classification = self.classify(sample)
      if sample.matches():
        pass_count += 1
      else:
        fail_count += 1
    self.quality = pass_count / (pass_count + fail_count)
```

학습 데이터에 대한 약한 참조를 해결하는 것으로 시작한다. 문제가 있으면 예외가 발생할 것이다. 각 테스트 샘플을 분류한 후 샘플의 classification 속성을 설정한다. matches 메서드는 모델의 분류 결과가 알려진 종과 일치하는지 확인한다. 마지막으로 전체 품질은 통과한 테스트의 비율로 측정된다. 전체 테스트 수에 대해 통과된 수인 정수, 또는 통과된 것의 비율인 부동소수점 수를 사용할 수 있다.

이 장에서는 분류 메서드를 살펴보지 않는다. 10장, '이터레이터 패턴'에서 다루기 위해 남겨둔다. 대신 지금까지 본 요소들을 결합한 TrainingData 클래스를 살펴봄으로써 이 모델을 마칠 것이다.

TrainingData 클래스

TrainingData 클래스에는 Sample 객체의 두 하위 클래스가 담긴 리스트가 있다. Known Sample 및 UnknownSample은 공통 부모 클래스인 Sample에 대한 확장으로 구현할 수 있다.

7장에서 여러 관점으로 이를 살펴볼 것이다. TrainingData 클래스는 또한 Hyperparameter 인스턴스가 담긴 리스트도 가지고 있다. 이 클래스는 앞서 정의된 클래스에 대한 단순하고 직접적인 참조를 가질 수 있다.

이 클래스에는 프로세스를 시작하는 두 가지 메서드가 있다.

- load() 메서드는 원시 데이터를 읽어 학습 데이터와 테스트 데이터로 분할한다. 이 둘은 본질적으로 다른 목적을 가진 KnownSample 인스턴스이다. 학습 서브셋은 k-NN 알고리듬을 훈련시키기 위한 것이다. 테스트 서브셋은 k 하이퍼파라미터가 얼마나 잘 작동하는지 결정하기 위한 것이다.

- `test()` 메서드는 Hyperparameter 객체를 사용해 테스트를 수행하고 결과를 저장한다.

1장의 컨텍스트 다이어그램을 다시 살펴보면 "학습 데이터 제공, 매개변수 및 테스트 분류기 설정, 분류 요청"의 세 가지 사용자 스토리를 볼 수 있다. 주어진 Hyperparameter 인스턴스를 사용해 분류를 수행하는 방법을 추가하는 것이 도움이 될 것 같다. 즉 TrainingData 클래스에 classify() 메서드를 추가한다. 이것은 디자인 작업 초기에는 명확하게 요구되지 않았지만 지금은 좋은 생각일 수 있다.

다음은 클래스 정의의 시작이다.

```python
class TrainingData:
    """샘플을 로드하고 테스트하는 메서드를 가지며,
    학습 및 테스트 데이터셋을 포함한다."""

    def __init__(self, name: str) -> None:
        self.name = name
        self.uploaded: datetime.datetime
        self.tested: datetime.datetime
        self.training: List[Sample] = []
        self.testing: List[Sample] = []
        self.tuning: List[Hyperparameter] = []
```

이 클래스에 대한 변경 이력을 추적하기 위해 여러 속성을 정의했다. 예를 들어 업로드된 시간과 테스트한 시간을 제공한다. training, testing, tuning 속성은 Sample 객체와 Hyperparameter 객체를 갖는다.

여기서는 이 모든 것을 설정하는 메서드를 작성하지 않을 것이다. 이것은 파이썬이며 속성에 대한 직접적인 액세스는 복잡한 애플리케이션을 크게 단순화한다. 책임은 이 클래스에 캡슐화돼 있으며, 일반적인 getter/setter 메서드를 작성하지 않는다.

5장, '객체지향 프로그래밍의 사용 시기'에서 파이썬의 프로퍼티 정의와 같은 몇 가지 기발한 기법, 이런 속성을 처리하는 추가적인 방법을 살펴볼 것이다.

load() 메서드는 다른 객체에서 제공받은 데이터를 처리하도록 디자인됐다. 파일을 열고 읽도록 load() 메서드를 디자인할 수 있었지만 그렇게 하지 않고 TrainingData를 특정 파일 형식 및 논리적 레이아웃에 바인딩한다. 학습 데이터 관리에서 다양한 파일 형식 다루는 것을 분리하는 것이 좋을 것 같다. 5장에서는 입력을 읽고 검증하는 방법을 자세히 살펴볼 것이다. 9장, '문자열, 직렬화, 파일 경로'에서 파일 형식에 대한 고려사항을 다시 살펴볼 것이다.

지금은 학습 데이터를 얻는 부분에 대해 다음과 같은 개요를 사용할 것이다.

```python
def load(
        self,
        raw_data_source: Iterable[dict[str, str]]
) -> None:
    """원시 데이터 로드 및 분할 """
    for n, row in enumerate(raw_data_source):
        ... 필터링 및 서브셋 추출 (6장 참조)
        ... self.training 및 self.testing 서브셋 생성
    self.uploaded = datetime.datetime.now(tz=datetime.timezone.utc)
```

이 메서드는 데이터 소스에 의존한다. Iterable[dict[str, str]] 타입 힌트를 사용해 이 데이터 소스의 프로퍼티를 설명했다. Iterable은 메서드의 결과를 for 문이나 list 함수에서 사용할 수 있다고 말해준다. 이것은 리스트나 파일 등과 같은 컬렉션에 해당된다. 10장, '이터레이터 패턴'의 주제인 제너레이터 함수도 마찬가지이다.

이 이터레이터의 결과는 문자열을 문자열에 매핑하는 딕셔너리어야 한다. 이것은 매우 일반적인 구조이며 다음과 같은 딕셔너리를 요구할 수 있다.

```python
{
    "sepal_length": 5.1,
    "sepal_width": 3.5,
    "petal_length": 1.4,
    "petal_width": 0.2,
    "species": "Iris-setosa"
}
```

이 필수 구조는 이것을 생성할 객체를 빌드할 수 있을 만큼 충분히 유연해 보인다. 자세한 내용은 9장에서 살펴볼 것이다.

나머지 메서드는 대부분의 작업을 Hyperparameter 클래스에 위임한다. 이 클래스는 분류 작업을 직접 수행하기 보다 다른 클래스에 의존해 작업을 수행한다.

```python
def test(
        self,
        parameter: Hyperparameter) -> None:
    """이 하이퍼파라미터 값으로 테스트한다."""
    parameter.test()
    self.tuning.append(parameter)
    self.tested = datetime.datetime.now(tz=datetime.timezone.utc)

def classify(
        self,
        parameter: Hyperparameter,
        sample: Sample) -> Sample:
    """샘플을 분류한다."""
    classification = parameter.classify(sample)
    sample.classify(classification)
    return sample
```

두 경우 모두 특정 Hyperparameter 객체가 매개변수로 제공된다. 테스트의 경우 각 테스트에 대해 고유한 값이 있어야 하기 때문에 이것은 의미가 있다. 그러나 분류를 위해서는 "최상의" Hyperparameter 객체가 분류에 사용돼야 한다.

이 장의 사례 연구에서는 Sample, KnownSample, TrainingData 및 Hyperparameter에 대한 클래스 정의를 만들었다. 이 클래스들은 전체 애플리케이션의 일부를 캡처한다. 물론 몇 가지 중요한 알고리듬을 생략했기 때문에 이것은 완전하지 않다. 명확한 것부터 시작해 동작과 상태 변화를 식별하고 책임을 정의하는 것이 좋다. 그 다음에 디자인 단계에서 이 프레임워크에 대해 세부적으로 채워갈 것이다.

⁑ 정리

다음은 2장의 몇 가지 핵심 사항이다.

- 파이썬에는 데이터 객체가 어떻게 연관돼 있고 메서드와 함수에 대한 매개변수가 무엇이어야 하는지를 설명하는 타입 힌트가 있으며, 타입 힌트 사용은 선택사항이다.

- class 문으로 파이썬 클래스를 생성한다. __init__() 메서드에서 속성을 초기화해야 한다.

- 모듈과 패키지는 상위 수준의 클래스 그룹으로 사용된다.

- 모듈 조직화를 계획해야 한다. 일반적인 조언은 "평평한 것이 중첩된 것보다 좋다" 이지만 중첩된 몇 가지 경우에는 패키지를 갖는 것이 도움이 될 수 있다.

- 파이썬에는 "비공개" 데이터에 대한 개념이 없다. "여기 있는 사람은 모두 성인"이라는 말처럼 누구나 소스 코드를 볼 수 있으며 비공개 선언은 별로 도움이 되지 않는다. 이것으로 인해 디자인을 변경할 필요는 없다. 단지 몇 개의 키워드에 대한 필요를 없애준다.

- PIP 도구를 사용해 써드파티 패키지를 설치할 수 있다. venv를 사용해 가상 환경을 만들 수 있다.

⁑ 연습

몇 가지 객체지향 코드를 작성해보라. 목표는 2장에서 배운 원리와 구문을 사용해 여기서 다룬 주제를 확실히 이해하는 것이다. 파이썬 프로젝트에서 개발한 적이 있다면 다시 돌아가서 프로퍼티나 메서드를 만들고 추가할 수 있는 객체가 있는지 확인해보자. 소스 크기가 크면 몇 개의 모듈이나 패키지로 나눈 후 관련된 구문을 사용해보라. "단순한" 스크립트는 클래스로 리팩토링하면서 커질 수 있지만 그것은 일반적으로 유연성과 확장성을 향상시킨다.

그런 프로젝트가 없었다면 새 프로젝트를 시작하라. 끝내려고 할 필요는 없으며 단지 몇 가지 기초적인 디자인 부분만 뽑아내면 된다. 모든 것을 완전히 구현할 필요는 없다. 전체적인 디자인을 갖추는 데 필요한 것은 단지 print("이 메서드는 이런 작업을 할 것이다")라고 적는 것이다. 이를 하향식 디자인top-down design라고 하며, 서로 다른 상호작용을 해결하고 실제로 수행되는 작업을 구현하기 전에 작동하는 방식을 설명한다. 반대로 상향식 디자인bottom-up design는 세부사항을 먼저 구현한 다음 모든 것을 하나로 묶는 것이다. 두 패턴 모두 유용하지만 객체지향 원리를 이해하는 데는 하향식 흐름이 더 적합하다.

아이디어를 내는 게 어렵다면 할 일 목록관리 애플리케이션을 작성해보라. 매일 해야 할 일을 추적할 수 있다. 항목의 상태가 미완료에서 완료로 변경될 수 있다. 시작했지만 아직 완료되지 않은 항목에 대한 중간 상태를 생각할 수도 있다.

이제 더 큰 프로젝트를 디자인해보자. 카드 놀이를 모델링하는 클래스들은 흥미로운 도전이 될 수 있다. 카드에는 몇 가지 특징이 있지만 규칙에는 많은 변형이 있다. 플레이어가 손에 든 카드인 핸드hand 클래스는 카드가 추가됨에 따라 흥미로운 상태 변경이 생긴다. 좋아하는 카드 게임을 찾아 카드, 핸드, 플레이 등을 모델링하는 클래스를 생성해보라. 승리 전략을 세우는 일은 어려울 수 있으니 건드리지 않는 것이 좋겠다.

크리비지Cribbage와 같은 게임에는 각 플레이어의 손에서 두 장의 카드를 버려 'crib'이라고 부르는 일종의 세 번째 손을 만드는 흥미로운 상태 변경이 있다. 이 게임에서 패키지 및 모듈 임포트 구문을 실험해보라. 다양한 모듈에 함수를 추가하고 다른 모듈 및 패키지에서 임포트를 시도하라. 상대 경로 및 절대 경로 임포트를 사용하라. 그 차이점을 확인하고 각각을 사용하는 시나리오를 상상해보라.

⁝⃗ 요약

2장에서는 파이썬에서 클래스를 만들고 속성과 메서드를 할당하는 것이 얼마나 간단한 지 배웠다. 다른 많은 언어와 달리 파이썬은 생성자와 초기화 메서드를 구분한다. 파이 썬은 액세스 제어에 대해 여유로운 태도를 가지고 있다. 패키지, 모듈, 클래스 및 함수를 포함해 다양한 수준의 범위가 있다. 상대 경로 임포트와 절대 경로 임포트의 차이점, 그리고 파이썬과 함께 제공되지 않는 써드파티 패키지를 관리하는 방법을 학습했다.

다음 3장에서는 상속을 사용한 구현에 대해 자세히 알아볼 것이다.

03

객체가 유사한 경우

프로그래밍 세계에서 중복 코드는 악으로 간주된다. 여러 위치에 같거나 유사한 코드의 사본이 여러 개 있으면 안 된다. 한 사본에서 버그를 수정하고 다른 사본에서 동일한 버그를 수정하지 못하면 그것은 끝없는 문제의 원인이 된다.

유사한 기능을 가진 코드나 객체를 합치는 방법에는 여러 가지가 있다. 3장에서는 가장 유명한 객체지향 원리인 상속inheritance을 다룰 것이다. 1장에서 논의한 것과 같이 상속은 두 개 이상의 클래스 간에 "is-a" 관계를 생성하고, 공통 로직을 상위 클래스로 추상화하고, 각 하위 클래스에서 세부 구현으로 상위 클래스를 확장할 수 있게 해준다. 3장에서는 특히 다음과 같은 파이썬 구문과 원리를 다룰 것이다.

- 기본 상속

- 내장 타입 상속

- 다중 상속

- 다형성과 덕 타이핑

3장의 사례 연구는 이전 장에서 확장된다. *k*-최근접 이웃 계산 부분에서 공통 코드를 관리하는 방법을 찾기 위해 상속 및 추상화 개념을 활용할 것이다.

복사해 붙여넣는 방식의 프로그래밍을 피할 수 있도록 공통 기능을 뽑아내기 위해 상속이 작동하는 방식을 자세히 살펴보는 것으로 시작한다.

⁝ 기본 상속

기술적인 면에서 생성되는 모든 클래스는 상속을 사용한다. 모든 파이썬 클래스는 object라는 특수 내장 클래스의 하위 클래스이다. object 클래스는 파이썬이 모든 객체를 일관되게 처리할 수 있도록 약간의 메타데이터와 몇 가지 내장된 동작을 제공한다.

다른 클래스로부터 명시적으로 상속하지 않으면 클래스는 자동으로 object를 상속한다. 그러나 다음 구문을 사용해 클래스가 object에서 파생된다는 것을 장황하게 선언할 수 있다.

```
class MySubClass(object):
    pass
```

이것이 상속이다. 이 예제는 기술적으로 2장, '파이썬의 객체'에 나온 첫 번째 예제와 다르지 않다. 파이썬 3은 명시적으로 다른 상위 클래스를 제공하지 않으면 모든 클래스는 자동으로 object를 상속한다. 관계에서 상위 클래스 또는 부모 클래스는 상속되는 클래스이며, 이 예제에서는 object이다. 하위 클래스, 즉 이 예제에서 MySubClass는 상위 클래스로부터 상속을 받는 클래스이다. 하위 클래스는 부모 클래스에서 '파생된다'고 하거나 또는 하위 클래스가 부모 클래스를 '확장한다'고 말할 수 있다.

예제에서 알 수 있듯이 상속에는 기본 클래스 정의 외에 최소한의 추가 구문이 필요하다. 클래스 이름과 뒤에 오는 콜론 사이의 괄호 안에 부모 클래스 이름을 넣는 것이다. 이것이 새로운 클래스가 주어진 상위 클래스로부터 파생돼야 한다고 파이썬에게 알려주기 위해 해야 할 전부이다.

실무에서는 상속을 어떻게 사용하고 있을까? 상속의 가장 간단하고 명확한 용도는 기존 클래스에 기능을 추가하는 것이다. 여러 사람의 이름과 이메일 주소를 관리하는 간단한 연락처 프로그램으로 시작해보자. Contact 클래스는 클래스 변수에 모든 연락처를 전역 리스트로 유지 관리하고, 개별 연락처의 이름과 주소를 초기화하는 역할을 한다.

```python
class Contact:
  all_contacts: List["Contact"] = []

  def __init__(self, name: str, email: str) -> None:
    self.name = name
    self.email = email
    Contact.all_contacts.append(self)

  def __repr__(self) -> str:
    return (
      f"{self.__class__.__name__}("
      f"{self.name!r}, {self.email!r}"
      f")"
    )
```

이 예제는 클래스 변수^{class variable}를 소개한다. all_contacts는 클래스 정의의 일부이므로 이 클래스의 모든 인스턴스에서 공유된다. 이는 Contact.all_contacts 리스트가 하나만 존재함을 의미한다. 또한 Contact 클래스 인스턴스의 모든 메서드 내에서 self.all_contacts로 액세스할 수 있다. 객체에서 self를 통해 필드를 찾을 수 없다면 클래스에서 찾을 수 있으며, 따라서 동일한 하나의 리스트를 참조한다.

TIP

self 기반 참조에 주의하라. 이것은 기존 클래스 기반 변수에 대한 액세스만 제공할 수 있다. self.all_contacts를 사용해 변수를 설정하려고 시도하면 실제로는 해당 객체와 연관된 새 인스턴스 변수를 생성하게 된다. 이 경우에 클래스 변수는 여전히 변경되지 않은 상태이며 Contact.all_contacts로 액세스할 수 있다.

다음 예제를 통해 클래스가 데이터를 추적하는 방법을 볼 수 있다.

```
>>> c_1 = Contact("Dusty", "dusty@example.com")
>>> c_2 = Contact("Steve", "steve@itmaybeahack.com")
>>> Contact.all_contacts
[Contact('Dusty', 'dusty@example.com'), Contact('Steve',
'steve@itmaybeahack.com')]
```

Contact 클래스의 인스턴스 두 개를 생성하고 변수 c_1과 c_2에 할당했다. Contact.all_contacts 클래스 변수를 보면 두 객체를 추적하도록 리스트가 업데이트됐음을 알 수 있다.

이것은 각 연락처에 대해 약간의 데이터를 추적할 수 있는 간단한 클래스이다. 하지만 연락처 중 일부가 물품을 주문해야 하는 공급업체라면 어떻게 해야 할까? Contact 클래스에 order 메서드를 추가할 수도 있지만 그렇게 하면 고객이나 가족, 친구인 연락처에 실수로 물건을 주문할 수도 있다. 그 대신에 Contact 클래스처럼 작동하지만 아직 정의되지 않은 Order 객체를 받아들이는 order 메서드가 있는 Supplier 클래스를 새로 만든다.

```
class Supplier(Contact):
  def order(self, order: "Order") -> None:
    print(
      "If this were a real system we would send "
      f"'{order}' order to '{self.name}'"
    )
```

이제 인터프리터에서 이 클래스를 테스트하면 공급업체를 포함한 모든 연락처가 __init__() 메서드에서 이름과 이메일 주소를 받고 있지만 Supplier 인스턴스에만 order() 메서드가 있음을 알 수 있다.

```
>>> c = Contact("Some Body", "somebody@example.net")
>>> s = Supplier("Sup Plier", "supplier@example.net")
>>> print(c.name, c.email, s.name, s.email)
Some Body somebody@example.net Sup Plier supplier@example.net

>>> from pprint import pprint
>>> pprint(c.all_contacts)
[Contact('Dusty', 'dusty@example.com'),
 Contact('Steve', 'steve@itmaybeahack.com'),
```

```
   Contact('Some Body', 'somebody@example.net'),
   Supplier('Sup Plier', 'supplier@example.net')]

>>> c.order("I need pliers")
Traceback (most recent call last):
  File "<stdin>", line 1, in <module>
AttributeError: 'Contact' object has no attribute 'order'
>>> s.order("I need pliers")
If this were a real system we would send 'I need pliers' order to 'Sup
Plier'
```

따라서 Supplier 클래스는 Contact.all_contacts 리스트에 자신을 추가하는 것을 포함해 연락처가 할 수 있는 모든 것과 공급업체로서 처리해야 하는 모든 특수 작업을 수행할 수 있다. 이것이 상속의 아름다움이다.

또한 Contact.all_contacts는 Contact 클래스 뿐만 아니라 하위 클래스인 Supplier의 모든 인스턴스를 수집했다는 것에 주의하라. 만약 self.all_contacts를 사용했다면 모든 객체를 Contact 클래스로 수집하지 않고 Supplier 인스턴스를 Supplier.all_contacts에 넣는다.

내장 클래스 확장

상속의 흥미로운 용도 중 하나는 내장 클래스에 기능을 추가하는 것이다. 앞에서 본 Contact 클래스는 all_contacts 리스트에 연락처를 추가한다. 이 리스트에서 이름을 검색하려면 어떻게 해야 할까? 검색을 위해 Contact 클래스에 메서드를 추가할 수도 있지만, 이 메서드는 실제로 리스트 자체에 속해 있을 것처럼 느껴진다.

다음 예제는 내장 타입을 상속해 이를 수행하는 방법을 보여준다. 이 경우에는 list 타입을 사용한다. list["Contact"]는 이 리스트가 Contact 클래스의 인스턴스만 가지고 있음을 mypy에 알린다. 이 구문이 Python 3.9에서 작동하려면 __future__ 패키지에서 annotations 모듈을 임포트해야 한다. 정의는 다음과 같다.

```
from __future__ import annotations
```

```python
class ContactList(list["Contact"]):
  def search(self, name: str) -> list["Contact"]:
    matching_contacts: list["Contact"] = []
    for contact in self:
      if name in contact.name:
        matching_contacts.append(contact)
    return matching_contacts

class Contact:
  all_contacts = ContactList()

  def __init__(self, name: str, email: str) -> None:
    self.name = name
    self.email = email
    Contact.all_contacts.append(self)

  def __repr__(self) -> str:
    return (
      f"{self.__class__.__name__}("
      f"{self.name!r}, {self.email!r}" f")"
    )
```

일반 리스트를 클래스 변수로 인스턴스화하는 대신에 내장 리스트 데이터 타입을 확장해 ContactList 클래스를 만든다. 그 다음에 이 하위 클래스를 all_contacts 리스트로 인스턴스화 한다. 다음과 같이 새로운 검색 기능을 테스트 할 수 있다.

```
>>> c1 = Contact("John A", "johna@example.net")
>>> c2 = Contact("John B", "johnb@sloop.net")
>>> c3 = Contact("Jenna C", "cutty@sark.io")
>>> [c.name for c in Contact.all_contacts.search('John')]
['John A', 'John B']
```

일반 리스트 객체를 만드는 방법에는 두 가지가 있다. 이제 실제 리스트 인스턴스를 생성하는 것과 별개로 타입 힌트를 사용해 리스트에 대해 이야기하는 또 다른 방법을 갖게 됐다.

첫째, [] 으로 리스트를 만드는 것은 실제로 list()를 사용해 리스트를 만드는 것의 지름길이다. 두 구문은 동일하게 동작한다.

```
>>> [] == list()
True
```

[]는 짧고 달콤하다. 그래서 이것을 구문 설탕^{syntactic sugar}이라고 부른다. 여섯 글자가 아닌 두 글자로 작성된 list() 생성자에 대한 호출이다. list라는 이름은 데이터 타입을 참조한다. list는 확장할 수 있는 클래스이다.

mypy와 같은 도구는 ContactList.search() 메서드의 본문을 확인해 실제로 Contact 객체로 채워진 list 인스턴스를 생성하는지 확인할 수 있다. 버전 0.812 이상을 설치했는지 확인하라. 이전 버전의 mypy는 제네릭^{generic} 타입을 기반으로 한 이런 주석을 완전하게 처리하지 못한다.

ContactList 클래스를 정의한 후에 Contact 클래스를 정의했기 때문에 아직 정의되지 않은 클래스에 대한 참조를 list["Contact"]와 같이 문자열로 제공해야 했다. 개별 항목 클래스 정의를 먼저 제공하는 것이 더 일반적이며, 컬렉션은 문자열을 사용하지 않고 이름으로 정의된 클래스를 참조할 수 있다.

두 번째 예로, 키^{key} 그리고 키와 관련된 값의 모음인 dict 클래스를 확장할 수 있다. {} 구문 설탕을 사용해 딕셔너리 인스턴스를 생성할 수 있다. 가장 긴 키를 추적하는 확장된 딕셔너리는 다음과 같다.

```python
class LongNameDict(dict[str, int]):
  def longest_key(self) -> Optional[str]:
    """사실상 max(self, key=len)이지만 모호하지 않다."""
    longest = None
    for key in self:
      if longest is None or len(key) > len(longest):
        longest = key
    return longest
```

클래스에 대한 힌트는 일반 dict 보다 더 구체적으로 dict[str, int]로 좁혔다. 키는 str 타입이고 값은 int 타입이다. 이것은 mypy가 longest_key() 메서드를 이해하는 데 도움이 된다. 키는 str 타입의 객체여야 하므로 key in self:에 대한 구문은 str 객체에 대해 반복된다. 그 결과는 str 또는 None이 될 것이다. 이것이 결과를 Optional[str]로 설명하는 이유이다. 여기서 None은 적절한가? 아닐 수도 있다. 아마도 ValueError 예외가 더 나은 생각일 것이다. 이에 대해서는 4장, '예상치 못한 상황을 예상하기'에서 다룰 것이다.

이 예제에서는 문자열과 정수 값으로 작업한다. 문자열은 사용자 이름이고 정수 값은 사용자가 웹사이트에서 읽은 기사 수이다. 사용자 이름과 읽은 기록 외에도 가장 긴 이름을 알아야 화면에 정확한 크기의 점수 테이블을 구성할 수 있다. 이것은 대화형 인터프리터에서 쉽게 테스트할 수 있다.

```
>>> articles_read = LongNameDict()
>>> articles_read['lucy'] = 42
>>> articles_read['c_c_phillips'] = 6
>>> articles_read['steve'] = 7
>>> articles_read.longest_key()
'c_c_phillips'
>>> max(articles_read, key=len)
'c_c_phillips'
```

TIP

보다 일반적인 딕셔너리를 원한다면 어떻게 해야 할까? 값으로 문자열 또는 정수를 모두 사용해야 한다면? 그러면 좀 더 확장된 타입 힌트가 필요하다. dict[str, Union[str, int]]를 사용해 문자열을 문자열이나 정수의 합집합으로 매핑하는 딕셔너리를 설명할 수 있다.

대부분의 내장 타입도 유사하게 확장할 수 있다. 이런 내장 타입은 별도의 타입 힌트와 함께 몇 가지 흥미로운 종류로 나뉜다.

- 일반적인 컬렉션: set, list, dict. 이들은 set[something], list[something], dict[key, value] 등과 같은 타입 힌트를 사용해 힌트를 순수하게 일반적인 것에서 애플리케이션이 실제로 사용하는 더 구체적인 것으로 좁힌다. 이런 일반적인 제네릭 타입을 주석으로 사용하려면 from __future__ import annotations이 코드의 첫 번째 줄로 필요하다.

- typing.NamedTuple 정의를 사용하면 새로운 종류의 변경할 수 없는 튜플을 정의하고 멤버에 유용한 이름을 줄 수 있다. 이것은 7장, '파이썬 데이터 구조'와 8장, '객체지향과 함수형 프로그래밍의 교차점'에서 다룰 것이다.

- 파이썬은 파일 관련 I/O 객체에 대한 타입 힌트도 있다. 새로운 종류의 파일은 `types.TextIO` 또는 `typing.BinaryIO`의 타입 힌트를 사용해 내장 파일 처리를 설명할 수 있다.

- `typing.Text`를 확장해 새로운 타입의 문자열을 생성할 수 있다. 하지만 대부분의 경우 내장 str 클래스는 필요한 모든 작업을 수행하기에 충분하다.

- 새로운 숫자 타입은 내장 숫자 기능에 대한 소스로서 numbers 모듈로 시작하는 경우가 많다.

이 책 전체에서는 일반 컬렉션을 주로 사용할 것이다. 또한 언급했듯이 이후의 장에서 명명된 튜플을 살펴볼 것이다. 내장 타입에 대한 다른 확장은 이 책의 수준을 넘어서는 것이다. 다음 절에서는 상속의 이점과 하위 클래스에서 상위 클래스의 기능을 선택적으로 활용할 수 있는 방법을 더 자세히 살펴볼 것이다.

재정의와 super

상속은 기존 클래스에 새로운 동작을 추가하는 데 유용하지만 동작을 변경하는 것은 어떨까? Contact 클래스는 이름과 이메일 주소만 허용한다. 대부분의 연락처는 이것으로 충분하겠지만 친한 친구의 전화번호를 추가하려면 어떻게 해야 할까?

2장에서 봤듯이 연락처가 생성된 후에 연락처에 phone 속성을 설정하는 것으로 쉽게 할 수 있다. 그러나 초기화할 때 이 세 번째 변수를 사용할 수 있게 하려면 __init__() 메서드를 재정의^{override} 해야 한다. 재정의는 상위 클래스의 메서드를 하위 클래스에서 동일한 이름의 새 메서드로 변경하거나 대체하는 것을 의미한다. 이를 위해 특별한 구문이 필요하지는 않다. 다음 코드에 보이는 것처럼 상위 클래스의 메서드 대신에 하위 클래스의 새로 생성된 메서드가 자동으로 호출된다.

```python
class Friend(Contact):
    def __init__(self, name: str, email: str, phone: str) -> None:
        self.name = name
        self.email = email
        self.phone = phone
```

__init__() 뿐만 아니라 모든 메서드를 재정의할 수 있다. 그러나 계속 진행하기 전에 이 예제의 몇 가지 문제를 해결할 필요가 있다. Contact과 Friend 클래스에는 이름과 이메일 속성을 설정하기 위한 코드가 중복돼 있다. 두 곳 이상의 위치에서 코드를 업데이트해야 하므로 코드 유지 관리가 복잡해질 수 있다. 더 놀라운 것은 Friend 클래스는 Contact 클래스에서 생성된 all_contacts 리스트에 자신을 추가하고 있지 않다는 것이다. 마지막으로 앞으로 Contact 클래스에 기능을 추가하면 Friend 클래스에도 포함되기를 원한다.

여기서 정말 필요한 것은 새로운 클래스 내부에서 Contact 클래스의 원래 __init__() 메서드를 실행하는 방법이다. 이것이 super() 함수가 하는 일이다. super 함수는 실제로 부모 클래스의 인스턴스를 객체로서 반환해 부모 메서드를 직접 호출할 수 있게 해준다.

```
class Friend(Contact):
  def __init__(self, name: str, email: str, phone: str) -> None:
    super().__init__(name, email)
    self.phone = phone
```

이 예제는 먼저 super()를 사용해 인스턴스를 부모 클래스에 바인딩하고 해당 객체에서 __init__()을 호출해 필요한 인수를 전달한다. 그 후 자체적인 초기화, 즉 Friend 클래스에 고유한 phone 속성을 설정한다.

Contact 클래스는 문자열 표현을 생성하기 위해 __repr__() 메서드에 대한 정의를 제공했다. Friend 클래스는 상위 클래스에서 상속된 __repr__() 메서드를 재정의하지 않았다. 그 결과는 다음과 같다.

```
>>> f = Friend("Dusty", "Dusty@private.com", "555-1212")
>>> Contact.all_contacts
[Friend('Dusty', 'Dusty@private.com')]
```

Friend 인스턴스에 대해 표시되는 정보에는 새 속성이 포함되지 않는다. 클래스 디자인에 대해 생각할 때 특수 메서드 정의는 간과하기 쉽다.

모든 메서드 내부에서 super() 호출을 만들 수 있다. 따라서 모든 메서드는 재정의와 super 호출을 통해 수정될 수 있다. super() 호출은 꼭 첫 번째 줄에서 할 필요는 없으며 메서드의 어느 위치에서나 할 수 있다. 예를 들어 상위 클래스로 전달하기 전에 들어온 매개변수를 조작하거나 검사해야 할 수도 있다.

다중 상속

다중 상속은 민감한 주제이다. 원리는 간단하다. 둘 이상의 부모 클래스로부터 상속한 하위 클래스는 부모 클래스의 모든 기능에 액세스할 수 있다. 실제로 메서드 재정의를 완전히 이해하려면 조금 주의해야 한다.

다중 상속의 가장 간단하고 유용한 형태는 믹스인mixin이라고 하는 디자인 패턴을 따른다. 믹스인 클래스 정의는 그 자체로는 존재 의미가 없지만 추가 기능을 제공하기 위해 다른 클래스에 의해 상속되도록 의도된 것이다. 예를 들어 self.email로 이메일을 보낼 수 있는 기능을 Contact 클래스에 추가하고 싶다고 가정해보자.

이메일 전송은 다른 많은 클래스에서 사용하길 원하는 일반적인 작업이다. 따라서 이를 위해 이메일 전송을 수행하는 간단한 믹스인 클래스를 작성할 수 있다.

```python
class Emailable(Protocol):
  email: str

class MailSender(Emailable):
  def send_mail(self, message: str) -> None:
    print(f"Sending mail to {self.email=}")
    # 이메일 관련 로직은 여기에 추가
```

MailSender 클래스는 특별한 작업을 수행하지 않는다. 사실 속성을 설정하지 않는 것을 가정하기 때문에 독립형 클래스로 기능할 수 없다. 두 가지를 설명해야 하기 때문에 두 개의 클래스가 있다. 믹스인에 대한 호스트 클래스의 측면과 믹스인이 호스트에 제공하는 새로운 측면이다. MailSender 믹스인이 가지고 작업할 것으로 예상되는 클래스 종류를 설명하기 위해 Emailable이라는 힌트를 만들 필요가 있다.

이런 종류의 타입 힌트를 프로토콜protocol이라고 한다. 프로토콜은 일반적으로 메서드를 가지며 또한 타입 힌트가 있는 클래스 수준의 속성 이름도 가질 수 있지만 완전한 할당 문이 아니다. 프로토콜 정의는 일종의 불완전 클래스이다. 클래스의 기능에 대한 계약 처럼 생각하라. 프로토콜은 Emailable 객체의 모든 클래스 또는 하위 클래스는 반드시 email 속성을 지원해야 하며 이 속성은 문자열이어야 한다고 mypy에게 알려준다.

이것이 파이썬의 이름 확인 규칙에 의존하고 있음을 주의하라. self.email은 인스턴스 변수, 또는 클래스 수준 변수인 Emailable.email, 또는 프로퍼티로 해석될 수 있다. mypy 도구는 인스턴스 수준 또는 클래스 수준 정의에 대해 MailSender와 엮인 모든 클 래스를 확인한다. 믹스인이 속성을 정의하지 않는다는 것을 mypy에게 명확히 하기 위 해 타입 힌트와 함께 클래스 수준에서 속성의 이름만 제공하면 된다. 이 믹스인과 엮인 클래스는 email 속성을 제공할 것이다.

파이썬의 덕 타이핑 규칙 때문에 email 속성이 정의된 모든 클래스와 함께 MailSender 믹스인을 사용할 수 있다. MailSender와 엮인 클래스는 Emailable의 공식적인 하위 클래 스일 필요는 없다. 필수 속성만 제공하면 된다.

간결함을 위해 여기엔 실제 이메일 전송 로직을 포함하지 않았다. 이와 관련해서 관심 이 있다면 파이썬 표준 라이브러리의 smtplib 모듈을 참조하라.

MailSender 클래스는 다중 상속을 사용해 Contact과 MailSender를 모두 설명하는 새 클 래스를 정의할 수 있게 해준다.

```
class EmailableContact(Contact, MailSender):
    pass
```

다중 상속 구문은 클래스 정의에서 매개변수 리스트처럼 보인다. 괄호 안에 하나의 기 본 클래스를 포함하는 대신에 쉼표로 구분해 둘 이상의 클래스를 포함한다. 잘 된 경우 결과 클래스에는 자신만의 고유한 기능이 없어야 한다. 이것이 믹스인의 조합이며 그 클래스의 본문에는 종종 pass 만 존재한다.

이 새로운 하이브리드를 테스트해 믹스인이 작동하는지 확인할 수 있다.

```
>>> e = EmailableContact("John B", "johnb@sloop.net")
>>> Contact.all_contacts
[EmailableContact('John B', 'johnb@sloop.net')]
>>> e.send_mail("Hello, test e-mail here")
Sending mail to self.email='johnb@sloop.net'
```

Contact의 초기화 메서드는 여전히 all_contacts 리스트에 새 연락처를 추가하고 있고, 믹스인은 self.email로 메일을 보낼 수 있으므로 모든 것이 작동하고 있음을 알 수 있다.

그렇게 어렵지 않았기에 다중 상속에 대한 무서운 경고가 무엇 때문인지 궁금할 것이다. 잠시 후 그 복잡성에 대해 알아보겠지만, 우선 믹스인을 사용하는 대신 이 예제에서 가능한 몇 가지 다른 옵션을 생각해 보자.

- 단일 상속을 사용하고 Contact의 하위 클래스에 send_mail 함수를 추가할 수 있다. 이것의 단점은 이메일이 필요하지만 관련 없는 모든 클래스에서 이메일 기능을 중복해서 갖는다는 것이다. 예를 들어 연락처와 관련 없는 애플리케이션의 결제 부분에 이메일 정보가 있고 send_mail() 메서드가 필요한 경우 코드를 복제해야 한다.

- 이메일 전송을 위한 독립형 파이썬 함수를 만들고 이메일을 보내야 할 때 이메일 주소를 매개변수로 사용해 해당 함수를 호출한다. 이것은 매우 일반적인 선택이다. 함수는 클래스의 일부가 아니기 때문에 적절한 캡슐화가 되고 있는지 확인하기 어렵다.

- 상속 대신 구성 관계를 사용하는 방법을 탐색할 수 있다. 예를 들어 Emailable Contact는 MailSender 객체를 상속하는 대신 프로퍼티로 가질 수 있다. 이것은 독립형이어야 하기 때문에 MailSender 클래스가 더 복잡해진다. 또한 MailSender 인스턴스를 각 Contact와 연관시켜야 하기 때문에 EmailableContact 클래스도 더 복잡해진다.

- 클래스가 생성된 후 send_mail 메서드를 갖도록 Contact 클래스에 원숭이 패치 monkey patch를 시도할 수 있다. 이것은 self 인수를 받아들이는 함수를 정의하고 이 것을 기존 클래스에 속성으로 설정하는 것이다. 이것은 단위 테스트 픽스처를 만들 때는 괜찮지만 애플리케이션 자체에는 끔찍한 영향을 미친다. 원숭이 패치에

대해서는 13장 '객체지향 프로그램 테스트'에서 간략히 다룰 것이다.

다중 상속은 여러 클래스의 메서드를 섞어야 할 때는 괜찮지만 상위 클래스의 메서드를 호출해야 할 때는 매우 지저분할 수 있다. 여러 개의 상위 클래스가 있을 때 그중에 어느 클래스의 메서드를 호출해야 하는지 어떻게 알 수 있을까? 적절한 상위 클래스 메서드를 선택하기 위한 규칙은 무엇인가?

Friend 클래스에 집 주소를 추가해서 이 질문에 대해 살펴보자. 취할 수 있는 몇 가지 접근 방식이 있다.

- 주소는 거리, 도시, 국가 및 기타 연락처 관련 정보를 나타내는 문자열 모음이다. 이런 각 문자열을 Friend 클래스의 __init__() 메서드에 매개변수로 전달할 수 있다. 또한 이런 문자열을 튜플이나 딕셔너리에 저장할 수도 있다. 이 옵션은 주소 정보가 새로운 메서드를 필요로 하지 않을 때 적당하다.

- 또 다른 옵션은 해당 문자열을 함께 보관할 Address 클래스를 만든 다음에 이 클래스의 인스턴스를 Friend 클래스의 __init__() 메서드에 전달하는 것이다. 이 방식의 장점은 데이터를 정적으로 저장하는 대신에 길안내를 제공하거나 지도를 출력하는 등 데이터에 동작을 추가할 수 있다는 것이다. 이것은 1장, '객체지향 디자인'에서 논의했듯이 구성 관계의 예이다. 구성의 "has-a" 관계는 이 문제에 대한 완벽한 솔루션이며 건물, 비즈니스, 조직과 같은 다른 엔티티에서 Address 클래스를 재사용할 수 있게 해준다. 이것은 데이터클래스^{dataclass}를 사용할 수 있는 기회이다. 데이터클래스에 대해서는 7장, '파이썬 데이터 구조'에서 논의할 것이다.

- 세 번째 옵션은 협력적인 다중 상속 디자인이다. 이것이 작동하도록 만들 수는 있지만 mypy에 통하지 않는다. 곧 살펴볼 것이지만 그것은 가용한 타입 힌트로는 설명하기 어려운 잠재적인 모호성 때문이다.

여기서의 목표는 주소를 갖는 새 클래스를 추가하는 것이다. 상속은 "is-a" 관계를 정의하므로 이 새 클래스를 Address가 아닌 AddressHolder라고 부를 것이다. Friend 클래스가 Address 클래스라고 말하는 것은 맞지 않으나 Address 클래스를 가질 수 있기 때문에

Friend 클래스가 AddressHolder 클래스라고 말할 수는 있다. 나중에 기업이나 건물처럼 주소를 갖는 다른 엔티티를 만들 수도 있다. 이렇듯 "is-a" 관계에 대한 복잡한 명명과 미묘한 의문은 상속보다는 구성을 고수해야 한다는 좋은 표시이다.

다음은 단순한 AddressHolder 클래스이다. 단순하다고 하는 이유는 이것이 다중 상속을 잘 설명하지 못하기 때문이다.

```python
class AddressHolder:
  def __init__(self, street: str, city: str, state: str, code: str) -> None:
    self.street = street
    self.city = city
    self.state = state
    self.code = code
```

초기화 시에 모든 데이터를 취해 인수 값을 인스턴스 변수에 넣는다. 이를 사용한 결과를 살펴보고 더 나은 디자인을 살펴보자.

다이아몬드 문제

다중 상속을 사용해 이 새 클래스를 기존 Friend 클래스의 부모로 추가할 수 있다. 까다로운 부분은 이제 두 개의 부모 __init__() 메서드가 있으며 둘 다 호출해야 한다는 것이다. 더구나 서로 다른 인수로 호출돼야 한다. 어떻게 해야 할까? 먼저 순진한 접근 방식으로 시작해보자.

```python
class Friend(Contact, AddressHolder):
  def __init__(
    self,
    name: str,
    email: str,
    phone: str,
    street: str,
    city: str,
    state: str,
    code: str,
  ) -> None:
```

```
Contact.__init__(self, name, email)
AddressHolder.__init__(self, street, city, state, code)
self.phone = phone
```

이 예제에서는 각 상위 클래스의 __init__() 함수를 직접 호출하고 self 인수를 명시적으로 전달한다. 기술적으로 이 예제는 작동한다. 클래스의 다른 변수에도 직접 액세스할 수 있다. 그러나 몇 가지 문제가 있다.

첫째, 명시적으로 초기화 메서드를 호출하지 않으면 상위 클래스가 초기화되지 않은 상태로 있을 수 있다. 그렇다고 이 예제가 실행되지 않는 것은 아니지만 일반적인 시나리오에서 디버깅하기 어려운 프로그램 충돌을 일으킬 수 있다. 분명하게 __init__() 메서드가 있는 클래스에서 이상하게 보이는 AttributeError 예외가 발생할 수 있다. __init__() 메서드가 실제로 사용되지 않는 경우에는 분명하게 알기 어렵다.

더 심각한 가능성은 클래스 계층 구조로 인해 상위 클래스가 여러 번 호출되는 것이다. 다음 상속 다이어그램을 보라.

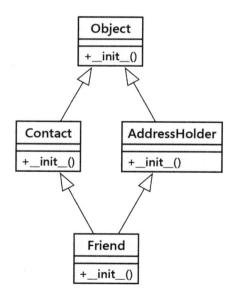

그림 3.1 다중 상속 구현을 위한 상속 다이어그램

Friend 클래스의 __init__() 메서드는 먼저 Contact 클래스에서 __init__()을 호출해 암시적으로 object 상위 클래스를 초기화한다. 모든 클래스는 object에서 파생된다는 것을 기억하라. 그 다음에 Friend 클래스는 AddressHolder에서 __init__()을 호출해 object 상위 클래스를 다시 암시적으로 초기화한다. 이는 부모 클래스가 두 번 설정됐음을 의미한다. object 클래스이기 때문에 상대적으로 무해하지만 어떤 상황에서는 재앙을 초래할 수 있다. 모든 요청에 대해 데이터베이스에 두 번 연결을 시도한다고 상상해보라.

기본 클래스는 오직 한 번만 호출돼야 한다. 그렇다면 그 한 번은 언제인가? Friend, Contact, Object, AddressHolder 순서로 호출돼야 하는가? 아니면 Friend, Contact, AddressHolder, Object 순서인가?

이 문제를 더 명확하게 설명하기 위한 다음 예제를 생각해보자. 여기에 기본 클래스인 BaseClass가 call_me() 메서드를 가지고 있다. 두 개의 하위 클래스인 LeftSubclass와 RightSubclass는 BaseClass 클래스를 확장하고 서로 다른 구현으로 각각 call_me() 메서드를 재정의한다.

그 다음에 또 다른 하위 클래스가 이 두 클래스를 다중 상속해 확장하고 네 번째로 별도의 call_me() 메서드를 재정의한다. 이것은 클래스 다이어그램이 다이아몬드 모양이기 때문에 다이아몬드 상속이라고 한다.

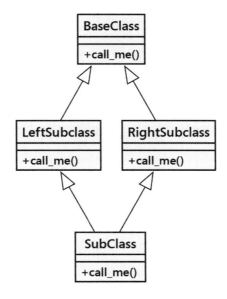

그림 3.2 다이아몬드 상속

이 다이어그램을 코드로 변환해 보자. 이 예제에서는 메서드가 호출되는 시점을 보여준다.

```python
class BaseClass:
  num_base_calls = 0

  def call_me(self) -> None:
    print("Calling method on BaseClass")
    self.num_base_calls += 1

class LeftSubclass(BaseClass):
  num_left_calls = 0

  def call_me(self) -> None:
    BaseClass.call_me(self)
    print("Calling method on LeftSubclass")
    self.num_left_calls += 1

class RightSubclass(BaseClass):
  num_right_calls = 0

  def call_me(self) -> None:
    BaseClass.call_me(self)
    print("Calling method on RightSubclass")
    self.num_right_calls += 1

class Subclass(LeftSubclass, RightSubclass):
  num_sub_calls = 0

  def call_me(self) -> None:
    LeftSubclass.call_me(self)
    RightSubclass.call_me(self)
    print("Calling method on Subclass")
    self.num_sub_calls += 1
```

이 예제에서는 재정의된 각 call_me() 메서드가 같은 이름을 가진 부모 메서드를 직접 호출한다. 화면에 정보를 출력해 메서드가 호출될 때마다 알려준다. 또한 호출된 횟수를 표시하기 위해 별도의 인스턴스 변수를 만든다.

self.num_base_calls += 1 줄에는 약간의 설명이 필요하다.

이것은 사실상 self.num_base_calls = self.num_base_calls + 1이다. 파이썬은 = 의 오른쪽에서 self.num_base_calls를 확인할 때 먼저 인스턴스 변수를 찾은 다음에 클래스 변수를 찾는다. 여기서는 기본값이 0인 클래스 변수를 제공했다. +1 계산 후 할당문은 새 인스턴스 변수를 생성한다. 클래스 수준 변수를 업데이트하지 않는다.

첫 번째 호출 이후에는 매번 인스턴스 변수가 발견된다. 클래스가 인스턴스 변수에 대한 기본값을 제공하는 것은 꽤 멋진 일이다.

하나의 Subclass 객체를 인스턴스화하고 그 객체의 call_me() 메서드를 한 번 호출하면 다음과 같은 출력을 얻는다.

```
>>> s = Subclass()
>>> s.call_me()
Calling method on BaseClass
Calling method on LeftSubclass
Calling method on BaseClass
Calling method on RightSubclass
Calling method on Subclass
>>> print(
... s.num_sub_calls,
... s.num_left_calls,
... s.num_right_calls,
... s.num_base_calls)
1 1 1 2
```

기본 클래스의 call_me() 메서드가 두 번 호출되는 것을 명확하게 볼 수 있다. 이 메서드가 은행 계좌에 입금하는 것과 같은 실제적인 작업을 두 번 수행하는 경우엔 악성 버그로 이어질 수 있다.

파이썬의 메서드 확인 순서^{MRO, Method Resolution Order} 알고리듬은 다이아몬드를 평평한 선형 튜플로 변환한다. 클래스의 __mro__ 속성에서 그 결과를 볼 수 있다. 이 다이아몬드의 선형 버전은 Subclass, LeftSubclass, RightSubClass, BaseClass, object 순의 시퀀스이다. 여기서 중요한 것은 Subclass가 RightSubClass 앞에 LeftSubclass를 나열해 다이아몬드 관계의 클래스들에 순서를 부과한다는 것이다.

다중 상속에서 기억해야 할 것은 MRO 시퀀스에서 호출할 다음 메서드[next method]는 반드시 부모 클래스의 메서드가 아닐 수도 있다는 것이다. super() 함수는 MRO 시퀀스에서 이름을 찾는다. 실제로 super()는 원래 복잡한 형태의 다중 상속을 가능하게 하기 위해 개발됐다.

다음은 super()를 사용해 작성된 동일한 코드이다. 일부 클래스의 이름에 _S를 추가해 이것이 super()를 사용하는 버전임을 분명히 했다.

```python
class BaseClass:
  num_base_calls = 0

  def call_me(self):
    print("Calling method on Base Class")
    self.num_base_calls += 1

class LeftSubclass_S(BaseClass):
  num_left_calls = 0

  def call_me(self) -> None:
    super().call_me()
    print("Calling method on LeftSubclass_S")
    self.num_left_calls += 1

class RightSubclass_S(BaseClass):
  num_right_calls = 0

  def call_me(self) -> None:
    super().call_me()
    print("Calling method on RightSubclass_S")
    self.num_right_calls += 1

class Subclass_S(LeftSubclass_S, RightSubclass_S):
  num_sub_calls = 0

  def call_me(self) -> None:
    super().call_me()
    print("Calling method on Subclass_S")
    self.num_sub_calls += 1
```

변경된 것은 별로 없다. 순진한 직접 호출을 super() 호출로 대체한 것 뿐이다. 다이아몬드 맨 아래에 있는 Subclass_S 클래스는 왼쪽과 오른쪽을 모두 호출하지 않고 super()를 한 번만 호출한다. 간단한 변화이지만 실행시의 차이점은 크다.

```
>>> ss = Subclass_S()
>>> ss.call_me()
Calling method on BaseClass
Calling method on RightSubclass_S
Calling method on LeftSubclass_S
Calling method on Subclass_S
>>> print(
... ss.num_sub_calls,
... ss.num_left_calls,
... ss.num_right_calls,
... ss.num_base_calls)
1 1 1 1
```

출력을 보면 기본 클래스의 메서드는 한 번만 호출되기 때문에 좋아 보인다. 클래스의 __mro__ 속성을 보면 이것이 어떻게 작동하는지 알 수 있다.

```
>>> from pprint import pprint
>>> pprint(Subclass_S.__mro__)
(<class 'commerce_naive.Subclass_S'>,
 <class 'commerce_naive.LeftSubclass_S'>,
 <class 'commerce_naive.RightSubclass_S'>,
 <class 'commerce_naive.BaseClass'>,
 <class 'object'>)
```

클래스의 순서는 super()가 사용할 순서를 보여준다. 튜플의 마지막 클래스는 일반적으로 내장 object 클래스이다. 이 장의 앞부분에서 언급했듯이 object는 모든 클래스의 암시적 상위 클래스이다.

이것은 super()가 실제로 무엇을 하는지 보여준다. print 문은 super 호출 후에 실행되기 때문에 출력은 각 메서드가 실제로 실행된 순서이다. 누가 무엇을 호출하는지 보기 위해 출력을 뒤에서 앞으로 살펴보자.

1. Subclass_S.call_me() 메서드부터 시작한다. 이것은 super().call_me()를 평가한다. MRO는 다음으로 LeftSubclass_S를 보여준다.

2. LeftSubclass_S.call_me() 메서드의 평가를 시작한다. 이것은 super().call_me()를 평가한다. MRO는 RightSubclass_S를 다음으로 지정한다. 이것은 상위 클래스가 아니다. 그것은 클래스 다이아몬드에서 인접한 것이다.

3. RightSubclass_S.call_me(), super().call_me() 메서드를 평가한다. 이것은 BaseClass로 이어진다.

4. BaseClass.call_me() 메서드는 메시지를 출력하고 인스턴스 변수 self.num_base_calls를 BaseClass.num_base_calls + 1로 설정한 후 완료된다.

5. 그 다음에 RightSubclass_S.call_me() 메서드가 메시지를 출력하고 인스턴스 변수인 self.num_right_calls를 설정한 후 완료된다.

6. 그 다음에 LeftSubclass_S.call_me() 메서드가 메시지를 출력하고 인스턴스 변수인 self.num_left_calls를 설정한 후 완료된다.

7. 이것은 Subclass_S가 call_me() 메서드 처리를 완료하도록 한다. 메시지를 작성하고, 인스턴스 변수를 설정하고, 행복하고 성공적으로 휴식을 취한다.

super 호출은 LeftSubclass_S의 상위 클래스, 즉 BaseClass에서 메서드를 호출하지 않는다는 점에 특히 주의하라. 오히려 LeftSubclass_S의 직접적인 부모가 아닌 RightSubclass_S를 호출한다. 즉 부모 메서드가 아니라 MRO의 다음 클래스이다. 그 다음에 RightSubclass_S는 BaseClass를 호출해 super() 호출은 클래스 계층 구조의 각 메서드가 한 번만 실행되도록 한다.

다양한 인수 집합

이것은 다시 Friend 협력적인 다중 상속 예제로 돌아갈 때 상황을 복잡하게 만들 것이다. Friend 클래스의 __init__() 메서드에서 원래는 서로 다른 인수 집합을 사용해 두 부모 클래스의 __init__() 메서드에 초기화를 위임했다.

```
Contact.__init__(self, name, email)
AddressHolder.__init__(self, street, city, state, code)
```

super()를 사용할 때는 서로 다른 인수 집합을 어떻게 관리할 수 있을까? 오직 MRO 시퀀스의 다음 클래스에만 실제로 액세스할 수 있다. 이 때문에 다른 믹스인 클래스로부터 super()에 대한 후속 호출이 올바른 인수를 받을 수 있도록 생성자를 통해 추가적인 인수를 전달하는 방법이 필요하다.

이것은 다음과 같이 작동한다. super()에 대한 첫 번째 호출은 MRO의 첫 번째 클래스에 인수를 제공하고 name과 email 인수를 Contact.__init__()에 전달한다. 그 다음에 Contact.__init__()이 super()를 호출할 때 주소 관련 인수들을 MRO의 다음 클래스의 메서드인 AddressHolder.__init__()에 전달할 수 있어야 한다.

이 문제는 이름은 같지만 인수 집합이 다른 상위 클래스 메서드를 호출할 때마다 나타난다. 충돌은 종종 특수 메서드 이름으로 인해 발생한다. 그중 가장 일반적인 예가 여기에서 하고 있는 것처럼 다양한 __init__() 메서드가 서로 다른 인수 집합을 갖는 것이다.

다양한 매개변수를 갖는 __init__() 메서드가 있는 클래스 간의 협력을 처리하는 마법 같은 파이썬 기능은 없다. 결국 클래스 매개변수 리스트를 디자인할 때 주의해야 한다. 협력적 다중 상속 접근 방식은 모든 하위 클래스 구현에 필요하지 않은 모든 매개변수를 키워드 인수로 받아들이는 것이다. 메서드는 클래스의 MRO 시퀀스에서 이후의 메서드에 필요해질 경우를 위해 super() 호출에 예상치 않은 인수를 전달해야 한다.

이것은 잘 작동하지만 타입 힌트로 설명하기는 어렵다. 그 대신 몇 가지 주요 위치에서 mypy를 침묵시켜야 한다.

파이썬의 함수 매개변수 구문은 이를 위해 사용할 수 있는 도구를 제공하지만 전체 코드를 복잡하게 만든다. 다음 Friend 다중 상속 버전의 코드를 살펴보자.

```
class Contact:
  all_contacts = ContactList()

  def __init__(self, /, name: str = "", email: str = "", **kwargs:
Any) -> None:
```

```python
    super().__init__(**kwargs) # type: ignore [call-arg]
    self.name = name
    self.email = email
    self.all_contacts.append(self)

  def __repr__(self) -> str:
    return f"{self.__class__.__name__}(" f"{self.name!r},
{self.email!r}" f")"

class AddressHolder:
  def __init__(
    self,
    /,
    street: str = "",
    city: str = "",
    state: str = "",
    code: str = "",
    **kwargs: Any,
  ) -> None:
    super().__init__(**kwargs) # type: ignore [call-arg]
    self.street = street
    self.city = city
    self.state = state
    self.code = code

class Friend(Contact, AddressHolder):
  def __init__(self, /, phone: str = "", **kwargs: Any) -> None:
    super().__init__(**kwargs)
    self.phone = phone
```

모든 추가적인 키워드 인수 값을 딕셔너리에 수집하는 **kwargs 매개변수를 추가했다. Contact(name="this", email="that", street="something")으로 호출될 때 street 인수는 kwargs 딕셔너리에 들어 간다. 이런 추가적인 매개변수는 super() 호출로 인해 다음 클래스로 전달된다. 특수 매개변수 /는 호출에서 위치에 의해 제공될 수 있는 매개변수를 인수 값과 연관돼 키워드가 필요한 매개변수와 구분한다. 또한 모든 문자열 매개변수에 빈 문자열을 기본값으로 지정했다.

TIP

> **kwargs 구문에 익숙하지 않을 수 있다. 이것은 기본적으로 매개변수 리스트가 명시적으로 나열되지 않은 메서드에 전달된 모든 키워드 인수를 수집한다. 이 인수들은 kwargs라는 딕셔너리에 저장된다. 원하는 대로 변수 이름을 정할 수 있지만 관례상 kw 또는 kwargs를 사용한다. **kwargs 구문을 사용해 super().__init__()과 같이 다른 메서드를 호출하면 딕셔너리가 풀어진 결과를 일반 키워드 인수로 메서드에 전달한다. 이에 대해서는 8장, '객체지향과 함수형 프로그래밍의 교차점'에서 더 자세히 살펴볼 것이다.

여기서는 mypy와 코드를 검토하는 모든 사람을 위해 두 개의 주석을 넣었다. # type: ignore 주석은 무시할 특정 줄에 특정 오류 코드인 call-arg를 제공한다. 이 경우는 런타임에 MRO가 실제로 어떻게 될지 mypy는 명확하게 알지 못하기 때문에 super().__init__(**kwargs) 호출을 무시해야 한다. 코드를 읽는 사람은 Friend 클래스를 보고 Contact과 AddressHolder의 순서를 볼 수 있다. 이 순서는 Contact 클래스 내부에서 super() 함수는 다음 클래스인 AddressHolder를 찾는다는 것을 의미한다.

하지만 mypy 도구는 이것을 깊이 보지 않으며 class 문에서 부모 클래스의 명시적인 리스트를 따른다. 명명된 부모 클래스가 없기 때문에 mypy는 object 클래스를 super()에 의해 찾게 될 것이라고 확신한다. object.__init__()은 인수를 취할 수 없기 때문에 Contact 및 AddressHolder 둘 다에서 super().__init__(**kwargs)은 mypy에게 올바르지 않은 것으로 인식된다. 실제로 MRO에서 클래스 체인은 다양한 매개변수를 모두 소비해 AddressHolder 클래스의 __init__() 메서드에서 남는 것이 없다.

협력적 다중 상속을 위한 타입 힌트 주석에 대한 자세한 내용은 다음 링크를 참고하라. 이 문제를 해결하기가 얼마나 어려운지 보여준다. https://github.com/python/mypy/issues/8769

앞의 예제는 해야 할 일을 수행한다. 그러나 "어떤 인수를 Friend.__init__()에 전달해야 하는가?"라는 질문에 답하기는 매우 어렵다. 이것은 클래스를 사용하려는 모든 사람에게 가장 중요한 질문이므로 모든 부모 클래스의 전체 매개변수 리스트를 설명하기 위해 메서드에 독스트링을 추가해야 한다.

또한 철자가 잘못됐거나 관련 없는 매개변수가 있는 경우에는 오류 메시지도 혼란이 될 수 있다.

"TypeError: object.__init__() takes exactly one argument (the instance to initialize)"
라는 메시지는 object.__init__()에 추가 매개변수를 제공하는 방법에 대해서는 너무 형편없는 정보이다.

이제까지 파이썬에서 협력적 다중 상속과 관련된 많은 주의사항을 다뤘다. 가능한 모든 상황을 고려하고 그에 대한 계획을 세우면 코드가 지저분해질 것이다.

믹스인 패턴을 따르는 다중 상속은 종종 매우 잘 작동한다. 이 방식은 믹스인 클래스에 정의된 추가 메서드를 갖지만 모든 속성을 호스트 클래스 계층 구조에서 중앙집중식으로 유지하는 것이다. 이렇게 하면 협력적 다중 상속으로 인한 초기화의 복잡성을 피할 수 있다.

구성 관계를 사용한 디자인은 종종 복잡한 다중 상속보다 더 잘 작동한다. 11장, '일반 디자인 패턴'과 12장, '고급 디자인 패턴'에서 다룰 디자인 패턴 중 많은 것이 구성기반 디자인의 예이다.

TIP

> 상속 패러다임은 클래스 간의 명확한 "is-a" 관계에 의존한다. 다중 상속은 명확하지 않은 관계를 섞어버린다. 예를 들어 "이메일은 일종의 연락처이다"라고 말할 수 있다. 그러나 "고객은 이메일이다"라고 말할 수 있는지는 분명하지 않다. 직접적인 "is-a" 관계 대신에 "has-a" 또는 "is contact by"를 사용해 "고객은 이메일 주소를 가지고 있다(A Customer has an Email address)" 또는 "고객은 이메일을 통해 접촉한다(A Customer is contact via Email)"고 말할 수 있다.

다형성

1장, '객체지향 디자인'에서 다형성을 소개했다. 다형성은 사용되는 하위 클래스에 따라 다른 동작이 발생하므로 하위 클래스가 실제로 무엇인지 명시적으로 알 필요가 없다는 간단한 개념을 설명한다. 이것은 또한 객체지향 프로그래밍에 대한 바바라 리스코프 Barbara Liskov의 공헌을 기리기 위해 리스코프 치환 원칙Liskov Substitution Principle이라고도 한다. 상위 클래스를 하위 클래스로 치환할 수 있어야 한다.

예를 들어 오디오 파일을 재생하는 프로그램을 생각해보자. 미디어 플레이어는 AudioFile 객체를 로드한 다음에 재생할 것이다. 객체에 오디오의 압축을 풀거나 추출해 사운드 카드와 스피커로 보내는 역할을 하는 play() 메서드를 넣을 수 있다. AudioFile 재생은 다음과 같이 간단히 실행할 수 있다.

```
audio_file.play()
```

그러나 오디오 파일의 압축을 풀고 추출하는 과정은 파일 유형에 따라 매우 다르다. .wav 파일은 압축되지 않은 상태로 저장되지만 .mp3, .wma, .ogg 파일 등은 모두 완전히 다른 압축 알고리듬을 사용한다.

디자인을 단순화하기 위해 다형성과 함께 상속을 사용할 수 있다. 각 파일 유형은 AudioFile의 서로 다른 하위 클래스인 WavFile, MP3File 등으로 나타낼 수 있다. 이들 각 하위 클래스는 각 파일에 대해 정확한 추출 절차를 따르도록 다르게 구현된 play() 메서드를 갖는다. 미디어 플레이어 객체는 참조하는 AudioFile의 하위 클래스를 전혀 알 필요가 없다. 단지 play()를 호출하고 다형성에 따라 각 객체가 재생의 실제 세부 구현을 처리하도록 한다. 이것이 어떻게 작동하는지 보여주는 간단한 예제를 살펴보자.

```python
from pathlib import Path

class AudioFile:
  ext: str

  def __init__(self, filepath: Path) -> None:
    if not filepath.suffix == self.ext:
      raise ValueError("Invalid file format")
    self.filepath = filepath

class MP3File(AudioFile):
  ext = ".mp3"

  def play(self) -> None:
    print(f"playing {self.filepath} as mp3")

class WavFile(AudioFile):
  ext = ".wav"

  def play(self) -> None:
    print(f"playing {self.filepath} as wav")
```

```
class OggFile(AudioFile):
  ext = ".ogg"

  def play(self) -> None:
    print(f"playing {self.filepath} as ogg")
```

모든 오디오 파일은 초기화시에 유효한 확장자가 제공됐는지 확인한다. 파일 이름이 정확한 이름으로 끝나지 않으면 예외가 발생한다. 예외는 4장, '예상하지 못한 상황을 예상하기'에서 자세히 다룰 것이다.

부모 클래스의 __init__() 메서드가 다른 하위 클래스의 ext 클래스 변수에 어떻게 액세스할 수 있는지 알아차렸는가? 이것이 다형성이 한 일이다. AudioFile 부모 클래스에는 ext라는 이름의 속성이 있을 것이라고 mypy에 설명하는 타입 힌트가 있을 뿐이다. 실제로 ext 속성에 대한 참조를 저장하지 않는다. 상속된 메서드가 하위 클래스에 의해 사용될 때 ext 속성에 대한 하위 클래스의 정의가 사용된다. 타입 힌트는 mypy가 속성 할당이 누락된 클래스를 찾는 데 도움이 될 수 있다.

또한 AudioFile의 각 하위 클래스는 다른 방식으로 play()를 구현한다. 이것도 역시 다형성이 하는 일이다. 미디어 플레이어는 파일 유형에 관계없이 동일한 코드를 사용해 파일을 재생할 수 있다. AudioFile의 어떤 하위 클래스를 보고 있는지는 신경 쓰지 않는다. 오디오 파일 압축 해제에 대한 세부사항은 캡슐화된다. 이 책의 예제는 실제로 음악을 재생하지는 않으며, 오디오 압축 알고리듬은 별도의 책이 필요하다. 이 예제를 테스트하면 의도한대로 작동한다.

```
>>> p_1 = MP3File(Path("Heart of the Sunrise.mp3"))
>>> p_1.play()
playing Heart of the Sunrise.mp3 as mp3
>>> p_2 = WavFile(Path("Roundabout.wav"))
>>> p_2.play()
playing Roundabout.wav as wav
>>> p_3 = OggFile(Path("Heart of the Sunrise.ogg"))
>>> p_3.play()
playing Heart of the Sunrise.ogg as ogg
>>> p_4 = MP3File(Path("The Fish.mov"))
```

```
Traceback (most recent call last):
...
ValueError: Invalid file format
```

AudioFile.__init__()이 실제로 어떤 하위 클래스를 참조하는지 알지 못하면서도 파일 유형을 확인할 수 있음을 보라.

다형성은 실제로 객체지향 프로그래밍에서 가장 멋진 것 중 하나이며 이전의 패러다임에서는 가능하지 않았던 몇 가지 프로그래밍 디자인을 가능하게 만들었다. 그러나 파이썬에서는 덕 타이핑 때문에 다형성의 놀라움이 감소된다. 파이썬에서 덕 타이핑은 하위 클래스로 만들지 않고도 필요한 동작을 제공하는 모든 객체를 사용할 수 있게 해준다. 파이썬의 동적인 특성은 다형성을 시시하게 만든다. 다음 예제는 AudioFile을 확장하지 않고도 정확히 동일한 인터페이스를 사용해 파이썬에서 상호작용을 할 수 있음을 보여준다.

```python
class FlacFile:
  def __init__(self, filepath: Path) -> None:
    if not filepath.suffix == ".flac":
      raise ValueError("Not a .flac file")
    self.filepath = filepath

  def play(self) -> None:
    print(f"playing {self.filepath} as flac")
```

미디어 플레이어는 AudioFile을 확장한 클래스의 객체처럼 쉽게 FlacFile 클래스의 객체를 재생할 수 있다.

다형성은 많은 객체지향 환경에서 상속을 사용하는 가장 중요한 이유 중 하나이다. 정확한 인터페이스를 제공하는 모든 객체는 파이썬에서 서로 상호적으로 사용할 수 있기 때문에 다형적인 공통 상위 클래스에 대한 필요성이 줄어든다. 상속은 코드 공유에 여전히 유용할 수 있지만 공유되는 모든 것이 공용 인터페이스라면 덕 타이핑만으로 충분하다.

이렇게 상속의 필요성이 줄어들면 다중 상속에 대한 필요성도 줄어든다. 종종 다중 상속이 유효한 해결책으로 보일 때 덕 타이핑을 사용해 여러 상위 클래스 중 하나를 모방할 수 있다.

어떤 경우에는 typing.Protocol 힌트를 사용해 이런 종류의 덕 타이핑을 공식화할 수 있다. mypy가 예상하는 것을 인식하도록 하기 위해 종종 많은 함수나 속성을 공식적인 Protocol 타입으로 정의한다. 이것은 클래스들이 어떻게 관련돼 있는지 명확히 하는 데 도움이 될 수 있다. 예를 들어, FlacFile 클래스와 AudioFile 클래스 계층 구조에서 공통 기능을 정의하기 위해 다음과 같이 정의할 수 있다.

```
class Playable(Protocol):
  def play(self) -> None:
    ...
```

물론 객체가 필요한 메서드나 속성을 제공함으로써 특정 프로토콜을 충족한다고 해서 모든 상황에서 작동한다는 의미는 아니다. 전체 시스템에 대해 의미있는 방식으로 해당 인터페이스를 수행해야 한다. 단지 객체가 play() 메서드를 제공한다고 해서 미디어 플레이어에서 자동으로 작동한다는 의미는 아니다. 메서드는 동일한 구문을 갖는 것 외에도 동일한 의미를 가져야 한다.

덕 타이핑의 또 다른 유용한 기능은 덕 타입 객체가 실제로 액세스되는 메서드와 속성만 제공하면 된다는 것이다. 예를 들어 데이터를 읽을 가짜 파일 객체를 생성해야 하는 경우 read() 메서드가 있는 새 객체를 생성할 수 있다. 가짜 객체와 상호 작용하는 코드가 호출하지 않을 경우 write() 메서드를 재정의할 필요가 없다. 더 짧게 말하면 덕 타이핑은 객체가 전체 인터페이스를 제공할 필요가 없다. 실제로 사용되는 프로토콜만 충족하면 된다.

⠿ 사례 연구

이 절에서는 아이리스 분류 예제의 객체지향 디자인을 확장한다. 이전 장에서 이를 구축했으며 이후 장에서도 계속 구축해 갈 것이다. 3장에서는 구축할 소프트웨어를 설명하고 요약하는 데 도움이 되는 UML로 작성한 다이어그램을 검토할 것이다. 이전 장에서 계속 진행해 k-최근접 이웃 알고리듬에서 "최근접"을 계산하는 여러 방식에 대한 기능을 추가할 것이다. 이를 위한 다양한 방법들은 클래스 계층 구조가 작동하는 방식을 보여줄 것이다.

이 디자인이 점점 더 완전해짐에 따라 알아야 할 몇 가지 디자인 원칙이 있다. 인기 있는 것 중 하나는 다음과 같은 SOLID 원칙이다.

- **S**: 단일 책임 원칙^{Single Responsibility Principle}. 한 클래스는 하나의 책임만 가져야 한다. 이는 애플리케이션의 요구사항이 변경될 때 디자인을 변경해야 하는 한 가지 이유가 될 수 있다.

- **O**: 개방/폐쇄^{Open/Closed}. 클래스는 확장에는 열려 있으나 변경에는 닫혀 있어야 한다.

- **L**: 리스코프 치환^{Liskov Substitution}. 최초의 객체지향 프로그래밍 언어 중 하나인 CLU를 만든 바바라 리스코프의 이름을 따서 명명됐다. 모든 하위 클래스는 그것의 상위 클래스를 대체할 수 있다. 이것은 매우 유사한 인터페이스를 가진 클래스에 클래스 계층 구조를 집중시키는 경향이 있으며, 이는 객체 간의 다형성으로 이어진다. 이것은 상속의 본질이다.

- **I**: 인터페이스 분리^{Interface Segregation}. 클래스는 가능한 한 작은 인터페이스를 가져야 한다. 이것은 이 원칙들 중 가장 중요하다. 클래스는 상대적으로 작게 분리돼야 한다.

- **D**: 의존관계 역전^{Dependency Inversion}. 이것은 독특한 이름을 가지고 있다. 나쁜 의존관계가 무엇인지 알아야 어떻게 그것이 좋은 관계를 갖도록 역전시킬 수 있는지 알 수 있다. 실용적으로는 클래스가 독립적이기를 원하기 때문에 리스코프 치환은

많은 코드 변경을 포함하지 않는다. 파이썬에서 이것은 종종 변경에 유연성을 갖기 위해 타입 힌트에서 상위 클래스를 참조하는 것을 의미한다. 어떤 경우에는 또한 코드를 수정하지 않고도 전역 클래스를 변경할 수 있도록 매개변수를 제공하는 것을 의미하기도 한다.

이 장에서는 이 원칙을 모두 살펴보진 않을 것이다. 현재는 상속을 다루고 있기 때문에 이 사례 연구의 디자인은 리스코프 치환 디자인 원칙을 따른다. 다른 장에서는 다른 디자인 원칙을 다룰 것이다.

논리 뷰

다음은 2장의 사례 연구에서 본 일부 클래스의 개요이다. 이 정의에서 중요한 누락은 Hyperparameter 클래스의 classify 알고리듬이었다.

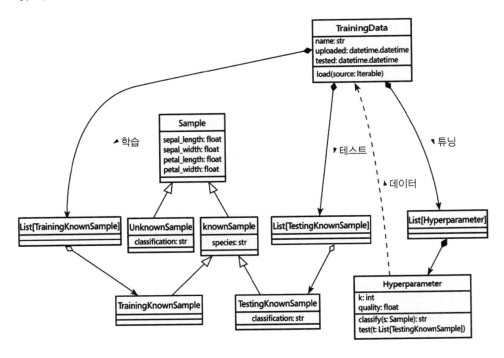

그림 3.3 클래스 개요

2장에서는 분류 알고리듬에 대해서 캐보는 것을 피했다. 이는 종종 "어려운 부분은 나중에 수행"이라고 하기도 하고, 또는 "쉬운 부분을 먼저 수행"이라고도 하는 일반적인 디자인 전략을 반영한다. 이 전략은 가능한 한 어려운 부분을 분리하기 위해 일반적인 디자인 패턴을 따르기를 권한다. 실제로 쉬운 부분은 새롭고 알려지지 않은 부분을 둘러싸고 제한하는 많은 울타리를 정의한다.

이 사례 연구에서 수행할 분류는 k-최근접 이웃(k-NN) 알고리듬을 기반으로 한다. 알려진 샘플 집합과 함께 알려지지 않은 샘플이 주어지면 미지의 샘플 근처의 이웃을 찾는다. 이웃 중에 다수 그룹이 미지의 샘플을 분류하는 기준이 된다. 이것은 k가 일반적으로 홀수임을 의미하므로 다수 그룹은 정하기 쉽다. 하지만 이제까지 "가깝다는 것은 무엇을 의미하는가?"라는 질문을 피해왔다.

관습적으로 2차원 기하학적 의미에서 샘플 사이의 유클리드 거리^{Euclidean distance}를 사용할 수 있다. (t_x, t_y)에 미지의 샘플이 있고 (u_x, u_y)에 학습 샘플이 있는 경우 이 샘플 간의 유클리드 거리 $ED2(t, u)$는 다음과 같다.

$$ED2(t, u) = \sqrt{(t_x - u_x)^2 + \left(t_y - u_y\right)^2}$$

이것은 다음과 같이 시각화할 수 있다.

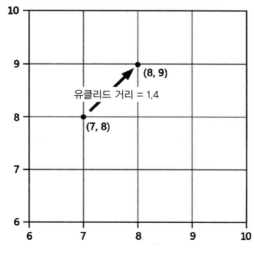

그림 3.4 유클리드 거리

이것을 ED2라고 부르는 이유는 2차원이기 때문이다. 이 사례 연구 데이터에는 실제로 꽃받침 길이, 꽃받침 너비, 꽃잎 길이, 꽃잎 너비의 4개 차원이 있다. 이것은 시각화하기 정말 어렵지만 수학은 그리 복잡하지 않다. 상상하기는 어렵지만 다음과 같이 쓸 수 있다.

$$ED4(t, u) = \sqrt{(t_{sl} - u_{sl})^2 + (t_{sw} - u_{sw})^2 + \left(t_{pl} - u_{pl}\right)^2 + \left(t_{pw} - u_{pw}\right)^2}$$

2차원의 모든 예는 상상하기 힘든 4차원으로 확장된다. 이 절에서는 다이어그램의 x-y 거리를 더 쉽게 시각화할 수 있도록 2차원을 고수한다. 그러나 이것은 실제로 가용한 모든 측정값을 포함하는 완전한 4차원 계산을 의미한다.

이 계산을 클래스 정의로 캡처할 수 있다. 이 ED 클래스의 인스턴스는 `Hyperparameter` 클래스에서 사용할 수 있다.

```
class ED(Distance):
  def distance(self, s1: Sample, s2: Sample) -> float:
    return hypot(
      s1.sepal_length - s2.sepal_length,
      s1.sepal_width - s2.sepal_width,
      s1.petal_length - s2.petal_length,
      s1.petal_width - s2.petal_width,
    )
```

거리 계산에서 제곱 및 제곱근을 실행하기 위해 `math.hypot()` 함수를 활용했다. 아직 정의하지 않은 상위 클래스인 `Distance`를 사용한다. 이것이 필요할 것이라고 확신하지만 정의하는 것은 잠시 미루자.

유클리드 거리는 알려진 샘플과 알려지지 않은 샘플 간의 거리에 대한 여러 대안 중 하나이다. 이와 유사하게 거리를 계산하는 비교적 간단한 두 가지 방법이 있으며, 제곱근의 복잡성 없이 일관되게 좋은 결과가 나오는 경우가 종종 있다.

- **맨해튼 거리**Manhattan distance: 맨해튼 시와 유사하게 정사각형 블록이 있는 도시에서 걸어 가는 거리이다.

- **체비쇼프 거리**^{Chebyshev distance}: 이것은 대각선 한 단계를 1로 계산한다. 맨해튼 거리로 이것은 2로 계산된다. 유클리드 거리는 그림 3.4에서와 같이 $\sqrt{2}$, 약 1.41이 된다.

여러 가지 대안에 대해 고유한 하위 클래스를 만들어야 한다. 이는 일반적인 거리 개념을 정의하는 기본 클래스가 필요하다는 것을 의미한다. 기본 클래스는 다음과 같을 수 있다.

```
class Distance:
  """거리 계산에 대한 정의"""
  def distance(self, s1: Sample, s2: Sample) -> float:
    pass
```

이것은 거리 계산의 핵심을 포착한 것 같다. 추상화가 실제로 작동하는지 확인하기 위해 이것의 몇 가지 하위 클래스를 더 구현해보자.

맨해튼 거리는 x축을 따라가는 총 단계 수에 y축을 따라가는 총 단계 수를 더한 것이다. $|t_x - u_x|$라고 쓰여진 것처럼 거리의 절대값을 사용하며 공식은 다음과 같다.

$$MD(t, u) = |t_x - u_x| + |t_y - u_y|$$

이것은 직행하는 유클리드 거리보다 41%나 더 클 수 있다. 하지만 직통 거리와 유사할 정도록 좋은 k-NN 결과를 얻을 수 있으면서도 제곱과 제곱근 계산을 피할 수 있기 때문에 계산 속도가 더 빠르다.

맨해튼 거리는 다음과 같이 시각화할 수 있다.

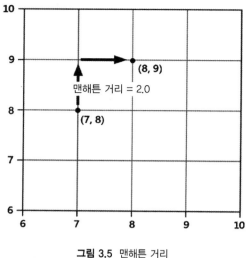

그림 3.5 맨해튼 거리

다음은 이 변형을 계산하는 Distance의 하위 클래스이다.

```python
class MD(Distance):
  def distance(self, s1: Sample, s2: Sample) -> float:
    return sum(
      [
        abs(s1.sepal_length - s2.sepal_length),
        abs(s1.sepal_width - s2.sepal_width),
        abs(s1.petal_length - s2.petal_length),
        abs(s1.petal_width - s2.petal_width),
      ]
    )
```

체비쇼프 거리는 x 거리의 절대값과 y 거리의 절대값 중 가장 큰 거리이다. 이 거리는 여러 차원의 영향을 최소화하는 경향이 있다.

$$CD(k, u) = max\left(|k_x - u_x|, |k_y - u_y|\right)$$

다음은 체비쇼프 거리를 시각화한 것이다. 서로 더 가까이에 있는 이웃을 강조하는 경향이 있다.

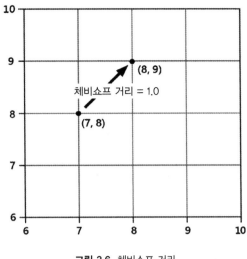

그림 3.6 체비쇼프 거리

다음은 거리 계산에서 이 변형을 수행하는 Distance의 하위 클래스이다.

```python
class CD(Distance)
  def distance(self, s1: Sample, s2: Sample) -> float:
    return max(
      [
        abs(s1.sepal_length - s2.sepal_length),
        abs(s1.sepal_width - s2.sepal_width),
        abs(s1.petal_length - s2.petal_length),
        abs(s1.petal_width - s2.petal_width),
      ]
    )
```

「Effects of Distance Measure Choice on KNN Classifier Performance - A Review 거리 측정 선택이 KNN 분류기 성능에 미치는 영향에 대한 리뷰」(https://arxiv.org/pdf/1708.04321.pdf)라는 논문을 참조하라. 이 논문에는 54개의 고유한 거리 계산 메트릭이 포함돼 있다. 여기서 살펴보는 예제들은 유사하고 각 축을 동일하게 측정하기 때문에 총괄해서 "민코프스키^{Minkowski}" 측정으로 식별된다. 각각의 거리 계산 전략은 학습 데이터셋이 주어지면 미지의 샘플을 분류하는 모델의 능력에서 다른 결과를 산출한다.

이것은 Hyperparameter 클래스의 이면에 있는 아이디어를 변경하게 만든다. 이제 조사할 이웃의 수를 결정하는 k 값과 "근접성"을 계산하는 방법을 알려주는 거리 계산이라는 두 개의 하이퍼파라미터가 필요하다. 이 두 가지는 모두 알고리듬에서 변경 가능한 부분이며 다양한 조합을 테스트해서 데이터에 가장 적합한 조합을 확인해야 한다.

어떻게 이런 다양한 거리 계산을 모두 사용할 수 있을까? 짧게 대답하면 이를 위해서는 공통 Distance 클래스의 수 많은 하위 클래스를 정의할 필요가 있다. 위에 인용된 리뷰 논문을 통해 좀 더 유용한 몇가지 거리 계산법으로 도메인을 줄일 수 있을 것이다. 이제 좋은 디자인을 가지고 있는지 확인하기 위해 거리 계산 방법을 한 가지 더 살펴보자.

또 다른 거리 계산법

하위 클래스를 추가하는 것이 얼마나 쉬운지 명확히 하기 위해 좀 더 복잡한 거리 계산법을 정의한다. 다음은 브레이–커티스Bray-Curtis라고도 알려진 쇠렌센 거리Sorensen distance이다. 이 사례 연구의 Distance 클래스가 이런 종류의 복잡한 수식을 처리할 수 있다면 다른 것도 처리할 수 있다고 확신할 수 있다.

$$SD(k, u) = \frac{|k_x - u_x| + |k_y - u_y|}{(k_x + u_x) + (k_y + u_y)}$$

앞에서 가능한 값의 범위로 나누어 맨해튼 거리의 각 구성 요소를 효과적으로 표준화했다.

다음은 쇠렌센 거리가 작동하는 방식을 설명하는 다이어그램이다.

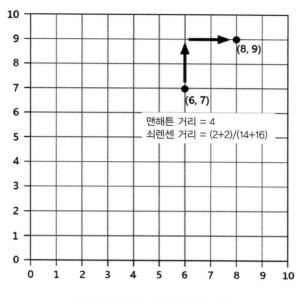

그림 3.7 맨해튼 거리와 쇠렌센 거리

단순한 맨해튼 거리는 원점에서 얼마나 멀리 떨어져 있는지에 상관없이 적용된다. 쇠렌센 거리는 원점에서 멀리 떨어진 측정값의 중요성을 줄여 값이 큰 이상치가 k-NN을 지배하지 못하도록 한다.

Distance의 새 하위 클래스를 추가해 이를 디자인에 도입할 수 있다. 이것은 어떤 면에서는 맨해튼 거리와 유사하지만 종종 별개로 분류된다.

```python
class SD(Distance):
  def distance(self, s1: Sample, s2: Sample) -> float:
   return sum(
     [
       abs(s1.sepal_length - s2.sepal_length),
       abs(s1.sepal_width - s2.sepal_width),
       abs(s1.petal_length - s2.petal_length),
       abs(s1.petal_width - s2.petal_width),
     ]
   ) / sum(
     [
       s1.sepal_length + s2.sepal_length,
       s1.sepal_width + s2.sepal_width,
```

```
        s1.petal_length + s2.petal_length,
        s1.petal_width + s2.petal_width,
    ]
)
```

이 디자인 접근 방식은 객체지향적 상속을 활용해 거리 계산 함수의 다형성 패밀리를 구축할 수 있게 해준다. 처음 몇 가지 함수를 기반으로 광범위한 함수 그룹을 만들고 이를 하이퍼파라미터 튜닝에 사용해 거리를 측정하는 가장 좋은 방법을 찾고 요청된 분류를 수행할 수 있다.

Distance 객체를 Hyperparameter 클래스에 통합해야 한다. 이는 이런 하위 클래스 중 하나의 인스턴스를 제공하는 것을 의미한다. 모두 동일한 distance() 메서드를 구현하기 때문에 대안적인 거리 계산 방법을 바꿔가면서 고유한 데이터 및 속성에 따라 가장 잘 수행되는 것을 찾을 수 있다.

일단 지금은 Hyperparameter 클래스 정의에서 Distance의 특정 하위 클래스를 참조하도록 할 수 있다. 11장, '일반 디자인 패턴'에서 Distance 클래스 정의의 계층 구조에서 가능한 거리 계산을 어떻게 유연하게 연결할 수 있는지 살펴볼 것이다.

⸭ 정리

다음은 3장의 몇 가지 핵심 사항이다.

- 객체지향 디자인 원칙의 중심은 상속이다. 복사해 붙여넣기 프로그래밍을 하는 대신에 하위 클래스로 상위 클래스의 기능을 상속할 수 있다. 하위 클래스는 상위 클래스를 확장해 기능을 추가하거나 상위 클래스를 다른 방식으로 특화할 수 있다.
- 다중 상속은 파이썬의 특징 중 하나이다. 가장 일반적인 형식은 믹스인 클래스 정의를 갖는 호스트 클래스이다. 초기화와 같은 공통 기능을 처리하기 위해 메서드 확인 순서를 활용함으로써 여러 클래스를 결합할 수 있다.

- 다형성은 계약을 수행하기 위해 여러 대안적인 구현을 제공하는 여러 클래스를 만들 수 있게 해준다. 파이썬의 덕 타이핑 규칙 때문에 동일한 메서드를 가진 모든 클래스는 서로를 대체할 수 있다.

⁙ 연습

수행한 프로젝트 작업에서 물리적 객체 중 일부를 둘러보고 그것을 상속 계층 구조로 설명할 수 있는지 확인해보라. 인간은 수 세기 동안 이와 같은 분류법으로 세상을 나누어 왔으며, 따라서 어렵지 않을 것이다. 객체의 클래스 간에 명확하지 않은 상속 관계가 있는가? 컴퓨터 애플리케이션에서 이런 객체를 모델링한다면 어떤 프로퍼티와 메서드를 공유해야 하는가? 다형성으로 재정의 해야 하는 것은 무엇인가? 그것들 사이에서 완전히 다른 프로퍼티는 무엇인가?

이제 코드를 작성해보라. 물리적 계층 구조에 대한 것이 아니다. 그것은 지루하다. 물리적인 객체는 메서드보다 속성이 더 많다. 지난 해에 하고 싶었지만 한 번도 손 대지 못한 개인적인 프로그래밍 프로젝트에 대해 생각해보라. 해결하려는 문제가 무엇이든 몇 가지 기본적인 상속 관계를 생각한 다음에 그것을 구현해보라. 실제로 상속을 사용할 필요가 없는 관계인지도 주의 깊게 보아야 한다. 다중 상속을 사용하고 싶은 곳이 있는가? 확실한가? 믹스인을 사용하고 싶은 곳이 보이는가? 빠르게 프로토타입을 만들어보라. 유용하거나 부분적이라도 작동할 필요는 없다. 이미 python -i를 사용해 코드를 테스트하는 방법을 보았다. 코드 일부를 작성하고 대화형 인터프리터에서 테스트하라. 작동하면 조금 더 작성하라. 작동하지 않으면 수정하라.

이제 사례 연구의 다양한 거리 계산을 살펴보라. 테스트 데이터 뿐만 아니라 사용자가 제공한 미지의 샘플로도 작업할 수 있어야 한다. 이 두 가지 샘플의 공통점은 무엇인가? 공통 상위 클래스를 만들고 유사한 동작을 하는 이 두 클래스에 대해 상속을 사용할 수 있는가? 아직 k-NN 분류를 자세히 살펴보지는 않았지만 가짜 답변을 제공하는 "모의" 분류기를 만들 수도 있다.

거리 계산에 대해 살펴 보면 Hyperparameter가 거리 계산 알고리듬 플러그인을 매개변수 중 하나로 포함하는 구성 관계임을 알 수 있다. 이것은 믹스인을 사용할 좋은 후보인가? 그 이유는 무엇인가? 플러그인을 갖지 않는 믹스인에는 어떤 제한이 있는가?

⁝⁝⁝ 요약

3장에서는 객체지향 프로그래머의 가장 유용한 도구 중 하나인 단순 상속에서 시작해 가장 복잡한 도구인 다중 상속까지 나아갔다. 상속을 사용해 기존 클래스 및 내장 제네릭 클래스에 기능을 추가할 수 있다. 유사한 코드를 상위 클래스로 추상화하면 유지 관리 가능성을 높이는 데 도움이 될 수 있다. 부모 클래스의 메서드는 super를 사용해 호출할 수 있으며 다중 상속을 사용할 때 이런 호출이 작동하려면 인수 리스트의 형식을 안전하게 지정해야 한다.

다음 4장에서는 예외적인 상황을 다루는 미묘한 기술을 다룰 것이다.

04

예상치 못한 상황을 예상하기

소프트웨어로 구축된 시스템은 깨질 수 있다. 소프트웨어는 예측 가능성이 높지만 런타임에서는 예상치 못한 입력과 상황이 일어날 수 있다. 장치에 장애가 생기고, 네트워크가 신뢰할 수 없게 되는 등의 작은 혼란이 애플리케이션에 일어난다. 컴퓨터 시스템을 괴롭히는 다양한 장애를 해결할 방법이 필요하다.

예상치 못한 일에 대처하기 위한 두 가지 광범위한 접근방식이 있다. 한 가지 접근방식은 함수에서 인식 가능한 오류 신호 값을 반환하는 것이다. None과 같은 값을 사용할 수 있다. 그 다음에 애플리케이션에서 다른 라이브러리 함수를 사용해 오류 상태에 대한 상세정보를 찾을 수 있다. 이 방식의 한 가지 예는 OS 요청에 대한 반환을 성공/실패 표지와 함께 묶는 것이다. 다른 접근방식은 명령문의 정상적이고 순차적인 실행을 중단하고 예외를 처리하는 명령문으로 전환하는 것이다. 이 두 번째 접근방식이 파이썬의 방식이다. 이 방식은 오류에 대한 반환값을 확인할 필요가 없다.

4장에서는 정상적인 응답이 불가능할 때 발생하는 특수한 오류 객체인 예외^{exception}에 대해 학습한다. 특히 다음과 같은 내용을 다룰 것이다.

- 예외를 발생시키는 방법

- 예외 발생시 복구 방법

- 여러 예외 타입을 처리하는 다양한 방법

- 예외 발생시 작업 정리

- 새로운 타입의 예외 생성

- 예외 구문을 흐름 제어에 사용

4장의 사례 연구에서는 데이터 검증에 대해 살펴볼 것이다. 분류기에 대한 입력이 유효한지 확인하기 위해 예외를 사용할 수 있는 다양한 방법을 조사한다.

먼저 파이썬의 예외 개념과 예외를 발생시키고 처리하는 방법을 살펴보자.

⁝⁞· 예외 발생

파이썬의 정상적인 동작은 파일에서 또는 >>> 프롬프트에서 명령문이 나오는 순서대로 실행하는 것이다. 몇 가지 명령문, 특히 if, while, for 등은 위에서 아래로의 단순한 명령문 실행 순서를 변경한다. 또한 예외는 실행의 순차적인 흐름을 멈출 수 있다. 즉, 예외가 발생하면 명령문의 순차적 실행이 중단된다.

파이썬에서는 발생되는 예외도 객체이다. 다양한 예외 클래스를 사용할 수 있으며 자체적인 예외 클래스도 쉽게 정의할 수도 있다. 그 공통점은 모두 BaseException이라는 내장 클래스를 상속한다는 것이다.

예외가 발생하면 일어나야 할 모든 것이 일어나지 않는다. 그 대신에 예외 처리가 일반적인 처리를 대체한다. 이해했는가? 걱정하지 말라, 이해하게 될 것이다.

예외를 발생시키는 가장 쉬운 방법은 어리석은 짓을 하는 것이다. 이미 그런 작업을 실행하고 예외 출력을 본 적이 있을 것이다. 예를 들어 파이썬은 프로그램에서 이해할 수 없는 줄을 만나면 다음과 같이 예외 타입 중 하나인 SyntaxError를 발생시킨다. 다음은 일반적인 예이다.

```
>>> print "hello world"
  File "<input>", line 1
    print "hello world"
          ^
SyntaxError: Missing parentheses in call to 'print'. Did you mean
print("hello world")?
```

print() 함수는 인수를 괄호로 묶어야 한다. 따라서 이 명령을 파이썬 3 인터프리터에 입력하면 SyntaxError 예외가 발생한다.

SyntaxError 외에 몇 가지 일반적인 예외는 다음 예제에서 볼 수 있다.

```
>>> x = 5 / 0
Traceback (most recent call last):
  File "<stdin>", line 1, in <module>
ZeroDivisionError: division by zero

>>> lst = [1,2,3]
>>> print(lst[3])
Traceback (most recent call last):
  File "<stdin>", line 1, in <module>
IndexError: list index out of range

>>> lst + 2
Traceback (most recent call last):
  File "<stdin>", line 1, in <module>
TypeError: can only concatenate list (not "int") to list

>>> lst.add
Traceback (most recent call last):
  File "<stdin>", line 1, in <module>
AttributeError: 'list' object has no attribute 'add'

>>> d = {'a': 'hello'}
>>> d['b']
Traceback (most recent call last):
  File "<stdin>", line 1, in <module>
KeyError: 'b'

>>> print(this_is_not_a_var)
Traceback (most recent call last):
```

```
   File "<stdin>", line 1, in <module>
NameError: name 'this_is_not_a_var' is not defined
```

예외는 대략 네 가지 범주로 나눌 수 있다. 일부는 좀 모호하지만 일부는 명확히 구분할 수 있는 선을 갖고 있다.

- 어떤 예외는 프로그램에 분명히 잘못된 것이 있음을 나타낸다. `SyntaxError`나 `NameError`와 같은 예외는 표시된 줄 번호로 찾아가 문제를 수정해야 함을 의미한다.

- 어떤 예외는 파이썬 런타임에서 잘못됐음을 나타낸다. 이 경우에 발생하는 것은 `RuntimeError` 예외이다. 대부분의 경우 이 문제는 최신 파이썬을 다운로드해 설치하면 해결된다. 또는 RC^{Release Candidate} 버전과 씨름하는 경우라면 유지 관리 책임자에게 버그를 보고하라.

- 일부 예외는 디자인 문제이다. 극단적인 경우를 적절하게 처리하지 못했거나 때로는 빈 리스트에서 평균을 계산하려고 시도할 수도 있다. 이런 경우의 한 예가 `ZeroDivisionError`이다. 이런 예외를 발견하면 표시된 줄 번호로 이동해야 한다. 그러나 예외를 발견한 후 예외를 발생시킨 문제의 원인을 찾기 위해 역방향으로 살펴봐야 할 수도 있다. 어느 곳인가에 예상치 못한 상태나 의도하지 않은 상태의 객체가 있을 것이다.

- 대부분의 예외는 프로그램의 인터페이스 근처에서 발생한다. 파일 작업을 포함한 모든 사용자 입력 또는 운영체제 요청은 프로그램 외부의 리소스에 문제가 있어서 예외로 이어질 수 있다. 이런 인터페이스 문제는 두 개의 하위 그룹으로 더 세분화할 수 있다.

  - 비정상적이거나 예상치 못한 상태의 외부 객체. 이는 철자가 잘못돼 찾을 수 없는 파일 경로 또는 이전에 애플리케이션이 충돌해서 다시 시작했기 때문에 디렉터리가 이미 존재하는 경우 등이 일반적이다. 이것들은 종종 명확한 근본 원인을 가진 일종의 `OSError`이다. 또한 사용자가 잘못 입력하거나 또는 악의적으로 애플리케이션을 파괴하려는 경우도 있다. 이에 대해서는 사용자

의 실수나 의도적인 남용을 방지하기 위해 애플리케이션 종속적인 예외를 사용해야 한다.

○ 그리고 단순 혼돈으로 인해 발생하는 비교적 작은 범주도 있다. 컴퓨터 시스템에는 많은 장치가 연결돼 있기 때문에 구성 요소 중 하나가 잘못 작동할 수 있다. 이것은 예측하기 어렵고 복구 전략을 계획하기도 어렵다. 소형 IoT 컴퓨터로 작업하는 경우에는 부품이 별로 없지만 까다로운 물리적 환경에 설치될 수 있다. 수천 개의 구성 요소가 있는 엔터프라이즈 서버 팜에서 작업할 때 0.1%의 장애율은 항상 무언가가 고장 났음을 의미한다.

파이썬의 모든 내장 예외의 이름이 Error로 끝나는 것을 보았을 것이다. 파이썬에서 오류와 예외는 거의 같은 의미로 사용된다. 오류는 때때로 예외보다 더 심각한 것으로 간주되지만 정확히 동일한 방식으로 처리된다. 실제로 앞 예제의 모든 오류 클래스는 BaseException을 확장한 Exception을 상위 클래스로 갖는다.

예외 발생시키기

이런 예외에 대응하는 것은 잠시 후에 다루고 먼저 입력이 유효하지 않다는 것을 사용자나 호출 함수에 알려야 하는 프로그램을 작성하려면 어떻게 해야 하는지 알아보자. 파이썬이 사용하는 것과 똑같은 메커니즘을 사용할 수 있다. 다음은 짝수 정수인 경우에만 리스트에 항목을 추가하는 간단한 클래스이다.

```python
from typing import List

class EvenOnly(List[int]):
  def append(self, value: int) -> None:
    if not isinstance(value, int):
      raise TypeError("Only integers can be added")
    if value % 2 != 0:
      raise ValueError("Only even numbers can be added")
    super().append(value)
```

이 클래스는 2장, '파이썬의 객체'에서 본 것처럼 내장 리스트를 확장한다. 정수 객체만을 갖는 리스트를 생성한다는 타입 힌트를 사용했다. 항목이 짝수 및 정수인지 두 가지 조건을 확인하기 위해 append 메서드를 재정의했다. 먼저 입력이 int 타입의 인스턴스인지 확인한 다음에 모듈로 연산자를 사용해 2로 나눌 수 있는지 확인한다. 두 조건 중 하나라도 충족되지 않으면 raise 키워드가 예외를 발생시킨다.

raise 키워드 뒤에 있는 것은 예외로서 발생되는 객체이다. 앞의 예제에서 두 객체는 내장 TypeError와 ValueError 클래스로부터 생성된다. 발생된 객체는 자체적으로 생성한 새로운 Exception 클래스의 인스턴스, 다른 곳에서 정의된 예외, 또는 이전에 발생되고 처리된 Exception 객체일 수 있다.

파이썬 인터프리터에서 이 클래스를 테스트하면 이전과 마찬가지로 예외가 발생했을 때 유용한 오류 정보를 출력하고 있음을 알 수 있다.

```
>>> e = EvenOnly()
>>> e.append("a string")
Traceback (most recent call last):
  File "<stdin>", line 1, in <module>
  File "even_integers.py", line 7, in add
    raise TypeError("Only integers can be added")
TypeError: Only integers can be added

>>> e.append(3)
Traceback (most recent call last):
  File "<stdin>", line 1, in <module>
  File "even_integers.py", line 9, in add
    raise ValueError("Only even numbers can be added")
ValueError: Only even numbers can be added
>>> e.append(2)
```

이 클래스는 예외를 시연하는 데는 효과적이지만 실무에서는 별로 좋지 않다. 인덱스 표기법이나 슬라이스 표기법을 사용해 리스트에 여전히 다른 값을 가져올 수 있다. 이런 추가적인 동작은 다른 적절한 메서드를 재정의해 피할 수 있으며 그중 일부는 마법의 이중 밑줄 메서드이다. 정말 완벽하게 하려면 extend(), insert(), __setitem__(), 심지어 __init__()과 같은 메서드를 재정의해야 한다.

예외의 영향

예외가 발생하면 프로그램 실행이 즉시 중지된다. 예외가 발생한 이후의 실행돼야 하는 줄은 실행되지 않으며, except 절에 의해서 예외가 처리되지 않으면 프로그램은 오류 메시지와 함께 종료된다. 먼저 처리되지 않은 예외를 검토한 다음 예외 처리에 대해 자세히 살펴본다.

다음의 간단한 함수를 보라.

```
from typing import NoReturn

def never_returns() -> NoReturn:
  print("I am about to raise an exception")
  raise Exception("This is always raised")
  print("This line will never execute")
  return "I won't be returned"
```

이 함수에 대해서 NoReturn 타입 힌트를 지정했다. 이것은 이 함수가 끝에 도달해 문자열 값을 반환할 방법이 없다는 mypy의 걱정을 덜어준다. 타입 힌트는 공식적으로 함수가 값을 반환할 것으로 예상되지 않는다고 말한다.

mypy는 마지막의 return이 실행될 수 없다는 것을 알고 있다는 것에 주의하라. 리터럴 문자열을 가진 return 문이 있더라도 반환 타입이 NoReturn인 것에 이의를 제기하지 않는다. 이것은 실행될 수 없음이 분명하다.

이 함수를 실행하면 첫 번째 print() 함수 호출이 실행된 다음 바로 예외가 발생하는 것을 볼 수 있다. 두 번째 print() 함수 호출은 실행되지 않으며 return 문도 실행되지 않는다. 출력은 다음과 같다.

```
>>> never_returns()
I am about to raise an exception
Traceback (most recent call last):
  File "<input>", line 1, in <module>
  File "<input>", line 6, in never_returns
Exception: This is always raised
```

더 나아가 한 함수가 예외를 발생시키는 다른 함수를 호출하는 경우에는 두 번째 함수의 예외가 발생한 지점 이후에 첫 번째 함수에서는 아무것도 실행되지 않는다. 예외 발생은 그것이 처리되거나 강제로 인터프리터가 종료될 때까지 함수 호출 스택^{call stack}을 통해 모든 실행을 중지시킨다. 시연을 위해 never_returns() 함수를 호출하는 함수를 추가한다.

```python
def call_exceptor() -> None:
  print("call_exceptor starts here...")
  never_returns()
  print("an exception was raised...")
  print("...so these lines don't run")
```

이 함수를 호출하면 첫 번째 print 문이 실행되고 never_returns() 함수의 첫 번째 줄이 실행되는 것을 볼 수 있다. 그러나 예외가 발생하면 그 뒤에는 아무것도 실행되지 않는다.

```
>>> call_exceptor()
call_exceptor starts here...
I am about to raise an exception
Traceback (most recent call last):
  File "<input>", line 1, in <module>
  File "<input>", line 3, in call_exceptor
  File "<input>", line 6, in never_returns
Exception: This is always raised
```

mypy는 never_returns()이 call_exceptor()에서 처리되는 것을 인식하지 못했다. 이전 예제를 기반으로 하면 call_exceptor()는 NoReturn으로서 더 잘 설명되는 것 같다. mypy에서 이것을 시도하면 경고를 받는다. mypy의 초점이 약간 좁다. mypy는 함수 및 메서드 정의를 상대적으로 분리해 검사한다. never_returns()가 예외를 발생시킨다는 것을 인식하지 못한다.

초기 raise 문으로부터 예외가 전파되는 방식을 제어할 수 있다. 호출 스택에서 이런 메서드 내부의 예외에 반응하고 처리할 수 있다.

트레이스백^{traceback}이라고 부르는 처리되지 않은 예외 출력의 위쪽을 보라. 트레이스백은 호출 스택을 보여준다. 호출 스택에서 "<module>"은 입력 파일이 없을 때 사용되는 이름이다. 커맨드라인은 call_exceptor()을 호출했고, call_exceptor()는 never_returns()를 호출했다. never_returns() 내부에서 예외가 처음으로 발생했다.

예외는 호출 스택을 통해 전파된다. call_exceptor() 내부에서 never_returns() 함수가 호출됐고 예외가 호출 메서드까지 버블링됐다. 거기에서 메인 인터프리터까지 한 단계 더 올라갔고, 메인 인터프리터는 이것을 어떻게 해야 할지 몰라 포기하고 트레이스백 객체를 출력했다.

예외 처리

이제 예외라는 동전의 뒷면을 살펴보자. 예외 상황을 만나면 코드는 어떻게 반응하고 그것을 어떻게 복구해야 할까? 예외 코드 자체이든 내부에서 예외가 발생한 함수나 메서드에 대한 호출이든 예외를 던질 수 있는 모든 코드는 try ... except 절 안에 래핑하여 예외를 처리한다. 가장 기본적인 구문은 다음과 같다.

```
def handler() -> None:
  try:
    never_returns()
    print("Never executed")
  except Exception as ex:
    print(f"I caught an exception: {ex!r}")
  print("Executed after the exception")
```

이미 알고 있듯이 항상 예외를 던지는 기존의 never_returns() 함수를 사용해 이 간단한 스크립트를 실행하면 다음 출력을 얻는다.

```
I am about to raise an exception
I caught an exception: Exception('This is always raised')
Executed after the exception
```

never_returns() 함수는 예외를 발생시키려 하고 있고 발생시켰음을 기쁘게 알려준다. handler() 함수의 except 절은 예외를 포착한다. 예외를 포착하면 이 경우처럼 상황을 처리하고 있음을 출력하는 등의 방식으로 코드를 정리하고 계속 진행할 수 있다. never_

returns() 함수의 나머지 코드는 실행되지 않은 상태로 남아 있지만 try: 문 이후의
handler() 함수 코드는 복구되고 계속 진행할 수 있다.

앞 코드의 문제점은 Exception 클래스를 사용함으로써 모든 타입의 예외를 포착한다는
것이다. TypeError와 ZeroDivisionError가 모두 발생될 수 있는 코드를 작성한다면 어떻
게 될까? 알고 있는 객체 상태를 반영하기 때문에 ZeroDivisionError는 포착하고 싶지만
다른 예외는 프로그램을 죽여야 하는 버그를 반영하기 때문에 콘솔에 전파되게 해야 한
다. 이 구문을 추측할 수 있는가?

다음은 이를 수행하는 조금 순진한 함수이다.

```python
from typing import Union

def funny_division(divisor: float) -> Union[str, float]:
    try:
        return 100 / divisor
    except ZeroDivisionError:
        return "Zero is not a good idea!"
```

이 함수는 간단한 계산을 수행한다. divisor 매개변수에 대해 float 타입 힌트를 제공했
다. 정수를 제공할 수 있으며 일반적인 파이썬 타입 강제 변환이 일어난다. mypy 도구
는 정수를 부동소수점 수로 강제 변환할 수 있는 방법을 알고 있으므로 매개변수 타입
에 집착하지 않아도 된다.

그러나 반환 타입은 매우 명확해야 한다. 예외가 발생되지 않으면 계산 후 부동소수점
수를 반환한다. ZeroDivisionError 예외가 발생하면 이를 처리해 문자열을 반환한다. 다
른 예외가 있을까? 그것을 시도해보자.

```
>>> print(funny_division(0))
Zero is not a good idea!
>>> print(funny_division(50.0))
2.0
>>> print(funny_division("hello"))
Traceback (most recent call last):
...
TypeError: unsupported operand type(s) for /: 'int' and 'str'
```

출력의 첫 번째 줄은 0을 입력하는 경우 적절하게 처리됨을 보여준다. 유효한 숫자로 호출을 하면 정확하게 작동한다. 그러면 TypeError를 얻는 방법이 궁금하지 않은가? 문자열을 입력하면 처리되지 않는 예외와 함께 실패한다. ZeroDivisionError 예외 클래스를 지정하지 않았다면 이 예외 처리기는 TypeError도 보기 때문에 문자열을 입력했을 때도 0으로 나눈다는 비난을 했을 것이며, 이것은 전혀 적절한 동작이 아니다.

두 개 이상의 다른 예외를 포착하는 것도 동일한 코드로 처리할 수도 있다. 다음은 세 가지 다른 타입의 예외를 발생시키는 예제이다. 동일한 예외 처리기로 TypeError와 ZeroDivisionError를 처리하지만 숫자 13을 제공하면 ValueError 오류가 발생한다.

```python
def funnier_division(divisor: int) -> Union[str, float]:
    try:
        if divisor == 13:
            raise ValueError("13 is an unlucky number")
        return 100 / divisor
    except (ZeroDivisionError, TypeError):
        return "Enter a number other than zero"
```

except 절에 여러 예외 클래스를 포함시켰다. 이를 통해 하나의 예외 처리기로 다양한 조건을 처리할 수 있다. 다양한 값으로 이것을 테스트하는 방법은 다음과 같다.

```
>>> for val in (0, "hello", 50.0, 13):
...     print(f"Testing {val!r}:", end=" ")
...     print(funnier_division(val))
...
Testing 0: Enter a number other than zero
Testing 'hello': Enter a number other than zero
Testing 50.0: 2.0
Testing 13: Traceback (most recent call last):
  File "<input>", line 3, in <module>
  File "<input>", line 4, in funnier_division
ValueError: 13 is an unlucky number
```

for 문은 여러 테스트 입력을 반복하고 결과를 출력한다. print 문에서 end 인수는 기본으로 처리되는 줄 바꿈을 공백으로 변환해 다음 줄의 출력과 결합되도록 한다.

숫자 0과 문자열은 모두 except 절에 의해 포착되고 적절한 오류 메시지가 출력된다. 숫자 13으로 발생한 예외는 처리되는 예외 타입에 포함되지 않은 ValueError이므로 포착되지 않는다. 이것은 좋은 예제이지만 다른 예외를 포착해 그에 대해 다른 작업을 수행하려면 어떻게 해야 할까? 또는 예외를 가지고 무언가를 수행한 다음 그것이 예외로 잡힌 적이 없는 것처럼 계속해서 부모 함수로 버블링 되도록 하고 싶다면 어떻게 해야 할까?

이런 경우를 처리하기 위해 새로운 구문이 필요하지는 않다. except 절은 여러 층으로 쌓을 수 있으며 그중 처음 매칭되는 것만 실행된다. 두 번째 질문에 경우 인수가 없는 raise 키워드가 예외 처리기 내부에 있으면 마지막 예외를 다시 발생시킨다. 다음 코드를 확인하라.

```
def funniest_division(divisor: int) -> Union[str, float]:
  try:
    if divisor == 13:
      raise ValueError("13 is an unlucky number")
    return 100 / divisor
  except ZeroDivisionError:
```

```
    return "Enter a number other than zero"
except TypeError:
    return "Enter a numerical value"
except ValueError:
    print("No, No, not 13!")
    raise
```

마지막 줄은 ValueError 오류를 다시 일으키기 때문에 "No, No, not 13!"을 출력한 후 예외를 다시 발생시킨다. 그러면 콘솔에서 원래의 스택 트레이스를 얻을 수 있다.

앞의 예제처럼 예외 절을 쌓으면 두 개 이상이 일치하더라도 처음에 일치한 절만 실행된다. 어떻게 두 개 이상의 절이 일치할 수 있는가? 예외는 객체이므로 하위 클래스로 상속될 수 있음을 기억하라. 다음 절에서 살펴볼 것이지만 대부분의 예외는 Exception 클래스를 확장하며, Exception은 BaseException에서 파생된 것이다. TypeError를 포착하기 전에 Exception을 포착하기 위한 except 절이 있다면 Exception 처리기만 실행되는데 이는 TypeError가 Exception을 상속한 것이기 때문이다.

이것은 일부 예외만 특별히 처리하고 나머지 모든 예외를 일반적인 경우로 처리하려고 할 때 유용할 수 있다. 모든 특정 예외를 먼저 포착한 다음에 Exception을 나열해 일반적인 경우로 처리할 수 있다.

종종 예외를 포착할 때 Exception 객체 자체에 대한 참조가 필요하다. 이는 사용자 정의 인수와 함께 자체적인 예외를 정의할 때 가장 자주 사용하지만 표준 예외와 관련될 수도 있다. 대부분의 예외 클래스는 생성자에서 일련의 인수를 받아들이고 예외 처리기에서 해당 속성에 액세스 할 수 있다. 자체적인 Exception 클래스를 정의하면 그것을 포착할 때 사용자 정의 메서드를 호출할 수도 있다. 예외를 변수로 캡처하는 구문에는 as 키워드를 사용한다.

```
>>> try:
...     raise ValueError("This is an argument")
... except ValueError as e:
...     print(f"The exception arguments were {e.args}")
...
The exception arguments were ('This is an argument',)
```

이 간단한 코드를 실행하면 초기화시 ValueError에 전달한 문자열 인수를 출력한다.

예외를 처리하는 구문의 여러 가지 변형을 살펴봤지만 예외 발생 여부에 상관없이 코드를 실행하는 방법은 아직 모른다. 또한 예외가 발생하지 않는 경우에만 실행해야 하는 코드도 지정할 수 없다. 두 개의 추가 키워드인 finally와 else는 몇 가지 추가적인 실행 경로를 제공한다. 둘 다 인수를 취하지 않는다.

finally 절이 있는 예제는 아래와 같다. 대부분의 경우 예외가 프로세스를 중단시켰는지 여부에 상관없이 실행해야 하는 마무리 코드를 분명하게 구현하기 위한 방법으로 예외 블록 대신 컨텍스트 관리자^{context manager}를 사용한다. 컨텍스트 관리자에 마무리에 대한 책임을 캡슐화하는 것이다.

다음 예제는 여러 예외 클래스를 반복해 각각의 인스턴스를 발생시킨다. 그 다음에 새로 소개한 구문을 보여주는 별로 복잡하지 않은 예외 처리 코드가 실행된다.

```python
some_exceptions = [ValueError, TypeError, IndexError, None]

for choice in some_exceptions:
  try:
    print(f"\nRaising {choice}")
    if choice:
      raise choice("An error")
    else:
      print("no exception raised")
  except ValueError:
    print("Caught a ValueError")
  except TypeError:
    print("Caught a TypeError")
  except Exception as e:
    print(f"Caught some other error: {e.__class__.__name__}")
  else:
    print("This code called if there is no exception")
  finally:
    print("This cleanup code is always called")
```

예상할 수 있는 거의 모든 예외 처리 시나리오를 보여주는 이 예제를 실행하면 다음과 같은 출력을 볼 수 있다.

```
(CaseStudy39) % python ch_04/src/all_exceptions.py

Raising <class 'ValueError'>
Caught a ValueError
This cleanup code is always called

Raising <class 'TypeError'>
Caught a TypeError
This cleanup code is always called

Raising <class 'IndexError'>
Caught some other error: IndexError
This cleanup code is always called

Raising None
no exception raised
This code called if there is no exception
This cleanup code is always called
```

finally 절의 print 문은 무슨 일이 있어도 상관없이 실행된다는 점에 주의하라. 이것은 예외가 발생하더라도 코드가 실행이 끝난 후에 특정 작업을 수행하는 한 가지 방법이다. 이와 관련된 몇 가지 일반적인 예는 다음과 같다.

- 열려 있는 데이터베이스 연결 정리

- 열려 있는 파일 닫기

- 네트워크를 통해 종료 핸드셰이크 보내기

이 모든 것은 일반적으로 8장 '객체지향과 함수형 프로그래밍의 교차점'의 주제 중 하나 인 컨텍스트 관리자를 사용해 처리된다.

TIP

모호하지만 try 절 내에 return 문이 있으면 finally 절은 return 문이 실행되기 직전에 실행된다. 이것은 return 이후 처리에 악용될 수 있으며, 또한 코드를 읽는 사람들에게 혼란을 줄 수도 있다.

또한 예외가 발생하지 않을 때의 출력에 주의하라. else 절과 finally 절이 모두 실행된다. 예외가 발생하지 않을 때만 실행돼야 하는 코드는 전체 try ... except 블록 뒤에 배치될 수도 있기 때문에 else 절이 불필요하게 보일 수 있다. 그 차이점은 예외가 포착되고 처리되면 else 블록이 실행되지 않는다는 것이다. 나중에 흐름 제어로서 예외를 사용하는 것에 대해 논의할 때 이에 대해 자세히 살펴볼 것이다.

except, else, finally 절은 try 블록 후에 생략할 수 있다. 물론 try 다음에 else만 쓰는 것은 유효하지 않다. 둘 이상을 포함하는 경우에는 except 절이 먼저 와야 하고 그 다음에는 else 절이, 마지막에 finally 절이 와야 한다. except 절의 순서가 가장 구체적인 하위 클래스에서 가장 일반적인 상위 클래스 순서인지 확인해야 한다.

예외 계층

이제까지 가장 일반적인 내장 예외를 살펴봤으며 나머지는 파이썬 개발 과정에서 만나게 될 것이다. 앞에서 얘기했듯이 대부분의 예외는 Exception 클래스의 하위 클래스이다. 그러나 모든 예외가 그런 것은 아니다. Exception 클래스는 실제로 BaseException 클래스를 확장한 것이다. 사실 모든 예외는 BaseException 클래스 또는 그 하위 클래스 중 하나를 확장해야 한다.

Exception 클래스가 아닌 BaseException 클래스에서 직접 파생되는 두 가지 주요 내장 예외 클래스는 SystemExit과 KeyboardInterrupt이다. SystemExit 예외는 프로그램이 자연스럽게 종료될 때마다 발생하며, 일반적으로 코드의 어딘가에서 sys.exit() 함수를 호출했기 때문이다. 사용자가 메뉴 항목에서 종료를 선택하거나, 화면에서 창의 닫기 버튼을 클릭하거나, 서버 종료 명령을 입력하거나, 또는 OS가 애플리케이션에 종료하라는 신호를 보낸 경우 등을 예로 들 수 있다. 이 예외는 프로그램이 최종적으로 종료되기 전에 코드를 정리할 수 있도록 설계됐다.

SystemExit 예외를 처리하는 경우에 이 예외의 포착은 프로그램이 종료되는 것을 멈출 수 있으므로 일반적으로 예외를 다시 발생시킨다. 버그가 데이터베이스 락[lock]을 가지고 있어서 서버를 재부팅하지 않고는 중지할 수 없는 웹 서비스를 생각해보라.

SystemExit 예외가 일반적인 except Exception: 절에서 우연히 포착되는 것을 원하지 않는다. 이것이 이 예외가 BaseException에서 직접 파생되는 이유이다.

KeyboardInterrupt 예외는 커맨드라인 프로그램에서 일반적으로 사용된다. 이 예외는 사용자가 OS 종속적인 키 조합, 일반적으로 Ctrl+C을 사용해 프로그램 실행을 명시적으로 중단할 때 발생한다. 리눅스 및 맥OS 사용자의 경우 kill -2 <pid> 명령도 마찬가지이다. 이것은 사용자가 실행중인 프로그램을 의도적으로 중단하는 표준 방법이며 SystemExit처럼 거의 항상 프로그램을 종료함으로써 응답해야 한다. 또한 SystemExit와 마찬가지로 finally 블록 내부에서 정리 작업을 처리할 수 있다.

다음은 전체 계층 구조를 보여주는 클래스 다이어그램이다.

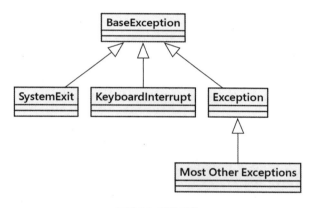

그림 4.1 예외 계층

예외 타입을 지정하지 않고 except: 절을 사용하면 BaseException의 모든 하위 클래스를 포착한다. 즉, 두 가지 특수 예외를 포함한 모든 예외를 포착한다. 이 특수 예외는 거의 항상 특별히 처리되기를 원하기 때문에 인수없이 except: 문을 사용하는 것은 현명하지 않다. SystemExit과 KeyboardInterrupt를 제외한 모든 예외를 포착하려면 명시적으로 except Exception:을 사용해야 한다. 대부분의 파이썬 개발자는 타입이 없는 except:은 오류이며 코드 리뷰에서 플래그를 지정해야 한다고 생각한다.

자체적인 예외 정의

가끔 예외를 발생시키고 싶을 때 적절한 내장 예외가 없음을 알게 된다. 그 차이는 애플리케이션이 예외를 어떻게 처리해야 하는지에 초점이 있다. 새로운 예외를 도입하는 것은 예외 처리기에서 그것을 별도로 처리해야 하기 때문이어야 한다.

ValueError와 똑같이 처리되는 예외를 새로 정의할 이유가 없다. ValueError를 사용하면 된다. 다행히도 자체적으로 새로운 예외를 정의하는 것은 쉬운 일이다. 클래스 이름은 일반적으로 무엇이 잘못됐는지 전달하도록 정하고, 추가 정보를 포함하기 위해 초기화 메서드에 임의의 인수를 제공할 수 있다.

해야 할 것은 Exception 클래스나 의미적으로 유사한 기존 예외 중 하나를 상속하는 것이 전부이다. 클래스에 내용을 추가할 필요도 없다. 물론 BaseException을 직접 확장할 수도 있지만 이것은 실행 중인 프로그램을 중지하는 새로운 방법을 발명하고 있다는 것을 의미하며, 아주 이례적인 일이다.

다음은 뱅킹 애플리케이션에서 사용할 수 있는 간단한 예외이다.

```
>>> class InvalidWithdrawal(ValueError):
...     pass

>>> raise InvalidWithdrawal("You don't have $50 in your account")
Traceback (most recent call last):
  File "<input>", line 1, in <module>
InvalidWithdrawal: You don't have $50 in your account
```

raise 문은 새로 정의된 예외를 발생시키는 방법을 보여준다. 예외에 임의적인 여러 개의 인수를 전달할 수도 있다. 종종 문자열 메시지가 사용되지만 나중에 예외 처리기에서 유용하게 사용할 수 있는 모든 객체를 저장할 수 있다. Exception.__init__() 메서드는 모든 인수를 받아들이고 args라는 이름의 속성에 튜플로 저장하도록 돼 있다. 이는 __init__()을 재정의할 필요 없이 예외를 더 쉽게 정의할 수 있게 해준다.

물론 초기화 메서드를 사용자 정의로 만들고 싶다면 자유롭게 할 수 있다. 다음은 초기화 메서드가 현재 잔액과 사용자가 인출하려는 금액을 인수로 받도록 앞의 예외를 수정한 버전이다. 또한 인출 요청 금액이 얼마나 초과됐는지 계산하는 메서드도 추가한다.

```
>>> from decimal import Decimal
>>> class InvalidWithdrawal(ValueError):
...     def __init__(self, balance: Decimal, amount: Decimal) -> None:
...         super().__init__(f"account doesn't have ${amount}")
...         self.amount = amount
...         self.balance = balance
...     def overage(self) -> Decimal:
...         return self.amount - self.balance
```

통화로 작업하기 때문에 숫자를 다루는 `Decimal` 클래스를 임포트했다. 소수점 이하 자릿수가 고정돼 있고 정확한 십진법 산술을 가정하는 매우 복잡한 반올림 규칙이 있는 금전 계산에 대해서는 파이썬의 기본 `int` 또는 `float` 타입을 사용할 수 없다.

또한 계좌 번호는 예외의 일부가 아니다. 은행가들은 계좌 번호가 로그나 트레이스백 메시지에 노출될 수 있는 방식으로 사용하는 것에 대해 눈살을 찌푸린다.

다음은 이 예외의 인스턴스를 만드는 예제이다.

```
>>> raise InvalidWithdrawal(Decimal('25.00'), Decimal('50.00'))
Traceback (most recent call last):
...
InvalidWithdrawal: account doesn't have $50.00
```

다음은 `InvalidWithdrawal` 예외가 발생한 경우 처리하는 방법이다.

```
>>> try:
...     balance = Decimal('25.00')
...     raise InvalidWithdrawal(balance, Decimal('50.00'))
... except InvalidWithdrawal as ex:
...     print("I'm sorry, but your withdrawal is "
...         "more than your balance by "
...         f"${ex.overage()}")
```

여기서는 지역 변수 ex에 예외를 저장하기 위해 as 키워드를 사용했다. 관례에 따라 대부분의 파이썬 개발자는 예외를 ex, exc, 또는 exception과 같은 변수에 할당한다. 하지만 원한다면 자유롭게 the_exception_raised_above 또는 aunt_sally라고 부를 수도 있다.

자체적인 예외를 정의하는 이유는 여러 가지가 있다. 예외에 정보를 추가하거나 어떤 방식으로든 예외를 기록하는 것은 종종 유용한다. 그러나 사용자 정의 예외의 유용성은 다른 프로그래머가 액세스 할 수 있는 프레임워크, 라이브러리, 또는 API를 만들 때 진정으로 드러난다. 이 경우에는 코드에서 클라이언트 프로그래머가 이해할 수 있는 예외를 발생시키는지 확인해야 한다. 다음은 몇 가지 기준이다.

- 무슨 일이 있었는지 명확하게 설명해야 한다. 예를 들어 KeyError 예외는 찾을 수 없는 키가 무엇인지 알려주어야 한다.

- 클라이언트 프로그래머는 자신의 코드에 버그가 있는 경우 어떻게 오류를 수정해야 하는지, 또는 주의해야 할 상황인 경우 어떻게 예외를 처리해야 하는지 쉽게 알 수 있어야 한다.

- 예외 처리는 다른 예외와 구별돼야 한다. 예외 처리가 기존 예외와 동일한 경우 기존 예외를 재사용하는 것이 가장 좋다.

이제 예외를 발생시키고 새로운 예외를 정의하는 방법을 살펴봤으니 예외적인 데이터와 관련된 문제에 대응하는 몇 가지 디자인 고려사항을 살펴볼 수 있다. 여러 디자인 선택사항이 있으며, 엄밀히 말해서 파이썬에서 예외는 오류 상황이 아닌 여러 가지 상황에 사용될 수 있다는 것에 대해 살펴볼 것이다.

예외는 예외적인 것이 아니다

초보 프로그래머는 예외가 예외적인 상황에서만 유용한 것으로 생각하는 경향이 있다. 그러나 예외적인 상황에 대한 정의는 모호하고 해석에 따라 달라질 수 있다. 다음 두 함수를 살펴보자.

```
def divide_with_exception(dividend: int, divisor: int) -> None:
  try:
    print(f"{dividend / divisor=}")
  except ZeroDivisionError:
    print("You can't divide by zero")
```

```
def divide_with_if(dividend: int, divisor: int) -> None:
  if divisor == 0:
    print("You can't divide by zero")
  else:
    print(f"{dividend / divisor=}")
```

이 두 함수는 동일하게 작동한다. 나누는 수가 0이면 오류 메시지가 출력되지만, 그렇지 않으면 나누기의 결과를 메시지로 출력한다. if 문으로 테스트해 ZeroDivisionError가 발생하는 것을 방지할 수 있다. 이 예제에서 유효한 나눗셈에 대한 테스트는 divisor == 0처럼 비교적 단순해 보인다. 하지만 어떤 경우에는 복잡해질 수 있다. 경우에 따라 중간 결과들을 계산하는 것이 포함될 수도 있다. 최악의 경우에는 "이것이 작동할까?"를 위한 테스트, 즉 작업이 실행 중에 오류가 있는지 점검하기 위해 클래스의 여러 메서드를 사용해 가볍게 돌려보는 것이 포함될 수도 있다.

파이썬 프로그래머는 "허락보다 용서를 구하는 것이 더 쉽다It's Easier to Ask Forgiveness Than Permission, EAFP"로 요약된 모델을 따르는 경향이 있다. 요점은 코드를 실행한 다음 잘못되는 모든 것을 처리하는 것이다. 그 대안으로 "돌다리도 두들겨 보고 건너라LBYL, Look Before You Leap"가 있지만 이것은 일반적으로 인기가 없다. 여기에는 몇 가지 이유가 있지만 주된 이유는 코드를 통한 정상적인 경로에서 발생하지 않을 비정상적인 상황을 찾기 위해 CPU 사이클을 태울 필요가 없다는 것이다.

따라서 예외 상황이 아주 조금만 예외적일지라도 그 상황을 위해 예외를 사용하는 것이 현명하다. 여기서 더 나아가 예외 구문은 흐름 제어에도 효과적일 수 있다. if 문과 마찬가지로 예외도 의사결정, 코드 분기, 메시지 전달 등에 사용할 수 있다.

위젯Widget과 가젯Gadget을 판매하는 회사의 재고관리 애플리케이션을 상상해보자. 고객이 구매할 때 해당 품목이 재고가 있으면 재고에서 차감되고 남은 수가 반환되거나, 또는 재고가 없을 수 있다. 재고 부족은 재고관리 애플리케이션에서 발생하는 지극히 정상적인 것이다. 확실히 예외적인 상황은 아니다. 그런데 재고가 없으면 무엇을 반환해야 할까? "품절"이라는 문자열? 음수? 두 경우 모두 호출 메서드는 반환값이 양의 정수인지 아니면 다른 값인지 확인해 품절 여부를 결정해야 한다. 특히 코드 어딘가에서 그 처리를 잊은 경우에는 코드가 지저분해질 것이다.

그 대신에 OutOfStock 예외를 발생시키고 try 문을 사용해 직접 프로그램 흐름을 제어를 할 수 있다. 이해가 되는가? 또한 동일한 품목을 두 명의 다른 고객에게 판매하지 않도록, 그리고 아직 재고가 없는 품목을 판매하지 않도록 해야 한다. 이것을 쉽게 하는 한 가지 방법은 한 번에 한 사람만 업데이트 할 수 있도록 품목의 각 타입을 잠그는 것이다. 사용자는 품목을 잠근 후 해당 품목에 대해 구매, 재고 추가, 남은 개수 반환 등의 처리를 한 다음 잠금을 해제해야 한다. 이것은 사실 8장의 주제 중 하나인 컨텍스트 관리자이다.

다음은 메서드가 수행해야 하는 작업을 설명하는 독스트링이 포함된 불완전한 Inventory 클래스 예제이다.

```python
class OutOfStock(Exception):
  pass

class InvalidItemType(Exception):
  pass

class Inventory:
  def __init__(self, stock: list[ItemType]) -> None:
    pass

  def lock(self, item_type: ItemType) -> None:
    """컨텍스트 진입.
    작업하는 동안 아무도 재고를 조작할 수 없도록
    품목 타입을 잠근다."""
    pass

  def unlock(self, item_type: ItemType) -> None:
    """컨텍스트 퇴장.
    품목 타입의 잠금을 해제한다."""
    pass

  def purchase(self, item_type: ItemType) -> int:
    """품목이 잠겨있지 않으면 문제가 있으므로 ValueError를 발생한다.
    If item_type이 존재하지 않는 경우,
      raise InvalidItemType.
    If 품목이 현재 품절인 경우,
      raise OutOfStock.
    If 품목이 가용한 경우,
```

```
    하나를 뺀다. 남은 품목 수를 반환한다.
    """
    # 모의 결과.
    if item_type.name == "Widget":
        raise OutOfStock(item_type)
    elif item_type.name == "Gadget":
        return 42
    else:
        raise InvalidItemType(item_type)
```

이 객체 프로토타입을 개발자에게 전달해 그들이 구매에 필요한 코드를 작업할 때 원하는 것을 정확히 수행하는 메서드를 구현하도록 할 수 있다. 구매 방법에 따라 다양한 분기를 고려하기 위해 파이썬의 강력한 예외 처리를 사용할 것이다. 이 클래스가 어떻게 작동하는지에 대한 질문이 없도록 하기 위해 테스트 케이스를 작성할 수도 있다.

다음은 예제를 정리하기 위한 ItemType 클래스 정의이다.

```
class ItemType:
    def __init__(self, name: str) -> None:
        self.name = name
        self.on_hand = 0
```

다음은 이 Inventory 클래스를 사용하는 대화형 세션이다.

```
>>> widget = ItemType("Widget")
>>> gadget = ItemType("Gadget")
>>> inv = Inventory([widget, gadget])

>>> item_to_buy = widget
>>> inv.lock(item_to_buy)
>>> try:
...     num_left = inv.purchase(item_to_buy)
... except InvalidItemType:
...     print(f"Sorry, we don't sell {item_to_buy.name}")
... except OutOfStock:
...     print("Sorry, that item is out of stock.")
... else:
...     print(f"Purchase complete. There are {num_left}
{item_to_buy.name}s left")
```

```
... finally:
...         inv.unlock(item_to_buy)
...
Sorry, that item is out of stock.
```

정확한 동작이 정확한 때에 발생하도록 하기 위해 가능한 모든 예외 처리 절을 사용했다. OutOfStock이 매우 예외적인 상황은 아니지만 예외를 사용해 적절하게 처리할 수 있다. 이와 동일한 코드를 if...elif...else 구조로 작성할 수 있지만 읽기나 유지 관리가 쉽지 않을 것이다.

여담으로, 예외 메시지 중 하나인 "There are {num_left} {item_to_buy.name}s left"는 영어 문법 문제로 고통 받고 있다. 품목이 하나뿐인 경우 "There is {num_left} {item_to_buy.name} left"로 수정이 필요하다. 합리적인 변환을 지원하려면 f-문자열 내부에서 문법 사항을 건드리지 않는 것이 가장 좋다. 문법에 맞는 메시지를 선택하기 위해서는 다음과 같이 else: 절로 처리하는 것이 가장 좋다.

```
msg = (
  f"there is {num_left} {item_to_buy.name} left"
  if num_left == 1
  else f"there are {num_left} {item_to_buy.name}s left")
print(msg)
```

예외를 사용해 서로 다른 메서드 사이에 메시지를 전달할 수도 있다. 예를 들어 고객에게 품목의 재고가 다시 생길 것으로 예상되는 날짜를 알리고 싶다면 OutOfStock 객체가 구성될 때 back_in_stock 매개변수가 필요하도록 할 수 있다. 그런 다음 예외를 처리할 때 해당 값을 확인하고 고객에게 추가 정보를 제공할 수 있다. 객체에 첨부된 정보는 프로그램의 서로 다른 두 부분 사이에서 쉽게 전달할 수 있다. 예외는 inventory 객체에 상품을 재주문하거나 이월 주문하도록 지시하는 메서드를 제공할 수도 있다.

흐름 제어에 예외를 사용하면 편리한 프로그램 디자인을 만들 수 있다. 여기서 중요한 것은 예외는 피해야 할 나쁜 것이 아니라는 점이다. 예외가 발생했다고 해서 이 예외적인 상황이 발생하지 않도록 막았어야 한다는 의미가 아니다. 오히려 예외는 서로를 직접 호출하지 않는 두 코드 간에 정보를 주고받는 강력한 방법일 뿐이다.

⠿ 사례 연구

4장의 사례 연구에서는 데이터 또는 애플리케이션의 계산이 가진 잠재적인 문제를 찾고 사용자가 수정하는 데 도움이 될 수 있는 몇 가지 방법을 살펴본다. 데이터와 프로세스는 모두 예외적인 동작 발생이 가능한 곳이다. 하지만 이 둘이 똑같은 것은 아니다. 다음과 같이 둘을 비교할 수 있다.

- 예외적인 데이터는 문제의 가장 일반적인 근원이다. 데이터가 구문 규칙을 따르지 않고 잘못된 물리적인 형식을 가질 수 있다. 그 외의 사소한 오류는 열 이름의 철자가 잘못된 예와 같이 인식되는 논리적 구성을 갖지 않는 데이터로 인해 발생할 수 있다. 예외는 또한 승인되지 않은 작업을 수행하려는 사용자를 반영할 수도 있다. 잘못된 데이터나 작업에 대해 사용자와 관리자에게 경고해야 한다.

- 예외적인 프로세스는 일반적으로 버그라고 불리는 것이다. 애플리케이션이 이런 문제를 복구하려고 해서는 안 된다. 13장, '객체지향 프로그램 테스트'에서 다루겠지만, 이런 예외는 단위 테스트 또는 통합 테스트에서 찾는 것이 좋으나 문제가 정밀한 검사를 벗어나 프로덕션 단계에서 마무리돼 소프트웨어 사용자에게 노출될 수 있다. 그러면 사용자에게 무언가가 고장 났고 가능한 한 정중하게 프로세스 중지나 충돌을 알려야 한다. 버그가 있는 상태에서 계속 진행하는 것은 신뢰를 깨는 행위이다.

이 사례 연구에는 잠재적인 문제에 대해 조사해야 하는 세 가지 종류의 입력이 있다.

1. 식물학자가 제공하는 전문가 판단이 반영된 알려진 Sample 인스턴스. 이 데이터는 품질면에서 모범이 돼야 하지만 누군가 실수로 파일 이름을 변경해 좋은 데이터를 유효하지 않거나 처리할 수 없는 것으로 바꾸지 않았다는 보장은 없다.

2. 연구원이 제공하는 미지의 Sample 인스턴스. 여기에는 모든 종류의 데이터 품질 문제가 있을 수 있다. 그중 몇 가지를 살펴볼 것이다.

3. 연구원 또는 식물학자의 행위. 각 사용자 클래스에 허용된 행위가 무엇인지 확인하기 위해 유스 케이스를 검토할 것이다. 어떤 경우에는 각 사용자 클래스에 대해 각자 취할 수 있는 행위에 맞는 메뉴를 제공함으로써 이런 문제를 방지할 수 있다.

유스 케이스 검토로 시작해 이 애플리케이션에 필요한 예외의 종류를 식별할 수 있다.

컨텍스트 뷰

1장의 컨텍스트 다이어그램에서 "사용자"의 역할은 현 시점에서 이상적이지 않다. 이것은 애플리케이션에 대한 인터페이스의 초기 설명으로는 괜찮았다. 디자인 작업을 진행하면서 "연구원"과 같은 보다 구체적인 용어가 샘플을 조사하고 분류를 요청하는 사람에게 더 나은 설명일 수 있다.

다음은 사용자와 그에게 승인된 행위에 대한 새로운 고려사항으로 확장된 컨텍스트 다이어그램이다.

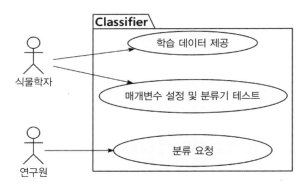

그림 4.2 애플리케이션 컨텍스트 다이어그램

식물학자는 한 종류의 데이터를 담당하며 두 가지 유효한 작업을 수행한다. 연구원은 다른 종류의 데이터를 담당하며 유효한 작업은 하나만 있다.

데이터와 프로세스 유스 케이스는 밀접하게 연결돼 있다. 식물학자가 새로운 학습 데이터를 제공하거나 매개변수를 설정하고 분류기를 테스트할 때 애플리케이션 소프트웨어는 입력이 유효한지 확인해야 한다.

마찬가지로 연구원이 샘플을 분류하려고 할 때 소프트웨어는 데이터가 유효하고 사용할 수 있는지 확인해야 한다. 유효하지 않은 데이터는 입력을 수정하고 다시 시도할 수 있도록 연구원에게 알려야 한다.

잘못된 데이터 처리는 두 부분으로 나눌 수 있으며 각 부분은 별도로 처리된다.

- 예외적인 데이터 발견. 이 장에서 보았듯이 이것은 유효하지 않은 데이터를 만났을 때 예외를 발생시키는 것으로 구현된다.
- 예외적인 데이터에 대한 대응. 이것은 문제의 특성과 문제 해결에 가능한 조치에 대해 유용한 정보를 제공하는 try:/except: 블록으로 구현된다.

먼저 예외적인 데이터를 발견하는 것부터 시작한다. 정확한 예외를 발생시키는 것은 잘못된 데이터를 처리하기 위한 기초이다.

프로세스 뷰

이 애플리케이션에는 많은 데이터 객체가 있지만 KnownSample 및 UnknownSample 클래스로 초점을 좁힐 것이다. 이 두 클래스는 공통 상위 클래스인 Sample 클래스와 관련이 있다. 이들은 두 개의 다른 클래스에 의해 생성된다. 다음 다이어그램은 Sample 객체가 생성되는 곳을 보여준다.

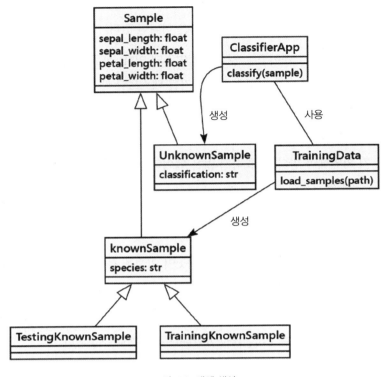

그림 4.3 객체 생성

두 종류의 샘플을 생성할 두 개의 클래스를 포함했다. TrainingData 클래스는 알려진 샘플을 로드한다. ClassifierApp 클래스는 미지의 샘플의 유효성을 검사하고 분류를 시도한다.

KnownSample 객체에는 다섯 가지 속성이 있으며 각 속성은 좁게 정의된 일련의 유효한 값을 갖는다.

- 측정값인 sepal_length, sepal_width, petal_length, petal_width는 모두 부동소수점 수이다. 이 값의 하한은 0이다.
- 전문가가 제공한 species 값은 세 가지 유효한 값 중 하나를 갖는 문자열이다.

UnknownSample 객체에는 측정값 네 개만 있다. 공통 상위 클래스 정의를 사용한다는 것은 이 검증 프로세스를 재사용하는 데 도움이 될 수 있다.

위에 나열된 유효한 값에 대한 규칙은 개별적으로 고려되는 각 속성에 대한 유효한 값만 정의한다. 어떤 애플리케이션에서는 속성 간에 복잡한 관계가 있거나 샘플 간의 관계를 정의하는 규칙이 있을 수 있다. 이 사례 연구에서는 다섯 가지 속성의 검증에만 중점을 둘 것이다.

무엇이 잘못될 수 있는가?

이 질문은 Sample 객체를 로드할 때 어떤 문제가 발생할 수 있는지 그리고 사용자가 이에 대해서 무엇을 할 수 있는지 고려하는 데 도움이 된다. 샘플 검증 규칙에 따라 측정값이 유효한 부동소수점 값이 아니거나 종 이름이 알려진 문자열 중 하나가 아닌 경우 데이터를 설명하기 위해 특수한 종류의 ValueError 예외를 발생시킬 수 있다.

다음과 같은 클래스를 사용해 처리할 수 없는 잘못된 데이터의 조건을 정의할 수 있다.

```
class InvalidSampleError(ValueError):
    """소스 데이터 파일이 유효하지 않은 데이터 표현을 가지고 있다."""
```

이를 통해 이 애플리케이션이 처리할 수 없는 입력 데이터에 대해 InvalidSampleError 예외를 발생시킬 수 있다. 이 예외의 의도는 수정해야 할 사항에 대한 정보가 포함된 메시지를 제공하는 것이다.

이것은 ValueError 예외를 발생시킬 수 있는 코드 상의 버그와 InvalidSampleError 예외를 발생시킬 수 있는 잘못된 데이터가 있는 경우를 구별하는 데 도움이 된다. 이것은 except: 블록에서 구체적으로 InvalidSampleError 예외를 사용해야 함을 의미한다.

만약 except ValueError:를 사용하면 이것은 고유한 예외 뿐 아니라 일반 예외도 처리할 것이다. 이는 심각한 버그를 잘못된 데이터로 취급할 수 있음을 의미한다. 따라서 일반적인 예외는 조심스럽게 처리해야 한다. 버그가 있을지도 모른다.

잘못된 동작

앞에서 사용자가 유효하지 않은 행위를 시도할 수 있다고 언급했다. 예를 들어 연구원이 분류된 KnownSample 객체를 제공하려고 할 수 있다. 새 학습 데이터를 로드하는 행위는 식물학자를 위해 예약돼 있다. 즉, 연구원에 의한 시도는 일종의 예외를 발생시켜야 함을 의미한다.

이 애플리케이션은 운영체제의 컨텍스트에서 작동한다. 커맨드라인 애플리케이션의 경우 사용자를 두 그룹으로 분할하고 운영체제 파일 소유권 및 액세스 권한을 사용해 각 그룹이 애플리케이션에서 실행할 수 있는 것을 제한할 수 있다. 이것은 효과적이고 종합적인 해결책이며 파이썬 코드가 필요하지 않다.

그러나 웹 기반 애플리케이션의 경우 웹 애플리케이션에 대해 각 사용자를 인증해야 한다. 파이썬의 웹 애플리케이션 프레임워크는 사용자 인증 메커니즘을 제공한다. 많은 프레임워크에는 개방형 인증[OAuth, Open Authentication]과 같은 시스템을 위한 편리한 플러그인이 있다. 자세한 내용은 https://oauth.net/2/를 참조하라.

웹 애플리케이션의 경우 일반적으로 두 가지 프로세스 계층이 있다.

- **사용자 인증**[authentication]. 사용자가 자신을 식별한다. 여기에는 비밀번호와 같은 단일 요소 또는 물리적인 키나 휴대폰과의 상호작용과 같은 복합 요소가 포함될 수 있다.

- **작업 수행에 대한 권한 부여**[authorization]. 사용자의 역할을 정의하고, 사용자의 역할에 따라 다양한 리소스에 대한 액세스를 제한한다. 이는 사용자가 리소스에 액세스할 수 있는 적절한 역할이 없을 때 예외를 발생시킨다는 것을 의미한다.

많은 웹 프레임워크는 무엇인가를 허용해서는 안 된다는 내부 신호로 예외를 사용한다. 이 내부 예외는 401 Authorization Required 응답과 같이 외부 HTTP 상태 코드와 매핑돼야 한다.

이것은 이 책의 범위를 벗어나는 주제이다. 웹 애플리케이션에 대한 것은 "Building Web Applications with Flask"(https://www.packtpub.com/product/building-web-applications-withflask/9781784396152)를 참조하라.

CSV 파일로부터 샘플 만들기

다양한 파일 형식에서 샘플을 읽기 위한 다양한 옵션에 대한 것은 직렬화 기술에 대해 자세히 설명하는 9장, '문자열, 직렬화, 파일 경로'를 참조하라. 지금은 세부적인 것은 건너뛰고 CSV 형식 데이터에 대한 접근방식에 중점을 둘 것이다.

쉼표로 구분된 값을 의미하는 CSV(Commna-Separated Values)는 스프레드시트의 행을 정의하는 데 사용될 수 있다. 각 행에서 셀 값은 쉼표로 구분된 텍스트로 표시된다. 이 데이터가 파이썬의 csv 모듈에 의해 파싱되면 각 행은 키가 열 이름이고 값이 특정 행의 셀 값인 딕셔너리로 나타낼 수 있다.

예를 들어 한 행은 다음과 같다.

```
>>> row = {"sepal_length": "5.1", "sepal_width": "3.5",
... "petal_length": "1.4", "petal_width": "0.2",
... "species": "Iris-setosa"}
```

csv 모듈의 DictReader 클래스는 일련의 dict[str, str] 형식의 행 인스턴스로 이루어진 반복 가능한 시퀀스를 제공한다. 모든 속성에 유효한 문자열 값이 있으면 이 원시 행들을 Sample의 하위 클래스 중 하나의 인스턴스로 변환해야 한다. 만약 원시 데이터가 유효하지 않으면 예외를 발생시켜야 한다.

위의 예와 같은 행이 주어지면 딕셔너리에서 더 유용한 객체로 변환하는 메서드는 다음과 같다. 이것은 KnownSample 클래스의 일부이다.

```
@classmethod
def from_dict(cls, row: dict[str, str]) -> "KnownSample":
  if row["species"] not in {
        "Iris-setosa", "Iris-versicolour", "Iris-virginica"}:
    raise InvalidSampleError(f"invalid species in {row!r}")
  try:
    return cls(
```

```
        species=row["species"],
        sepal_length=float(row["sepal_length"]),
        sepal_width=float(row["sepal_width"]),
        petal_length=float(row["petal_length"]),
        petal_width=float(row["petal_width"]),
    )
except ValueError as ex:
    raise InvalidSampleError(f"invalid {row!r}")
```

from_dict() 메서드는 종 값을 확인해 유효하지 않은 경우 예외를 발생시킨다. 측정값의 문자열을 부동소수점 값으로 변환하기 위해 float() 함수를 적용해 한 행을 생성하려고 시도한다. 변환이 모두 완료되면 생성할 클래스를 의미하는 cls 매개변수가 해당 객체를 빌드한다.

float() 함수 평가 중에 문제를 만나면 ValueError 예외가 발생한다. 이것은 이 애플리케이션의 고유한 InvalidSampleError 예외를 생성하는 데 사용된다.

이 검증 스타일은 LBYL(돌다리도 두들겨 보고 건너라)과 EAFP(허락보다 용서를 구하는 것이 더 쉽다) 스타일이 혼합된 것이다. 파이썬에서 가장 널리 사용되는 접근방식은 EAFP이다. 그러나 종 값의 경우에는 예외나 잘못된 데이터를 알리는 float()과 같은 변환 함수가 없다. 이 예제에서는 이 속성값에 LBYL을 사용하도록 선택했다. 아래에서 한 가지 대안을 살펴볼 것이다.

from_dict() 메서드는 @classmethod 데코레이터와 함께 정의된다. 이것은 실제 클래스 객체가 첫 번째 매개변수인 cls가 됨을 의미한다. 이렇게 하면 이를 상속하는 모든 하위 클래스가 해당 하위 클래스에 맞게 조정된 메서드를 갖게 된다는 의미이다. 예를 들어 다음 코드와 같이 새 하위 클래스인 TrainingKnownSample을 만들 수 있다.

```
class TrainingKnownSample(KnownSample):
    pass
```

TrainingKnownSample.from_dict() 메서드에는 cls 매개변수 값으로 TrainingKnownSample 클래스가 제공된다. 다른 코드 없이 이 클래스의 from_dict() 메서드는 TrainingKnown Sample 클래스의 인스턴스를 빌드한다.

이것은 잘 작동하지만 mypy에게는 그것이 작동하는지 명확하지 않다. 다음 정의를 사용해 명시적으로 타입 매핑을 제공할 수 있다.

```
class TrainingKnownSample(KnownSample):
  @classmethod
  def from_dict(cls, row: dict[str, str]) -> "TrainingKnownSample":
    return cast(TrainingKnownSample, super().from_dict(row))
```

이 대안은 더 간단한 클래스 정의를 사용해 from_dict()가 실제로 사용되는 위치에 cast() 작업을 두는 것이다. 예를 들면 cast(TrainingKnownSample, TrainingKnownSample. from_dict(data))와 같다. 이 메서드는 많은 곳에서 사용되지 않기 때문에 어떤 것이 더 간단하다고 말하기 어렵다.

다음은 이전 장에 나왔던 KnownSample 클래스의 나머지 부분이다.

```
class KnownSample(Sample):

  def __init__(
    self,
    species: str,
    sepal_length: float,
    sepal_width: float,
    petal_length: float,
    petal_width: float,
  ) -> None:
    super().__init__(
      sepal_length=sepal_length,
      sepal_width=sepal_width,
      petal_length=petal_length,
      petal_width=petal_width,
    )
    self.species = species

  def __repr__(self) -> str:
    return (
      f"{self.__class__.__name__}("
      f"sepal_length={self.sepal_length}, "
      f"sepal_width={self.sepal_width}, "
      f"petal_length={self.petal_length}, "
```

```
            f"petal_width={self.petal_width}, "
            f"species={self.species!r}, "
            f")"
    )
```

이것이 실제로 어떻게 작동하는지 확인해보자. 다음은 유효한 데이터를 로드하는 예이다.

```
>>> from model import TrainingKnownSample
>>> valid = {"sepal_length": "5.1", "sepal_width": "3.5",
... "petal_length": "1.4", "petal_width": "0.2",
... "species": "Iris-setosa"}

>>> rks = TrainingKnownSample.from_dict(valid)
>>> rks
TrainingKnownSample(sepal_length=5.1, sepal_width=3.5,
petal_length=1.4, petal_width=0.2, species='Iris-setosa', )
```

csv.DictReader가 한 줄의 입력으로부터 valid라는 딕셔너리를 생성했다. 그 다음에 이 딕셔너리로부터 TrainingKnownSample 인스턴스인 rks를 빌드했다. 결과 객체는 적절한 부동소수점 값을 가지고 있어서 요구되는 문자열의 변환이 수행됐음을 보여준다.

검증은 이렇게 동작한다. 다음은 잘못된 데이터에 대해 예외가 발생하는 예제이다.

```
>>> from model import TestingKnownSample, InvalidSampleError
>>> invalid_species = {"sepal_length": "5.1", "sepal_width": "3.5",
... "petal_length": "1.4", "petal_width": "0.2",
... "species": "nothing known by this app"}

>>> eks = TestingKnownSample.from_dict(invalid_species)
Traceback (most recent call last):
...
model.InvalidSampleError: invalid species in {'sepal_length': '5.1',
'sepal_width': '3.5', 'petal_length': '1.4', 'petal_width': '0.2',
'species': 'nothing known by this app'}
```

TestingKnownSample 인스턴스를 만들려고 할 때 유효하지 않은 종으로 인해 예외가 발생했다.

모든 잠재적인 문제를 발견했는가? csv 모듈은 물리적인 파일 형식 이슈가 있으며, 따라서 예를 들어 PDF 파일을 제공하면 csv 모듈에서 예외가 발생한다. 잘못된 종 이름과 잘못된 부동소수점 값은 from_dict() 메서드에서 확인된다.

아직 확인하지 않은 사항이 있다. 다음은 몇 가지 추가적으로 필요한 검증이다.

- 누락된 키. 키의 철자가 잘못된 경우 이 코드는 KeyError 예외를 발생시키며 이는 InvalidSampleError 예외로 다시 표시되지 않는다. 이와 관련된 변경은 독자를 위한 연습으로 남겨둔다.

- 추가적인 키. 예상치 못한 열이 있는 경우라면 데이터가 유효하지 않은가? 아니면 무시해야 하는가? 무시해야 하는 추가 열이 있는 스프레드시트의 데이터가 제공됐을 수 있다. 유연성은 도움이 되지만 입력과 관련된 잠재적인 문제를 노출하는 것도 중요하다.

- 범위를 벗어난 부동소수점 값. 측정값의 범위에는 합리적인 상한선과 하한선이 있을 수 있다. 0이 하한인 것은 분명해 보인다. 음수 측정치는 의미가 없다. 하지만 상한선은 명확하지 않다. MAD^{Median Absolute Deviation}(중앙값 절대 편차)를 포함해 이상치를 찾기 위한 몇 가지 통계 기법이 있다. 정규 분포에 맞지 않는 데이터를 찾는 방법에 대한 자세한 내용은 https://www.itl.nist.gov/div898/handbook/eda/section3/eda35h.htm 을 참조하라.

이런 추가적인 확인 중 첫 번째는 from_dict() 메서드에 추가할 수 있다. 두 번째는 사용자가 도달해야 하는 결정이며 잠재적으로 from_dict() 메서드에 추가된다.

이상치 탐지는 좀 더 복잡하다. 모든 테스트 및 학습 샘플이 로드된 후 이 확인을 수행해야 한다. 이상치 확인은 단일 행에 적용되지 않으므로 다른 예외가 필요하다. 다음과 같이 또 다른 예외를 정의할 수 있다.

```
class OutlierError(ValueError):
    """값이 예상된 범위 밖에 있다. """
```

이 예외는 단순한 범위 확인 또는 이상치 탐지를 위한 MAD 방법과 함께 사용할 수 있다.

열거형 값 검증

유효한 종의 리스트는 잘 보이지 않는다. from_dict() 메서드 안에 기본적으로 묻혀 있기 때문에 유지 관리 문제가 될 수 있다. 소스 데이터가 변경되면 기억하기 힘들고 거의 찾기 어려울 수 있는 이 메서드도 업데이트해야 한다. 또한 종의 리스트가 길어지면 코드가 읽기 어려워질 수 있다.

유효한 값 리스트와 함께 명시적으로 enum 클래스를 사용하는 것은 이것을 EAFP 프로세스로 변환하는 방법이다. 다음과 같은 방법을 사용해 종을 검증하는 것을 고려하라. 이를 위해서는 여러 클래스를 재정의해야 한다.

```
>>> from enum import Enum
>>> class Species(Enum):
...     Setosa = "Iris-setosa"
...     Versicolour = "Iris-versicolour"
...     Viginica = "Iris-virginica"

>>> Species("Iris-setosa")
<Species.Setosa: 'Iris-setosa'>

>>> Species("Iris-pinniped")
Traceback (most recent call last):
...
ValueError: 'Iris-pinniped' is not a valid Species
```

enum 클래스인 Species를 열거된 리터럴 값 중 하나에 적용하면 종의 문자열 표현이 유효하지 않음을 표시하기 위해 ValueError 예외가 발생한다. 이것은 유효한 수가 아닌 문자열에 대해 float() 및 int()가 ValueError 예외를 발생시키는 방식과 유사하다.

열거형 값으로 전환하려면 알려진 샘플에 대한 클래스 정의를 변경해야 한다. str 대신 열거형인 Species를 사용하도록 클래스를 수정한다. 이 사례 연구의 경우 값의 리스트가 적고 Enum이 실용적인 것 같다. 그러나 다른 문제 영역의 경우 열거된 값의 리스트가 상당히 클 수 있고 따라서 Enum 클래스가 길어져 알아보기 힘들 수 있다.

Enum 클래스 대신 문자열 객체를 계속 사용할 수 있다. 문자열 값의 각 고유 도메인을 Set[str] 클래스의 확장으로 정의할 수 있다.

```
>>> from typing import Set
>>> class Domain(Set[str]):
...     def validate(self, value: str) -> str:
...         if value in self:
...             return value
...         raise ValueError(f"invalid {value!r}")
>>> species = Domain({"Iris-setosa", "Iris-versicolour", "Iris-virginica"})
>>> species.validate("Iris-versicolour")
'Iris-versicolour'
>>> species.validate("odobenidae")
Traceback (most recent call last):
...
ValueError: invalid 'odobenidae'
```

float() 함수를 사용한 것과 유사하게 species.validate() 함수를 사용할 수 있다. 이렇게 하면 문자열을 다른 값으로 강제 변환하지 않고도 유효성을 검사할 수 있다. 대신 문자열을 반환한다. 유효하지 않은 값의 경우 ValueError 예외가 발생한다.

이를 이용해 from_dict() 메서드의 본문을 다음과 같이 재작성할 수 있다.

```
@classmethod
def from_dict(cls, row: dict[str, str]) -> "KnownSample":
    try:
        return cls(
            species=species.validate(row["species"]),
            sepal_length=float(row["sepal_length"]),
            sepal_width=float(row["sepal_width"]),
            petal_length=float(row["petal_length"]),
            petal_width=float(row["petal_width"]),
        )
    except ValueError as ex:
        raise InvalidSampleError(f"invalid {row!r}")
```

이 변형은 유효한 종의 집합에 대한 참조를 species 전역 변수에 의존한다. 또한 필요한 객체를 빌드하거나 예외를 발생시키기 위해 일관되게 EAFP 접근방식을 사용한다.

앞서 언급했듯이 이 디자인에는 두 부분이 있다. 먼저 기본적인 요소를 검증해 적절한 예외를 발생하는 부분을 살펴봤다. 이제는 이 from_dict() 함수를 사용하는 컨텍스트, 그리고 오류가 사용자에게 보고되는 방식을 살펴볼 것이다.

CSV 파일 읽기

CSV 소스 데이터에서 객체를 만들기 위한 공통 템플릿을 제공할 것이다. 이 아이디어는 여러 클래스의 from_dict() 메서드를 활용해 애플리케이션에서 사용할 객체를 만드는 것이다.

```python
class TrainingData:

    def __init__(self, name: str) -> None:
        self.name = name
        self.uploaded: datetime.datetime
        self.tested: datetime.datetime
        self.training: list[TrainingKnownSample] = []
        self.testing: list[TestingKnownSample] = []
        self.tuning: list[Hyperparameter] = []

    def load(self, raw_data_iter: Iterable[dict[str, str]]) -> None:
        for n, row in enumerate(raw_data_iter):
            try:
                if n % 5 == 0:
                    test = TestingKnownSample.from_dict(row)
                    self.testing.append(test)
                else:
                    train = TrainingKnownSample.from_dict(row)
                    self.training.append(train)
            except InvalidSampleError as ex:
                print(f"Row {n+1}: {ex}")
                return
        self.uploaded = datetime.datetime.now(tz=datetime.timezone.utc)
```

load() 메서드는 샘플을 테스트 및 학습 하위 집합으로 분할한다. 이 메서드는 csv. DictReader 객체에 의해 생성되는 dict[str, str] 객체의 반복 가능한 소스를 사용한다.

여기에 구현된 사용자 경험은 첫 번째 실패를 보고하고 반환하는 것이다. 이로 인해 다음과 같은 오류 메시지를 표시할 수 있다.

```text
text Row 2: invalid species in {'sepal_length': 7.9, 'sepal_width':
3.2, 'petal_length': 4.7, 'petal_width': 1.4, 'species': 'Buttercup'}
```

이 메시지에는 필요한 모든 정보를 가지고 있지만 원하는 만큼이 아닐 수 있다. 예를 들어 첫 번째 실패 대신 모든 실패를 보고하길 원할 수 있다. load() 메서드를 재구성하는 방법은 다음과 같다.

```python
def load(self, raw_data_iter: Iterable[dict[str, str]]) -> None:
    bad_count = 0
    for n, row in enumerate(raw_data_iter):
        try:
            if n % 5 == 0:
                test = TestingKnownSample.from_dict(row)
                self.testing.append(test)
            else:
                train = TrainingKnownSample.from_dict(row)
                self.training.append(train)
        except InvalidSampleError as ex:
            print(f"Row {n+1}: {ex}")
            bad_count += 1
    if bad_count != 0:
        print(f"{bad_count} invalid rows")
        return
    self.uploaded = datetime.datetime.now(tz=datetime.timezone.utc)
```

이 코드는 각 InvalidSampleError 오류를 포착해 메시지를 표시하고 문제의 발생 횟수를 센다. 이 정보는 사용자가 유효하지 않은 모든 행을 수정할 수 있기 때문에 더 유용할 수 있다.

하지만 매우 큰 데이터셋의 경우 이것은 불필요한 정보를 보여줄 수 있다. 예를 들어 아이리스 데이터 대신 손으로 쓴 숫자 이미지의 수십만 행이 포함된 CSV 파일을 실수로 사용한 경우 각 개별 행이 잘못됐다는 수십만 개의 메시지를 받게 된다.

다양한 상황에서 유용하게 사용할 수 있도록 이 로딩 작업과 관련해 몇 가지 추가적인 사용자 경험 디자인이 필요하다. 그러나 그 기초는 무언가가 올바르지 않을 때 발생하는 파이썬 예외이다. 이 사례 연구에서는 `float()` 함수의 `ValueError`를 활용했고 이를 애플리케이션의 고유한 `InvalidSampleError` 예외로 다시 작성했다. 또한 예기치 않은 문자열에 대한 자체 `ValueError` 예외를 만들었다.

중복 배제

`TrainingData`의 `load()` 메서드는 `KnownSample`의 두 가지 다른 하위 클래스를 생성한다. 따라서 대부분의 처리를 `KnownSample` 상위 클래스에 넣었다. 이것으로 각 하위 클래스에서 검증 프로세스가 반복되는 것을 방지할 수 있다.

그러나 `UnknownSample`의 경우 약간 문제가 있다. `UnknownSample`에는 종 데이터가 없다. 네 개의 측정값 검증을 분리해 종 검증과 별도로 유지하는 것이 이상적이다. 이렇게 하면 `Sample`을 빌드하는 것과 원하는 객체를 생성하거나 또는 빌드할 수 없다는 예외를 발생시키는 하나의 간단한 메서드로 검증하는 것을 쉽게 결합할 수 없다.

하위 클래스에 새로운 필드를 도입할 때 두 가지 선택을 할 수 있다.

- 단순해 보이는 EAFP 검증을 버린다. 이 경우 검증과 객체 구성을 분리해야 한다. 이것은 `float()` 변환을 두 번 수행하는 비용으로 이어진다. 한 번은 데이터를 검증하고 다시 한 번은 대상 객체를 생성한다. `float()`을 여러 번 사용하는 변환은 DRY^{Do not Repeat Yourself(중복 배제)} 원칙을 실제로 따르지 않음을 의미한다.

- 하위 클래스에서 사용할 수 있는 중간적인 임시 표현을 만든다. 즉, `Sample`의 두 가지 `KnownSample` 하위 클래스에는 세 단계가 포함된다. 먼저 네 개의 측정값을 검증하는 `Sample` 객체를 빌드한다. 그 다음에 종을 검증한다. 마지막으로 `Sample` 객체

의 유효한 필드들과 유효한 종 값을 사용해 KnownSample을 빌드한다. 이렇게 하면 임시 객체가 생성되지만 코드가 반복되지는 않는다.

세부 구현은 독자를 위한 연습으로 남겨둔다.

예외가 정의되면 올바른 교정 조치를 안내하는 형식으로 결과를 사용자에게 표시해야 한다. 이는 기본 예외를 기반으로 구축되는 별도의 사용자 경험 디자인 고려사항이다.

⋮⊳ 정리

다음은 4장의 몇 가지 핵심 사항이다.

- 예외 발생은 무언가가 잘못됐을 때 일어난다. 그 예로서 0으로 나누는 경우를 살펴봤다. 예외는 또한 raise 문으로 발생시킬 수 있다.

- 예외의 영향은 명령문의 정상적인 순차 실행을 중단시키는 것이다. 작동할 수 있는지 확인하거나 실제로 실패한 경우 이를 확인하기 위해 if 문을 많이 작성하지 않아도 된다.

- 예외 처리는 try: 문과 처리하려는 각 예외의 종류에 대한 except: 절로 수행된다.

- 예외 계층은 Exception 클래스의 여러 하위 클래스를 정의하기 위해 객체지향 디자인 패턴을 따른다. SystemExit 및 KeyboardInterrupt는 Exception 클래스의 하위 클래스가 아니다. 이런 문제를 처리하는 것은 위험을 초래하고 많은 문제를 해결하지 못하므로 일반적으로 무시한다.

- 자체적인 예외를 정의하는 것은 Exception 클래스를 확장하는 것이다. 이를 통해 매우 구체적인 의미를 갖는 예외를 정의할 수 있다.

⠿ 연습

이전에 예외를 처리해 본 적이 없다면 가장 먼저 해야 할 일은 작성했던 이전 파이썬 코드를 살펴보고 예외를 처리해야 하는 위치가 있는지 확인하는 것이다. 그 예외들을 어떻게 처리할 것인가? 그것들을 모두 처리해야 하는가? 어떤 경우에는 예외가 콘솔에 전파되도록 하는 것이 사용자와 의사소통하는 가장 좋은 방법이며, 특히 사용자가 스크립트의 코더인 경우 더욱 그렇다. 어떤 경우에는 오류를 복구하고 프로그램을 계속 진행할 수 있다. 어떤 경우에는 오류를 사용자가 이해할 수 있는 형식으로 바꿔 그것을 사용자에게 보여줄 수 있다.

살펴봐야 할 몇 가지 일반적인 위치는 다음과 같다. 파일 I/O – 코드가 존재하지 않는 파일을 읽으려고 할 가능성이 있는가? 수학 표현식 – 값을 0으로 나눌 가능성이 있는가? 리스트 인덱스 – 리스트가 비어 있는가? 딕셔너리 – 키가 있는가?

문제를 무시해야 하는지, 먼저 값을 확인한 후 문제를 처리해야 하는지, 또는 예외로 처리해야 하는지 자문해 보라. 모든 조건에서 코드가 실행되도록 하기 위해 `finally` 및 `else`를 사용했을 만한 영역에 특히 주의를 기울여야 한다.

이제 입력 데이터에 대한 추가적인 검증을 포함하도록 사례 연구를 확장해 몇 가지 새로운 코드를 작성하라. 예를 들어 측정값이 합리적인 범위에 있는지 확인해야 한다. 이것은 `ValueError`의 하위 클래스일 수 있다. 사례 연구의 다른 부분에 이 개념을 적용할 수 있다. 예를 들어 값이 모두 양수인지 확인하는 것으로 `Sample` 객체를 검증할 수 있다.

사례 연구의 `from_dict()` 메서드에서는 범위 확인을 수행하지 않는다. 하한값이 0인지 확인하는 것은 간단하며 이것을 첫 번째 연습으로 추가하는 것이 좋을 것이다.

측정값에 대한 상한을 설정하려면 데이터를 아는 것이 중요하다. 먼저 데이터를 조사하고 실제 최소값, 최대값, 중앙값 및 중앙값 절대 편차를 찾는 것이 도움이 된다. 이 요약 정보가 주어지면 합리적인 한계를 정의하고 범위 검사를 추가할 수 있다.

`UnknownSample` 인스턴스 생성을 다루지 않았고, `UnknownSample`의 `from_dict()` 메서드를 독자를 위한 연습으로 남겨둔다. 위의 "중복 배제" 절에서 `from_dict()`로 네 개의 측정값

을 검증하는 것이 Sample 클래스로 리팩터링되는 구현을 설명했다. 이것은 두 가지 디자인 변경으로 이어진다.

- KnownSample에서 Sample.from_dict()를 사용해 측정값과 종을 검증해 최종 Known Sample 객체를 빌드한다.
- UnknownSample에서 Sample.from_dict()를 사용해 측정값을 검증한 다음 최종 UnknownSample 객체를 빌드한다.

이 변경은 측정값 또는 종에 대한 검증 규칙을 복사해 붙여 넣지 않고도 합리적으로 유연한 데이터 검증을 할 수 있게 해준다.

마지막으로 코드에서 예외를 발생시킬 수 있는 위치를 생각해보라. 이전에 작성했거나 작업 중인 코드에 있을 수도 있고, 연습으로 새 프로젝트를 작성할 수도 있다. 다른 사람들이 사용하도록 의도된 작은 프레임워크나 API를 디자인하게 됐다면 행운이다. 예외는 당신의 코드와 다른 사람의 코드 간에 훌륭한 의사소통 도구이다. API의 일부로서 자체적으로 발생하는 예외를 디자인한 후에는 문서화해야 함을 기억하라. 그렇지 않으면 다른 사람은 예외의 처리 여부나 처리 방법을 알 수 없을 것이다.

⠿ 요약

4장에서는 예외를 발생시키고, 처리하고, 정의하고, 조작하는 것을 살펴봤다. 예외는 반환값을 명시적으로 확인하기 위해 함수 호출을 요구하지 않고도 비정상적인 상황이나 오류 조건을 전달할 수 있는 강력한 방법이다. 가용한 내장 예외가 많이 있으며 이를 발생시키는 것은 매우 쉽다. 다양한 예외 이벤트를 처리하기 위한 다양한 구문이 있다.

다음 5장에서는 객체지향 프로그래밍 원리와 구조가 파이썬 애플리케이션에 가장 잘 적용될 수 있도록 하는 방법에 대해 논의하면서 지금까지 학습한 모든 내용을 통합할 것이다.

05

객체지향 프로그래밍의 사용 시기

이전 장들에서 객체지향 프로그래밍의 많은 정의 기능을 다뤘다. 이제 객체지향 디자인의 몇 가지 원리와 패러다임을 알게 됐고 파이썬의 객체지향 프로그래밍 구문도 다뤘다.

그러나 이런 원리와 구문을 실무적으로 어떻게, 특히 언제 활용해야 하는지 정확히 모른다. 5장에서는 그동안 얻은 지식을 어떻게 응용할 것인지에 대해 논의하고 그 과정에서 다음과 같은 새로운 주제를 살펴볼 것이다.

- 객체를 식별하는 방법

- 데이터와 동작 재고찰

- 프로퍼티를 사용한 데이터 동작 래핑

- 중복 배제의 원칙과 중복 코드 피하기

이 장에서는 사례 연구 문제에 대한 몇 가지 디자인 대안도 다룰 것이다. 샘플 데이터를 학습셋과 테스트셋으로 분할하는 방법을 살펴볼 것이다.

객체의 특성과 내부 상태를 자세히 살펴보는 것으로 이 장을 시작한다. 상태 변경이 없는 경우도 있고 클래스 정의가 바람직하지 않은 경우가 있을 수 있다.

⠿ 객체를 객체로 다루기

이것은 명확해 보일 수 있다. 일반적으로 문제 도메인에서 개별 객체는 코드에서 별개의 클래스로 지정해야 한다. 4장의 사례 연구에서 이에 대한 예제를 보았다. 먼저 문제에서 객체를 식별한 다음에 그 객체의 데이터와 동작을 모델링한다.

객체 식별은 객체지향 분석 및 프로그래밍에서 매우 중요한 작업이다. 그러나 솔직히 이 작업은 이 목적을 위해 명확하게 작성한 짧은 문단에서 명사의 수를 세는 것처럼 항상 쉬운 것은 아니다. 객체는 데이터와 동작을 모두 갖고 있는 것임을 기억하라. 데이터로만 작동하는 경우에는 리스트, 집합, 딕셔너리 또는 다른 파이썬 데이터 구조에 그것을 저장하는 것이 더 좋다. 파이썬 데이터 구조에 대해서는 7장에서 자세히 다룰 것이다. 반면에 동작으로만 작동하고 저장된 데이터가 없다면 간단한 함수가 더 적합하다.

하지만 객체는 데이터와 동작을 모두 가지고 있다. 능숙한 파이썬 프로그래머는 클래스를 정의해야 하는 명확한 필요성이 없는 한 또는 그 필요성이 생기기 전까지는 내장 데이터 구조를 사용한다. 코드를 구성하는 데 도움이 되지 않는다면 복잡성 수준을 추가할 이유가 없다. 반면에 그 필요성이 항상 분명한 것도 아니다.

몇 가지 변수에 데이터를 저장하는 것으로 파이썬 프로그램을 시작할 수 있다. 프로그램이 확장됨에 따라 나중에는 동일한 관련 변수 집합을 일련의 함수에 전달하고 있음을 알게 된다. 이 때가 변수들과 함수들을 하나의 클래스로 그룹화하는 것에 대해 생각해야 할 때이다.

2차원 공간에서 다각형^{polygon}을 모델링하는 프로그램을 디자인해야 한다면 각 다각형을 여러 점들의 리스트로 표현할 수 있다. 점은 위치를 나타내는 튜플 (x, y)로 모델링 된다. 다음은 일련의 중첩된 데이터 구조, 특히 튜플 리스트에 저장된 한 다각형의 모든 데이터이다. 커맨드라인 프롬프트에서 바로 실행해보자.

```
>>> square = [(1,1), (1,2), (2,2), (2,1)]
```

이제 다각형의 둘레perimeter 길이를 계산하려면 각 점 사이의 거리를 합해야 한다. 이를 위해서 두 점 사이의 거리를 계산하는 함수가 필요하며, 다음 두 함수와 같다.

```
>>> from math import hypot
>>> def distance(p_1, p_2):
...     return hypot(p_1[0]-p_2[0], p_1[1]-p_2[1])
>>> def perimeter(polygon):
...     pairs = zip(polygon, polygon[1:]+polygon[:1])
...     return sum(
...         distance(p1, p2) for p1, p2 in pairs
...     )
```

작동하는지 확인하기 위해 함수를 실행할 수 있다.

```
>>> perimeter(square)
4.0
```

이렇게 시작을 했지만 이것은 문제 도메인을 완전히 설명하지 못한다. 함수에서 polygon이 무엇인지는 알 수 있을 것 같다. 하지만 두 함수가 함께 작동하는 방식을 알려면 전체 코드를 읽어야 한다.

각 함수의 의도를 명확히 하기 위해 타입 힌트를 추가할 수 있다. 그 결과는 다음과 같다.

```
from __future__ import annotations
from math import hypot
from typing import Tuple, List

Point = Tuple[float, float]

def distance(p_1: Point, p_2: Point) -> float:
  return hypot(p_1[0] - p_2[0], p_1[1] - p_2[1])

Polygon = List[Point]

def perimeter(polygon: Polygon) -> float:
```

```
    pairs = zip(polygon, polygon[1:] + polygon[:1])
    return sum(distance(p1, p2) for p1, p2 in pairs)
```

의도를 명확히 하기 위해 Point와 Polygon의 두 가지 타입 정의를 추가했다. Point 정의는 내장 tuple 클래스를 사용하는 방법을 보여준다. Polygon 정의는 내장 list 클래스가 Point 클래스를 기반으로 빌드 된다는 것을 보여준다.

메서드 매개변수 정의에 주석을 작성할 때는 일반적으로 타입 이름을 직접 사용할 수 있다. 예를 들어 def method(self, values: list[int]) -> None:과 같다. 이것이 작동하려면 from __future__ import annotations를 사용해야 한다. 그러나 새로운 타입 힌트를 정의할 때는 typing 모듈의 이름을 사용해야 한다. 이것이 새로운 Point 타입의 정의가 Tuple[float, float] 표현식에서 typing.Tuple을 사용하는 이유이다.

이제 객체지향 프로그래머로서 polygon 클래스가 데이터인 점들의 리스트와 동작인 perimeter 함수를 캡슐화할 수 있음을 분명히 알 수 있다. 또한 2장, '파이썬의 객체'에서 정의한 것과 같이 Point 클래스는 x, y 좌표 및 distance 메서드를 캡슐화하고 있다. 그러면 여기서 질문해보자. 이렇게 하는 것이 가치가 있는가?

앞 코드의 경우 그럴 수도 있고 아닐 수도 있다. 최근의 객체지향 원리에 대한 경험을 바탕으로 짧은 시간에 객체지향 버전을 작성할 수 있을 것이다. 다음 코드를 앞의 코드와 비교해보자.

```
from math import hypot
from typing import Tuple, List, Optional, Iterable

class Point:
  def __init__(self, x: float, y: float) -> None:
    self.x = x
    self.y = y

  def distance(self, other: "Point") -> float:
    return hypot(self.x - other.x, self.y - other.y)

class Polygon:
  def __init__(self) -> None:
    self.vertices: List[Point] = []
```

```
    def add_point(self, point: Point) -> None:
      self.vertices.append((point))

    def perimeter(self) -> float:
      pairs = zip(
        self.vertices, self.vertices[1:] + self.vertices[:1])
      return sum(p1.distance(p2) for p1, p2 in pairs)
```

add_point 메서드가 꼭 필요한 것은 아니라고 주장할 수 있지만 그래도 이전 버전보다 코드가 거의 두 배는 많은 것 같다. 또한 _vertices를 사용해 이 속성을 사용하지 말라고 요구할 수도 있지만 변수 이름 앞에 밑줄 _ 을 사용하는 것은 실제로 문제를 해결하지 못할 것 같다.

이제 이 두 클래스의 차이점을 더 잘 이해하기 위해 두 API의 사용법을 비교해 보자. 객체지향 코드를 사용해 정사각형의 둘레를 계산하는 방법은 다음과 같다.

```
>>> square = Polygon()
>>> square.add_point(Point(1,1))
>>> square.add_point(Point(1,2))
>>> square.add_point(Point(2,2))
>>> square.add_point(Point(2,1))
>>> square.perimeter()
4.0
```

아주 간결하고 읽기 쉽다고 생각할 수도 있지만 함수 기반 코드와 비교해 보자.

```
>>> square = [(1,1), (1,2), (2,2), (2,1)]
>>> perimeter(square)
4.0
```

음, 객체지향 API는 그렇게 간결하지 않은 것 같다. 타입 힌트나 클래스 정의가 없는 첫 번째 버전이 코드가 가장 짧다. 하지만 튜플 리스트가 무엇을 표현하고 있는지 어떻게 알 수 있는가? 어떤 종류의 객체를 perimeter 함수에 전달해야 하는지 어떻게 기억해야 할까? 첫 번째 함수 집합은 사용하는 방법을 설명하기 위한 문서가 필요하다.

타입 힌트로 주석이 달린 함수는 클래스 정의와 마찬가지로 이해하기가 훨씬 더 쉽다. 객체 간의 관계는 힌트나 클래스 또는 둘 다에 의해 보다 명확하게 정의된다.

코드 길이는 코드의 복잡성을 나타내는 좋은 지표가 아니다. 어떤 프로그래머는 엄청난 양의 작업을 수행하는 복잡한 코드 한 줄에 매진한다. 이것은 재미있는 연습이 될 수도 있지만 결과적으로 다음 날 원래의 작성자도 읽을 수 없는 일이 종종 있다. 코드의 양을 최소화하면 프로그램을 더 읽기 쉽게 만들 수는 있지만 그것을 맹신하지는 말라.

다행히 여기서는 이런 절충이 필요 없다. 객체지향 Polygon API를 함수 구현만큼 사용하기 쉽게 만들 수 있다. 해야 할 일은 Polygon 클래스가 여러 점으로 구성될 수 있도록 수정하는 것이 전부이다.

Point 객체의 리스트를 받아들이는 초기화 메서드를 제공한다.

```python
class Polygon_2:
    def __init__(self, vertices: Optional[Iterable[Point]] = None) -> None:
        self.vertices = list(vertices) if vertices else []

    def perimeter(self) -> float:
        pairs = zip(
            self.vertices, self.vertices[1:] + self.vertices[:1])
        return sum(p1.distance(p2) for p1, p2 in pairs)
```

perimeter() 메서드의 경우 두 리스트에서 항목을 가져와 쌍의 시퀀스를 만드는 zip() 함수를 사용해 점들의 쌍을 만든다. zip()에 제공된 하나의 리스트는 점들의 완전한 시퀀스이다. 다른 리스트는 점0이 아닌 점1에서 시작해 점1 이전의 점, 즉 점0으로 끝난다. 이는 삼각형의 경우 (v[0], v[1]), (v[1], v[2]), (v[2], v[0])의 세 쌍을 만든다. 그 다음에 Point.distance()를 사용해 쌍 사이의 거리를 계산할 수 있다. 마지막으로 계산된 거리의 시퀀스를 더한다. 이것으로 상당히 개선된 것 같다. 이제 첫 번째 버전의 함수 정의처럼 이 클래스를 사용할 수 있다.

```
>>> square = Polygon_2(
... [Point(1,1), Point(1,2), Point(2,2), Point(2,1)]
... )
>>> square.perimeter()
4.0
```

개별 메서드 정의에 대한 정보를 갖고 있으면 편리하다. 원래의 간결한 정의에 가까운 API를 구축했다. 테스트 케이스를 만들기도 전에 코드가 작동할 것이라고 확신할 수 있을 만큼 충분히 격식을 갖췄다.

한 걸음 더 나아가 보자. 필요한 경우 튜플도 받아들여 Point 객체를 직접 구성할 수도 있다.

```
Pair = Tuple[float, float]
Point_or_Tuple = Union[Point, Pair]

class Polygon_3:
  def __init__(self, vertices: Optional[Iterable[Point_or_Tuple]] =
None) -> None:
    self.vertices: List[Point] = []
    if vertices:
      for point_or_tuple in vertices:
        self.vertices.append(self.make_point(point_or_tuple))

  @staticmethod
  def make_point(item: Point_or_Tuple) -> Point:
    return item if isinstance(item, Point) else Point(*item)
```

이 초기화 메서드는 리스트의 항목이 Point인지 또는 Tuple[float, float]인지 살펴보고 Point가 아닌 객체는 Point 인스턴스로 변환한다.

TIP

> 위 코드로 실험할 때는 Polygon의 하위 클래스를 만들고 __init__() 메서드를 재정의함으로써 이런 변형 클래스 디자인을 정의해야 한다. 갑자기 다른 메서드 시그니쳐(method signature)로 클래스를 확장하면 mypy에서 오류 플래그가 발생할 수 있다.

이 작은 예의 경우에는 코드의 객체지향 버전과 데이터지향 버전 간에 확실한 승자는 없다. 둘 다 같은 일을 한다. 그러나 area(polygon) 또는 point_in_polygon(polygon, x, y)과 같이 polygon을 인수로 받는 새로운 함수가 있다면 객체지향 코드의 이점이 점점 더 분명해진다. 마찬가지로 color 또는 texture와 같은 다른 속성을 다각형에 추가하면 해당 데이터를 단일 클래스로 캡슐화하는 것이 더 합리적이다.

그 구분은 디자인 결정에 따라 다르겠지만 일반적으로 데이터 집합이 더 중요할수록 해당 데이터를 위한 여러 함수를 가질 가능성이 더 높고, 그러면 그 대신에 속성과 메서드가 있는 클래스를 사용하는 것이 더 유용하다.

이 결정을 내릴 때 클래스가 어떻게 사용될지 고려하는 것도 중요하다. 훨씬 더 큰 문제의 컨텍스트에서 한 다각형의 둘레만 계산하려는 경우에는 함수를 사용하는 것이 아마도 가장 빠르게 코딩할 수 있고 사용하기도 쉬울 것이다. 반면에 프로그램이 둘레, 면적, 다른 다각형과의 교차점 계산, 이동이나 크기 변경 등 다양한 방식으로 수많은 다각형을 조작해야 하는 경우에는 거의 확실하게 관련된 객체의 클래스를 식별해야 한다. 인스턴스의 수가 증가할수록 클래스 정의는 더 중요해진다.

또한 객체 간의 상호작용에 주의하라. 상속관계를 찾아라. 상속은 클래스 없이는 모델링할 수 없으므로 반드시 객체지향을 사용해야 한다. 1장에서 논의했던 연관 또는 구성 등의 관계 타입을 찾으라.

기술적으로 구성 관계는 데이터 구조만을 사용해 모델링 할 수 있다. 예를 들어, 튜플값을 갖는 딕셔너리들의 리스트를 가질 수 있다. 하지만 이 데이터와 연관된 동작이 있는 경우에는 몇 가지 객체의 클래스를 만드는 것이 덜 복잡할 수 있다.

TIP

하나의 방식이 모든 경우에 다 적용될 수는 없다. 내장된 일반 컬렉션과 내장 함수는 대부분의 간단한 경우에 잘 작동한다. 클래스 정의는 더 복잡한 경우에 잘 작동한다. 하지만 그 경계는 흐릿하다.

⫸ 프로퍼티로 클래스 데이터에 동작 추가

지금까지 이 책은 동작과 데이터의 분리에 중점을 두었다. 이것은 객체지향 프로그래밍에서 매우 중요하지만 파이썬에서는 이 차이가 매우 모호하다는 것을 알게 될 것이다. 파이썬은 차이를 흐리게 하는 데 매우 능숙하다. 파이썬은 우리가 틀 밖에서 생각하도록 돕지 않는다. 오히려 우리에게 틀에 대한 생각을 멈추도록 가르친다.

자세한 내용으로 들어가기 전에 잘못된 객체지향 디자인 원리에 대해 논의해보자. 많은 객체지향 개발자가 속성에 직접 액세스하지 말라고 가르친다. 그들은 속성 액세스는 다음과 같이 해야 한다고 주장한다.

```python
class Color:
  def __init__(self, rgb_value: int, name: str) -> None:
    self._rgb_value = rgb_value
    self._name = name

  def set_name(self, name: str) -> None:
    self._name = name

  def get_name(self) -> str:
    return self._name

  def set_rgb_value(self, rgb_value: int) -> None:
    self._rgb_value = rgb_value

  def get_rgb_value(self) -> int:
    return self._rgb_value
```

인스턴스 변수는 앞에 밑줄이 붙어 비공개임을 나타내며 다른 언어에서는 실제로 private으로 지정된다. get 및 set 메서드는 각 변수에 대한 액세스를 제공한다. 이 클래스는 실제로 다음과 같이 사용된다.

```python
>>> c = Color(0xff0000, "bright red")
>>> c.get_name()
'bright red'
>>> c.set_name("red")
>>> c.get_name()
'red'
```

이것은 파이썬이 선호하는 직접 액세스 버전만큼 읽기 쉽지 않다.

```python
class Color_Py:
  def __init__(self, rgb_value: int, name: str) -> None:
    self.rgb_value = rgb_value
    self.name = name
```

이 클래스가 작동하는 방식은 다음과 같다. 약간 더 간단하다.

```
>>> c = Color_Py(0xff0000, "bright red")
>>> c.name
'bright red'
>>> c.name = "red"
>>> c.name
'red'
```

그렇다면 왜 누군가는 메서드 기반 구문을 주장하는 걸까?

세터setter와 게터getter의 개념은 클래스 정의를 캡슐화하는 데 도움이 되는 것 같다. 일부 자바 기반 도구는 모든 게터와 세터를 자동으로 생성해 거의 보이지 않게 만들 수 있다. 생성을 자동화 한다고 해서 훌륭한 아이디어가 되는 것은 아니다. 게터와 세터를 사용하는 가장 중요한 역사적인 이유는 분리된 바이너리 컴파일을 깔끔하게 처리하기 위함이었다. 별도로 컴파일된 바이너리를 연결할 필요가 없으므로 이 기술은 파이썬에 적용되지 않는다.

게터 및 세터에 대한 한 가지 지속적인 정당화는 언젠가 값을 설정하거나 조회할 때 코드를 추가하길 원할 수 있다는 것이다. 예를 들어 복잡한 연산을 피하기 위해 값을 캐시하거나 또는 주어진 값이 적절한 입력인지 검증하기를 원할 수 있다.

예를 들어 다음과 같이 set_name() 메서드를 변경하고자 할 수 있다.

```python
class Color_V:
  def __init__(self, rgb_value: int, name: str) -> None:
    self._rgb_value = rgb_value
    if not name:
      raise ValueError(f"Invalid name {name!r}")
    self._name = name
```

```
def set_name(self, name: str) -> None:
  if not name:
    raise ValueError(f"Invalid name {name!r}")
  self._name = name
```

처음에 속성을 직접 액세스하는 코드를 작성했다가 나중에 그것을 앞의 코드와 같이 메서드로 변경하면 문제가 발생한다. 속성에 직접 액세스하는 코드를 작성했던 사람들이 이제는 그들의 코드에서 메서드에 액세스해야 한다. 이들이 액세스 스타일을 속성 액세스에서 함수 호출로 바꾸지 않으면 그들의 코드는 깨질 것이다.

모든 속성을 비공개로 만들고 메서드를 통해 액세스할 수 있도록 해야 한다는 명제는 파이썬에서는 별로 의미가 없다. 파이썬에는 비공개 멤버에 대한 실제적인 개념이 없다. "여기 있는 모두는 성인이다" 라는 말처럼 누구나 소스를 볼 수 있다. 그러면 무엇을 할 수 있을까? 속성과 메서드 구문 간의 차이를 모호하게 할 수 있다.

파이썬은 속성처럼 보이는 메서드를 만들기 위해 property 함수를 제공한다. 따라서 직접적으로 멤버 액세스를 사용하는 코드를 작성할 수 있으며, 해당 속성의 값을 조회하거나 설정할 때 어떤 계산을 수행하기 위해 예기치 않게 구현을 수정해야 하는 경우 인터페이스를 변경하지 않고도 그렇게 할 수 있다. 어떻게 하는지 다음 코드를 보라.

```
class Color_VP:
  def __init__(self, rgb_value: int, name: str) -> None:
    self._rgb_value = rgb_value
    if not name:
      raise ValueError(f"Invalid name {name!r}")
    self._name = name

  def _set_name(self, name: str) -> None:
    if not name:
      raise ValueError(f"Invalid name {name!r}")
    self._name = name

  def _get_name(self) -> str:
    return self._name

  name = property(_get_name, _set_name)
```

이전 클래스와 비교하면 먼저 name 속성을 비공개인 _name 속성으로 변경한다. 그 다음에 해당 변수를 가져오거나 설정하기 위한 비공개 메서드 두 개를 추가해 속성을 설정할 때 검증을 수행한다.

마지막으로 맨 아래에서 property를 생성한다. 이것이 파이썬의 마법이다. Color 클래스에 name이라는 새 속성을 만든다. 이 속성은 프로퍼티로 설정된다. 내부적으로 property 속성은 방금 만든 두 메서드에 실제 작업을 위임한다. = 또는 :=의 오른쪽에 있는 액세스 컨텍스트에서 사용될 때 첫 번째 함수는 값을 가져온다. = 또는 :=의 왼쪽에 있는 업데이트 컨텍스트에서 사용될 때 두 번째 함수는 값을 설정한다.

이 새 버전의 Color 클래스는 이전 버전과 똑같은 방식으로 사용할 수 있지만 이제는 name 속성을 설정할 때 유효성 검증을 수행한다.

```
>>> c = Color_VP(0xff0000, "bright red")
>>> c.name
'bright red'
>>> c.name = "red"
>>> c.name
'red'
>>> c.name = ""
Traceback (most recent call last):
  File "<stdin>", line 1, in <module>
  File "setting_name_property.py", line 8, in _set_name
    raise ValueError(f"Invalid name {name!r}")
ValueError: Invalid name ''
```

따라서 이전에 작성했던 name 속성에 액세스하는 코드를 프로퍼티 기반 객체를 사용하도록 변경한 경우에도 이전 코드는 계속 작동한다. 빈 문자열로 property 값을 설정하려고 시도하는 경우, 이것은 바로 금지하길 원하던 동작을 수행한다. 성공!

name 프로퍼티를 사용하더라도 앞의 코드는 100% 안전하지 않다는 것을 명심하라. 사람들은 여전히 _name 속성에 직접 액세스할 수 있으며 원하는 경우 빈 문자열을 설정할 수 있다. 그러나 비공개임을 알리기 위해 명시적으로 밑줄 표시한 변수에 액세스한다면 그 결과를 처리해야 하는 것은 그들이지 우리가 아니다. 우리는 공식적인 계약을 맺었고, 만약 그들이 계약을 파기하기로 결정한다면 책임은 그들에게 있다.

프로퍼티 자세히 보기

property 함수는 지정한 메서드 이름을 통해 속성값을 가져오거나 설정하기 위한 모든 요청을 대신해 주는 객체를 반환하는 것으로 생각하면 된다. 내장 property는 이런 객체에 대한 생성자와 같으며 해당 객체는 주어진 속성에 대한 공개^{public} 멤버로 설정된다.

이 property 생성자는 delete 함수 그리고 프로퍼티에 대한 독스트링이라는 두 개의 인수를 추가로 받을 수 있다. delete 함수는 실무에서 사용되는 경우는 거의 없지만 값이 삭제됐다는 사실을 기록하는 데 유용할 수 있으며, 또는 필요한 경우 삭제를 거부할 수도 있다. 독스트링은 프로퍼티가 하는 일을 설명하는 문자열이며 2장 '파이썬의 객체'에서 얘기한 독스트링과 다르지 않다. 이 독스트링 매개변수를 제공하지 않으면 첫 번째 인수인 getter 메서드에 대한 독스트링을 복사한다.

다음은 메서드가 호출될 때마다 상태를 출력하는 간단한 예제이다.

```python
class NorwegianBlue:
  def __init__(self, name: str) -> None:
    self._name = name
    self._state: str

  def _get_state(self) -> str:
    print(f"Getting {self._name}'s State")
    return self._state

  def _set_state(self, state: str) -> None:
    print(f"Setting {self._name}'s State to {state!r}")
    self._state = state

  def _del_state(self) -> None:
    print(f"{self._name} is pushing up daisies!")
    del self._state

  silly = property(
    _get_state, _set_state, _del_state,
    "This is a silly property")
```

state 속성에는 str 타입 힌트가 있지만 초기값은 없다. 이 속성은 삭제할 수 있으며 NorwegianBlue 객체의 수명에서 잠깐 동안만 존재한다. 타입이 무엇인지 mypy가 이해할 수 있도록 힌트를 제공해야 한다. 그러나 기본값을 할당하지는 않았는데 이는 setter 메서드의 작업이기 때문이다.

실제로 이 클래스의 인스턴스를 사용해 다음과 같이 요청하면 문자열을 출력한다.

```
>>> p = NorwegianBlue("Polly")
>>> p.silly = "Pining for the fjords"
Setting Polly's State to 'Pining for the fjords'
>>> p.silly
Getting Polly's State
'Pining for the fjords'
>>> del p.silly
Polly is pushing up daisies!
```

또한 인터프리터 프롬프트에서 help(Silly)를 실행해 Silly 클래스에 대한 도움말 텍스트를 보면 silly 속성에 대한 사용자 정의 독스트링을 보여준다.

```
Help on class NorwegianBlue in module colors:

class NorwegianBlue(builtins.object)
 |  NorwegianBlue(name: str) -> None
 |
 |  Methods defined here:
 |
 |  __init__(self, name: str) -> None
 |      Initialize self. See help(type(self)) for accurate signature.
 |
 |  ----------------------------------------------------------------------
 |  Data descriptors defined here:
 |
 |  __dict__
 |  dictionary for instance variables (if defined)
 |
 |  __weakref__
 |  list of weak references to the object (if defined)
 |
 |  silly
 |  This is a silly property
```

다시 한번 모든 것이 계획대로 작동하고 있다. 실무적으로 프로퍼티는 처음 두 매개변수인 getter와 setter 함수로만 정의된다. 프로퍼티에 대한 독스트링을 제공하려면 getter 함수에서 정의할 수 있다. 프로퍼티 프록시는 이를 자신의 독스트링으로 복사한다. 객체 속성은 거의 삭제되지 않기 때문에 delete 함수는 대부분 빈 채로 둔다.

데코레이터 - 프로퍼티를 만드는 또 다른 방법

데코레이터decorator를 사용해 프로퍼티를 만들 수 있다. 그러면 정의를 더 쉽게 읽을 수 있다. 데코레이터는 다양한 용도로 사용되는 파이썬 구문의 유비쿼터스 기능이다. 대부분의 경우 데코레이터는 이전의 함수 정의를 수정하는 것이다. 11장 '일반 디자인 패턴'에서 데코레이터 디자인 패턴을 더 넓게 살펴볼 것이다.

다음과 같이 property 함수를 데코레이터 구문으로 사용해 get 메서드를 property 속성으로 전환할 수 있다.

```python
class NorwegianBlue_P:
  def __init__(self, name: str) -> None:
    self._name = name
    self._state: str

  @property
  def silly(self) -> str:
    print(f"Getting {self._name}'s State")
    return self._state
```

이것은 데코레이터인 property 함수를 바로 뒤따르는 함수에 적용한다. 이것은 이전의 silly = property(_get_state) 구문과 동일하다. 가독성 관점에서 볼 때 가장 큰 차이점은 프로퍼티 선언을 쉽게 잊어버릴 수도 있는 메서드 정의 이후가 아니라 silly 메서드의 맨 위에서 프로퍼티로 표시한다는 것이다. 또한 프로퍼티를 정의하기 위해 밑줄을 사용한 비공개 메서드를 만들지 않아도 됨을 의미한다.

한 단계 더 나아가 다음과 같이 새 프로퍼티에 setter 함수를 지정할 수 있다.

```python
class NorwegianBlue_P:
    def __init__(self, name: str) -> None:
        self._name = name
        self._state: str

    @property
    def silly(self) -> str:
        """이것이 silly 프로퍼티이다"""
        print(f"Getting {self._name}'s State")
        return self._state

    @silly.setter
    def silly(self, state: str) -> None:
        print(f"Setting {self._name}'s State to {state!r}")
        self._state = state
```

@silly.setter 구문은 @property에 비해 좀 이상해 보이지만 그 의도는 분명하다. 먼저 silly 메서드를 게터로서 데코레이트한다. 그 다음에 처음에 데코레이트된 silly 메서드에 setter 속성을 적용해 정확히 같은 이름으로 두 번째 메서드를 데코레이트한다. property 함수는 객체를 반환하기 때문에 이것이 작동한다. 이 객체는 또한 자신의 setter 속성과 함께 제공되며, 이 속성은 다른 메서드에 데코레이터로서 적용될 수 있다. get/set 메서드에 같은 이름을 사용하면 하나의 공통 속성에 액세스하는 여러 메서드를 그룹화하는 데 도움이 된다.

@silly.deleter로 삭제 함수를 지정할 수도 있다. 다음과 같다.

```python
    @silly.deleter
    def silly(self) -> None:
        print(f"{self._name} is pushing up daisies!")
        del self._state
```

property 데코레이터를 사용하면 독스트링을 지정할 수는 없으므로 처음의 게터 메서드에서 독스트링을 복사하는 것에 의존해야 한다. 이 클래스는 도움말 텍스트를 포함해 이전 버전과 정확히 동일하게 작동한다. 이는 널리 사용되는 데코레이터 구문이다. 함수 구문은 내부에서 프로퍼티가 실제로 하는 일이다.

프로퍼티를 사용해야 할 때

내장 프로퍼티가 동작과 데이터 사이의 구분을 흐려지게 하기 때문에 속성, 메서드, 또는 프로퍼티를 언제 선택해야 할지 혼란스러울 수 있다. 앞에서 본 Color_VP 클래스 예제에서는 속성을 설정할 때 인수 값 검증을 추가했다. NorwegianBlue 클래스 예제에서는 속성이 설정 및 삭제될 때 로그를 기록했다. 프로퍼티 사용을 결정할 때 고려해야 할 또 다른 요소들이 있다.

파이썬에서 데이터, 프로퍼티, 메서드는 모두 클래스의 속성이다. 메서드가 호출 가능하다는 사실이 다른 타입의 속성과 구별해주는 것은 아니다. 실제로 8장 '객체지향과 함수형 프로그래밍의 교차점'에서 함수처럼 호출될 수 있는 일반 객체를 만드는 것이 가능함을 알게 될 것이다. 또한 함수와 메서드 자체가 일반 객체라는 것을 알게 될 것이다.

메서드는 호출 가능한 속성이고 프로퍼티도 역시 속성이라는 사실이 이 결정을 내리는데 도움이 될 수 있다. 다음 원칙을 제안한다.

- 행위를 나타낼 때는 메서드를 사용한다. 여기서 행위는 객체에 대해서 또는 객체에 의해서 수행될 수 있는 동작을 말한다. 메서드를 호출하면 인수가 하나만 있어도 무언가를 수행해야 한다. 메서드 이름은 일반적으로 동사이다.

- 객체의 상태를 나타낼 때는 속성이나 프로퍼티를 사용한다. 그 이름은 대상을 설명하는 명사, 형용사, 전치사 등을 사용한다.

  - 기본은 프로퍼티가 아닌 __init__() 메서드에서 초기화되는 일반 속성이다. 이것들은 빠르게 연산돼야 하는 것이며, 모든 디자인의 좋은 출발점이다.

  - 속성에 대한 설정, 조회, 또는 삭제와 관련된 연산이 있는 예외적인 경우에는 속성에 대해 프로퍼티를 사용한다. 이 장의 예제는 데이터 검증, 로깅, 액세스 제어 등을 포함하고 있다. 잠시 뒤에는 캐시 관리에 대해 살펴볼 것이다. 또한 계산 비용이 크고 거의 필요하지 않기 때문에 계산이 연기되는 지연 속성에 대해서도 프로퍼티를 사용할 수 있다.

좀 더 현실적인 예를 들어보자. 사용자 정의 동작에 대한 일반적인 필요는 계산하기 어렵거나 네트워크 요청 또는 데이터베이스 쿼리 등과 같이 조회하는 데 비용이 많이 드는 값을 캐싱하는 것이다. 목표는 고비용 계산에 대한 반복적인 호출을 피하기 위해 값을 로컬에 저장하는 것이다.

프로퍼티의 사용자 정의 게터를 사용해 이 작업을 수행할 수 있다. 값을 처음 가져올 때는 조회 또는 계산을 수행한다. 그 다음에 그 값을 객체의 비공개 속성으로 로컬에 캐시할 수 있으며, 나중에 그 값이 요청되면 저장된 데이터를 반환한다. 웹 페이지를 캐시하는 방법은 다음과 같다.

```python
from urllib.request import urlopen
from typing import Optional, cast

class WebPage:
  def __init__(self, url: str) -> None:
    self.url = url
    self._content: Optional[bytes] = None

  @property
  def content(self) -> bytes:
    if self._content is None:
      print("새 페이지 조회...")
      with urlopen(self.url) as response:
        self._content = response.read()
    return self._content
```

self._content의 초기값이 None일 때 웹사이트 컨텐츠를 한 번 읽는다. 그 다음에는 웹사이트에 대해 가장 최근에 읽은 값을 반환한다. 이 코드를 테스트해 페이지가 한 번만 조회되는지 확인할 수 있다.

```python
import time

webpage = WebPage("http://ccphillips.net/")

now = time.perf_counter()
content1 = webpage.content
first_fetch = time.perf_counter() - now
```

```
now = time.perf_counter()
content2 = webpage.content
second_fetch = time.perf_counter() - now

assert content2 == content1, "Problem: Pages were different"
print(f"Initial Request     {first_fetch:.5f}")
print(f"Subsequent Requests {second_fetch:.5f}")
```

출력은 다음과 같다.

```
% python src/colors.py
Retrieving New Page...
Initial Request     1.38836
Subsequent Requests 0.00001
```

ccphilips.net 웹 호스트에서 페이지를 조회하는 데 약 1.388초가 걸렸다. 랩톱의 RAM 에서 두 번째 조회는 0.01 밀리초가 걸린다. 이것은 때때로 10μs, 10 마이크로초로 표시 된다. 이것이 마지막 숫자이기 때문에 반올림될 수 있다고 의심한다면 시간은 5μs 정도 로 그 절반에 불과할 수도 있다.

사용자 정의 게터는 객체의 다른 속성을 기반으로 즉석에서 계산해야 하는 속성에도 유 용하다. 예를 들어 정수 리스트의 평균을 계산할 수 있다.

```
class AverageList(List[int]):
  @property
  def average(self) -> float:
    return sum(self) / len(self)
```

이 작은 클래스는 list를 상속하므로 리스트와 같은 동작을 무료로 사용할 수 있다. 클 래스에 프로퍼티를 추가했다. 그러면 곧바로 이 리스트는 다음과 같은 평균을 가질 수 있다.

```
>>> a = AverageList([10, 8, 13, 9, 11, 14, 6, 4, 12, 7, 5])
>>> a.average
9.0
```

물론 이것을 메서드로 만들 수도 있지만 메서드는 행위를 나타내기 때문에 calculate_average()라고 불러야 한다. 그러나 average라는 프로퍼티가 더 적합하며 타이핑하기도 쉽고 읽기도 쉽다.

최소값, 최대값, 표준편차, 중앙값, 최빈값 등을 포함해 유사한 통계값이 모두 이 숫자 집합의 프로퍼티가 될 것이라고 상상할 수 있다. 데이터 값 모음에 대한 이런 요약을 캡슐화해서 복잡한 분석을 단순화할 수 있다.

사용자 정의 세터는 이미 살펴본 것처럼 값 검증에 유용하지만 값을 다른 위치로 위임하는 데 사용할 수도 있다. 예를 들어 웹 서버에 자동으로 로그인하고 값이 설정될 때마다 새 페이지를 업로드하는 컨텐츠 세터를 WebPage 클래스에 추가할 수 있다.

:: 관리자 객체

지금까지는 객체, 그리고 객체의 속성 및 메서드에 중점을 두었다. 이제 다른 객체를 관리하는 객체로서 모든 것을 하나로 묶는 더 높은 수준의 객체를 디자인하는 방법을 살펴보자. 이 객체는 몇 가지 근본적인 복잡성을 넘어서서 사용하기 쉬운 퍼사드façade[1]를 제공하기 때문에 종종 퍼사드 객체라고 부른다. 퍼사드 디자인 패턴에 대한 추가 정보는 12장, '고급 디자인 패턴'을 참조하라.

이전 예제의 대부분은 구체적인 아이디어를 모델링하는 것이었다. 관리자 객체manager object는 회사의 관리자와 유사하다. 현장에서 실제로 가시적인 작업을 하지는 않지만 그들이 없이는 부서 간 의사소통이 없을 것이고, 또한 아무도 자신이 해야 할 일이 무엇인지 알 수 없을 것이다(조직이 잘못 관리된다면 이건 사실이 될 수 있다). 마찬가지로 관리 클래스의 속성은 가시적인 작업을 수행하는 다른 객체를 참조한다. 이 클래스의 동작은 적절한 때에 작업을 다른 클래스에 위임하고 그들 사이에 메시지를 전달하는 것이다.

---

1   퍼사드(façade)는 건축물의 주된 출입구가 있는 정면부를 가리키는 용어이다. 퍼사드 패턴은 사용자에게 정면만 보여주고 실제로 복잡한 로직은 숨긴다. – 옮긴이

관리자 객체는 구성 관계 디자인에 의존한다. 여러 객체를 함께 짜서 관리자 클래스를 구성한다. 관리자 객체의 전반적인 동작은 객체 간의 상호작용에서 나타난다. 어떤 면에서 관리자 객체는 다양한 인터페이스 중 어댑터^{Adapter}이기도 하다. 어댑터 디자인 패턴에 대한 정보는 12장, '고급 디자인 패턴'을 참조하라.

예제로 ZIP 또는 TAR와 같은 압축된 아카이브 파일 내에 포함된 텍스트 파일에서 특정 텍스트를 검색 및 변경하는 작업을 수행하는 프로그램을 작성할 것이다. 전체로서의 아카이브 파일과 개별 텍스트 파일을 나타내는 객체가 필요하다. 다행히도 이런 클래스는 파이썬 표준 라이브러리를 이용할 수 있으므로 작성할 필요가 없다.

전체적으로 관리자 객체는 다음 세 단계가 수행되도록 해야 할 책임이 있다.

1. 압축파일을 풀고 각 멤버를 검사한다.

2. 텍스트 멤버에 대해 검색 및 변경 작업을 수행한다.

3. 변경된 멤버와 변경되지 않은 멤버를 함께 새 파일로 압축한다.

이 프로세스의 세 단계에 대해 빠른 연산 접근법^{eager approach}과 지연된 연산 접근법^{lazy approach} 중에서 선택해야 한다. 전체 아카이브의 압축을 풀고 모든 파일을 처리한 다음 새 아카이브를 생성할 수 있다. 이런 빠른 연산 접근법은 많은 디스크 공간을 사용하는 경향이 있다. 그 대안인 지연된 연산은 아카이브에서 한 번에 항목을 하나만 추출하고 검색 및 변경을 수행한 후 다음 항목으로 계속 진행하면서 새로운 압축 아카이브를 생성하는 것이다. 이 방식은 많은 저장 공간을 필요로 하지 않는다.

이 디자인은 `pathlib`, `zipfile`, 정규표현식 `re` 모듈의 요소를 결합한다. 초기 디자인은 당면한 작업에 중점을 둘 것이다. 이 장의 뒷부분에서는 새로운 요구사항을 부각시켜 이 디자인을 다시 생각할 것이다.

클래스는 아카이브 파일의 이름으로 초기화된다. 생성시 다른 작업은 수행하지 않는다. 각 프로세스를 수행하는 메서드를 명확한 동사를 사용한 이름으로 정의한다.

```
from __future__ import annotations
import fnmatch
from pathlib import Path
import re
import zipfile

class ZipReplace:
  def __init__(
      self,
      archive: Path,
      pattern: str,
      find: str,
      replace: str
  ) -> None:
    self.archive_path = archive
    self.pattern = pattern
    self.find = find
    self.replace = replace
```

아카이브, 매칭할 파일이름 패턴, 작업할 문자열이 주어지면 객체에 필요한 모든 것을 얻는다. ZipReplace(Path("sample.zip"), "*.md", "xyzzy", "xyzzy")와 같이 인수를 제공할 수 있다.

검색 및 변경 작업을 위한 전체 관리자 메서드는 받은 아카이브를 수정한다. 위에서 시작한 ZipReplace 클래스의 이 메서드는 두 개의 다른 메서드를 사용하며 실제 작업의 대부분을 다른 객체에 위임한다.

```
def find_and_replace(self) -> None:
  input_path, output_path = self.make_backup()

  with zipfile.ZipFile(output_path, "w") as output:
    with zipfile.ZipFile(input_path) as input:
      self.copy_and_transform(input, output)
```

make_backup() 메서드는 pathlib 모듈을 사용해 이전 ZIP 파일의 이름을 변경하므로 분명히 건드리지 않는 백업 복사본이 될 것이다. 이 백업 복사본은 copy_and_transform() 메서드에 입력으로 사용된다. 또한 원래 이름이 최종 출력 파일의 이름이 된다. 이렇게 하면 파일이 "제자리에서" 업데이트된 것처럼 보인다. 실제로 새 파일이 생성됐지만 새 컨텐츠에는 이전 이름이 할당된다.

열린 파일을 제어하기 위해 특수한 종류의 관리자인 컨텍스트 관리자를 두 개 만든다. 열려 있는 파일은 운영체제 리소스와 얽혀 있다. ZIP 또는 TAR 아카이브는 파일을 닫을 때 요약 및 체크섬checksum이 적절하게 작성돼야 한다. 컨텍스트 관리자를 사용하면 예외가 발생하더라도 이 추가 작업은 적절히 수행돼 완료된다. 모든 파일 작업은 파이썬의 컨텍스트 관리자를 활용하고 적절한 정리 작업을 처리하기 위해 with 문으로 래핑돼야한다. 9장 '문자열, 직렬화, 파일 경로'에서 이에 대해 다시 살펴볼 것이다.

copy_and_transform() 메서드는 두 ZipFile 인스턴스의 메서드와 re 모듈을 사용해 원본 파일의 멤버를 변환한다. 백업은 원본 파일로 만들어졌으므로 백업 파일로부터 출력 파일을 빌드한다. 이 메서드는 압축된 데이터 추출, transform() 메서드로 변환 수행, 출력 파일을 작성하기 위한 압축, 임시 파일 및 디렉터리 정리를 포함한 여러 단계를 수행하면서 아카이브의 각 멤버를 처리한다.

분명히 객체를 생성하지 않고도 클래스의 메서드 하나로 또는 복잡한 하나의 스크립트로 세 단계를 모두 수행할 수 있다. 하지만 단계를 분리하면 몇 가지 이점이 있다.

- **가독성**: 각 단계의 코드는 읽기 쉽고 이해하기 쉬운 독립적인 단위로 돼 있다. 메서드 이름은 메서드가 수행하는 작업을 설명하기 때문에 상황을 이해하는 데 필요한 추가적인 문서화가 적어진다.

- **확장성**: 하위 클래스가 ZIP 파일 대신 압축된 TAR 파일을 사용하려는 경우 copy_and_transform() 메서드를 재정의할 수 있으며, 이는 아카이브 종류에 관계없이 모든 파일에 적용되기 때문에 모든 지원 메서드에서 재사용할 수 있다.

- **파티셔닝**: 외부 클래스는 이 클래스의 인스턴스를 생성하고 find_and_replace() 관리자를 우회해 make_backup() 또는 copy_and_transform() 메서드를 직접 사용할 수 있다.

ZipReplace 클래스의 이 두 메서드는 백업 복사본을 만들고, 백업으로부터 항목을 읽어서 수정한 후에 이를 새 항목으로 저장해 새 파일을 만든다.

```python
def make_backup(self) -> tuple[Path, Path]:
    input_path = self.archive_path.with_suffix(
        f"{self.archive_path.suffix}.old")
    output_path = self.archive_path
    self.archive_path.rename(input_path)
    return input_path, output_path

def copy_and_transform(
    self, input: zipfile.ZipFile, output: zipfile.ZipFile
) -> None:
    for item in input.infolist():
        extracted = Path(input.extract(item))
        if (not item.is_dir()
                and fnmatch.fnmatch(item.filename, self.pattern)):
            print(f"Transform {item}")
            input_text = extracted.read_text()
            output_text = re.sub(self.find, self.replace, input_text)
            extracted.write_text(output_text)
        else:
            print(f"Ignore {item}")
        output.write(extracted, item.filename)
        extracted.unlink()
        for parent in extracted.parents:
            if parent == Path.cwd():
                break
            parent.rmdir()
```

make_backup() 메서드는 파일 손상을 방지하기 위한 공통 전략을 적용한다. 원본 파일을 보존하기 위해 이름을 바꾸고 원본 파일의 이름을 갖는 새 파일이 생성된다. 이 메서드는 파일 형식 또는 다른 세부적인 처리와 독립적으로 디자인됐다.

copy_and_transform() 메서드는 원본 아카이브에서 추출된 멤버로 새 아카이브를 빌드한다. 아카이브의 각 멤버에 대해 다음의 단계를 수행한다.

- 원본 아카이브에서 파일을 추출한다.

- 항목이 디렉터리가 아니고 이름이 와일드카드 패턴과 일치하는 경우에는 변환한다. 이것은 3단계 프로세스이다. 아카이브에 디렉터리가 포함돼 있을 가능성은 낮지만 가능하기는 하다.

  1. 파일의 텍스트를 읽는다.

  2. Re 모듈의 sub() 함수를 사용해 파일을 변환한다.

  3. 추출된 파일을 대체하는 텍스트를 작성한다. 이것은 컨텐츠의 임시 복사본을 만든다.

- 변환하지 않은 파일 또는 변환된 파일을 새 아카이브로 압축한다.

- 임시 복사본과의 연결을 해제한다. 파일에 대한 링크가 남아 있지 않으면 운영체제에 의해 삭제된다.

- 추출 과정에서 생성된 임시 디렉터리를 정리한다.

- copy_and_transform() 메서드의 작업은 pathlib, zipfile, re 모듈을 사용한다. 컨텍스트 관리자를 사용하는 관리자 객체로 이런 작업을 래핑하면 작은 인터페이스의 깔끔한 패키지를 얻을 수 있다.

ZipReplace 클래스를 사용하기 위한 메인 스크립트는 다음과 같다.

```
if __name__ == "__main__":
    sample_zip = Path("sample.zip")
    zr = ZipReplace(sample_zip, "*.md", "xyzzy", "plover's egg")
    zr.find_and_replace()
```

아카이브, 파일 매칭 패턴, 찾을 문자열, 교체할 문자열로 각각 sample.zip, *.md, xyzzy, plover's egg를 제공했다. 이 스크립트는 복잡한 일련의 파일 작업을 수행한다. 보다 실용적인 접근법은 argparse 모듈을 사용해 이 애플리케이션을 위한 커맨드라인 인터페이스CLI를 정의하는 것이다.

간결함을 위해 세부적인 것은 거의 문서화하지 않았다. 현재의 초점은 객체지향 디자인에 있다. zipfile 모듈에 관심이 있다면 온라인으로 또는 대화형 인터프리터에 import zipfile 및 help(zipfile)를 입력해 표준 라이브러리 문서를 참조하라.

물론 ZipReplace 클래스의 인스턴스를 커맨드라인에서 생성해야만 하는 것은 아니다. ZIP 파일 일괄 처리를 위해 이 클래스를 다른 모듈에서 임포트하거나, GUI 인터페이스의 일부로 액세스하거나, FTP 서버 조회 또는 외부 디스크 백업 등의 경우처럼 ZIP 파일들을 위치를 아는 상위 수준의 관리 객체에서 액세스 할 수 있다.

퍼사드 및 어댑터 디자인 패턴의 이점은 복잡성을 보다 유용한 클래스 디자인으로 캡슐화하는 것이다. 이런 구성 객체는 물리적 객체와 덜 유사한 경향이 있으며 개념적 객체의 영역에 들어간다. 현실 세계와 가깝게 평행을 이루는 객체에서 한발 물러서서 보면 메서드는 해당 개념의 상태를 변경하는 작업이다. 단순한 유사성은 아이디어의 안개 속에서 사라지기 때문에 주의가 필요하다. 디자인의 기초가 구체적인 데이터 값과 잘 정의된 동작의 집합이어야 한다.

명심해야 할 좋은 예는 월드와이드웹이다. '웹 서버'는 '브라우저'에 '컨텐츠'를 제공한다. 컨텐츠를 제공하기 위해 다른 웹 서버에 연결하는 데스크탑 애플리케이션처럼 동작하는 자바 스크립트는 컨텐츠에 포함될 수 있다. 이런 개념적 관계는 실질적인 바이트 전송으로 인해 구현된다. 컨텐츠는 또한 텍스트, 이미지, 비디오, 사운드 등으로 페이지를 그리는 브라우저도 포함한다. 그 기초는 실질적인 행동인 바이트 전송이다. 강의실이라면 요청과 응답을 나타내기 위해 개발자들이 스티커 메모와 고무 공을 서로에게 전달할 수도 있다.

이 예제는 아주 잘 작동한다. 추가 요구사항을 만나면 코드를 복제하지 않고 관련 기능을 새롭게 구축할 수 있는 방법을 찾아야 한다. 먼저 이 엔지니어링 필수 사항을 설명한 다음 수정된 디자인을 살펴볼 것이다.

중복 코드 제거

ZipReplace와 같은 관리 스타일 클래스의 코드는 매우 일반적이며 다양한 방식으로 적용될 수 있다. 구성 또는 상속을 사용해서 코드를 한 곳에 보관함으로써 중복 코드를 제거할 수 있다. 이에 대한 예제를 보기 전에 몇 가지 디자인 원칙에 대해 논의해보자. 특별히 중복 코드가 나쁜 이유는 무엇인가?

몇 가지 이유가 있지만 모두 가독성과 유지 관리로 귀결된다. 한 코드와 유사한 새 코드를 작성할 때 가장 쉬운 방법은 이전 코드를 복사하고 변수 이름, 로직, 주석 등을 변경해 새 위치에서 작동하도록 하는 것이다. 대체적으로 프로젝트의 다른 코드와 유사하지만 동일하지는 않은 새 코드를 작성하는 경우 중복 기능을 추출하는 방법을 알아내는 것보다 유사한 동작을 복사해서 새 코드로 작성하는 것이 더 쉽다. 이것을 스파게티 프로그래밍이라고 부르는데 스파게티 한 그릇과 같이 코드가 면들이 엉킨 덩어리처럼 되기 때문이다.

하지만 코드를 이해하려고 하는 누군가가 중복된 코드 블록을 만나면 이해하는 데 장벽이 생긴다. 여러 부차적인 질문이 발생해 지적인 마찰이 생긴다. 이것들은 정말 동일한가? 그렇지 않다면 한 코드 섹션은 다른 섹션과 어떻게 다른가? 어느 부분이 동일한가? 이 섹션은 어떤 조건에서 호출되는가? 언제 다른 함수를 호출하는가? 자신이 코드를 읽는 유일한 사람이라고 주장할 수도 있겠지만 8개월 동안 해당 코드를 만지지 않으면 신입 코더처럼 이해할 수 없게 된다. 두 개의 유사한 코드를 읽을 때 그것들이 어떻게 다른지 뿐만 아니라 왜 다른지도 이해해야 한다. 이것은 시간을 낭비한다. 코드는 항상 쉽게 읽을 수 있도록 작성돼야 한다.

[더스티의 말, 공식적인 저자 모드에서 벗어남] 한 번은 매우 형편없이 작성된 코드 300줄의 동일한 복사본이 세 개 있는 누군가의 코드를 이해하려고 노력해야 했던 적이 있다. 세 개의 동일한 버전이 실제로는 약간 다른 세금 계산을 수행하고 있다는 것을 마침내 이해하기까지 한 달이 걸렸다. 미묘한 차이점 중 일부는 의도적인 것이었지만 누군가가 한 함수에서만 계산을 업데이트하고 다른 두 함수를 업데이트 하지 않은 명백한 실수도 있었다. 코드에 있는 미묘하고 이해할 수 없는 버그의 수는 셀 수도 없었다. 결국엔 900줄을 모두 20줄 정도의 읽기 쉬운 함수로 교체했다.

앞의 이야기에서 알 수 있듯이 두 개의 유사한 코드를 최신 상태로 유지하는 것은 악몽이 될 수도 있다. 하나의 코드 섹션을 업데이트 할 때마다 다른 것도 모두 업데이트 해야하며, 각 섹션을 편집할 때마다 변경사항이 반영될 수 있도록 얼마나 많은 섹션이 서로 다른지 기억해야 한다. 모든 섹션을 업데이트 하는 것을 잊으면 결국에는 매우 성가신 버그로 인해 "이미 수정했는데 왜 여전히 발생하는 거지?"라고 말하게 될 것이다.

여기서 핵심 요소는 코드를 처음 작성할 때 소요된 시간과 비교해 문제 해결, 유지 관리, 개선 등에 소요된 시간이다. 몇 주 이상을 사용한 소프트웨어는 그것을 만드는 데 소요된 시간보다 훨씬 더 많은 관심을 갖게 된다. 기존 코드를 복사하고 붙여 넣어 절약한 아주 작은 시간은 유지 관리를 해야 할 때 더 많이 낭비된다.

저자 중 한 명이 개인적으로 꼽은 최고의 애플리케이션은 거의 17년 동안 사용된 것이었다. 다른 개발자와 사용자가 코드의 일부 혼란스러운 부분을 정리하기 위해 매년 하루를 추가로 허비했다면, 이는 저자가 이 미래의 유지 관리 비용을 피하기 위해 코드를 개선하는 데 최소 2주를 더 사용했어야 함을 의미한다.

> **TIP**
>
> 코드는 작성될 때보다 훨씬 더 자주 읽히고 수정된다. 이해하기 쉬운 코드는 항상 우선순위가 돼야 한다.

이것이 프로그래머, 특히 평균적인 개발자보다 우아한 코드를 더 중요하게 여기는 경향이 있는 파이썬 프로그래머가 DRY^Don't Repeat Yourself(중복 배제) 원칙을 따르는 이유이다. 초보 프로그래머를 위한 조언은 편집기에서 복사해 붙여넣기 기능을 절대 사용하지 말라는 것이다. 중급 프로그래머는 Ctrl+C를 누르기 전에 세 번 생각하기를 권한다.

그러면 코드 복제 대신 무엇을 해야 하는가? 가장 간단한 솔루션은 어떤 부분이 다른지 설명해주는 매개변수들을 받아들이는 함수로 코드를 옮기는 것이다. 이것은 엄격한 객체지향적 솔루션은 아니지만 종종 최선의 선택이다.

예를 들어 ZIP 파일을 두 개의 서로 다른 디렉터리에 압축 해제하는 두 개의 코드가 있다면 압축을 풀어야 하는 디렉터리를 매개변수로 받는 함수로 쉽게 바꿀 수 있다. 이로 인해 함수 자체는 약간 길어질 수 있다. 그러나 코드 줄의 수로 측정되는 함수의 크기가 가독성을 위한 좋은 척도는 아니다. 코드 골프에서 승자는 없다.

좋은 이름과 독스트링은 필수다. 각 클래스, 메서드, 함수, 변수, 프로퍼티, 속성, 모듈, 패키지 등의 이름을 신중하게 선택해야 한다. 독스트링을 작성할 때 코드가 어떻게 작동하는지 설명하지 말라. 그것은 코드가 할 일이다. 독스트링은 코드의 목적이 무엇인지, 코드를 사용하기 위한 전제조건이 무엇인지, 함수나 메서드가 사용된 후 무엇이 참 true이 되는지에 집중해야 한다.

이야기의 교훈은 다음과 같다. 작성하기 쉬워 보이는 나쁜 코드를 작성하는 대신 항상 코드를 읽기 쉽게 리팩토링하도록 노력하라. 이제 ZipReplace 클래스 정의에 대한 수정된 디자인을 살펴보자.

실전

기존 코드를 재사용 할 수 있는 두 가지 방법을 살펴보자. ZIP 파일에 가득 차 있는 텍스트 파일에서 문자열을 찾아 교체하는 코드를 작성한 후 나중에 ZIP 파일 내의 모든 이미지를 모바일 장치에 적합한 크기로 변경하는 것을 계약했다. 해상도는 다양하지만 640 x 960이 필요한 가장 작은 크기이다. ZipReplace에서 사용한 것과 매우 유사한 패러다임을 사용할 수 있을 것 같다.

첫 번째로 드는 생각은 해당 모듈의 복사본을 저장하고 find_replace 메서드를 복사본에서 scale_image 등으로 변경하는 것이다.

이 프로세스는 이미지 파일을 열고 크기를 조정한 후 저장하기 위해 Pillow 라이브러리에 의존한다. Pillow 이미지 처리 도구는 다음 명령으로 설치할 수 있다.

```
% python -m pip install pillow
```

이것은 몇 가지 훌륭한 이미지 처리 도구를 제공할 것이다.

위의 '중복 코드 제거' 절에서 언급했듯이 복사해 붙여넣기 프로그래밍 방식은 차선책이다. 언젠가 TAR 파일도 열 수 있도록 unzip 및 zip 메서드를 변경할 수도 있지 않을까? 또는 임시 파일을 위해 고유한 디렉터리명을 사용하고 싶을 수도 있다. 코드를 복사하면 두 경우 모두 두 곳에서 변경해야 한다.

이 문제에 대해 상속 기반 솔루션을 시연하는 것으로 시작한다. 먼저 다양한 방식으로 ZIP 파일을 처리하기 위해 원본 ZipReplace 클래스를 상위 클래스로 수정한다.

```python
from abc import ABC, abstractmethod

class ZipProcessor(ABC):
    def __init__(self, archive: Path) -> None:
        self.archive_path = archive
        self._pattern: str

    def process_files(self, pattern: str) -> None:
        self._pattern = pattern

        input_path, output_path = self.make_backup()

        with zipfile.ZipFile(output_path, "w") as output:
            with zipfile.ZipFile(input_path) as input:
                self.copy_and_transform(input, output)

    def make_backup(self) -> tuple[Path, Path]:
        input_path = self.archive_path.with_suffix(
            f"{self.archive_path.suffix}.old")
        output_path = self.archive_path
        self.archive_path.rename(input_path)
        return input_path, output_path

    def copy_and_transform(
        self, input: zipfile.ZipFile, output: zipfile.ZipFile
    ) -> None:
        for item in input.infolist():
            extracted = Path(input.extract(item))
            if self.matches(item):
                print(f"Transform {item}")
                self.transform(extracted)
            else:
                print(f"Ignore {item}")
            output.write(extracted, item.filename)
            self.remove_under_cwd(extracted)

    def matches(self, item: zipfile.ZipInfo) -> bool:
        return (
            not item.is_dir()
            and fnmatch.fnmatch(item.filename, self._pattern))
```

```
def remove_under_cwd(self, extracted: Path) -> None:
  extracted.unlink()
  for parent in extracted.parents:
    if parent == Path.cwd():
      break
    parent.rmdir()

@abstractmethod
def transform(self, extracted: Path) -> None:
  ...
```

ZipReplace에만 해당하는 세 가지 매개변수 pattern, find, replace를 __init__()에서 삭제했다. 그 다음에 find_replace() 메서드의 이름을 process_files()로 변경했다. 복잡한 copy_and_transform() 메서드를 분해하고 실제 작업을 수행하기 위해 여러 다른 메서드를 호출하도록 만들었다. 여기에 transform() 메서드에 대한 플레이스홀더placeholder가 포함한다. 이런 이름 변경은 새 클래스의 보다 일반화된 특성을 보여주는 데 도움이 된다.

이 새로운 ZipProcessor 클래스는 추상 기본 클래스abstract base class인 ABC의 하위 클래스로서 메서드 대신 플레이스홀더를 제공할 수 있다. ABC에 대한 자세한 내용은 6장 '추상 기본 클래스와 연산자 오버로딩'에서 설명한다. 이 추상 클래스는 실제로 transform() 메서드를 정의하지 않는다. ZipProcessor 클래스의 인스턴스를 만들려고 하면 누락된 transform() 메서드에서 예외가 발생한다. @abstractmethod 데코레이션은 누락된 부분이 있고 해당 부분이 예상한 형태를 가져야 함을 분명히 해준다.

이제 이미지 처리 애플리케이션으로 이동하기 전에 원본 ZipReplace 클래스의 한 가지 버전을 만들어 보자. 이것은 다음과 같이 ZipProcessor 클래스를 부모 클래스로 사용한다.

```
class TextTweaker(ZipProcessor):
  def __init__(self, archive: Path) -> None:
    super().__init__(archive)
    self.find: str
    self.replace: str

  def find_and_replace(self, find: str, replace: str) -> "TextTweaker":
```

```
    self.find = find
    self.replace = replace
    return self

def transform(self, extracted: Path) -> None:
  input_text = extracted.read_text()
  output_text = re.sub(self.find, self.replace, input_text)
  extracted.write_text(output_text)
```

이 코드는 부모 클래스에서 ZIP 처리 기능을 상속하므로 원래 버전보다 짧다. 먼저 방금 작성한 기본 클래스를 TextTweaker가 확장한다. 그 다음에 super()를 사용해 부모 클래스를 초기화한다.

두 개의 추가 매개변수가 필요하며, 두 매개변수를 제공하기 위해 플루언트 인터페이스fluent interface[2]라는 기술을 사용했다. find_and_replace() 메서드는 객체의 상태를 업데이트한 다음 self 객체를 반환한다. 이렇게 하면 다음과 같이 코드 한 줄로 클래스를 사용할 수 있다.

```
TextTweaker(zip_data)\
.find_and_replace("xyzzy", "plover's egg")\
.process_files("*.md")
```

클래스의 인스턴스를 만들고, find_and_replace() 메서드를 사용해 일부 속성을 설정한 다음, process_files() 메서드를 사용해 처리를 시작했다. 여러 개의 메서드를 사용해 매개변수와 그들의 관계를 명확히 하는 데 도움이 되기 때문에 이것을 "플루언트(유창한) 인터페이스"라고 한다.

처음에 시작했던 것과 기능적으로 다르지 않은 프로그램을 다시 만들기 위해 상당한 양의 작업을 했다. 그러나 그 작업을 수행한 후에는 가상적으로 요청된 사진 스케일러와 같이 ZIP 아카이브 내의 파일에서 작동하는 다른 클래스를 작성하는 것이 훨씬 더 쉬워

---

2   소프트웨어 공학에서 플루언트 인터페이스(fluent interface)는 메서드를 연속으로 이어서 호출하는 메서드 체이닝(method chaining)을 가능하게 해주는 객체지향 API이다. 파이썬에서는 인스턴스 메서드에서 self를 반환함으로써 플루언트 인터페이스를 구현할 수 있다. – 옮긴이

진다.

또한 ZIP 기능을 개선하거나 버그를 수정하려는 경우 하나의 **ZipProcessor** 기본 클래스만 변경하면 모든 하위 클래스에 대해 한꺼번에 적용될 수 있다. 따라서 유지 관리가 훨씬 더 효과적이다.

ZipProcessor 기능을 활용하는 사진 스케일링 클래스를 만드는 것이 얼마나 간단한지 확인해보자.

```python
from PIL import Image   # type: ignore [import]

class ImgTweaker(ZipProcessor):
  def transform(self, extracted: Path) -> None:
    image = Image.open(extracted)
    scaled = image.resize(size=(640, 960))
    scaled.save(extracted)
```

이 클래스가 얼마나 간단한지 보라. 이전에 수행한 모든 작업은 성과를 거두었다. 여기서 하는 일은 각 파일을 열고 크기를 조정한 다음 다시 저장하는 것뿐이다. **ZipProcessor** 클래스는 추가 작업 없이 압축 및 압축 해제를 처리한다. 이것은 엄청난 이익인 것 같다.

재사용 가능한 코드를 만드는 것은 쉽지 않다. 어떤 부분이 일반적이고 어떤 부분이 특정한지 명확히 하려면 둘 이상의 유스 케이스가 필요하다. 구체적인 예가 필요한데, 이는 재사용을 위한 과도한 엔지니어링을 피하게 해준다. 이것은 파이썬이며 상황은 매우 유연할 수 있다. 유스 케이스가 실제 상황을 만나면 이를 다루기 위해 필요에 따라 다시 작성하면 된다.

⁝⠆ 사례 연구

5장에서 사례 연구의 요소들을 계속 발전시켜 갈 것이다. 파이썬에서 객체지향 디자인의 몇 가지 추가적인 특징을 알아볼 것이다. 첫 번째는 구문 설탕syntactic sugar이라고 불리는 것으로, 코드를 작성할 때 상당히 복잡한 것을 간단하게 표현하도록 제공되는 편리한 방법이다. 두 번째는 리소스 관리를 위한 컨텍스트를 제공하는 관리자 개념이다.

4장, '예상치 못한 상황을 예상하기'에서 유효하지 않은 입력 데이터를 식별하기 위한 예외를 만들었다. 입력 데이터를 사용할 수 없는 경우에도 보고를 위해 예외를 사용했다.

여기에서는 적절하게 분류된 학습 및 테스트 데이터가 있는 파일을 읽어서 데이터를 수집하는 클래스로 시작한다. 이 장에서는 샘플을 테스트 및 학습 데이터셋으로 분할하는 문제의 또 다른 측면에 집중할 수 있도록 예외 처리의 세부사항 중 일부를 무시할 것이다.

입력 데이터 검증

TrainingData 객체는 샘플을 갖고 있는 bezdekIris.data라는 이름의 소스 파일로부터 로드된다. 현재까지는 이 파일의 컨텐츠를 검증하기 위해 많은 노력을 하지 않는다. 데이터에 숫자 측정값과 적절한 종 이름을 가진 올바른 형식의 샘플이 포함돼 있는지 확인하는 대신 지금은 단지 Sample 인스턴스를 생성하면서 아무 문제가 없기를 바랄 뿐이다. 따라서 데이터가 조금만 변경돼도 애플리케이션의 모호한 부분에서 예기치 않은 문제가 발생할 수 있다. 입력 데이터를 검증함으로써 문제에 집중하고 사용자에게 명확하고 실행 가능한 보고서를 제공할 수 있다. 즉, "42행의 petal_length에 '1b.25'라는 유효하지 않은 값이 있다."와 같이 데이터의 행, 열, 유효하지 않은 값을 보여주는 것이다.

학습 데이터가 있는 파일은 TrainingData의 load() 메서드를 통해 애플리케이션에서 처리된다. 현재 이 메서드는 반복가능한 딕셔너리의 시퀀스를 요구한다. 각 개별 샘플을 측정값과 분류된 종을 갖는 딕셔너리로 읽는다. 타입 힌트는 Iterable[dict[str, str]]이다. 이것은 csv 모듈이 작동하는 방식 중 하나이므로 작업하기 매우 쉽다. 8장 '객체지향과 함수형 프로그래밍의 교차점'과 9장 '문자열, 직렬화, 파일 경로'에서 데이터 로드의 세부사항을 살펴볼 것이다.

다른 파일 형식일 가능성을 생각하면 TrainingData 클래스는 CSV 파일 처리에서 한 행이 dict[str, str] 이라는 정의에만 의존해서는 안 된다. 각 행에 대한 값을 딕셔너리로 예상하는 것이 간단하지만, 여기에 속하지 않을 수 있는 경우에는 TrainingData 클래스에 알려야 한다. 또한 소스 문서의 표현식에 대한 상세는 학습 및 테스트 샘플의 컬렉션을 관리하는 것과 관련이 없다. 여기서 객체지향 디자인이 두 가지 아이디어를 풀어내는 데 도움이 될 것 같다.

다양한 데이터 소스를 지원하려면 입력값을 검증하기 위한 몇 가지 공통 규칙이 필요하다. 다음과 같은 클래스가 필요하다.

```python
class SampleReader:
    """
    bezdekIris.data 파일에서 속성의 순서는 iris.names를 참조하라.
    """

    target_class = Sample
    header = [
      "sepal_length", "sepal_width",
      "petal_length", "petal_width", "class"
    ]

    def __init__(self, source: Path) -> None:
      self.source = source

    def sample_iter(self) -> Iterator[Sample]:
      target_class = self.target_class
      with self.source.open() as source_file:
        reader = csv.DictReader(source_file, self.header)
        for row in reader:
          try:
            sample = target_class(
              sepal_length=float(row["sepal_length"]),
              sepal_width=float(row["sepal_width"]),
              petal_length=float(row["petal_length"]),
              petal_width=float(row["petal_width"]),
            )
          except ValueError as ex:
            raise BadSampleRow(f"Invalid {row!r}") from ex
          yield sample
```

이것은 CSV DictReader 인스턴스가 읽은 입력 필드로부터 Sample 상위 클래스의 인스턴스를 빌드한다. sample_iter() 메서드는 일련의 변환 표현식을 사용해 각 열의 입력 데이터를 파이썬 객체로 변환한다. 이 예제에서 변환은 단순하며 구현은 CSV 문자열 데이터를 파이썬 객체로 변환하는 한 묶음의 float() 함수이다. 다른 문제 영역에서는 더 복잡한 변환이 있을 수 있다.

float() 함수는 잘못된 데이터를 만나면 ValueError를 발생시킨다. 이것도 도움이 되지만 거리 계산 공식의 버그도 ValueError를 발생하기 때문에 혼란을 줄 수 있다. 따라서 애플리케이션에 고유한 예외를 생성하는 것이 더 좋다. 그러면 문제의 근본 원인을 쉽게 식별할 수 있다.

타겟 타입인 Sample은 클래스 수준 변수인 target_class로 제공된다. 이렇게 하면 상대적으로 가시적인 변경을 통해 Sample의 새 하위 클래스를 도입할 수 있다. 이것은 필수는 아니지만 이와 같은 가시적인 종속성은 클래스를 서로 분리하는 방법을 제공한다.

4장, '예상치 못한 상황을 예상하기'에서 배운 것처럼 고유한 예외를 정의할 것이다. 이것은 파이썬 코드의 일반적인 버그와 애플리케이션 오류를 구분하기 위한 좋은 방법이다.

```
class BadSampleRow(ValueError):
    pass
```

여기서는 float()에 의한 ValueError 예외 신호를 애플리케이션의 BadSampleRow 예외에 매핑했다. 이것은 잘못된 CSV 소스 파일로 인한 예외와 k-NN 거리 계산의 버그로 인한 예외를 구별하는 데 도움이 될 수 있다. 둘 다 ValueError 예외를 발생시킬 수 있지만 CSV 처리 예외는 컨텍스트를 명확하게 하기 위해 애플리케이션 종속적인 예외로 래핑했다.

try: 문에서 타겟 클래스의 인스턴스 생성을 래핑해 예외 변환을 수행했다. 여기서 발생하는 모든 ValueError는 BadSampleRow 예외가 된다. 디버깅을 돕기 위해 원래 예외가 보존되도록 raise... from...을 사용했다.

입력 데이터가 유효하면 객체를 학습과 테스트 중 어디에 사용할지를 결정해야 한다. 그 문제는 다음 절에서 다룬다.

입력 데이터 분할

방금 소개한 SampleReader 클래스는 변수를 사용해 생성할 객체의 종류를 식별한다. target_class 변수는 사용할 클래스를 제공한다. SampleReader.target_class 또는 self.target_class를 참조하는 방식에 약간 주의해야 한다.

self.target_class(sepal_length=, ... etc.)와 같은 간단한 표현식은 메서드 평가처럼 보인다. 물론 self.target_class는 메서드가 아니라 다른 클래스이다. 파이썬이 self.target_class()가 메서드를 참조한다고 가정하지 않도록 하기 위해 target_class라는 로컬 변수에 할당했다. 이제 target_class(sepal_length=, … etc.)를 사용할 수 있으며 모호함이 없다.

이것은 매우 파이썬스럽다. 이 reader의 하위 클래스를 만들어 원시 데이터에서 다양한 종류의 샘플을 생성할 수 있다.

이 SampleReader 클래스 정의는 한 가지 문제를 가지고 있다. 원시 샘플 데이터의 단일 소스는 두 가지 KnownSample의 하위 클래스로 분할돼야 한다. TrainingSample과 TestingSample이다. 이 두 클래스는 동작에서 약간의 차이가 있다. TestingSample은 k-NN 알고리듬이 작동하는지 확인하는 데 사용되며 알고리듬이 수행한 분류를 전문 식물학자가 할당한 종과 비교할 때 사용된다. 이것은 TrainingSample이 수행해야 하는 작업이 아니다.

이상적으로는 단일한 reader가 두 클래스를 모두 생성해야 한다. 지금까지의 디자인에서는 단일 클래스의 인스턴스만 생성할 수 있었다. 필요한 기능을 제공하기 위한 두 가지 경로가 있다.

- 생성할 클래스를 결정하기 위한 정교한 알고리듬. 알고리듬에는 한 객체 또는 다른 객체의 인스턴스를 생성하기 위한 if 문이 포함될 수 있다.

- knownSample의 단순화된 정의. 이 단일 클래스는 몇 번이고 분류와 재분류를 할 수 있는 변경 가능한 테스트 샘플과 분리해 변경할 수 없는 학습 샘플을 처리할 수 있다.

단순화가 좋은 생각인 것 같다. 복잡성이 적다는 것은 코드가 적고 버그가 숨을 장소가 적다는 것을 의미한다. 두 번째 대안은 샘플의 세 가지 다른 측면을 분리할 수 있다.

- 원시 데이터. 이것은 측정값의 핵심 컬렉션이다. 이것은 변경할 수 없다. 이 디자인은 7장, '파이썬 데이터 구조'에서 다룰 것이다.

- 식물학자가 지정한 종species. 이는 학습 또는 테스트 데이터에 사용할 수 있지만 미지의 샘플에는 포함되지 않는다. 할당된 종은 측정값과 마찬가지로 변경할 수 없다.

- 알고리듬에 의해 할당된 분류classification. 이것은 테스트 샘플과 미지의 샘플에 적용된다. 이 값은 변경 가능한 것으로 볼 수 있다. 샘플을 분류할 때마다 또는 테스트 샘플을 다시 분류할 때마다 값이 변경된다.

이것은 지금까지 만들어진 디자인에 대한 중대한 변화이다. 프로젝트 초기에는 이런 변경이 필요할 수 있다. 1장과 2장에서 다양한 종류의 샘플에 대해 상당히 정교한 클래스 계층을 만들기로 결정했었다. 그 디자인을 다시 볼 시간이다. 이것에 대해 생각하는 것이 이번이 마지막은 아닐 것이다. 좋은 디자인의 본질은 여러 가지 좋지 않은 디자인을 먼저 만들고 처분하는 것이다.

Sample 클래스 계층

여러 관점에서 이전 디자인을 재고할 수 있다. 한 가지 대안은 Sample 클래스의 핵심을 추가적인 기능과 분리하는 것이다. 다음 표에 보이는 것처럼 각 Sample 인스턴스에 대해 네 가지 추가 동작을 식별할 수 있을 것 같다.

	알려진 샘플	미지의 샘플
미분류	학습 데이터	분류 대기 중인 샘플
분류	테스트 데이터	분류된 샘플

"분류" 행에서 자세한 것은 생략했다. 분류를 수행할 때마다 특정 하이퍼파라미터가 분류된 샘플과 연결된다. 특정 Hyperparameter 객체에 의해 분류된 샘플이라고 하는 것이

더 정확할 것이다. 그러나 이것은 너무 장황하다.

"미지의 샘플" 열에 있는 두 칸 사이의 차이는 아주 작다. 그 차이는 대부분의 처리와 본질적으로 관련이 없을 정도로 미미하다. 미지의 샘플은 최대 몇 줄의 코드에 의해 분류되기를 기다리고 있다.

다시 생각해보면 더 적은 수의 클래스를 생성하면서도 객체 상태와 동작 변경을 정확하게 반영할 수 있다.

별도의 Classification 객체가 Sample의 두 하위 클래스에 있을 수 있다. 다음 다이어그램을 보라.

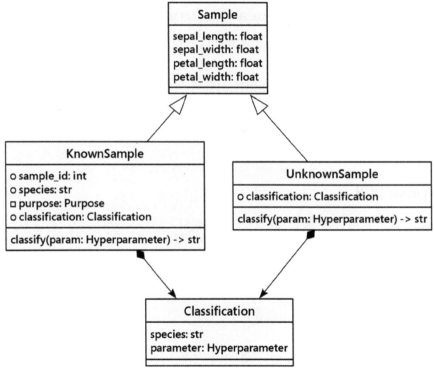

그림 5.1 샘플 클래스 다이어그램

본질적으로 다른 두 종류의 샘플을 반영하도록 클래스 계층 구조를 개선했다.

- KnownSample 인스턴스는 테스트 또는 학습에 사용될 수 있다. 다른 클래스와의 차이점은 분류를 수행하는 메서드에서 구현된다. 이것을 앞에 작은 정사각형 또는 "–"가 표시한 purpose 속성에 의존하도록 만들 수 있다. 파이썬에는 비공개 변수가 없지만 이 표시는 디자인 노트로 유용할 수 있다. 공개 속성은 작은 원 또는 "+"를 사용해 표시할 수 있다.

  - purpose 값이 Training이면 classify() 메서드는 예외를 발생시킨다. 샘플은 다시 분류할 수 없다. 그것은 학습을 무효화한다.

  - purpose 값이 Testing이면 classify() 메서드는 정상적으로 작동할 것이고 주어진 Hyperparameter를 적용해 종을 추론할 것이다.

- UnknownSample 인스턴스는 사용자 분류에 사용될 수 있다. 여기서 분류 메서드인 classify()는 purpose 속성에 의존하지 않고 항상 분류를 수행한다.

이 장에서 배운 @property 데코레이터를 사용해 이런 동작을 구현해보자. @property를 사용하면 계산된 값을 단순한 속성인 것처럼 가져올 수 있다. 또한 @property를 사용하면 설정할 수 없는 속성을 정의할 수도 있다.

purpose 열거

purpose 값의 도메인을 열거하는 것으로 시작한다.

```
class Purpose(enum.IntEnum):
    Classification = 0
    Testing = 1
    Training = 2
```

이 정의는 코드에서 사용할 수 있는 세 가지 객체인 Purpose.Classification, Purpose.Testing, Purpose.Training이 있는 네임스페이스를 만든다. 예를 들어 if sample.purpose == Purpose.Testing:을 사용해 테스트 샘플을 식별할 수 있다.

Purpose(x)을 사용해 입력값을 Purpose 객체로 변환할 수 있으며, 여기서 x는 정수 값 0, 1, 또는 2이다. 다른 값은 ValueError 예외를 발생시킨다. 숫자 값으로 다시 변환할 수도 있다. 예를 들어, Purpose.Training.value는 2이다. 이런 숫자 코드 사용은 파이썬의 열거형 객체를 다루지 않는 외부 소프트웨어와 잘 맞을 수 있다.

Sample 클래스의 KnownSample 하위 클래스를 두 부분으로 분해한다. 다음은 첫 번째 부분이다. Sample.__init__() 메서드에 필요한 데이터와 추가적인 두 개의 값인 purpose 숫자 코드 및 할당된 종으로 샘플을 초기화한다.

```python
class KnownSample(Sample):

    def __init__(
        self,
        sepal_length: float,
        sepal_width: float,
        petal_length: float,
        petal_width: float,
        purpose: int,
        species: str,
    ) -> None:
        purpose_enum = Purpose(purpose)
        if purpose_enum not in {Purpose.Training, Purpose.Testing}:
            raise ValueError(
                f"Invalid purpose: {purpose!r}: {purpose_enum}"
            )
        super().__init__(
            sepal_length=sepal_length,
            sepal_width=sepal_width,
            petal_length=petal_length,
            petal_width=petal_width,
        )
        self.purpose = purpose_enum
        self.species = species
        self._classification: Optional[str] = None

    def matches(self) -> bool:
        return self.species == self.classification
```

Purpose.Training 또는 Purpose.Testing으로 디코딩되는지 확인하기 위해 purpose 매개변수의 값을 검사한다. purpose 값이 허용되는 두 값 중 하나가 아니면 데이터를 사용할 수 없기 때문에 ValueError 예외가 발생한다.

앞에 _을 갖는 self._classification 인스턴스 변수를 만들었다. 이 변수는 이 클래스의 클라이언트가 일반적으로 사용하지 않는다는 것을 암시하는 규약이다. 파이썬에는 프라이버시 개념이 없기 때문에 "비공개"가 아니다. 이것을 "숨겨진" 또는 "여기서 놀라지 않게 조심해" 정도로 부를 수 있다.

일부 언어에서 사용하고 있는 크고 불투명한 벽 대신에 파이썬은 이 변수를 다른 변수와 구분하는 낮은 꽃담장을 사용한다. 밑줄 _ 문자를 사용하면 직접적으로 값을 볼 수 있지만 그렇게 하면 안 된다.

다음은 첫 번째 @property 메서드이다.

```python
@property
def classification(self) -> Optional[str]:
  if self.purpose == Purpose.Testing:
    return self._classification
  else:
    raise AttributeError(f"Training samples have no classification")
```

이것은 속성 이름으로 표시될 메서드를 정의한다. 다음은 테스트 목적으로 샘플을 만드는 예이다.

```python
>>> from model import KnownSample, Purpose
>>> s2 = KnownSample(
...     sepal_length=5.1,
...     sepal_width=3.5,
...     petal_length=1.4,
...     petal_width=0.2,
...     species="Iris-setosa",
...     purpose=Purpose.Testing.value)
>>> s2
KnownSample(sepal_length=5.1, sepal_width=3.5, petal_length=1.4,
petal_width=0.2, purpose=1, species='Iris-setosa')
```

```
>>> s2.classification is None
True
```

s2.classification을 평가할 때 메서드가 호출된다. 이 함수는 테스트에 사용할 샘플인지 확인하고 "숨겨진" 인스턴스 변수 self._classification 값을 반환한다.

이것이 Purpose.Training 샘플인 경우 학습 샘플에 대해 분류값을 확인하는 모든 애플리케이션에는 수정해야 할 버그가 있기 때문에 프로퍼티는 AttributeError 예외를 발생시킨다.

프로퍼티 세터

classification 값은 어떻게 설정해야 할까? self._classification = h.classify(self) 명령문을 실행하면 될까? 대답은 '아니오'이다. "숨겨진" 인스턴스 변수를 업데이트하는 프로퍼티를 만들 수 있다. 이것은 위의 예제보다 약간 더 복잡하다.

```
@classification.setter
def classification(self, value: str) -> None:
  if self.purpose == Purpose.Testing:
    self._classification = value
  else:
    raise AttributeError(
      f"Training samples cannot be classified")
```

classification를 위한 초기의 @property 정의를 "게터"라고 한다. 이것은 속성값을 가져온다. 구현은 이미 만들어진 설명자 객체의 __get__() 메서드를 사용한다. classification를 위한 @property 정의는 또한 추가 데코레이터인 @classification.setter를 만든다. setter에 의해 데코레이트된 메서드는 할당문에서 사용된다.

이 두 프로퍼티의 메서드 이름은 모두 classification이다. 이것이 사용되는 속성 이름이다.

이제 s2.classification = h.classify(self)와 같은 명령문으로 특정 Hyperparameter 객체를 사용해 분류의 값을 변경한다. 이 할당문은 이 샘플의 목적을 확인한다. 목적이 테스트라면 값이 저장된다. 목적이 Purpose.Testing이 아닌 경우 분류값을 설정하려고 하면 AttributeError 예외가 발생하고 애플리케이션에서 문제가 있는 위치를 식별한다.

반복되는 if 문

특정 Purpose 값을 확인하는 if 문이 여러 개 있다. 이것은 이 디자인이 최적이 아니라는 의미이다. 이 변형된 동작은 단일 클래스로 캡슐화되지 않았다. 대신 여러 동작이 하나의 클래스로 결합됐다.

열거된 값을 확인하기 위한 Purpose 열거형과 여러 if 문의 존재는 여러 클래스를 갖고 있다는 의미이다. 여기서 "단순화"는 바람직하지 않다.

이 사례 연구의 '입력 데이터 분할' 절에서 두 가지 경로가 있다고 언급했다. 하나는 학습 데이터에서 테스트를 분리하기 위해 purpose 속성을 설정해 클래스를 단순화하는 것이었다. 이것은 실제로 디자인을 단순화하지 못하고 if 문을 추가한 것 같다.

이것은 이후의 사례 연구에서 더 나은 분할 알고리듬을 찾아야 한다는 것을 의미한다. 현재로서는 유효한 데이터를 생성할 수 있는 기능은 있지만 if 문으로 코드가 어수선하다. 독자가 결과 코드를 검토해 더 간단하고 읽기 쉬운 것으로 보이는 디자인 대안을 시도해 보는 것도 좋을 것 같다.

⁝⁝▶ 정리

다음은 5장의 몇 가지 핵심 사항이다.

- 데이터와 동작이 모두 있을 때 이것이 객체지향 디자인의 최적 지점이다. 많은 것들이 파이썬의 일반 컬렉션과 함수를 활용하는 것으로 충분할 수 있다. 그러나 여러 코드 조각들이 모두 함께 정의돼 있는지 확인해야 할 정도로 복잡해지면 클래스 사용을 시작해야 한다.

- 속성값을 다른 객체가 참조하는 경우 파이썬다운 접근 방식은 속성에 대한 직접 액세스를 허용하는 것이다. 파이썬은 공을 들여 세터 및 게터 함수를 작성하지 않는다. 속성값을 계산할 때는 두 가지 선택을 할 수 있다. 빠른 연산 또는 지연된 연산이다. 프로퍼티는 지연되지만 제 시간에 계산을 수행하도록 한다.

- 종종 협력적인 객체들을 갖게 될 것이다. 애플리케이션의 동작은 협력에서 나온다. 이것은 종종 구성 요소 클래스 정의의 동작들을 결합해 통합된 전체로서 작동하는 관리자 객체로 이어질 수 있다.

⁙ 연습

객체지향 파이썬 프로그램에서 객체, 데이터, 메서드 등이 서로 상호작용하는 다양한 방법을 살펴봤다. 늘 그렇듯이 이런 원칙을 자신의 작업에 어떻게 적용할 수 있는지 가장 먼저 생각해야 한다. 객체지향 관리자를 사용해 다시 작성할 수 있는 지저분한 스크립트가 있는가? 옛날 코드 중 일부를 살펴보고 행위가 아닌 메서드를 찾아보라. 이름이 동사가 아닌 경우 프로퍼티로 다시 작성해보라.

언어에 상관없이 이전에 작성했던 코드에 대해 생각해보라. DRY 원칙을 깬 것이 있는가? 중복 코드가 있는가? 코드를 복사해 붙여 넣었는가? 원본 코드를 이해하고 싶지 않아서 유사한 코드를 두 가지 버전으로 작성했는가? 이제 최근에 작성한 코드로 돌아가 상속 또는 구성을 사용해 중복 코드를 리팩토링할 수 있는지 확인하라. 너무 오래돼서 다시는 건드리고 싶지 않은 코드가 아니라 유지 관리에 관심이 있는 프로젝트를 선택하라. 이것은 개선 작업을 할 때 관심을 유지하는 데 도움이 된다.

이제 5장에서 살펴본 몇 가지 예제를 다시 살펴보라. 프로퍼티를 사용해 조회된 데이터를 캐시하는 웹 페이지 예제부터 시작하자. 이 예제의 명백한 문제는 캐시가 새로 고쳐지지 않는다는 것이다. 프로퍼티의 getter에 타임아웃^{timeout}을 추가하고, 타임아웃이 만료되기 전에 페이지가 요청된 경우에만 캐시된 페이지를 반환한다. 캐시가 만료됐는지 여부를 확인하기 위해 time 모듈을 사용할 수 있다. time.time() - an_old_time은 an_old_time 이후에 경과된 시간을 반환한다.

또한 상속 기반 ZipProcessor를 살펴보라. 여기서 상속 대신 구성 관계를 사용하는 것이 합리적일 수 있다. ZipReplace와 ScaleZip 클래스에서 클래스를 확장하는 대신 이 클래스들의 인스턴스를 ZipProcessor 생성자에 전달하고 처리를 수행하도록 호출할 수 있다. 이것을 구현하라.

어떤 버전이 더 사용하기 쉬운가? 어느 것이 더 우아한가? 무엇이 더 읽기 쉬운가? 주관적인 질문이므로 각자 답은 다르다. 그러나 답을 아는 것이 중요하다. 구성보다 상속을 선호한다면 일상적인 코딩에서 상속을 남용하지 않도록 주의해야 한다. 구성을 더 선호한다면 우아한 상속 기반 솔루션을 만들 기회를 놓치지 말라.

마지막으로 사례 연구에서 만든 다양한 클래스에 몇 가지 오류 처리기를 추가하라. 하나의 잘못된 샘플은 어떻게 처리해야 할까? 모델이 작동을 멈춰야 하는가? 아니면 이 행을 건너뛰어야 하는가? 작은 기술 구현 선택에 심오한 데이터 과학과 통계적 중요성이 있다. 다른 대안적인 동작을 허용하는 클래스를 정의할 수 있는가?

일상적인 코딩에서 복사 및 붙여넣기 명령에 주의하라. 편집기에서 복사 및 붙여넣기를 사용할 때마다 복사하려는 코드의 버전이 하나만 있도록 프로그램 구성을 개선하는 것이 좋은 생각인지 고려해보라.

⫶ 요약

5장에서는 객체, 특히 관리하고 제어하는 객체처럼 즉시 눈에 띄지 않는 객체를 식별하는 데 중점을 두었다. 객체에는 데이터와 동작이 모두 있어야 하지만 프로퍼티를 사용해 둘 사이의 구분을 흐리게 할 수 있다. DRY 원칙은 코드 품질의 중요한 지표이며 상속 및 구성을 적용해 코드 중복을 줄일 수 있다

다음 6장에서는 파이썬에서 추상 기본 클래스를 정의하는 방법을 살펴볼 것이다. 이를 통해 일종의 템플릿 역할을 하는 클래스를 정의할 수 있다. 이 클래스는 하위 클래스에서 좁게 정의된 기능을 구현해야 한다. 이를 통해 관련 클래스들의 패밀리를 구축할 수 있으며 이들이 제대로 함께 작동할 것이라고 확신할 수 있다.

06

추상 기본 클래스와
연산자 오버로딩

종종 일련의 완전한 속성 및 메서드를 가진 구상 클래스^{concrete class}와 일부 세부 구현이 누락된 추상 클래스^{abstract class}를 구분할 필요가 있다. 이것은 복잡도를 축약하는 한 방식인 추상화라는 철학적 아이디어와 유사하다. 범선과 비행기는 교통수단이라는 공통적이고 추상적인 관계를 갖고 있지만 세부적으로 움직이는 방식은 다르다.

파이썬에는 유사한 것을 정의하는 두 가지 접근 방식이 있다.

- **덕 타이핑**: 두 클래스 정의가 동일한 속성과 메서드를 가질 때 두 클래스의 인스턴스는 동일한 프로토콜을 가지며, 따라서 상호 호환적으로 사용될 수 있다. "오리처럼 걷고 오리처럼 헤엄치고 오리처럼 꽥꽥거리는 새를 보면 그 새를 오리라고 부른다".

- **상속**: 두 개의 클래스 정의가 공통적인 측면을 가질 때 하위 클래스는 상위 클래스의 공통된 기능을 공유할 수 있다. 두 클래스의 세부 구현은 다를 수 있지만 상위 클래스에서 정의한 공통 기능을 사용할 때 두 클래스는 상호 호환적으로 사용할 수 있어야 한다.

상속을 한 단계 더 발전시킬 수 있다. 추상적인 상위 클래스 정의를 가질 수 있다. 이는 클래스 자체를 직접적으로 사용할 수는 없지만 상속을 통해 구상 클래스를 생성하는 데 사용할 수 있음을 의미한다.

기본 클래스base class와 상위 클래스superclass라는 용어 문제를 인정해야 한다. 동의어이기 때문에 혼란스럽다. 두 개의 평행적인 비유가 있는데 보통 그 사이를 왔다갔다 한다. 때로 한 클래스가 상속을 통해 다른 클래스를 기반으로 빌드되면 "기본 클래스는 기초다" 라는 비유를 사용한다. 또는 "구상 클래스는 상위 클래스를 확장한다"라는 비유를 사용한다. "상위" 클래스는 구상 클래스보다 우선한다. 일반적으로 다음과 같이 UML 클래스 다이어그램에서 위에 그려지며 먼저 정의해야 한다.

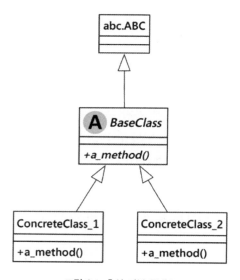

그림 6.1 추상 기본 클래스

여기서 BaseClass라는 기본 클래스는 abc.ABC라는 특수 클래스를 부모 클래스로 갖는다. 이 특수 클래스는 구상 클래스가 추상화를 구체적인 내용으로 대체했는지 확인하는 데 도움이 되는 몇 가지 특수한 메타클래스metaclass 기능을 제공한다. 이 다이어그램에서는 클래스를 추상으로 표시하기 위해 A가 표시된 큰 원을 추가했다. 이 장식은 옵션이며 종종 도움이 되지 않으므로 다른 다이어그램에서는 사용하지 않았다. 기울어진 글꼴도 클래스가 추상이라는 또 다른 힌트이다.

다이어그램은 정의된 본문이 없는 추상 메서드인 a_method()를 보여준다. 하위 클래스는 반드시 이 메서드를 제공해야 한다. 다시 말하지만 기울어진 글꼴은 이것이 추상이라는 힌트를 제공하기 위해 메서드 이름에 사용된다. 두 개의 구상 하위 클래스는 누락된 이 메서드를 제공한다.

이 장에서는 다음과 같은 주제를 다룬다.

- 추상 기본 클래스 만들기

- ABC와 타입 힌트

- collections.abc 모듈

- 자체적인 추상 기본 클래스 만들기

- ABC의 구현에 대해 자세히 살펴보기

- 연산자 오버로딩

- 내장 기능 확장

- 메타클래스

이 장의 사례 연구는 이전 장의 사례 연구 자료를 기반으로 한다. 데이터를 학습셋와 테스트셋으로 분할하는 다양한 방법을 자세히 살펴볼 것이다.

추상 클래스를 사용하는 방법과 추상 클래스로부터 구상 클래스를 만드는 방법을 살펴보는 것으로 시작한다.

⫸ 추상 기본 클래스 만들기

써드파티 플러그인으로 미디어 플레이어를 만들고 있다고 생각해보자. 이 경우에는 써드파티 플러그인이 제공해야 하는 API를 문서화하기 위해 추상 기본 클래스[ABC, Abstract Base Class]를 만드는 것이 바람직하다. 문서화는 ABC를 위한 강력한 유스 케이스 중 하나이다.

일반적인 디자인은 다양한 클래스에 적용되는 play()와 같은 공통 기능을 갖는 것이다. 특정 미디어 형식에만 적용되는 것을 상위 클래스로 사용하고 싶지 않다. 어떤 형식이 기본이고 다른 형식은 모두 그 형식에서 파생된다는 주장은 좀 잘못된 것 같다.

미디어 플레이어를 추상으로 정의하는 것이 좋다. 각각의 고유한 미디어 파일 형식은 추상에 구체적인 구현을 제공할 수 있다.

abc 모듈은 이를 위한 도구를 제공한다. 다음은 유용한 구상 메서드와 구상 프로퍼티를 제공하는 하위 클래스가 필요한 추상 클래스이다.

```python
class MediaLoader(abc.ABC):
    @abc.abstractmethod
    def play(self) -> None:
        ...

    @property
    @abc.abstractmethod
    def ext(self) -> str:
        ...
```

abc.ABC 클래스는 구상 클래스 정의를 빌드하는 데 사용되는 클래스인 메타클래스를 도입한다. 파이썬의 기본 메타클래스는 type이다. 이 기본 메타클래스는 인스턴스를 생성하려고 할 때 추상 메서드에 대한 확인을 하지 않는다. abc.ABC 클래스에는 완전히 정의되지 않은 클래스의 인스턴스를 생성하는 것을 방지하기 위해 type 메타클래스에 대한 확장이 포함돼 있다.

추상화에는 플레이스홀더를 설명하기 위해 사용되는 두 개의 데코레이터가 있다. 예제는 @abc.abstractmethod 그리고 @property와 @abc.abstractmethod의 조합을 보여준다. 파이썬은 메서드나 함수의 일반적인 특성을 수정하기 위해 데코레이터를 광범위하게 사용한다. 이 경우에 데코레이터는 ABC 클래스에 포함된 메타클래스에서 사용하는 추가적인 정보를 제공한다. 메서드 또는 프로퍼티를 추상으로 표시했기 때문에 이 클래스의 모든 하위 클래스는 구체적으로 해당 메서드나 프로퍼티를 반드시 구현해야 한다.

메서드의 본문은 실제로 ...이다. 이 점 세 개의 생략기호는 실제로 유효한 파이썬 구문이다. 이 책에서만 사용되는 플레이스홀더가 아니다. 이것은 작동하는 구상 하위 클래스를 만들기 위해 유용한 본문을 작성해야 함을 모든 사람에게 상기시키는 파이썬 코드이다.

ext() 메서드에 @property 데코레이터를 사용했다. ext 프로퍼티에 대한 의도는 문자열 리터럴 값과 함께 간단한 클래스 수준 변수를 제공하는 것이다. 이 @property는 단순한 변수와 프로퍼티를 구현하는 메서드 중에서 선택해 구현할 수 있음을 의미한다. 구상 클래스의 단순한 변수는 런타임 시 추상 클래스의 요구를 충족하고 mypy가 코드에서 타입의 일관된 사용을 확인하는 데 도움이 된다. 좀 더 정교한 계산이 필요한 경우에는 단순한 속성 변수 대신 메서드를 사용할 수 있다.

이렇게 프로퍼티를 표시한 결과 중 하나는 이제 클래스에 __abstractmethods__라는 새로운 특수 속성이 생긴다는 것이다. 이 속성은 구상 클래스를 만들기 위해 필요한 모든 이름을 나열한다.

```
>>> MediaLoader.__abstractmethods__
frozenset({'ext', 'play'})
```

이제 하위 클래스를 구현하면 어떻게 되는지 보자. 추상화에 대한 구체적인 구현을 제공하지 않는 예를 살펴보자. 또한 필수 속성을 제공하는 예도 살펴보자.

```
>>> class Wav(MediaLoader):
...     pass
...
>>> x = Wav()
Traceback (most recent call last):
  File "<stdin>", line 1, in <module>
TypeError: Can't instantiate abstract class Wav with abstract methods ext,
play

>>> class Ogg(MediaLoader):
...     ext = '.ogg'
...     def play(self):
...         pass
```

```
...
>>> o = Ogg()
```

`Wav` 하위 클래스의 정의는 추상 속성을 하나도 구현하지 않았다. `Wav` 클래스의 인스턴스를 만들려고 하면 예외가 발생한다. `MediaLoader`의 이 하위 클래스는 여전히 추상이므로 클래스를 인스턴스화 할 수 없다. 클래스가 잠재적으로 유용한 추상 클래스라도 실제로 어떤 작업을 수행하려면 해당 클래스의 하위 클래스로 만들고 추상 플레이스홀더를 모두 채워야 한다.

`Ogg` 하위 클래스는 두 속성을 모두 제공하므로 깔끔하게 인스턴스화할 수 있다. 사실, `play()` 메서드의 본문은 일을 하지 않는다. 중요한 것은 모든 플레이스홀더가 채워져 `Ogg`를 추상 `MediaLoader` 클래스의 구상 하위 클래스로 만든다는 것이다.

NOTE

> 선호하는 미디어 파일 확장자에 대해 클래스 수준 변수를 사용하는 것에는 미묘한 문제가 있다. ext 속성은 변수이므로 업데이트할 수 있다. o.ext = '.xyz'를 사용하는 것은 명시적으로 금지되지 않는다. 파이썬에는 읽기 전용 속성을 만드는 쉽고 분명한 방법이 없다. 때문에 종종 ext 속성값 변경이 가져오는 결과를 설명하기 위해 문서화를 해야 한다.

이것은 복잡한 애플리케이션을 만들 때 분명한 이점이 있다. 이와 같은 추상화를 사용하면 mypy가 클래스에 필요한 메서드와 속성이 있는지 또는 없는지 결론을 내리는 것이 매우 쉽다.

이것은 또한 모듈이 애플리케이션에 대해 필요한 추상 기본 클래스에 액세스할 수 있도록 하기 위해 까다로운 임포트를 요구한다. 덕 타이핑의 장점 중 하나는 복잡한 임포트를 피하면서도 동등한 클래스들과 다형적으로 작동할 수 있는 유용한 클래스를 생성할 수 있다는 것이다. 이 장점은 종종 mypy를 통해 타입 검사를 지원하고 하위 클래스 정의의 완전성에 대해 런타임 검사를 수행하는 abc.ABC 클래스 정의의 능력을 넘어서지 못한다. abc.ABC 클래스는 또한 문제가 있을 때 훨씬 더 유용한 오류 메시지를 제공한다.

ABC의 중요한 유스 케이스 중 하나는 collections 모듈이다. 이 모듈은 기본 클래스와 믹스인의 정교한 세트를 사용해 내장 일반 컬렉션을 정의한다.

collections의 ABC

파이썬 표준 라이브러리의 추상 기본 클래스를 매우 포괄적으로 사용하는 것은 collections 모듈에 있다. 일반적으로 사용하는 컬렉션은 Collection 추상 클래스의 확장이다. Collection은 훨씬 더 근본적인 추상 클래스인 Container의 확장이다.

기초는 Container 클래스이므로 파이썬 인터프리터에서 이 클래스는 어떤 메서드를 필요로 하는지 확인해보자.

```
>>> from collections.abc import Container
>>> Container.__abstractmethods__
frozenset({'__contains__'})
```

Container 클래스는 구현해야 하는 단 하나의 추상 메서드인 __contains__()를 갖는다. 함수 시그니쳐가 어떻게 생겼는지 보려면 help(Container.__contains__)를 실행하면 된다.

```
>>> help(Container.__contains__)
Help on function __contains__ in module collections.abc:
__contains__(self, x)
```

__contains__()가 단일 인수를 취하고 있음을 알 수 있다. 아쉽게도 도움말 파일은 해당 인수가 무엇이어야 하는지에 대해 많은 정보를 제공하지 않지만 ABC와 구현해야 할 단일 메서드의 이름을 통해 이 인수는 컨테이너가 갖고 있는지 여부를 사용자가 확인하는 값이라는 것이 매우 분명하다.

이 __contains__() 특수 메서드는 파이썬의 in 연산자를 구현한다. 이 메서드는 set, list, str, tuple, dict 등에 의해 구현된다. 그러나 주어진 값이 홀수 정수 집합에 있는지 여부를 알려주는 다음과 같은 컨테이너를 정의할 수도 있다.

```python
from collections.abc import Container

class OddIntegers:
  def __contains__(self, x: int) -> bool:
    return x % 2 != 0
```

홀수 여부에 대해 모듈로 테스트를 사용했다. x를 2로 나눈 나머지가 0이면 x는 짝수이고, 그렇지 않으면 x는 홀수이다.

흥미로운 부분은 다음과 같다. OddIntegers 객체를 인스턴스화할 수 있으며, Container를 확장하지 않았지만 클래스가 Container 객체로서 작동하는지 확인할 수 있다.

```
>>> odd = OddIntegers()
>>> isinstance(odd, Container)
True
>>> issubclass(OddIntegers, Container)
True
```

그리고 이것이 덕 타이핑이 고전적인 다형성보다 훨씬 더 멋진 이유이다. 상속 또는 더 나쁘게는 다중 상속을 설정하기 위해 코드를 작성하는 오버헤드 없이 is-a 관계를 만들 수 있다.

Container ABC의 좋은 점 중 하나는 이를 구현하는 모든 클래스에서 in 키워드를 사용할 수 있다는 것이다. 사실 in은 작업을 __contains__() 메서드에 위임하는 구문 설탕일 뿐이다. __contains__() 메서드를 갖는 모든 클래스는 Container이므로 in 키워드로 쿼리할 수 있다.

```
>>> odd = OddIntegers()
>>> 1 in odd
True
>>> 2 in odd
False
>>> 3 in odd
True
```

여기서 진정한 가치는 파이썬의 내장 일반 컬렉션과 완전히 호환되는 새로운 종류의 컬렉션을 생성할 수 있는 능력이다. 예를 들어 해시된 룩업lookup[1] 대신 키를 유지하기 위해 이진 트리 구조를 사용하는 딕셔너리를 만들 수 있다. Mapping 추상 기본 클래스 정의로

---

1 딕셔너리에서 룩업(lookup)은 키를 가지고 해당 값을 찾는 딕셔너리의 연산을 가리키는 용어이다. 파이썬은 딕셔너리를 구현하기 위해 해시 함수(hash function) 알고리듬을 사용한다. – 옮긴이

시작해 __getitem__(), __setitem__(), __deitem__() 등과 같은 메서드를 지원하는 알고리듬을 변경한다.

파이썬의 덕 타이핑은 isinstance() 및 issubclass() 내장 함수를 통해 부분적으로 작동한다. 이 함수들은 클래스 관계를 결정하는 데 사용된다. 이는 클래스가 제공하는 두 가지 내부 메서드인 __instancecheck__() 및 __subclasscheck__()에 의존한다. ABC 클래스는 __subclasshook__() 메서드를 제공할 수 있으며, 이 메서드는 주어진 클래스가 추상 기본 클래스의 적절한 하위 클래스임을 주장하기 위해 __subclasscheck__() 메서드에서 사용된다. 이와 관련된 세부사항은 이 책의 범위에서 조금 벗어난다. 하지만 내장 클래스와 동등하게 사용해야 하는 새로운 클래스를 만들 때는 따라야 하는 경로를 가리키는 이 이정표를 고려해야 한다.

추상 기본 클래스와 타입 힌트

추상 기본 클래스의 개념은 일반 클래스의 개념과 밀접하게 연결돼 있다. 추상 기본 클래스는 구체적인 구현을 통해 제공되는 일부 세부적인 면에서는 일반적이다.

파이썬의 list, dict, set과 같은 대부분의 일반 클래스는 타입 힌트로 사용될 수 있으며 이런 힌트를 매개변수화해서 도메인을 좁힐 수 있다. list[Any]와 list[int] 사이에는 엄청난 차이가 있다. ["a", 42, 3.14]는 첫 번째 타입 힌트에는 유효하지만 두 번째 타입 힌트에는 유효하지 않다. 일반적인 타입을 매개변수화해 보다 구체적으로 만드는 이 개념은 추상 클래스에도 종종 적용된다.

이것이 동작하려면 코드의 첫 줄에 from __future__ import annotations을 넣어야 한다. 이 코드는 함수 및 변수 주석이 이런 표준 컬렉션을 매개변수화할 수 있도록 파이썬의 동작을 수정한다.

일반 클래스와 추상 기본 클래스는 같은 것이 아니다. 두 개념은 중복되지만 별개이다.

- 일반 클래스는 Any와 암시적 관계를 갖는다. 이것은 종종 list[int]와 같이 타입 매개변수를 사용해 범위를 좁히기 위해 필요하다. 리스트 클래스는 구체적이며, 이를 확장하려면 Any 타입을 대체할 클래스 이름을 넣어야 한다. 파이썬 인터프리

터는 어떤 식으로든 일반 클래스 힌트를 사용하지 않는다. 이것은 mypy와 같은 정적 분석 도구에 의해서만 확인된다.

- 추상 클래스는 메서드 대신에 플레이스홀더를 하나 이상 갖는다. 이런 플레이스홀더 메서드는 구체적인 구현을 제공하는 디자인 결정을 요구한다. 이런 클래스는 완전히 정의되지 않았다. 확장할 때 구체적인 메서드 구현을 제공해야 한다. 이것은 mypy에서 확인할 수 있다. 이게 전부가 아니다. 누락된 메서드를 제공하지 않으면 추상 클래스의 인스턴스를 생성하려고 할 때 인터프리터에서 런타임 예외가 발생한다.

일부 클래스는 추상 및 일반 클래스 모두가 될 수 있다. 위에서 언급했듯이 타입 매개변수는 mypy가 의도를 이해하는 데 도움이 되지만 필수는 아니다. 그러나 구체적인 구현은 필수이다.

추상 클래스에 인접한 또 다른 개념은 프로토콜^{protocol}이다. 프로토콜은 덕 타이핑이 작동하는 방식의 핵심이다. 두 클래스에 일련의 동일한 메서드가 있는 경우 둘 다 공통 프로토콜을 따른다고 할 수 있다. 유사한 메서드를 가진 클래스는 공통 프로토콜이 있는 것이다. 이것은 타입 힌트로 공식화될 수 있다.

해시될 수 있는 객체를 생각해보라. 문자열, 정수, 튜플 등을 포함해 불변인 클래스는 __hash__() 메서드를 구현한다. 일반적으로 가변 클래스는 __hash__() 메서드를 구현하지 않는다. 여기에는 list, dict, set 등의 클래스가 포함된다. 이 __hash__() 메서드는 Hashable 프로토콜이다. dict[list[int], list[str]]와 같은 타입 힌트를 작성하려고 하면 mypy는 list[int]를 키로 사용할 수 없다고 경고한다. 주어진 타입인 list[int]가 Hashable 프로토콜을 구현하지 않기 때문에 키가 될 수 없다. 런타임 시에 변경될 수 있는 키로 딕셔너리 항목을 만들려는 시도는 같은 이유로 실패한다. 리스트가 요구된 메서드를 구현하지 않기 때문이다.

ABC 생성의 본질은 abc 모듈에 정의돼 있다. 이것이 어떻게 작동하는지는 나중에 살펴볼 것이다. 지금은 추상 클래스를 사용하길 원하고, 이는 collections 모듈의 정의를 사용한다는 것을 의미한다.

collections.abc 모듈

추상 기본 클래스의 한 가지 주요 용도는 collections.abc 모듈에 있다. 이 모듈은 파이썬의 내장 컬렉션에 대한 추상 기본 클래스 정의를 제공한다. 이것이 개별 구성 요소 정의로부터 list, set, dict 및 기타 몇 가지를 만들 수 있는 방법이다.

collections.abc에 있는 정의를 사용해 내장 구조와 겹치는 방식으로 고유한 데이터 구조를 빌드할 수 있다. 또한 수용할 수 있는 수준의 구현에 대해 지나치게 구체적이지 않으면서 데이터 구조의 특정 기능에 대한 타입 힌트를 작성하려는 경우에도 이 정의를 사용할 수도 있다.

collections.abc에 있는 정의에는 list, set, dict 등이 포함되지 않는다. 대신 이 모듈은 실제로 사용되는 구체적인 구현인 list, set, dict 클래스를 위한 추상 기본 클래스인 MutableSequence, MutableMapping, MutableSet 등과 같은 정의를 제공한다. 이 정의들의 원점으로 돌아가 Mapping 정의에 대한 다양한 측면을 살펴보자. 파이썬의 dict 클래스는 MutableMapping의 구체적인 구현이다. 추상화는 키를 값에 매핑한다는 개념에서 비롯된다. MutableMapping 클래스는 불변의 고정된 딕셔너리로서 잠재적으로 룩업 조회에 최적화된 Mapping 정의에 의존한다. 이 추상화의 관계를 살펴보자.

다음은 이 정의가 따르는 경로이다.

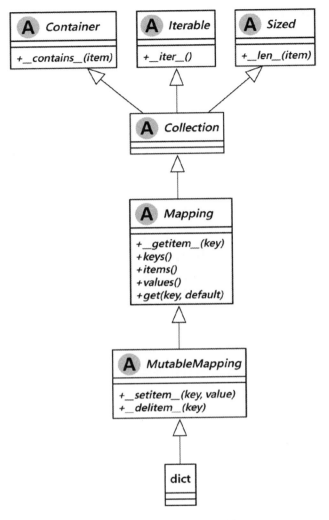

그림 6.2 Mapping 추상화

중간부터 시작하면 Mapping 정의가 Collection 클래스 정의에 의존하고 있음을 알 수 있다. Collection 추상 클래스의 정의는 Sized, Iterable, Container 세 개의 다른 추상 기본 클래스에 의존한다. 이 각 추상은 특정한 메서드를 요구한다.

구상 Mapping 구현으로서 룩업 전용 딕셔너리를 만들려면 최소한 다음 메서드를 구현해야 한다.

- Sized 추상은 `__len__()` 메서드에 대한 구현을 요구한다. 이것은 이 클래스의 인스턴스가 `len()` 함수에 응답할 수 있도록 한다.

- Iterable 추상은 `__iter__()` 메서드에 대한 구현을 요구한다. 이것은 객체가 for 문 및 `iter()` 함수와 함께 작동하도록 한다. 10장 '이터레이터 패턴'에서 이 주제를 다시 다룰 것이다.

- Container 추상은 `__contains__()` 메서드에 대한 구현을 요구한다. 이를 통해 in 및 not in 연산자가 작동한다.

- Collection 추상은 추가적인 추상 메서드를 도입하지 않고 Size, Iterable, Container 를 결합한다.

- Collection에 기반한 Mapping 추상은 무엇보다도 `__getitem__()`, `__iter__()`, `__len__()`을 요구한다. `__contains__()`에 대한 기본 정의를 가지며, 이는 모든 `__iter__()` 메서드의 기반이 된다. Mapping 정의는 몇 가지 다른 메서드도 제공한다.

이 메서드 리스트는 기본 클래스의 추상 관계에서 직접적으로 도출된다. 이런 추상으로부터 딕셔너리와 같은 새로운 불변 클래스를 빌드하면 이 클래스가 다른 파이썬 일반 클래스와 원활하게 협력할 것임을 확신할 수 있다.

https://docs.python.org/3.9/library/collections.abc.html의 문서를 보면 추상 클래스 정의와 이에 의존하는 정의들을 보여주는 테이블이 페이지를 차지하고 있는 것을 볼 수 있다. 클래스 정의 간의 의존성을 보여주는 테이블이다. 이 중첩으로 인해 for 문을 사용해 Itable 추상 기본 클래스를 구현하는 모든 종류의 컬렉션을 반복처리할 수 있다.

추상 클래스를 확장해 불변의 Mapping 객체 구현을 정의해보자. 목표는 키와 값으로 딕셔너리와 같은 매핑을 한 번 로드한 다음 그것을 사용해 키와 값을 매핑하는 것이다. 업데이트를 허용하지 않을 것이기 때문에 다양한 알고리듬을 적용해 탄탄하면서도 빠르게 만들 수 있다.

목표는 다음과 같은 타입 힌트가 있는 클래스이다.

```
BaseMapping = abc.Mapping[Comparable, Any]
```

키에 대해 가능한 모든 타입의 객체를 딕셔너리처럼 매핑하는 클래스를 만들 것이다. 키를 비교하고 순서대로 정렬할 수 있기를 원하기 때문에 Comparable 타입으로 키를 정의했다. 순서대로 리스트를 검색하는 것이 정렬이 안된 리스트를 검색하는 것보다 종종 더 효율적이다.

먼저 Lookup 클래스 정의의 핵심을 살펴보자. 새로운 키-값 매핑의 필수 요소를 구체화한 후에 Comparable 클래스 정의로 돌아갈 것이다.

딕셔너리를 구성할 수 있는 방법을 살펴보면 딕셔너리가 두 가지 다른 종류의 데이터 구조로부터 구성될 수 있음을 알 수 있다. 새로운 매핑은 이와 동일한 유연성을 가져야 한다. 두 구조는 다음과 같이 예를 들 수 있다.

```
>>> x = dict({"a": 42, "b": 7, "c": 6})
>>> y = dict([("a", 42), ("b", 7), ("c", 6)])
>>> x == y
True
```

기존 매핑으로부터 매핑을 만들거나 또는 키와 값이 있는 튜플 시퀀스로부터 매핑을 만들 수 있다. 이것은 __init__()에 두 개의 정의가 있음을 의미한다.

- def __init__(self, source: BaseMapping) -> None

- def __init__(self, source: Iterable[tuple[Comparable, Any]]) -> None

이 두 정의에는 고유한 타입 힌트가 있다. mypy에 명확하게 알리려면 오버로드[overload]된 메서드 정의를 제공해야 한다. 이것은 typing 모듈의 특수 데코레이터인 @overload에 의해 수행된다. 두 가지 대안으로 인해 두 개의 메서드 정의를 제공할 것이다. 그 후에 작업을 수행하는 실제 메서드 정의를 제공한다. 이것은 타입 힌트이기 때문에 필수는 아니다. 타입 힌트는 구현을 제대로 하고 있는지 확인하는 데 도움이 된다.

다음은 Lookup 클래스 정의의 첫 번째 부분이다. __init__() 메서드는 오버로드에 의해
정의되는 두 가지 경우를 처리해야 하기 때문에 이것을 두 부분으로 나눈다.

```python
BaseMapping = abc.Mapping[Comparable, Any]
class Lookup(BaseMapping):
  @overload
  def __init__(
    self,
    source: Iterable[tuple[Comparable, Any]]
  ) -> None:
    ...

  @overload
  def __init__(self, source: BaseMapping) -> None:
    ...

  def __init__(
    self,
    source: Union[Iterable[
      tuple[Comparable, Any]]
      BaseMapping,
      None] = None,
  ) -> None:
    sorted_pairs: Sequence[tuple[Comparable, Any]]
    if isinstance(source, Sequence):
      sorted_pairs = sorted(source)
    elif isinstance(source, abc.Mapping):
      sorted_pairs = sorted(source.items())
    else:
      sorted_pairs = []
    self.key_list = [p[0] for p in sorted_pairs]
    self.value_list = [p[1] for p in sorted_pairs]
```

__init__() 메서드는 매핑을 로드하는 세 가지 경우를 처리해야 한다. 즉 쌍의 시퀀스에
서 값을 빌드하거나, 다른 매핑 객체로부터 값을 빌드하거나, 또는 값이 빈 시퀀스를 생
성하는 것을 의미한다. 값으로부터 키를 분리해 두 개의 병렬 리스트에 넣어야 한다. 정
렬된 키 리스트를 빠르게 검색해 매칭되는 항목을 찾을 수 있다. 매핑에서 키의 값을 가
져올 때는 정렬된 값 리스트가 반환된다.

필요한 임포트는 다음과 같다.

```python
from __future__ import annotations
from collections import abc
from typing import Protocol, Any, overload, Union
import bisect
from typing import Iterator, Iterable, Sequence, Mapping
```

다음은 @abstractmethod 데코레이터에 의해 정의된 다른 추상 메서드이다. 다음과 같이
구체적으로 구현한다.

```python
def __len__(self) -> int:
  return len(self.key_list)

def __iter__(self) -> Iterator[Comparable]:
  return iter(self.key_list)

def __contains__(self, key: object) -> bool:
  index = bisect.bisect_left(self.key_list, key)
  return key == self.key_list[index]

def __getitem__(self, key: Comparable) -> Any:
  index = bisect.bisect_left(self.key_list, key)
  if key == self.key_list[index]:
    return self.value_list[index]
  raise KeyError(key)
```

__len__(), __iter__(), __contains__() 메서드는 Sized, Iterable, Container 추상 클래
스에 의해 요구된다. Collection 추상 클래스는 새로운 추상 메서드를 도입하지 않고 다
른 세 가지를 결합한다.

__getitem__()은 Mapping이어야 한다. Mapping이 없으면 주어진 키에 대한 개별 값을 조
회할 수 없다.

bisect 모듈을 사용하는 것은 정렬된 키 리스트에서 특정 값을 빠르게 찾는 한 가지 방
법이다. bisect.bisect_left() 함수는 리스트에서 키가 있는 지점을 찾는다. 키가 있으
면 매핑되는 값을 반환할 수 있다. 키가 없으면 KeyError 예외를 발생시킬 수 있다.

__contains__() 정의에는 다른 메서드와 달리 타입 힌트로 object 클래스가 있음에 주의하라. 이것은 파이썬이 Comparable 프로토콜을 분명하게 지원하지 않는 객체를 포함해 모든 종류의 객체를 지원해야 하기 때문에 필요하다.

새로운 Lookup 클래스를 사용하는 방법은 다음과 같다.

```
>>> x = Lookup(
...     [
...         ["z", "Zillah"],
...         ["a", "Amy"],
...         ["c", "Clara"],
...         ["b", "Basil"],
...     ]
... )
>>> x["c"]
'Clara'
```

이 컬렉션은 일반적인 딕셔너리처럼 작동한다. dict 클래스에 대한 전체 메서드 집합을 설명하지 않는 추상 기본 클래스를 선택했기 때문에 dict과 유사하게 사용할 수 없는 측면도 있다.

다음과 같이 시도하면,

```
>>> x["m"] = "Maud"
```

새로 만든 클래스의 제약사항을 알리는 예외가 발생한다.

```
TypeError: 'Lookup' object does not support item assignment
```

이 예외는 업데이트를 허용하지 않을 것이라는 이 클래스 디자인의 남은 부분과 일치한다. 이 객체에 대한 업데이트는 정렬된 순서를 유지하기 위해 정확한 위치에 항목을 삽입하는 것을 의미한다. 큰 리스트를 섞는 것은 비용이 많이 든다. 룩업 컬렉션을 업데이트해야 하는 경우에는 레드-블랙 트리^{Red-Black tree}와 같은 다른 데이터 구조를 고려해야 한다. 그러나 이등분^{bisect} 알고리듬을 사용하는 순수 검색 작업의 경우에는 이것을 아주 잘 수행한다.

Comparable 클래스 정의를 건너뛰었다. 이 클래스는 키에 대한 최소한의 기능 집합인 프로토콜을 정의한다. 이는 매핑에 대한 키를 순서대로 유지하기 위해 필요한 비교 규칙을 공식화하는 방법이다. 이것은 키로 사용하려는 객체가 실제로 비교될 수 있는지 mypy가 확인하는 데 도움이 된다.

```python
from typing import Protocol, Any
class Comparable(Protocol):
  def __eq__(self, other: Any) -> bool: ...
  def __ne__(self, other: Any) -> bool: ...
  def __le__(self, other: Any) -> bool: ...
  def __lt__(self, other: Any) -> bool: ...
  def __ge__(self, other: Any) -> bool: ...
  def __gt__(self, other: Any) -> bool: ...
```

여기엔 구현이 없다. 이 정의는 새로운 타입 힌트를 도입하기 위해 사용된다. 힌트이기 때문에 …을 메서드의 본문으로 넣었는데, 이 본문은 str 및 int와 같은 기존 클래스 정의에 의해 제공되기 때문이다.

여기서는 해시 코드를 갖는 항목이 필요하지 않다는 것에 주의하라. 이것은 키가 해시 가능해야 하는 내장 dict 클래스에 대한 새로운 확장이다.

추상 클래스를 사용하는 일반적인 접근 방식은 다음과 같다.

1. 필요로 하는 것의 대부분을 수행하는 클래스를 찾는다.

2. Collections.abc 정의에서 추상으로 표시된 메서드를 식별한다. 문서는 종종 많은 정보를 제공하지만 소스도 살펴봐야 한다.

3. 추상 클래스를 하위 클래스로 상속해 누락된 메서드를 채운다.

4. 메서드의 체크리스트를 작성하는 것이 도움이 될 수 있지만 이를 도와주는 도구가 있다. 단위 테스트를 작성한다는 것은 새 클래스의 인스턴스를 생성해야 한다는 것을 의미한다. 모든 추상 메서드를 정의하지 않으면 인스턴스 생성시 예외가 발

생한다. 단위 테스트에 대해서는 13장 '객체지향 프로그램 테스트'에서 다룰 것이다. mypy를 사용하면 구상 하위 클래스에서 제대로 정의되지 않은 추상 메서드를 찾아낼 수 있다.

이것은 추상화를 잘 선택해 코드를 재사용하는 강력한 방법이다. 사람은 모든 세부사항을 모른 채 클래스의 정신적 모델을 만들 수 있다. 또한 이것은 밀접하게 관련된 클래스들을 만드는 강력한 방법이며, 이는 mypy에서 쉽게 검사할 수 있다. 이 두 가지 장점 외에도 메서드를 추상으로 표시하는 형식은 구상 하위 클래스가 필요한 모든 메서드를 실제로 구현한다는 런타임 보증을 제공한다.

이제 추상 기본 클래스를 사용하는 방법을 보았으므로 새로운 추상 클래스를 정의하는 방법을 살펴보자.

자체적인 추상 기본 클래스 만들기

유사한 클래스들을 만드는 두 가지 일반적인 경로가 있다. 덕 타이핑을 활용하거나 공통 추상을 정의할 수 있다. 덕 타이핑을 활용할 때는 공통 메서드를 열거하는 프로토콜 정의, 또는 공통 타입을 열거하는 Union[]을 사용해 타입 힌트를 생성함으로써 관련 타입을 공식화할 수 있다.

둘 중 하나의 접근 방식을 제안하는 요인은 거의 무제한으로 존재한다. 덕 타이핑이 가장 유연하지만 mypy를 사용하는 장점을 희생할 수 있다. 추상 기본 클래스 정의는 장황하고 잠재적으로 혼란스러울 수 있다.

여기서는 작은 문제를 다룰 것이다. 다면체 주사위와 관련된 게임 시뮬레이션을 만들려고 한다. 각각 4면, 6면, 8면, 12면, 20면을 갖는 주사위가 있다. 6면체 주사위는 일반적인 큐브이다. 어떤 주사위 세트에는 멋진 10면체 주사위가 포함되지만 기술적으로 일반적인 다면체가 아니라 연 모양의 면 5개가 두 세트로 된 것이다.

제기되는 한 가지 질문은 이런 다양한 모양의 주사위 굴리기를 가장 잘 시뮬레이션하는 방법이다. 파이썬에서 임의의 데이터에 대해 쉽게 사용할 수 있는 소스는 random 모듈,

os 모듈, secrets 모듈 등 세 가지이다. 써드파티 모듈을 사용한다면 더 많은 난수 기능을 제공하는 pynacl과 같은 암호화 라이브러리를 추가할 수 있다.

난수 생성기의 선택을 클래스에 넣는 대신 주사위의 일반적인 기능을 갖는 추상 클래스를 정의할 수 있다. 구상 하위 클래스에서 누락된 무작위화 기능을 제공할 수 있다. random 모듈에는 매우 유연한 난수 생성기가 있다. os 모듈은 제한적이지만 무작위성을 높이기 위해 엔트로피 수집기를 사용하는 것을 포함하고 있다. 유연성과 높은 엔트로피는 일반적으로 암호화 생성기에 의해 결합된다.

주사위 굴리기 추상을 생성하려면 abc 모듈이 필요하다. 이것은 collections.abc 모듈과 다르다. abc 모듈은 추상 클래스에 대한 기초 정의를 갖고 있다.

```python
import abc

class Die(abc.ABC):
  def __init__(self) -> None:
    self.face: int
    self.roll()

  @abc.abstractmethod
  def roll(self) -> None:
    ...

  def __repr__(self) -> str:
    return f"{self.face}"
```

abc.ABC 클래스로부터 상속하는 클래스를 정의했다. ABC를 부모 클래스로 사용하면 Die 클래스의 인스턴스를 직접 만들려는 모든 시도에서 TypeError 예외가 발생한다. 이것은 런타임 예외이다. 이것은 또한 mypy에 의해 확인된다.

roll() 메서드를 @abc.abstract 데코레이터를 사용해 추상으로 표시했다. 이것은 매우 복잡한 메서드는 아니지만 모든 하위 클래스가 이 추상 정의를 만족시켜야 한다. 이것은 mypy에 의해서만 확인할 수 있다. 물론 구체적인 구현을 제대로 하지 않으면 런타임에 문제가 발생한다. 다음의 엉망인 코드를 확인하라.

```
>>> class Bad(Die):
...     def roll(self, a: int, b: int) -> float:
...         return (a+b)/2
```

이것은 런타임에 TypeError 예외를 발생시킨다. 이 문제는 기본 클래스의 __init__()이
이 이상한 roll() 메서드에 a와 b 매개변수를 제공하지 않기 때문에 발생한다. 이것은
유효한 파이썬 코드이지만 이 컨텍스트에서는 의미가 없다. 이 메서드는 또한 메서드
정의가 추상과 일치하지 않는다는 경고를 제공하면서 mypy 오류를 생성한다.

Die 클래스에 대한 두 가지 적절한 확장은 다음과 같다.

```
class D4(Die):
  def roll(self) -> None:
    self.face = random.choice((1, 2, 3, 4))

class D6(Die):
  def roll(self) -> None:
    self.face = random.randint(1, 6)
```

Die 클래스의 추상 플레이스홀더에 대해 적절한 정의를 제공하는 메서드를 제공했다.
이 메서드들은 무작위 값을 선택하기 위해 다른 접근 방식을 사용한다. 4면체 주사위는
random.choice()를 사용한다. 대부분의 사람들이 알고 있는 일반적인 큐브 형태인 6면
체 주사위는 random.randint()를 사용한다.

한 단계 더 나아가 또 다른 추상 클래스를 만들어 보자. 이것은 한 손에 여러 개의 주사
위를 쥔 상태를 나타낸다. 다시 말하지만, 많은 후보 솔루션을 가지고 있기 때문에 추상
클래스를 사용해 최종 디자인 선택을 뒤로 미룰 수 있다.

이 디자인의 흥미로운 부분은 여러 개의 주사위가 있는 게임들의 규칙 차이에 있다. 일
부 게임에서는 규칙에 따라 플레이어가 한 번에 모든 주사위를 굴린다. 두 개의 주사위
가 있는 많은 게임의 규칙은 플레이어가 두 개의 주사위를 모두 굴릴 것을 요구한다. 어
떤 게임에서는 규칙에 따라 플레이어가 주사위 점수를 저장하고 그중 선택한 주사위를
다시 굴릴 수 있다. 요트Yacht와 같은 일부 게임에서는 플레이어가 최대 두 번을 다시 굴
릴 수 있다. 질츠Zilch와 같은 게임에서는 점수를 저장하거나 또는 유효하지 않은 것을 굴

리는 것 중 선택할 수 있고, 모든 점수를 잃고 0을 의미하는 이름인 Zilch를 기록할 때까지 다시 굴릴 수 있다.

이것은 Die 인스턴스들의 리스트에 적용되는 매우 다른 규칙이다. 다음은 roll 구현을 추상으로 남겨둔 클래스이다.

```python
class Dice(abc.ABC):
    def __init__(self, n: int, die_class: Type[Die]) -> None:
        self.dice = [die_class() for _ in range(n)]

    @abc.abstractmethod
    def roll(self) -> None:
        ...

    @property
    def total(self) -> int:
        return sum(d.face for d in self.dice)
```

__init__() 메서드는 정수 n과 die_class라는 Die 인스턴스를 생성하는 데 사용되는 클래스를 기대한다. 타입 힌트는 Type[Die]이며, mypy가 추상 기본 클래스 Die의 하위 클래스를 감시하도록 지시한다. 여기서는 Die 하위 클래스의 인스턴스를 기대하지 않으며, 클래스 객체 자체를 기대한다. SomeDice(6, D6)는 D6 클래스의 6개 인스턴스가 있는 리스트를 생성할 것이라는 의미이다.

단순해 보이기 때문에 Die 인스턴스의 컬렉션을 리스트로 정의했다. 어떤 게임은 일부 주사위를 저장하고 나머지 주사위를 다시 굴릴 때 위치에 따라 주사위를 식별하므로 정수 리스트 인덱스가 유용해 보인다.

이 하위 클래스는 한 번에 모든 주사위를 굴리는 규칙을 구현한다.

```python
class SimpleDice(Dice):
    def roll(self) -> None:
        for d in self.dice:
            d.roll()
```

애플리케이션이 roll()을 평가할 때마다 모든 주사위가 업데이트된다. 다음과 같다.

```
>>> sd = SimpleDice(6, D6)
>>> sd.roll()
>>> sd.total
23
```

객체 sd는 추상 클래스인 Dice로부터 빌드된 구상 클래스인 SimpleDice의 인스턴스이다. SimpleDice의 인스턴스는 D6 클래스의 6개 인스턴스를 포함한다. 이것 역시 추상 클래스인 Die로부터 만들어진 구상 클래스다.

여기에 매우 다른 메서드 집합을 제공하는 또 다른 하위 클래스가 있다. 이 메서드 중 일부는 추상 메서드가 남긴 공백을 채운다. 그러나 다른 메서드는 이 하위 클래스에 고유하다.

```python
class YachtDice(Dice):
  def __init__(self) -> None:
    super().__init__(5, D6)
    self.saved: Set[int] = set()

  def saving(self, positions: Iterable[int]) -> "YachtDice":
    if not all(0 <= n < 6 for n in positions):
      raise ValueError("Invalid position")
    self.saved = set(positions)
    return self

  def roll(self) -> None:
    for n, d in enumerate(self.dice):
      if n not in self.saved:
        d.roll()
    self.saved = set()
```

저장된 위치 집합을 만들었다. 이것은 처음엔 비어 있다. saving() 메서드를 사용해 저장할 위치로서 정수의 반복 가능한 컬렉션을 제공할 수 있다. 다음과 같이 작동한다.

```
>>> sd = YachtDice()
>>> sd.roll()
>>> sd.dice
[2, 2, 2, 6, 1]
```

```
>>> sd.saving([0, 1, 2]).roll()
>>> sd.dice
[2, 2, 2, 6, 6]
```

트리플에서 풀 하우스로 향상시켰다.

Die 클래스와 Dice 클래스의 두 경우 모두 abc.ABC 기본 클래스와 @abc.abstractmethod 데코레이션의 존재가 일련의 공통 기본 정의를 가진 구상 기본 클래스를 제공하는 것보다 훨씬 더 나은지 명확하지 않다.

일부 언어에서는 추상화 기반 정의가 필수다. 파이썬에서는 덕 타이핑 때문에 추상화는 선택이다. 디자인 의도를 명확히 하고 싶은 경우에는 추상화를 사용하라. 까다롭게 보이고 오버헤드가 많이 생길 것 같으면 추상화는 제쳐두라.

컬렉션을 정의하는 데 사용되기 때문에 객체가 따라야 하는 프로토콜을 설명하기 위한 타입 힌트에서 collection.abc란 이름이 자주 사용한다. 덜 일반적인 경우로 여기서는 collections.abc 추상화를 활용해 고유한 컬렉션을 만든다.

마법 파헤치기

여기서 사용한 추상 기본 클래스가 많은 일을 하고 있음이 분명한다. 무슨 일이 일어나고 있는지 보기 위해 클래스 내부를 살펴보자.

```
>>> from dice import Die
>>> Die.__abstractmethods__
frozenset({'roll'})
>>> Die.roll.__isabstractmethod__
True
```

추상 메서드인 roll()은 클래스의 특별히 명명된 속성인 __abstractmethods__로 추적된다. 이것은 @abc.abstractmethod 데코레이터가 하는 일을 암시한다. 이 데코레이터는 __isabstractmethod__를 설정해 메서드를 표시한다. 파이썬이 다양한 메서드와 속성으로부터 최종적으로 클래스를 빌드할 때 추상의 리스트가 구현해야 하는 클래스 수준 메서드 집합을 만들기 위해 수집된다.

Die를 확장하는 모든 하위 클래스는 이 __abstractmethods__ 설정도 상속한다. 메서드가 하위 클래스 내에서 정의되면 파이썬이 정의로부터 클래스를 빌드할 때 이 이름이 제거된다. 클래스의 추상 메서드 집합이 비어 있는 클래스만 인스턴스를 만들 수 있다.

이것의 핵심은 클래스가 생성되는 방식이다. 클래스는 객체를 빌드한다. 이것이 대부분의 객체지향 프로그래밍의 본질이다. 그러면 클래스란 무엇인가?

1. 클래스는 매우 제한된 두 가지 작업을 갖는 또 다른 객체이다. 클래스는 클래스의 인스턴스를 생성하고 관리하는 데 사용되는 특수 메서드를 가지며, 또한 클래스의 객체에 대한 메서드 정의를 위한 컨테이너 역할도 한다. 보통 class 문으로 클래스 객체를 빌드한다고 생각하는데, 이는 class 문이 어떻게 class 객체를 빌드하는지에 대한 의문을 남긴다.

2. type 클래스는 예제 애플리케이션 클래스를 빌드하는 내부 객체이다. 클래스에 대한 코드를 작성하면 세부적인 구성은 실제로 type 클래스에 있는 메서드의 책임이다. type이 이 애플리케이션 클래스를 생성한 후 이 클래스가 문제를 해결하기 위한 애플리케이션 객체를 생성한다.

type 객체는 클래스를 빌드할 때 사용되는 클래스인 메타클래스이다. 이는 모든 클래스 객체는 type의 인스턴스임을 의미한다. 대부분의 경우 애플리케이션 코드가 실행될 때 class 문이 type 클래스에 의해 처리되도록 하는 것에 완전히 만족한다. 그러나 type이 작동하는 방식을 변경할 수 있는 곳이 한 군데 있다.

type 자체가 클래스이기 때문에 확장될 수 있다. abc.ABCMeta 클래스는 @abstractmethod로 데코레이트된 메서드를 확인하기 위해 type 클래스를 확장한다. abc.ABC를 확장하면 ABCMeta 메타클래스를 사용하는 새 클래스가 생성된다. ABCMeta 클래스의 특수 속성인 __mro__의 값에서 이를 확인할 수 있다. MRO는 메서드 확인 순서Method Resolution Order를 말하며, 이 속성은 메서드 이름을 확인하기 위해 사용되는 클래스를 나열한다. 이 특수 속성은 주어진 속성에 대해 검색할 클래스들을 나열하며 그 순서는 다음과 같다. abc.ABCMeta 클래스, type 클래스, 마지막으로 object 클래스.

원하는 경우 새 클래스를 만들 때 ABCMeta 메타클래스를 명시적으로 사용할 수 있다.

```python
class DieM(metaclass=abc.ABCMeta):
  def __init__(self) -> None:
    self.face: int
    self.roll()

  @abc.abstractmethod
  def roll(self) -> None:
    ...
```

클래스를 구성하는 요소를 정의할 때 metaclass를 키워드 매개변수로 사용했다. 이것은 타입에 대한 abc.ABCMeta 확장이 최종 클래스 객체를 만드는 데 사용됨을 의미한다.

이제 클래스가 어떻게 빌드되는지 보았으므로 클래스를 생성하고 확장할 때 할 수 있는 다른 것을 고려해 볼 수 있다. 파이썬은 / 연산자와 같은 구문 연산자와 구현되는 클래스 메서드 간의 바인딩을 노출한다. 이것은 float 및 int 클래스가 / 연산자로 작업을 수행할 수 있게 해주지만, 이 연산자를 완전히 다른 용도로도 사용할 수도 있게 해준다. 예를 들어, 9장 '문자열, 직렬화, 파일 경로'에서 논의할 pathlib.Path 클래스도 / 연산자를 사용한다.

∷ 연산자 오버로딩

파이썬의 연산자인 +, /, -, * 등은 클래스의 특수 메서드에 의해 구현된다. 내장 숫자 및 컬렉션 타입보다 더 광범위하게 파이썬 연산자를 적용할 수 있다. 이렇게 하는 것을 연산자를 "오버로딩overloading" 한다고 말하며, 내장 타입 이상의 작업을 수행할 수 있도록 해준다.

이 장의 앞부분에 있는 'collections.abc 모듈' 절을 되돌아보면 파이썬이 일부 내장 기능을 새 클래스와 어떻게 연결하는지에 대한 힌트를 뺐다. collections.abc.Collection 클래스를 보면 이 클래스는 모든 Sized, Iterable, Containers를 위한 추상 기본 클래스이다. 두 개의 내장 함수와 하나의 내장 연산자를 사용하기 위해서는 세 가지 메서드가 필요한다.

- `__len__()` 메서드는 내장 `len()` 함수에서 사용된다.

- `__iter__()` 메서드는 내장 `iter()` 함수에서 사용되며, 이는 for 문에서 사용됨을 의미한다.

- `__contains__()` 메서드는 내장 in 연산자에서 사용된다. 이 연산자는 내장 클래스의 메서드로서 구현된다.

내장 `len()` 함수에 다음가 같은 정의가 있다고 상상하는 것은 잘못된 것이 아니다.

```python
def len(object: Sized) -> int:
  return object.__len__()
```

`len(x)`를 요청하면 `x.__len__()`과 동일한 작업을 수행하지만 더 짧고 읽기 쉽고 기억하기도 쉽다. 마찬가지로 `iter(y)`는 사실상 `y.__iter__()`이다. 그리고 z in S 와 같은 표현식은 `S.__contains__(z)`인 것처럼 평가된다.

그렇다, 몇 가지 예외를 빼고는 파이썬의 모든 것이 이 방식으로 작동한다. 특수 메서드로 변형되는 유쾌하고 읽기 쉬운 표현을 쓴다. 유일한 예외는 논리연산인 and, or, not, 그리고 if-else이다. 이들은 특수 메서드 정의에 직접 매핑되지 않는다.

파이썬의 거의 모든 것이 특수 메서드에 의존하기 때문에 기능을 추가하기 위해 그 동작을 변경할 수 있다. 새로운 데이터 타입으로 연산자를 오버로드할 수 있다. 이에 대한 한 가지 두드러진 예는 `pathlib` 모듈에 있다.

```python
>>> from pathlib import Path
>>> home = Path.home()
>>> home / "miniconda3" / "envs"
PosixPath('/Users/slott/miniconda3/envs')
```

결과는 운영체제와 사용자 이름에 따라 다르다는 점을 참고한다.

달라지지 않는 점은 / 연산자가 Path 객체를 문자열 객체와 연결해 새 Path 객체를 생성하는 데 사용된다는 것이다.

/ 연산자는 __truediv__() 및 __rtruediv__() 메서드로 구현된다. 교환법칙이 성립되는 연산, 즉 순서에 상관없이 동일한 결과가 나오는 연산을 만들기 위해 파이썬은 그 구현을 두 곳에 둔다. 표현식 A *op* B가 주어졌을 때 여기서 *op*는 +의 경우 __add__와 같은 파이썬 연산자 중 하나이며, 파이썬은 이 연산자를 구현하기 위해 특수 메서드에 대해 다음과 같은 검사를 한다.

1. B가 A의 하위 클래스인 특수한 경우가 있다. 드문 경우지만 순서가 반대인 B.__r*op*__(A)가 다른 것보다 먼저 시도될 수 있다. 이것은 하위 클래스 B가 상위 클래스 A의 연산을 재정의할 수 있게 해준다.

2. A.__*op*__(B)를 시도한다. 이것이 특수한 NotImplemented 값이 아닌 다른 값을 반환하면 그것이 연산 결과가 된다. Home / "miniconda3"과 같은 Path 객체 표현식의 경우 이는 사실상 home.__truediv__("miniconda3")이다. 새 Path 객체는 이전 Path 객체 및 문자열로부터 빌드된다.

3. B.__r*op*__(A)를 시도한다. 이것은 역방향 덧셈 구현을 위한 __radd__() 메서드일 수 있다. 이 메서드가 NotImplemented 값이 아닌 다른 값을 반환하면 그것이 연산 결과가 된다. 피연산자 순서가 반대인 것에 유의하라. 덧셈이나 곱셈과 같이 교환법칙이 성립되는 연산의 경우 이것은 중요하지 않다. 뺄셈이나 나눗셈과 같이 교환법칙이 성립되지 않는 경우에는 순서 변경을 구현에 반영해야 한다.

여러 주사위 한 번에 굴리기 예제로 돌아가 보자. Dice 컬렉션에 Die 인스턴스를 추가하기 위한 + 연산자를 구현할 수 있다. 다른 종류의 여러 주사위를 가질 수 있는 클래스 기본 정의부터 시작한다. 이전의 Dice 클래스는 동일한 종류의 주사위였음을 확인하라. 이것은 추상 클래스가 아니므로 모든 주사위를 다시 굴리는 roll 정의를 가지고 있다. 몇 가지 기본적인 것으로 시작한 다음 __add__() 특수 메서드를 통합한다.

```
class DDice:
  def __init__(self, *die_class: Type[Die]) -> None:
    self.dice = [dc() for dc in die_class]
    self.adjust: int = 0

  def plus(self, adjust: int = 0) -> "DDice":
    self.adjust = adjust
    return self

  def roll(self) -> None:
    for d in self.dice:
      d.roll()

  @property
  def total(self) -> int:
    return sum(d.face for d in self.dice) + self.adjust
```

이것은 그리 놀랄 일이 아니다. 위에서 정의한 Dice 클래스와 매우 유사하다. DDice(D6, D6, D6).plus(2) 처럼 사용할 수 있도록 plus() 메서드에 의해 설정되는 adjust 속성을 추가했다. 일부 테이블 롤 플레잉 게임(TTRPG)에 적합하다.

또한 DDice 클래스에 주사위의 인스턴스가 아니라 주사위의 타입을 제공한다는 것을 기억하라. D6()과 같은 표현식으로 생성된 Die 인스턴스가 아닌 클래스 객체인 D6을 사용한다. 클래스의 인스턴스는 __init__() 메서드에서 DDice에 의해 생성된다.

다음이 멋진 부분이다. DDice 객체, Die 클래스, 정수와 함께 더하기 연산자를 사용해 복잡한 주사위 굴리기를 정의할 수 있다.

```
def __add__(self, die_class: Any) -> "DDice":
  if isinstance(die_class, type) and issubclass(die_class, Die):
    new_classes = [type(d) for d in self.dice] + [die_class]
    new = DDice(*new_classes).plus(self.adjust)
    return new
  elif isinstance(die_class, int):
    new_classes = [type(d) for d in self.dice]
    new = DDice(*new_classes).plus(die_class)
    return new
  else:
    return NotImplemented
```

```
def __radd__(self, die_class: Any) -> "DDice":
  if isinstance(die_class, type) and issubclass(die_class, Die):
    new_classes = [die_class] + [type(d) for d in self.dice]
    new = DDice(*new_classes).plus(self.adjust)
    return new
  elif isinstance(die_class, int):
    new_classes = [type(d) for d in self.dice]
    new = DDice(*new_classes).plus(die_class)
    return new
  else:
    return NotImplemented
```

이 두 가지 메서드는 여러 면에서 유사하다. 여기서는 세 종류의 + 연산을 확인한다.

- 인수 값 die_class가 타입이고 Die 클래스의 하위 클래스인 경우 DDice 컬렉션에 Die 객체를 추가한다. 이것은 DDice(D6) + D6 + D6 같은 표현이다. 대부분의 연산자 구현의 의미는 이전 객체로부터 새 객체를 만드는 것이다.

- 인수 값이 정수이면 주사위 세트에 조정값을 추가한다. 이것은 DDice(D6, D6, D6) + 2와 같다.

- 인수 값이 Die의 하위 클래스도 아니고 정수도 아닌 경우 다른 작업에 관련된 것이 며 이 클래스에서는 해당 구현이 없다. 이것은 일종의 버그일 수도 있거나 또는 다른 클래스가 구현을 제공할 수도 있다. NotImplemented를 반환하면 다른 객체에 작업을 수행할 수 있는 기회가 주어진다.

__add__()뿐만 아니라 __radd__()를 제공했기 때문에 이 연산에는 교환법칙이 성립한다. D6 + DDice(D6) + D6이나 2 + DDice(D6, D6) 등과 같은 표현식을 사용할 수 있다.

완전히 일반적이고 예상되는 타입 힌트는 Any여야 하기 때문에 파이썬 연산자는 isinstance() 검사를 수행해야 한다. 런타임 검사를 통해서만 적용 가능한 타입의 범위를 좁힐 수 있다. mypy 프로그램은 정수 객체가 정수 컨텍스트에서 적절하게 사용됐는지 확인하기 위해 분기 논리를 따르는 것에 빈틈이 없다.

"하지만 기다려봐. 내가 좋아하는 게임에는 3d6+2를 요구하는 규칙이 있다."고 말할 수 있다. 이것은 3개의 6면체 주사위를 굴린 결과에 2를 더하는 것에 대한 약어이다. 많은 TTRPG에서 이런 종류의 약어는 주사위를 요약하는 데 사용된다.

이를 위해서 곱셈을 추가할 수 있을까? 못할 이유가 없다. 곱셈의 경우 정수에 대해서만 걱정하면 된다. D6 * D6은 어떤 주사위 규칙에도 사용되지 않지만 3*D6은 대부분의 TTRPG 규칙과 잘 맞는다.

```python
def __mul__(self, n: Any) -> "DDice":
  if isinstance(n, int):
    new_classes = [type(d) for d in self.dice for _ in range(n)]
    return DDice(*new_classes).plus(self.adjust)
  else:
    return NotImplemented

def __rmul__(self, n: Any) -> "DDice":
  if isinstance(n, int):
    new_classes = [type(d) for d in self.dice for _ in range(n)]
    return DDice(*new_classes).plus(self.adjust)
  else:
    return NotImplemented
```

이 두 메서드는 __add__() 및 __radd__() 메서드와 유사한 디자인 패턴을 따른다. 기존의 각 Die 하위 클래스에 대해 클래스의 여러 인스턴스를 만든다. 이를 통해 3 * DDice(D6) + 2를 주사위 굴리기 규칙을 정의하는 표현식으로 사용할 수 있다. 파이썬의 연산자 선행규칙이 계속 적용되므로 3 * DDice(D6) 부분이 먼저 평가된다.

다양한 __op__() 및 __rop__() 메서드를 사용하는 파이썬은 문자열, 숫자, 튜플 등 불변 객체에 다양한 연산자를 적용하는 데 매우 효과적이다. 개별 주사위의 상태가 변경될 수 있기 때문에 한 번에 여러 주사위 굴리기는 어려운 문제이다. 중요한 것은 손에 들고 있는 주사위의 구성은 변경할 수 없는 것으로 취급한다는 것이다. DDice 객체에서의 각 작업은 새 DDice 인스턴스를 생성한다.

가변 객체에 대해서는 어떤가? some_list += [some_item]와 같은 할당문은 some_list 객체의 값을 변경한다. += 문은 좀 더 복잡한 표현인 some_list.extend([some_item])와 같

은 일을 한다. 파이썬은 __iadd__() 및 __imul__()과 같은 이름을 가진 연산자로 이를 지원한다. 이것들은 객체가 변경되도록 디자인된 "인플레이스in-place" 연산이다.

예를 들어 다음을 보자.

```
>>> y = DDice(D6, D6)
>>> y += D6
```

이것은 다음 두 가지 방법 중 하나로 처리할 수 있다.

- DDice가 __iadd__()를 구현하면 이것은 y.__iadd__(D6)가 된다. 객체는 제자리에서 스스로를 변경할 수 있다.

- DDice가 __iadd__()를 구현하지 않으면 이것은 y = y.__add__(D6) 이다. 객체는 새로운 불변의 객체를 생성하고 이전 객체의 변수 이름으로 지정된다. 이를 통해 string_variable += "."와 같은 작업을 수행할 수 있다. 내부적으로 string_variable은 변경되지 않고 교체된다.

객체가 가변이라면 다음 메서드를 사용해 DDice 객체의 인플레이스 변경을 지원할 수 있다.

```
def __iadd__(self, die_class: Any) -> "DDice":
  if isinstance(die_class, type) and issubclass(die_class, Die):
    self.dice += [die_class()]
    return self
  elif isinstance(die_class, int):
    self.adjust += die_class
    return self
  else:
    return NotImplemented
```

__iadd__() 메서드는 주사위의 내부 컬렉션에 추가한다. __add__() 메서드와 유사한 규칙을 따른다. 클래스가 제공되면 인스턴스가 생성되고, 이 인스턴스는 self.dice 리스트에 추가된다. 만약 정수가 제공되면 self.adjust 값에 더해진다.

이제 단일 주사위 굴리기 규칙을 점진적으로 변경할 수 있다. 할당문을 사용해 단일 DDice 객체의 상태를 변경할 수 있다. 객체가 변경되기 때문에 객체의 복사본을 많이 만들지 않는다. 복잡한 주사위의 생성은 다음과 같다.

```
>>> y = DDice(D6, D6)
>>> y += D6
>>> y += 2
```

이것은 3d6+2 주사위 굴리기를 점진적으로 빌드한다.

내부 특수 메서드 이름을 사용하면 다른 파이썬 기능과 원활하게 통합할 수 있다. 기존 컬렉션과 잘 맞는 collections.abc를 사용해 새로운 클래스를 만들 수 있다. 파이썬 연산자를 구현하는 메서드를 재정의해 사용하기 쉬운 구문을 만들 수도 있다.

특수 메서드 이름을 활용해 파이썬의 내장 일반 컬렉션에 기능을 추가할 수 있다. 이제 이 주제로 넘어가보자.

내장 컬렉션 확장

파이썬은 확장할 수 있는 두 종류의 내장 컬렉션을 가지고 있다. 크게 다음과 같이 분류할 수 있다.

- 숫자, 문자열, 바이트, 튜플을 포함한 불변 객체. 여기에는 확장된 연산자가 정의돼 있는 경우가 많다. 이 장의 '연산자 오버로딩' 절에서 Dice 클래스의 객체에 대해 산술 연산을 제공하는 방법을 살펴봤다.

- 집합, 리스트, 딕셔너리를 포함한 가변 컬렉션. collections.abc의 정의를 볼 때 이들은 크기가 조절되며, 반복 가능하며, 컨테이너이다. 이것이 관심있는 세 가지 측면이다. 이 장의 'collections.abc 모듈' 절에서 Mapping 추상 기본 클래스를 확장하는 방법을 살펴봤다.

다른 내장 타입도 있지만 이 두 그룹은 일반적으로 다양한 문제에 적용될 수 있다. 예를 들어 중복값을 거부하는 딕셔너리를 만들 수 있다.

내장 딕셔너리는 항상 키와 관련된 값을 업데이트한다. 이것은 작동은 하지만 이상한 코드로 이어질 수 있다. 예를 들어,

```
>>> d = {"a": 42, "a": 3.14}
>>> d
{'a': 3.14}
```

그리고

```
>>> {1: "one", True: "true"}
{1: 'true'}
```

이것들은 잘 정의된 동작이다. 표현식에 두 개의 키를 제공했으나 결과에는 하나만 있는 것이 이상하게 보일 수 있지만 딕셔너리가 빌드되는 규칙은 이런 불가피하지만 올바른 결과를 만든다.

그러나 조용히 키를 무시하는 동작을 좋아하지 않을 수도 있다. 중복 가능성 때문에 걱정해서 애플리케이션을 불필요하게 복잡하게 만들 수 있다. 한 번 로드되면 항목을 업데이트 못하는 새로운 종류의 딕셔너리를 만들어 보자.

collections.abc를 살펴보면 기존 키에 대한 업데이트를 방지하기 위해서는 __setitem__()의 변경된 정의로 매핑을 확장해야 한다는 것을 알 수 있다. 대화형 파이썬 프롬프트에서 다음과 같이 시도할 수 있다.

```
>>> from typing import Dict, Hashable, Any, Mapping, Iterable
>>> class NoDupDict(Dict[Hashable, Any]):
...     def __setitem__(self, key, value) -> None:
...         if key in self:
...             raise ValueError(f"duplicate {key!r}")
...         super().__setitem__(key, value)
```

이것을 사용하면 다음과 같은 결과를 볼 수 있다.

```
>>> nd = NoDupDict()
>>> nd["a"] = 1
>>> nd["a"] = 2
Traceback (most recent call last):
  ...
  File "<doctest examples.md[10]>", line 1, in <module>
    nd["a"] = 2
  File "<doctest examples.md[7]>", line 4, in __setitem__
    raise ValueError(f"duplicate {key!r}")
ValueError: duplicate 'a'
```

아직 끝난 것은 아니지만 좋은 출발이다. 이 딕셔너리는 특정 상황에서 중복을 거부한다.

그러나 다른 딕셔너리로부터 딕셔너리를 구성하려고 할 때는 중복 키를 차단하지 않는다. 하지만 이렇게 작동하는 것을 원하지 않는다.

```
>>> NoDupDict({"a": 42, "a": 3.14})
{'a': 3.14}
```

그래서 이제 할 일이 있다. 일부 표현식은 예외를 발생시키지만 다른 표현식은 여전히 중복 키를 조용히 무시한다.

기본적인 문제는 항목을 설정하는 모든 메서드가 __setitem__()을 사용하는 것은 아니라는 것이다. 위의 문제를 완화하려면 __init__()도 재정의해야 한다.

또한 앞의 초안에 타입 힌트를 추가해야 한다. 이것은 구현이 일반적으로 작동하는지 확인하기 위해 mypy를 활용할 수 있게 해준다. 다음은 __init__()이 추가된 버전이다.

```
from __future__ import annotations
from typing import cast, Any, Union, Tuple, Dict, Iterable, Mapping
from collections import Hashable

DictInit = Union[
  Iterable[Tuple[Hashable, Any]],
  Mapping[Hashable, Any],
```

```
  None]

 class NoDupDict(Dict[Hashable, Any]):
   def __setitem__(self, key: Hashable, value: Any) -> None:
     if key in self:
       raise ValueError(f"duplicate {key!r}")
     super().__setitem__(key, value)

   def __init__(self, init: DictInit = None, **kwargs: Any) -> None:
     if isinstance(init, Mapping):
       super().__init__(init, **kwargs)
     elif isinstance(init, Iterable):
       for k, v in cast(Iterable[Tuple[Hashable, Any]], init):
         self[k] = v
     elif init is None:
       super().__init__(**kwargs)
     else:
       super().__init__(init, **kwargs)
```

이 버전의 NoDupDict 클래스는 다양한 데이터 타입과 함께 작동하는 __init__() 메서드를 구현한다. DictInit 타입 힌트를 사용해 다양한 타입을 열거했다. 여기에는 키-값 쌍의 시퀀스뿐만 아니라 다른 매핑도 포함된다. 키-값 쌍의 시퀀스의 경우 이전에 정의된 __setitem__()을 사용해 키 값이 중복되면 예외를 발생시킬 수 있다.

이것은 초기화 유스 케이스를 다루지만 여전히 매핑을 업데이트할 수 있는 모든 방법을 다루지는 않는다. 딕셔너리를 변경할 수 있는 모든 메서드를 확장하려면 update(), setdefault(), __or__(), __ior__() 등을 구현해야 한다. 이것들이 만들어야 할 작업들이지만 그 작업은 애플리케이션에서 사용할 수 있는 딕셔너리 하위 클래스에 캡슐화된다. 이 하위 클래스는 내장 클래스와 완전히 호환된다. 이 하위 클래스는 여기서 작성하지 않은 많은 메서드를 구현하며, 앞에서 작성한 한 가지 추가 기능을 갖는다.

파이썬 dict 클래스의 핵심 기능을 확장하는 더 복잡한 딕셔너리를 만들었다. 이 버전은 중복을 거부하는 기능이 추가됐다. 또한 추상 기본 클래스를 생성하기 위해 abc.ABC 및 abc.ABCMeta를 사용하는 방법도 살펴봤다. 새로운 클래스를 생성하는 메커니즘을 좀 더 직접적으로 제어하고 싶을 때가 있다. 다음으로 메타클래스를 살펴보자.

∷∷∷ 메타클래스

앞에서 언급했듯이 새 클래스를 생성하는 것에는 type 클래스에 의해 수행되는 작업이 포함된다. type 클래스의 작업은 빈 클래스 객체를 생성해 다양한 정의문 및 속성 할당 문이 애플리케이션에 필요한 사용가능한 클래스를 빌드하도록 하는 것이다.

작동 방식은 다음과 같다.

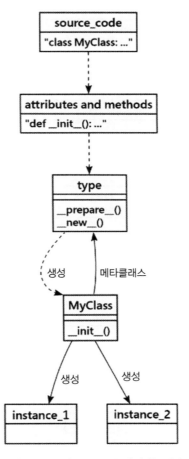

그림 6.3 type이 MyClass를 생성하는 방법

class 문은 적절한 메타클래스를 찾기 위해 사용된다. 특수한 metaclass=가 제공되지 않으면 type 클래스가 사용된다. type 클래스는 네임스페이스라고 하는 새로운 빈 딕셔너

리를 준비한 다음 클래스의 다양한 명령문이 속성 및 메서드 정의로 이 컨테이너를 채운다. 마지막으로 "new" 단계에서 클래스 생성을 완료한다. 여기가 일반적으로 변경 가능한 곳이다.

다음은 새 클래스인 SpecialMeta를 사용해 type이 새 클래스를 빌드하도록 하는 방식을 보여주는 다이어그램이다.

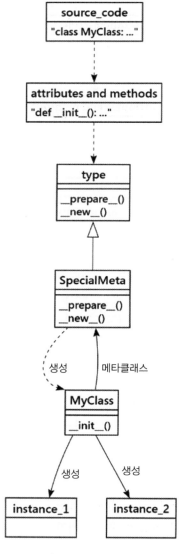

그림 6.4 type 클래스 확장

클래스를 생성할 때 `metaclass=` 옵션을 통해 사용되는 메타클래스를 변경한다. 앞의 다이어그램에서 `SpecialMeta`는 `type` 클래스의 하위 클래스로 클래스 정의에서 몇 가지 특수 처리를 수행할 수 있다.

이 기술로 할 수 있는 몇 가지가 있지만 메타클래스라는 관점을 유지하는 것이 중요하다. 메타클래스는 클래스 객체가 빌드되는 방식을 변경하면서 클래스가 의미하는 바를 재정의할 수도 있다. 이것은 파이썬스러운 객체지향 프로그래밍의 기초를 크게 흔들 수 있다. 코드를 읽고 유지 관리하는 사람들이 이 코드가 왜 작동하는지 이해할 수 없어 혼란을 느낄 수 있으므로 가볍게 사용해서는 안된다.

몇 가지 작은 기능을 클래스 정의에 빌드하는 메타클래스를 살펴보자. 이 장의 앞부분에 나온 주사위 시뮬레이션 예제를 계속 확장해보자. 이 예제에는 추상 기본 클래스 `Die`의 인스턴스인 주사위에 대한 여러 클래스가 있다. 이 모든 클래스가 구현에 의해 제공되는 `roll()` 메서드를 둘러싼 로그를 갖기 원한다. 누군가가 통계적 유효성을 검토할 수 있도록 주사위를 굴리는 각 회차를 개별적으로 추적하고 싶다.

다양한 종류의 주사위 게임 프로그래머가 추가적인 또는 새로운 코드를 포함하도록 강요하고 싶지 않기 때문에 모든 `Die` 클래스에 대한 추상 기본 클래스에 로깅을 추가하고 `roll()` 메서드의 구체적인 구현에서 로깅 출력을 생성하도록 하는 것이 좋을 것 같다.

이것은 어려운 주문이다. 추상 클래스로 작업하기 때문에 조금 더 어려워졌다. 이것은 구상 클래스 구성으로부터 추상 클래스 구성을 분리하기 위해 약간의 주의가 필요하다. 프로그래머가 구상 `Die` 클래스 정의를 변경하도록 강요하고 싶지 않기 때문이다.

메타클래스를 사용해 이 문제를 해결하려면 빌드되는 각 구상 `Die` 관련 클래스에 세 가지 작업을 수행해야 한다.

1. `ABCMeta` 메타클래스를 확장한다. `@abc.abstractmethod` 데코레이션을 지원해야 하므로 내장 `type` 메타클래스의 모든 기존 메타클래스 기능을 원한다.

2. 각 클래스에 `logger` 속성을 삽입한다. 로거[logger] 이름은 클래스 이름과 일치하도록 하는 것이 일반적이다. 이것은 메타클래스에서 하는 것이 쉽다. 클래스의 인스턴스가 생성되기 전에 클래스의 일부로서 로거를 생성할 수 있다.

3. 구상 roll() 메서드를 프로그래머가 제공한 roll() 메서드를 사용하지만 로거에
   메시지를 기록하는 함수로 래핑한다. 이것은 메서드 데코레이터가 작동하는 방식
   과 유사하다.

메타클래스 정의는 최종 클래스가 빌드되는 방식을 약간 조정하기 위해 __new__() 메서
드가 필요하다. __prepare__() 메서드는 확장할 필요가 없다. 새로운 __new__() 메서드
는 최종 클래스 객체를 빌드하기 위해 abc.ABCMeta.__new__()를 사용한다. 이 ABCMeta
클래스는 객체가 구상인지 또는 roll()이 정의되지 않았기 때문에 추상으로 남아 있는
지 결정한다.

```python
import logging
from functools import wraps
from typing import Type, Any

class DieMeta(abc.ABCMeta):
  def __new__(
    metaclass: Type[type],
    name: str,
    bases: tuple[type, ...],
    namespace: dict[str, Any],
    **kwargs: Any,
  ) -> "DieMeta":
    if "roll" in namespace and not getattr(
      namespace["roll"], "__isabstractmethod__", False
    ):
      namespace.setdefault("logger", logging.getLogger(name))

      original_method = namespace["roll"]

      @wraps(original_method)
      def logged_roll(self: "DieLog") -> None:
        original_method(self)
        self.logger.info(f"Rolled {self.face}")

      namespace["roll"] = logged_roll

    new_object = cast(
      "DieMeta", abc.ABCMeta.__new__(
        metaclass, name, bases, namespace)
```

```
    )
    return new_object
```

__new__() 메서드에는 어리둥절할 정도로 많은 인수 값이 제공된다.

- metaclass 매개변수는 작업을 수행하는 메타클래스에 대한 참조이다. 파이썬은 일반적으로 메타클래스의 인스턴스를 생성 및 사용하지 않는다. 대신 메타클래스 자체가 각 메서드에 매개변수로 전달된다. 객체에 제공되는 self 값과 약간 유사하지만 그것은 클래스의 인스턴스가 아니라 클래스이다.

- name 매개변수는 원래의 class 문에서 가져온 대상 클래스의 이름이다.

- bases 매개변수는 기본 클래스의 리스트이다. 이들은 메서드 확인 순서로 정렬된 믹스인이다. 이 예제에서는 이 매개변수가 바로 아래에서 정의할 메타클래스인 DieLog에서 사용하는 상위 클래스일 것이다.

- namespace 매개변수는 내장 type 클래스의 __prepare__() 메서드에 의해 시작되는 딕셔너리이다. 클래스의 본문이 실행될 때 딕셔너리가 업데이트된다. def 문과 할당문은 이 딕셔너리에 항목을 생성한다. __new__() 메서드에 도달하면 클래스의 메서드 및 변수가 준비되면서 최종 클래스 객체를 빌드하길 기다린다.

- kwargs 매개변수에는 클래스 정의의 일부로 제공되는 모든 키워드 인수가 포함된다. class D6L(DieLog, otherparam="something")과 같은 명령문을 사용해 새 클래스를 생성하면 otherparam은 __new__()에 대한 kwargs 중 하나가 된다.

__new__() 메서드는 새로운 클래스 정의를 반환해야 한다. 일반적으로 이것은 상위 클래스의 __new__() 메서드를 사용해 클래스 객체를 빌드한 결과이다. 이 예제의 경우 상위 클래스 메서드는 abc.ABCMeta.__new__()이다.

이 메서드 내에서 if 문은 빌드 중인 클래스가 필수인 roll() 메서드를 정의했는지 확인한다. 메서드가 @abc.abstractmethod 데코레이터로 표시되면 이 메서드는 __isabstractmethod__ 속성을 가지며 속성값은 True가 된다. 데코레이터가 없는 구상 메서드인 경우에는 __isabstractmethod__ 속성값이 없다. 조건문은 roll() 메서드가 있는지 그리고 해당 roll() 메서드가 구상인지 확인한다.

구상 roll() 메서드가 있는 클래스의 경우 빌드된 네임스페이스에 "logger"를 추가해 명명된 로거의 기본값으로 제공한다. 로거가 이미 있으면 그대로 둔다.

다음으로 namespace["roll"]은 구상 클래스에 정의된 함수인 roll 메서드를 선택한다. 여기서는 대체할 메서드로 logged_roll을 정의할 것이다. logged_roll() 메서드가 본래의 메서드처럼 보이도록 하기 위해 @wraps 데코레이터를 사용했다. 이렇게 하면 본래의 메서드 이름과 독스트링이 새 메서드에 복사돼 클래스에 원래 존재하는 정의처럼 보인다. 이것은 네임스페이스가 새 클래스에 통합될 수 있게 해준다.

마지막으로 roll() 메서드의 구체적인 구현이 있는 경우 메타클래스, 클래스 이름, 기본 클래스, 수정된 네임스페이스 등을 사용해 abc.ABCMeta.__new__()를 평가한다. __new__() 연산은 원래의 모든 파이썬 업무처럼 클래스 생성을 완료한다.

메타클래스를 사용하는 것은 불편할 수 있다. 이런 이유로 메타클래스를 사용하는 상위 클래스를 제공하는 것이 일반적이다. 이것은 애플리케이션이 클래스 정의에서 metaclass= 매개변수로 호들갑을 떨지 않고도 상위 클래스를 확장할 수 있음을 의미한다.

```python
class DieLog(metaclass=DieMeta):
  logger: logging.Logger

  def __init__(self) -> None:
    self.face: int
    self.roll()

  @abc.abstractmethod
  def roll(self) -> None:
    ...

  def __repr__(self) -> str:
    return f"{self.face}"
```

상위 클래스인 이 DieLog는 메타클래스에 의해 빌드된다. 이 클래스의 모든 하위 클래스도 메타클래스에 의해 빌드된다.

이제 이 애플리케이션은 메타클래스를 자세히 몰라도 걱정할 필요 없이 DieLog의 하위 클래스를 생성할 수 있다. 정의에 metaclass= 를 넣는 것도 기억할 필요가 없다. 최종 애플리케이션 클래스는 매우 간소화됐다.

```python
class D6L(DieLog):
  def roll(self) -> None:
    """D6L에 대한 설명은 여기에"""
    self.face = random.randrange(1, 7)
```

이제까지 클래스 이름을 딴 로거에 각 회차를 기록하는 주사위 굴리기를 만들었다. 다음과 같이 콘솔에 로깅하는 것을 볼 수 있다.

```python
>>> import sys
>>> logging.basicConfig(stream=sys.stdout, level=logging.INFO)
>>> d2 = D6L()
INFO:D6L:Rolled 1
>>> d2.face
1
```

이 D6L 클래스의 로깅에 대한 세부사항은 이 클래스의 애플리케이션 종속적인 프로세스와 완전히 분리된다. 메타클래스가 변경되면 모든 관련 애플리케이션 클래스가 변경된다는 것을 알고 있기 때문에 메타클래스를 변경해 로깅의 세부사항을 변경할 수 있다.

메타클래스는 클래스가 빌드되는 방식을 변경하기 때문에 메타클래스가 할 수 있는 일의 종류에는 제한이 없다. 일반적인 조언은 메타클래스 기능은 모호하기 때문에 매우 작게 유지하라는 것이다. 작성된 것처럼 메타클래스의 logged_roll() 메서드는 하위 클래스의 구상 roll() 메서드에서 반환된 값을 버린다.

⠸ 사례 연구

이 장에서 이제까지의 사례 연구를 개선할 것이다. 2장 '파이썬의 객체'에서는 학습 데이터를 로드하고 이를 학습셋과 테스트셋의 두 덩어리로 나누는 것에 대해 모호한 방식으로 이야기했다. 5장, '객체지향 프로그래밍의 사용 시기'에서는 소스 파일을 Sample 인스턴스로 역직렬화하는 방법을 살펴봤다.

6장에서는 원시 데이터를 여러 개의 `TrainingKnownSample` 인스턴스와 `TestingKnown Sample` 인스턴스로 분리해 생성하는 이 작업을 더 자세히 살펴볼 것이다. 5장에서 다음 표와 같이 샘플 객체에 대해 네 가지 경우를 식별했다.

	알려진 샘플	미지의 샘플
미분류	학습 데이터	분류 대기 중인 샘플
분류	테스트 데이터	분류된 샘플

식물학자가 분류한 알려진 샘플 항목을 보면 데이터를 두 개의 개별 클래스로 분할해야 한다. 오버로드된 비교 연산을 포함한 다양한 접근방식을 사용해 이를 수행할 것이다.

학습 데이터 정렬은 두 가지 방향에서 접근할 수 있다.

- 모든 원시 데이터를 수집한 다음 나중에 사용하기 위한 두 개의 컬렉션으로 배포한다.
- 수집 과정에서 개별적으로 두 컬렉션 중 하나를 선택한다.

전체적인 효과는 동일하다. 전체 컬렉션으로 작업하는 것은 많은 양의 메모리를 사용하지만 비교적 간단할 수 있다. 항목을 개별적으로 처리하는 것은 많은 메모리를 필요로 하지 않지만 복잡할 수 있다.

여기서는 정교한 컬렉션을 만드는 것으로 시작할 것이다. 첫 번째는 두 하위 리스트를 추적하는 리스트이다.

두 개의 하위 리스트로 리스트 클래스 확장

내장 list 클래스를 확장해 기능을 추가할 수 있다. 중요한 것은 이런 타입에 대한 타입 힌트가 때때로 놀라울 정도로 복잡하기 때문에 내장 타입을 확장하는 것이 까다로울 수 있다는 점에 유의해야 한다.

list와 같은 파이썬의 내장 구조에는 다양한 초기화 방식이 있다.

- list()를 사용해 빈 리스트를 만들 수 있다.

- list(x)를 사용해 반복 가능한 데이터 소스로부터 리스트를 만들 수 있다.

이것을 mypy에 명확하게 하려면 @overload 데코레이터를 사용해야 한다. 이것은 list 클래스의 __init__() 메서드가 사용되는 두 가지 방식을 노출한다.

```python
class SamplePartition(List[SampleDict], abc.ABC):
  @overload
  def __init__(self, *, training_subset: float = 0.80) -> None:
    ...

  @overload
  def __init__(
    self,
    iterable: Optional[Iterable[SampleDict]] = None,
    *,
    training_subset: float = 0.80,
  ) -> None:
    ...

  def __init__(
    self,
    iterable: Optional[Iterable[SampleDict]] = None,
    *,
    training_subset: float = 0.80,
  ) -> None:
    self.training_subset = training_subset
    if iterable:
      super().__init__(iterable)
    else:
      super().__init__()
```

```
@abc.abstractproperty
@property
def training(self) -> List[TrainingKnownSample]:
  ...

@abc.abstractproperty
@property
def testing(self) -> List[TestingKnownSample]:
  ...
```

__init__() 메서드에 대해 두 개의 오버로드를 정의했다. 이것은 mypy에게 의도가 무엇인지 알려주는 형식이다. 첫 번째 오버로드는 위치 매개변수가 없는 __init__()이다. 이것으로 SampleDict 객체의 빈 리스트가 생성된다. 두 번째 오버로드는 SampleDict 객체의 반복 가능한 소스를 유일한 위치 매개변수로 갖는 __init__()이다. *는 인수 값을 키워드로 제공해야 하는 매개변수와 위치적으로 제공할 수 있는 매개변수를 구분한다. training_subset 매개변수는 일반적인 리스트 류의 초기화 메서드에서 두드러져 보인다.

세 번째 정의는 실제 구현이다. __init__() 메서드의 이 정의에는 @overload 데코레이터가 없다. 구현에서는 상위 클래스의 __init__() 메서드를 사용해 List[SampleDict] 객체를 빌드한다. 하위 클래스는 SamplePartition 객체를 생성할 때 데이터를 분할하기 위해 이 메서드를 확장할 수 있다.

의도는 이것을 SomeSamplePartition과 같은 이름을 가진 클래스로 하위 클래스를 만들고 data = SomeSamplePartition(data, training_subset=0.67)과 같은 코드를 사용해 몇 가지 추가 기능이 있는 리스트 객체인 data를 생성하는 것이다.

이것은 상위 클래스이기 때문에 training 또는 testing 프로퍼티에 대한 정의를 제공하지 않는다. 각 알고리듬은 이런 속성에 대한 값을 제공하는 메서드의 다른 구현을 가질 수 있다.

이는 다음 SampleDict 정의에 종속적이다.

```
class SampleDict(TypedDict):
  sepal_length: float
```

```
    sepal_width: float
    petal_length: float
    petal_width: float
    species: str
```

이것은 5개의 제공된 키만 있고 다른 키는 없는 딕셔너리로 작업하고 있음을 mypy에 알려준다. 이것은 리터럴 키 값이 이 세트와 일치하는지 확인하기 위한 유효성 검사를 지원할 수 있다.

다양한 분할 전략을 제공하는 하위 클래스를 살펴보자. 카드 한 벌처럼 섞은 후에 분할하는 것부터 시작한다.

분할을 위한 셔플링 전략

한 가지 대안은 게임 전에 카드 한 벌을 섞고 자르는 것처럼 리스트를 섞은 후 분할하는 것이다. random.shuffle()을 사용해 무작위 섞기를 처리할 수 있다. 어떤 면에서 자르기는 하이퍼파라미터이다. 학습셋은 테스트셋과 비교해 얼마나 커야 할까? 데이터 과학자를 위한 제안에는 80% 대 20%, 67% 대 33%, 심지어 50% 대 50% 분할 등이 포함된다. 전문가의 의견이 다르기 때문에 과학자가 분할 비율을 조정할 수 있는 방법을 제공해야 한다.

여기서는 분할을 클래스의 기능으로 만들 것이다. 분할을 구현하기 위해 별도의 하위 클래스를 만들 수 있다. 다음은 셔플링 구현이다.

```
class ShufflingSamplePartition(SamplePartition):
    def __init__(
        self,
        iterable: Optional[Iterable[SampleDict]] = None,
        *,
        training_subset: float = 0.80,
    ) -> None:
        super().__init__(iterable, training_subset=training_subset)
        self.split: Optional[int] = None

    def shuffle(self) -> None:
```

```
    if not self.split:
      random.shuffle(self)
      self.split = int(len(self) * self.training_subset)

  @property
  def training(self) -> List[TrainingKnownSample]:
    self.shuffle()
    return [TrainingKnownSample(**sd) for sd in self[: self.split]]

  @property
  def testing(self) -> List[TestingKnownSample]:
    self.shuffle()
    return [TestingKnownSample(**sd) for sd in self[self.split :]]
```

SamplePartition 상위 클래스를 확장하고 있으므로 오버로드된 __init__() 메서드 정의를 활용할 수 있다. 이 하위 클래스의 경우 상위 클래스와 호환되는 구체적인 구현을 제공해야 한다.

training 및 testing 라는 두 프로퍼티는 모두 내부 shuffle() 메서드를 사용한다. 이 메서드는 split 속성을 사용해 샘플이 정확히 한 번 섞이도록 한다. 데이터가 섞였는지 여부를 추적하는 것 외에도 self.split 속성은 샘플을 학습 및 테스트 하위 집합으로 분할할 위치도 보여준다.

training 및 testing 프로퍼티는 파이썬 리스트 슬라이싱을 사용해 원시 SampleDict 객체들을 나누고 원시 데이터로부터 TrainingKnownSample 및 TestingKnownSample 객체를 빌드한다. 이 두 프로퍼티는 리스트 컴프리헨션을 사용해 TrainingKnownSample과 같은 클래스 생성자를 리스트의 하위 집합인 self[: self.split]에 있는 각 행 값인 딕셔너리에 적용한다. 리스트 컴프리헨션은 for 문과 일련의 append()로 리스트를 작성하지 않아도 되게 해준다. 이에 대해서는 10장, '이터레이터 패턴'에서 살펴볼 것이다.

이것은 random 모듈에 의존하기 때문에 결과를 예측하기 어렵고 테스트에 불필요한 복잡함을 가져온다. 많은 데이터 과학자들은 데이터가 섞이기를 원하지만 재현 가능한 결과도 원한다. random.seed()를 고정 값으로 설정하면 무작위이지만 재현 가능한 샘플 컬렉션을 만들 수 있다.

이것은 다음과 같이 작동한다.

```
>>> import random
>>> from model import ShufflingSamplePartition
>>> from pprint import pprint
>>> data = [
...     {
...         "sepal_length": i + 0.1,
...         "sepal_width": i + 0.2,
...         "petal_length": i + 0.3,
...         "petal_width": i + 0.4,
...         "species": f"sample {i}",
...     }
...     for i in range(10)
... ]

>>> random.seed(42)
>>> ssp = ShufflingSamplePartition(data)
>>> pprint(ssp.testing)
[TestingKnownSample(sepal_length=0.1, sepal_width=0.2,
petal_length=0.3, petal_width=0.4, species='sample 0',
classification=None, ),
 TestingKnownSample(sepal_length=1.1, sepal_width=1.2,
petal_length=1.3, petal_width=1.4, species='sample 1',
classification=None, )]
```

랜덤 시드를 42로 설정해 테스트셋에서 항상 동일한 두 개의 샘플을 얻는다.

이를 통해 다양한 방법으로 초기 리스트를 작성할 수 있다. 예를 들어 다음과 같이 빈 리스트에 데이터 항목을 추가할 수 있다.

```
ssp = ShufflingSamplePartition(training_subset=0.67)
for row in data:
    ssp.append(row)
```

list의 하위 클래스인 SamplePartition는 상위 클래스의 모든 메서드를 상속한다. 이를 통해 학습 및 테스트 하위 집합을 추출하기 전에 리스트의 내부 상태를 변경할 수 있다. 크기 설정 매개변수를 키워드 매개변수로 추가해 리스트를 초기화하는 데 사용되는 리스트 객체와 명확하게 구분되도록 했다.

분할을 위한 증분 전략

이제 단일 리스트를 작성한 후 분할하는 대안을 갖게 됐다. 두 개의 하위 리스트를 제공하도록 list 클래스를 확장하는 대신에 문제를 약간 재구성할 수도 있다. 초기화 메서드 또는 append()나 extend() 메서드를 통해 제공되는 각 SampleDict 객체에 대해 테스트와 학습 중 하나를 임의로 선택하는 SamplePartition의 하위 클래스를 정의해보자.

아래에 이 생각을 요약한 추상이 있다. 아래와 같이 리스트를 빌드하는 세 개의 메서드와 학습셋 및 테스트셋을 제공하는 두 개의 프로퍼티가 있다. __len__()을 비롯한 다른 리스트와 유사한 기능을 제공하지 않기 때문에 List로부터 상속하지 않는다. 클래스에는 다음과 같이 다섯 개의 메서드만 있다.

```python
class DealingPartition(abc.ABC):
    @abc.abstractmethod
    def __init__(
        self,
        items: Optional[Iterable[SampleDict]],
        *,
        training_subset: Tuple[int, int] = (8, 10),
    ) -> None:
        ...

    @abc.abstractmethod
    def extend(self, items: Iterable[SampleDict]) -> None:
        ...

    @abc.abstractmethod
    def append(self, item: SampleDict) -> None:
        ...

    @property
    @abc.abstractmethod
    def training(self) -> List[TrainingKnownSample]:
        ...

    @property
    @abc.abstractmethod
    def testing(self) -> List[TestingKnownSample]:
        ...
```

이 정의에는 구체적인 구현이 없다. 필요한 처리 알고리듬을 구현하기 위해 메서드를 정의할 수 있는 5개의 플레이스홀더를 제공한다. training_subset 매개변수의 정의를 이전 예제에서 약간 변경했다. 여기서는 두 개의 정수로 정의했다. 이를 통해 점증적으로 계수하고 처리할 수 있다.

다음은 이 클래스를 확장해 두 개의 내부 컬렉션을 래핑하는 구상 하위 클래스를 만드는 방법이다. 이를 두 부분으로 나눈다. 먼저 컬렉션을 빌드한 다음에 컬렉션의 값을 노출하는 프로퍼티를 빌드한다.

```python
class CountingDealingPartition(DealingPartition):
  def __init__(
    self,
    items: Optional[Iterable[SampleDict]],
    *,
    training_subset: Tuple[int, int] = (8, 10),
  ) -> None:
    self.training_subset = training_subset
    self.counter = 0
    self._training: List[TrainingKnownSample] = []
    self._testing: List[TestingKnownSample] = []
    if items:
      self.extend(items)

  def extend(self, items: Iterable[SampleDict]) -> None:
    for item in items:
      self.append(item)

  def append(self, item: SampleDict) -> None:
    n, d = self.training_subset
    if self.counter % d < n:
      self._training.append(TrainingKnownSample(**item))
    else:
      self._testing.append(TestingKnownSample(**item))
    self.counter += 1
```

두 개의 빈 컬렉션의 초기 상태를 설정하는 초기화 메서드를 정의했다. 다음으로 반복 가능한 소스가 제공되는 경우 이것으로부터 컬렉션을 빌드하기 위해 extend() 메서드를 사용한다.

extend() 메서드는 append() 메서드를 사용해 SampleDict 인스턴스를 테스트 또는 학습 하위 집합에 할당한다. append() 메서드는 실제로 모든 작업을 수행한다. 이 메서드는 항목을 계수하고 나머지 연산을 기반으로 결정을 내린다.

학습 하위 집합은 분수로 정의된다. 이것이 튜플 (8, 10)으로 정의된 것을 볼 수 있으며 이는 8/10 또는 80%가 학습셋이고 나머지는 테스트셋을 위한 것임을 의미한다. 주어진 계수 값 c에 대해 $c < 8 \pmod{10}$이면 학습셋이고 $c \geq 8 \pmod{10}$이면 테스트셋이다.

다음은 두 내부 리스트 객체의 값을 노출하는 데 사용되는 나머지 두 메서드이다.

```
@property
def training(self) -> List[TrainingKnownSample]:
  return self._training

@property
def testing(self) -> List[TestingKnownSample]:
  return self._testing
```

어쩌면 쓸모없는 것으로 볼 수도 있다. 파이썬에서는 단순히 두 개의 내부 컬렉션 이름을 self.training 및 self.testing으로 지정하는 것이 일반적이다. 속성을 사용하면 이런 프로퍼티 메서드가 실제로 필요하지 않다.

소스 데이터를 테스트 및 학습 하위 집합으로 분할하는 두 가지 클래스 디자인을 보았다. 한 버전은 셔플링을 위해 난수에 의존하는 반면, 다른 버전은 난수 생성기에 의존하지 않는다. 물론 독자를 위한 연습으로 남겨둔 무작위 기반 선택과 항목의 증분 배포의 다른 조합도 있다.

정리

다음은 6장의 몇 가지 핵심 사항이다.

- 추상 기본 클래스 정의를 사용하는 것은 플레이스홀더가 있는 클래스 정의를 만드는 것이다. 이것은 편리한 기술이며, 구현되지 않은 메서드에서 raise NotImplementedError를 사용하는 것보다 다소 명확할 수 있다.

- ABC와 타입 힌트는 클래스 정의를 생성하는 방법을 제공한다. ABC는 객체에서 필요한 필수 기능을 명확히 하는 데 도움이 되는 타입 힌트이다. 예를 들어 Iterable[X]를 사용해 클래스 구현에 필요한 한 측면을 강조하는 것이 일반적이다.

- collections.abc 모듈은 파이썬 내장 컬렉션에 대한 추상 기본 클래스를 정의한다. 파이썬과 원활하게 통합할 수 있는 고유한 수집 클래스를 만들려면 이 모듈로부터 정의를 시작해야 한다.

- 자체적인 추상 기본 클래스를 만들 때는 abc 모듈을 활용한다. abc.ABC 클래스 정의는 추상 기본 클래스를 만들기 위한 완벽한 시작점인 경우가 많다.

- 대부분의 작업은 type 클래스에 의해 수행된다. type 클래스의 메서드에 의해 클래스가 생성되는 방식을 이해하는 것은 도움이 된다.

- 파이썬 연산자는 클래스의 특수 메서드로 구현된다. 연산자가 새로 만든 고유한 클래스의 객체와 작동하도록 적절한 특수 메서드를 정의해 연산자를 "오버로드" 할 수 있다.

- 내장 클래스의 확장은 내장 타입의 동작을 수정하는 하위 클래스를 통해 수행된다. 내장 동작을 활용하기 위해 종종 super()를 사용한다.

- 근본적으로 파이썬 클래스 객체가 빌드되는 방식을 변경하기 위해 자체적인 메타 클래스를 구현할 수 있다.

⁘ 연습

이제까지 두 객체의 공통 기능 중 전부가 아닌 일부를 정의하기 위해 추상 클래스를 정의하는 개념을 살펴봤다. 이런 원리를 자신의 작업에 적용하기 위해 잘 살펴보라. 스크립트는 종종 클래스로 다시 기술될 수 있다. 작업의 각 주요 단계는 별도의 메서드이다. 공통 추상 정의를 공유할 수 있는 유사한 형태의 스크립트가 있는가? 부분적으로 관련된 것들을 찾을 수 있는 또 다른 장소는 데이터 파일을 설명하는 클래스이다. 스프레드시트 파일의 레이아웃에는 작은 변형이 있는 경우가 많다. 이는 공통된 추상 관계가 있음을 시사하지만 레이아웃의 변형을 처리하려면 메서드가 확장의 일부가 돼야 한다.

DDice 클래스를 보면 또 다른 개선사항이 있다. 현재 연산자는 모두 DDice 인스턴스에 대해서만 정의돼 있다. 손에 든 주사위를 표현하려면 어딘가에서 DDice 생성자를 사용해야 한다. 이것은 3*DDice(D6)+2로 이어지는데, 좀 장황해 보인다.

이것을 3*d6+1로 쓸 수 있으면 더 좋을 것이다. 이는 디자인을 몇 가지 변경해야 함을 의미한다.

1. 연산자를 클래스에 쉽게 적용할 수 없기 때문에 클래스의 인스턴스로 작업해야 한다. 여기서는 d6 = D6()이 피연산자가 될 수 있는 Die 인스턴스를 생성하는 데 사용됐다고 가정했다.

2. Die 클래스에는 __mul__() 메서드와 __rmul__() 메서드가 필요하다. Die 인스턴스에 정수를 곱하면 주사위 타입인 DDice(type(self))로 채워진 DDice 인스턴스가 생성된다. 이것은 DDice가 타입을 예상하고 타입으로부터 자체 인스턴스를 생성하기 때문이다.

이것은 Die와 DDice 사이에 순환 관계를 생성한다. 두 정의가 동일한 모듈에 있기 때문에 실제적인 문제는 발생하지 않는다. 타입 힌트에 문자열을 사용할 수 있으므로 Die 메서드가 -> "DDice"의 타입 힌트를 사용하도록 하는 것이 좋다. mypy 프로그램은 아직 정의되지 않은 타입에 대한 정방향 참조에 문자열을 사용할 수 있다.

이제 이전 장들에서 살펴본 몇 가지 예를 다시 살펴보라. 추상 클래스 정의를 활용해 Sample 인스턴스에 필요한 동작을 다양한 방식으로 단순화할 수 있는가?

DieMeta 예제를 보라. 작성한 것처럼 메타클래스의 logged_roll() 메서드는 하위 클래스의 구상 roll() 메서드의 반환값을 버린다. 이는 모든 경우에 적합하지 않을 수 있다. 메타클래스 메서드 래퍼가 래핑된 메서드로부터의 값을 반환하도록 하려면 어떻게 다시 작성해야 할까? 이것은 DieLog 상위 클래스 정의를 변경하는가?

상위 클래스를 사용해 로거를 제공할 수 있을까? 대답은 "예"인 것 같다.

더 중요한 것은 데코레이터를 사용해 구상 roll() 메서드에 대한 로깅을 제공할 수 있을까? 이 데코레이터를 작성해보라. 그 다음에 다른 개발자가 이 데코레이터를 포함할 것이라고 신뢰할 수 있을지 여부를 고려해보라. 다른 개발자들이 프레임워크를 정확히 사용할 것이라고 믿을 수 있을까? 개발자가 데코레이터를 포함하는 것을 잊었다고 상상할 수도 있지만 로그 항목이 작성됐는지 확인하기 위한 단위 테스트도 상상할 수 있다. 단위 테스트가 있는 눈에 보이는 데코레이터와 코드를 보이지 않게 조정하는 메타클래스 중 어느 것이 더 나은 것 같은가?

사례 연구에서 testing 및 training 프로퍼티를 List[SampleDict] 대신 Iterable[SampleDict]로 정의했다. collections.abc를 보면 List가 Iterable 기본 클래스의 하위 클래스인 Sequence라는 것을 알 수 있다. 이 세 가지 추상화 수준을 구분하는 것은 이점이 있는가? Iterable이 일반적으로 작동한다면 항상 이것을 사용해야 하는가? Sequence와 Iterable을 구별하는 측면은 무엇인가? 다양한 기능 모음이 사례 연구에서 클래스에 영향을 미치는가?

⁖⁙ 요약

6장에서는 파이썬의 추상 기본 클래스 정의를 자세히 살펴봤다. 이를 통해 확장이 예상되는 클래스를 정의할 수 있다. 이 장에서는 추상 기본 클래스 타입 힌트의 특성과 abc 모듈을 사용해 주석에 적합하고 확장이 필요한 클래스를 생성하는 방법을 다루었다. 기본 클래스의 내부를 살펴봄으로써 abc 모듈이 하위 클래스가 유효한지 확인하는 방법도 보았다. 또한 파이썬에서 연산자 오버로딩이 작동하는 방식과 메타클래스를 사용해 클래스 정의가 동작하는 방식을 변경하는 방법도 살펴봤다.

다음 두 장에서는 내장된 파이썬 데이터 구조 및 객체 중 몇 가지를 그들의 객체지향적 프로퍼티와 확장 또는 적용 방법에 초점을 맞춰 다룰 것이다.

07

파이썬 데이터 구조

지금까지의 예제들에서 이미 많은 내장 파이썬 데이터 구조가 작동하는 것을 보았다. 아마도 입문서나 튜토리얼에서 그중 많은 부분을 다뤄 봤을 것이다. 7장에서는 이런 데이터 구조의 객체지향 기능, 그리고 이 데이터 구조를 일반적인 클래스 대신 사용해야 하는 경우와 사용하지 말아야 하는 경우에 대해 설명한다. 특히 다음 주제를 다룬다.

- 튜플과 명명된 튜플

- 데이터클래스

- 딕셔너리

- 리스트와 집합

- 세 가지 타입의 큐^{queue}

이 장의 사례 연구에서는 k-최근접 이웃 분류기에 대한 데이터 모델을 다시 살펴본다. 파이썬의 정교한 내장 데이터 구조와 클래스 정의를 살펴본 후 애플리케이션 클래스 정의의 일부를 단순화할 것이다.

몇 가지 기본적인 구조체를 살펴보는 것으로 시작한다. 특별히 object 클래스를 먼저 살펴보자.

⠿ 빈 객체

이미 암시적으로 많이 사용한 가장 기본적인 파이썬 내장 구조부터 시작한다. 이제까지 생성했던 모든 클래스는 바로 object 클래스를 확장한 것이다.

기술적으로는 다음과 같이 하위 클래스를 작성하지 않고도 object를 인스턴스화할 수 있다.

```
>>> o = object()
>>> o.x = 5
Traceback (most recent call last):
  File "<stdin>", line 1, in <module>
AttributeError: 'object' object has no attribute 'x'
```

하지만 보이는 것처럼 직접 인스턴스화된 object에는 속성을 설정할 수 없다. 이것은 파이썬 개발자들이 자체적인 클래스를 작성하도록 강요하거나 또는 다른 사악한 의도로 그런 것이 아니다. 메모리, 아주 많은 메모리를 절약하기 위해 파이썬을 이렇게 만들었다. 객체가 임의의 속성을 가질 수 있도록 파이썬이 허용하면 속성 이름과 그 값을 모두 저장하기 때문에 각 객체가 가진 속성을 추적하기 위해서는 일정량의 시스템 메모리가 필요하다. 속성이 저장되지 않더라도 속성을 추가할 수 있도록 메모리가 할당된다. 모든 클래스가 object 클래스를 확장하기 때문에 전형적인 파이썬 프로그램에 수십, 수백, 또는 수천 개의 객체가 있으면 사용하는 메모리의 양이 빠르게 증가된다. 따라서 파이썬은 기본적으로 object 및 기타 여러 내장 구조에 대해 임의적인 프로퍼티를 사용할 수 없다.

TIP

> __slots__을 사용하면 자체적으로 생성한 클래스에 대한 임의적인 프로퍼티 설정을 제한할 수 있다.
> 슬롯은 12장 '고급 디자인 패턴'의 일부이다. 여러 번 발생하는 객체에 대한 메모리를 절약하는 방법으로 슬롯을 살펴볼 것이다.

자체적으로 빈 객체 클래스를 만드는 것은 간단하다. 제일 처음 예제에서 살펴봤다.

```
>>> class MyObject:
...     pass
```

실제로 class MyObject는 class MyObject(object)와 동일하다. 이미 보았듯이 이 클래스는 다음과 같이 속성을 설정할 수 있다.

```
>>> m = MyObject()
>>> m.x = "hello"
>>> m.x
'hello'
```

정해지지 않은 수의 속성값들을 그룹화할 경우 이와 같이 빈 객체에 저장할 수 있다. 이 접근방식의 문제점은 어떤 속성이 주어져야 하고 어떤 타입의 값을 가질 것인지 이해하기 위해 사용할 수 있는 명확한 스키마가 없다는 것이다.

이 책의 초점은 데이터와 동작을 모두 지정하려는 경우에만 클래스와 객체를 사용해야 한다는 것이다. 따라서 데이터가 순수한 데이터인지 또는 위장된 객체인지 처음부터 결정하는 것이 중요하다. 일단 디자인 결정이 내려지면 나머지 디자인은 점점 발전시킬 수 있다.

⫶⫶ 튜플과 명명된 튜플

튜플은 지정된 수의 다른 객체를 순서대로 저장할 수 있는 객체이다. 튜플은 불변이기 때문에 객체를 추가, 제거, 또는 교체할 수 없다. 이것은 엄청난 제약처럼 보일 수 있지만 사실 튜플을 수정해야 하는 경우라면 잘못된 데이터 타입을 사용하고 있다는 의미이며 이런 경우에는 일반적으로 list가 더 적합하다. 튜플의 불변성의 주요 이점은 문자열, 숫자, 다른 튜플과 같은 불변 객체의 튜플은 해시값을 갖기 때문에 이를 딕셔너리의 키나 집합의 멤버로 사용할 수 있다는 것이다. list, set, dict과 같은 가변 구조를 포함하는 튜플은 변경할 수 없는 항목으로 구성되지 않았기 때문에 해시값을 갖지 않는다. 다음 절에서 이 차이점을 자세히 살펴볼 것이다.

파이썬의 내장 tuple 클래스의 인스턴스는 데이터를 저장하는 데 사용된다. 동작은 내장 튜플과 연결할 수 없다. 튜플을 조작하기 위한 동작이 필요한 경우에는 해당 작업을 수행하는 함수 또는 다른 객체의 메서드에 튜플을 전달해야 한다. 이것은 8장 '객체지향과 함수형 프로그래밍의 교차점'의 주제이다.

튜플은 좌표 또는 차원 개념과 비슷하다. 수학의 (x, y) 쌍 또는 (r, g, b) 색상이 튜플의 예이다. 순서는 매우 중요하다. 색상 (255, 0, 0)은 (0, 255, 0)과 전혀 다르게 보인다. 튜플의 주요 목적은 서로 다른 데이터 조각을 하나의 컨테이너로 모으는 것이다.

값을 쉼표로 구분해 튜플을 만든다. 일반적으로 튜플은 읽기 쉬우며 표현식의 다른 부분과 구분할 수 있도록 괄호로 묶지만 필수는 아니다. 다음 두 할당문은 동일하다. 상당히 수익성 있는 회사 주식의 현재가, 52주 최고가, 52주 최저가를 기록한 튜플이다.

```
>>> stock = "AAPL", 123.52, 53.15, 137.98
>>> stock2 = ("AAPL", 123.52, 53.15, 137.98)
```

이 책의 초판이 발행됐을 때 이 주식은 주당 약 US$ 8에 거래되고 있었다. 이 책의 개정판이 발행될 때마다 주식 가치는 거의 두 배가 됐다.

함수 호출, 리스트 컴프리헨션, 또는 제너레이터와 같은 다른 객체 내부에 튜플을 그룹화하는 경우에는 괄호가 필요하다. 괄호가 없으면 인터프리터가 그것이 튜플인지 또는 함수의 다음 매개변수인지 알 수 없다. 예를 들어, 다음 함수는 튜플과 날짜를 받아들이고 주식의 고가 및 저가 사이의 중간값과 날짜의 튜플을 반환한다.

```
>>> import datetime
>>> def middle(stock, date):
...     symbol, current, high, low = stock
...     return (((high + low) / 2), date)

>>> middle(("AAPL", 123.52, 53.15, 137.98), datetime.date(2020, 12, 4))
(95.565, datetime.date(2020, 12, 4))
```

이 예제에서 새로운 4-튜플은 함수 호출 내에서 직접 생성된다. 항목은 쉼표로 구분되며 전체 튜플은 괄호 안에 있다. 그 다음 이 튜플 뒤에 쉼표가 붙어 두 번째 인수인 `datetime.date` 객체와 구분된다. 파이썬이 튜플을 표시할 때는 표준 표현canonical representation이라는 것을 사용한다. 여기에는 항상 ()가 포함돼 필요하지 않은 경우에도 ()를 일반적인 관행으로 표시한다. 특히 return 문에서는 생성되는 튜플 주위에 ()가 중복으로 있다.

좋지 않은 예로 (2.718,)과 같이 항목이 하나만 있는 튜플이 있다. 여기에도 쉼표는 필수다. 빈 튜플은 ()이다.

때때로 다음과 같이 명령문을 마무리할 수 있다.

```
>>> a = 42,
>>> a
(42,)
```

변수가 1-튜플이 되는 것은 놀라운 일이다. 마지막에 오는 쉼표는 단일 항목을 튜플 값으로 갖는 표현식을 생성한다. ()는 (1) 빈 튜플을 생성하거나 (2) 튜플을 다른 표현식과 분리하는 두 가지 경우에 필요하다. 다음은 중첩된 튜플을 생성한다.

```
>>> b = (42, 3.14), (2.718, 2.618),
>>> b
((42, 3.14), (2.718, 2.618))
```

파이썬에서 마지막에 오는 쉼표는 조용히 무시된다.

middle() 함수는 튜플 언패킹unpacking도 보여준다. 함수 내부의 첫 번째 줄은 stock 매개 변수를 4개의 다른 변수로 언패킹한다. 튜플은 변수의 수와 정확히 같은 길이여야 하며, 그렇지 않으면 예외가 발생한다.

언패킹은 파이썬에서 매우 유용한 기능이다. 튜플은 관련된 값들을 그룹화해 저장하거나 전달하는 것을 간단하게 해준다. 각 항목에 액세스해야 하는 순간에 묶인 것을 개별 변수로 풀 수 있다. 물론 때로는 튜플의 변수 중 하나에만 액세스해야 하는 경우가 있다. 개별 값에 액세스하기 위해서는 리스트나 문자열 등 다른 시퀀스 타입에서 사용하는 것과 동일한 구문을 사용할 수 있다.

```
>>> s = "AAPL", 132.76, 134.80, 130.53
>>> high = s[2]
>>> high
134.8
```

다음과 같이 슬라이스 표기법을 사용해 더 큰 튜플 조각을 추출할 수도 있다.

```
>>> s[1:3]
(132.76, 134.8)
```

이 예제는 튜플이 얼마나 유연한지 보여주면서도 가독성이라는 주요 단점 중 하나를 보여준다. 이 코드를 읽는 사람이 특정 튜플의 2번 위치에 무엇이 있는지 어떻게 알 수 있을까? 그들은 할당된 변수의 이름을 통해 그것이 high 값이라고 추측할 수 있지만, 할당하지 않고 계산에서 튜플 값에 바로 액세스했다면 그런 표시가 없었을 것이다. 그들은 튜플이 무엇을 하는지 알기 전에 튜플이 패킹되거나 언패킹된 위치를 찾기 위해 코드를 샅샅이 뒤져야 할 것이다.

어떤 상황에서는 튜플 멤버에 직접 접근하는 것이 좋지만 이것을 습관화하지 말라. 인덱스 값은 마법의 수가 될 수 있다. 즉 코드 내에서 명백한 의미 없이 허공에서 튀어나온 것처럼 보이는 숫자이다. 이 불명확성은 많은 코딩 오류의 원인이며 디버깅을 혼란스럽게 만든다. 모든 값이 한 번에 사용되고 일반적으로 액세스할 때 언패킹될 것임을 알고 있을 때만 튜플을 사용하라. 항목의 수가 고정돼 있고 순서가 중요하며 의미가 명확한

(x, y) 좌표 쌍과 (r, g, b) 색상을 생각해보라.

튜플에 대한 유용한 문서를 제공하는 한 가지 방법은 여러 개의 작은 도우미 함수를 정의하는 것이다. 이것은 튜플이 사용되는 방식을 명확히 하는 데 도움이 될 수 있다. 다음은 그 예이다.

```
>>> def high(stock):
...     symbol, current, high, low = stock
...     return high
>>> high(s)
134.8
```

이런 도우미 함수를 단일 네임스페이스로 함께 수집해야 한다. 이렇게 하는 것은 많은 도우미 함수가 있는 튜플보다는 클래스가 더 낫다고 생각하게 만든다. 튜플의 내용을 명확히 하는 다른 대안이 있는데 그중 가장 중요한 것이 typing.NamedTuple 클래스이다.

typing.NamedTuple을 사용한 명명된 튜플

값을 함께 그룹화하고 싶지만 개별적으로 액세스해야 하는 경우가 많을 때는 어떻게 해야 할까? 실제로 다음을 포함해 몇 가지 옵션이 있다.

- 앞에서 얘기한 빈 object 인스턴스를 사용할 수 있다. 이 객체에 임의의 속성을 할당할 수 있다. 그러나 허용되는 항목과 예상되는 타입에 대한 명확한 정의가 없으면 이를 이해하는 데 어려움을 겪을 것이다. 그리고 많은 mypy 오류를 얻게 될 것이다.

- 딕셔너리를 사용할 수 있다. 이것은 잘 작동하며, typing.TypedDict 힌트를 사용해 딕셔너리에 허용되는 키의 리스트를 공식화할 수 있다. 9장 '문자열, 직렬화, 파일 경로'의 사례 연구에서 이에 대해 다룰 것이다.

- 다음 절의 주제인 @dataclass를 사용할 수 있다.

- 튜플의 각 위치에 이름을 제공할 수 있다. 또한 이 명명된 튜플에 메서드를 정의해 매우 유용하게 만들 수도 있다.

명명된 튜플은 속성이 있는 튜플이다. 이것은 데이터 값을 변경할 수 없도록 그룹화하는 좋은 방법이다. 명명된 튜플을 정의할 때는 이름 및 데이터 타입의 리스트를 기반으로 해서 typing.NamedTuple의 하위 클래스를 생성한다. __init__() 메서드를 작성할 필요가 없다.

다음은 그 예이다.

```
>>> from typing import NamedTuple
>>> class Stock(NamedTuple):
...     symbol: str
...     current: float
...     high: float
...     low: float
```

이 새 클래스는 __init__(), __repr__(), __hash__(), __eq__() 등을 포함해 여러 메서드를 갖고 있다. 이 메서드들은 일반 튜플 처리를 기반으로 다양한 항목에 대해 이름을 갖는 이점을 추가한다. 비교 연산을 포함해 더 많은 메서드가 있다. 이 클래스의 튜플을 만드는 방법은 다음과 같다. 일반 튜플을 만드는 것과 거의 같다.

```
>>> Stock("AAPL", 123.52, 137.98, 53.15)
```

보다 명확하게 하기 위해 키워드 매개변수를 사용할 수 있다.

```
>>> s2 = Stock("AAPL", 123.52, high=137.98, low=53.15)
```

튜플을 생성하려면 생성자에 정확한 수의 인수가 있어야 한다. 값은 위치 또는 키워드 인수로 전달할 수 있다.

이름이 클래스 수준에서 제공된다는 것을 인식하는 것이 중요하지만 실제로 클래스 수준 속성을 생성하는 것은 아니다. 클래스 수준 이름은 __init__() 메서드를 빌드하는 데 사용된다. 각 인스턴스는 튜플 내의 위치에 대해 예상되는 이름을 갖고 있다. 입력한 내용이 각 위치별 항목에 지정된 이름을 가진 클래스의 다소 복잡한 정의로 전환되는 메타클래스 수준의 변환이 있다. 메타클래스에 대한 자세한 내용은 6장, '추상 기본 클래스와 연산자 오버로딩'을 참조하라.

NamedTuple의 하위 클래스인 Stock의 인스턴스는 패킹, 언패킹, 인덱싱, 슬라이싱 및 일반 튜플처럼 처리될 수 있지만 객체로서 이름으로 개별 속성에 액세스할 수도 있다.

```
>>> s.high
137.98
>>> s[2]
137.98
>>> symbol, current, high, low = s
>>> current
123.52
```

명명된 튜플은 많은 유스 케이스에 적합하다. 문자열과 마찬가지로 튜플 및 명명된 튜플은 불변이므로 속성이 한 번 설정되면 수정할 수 없다. 예를 들어 이 논의를 시작한 이후로 이 회사 주식의 현재가가 하락했지만 다음에서 볼 수 있듯이 새 값을 설정할 수 없다.

```
>>> s.current = 122.25
Traceback (most recent call last):
  ...
  File "<doctest examples.md[27]>", line 1, in <module>
    s2.current = 122.25
AttributeError: can't set attribute
```

불변성은 튜플 자체의 속성만을 참조한다. 이상하게 보일 수 있지만 이는 불변 튜플을 정의한 결과이다. 튜플은 내부에 가변 요소를 포함할 수 있다.

```
>>> t = ("Relayer", ["Gates of Delirium", "Sound Chaser"])
>>> t[1].append("To Be Over")
>>> t
('Relayer', ['Gates of Delirium', 'Sound Chaser', 'To Be Over'])
```

객체 t는 튜플이며 이는 불변을 의미한다. 이 튜플 객체에는 두 개의 항목이 있다. t[0]의 값은 또한 불변인 문자열이다. 그러나 t[1]의 값은 가변인 리스트이다. 리스트의 가변성은 연결된 객체 t의 불변성에 의해 영향받지 않는다. 리스트는 컨텍스트에 관계없이 가변이다. 튜플 t는 그 안에 있는 항목이 가변이더라도 변경할 수 없다.

예제 튜플 t에는 가변인 리스트가 포함돼 있으므로 해시값을 가질 수 없다. 이것 또한 놀라운 일은 아니다. hash() 계산에는 컬렉션 내 각 항목의 해시가 필요하다. t[1]의 리스트 값은 해시를 생성할 수 없으므로 전체적으로 튜플 t도 해시를 생성할 수 없다.

다음과 같이 시도하면 오류가 발생한다.

```
>>> hash(t)
Traceback (most recent call last):
  ...
  File "<doctest examples.md[31]>", line 1, in <module>
    hash(t)
TypeError: unhashable type: 'list'
```

해시할 수 없는 리스트 객체의 존재는 전체 튜플도 해시할 수 없음을 의미한다.

명명된 튜플의 속성에서 파생된 값을 계산하는 메서드를 만들 수 있다. 예를 들어 중간 값을 계산하는 메서드 또는 @property를 포함하도록 Stock 튜플을 재정의할 수 있다.

```
>>> class Stock(NamedTuple):
...     symbol: str
...     current: float
...     high: float
...     low: float
...     @property
...     def middle(self) -> float:
...         return (self.high + self.low)/2
```

상태를 변경할 수는 없지만 현재 상태에서 파생된 값을 계산할 수는 있다. 이를 통해 소스 데이터를 보유하는 튜플에 직접적으로 계산을 결합할 수 있다. 다음은 Stock 클래스의 이 정의로 생성된 객체이다.

```
>>> s = Stock("AAPL", 123.52, 137.98, 53.15)
>>> s.middle
95.565
```

`middle()` 메서드는 이제 클래스 정의의 일부가 됐다. 가장 좋은 부분은 mypy 도구가 애플리케이션 전체에서 타입 힌트가 모두 올바르게 돼있는지 확인할 수 있다는 것이다.

명명된 튜플의 상태는 튜플이 생성될 때 고정된다. 저장된 데이터를 변경할 수 있어야 하는 경우에는 그 대신에 `dataclass`가 필요할 수 있다. 다음으로 데이터클래스를 살펴보자.

⁖ 데이터클래스

파이썬 3.7부터 데이터클래스를 사용하면 속성을 지정하는 깔끔한 구문으로 일반 객체를 정의할 수 있다. 표면적으로는 명명된 튜플과 매우 유사해 보인다. 그래서 작동 방식을 쉽게 이해할 수 있다.

다음은 Stock 예제의 `dataclass` 버전이다.

```
>>> from dataclasses import dataclass
>>> @dataclass
... class Stock:
...     symbol: str
...     current: float
...     high: float
...     low: float
```

이 경우에 정의는 `NamedTuple` 정의와 거의 동일하다.

`dataclass` 함수는 @ 연산자를 사용해 클래스 데코레이터로서 적용된다. 6장 '추상 기본 클래스와 연산자 오버로딩'에서 데코레이터를 만났다. 11장에서 데코레이터에 대해 더 깊이 파고들 것이다. 이 클래스 정의 구문은 `__init__()`이 있는 일반 클래스보다 훨씬 더 간소하지만 몇 가지 추가적인 `dataclass` 기능에 액세스할 수 있다.

이름이 클래스 수준에서 제공되지만 실제로는 클래스 수준 속성을 생성하지 않는다는 것을 아는 것이 중요하다. 클래스 수준 이름은 `__init__()` 메서드를 포함한 여러 메서드를 빌드하는 데 사용된다. 각 인스턴스는 예상되는 속성을 갖는다. 데코레이터는 작성된 코드를 `__init__()`에 대해 예상되는 속성과 매개변수를 갖는 더 복잡한 클래스 정의로 변환한다.

데이터클래스 객체는 상태를 가지면서 변경 가능한 객체이기 때문에 사용할 수 있는 추가 기능이 많다. 몇 가지 기본적인 것부터 시작하자. 다음은 Stock 데이터클래스의 인스턴스를 생성하는 예이다.

```
>>> s = Stock("AAPL", 123.52, 137.98, 53.15)
```

일단 인스턴스화되면 Stock 객체는 일반적인 클래스처럼 사용할 수 있다. 다음과 같이 속성에 액세스하고 업데이트할 수 있다.

```
>>> s
Stock(symbol='AAPL', current=123.52, high=137.98, low=53.15)
>>> s.current
123.52
>>> s.current = 122.25
>>> s
Stock(symbol='AAPL', current=122.25, high=137.98, low=53.15)
```

다른 객체와 마찬가지로 데이터클래스에 공식적으로 선언된 속성 외에 다른 속성을 추가할 수 있다. 이것이 항상 좋은 생각은 아니지만 데이터클래스가 가변 객체이기 때문에 지원된다.

```
>>> s.unexpected_attribute = 'allowed'
>>> s.unexpected_attribute
'allowed'
```

고정된^{frozen} 데이터클래스에는 속성을 추가할 수 없으며, 이에 대해서는 이 절의 뒷부분에서 설명한다. 언뜻 보기에 데이터클래스는 생성자가 있는 일반 클래스 정의에 비해 많은 이점을 제공하지 않는 것처럼 보인다. 다음은 데이터클래스와 유사한 일반 클래스이다.

```
>>> class StockOrdinary:
...     def __init__(self, name: str, current: float, high: float, low:
... float) -> None:
...         self.name = name
...         self.current = current
...         self.high = high
...         self.low = low
>>> s_ord = StockOrdinary("AAPL", 123.52, 137.98, 53.15)
```

데이터클래스의 한 가지 분명한 이점은 속성 이름을 한 번만 선언하면 __init__() 매개
변수와 본문에 그것을 반복하는 것을 피할 수 있다는 것이다. 하지만 그게 다가 아니다.
데이터클래스는 또한 암시적인 상위 클래스인 object가 주는 것보다 훨씬 더 유용한 문
자열 표현을 제공한다. 또한 기본적으로 데이터클래스에는 동등성 비교도 포함된다. 의
미가 없는 경우 이 기능을 끌 수도 있다. 다음 예제는 수동으로 빌드된 일반 클래스와 데
이터클래스의 동등성 테스트 기능을 비교한다.

```
>>> s_ord
<__main__.StockOrdinary object at 0x7fb833c63f10>

>>> s_ord_2 = StockOrdinary("AAPL", 123.52, 137.98, 53.15)
>>> s_ord == s_ord_2
False
```

수동으로 빌드된 클래스는 끔찍한 기본 표현을 가지고 있으며 동등성 테스트가 없어서
삶을 어렵게 만들 수 있다. 그래서 데이터클래스로 정의된 Stock 클래스의 동작을 선호
한다.

```
>>> stock2 = Stock(symbol='AAPL', current=122.25, high=137.98, low=53.15)
>>> s == stock2
True
```

@dataclass로 데코레이트된 클래스 정의에는 다른 많은 유용한 기능도 있다. 예를 들어
데이터클래스의 속성에 대해 기본값을 지정할 수 있다. 아마도 시장이 현재 닫혀서 그
날의 주가를 모를 수 있다.

```
@dataclass
class StockDefaults:
  name: str
  current: float = 0.0
  high: float = 0.0
  low: float = 0.0
```

주식 이름만으로 이 클래스를 구성할 수 있다. 나머지 값은 기본값을 사용한다. 그러나 원하는 경우 다음과 같이 값을 지정할 수 있다.

```
>>> StockDefaults("GOOG")
StockDefaults(name='GOOG', current=0.0, high=0.0, low=0.0)
>>> StockDefaults("GOOG", 1826.77, 1847.20, 1013.54)
StockDefaults(name='GOOG', current=1826.77, high=1847.2, low=1013.54)
```

데이터클래스가 기본적으로 동등성 비교를 지원한다는 것을 앞에서 보았다. 모든 속성이 동일하면 데이터클래스 객체 전체도 동일한 것으로 비교된다. 기본적으로 데이터클래스는 '~보다 작다' 또는 '~보다 크다' 등의 크기 비교를 지원하지 않으며 정렬할 수 없다. 그러나 원하는 경우 다음과 같이 크기 비교를 쉽게 추가할 수 있다.

```
@dataclass(order=True)
class StockOrdered:
  name: str
  current: float = 0.0
  high: float = 0.0
  low: float = 0.0
```

"이것이 필요한 전부인가?"라고 물을 수 있다. 대답은 '그렇다'이다. 데코레이터의 order =True 매개변수는 모든 비교 특수 메서드를 생성하도록 한다. 이 변경으로 인해 이 클래스의 인스턴스를 정렬하고 비교할 수 있다. 다음과 같이 작동한다.

```
>>> stock_ordered1 = StockOrdered("GOOG", 1826.77, 1847.20, 1013.54)
>>> stock_ordered2 = StockOrdered("GOOG")
>>> stock_ordered3 = StockOrdered("GOOG", 1728.28, high=1733.18,
low=1666.33)
```

```
>>> stock_ordered1 < stock_ordered2
False
>>> stock_ordered1 > stock_ordered2
True
>>> from pprint import pprint
>>> pprint(sorted([stock_ordered1, stock_ordered2, stock_ordered3]))
[StockOrdered(name='GOOG', current=0.0, high=0.0, low=0.0),
 StockOrdered(name='GOOG', current=1728.28, high=1733.18, low=1666.33),
 StockOrdered(name='GOOG', current=1826.77, high=1847.2, low=1013.54)]
```

데이터클래스 데코레이터가 order=True 인수를 받으면 기본적으로 각 속성이 정의된 순서를 기반으로 값을 비교한다. 따라서 이 경우 먼저 두 객체의 name 속성값을 비교한다. 이 값이 동일하면 current 속성값을 비교한다. 그것도 동일하다면 high로 이동하고 다른 모든 속성이 같으면 low도 포함해 비교한다. 이 규칙은 튜플의 정의를 따른다. 정의된 순서가 비교 순서이다.

데이터클래스의 또 한 가지 흥미로운 기능은 frozen=True이다. 이것은 typing.Named Tuple과 유사한 클래스를 생성한다. 그 기능에는 약간의 차이가 있다. 해당 구조를 생성하려면 @dataclass(frozen=True, ordered=True)를 사용해야 한다. 이것은 "어느 것이 더 나은가?"라는 질문으로 이어지며, 이는 물론 주어진 유스 케이스의 상황에 따라 다르다. 초기화 전용 필드 및 __post_init__() 메서드와 같은 데이터클래스의 선택적 기능을 여기서 모두 살펴보지는 않을 것이다. 일부 애플리케이션에서는 이런 기능이 모두 필요하지 않으며 단순한 NamedTuple이면 충분할 수 있다.

몇 가지 다른 접근방식이 있다. 표준 라이브러리 외부의 attrs, pydantic, marshmallow 등과 같은 패키지는 어떤 면에서 데이터클래스와 유사한 속성 정의 기능을 제공한다. 표준 라이브러리 외부의 다른 패키지는 추가적인 기능을 제공한다. 비교를 위해 https://jackmckew.dev/dataclasses-vs-attrs-vs-pydantic.html을 참조하라.

지정된 속성값으로 고유한 클래스를 생성하는 두 가지 방법인 명명된 튜플과 데이터클래스를 살펴봤다. 데이터클래스로 시작하고 거기에 특화된 메서드를 추가하는 것이 더 쉬운 경우가 많다. 초기화, 비교, 문자열 표현 등과 같은 기본적인 것 중 일부가 우아하게 처리되기 때문에 프로그래밍 시간을 약간 절약할 수 있다.

이제 파이썬에 내장된 일반 컬렉션인 dict, list, set을 살펴볼 시간이다. 딕셔너리를 탐색하는 것으로 시작한다.

⠞ 딕셔너리

딕셔너리는 객체를 다른 객체에 직접 매핑할 수 있게 해주는 매우 유용한 컨테이너이다. 딕셔너리는 해당 값value에 매핑되는 특정 키key 객체가 주어지기 때문에 값을 찾는데 매우 효율적이다. 그 속도의 비밀은 키의 해시hash를 사용해 값을 찾기 때문이다. 불변인 모든 파이썬 객체는 숫자 해시 코드를 갖는다. 비교적 단순한 해시 테이블이 숫자 해시를 값에 직접 매핑하는 데 사용된다. 이 트릭은 딕셔너리가 전체 컬렉션에서 키를 검색하지 않음을 의미한다. 키는 관련 값을 거의 즉시 찾는 해시로 변환된다.

딕셔너리는 dict() 생성자 또는 {} 구문 설탕을 사용해 생성할 수 있다. 실제로는 후자의 형식이 거의 항상 사용된다. 콜론을 사용해 값과 키를 분리하고 쉼표를 사용해 키-값 쌍을 분리해 딕셔너리를 미리 채울 수 있다.

키워드 매개변수를 사용해 딕셔너리를 만들 수도 있다. dict(current=1235.20, high=1242.54, low=1231.06)를 사용해 {'current': 1235.2, 'high': 1242.54, 'low': 1231.06} 값을 생성할 수 있다. 이 dict() 구문은 데이터클래스 및 명명된 튜플과 같은 다른 생성자와 유사하다.

예를 들어, 주식 애플리케이션에서는 주식 심볼로 가격을 조회하는 경우가 가장 많다. 다음과 같이 심볼을 키로 사용하고 현재가, 고가, 저가를 갖는 튜플, 명명된 튜플, 데이터클래스 등을 값으로 사용하는 딕셔너리를 만들 수 있다.

```
>>> stocks = {
...     "GOOG": (1235.20, 1242.54, 1231.06),
...     "MSFT": (110.41, 110.45, 109.84),
... }
```

이전 예제에서 보았듯이 대괄호 안에 키를 넣어 딕셔너리에서 값을 조회할 수 있다. 키가 딕셔너리에 없으면 다음과 같이 KeyError 예외가 발생한다.

```
>>> stocks["GOOG"]
(1235.2, 1242.54, 1231.06)
>>> stocks["RIMM"]
Traceback (most recent call last):
  ...
  File "<doctest examples.md[56]>", line 1, in <module>
    stocks.get("RIMM", "NOT FOUND")
KeyError: 'RIMM'
```

물론 KeyError를 포착해 처리할 수 있다. 하지만 다른 옵션이 있다. 딕셔너리의 주요 목적은 다른 객체를 보유하는 것이지만 딕셔너리 자체도 객체임을 기억하라. 따라서 이와 관련된 몇 가지 동작이 있다. 이 메서드 중 가장 유용한 것은 get 메서드이다. 이 메서드는 첫 번째 매개변수로 키를 받아서 키가 존재하지 않는 경우에는 옵션으로 설정된 기본값을 반환한다.

```
>>> print(stocks.get("RIMM"))
None
>>> stocks.get("RIMM", "NOT FOUND")
'NOT FOUND'
```

더 많은 제어를 위해 setdefault() 메서드를 사용할 수 있다. 키가 딕셔너리에 있으면 이 메서드는 get() 메서드처럼 동작해 해당 키의 값을 반환한다. 하지만 키가 딕셔너리에 없으면 get() 메서드가 하는 것처럼 메서드 호출에서 제공하는 기본값을 반환할 뿐만 아니라 또한 해당 키를 동일한 값으로 설정한다. 또 한 가지 생각해야 할 것은 setdefault()는 딕셔너리에 값이 이전에 설정되지 않은 경우에만 딕셔너리에 값을 설정한다는 것이다. 그 다음에 새로 설정한 딕셔너리의 값을 반환한다. 다음에서 볼 수 있는 것처럼 이미 있는 것을 반환하거나 또는 새로 제공된 기본값을 반환한다.

```
>>> stocks.setdefault("GOOG", "INVALID")
(1235.2, 1242.54, 1231.06)
>>> stocks.setdefault("BB", (10.87, 10.76, 10.90))
(10.87, 10.76, 10.9)
>>> stocks["BB"]
(10.87, 10.76, 10.9)
```

"GOOG" 주식은 이미 딕셔너리에 있으므로 setdefault()를 사용해 'INVALID' 값으로 변경하려고 시도했을 때 딕셔너리에 이미 있는 값을 반환했다. "BB" 키는 딕셔너리에 없었으므로 setdefault() 메서드는 기본값을 반환하고 딕셔너리에 새 값을 설정했다. 그 다음에 새 주식이 실제로 딕셔너리에 있는지 확인한다.

딕셔너리에 대한 타입 힌트에는 키 타입과 값 타입이 포함돼야 한다. 파이썬 3.9 및 mypy 0.812부터 이 구조를 dict[str, tuple[float, float, float]]의 타입 힌트로 설명한다. typing 모듈을 임포트하는 것을 피할 수 있다. 파이썬 버전에 따라 코드의 첫 번째 줄에 from __future__ import annotations를 사용해야 하는 경우가 있다. 이 모듈은 내장 클래스를 타입 주석으로 적절하게 처리하는 데 필요한 언어 지원을 포함하고 있다.

그 외에 유용한 딕셔너리 메서드는 keys(), values(), items()의 세 가지이다. 처음 두 개는 딕셔너리의 모든 키와 모든 값에 대한 이터레이터를 반환한다. 모든 키나 값을 처리할 때 for 루프에서 이것을 사용할 수 있다. 10장 '이터레이터 패턴'에서 이터레이터의 보편성에 대해 다시 살펴볼 것이다. items() 메서드가 아마도 가장 유용할 것이다. 이 메서드는 딕셔너리의 모든 항목의 (키, 값) 쌍 튜플에 대한 이터레이터를 반환한다. 이것은 연결된 키와 값을 반복 처리하기 위해 for 루프에서 튜플을 언패킹할 때 잘 작동한다. 다음 예제는 딕셔너리에 있는 각 주식의 현재가를 출력한다.

```
>>> for stock, values in stocks.items():
...     print(f"{stock} last value is {values[0]}")
...
GOOG last value is 1235.2
MSFT last value is 110.41
BB last value is 10.87
```

각 키/값 튜플은 stock과 values라는 두 개의 변수로 언패킹 된 후 형식이 지정된 문자열로 출력된다. 변수 이름은 원하는 대로 사용할 수 있지만 둘 다 적절해 보인다.

인스턴스화되면 딕셔너리에서 데이터를 검색하는 방법에는 여러 가지가 있다. 대괄호를 사용한 인덱스 구문이나 get() 메서드, setdefault() 메서드를 사용하거나 또는 items() 메서드를 반복할 수 있다.

마지막으로 이미 알고 있는 것처럼 값을 검색하는 데 사용하는 것과 동일한 인덱싱 구문을 사용해 딕셔너리에 값을 설정할 수 있다.

```
>>> stocks["GOOG"] = (1245.21, 1252.64, 1245.18)
>>> stocks['GOOG']
(1245.21, 1252.64, 1245.18)
```

GOOG 주식의 변화를 반영하기 위해 딕셔너리에서 튜플 값을 업데이트할 수 있다. 이 인덱스 구문을 사용해 키가 딕셔너리에 있는지 여부에 관계없이 모든 키에 대한 값을 설정할 수 있다. 딕셔너리에 있는 경우 이전 값이 새 값으로 대체된다. 그렇지 않으면 새로운 키-값 쌍이 생성된다.

지금까지는 문자열을 딕셔너리의 키로 사용했지만 문자열 키로 제한되지 않는다. 문자열을 키로 사용하는 것이 일반적이다. 특히 명명된 프로퍼티가 있는 객체나 데이터클래스를 사용하는 대신에 딕셔너리에 데이터를 저장해 수집할 때는 문자열 키가 일반적이다. 그러나 튜플, 숫자, 또는 자체적으로 정의한 객체도 딕셔너리의 키로 사용할 수 있다. 필수 요소는 불변 타입이 제공하는 __hash__() 메서드이다. 단일 딕셔너리에서 키로 다른 타입의 객체를 사용할 수도 있지만 이것은 mypy가 이해하기 어렵다.

다음은 다양한 키와 값이 있는 딕셔너리의 예이다.

```
>>> random_keys = {}
>>> random_keys["astring"] = "somestring"
>>> random_keys[5] = "aninteger"
>>> random_keys[25.2] = "floats work too"
>>> random_keys[("abc", 123)] = "so do tuples"

>>> class AnObject:
...     def __init__(self, avalue):
...         self.avalue = avalue

>>> my_object = AnObject(14)
>>> random_keys[my_object] = "We can even store objects"
>>> my_object.avalue = 12

>>> random_keys[[1,2,3]] = "we can't use lists as keys"
Traceback (most recent call last):
  ...
  File "<doctest examples.md[72]>", line 1, in <module>
    random_keys[[1,2,3]] = "we can't use lists as keys"
TypeError: unhashable type: 'list'
```

이 코드는 딕셔너리에 제공할 수 있는 몇 가지 다른 타입의 키를 보여준다. 이 데이터 구조는 dict[Union[str, int, float, Tuple[str, int], AnObject], str]의 타입 힌트를 갖는다. 이것은 분명히 끔찍하게 복잡하다. 이에 대한 타입 힌트를 작성하는 것은 혼란스러울 수 있으며, 이는 이 방식이 최선의 접근법이 아니라는 것을 암시한다.

이 예제는 또한 키로 사용할 수 없는 객체의 한 가지 타입을 보여준다. 이미 리스트를 광범위하게 사용했으며 다음 절에서 더 많은 내용을 살펴볼 것이다. 리스트는 항목을 추가하거나 제거하는 등의 변경이 가능하기 때문에 단일 값으로 해시할 수 없다.

다음과 같은 코드를 사용해 딕셔너리의 값을 검사할 수 있다. 이것은 매핑의 기본 동작이 키를 반복하는 것이기 때문에 가능하다.

```
>>> for key in random_keys:
...     print(f"{key!r} has value {random_keys[key]!r}")
'astring' has value 'somestring'
```

```
5 has value 'aninteger'
25.2 has value 'floats work too'
('abc', 123) has value 'so do tuples'
<__main__.AnObject object at ...> has value 'We can even store objects'
```

딕셔너리의 키로 사용할 수 있으려면 객체가 해시 가능해야 하며, 즉 딕셔너리나 집합에서 빠른 조회를 위해 객체의 상태를 고유한 정수값으로 변환하는 __hash__() 메서드를 적용할 수 있어야 한다. 내장 hash() 함수는 객체 클래스의 __hash__() 메서드를 사용한다. 이 해시는 딕셔너리에서 값을 찾을 때 사용된다. 예를 들어 문자열은 문자열의 각 문자에 대한 숫자 코드를 기반으로 정수에 매핑되는 반면 튜플은 튜플 내부 항목의 해시를 결합한다. 동일한 문자를 가진 문자열 또는 동일한 값을 가진 튜플 등 동일한 것으로 간주되는 두 객체는 동일한 해시값을 가져야 한다. 동등성과 해시값 일치 사이에는 비대칭성이 있음에 주의하라. 두 문자열의 해시값이 같더라도 동일하지 않을 수 있다. 해시 동등성을 동등성 테스트에 대한 근사치로 생각하라. 해시가 동일하지 않다면 자세하게 살펴볼 필요가 없다. 해시가 같다면 각 속성값, 튜플의 각 항목, 또는 문자열의 각 문자를 확인하는 데 시간을 투자하라.

다음은 실제로 같지 않지만 동일한 해시값을 갖는 두 정수의 예이다.

```
>>> x = 2020
>>> y = 2305843009213695971
>>> hash(x) == hash(y)
True
>>> x == y
False
```

이 값들을 딕셔너리의 키로 사용할 때 해시 충돌 알고리듬은 두 값을 분리된 상태로 유지한다. 이런 상황은 해시 충돌이라는 드문 경우에서 미시적인 속도 저하로 이어진다. 이것이 딕셔너리 조회가 항상 즉각적이지 않은 이유이다. 해시 충돌로 인해 액세스가 느려질 수 있다.

리스트, 딕셔너리, 집합을 포함해 내장 가변 객체는 딕셔너리의 키로 사용할 수 없다. 이런 가변 컬렉션은 해시값을 제공하지 않는다. 그러나 가변이면서도 해시값을 제공하는 객체의 클래스를 만들 수도 있다. 이것은 객체의 상태가 변경되면 딕셔너리에서 키를 찾기 어려울 수 있으므로 안전하지 않다.

물론 이것은 너무 멀리 간 것일 수도 있다. 가변 속성과 불변 속성이 혼합된 클래스를 만들고 가변 속성에 대한 해시 계산을 제한하는 것은 확실히 가능하다. 가변 기능과 불변 기능 간의 동작 차이로 인해 가변 기능과 불변 기능이 있는 단일 객체가 아니라 실제로 두 객체가 협업하는 것처럼 보인다. 딕셔너리 키에 불변 부분을 사용하고 딕셔너리 값에 가변 부분을 갖도록 할 수 있다.

반면에 딕셔너리 값으로 사용할 수 있는 객체의 타입에는 제한이 없다. 예를 들어 문자열 키를 리스트 값에 매핑하거나 또는 다른 딕셔너리를 값으로 갖는 중첩된 딕셔너리가 있을 수 있다.

딕셔너리 유스 케이스

딕셔너리는 매우 다양한 용도로 사용된다. 다음은 두 가지 주요 예이다.

- 모든 값이 동일한 타입을 가진 객체의 서로 다른 인스턴스인 딕셔너리를 가질 수 있다. 예를 들어 앞의 주식 딕셔너리는 dict[str, tuple[float, float, float]]의 타입 힌트를 갖는다. 문자열 키는 3-튜플 값에 매핑된다. 주식 심볼을 주가 정보에 대한 인덱스로 사용한다. 더 복잡한 Stock 클래스를 값으로 갖는 경우 이 객체들의 인덱스에 대한 타입 힌트가 dict[str, Stock]인 딕셔너리가 있을 수 있다.

- 두 번째 디자인은 각 키가 단일 객체의 일부 측면 또는 속성을 나타내도록 하는 것이다. 각 값이 고유한 타입을 갖는 경우이다. 예를 들어 {'name': 'GOOG', 'current': 1245.21, 'range': (1252.64, 1245.18)}으로 주식을 표현할 수 있다. 이 경우는 일반적으로 명명된 튜플, 데이터클래스, 객체 등과 분명히 겹치는 부분이 있다. 실제로 이런 종류의 딕셔너리에 대한 특수 타입 힌트로서 NamedTuple 타입 힌트처럼 보이는 TypedDict가 있다.

이 두 번째 예는 혼란스러울 수 있다. 객체의 속성값을 표현하는 방법을 어떻게 결정해야 하는가? 기술적으로 다음과 같은 순서로 설명할 수 있다.

1. 많은 경우에 데이터클래스는 적은 코드로 유용한 많은 기능을 제공한다. 데이터클래스는 불변 또는 가변일 수 있으며, 다양한 옵션을 제공한다.

2. 데이터가 불변인 경우 NamedTuple은 고정된 데이터클래스보다 약 5% 정도 더 효율적일 수 있다. 여기서 균형을 이루는 것은 값비싼 속성 계산이다. NamedTuple은 프로퍼티를 가질 수 있지만 계산 비용이 매우 많이 들면서 그 결과가 자주 사용되는 경우엔 NamedTuple이 효율적이지 못하기 때문에 그 값을 미리 계산해 놓는 것이 도움이 될 수 있다. 속성값을 미리 계산해 놓는 것이 유용한 드문 경우에는 데이터클래스와 이 클래스가 가진 __post_init__() 메서드가 더 나은 선택일 수 있으며, 이에 대해서는 관련 문서를 확인하라.

3. 딕셔너리는 완전한 키 집합을 미리 알지 못할 때 이상적이다. 디자인 초기에 딕셔너리를 사용한 프로토타입이나 개념 증명을 나중에 버릴 수도 있다. 단위 테스트와 타입 힌트를 작성하려고 할 때 딕셔너리의 형식성을 높여야 할 수도 있다. 경우에 따라 가능한 키의 도메인이 알려져 있을 때 TypedDict 타입 힌트를 유효한 키와 값의 타입을 설명하기 위해 사용할 수도 있다.

구문이 유사하기 때문에 여러 디자인을 시도해 어느 것이 문제에 더 잘 맞는지, 어느 것이 더 빠르고, 테스트하기 쉽고, 더 적은 메모리를 사용하는지 확인하기 쉽다. 때로는 이 세 가지가 하나의 최선으로 수렴한다. 종종 이 세 가지 방식은 서로 트레이드오프 관계를 갖는다.

> **TIP**
>
> 기술적으로 대부분의 클래스는 내부에서 딕셔너리를 사용해 구현된다. 객체를 대화형 인터프리터에 로드하고 __dict__ 특수 속성이 있는 경우 이를 조회하면 알 수 있다. obj.attr_name과 같은 구문을 사용해 객체의 속성에 액세스하는 것은 실제로는 obj.__dict__['attr_name']이다. 조금 더 복잡하지만 __getattr__() 및 __getattribute__()를 사용하면 요점을 알 수 있을 것이다. 데이터클래스조차도 __dict__ 속성을 가지며, 이는 딕셔너리가 실제로 얼마나 널리 사용되는지 보여준다. 딕셔너리는 보편적이지는 않지만 흔하게 사용된다.

defaultdict 사용

키가 존재하지 않는 경우 setdefault 메서드를 사용해 기본값을 설정하는 방법을 살펴보았지만 값을 찾을 때마다 기본값을 설정해야 한다면 약간 지루할 수 있다. 예를 들어 주어진 문장에서 각 문자가 나오는 횟수를 세는 코드는 다음과 같다.

```python
from __future__ import annotations

def letter_frequency(sentence: str) -> dict[str, int]:
    frequencies: dict[str, int] = {}
    for letter in sentence:
        frequency = frequencies.setdefault(letter, 0)
        frequencies[letter] = frequency + 1
    return frequencies
```

딕셔너리에 액세스할 때마다 딕셔너리에 키의 값이 이미 있는지 확인하고 없으면 0으로 설정한다. 없는 키가 요청될 때마다 이와 같은 작업을 수행해야 하는 경우에는 다른 버전의 딕셔너리를 만들 수 있다. collections 모듈에 정의된 defaultdict는 누락된 키를 깔끔하게 처리한다.

```python
from collections import defaultdict

def letter_frequency_2(sentence: str) -> defaultdict[str, int]:
    frequencies: defaultdict[str, int] = defaultdict(int)
    for letter in sentence:
        frequencies[letter] += 1
    return frequencies
```

이 코드는 이상해 보인다. defaultdict() 평가는 생성자에서 int 함수를 받는다. int() 함수를 직접 평가하지 않으며 이 함수에 대한 참조를 defaultdict()에 제공한다. 딕셔너리에 없는 키에 액세스할 때마다 매개변수 없이 해당 함수를 호출해 기본값을 만든다.

defaultdict[str, int] 타입 힌트는 defaultdict() 평가 자체보다 약간 더 길다. defaultdict() 클래스에는 기본값을 생성할 함수만 있으면 된다. 키의 타입은 실제로 런타임시에 중요하지 않다. __hash__() 메서드를 갖는 모든 객체라면 작동할 것이다. 그러나 타입 힌트로 defaultdict를 사용할 때는 이것이 작동하는지 확인하기 전에 몇 가지 추가적인 세부 정보가 필요하다. 이 예제에서는 str로 표시한 키 타입과 int로 표시한 키와 연관될 객체 타입을 모두 제공해야 한다.

이 예제에서 frequencies 객체는 int() 함수를 사용해 기본값을 만든다. 이것은 정수 객체에 대한 생성자이다. 일반적으로 정수는 코드에 정수 숫자를 입력해 리터럴로 생성된다. int() 생성자를 사용해 정수를 만들면 변환이 되는 경우가 많다. 예를 들어 int("42")와 같이 숫자의 문자열을 정수로 변환한다. 그러나 인수 없이 int()를 호출하면 편리하게도 숫자 0을 반환한다. 이 코드에서 defaultdict에 해당 문자가 존재하지 않으면 팩토리 함수에 의해 숫자 0이 생성되고 액세스할 때 그 값이 반환된다. 그 다음에 이 숫자에 1을 더해서 해당 문자의 인스턴스를 찾았음을 나타내고 업데이트된 값을 딕셔너리에 다시 저장한다. 나중에 동일한 문자를 다시 찾으면 새 숫자가 반환되고 값을 증가시켜 딕셔너리에 다시 저장할 수 있다.

defaultdict()는 컨테이너의 딕셔너리를 만드는 데 유용하다. 지난 30일 동안의 주식 종가 딕셔너리를 만들고 싶다면 주식 심볼을 키로 사용하고 종가를 list에 저장할 수 있다. 처음으로 주가에 접근할 때는 빈 리스트를 만들고 싶다. 이는 defaultdict(list)와 같이 list 함수를 defaultdict에 전달하기만 하면 된다. list() 함수는 이전에 알려지지 않은 키에 액세스할 때마다 호출된다. 키에 대한 값으로 보조 딕셔너리를 사용하려는 경우에는 집합 또는 빈 딕셔너리로 유사한 작업을 수행할 수 있다.

물론 자체 함수를 작성해 defaultdict에 전달할 수도 있다. 각 키가 해당 키의 정보를 가진 데이터클래스에 매핑되는 defaultdict를 생성한다고 가정하자. 데이터클래스를 기본값으로 정의하면 클래스 이름은 인수 없는 함수로 동작한다.

다음은 기본값을 갖는 데이터클래스인 Prices이다.

```
>>> from dataclasses import dataclass
>>> @dataclass
... class Prices:
...     current: float = 0.0
...     high: float = 0.0
...     low: float = 0.0
```

```
...
>>> Prices()
Prices(current=0.0, high=0.0, low=0.0)
```

클래스에는 모든 속성에 대한 기본값이 있으므로 인수 값 없이 클래스 이름을 사용해 객체를 얻을 수 있다. 이것은 클래스 이름이 defaultdict() 함수에 대한 인수로 작동한다는 것을 의미한다.

```
>>> portfolio = collections.defaultdict(Prices)
>>> portfolio["GOOG"]
Prices(current=0.0, high=0.0, low=0.0)
>>> portfolio["AAPL"] = Prices(current=122.25, high=137.98, low=53.15)
```

portfolio를 출력하면 기본 객체가 딕셔너리에 어떻게 저장됐는지 확인할 수 있다.

```
>>> from pprint import pprint
>>> pprint(portfolio)
defaultdict(<class 'dc_stocks.Prices'>,
            {'AAPL': Prices(current=122.25, high=137.98, low=53.15),
             'GOOG': Prices(current=0.0, high=0.0, low=0.0)})
```

이 portfolio 딕셔너리는 알 수 없는 키에 대해서 기본 Prices 객체를 만든다. 이것은 Prices 클래스에 모든 속성에 대한 기본값이 있기 때문에 가능하다.

이것을 좀 더 확장할 수 있다. 월별로 그룹화된 주가를 원한다면 어떻게 해야 할까? 딕셔너리의 키는 종목 이름이어야 한다. 이 딕셔너리 안에 각 월^{month}을 키로 갖는 딕셔너리가 필요하다. 그리고 이 내부 딕셔너리 안에 주가가 있어야 한다. 이것은 0개의 인수를 취해 defaultdict(Prices)를 생성하는 기본 함수를 사용하길 원한다면 까다로울 수 있다. 다음과 같이 한 줄의 함수를 정의할 수 있다.

```
>>> def make_defaultdict():
...     return collections.defaultdict(Prices)
```

또한 함수 이름이 없는 한 줄의 함수 표현식인 파이썬 람다 형식을 이용할 수 있다. 람다
는 매개변수를 가질 수 있지만 여기서는 필요없다. 단일 표현식은 기본값으로 생성하려
는 객체이다.

```
>>> by_month = collections.defaultdict(
...     lambda: collections.defaultdict(Prices)
... )
```

이제 중첩된 `defaultdict` 딕셔너리를 가질 수 있다. 누락된 키일 경우에는 기본값이 빌
드된다.

```
>>> by_month["APPL"]["Jan"] = Prices(current=122.25, high=137.98,
low=53.15)
```

by_month 컬렉션의 최상위 키는 내부 딕셔너리를 가리킨다. 내부 딕셔너리는 월별 주가
를 가지고 있다.

카운터

알고리듬을 사용하는 것이 `defaultdict(int)`를 사용하는 것보다 훨씬 간단할 수 없다고
생각할 것이다. "반복 처리시 특정 인스턴스의 수를 세고 싶다"는 유스 케이스는 파이썬
개발자가 이 목적을 위해 특정 클래스를 만들어 일을 훨씬 더 단순화시킬 만큼 충분히
일반적이다. 문자열에서 문자별 수를 세는 이전 코드는 한 줄로 쉽게 작성할 수 있다.

```
from collections import Counter

def letter_frequency_3(sentence: str) -> Counter[str]:
    return Counter(sentence)
```

Counter 객체는 키가 계수되는 항목이고 값이 해당 항목의 수량인 강화된 딕셔너리처럼
작동한다. 가장 유용한 함수 중 하나는 most_common() 메서드이다. 개수에 따라 내림차
순으로 (key, count) 튜플의 리스트를 반환한다. 선택적으로 정수 인수를 most_common()

에 전달해 가장 일반적인 요소의 리스트만 요청할 수 있다. 예를 들어 다음과 같이 간단한 투표 애플리케이션을 작성할 수 있다.

```
>>> import collections
>>> responses = [
...     "vanilla",
...     "chocolate",
...     "vanilla",
...     "vanilla",
...     "caramel",
...     "strawberry",
...     "vanilla"
... ]

>>> favorites = collections.Counter(responses).most_common(1)
>>> name, frequency = favorites[0]
>>> name
'vanilla'
```

아마도 데이터베이스에서 응답을 얻거나 컴퓨터 비전 알고리듬을 사용해 손을 든 아이들을 계수할 것이다. 여기에서 most_common() 메서드를 테스트할 수 있도록 리터럴 값으로 responses 객체를 하드코딩했다. 이 메서드는 하나의 요소만 요청한 경우에도 항상 리스트를 반환한다. 타입 힌트는 list[tuple[T, int]]이며, 여기서 T는 계수할 타입이다. 문자열을 계수하는 이 예제에서 most_common() 메서드에 대한 힌트는 list[tuple[str, int]]이다. 하나의 항목만 있는 리스트에서 첫 번째 항목만 원하므로 [0]이 필요하다. 그 다음에 2-튜플을 계수된 값과 정수 개수로 분해할 수 있다.

이제 파이썬의 리스트 컬렉션에 대해 좀 더 깊이 파고들 시간이다.

리스트

파이썬의 일반 리스트 구조는 여러 언어 기능에 통합돼 있다. 임포트할 필요가 없으며 기능에 액세스하기 위해 메서드 구문을 사용할 필요가 거의 없다. 이터레이터 객체를 명시적으로 요청하지 않아도 리스트의 모든 항목을 방문할 수 있으며, 딕셔너리처럼 매우 단순한 구문으로 리스트를 구성할 수 있다. 또한 리스트 컴프리헨션 및 제너레이터 표현식은 리스트를 컴퓨팅 기능의 진정한 스위스 군용 칼이 되게 해준다.

리스트를 생성하거나 추가하는 방법, 리스트에서 항목을 검색하는 방법, 또는 슬라이스 표기법이 무엇인지 모른다면 재빨리 공식 파이썬 튜토리얼을 보라. http://docs. python.org/3/tutorial/에서 찾을 수 있다. 이 절에서는 기초가 아니라 리스트를 사용해 야 하는 경우, 그리고 리스트가 가진 객체로서의 특성에 대해 설명한다.

파이썬에서 문자열 리스트 또는 숫자 리스트처럼 동일 타입 객체의 여러 인스턴스를 저 장하려는 경우에는 일반적으로 리스트를 사용해야 한다. 종종 타입 힌트 list[T]을 사 용해 리스트에 보관된 객체의 타입 T를 지정하며, 예를 들면 list[int] 또는 list[str] 등과 같다.

이 작업을 수행하려면 from __future__ import annotations이 필요하다는 것을 기억하라.

특정 순서로 항목을 저장하려면 리스트를 사용해야 한다. 종종 이것은 삽입된 순서이지 만 다른 기준에 따라 정렬할 수도 있다.

리스트는 가변 객체이므로 리스트에서 항목을 추가, 교체, 제거할 수 있다. 이것은 좀 더 복잡한 객체의 상태를 반영하는 데 유용할 수 있다.

딕셔너리와 마찬가지로 파이썬 리스트는 매우 효율적이고 잘 튜닝된 내부 데이터 구조 를 사용하므로 저장 방법보다는 무엇을 저장할 것인지를 생각해야 한다. 파이썬은 리스 트를 확장해 큐^{queue}나 스택^{stack} 같은 특수 데이터 구조를 제공한다. 파이썬은 배열 기반 리스트나 링크를 사용하는 리스트의 구분이 없다. 일반적으로 내장 리스트 데이터 구조 는 다양한 용도로 사용할 수 있다.

서로 다른 속성을 가진 개별 항목들을 수집하기 위해 리스트를 사용하지 말라. 튜플, 명 명된 튜플, 딕셔너리, 객체 등이 다른 종류의 속성값을 수집하는 데 더 적합하다. 이 장 의 시작 부분에 있는 첫 번째 Stock 데이터 예제는 현재가, 저가, 고가를 저장했으며, 각 각은 단일 시퀀스에서 고유한 의미를 가진 서로 다른 속성이다. 이것은 실제로 이상적 이지 않으며 명명된 튜플 또는 데이터클래스가 분명히 우수했다.

다음은 빈도를 구하는 예제를 리스트를 사용해 다소 복잡하게 수행하는 방법을 보여주는 예이다. 딕셔너리 예제보다 훨씬 더 복잡하며, 올바르거나 잘못된 데이터 구조를 선택하는 것이 코드의 가독성 및 성능에 미칠 수 있는 영향을 보여준다.

```python
from __future__ import annotations
import string

CHARACTERS = list(string.ascii_letters) + [" "]

def letter_frequency(sentence: str) -> list[tuple[str, int]]:
  frequencies = [(c, 0) for c in CHARACTERS]
  for letter in sentence:
    index = CHARACTERS.index(letter)
    frequencies[index] = (letter, frequencies[index][1] + 1)
  non_zero = [
    (letter, count)
    for letter, count in frequencies if count > 0
  ]
  return non_zero
```

이 코드는 가능한 문자 리스트로 시작한다. string.ascii_letters 속성은 소문자 및 대문자로 이루어진 모든 문자의 정렬된 문자열을 제공한다. 이것을 리스트로 변환한 다음 두 리스트를 하나로 합치는 + 연산자를 사용해 공백 문자를 하나 더 추가한다. 이것들이 빈도 리스트에서 사용 가능한 문자들이다. 리스트에 없는 문자를 추가하려고 하면 코드가 깨진다.

함수 내부의 첫 번째 줄은 리스트 컴프리헨션을 사용해 CHARACTERS 리스트를 튜플 리스트로 바꾼다. 그 다음에 문장의 각 문자를 반복 처리한다. CHARACTERS 리스트에서 해당 문자의 인덱스를 먼저 찾는다. 첫 번째로 리스트에서 두 번째 리스트를 만들었기 때문에 빈도 리스트와 CHARACTERS 리스트는 동일한 인덱스를 갖는다. 그 다음에 새 튜플을 만들고 원래 튜플을 버려 빈도 리스트에서 해당 인덱스를 업데이트한다. 가비지 수집 및 메모리 낭비 문제를 제외하고도 읽기 어렵다.

마지막으로 각 튜플을 검사하고 개수가 0보다 큰 쌍만 유지하기 위해 리스트를 필터링한다. 이렇게 하면 공간을 할당했지만 본 적이 없는 문자가 제거된다.

코드가 더 길다는 것 외에도 `CHARACTERS.index(letter)` 작업은 매우 느릴 수 있다. 최악의 경우에는 리스트에 있는 각 문자를 모두 검사해 일치 항목을 찾을 것이다. 평균적으로도 리스트의 절반을 검색해야 한다. 이것을 해시 계산을 수행하고 일치 항목에 대해 하나의 항목만 검사하는 딕셔너리와 비교해보라. 둘 이상을 검사할 아주 작은 확률이 있고 두 번째 조회로 해시 충돌을 처리해야 하는 경우를 제외하면 딕셔너리가 훨씬 빠르다.

타입 힌트는 리스트에 있는 객체의 타입을 설명한다. 앞에서는 `list[tuple[str, int]]`로 요약했다. 결과 리스트의 각 항목은 2-튜플이 된다. 이를 통해 mypy는 작업이 전체 리스트의 구조와 리스트 내의 각 튜플을 준수하는지 확인할 수 있다.

딕셔너리와 마찬가지로 리스트도 객체이다. 호출할 수 있는 여러 메서드가 있다. 다음은 몇 가지 일반적인 것이다.

- `append(element)` 메서드는 리스트의 끝에 요소를 추가한다.
- `insert(index, element)` 메서드는 특정 위치에 항목을 삽입한다.
- `count(element)` 메서드는 요소가 리스트에 몇 번 나타나는지 알려준다.
- `index()` 메서드는 리스트에 있는 항목의 인덱스를 알려주고 찾을 수 없으면 예외를 발생시킨다.
- `find()` 메서드는 `index()`와 동일한 작업을 수행하지만 누락된 항목에 대한 예외를 발생시키는 대신 -1을 반환한다.
- `reverse()` 메서드는 말 그대로 리스트를 반전시킨다.
- `sort()` 메서드에는 다소 복잡한 객체지향적 동작이 있으며, 이제 이를 살펴볼 것이다.

일반적으로 사용되지 않는 몇 가지가 더 있다. 전체 메서드의 리스트는 파이썬 표준 라이브러리 문서의 '시퀀스 타입' 절에 있다. https://docs.python.org/3.9/library/stdtypes.html#sequence-types-list-tuple-range.

리스트 정렬

매개변수가 없으면 list 객체의 sort() 메서드는 일반적인 예상대로 동작한다. list[str] 객체를 갖는 경우 sort() 메서드는 항목을 알파벳 순서로 배치한다. 이 작업은 대소문자를 구분하므로 모든 대문자가 소문자보다 먼저 정렬된다. 즉, Z가 a 앞에 온다. 숫자 리스트인 경우에는 숫자 순서대로 정렬된다. 튜플의 리스트가 제공되면 튜플의 요소를 순서대로 비교해 리스트를 정렬한다. 정렬할 수 없는 항목이 포함된 혼합된 객체 타입이 제공되면 정렬은 TypeError 예외를 발생시킨다.

사용자 정의 클래스의 객체를 리스트에 넣고 그 객체를 정렬 가능하게 만들고 싶다면 좀 더 작업을 해야 한다. 해당 클래스의 인스턴스를 비교할 수 있도록 ~보다 작음을 나타내는 특수 메서드 __lt__()를 클래스에 정의해야 한다. 리스트의 sort 메서드는 각 객체의 이 메서드에 액세스해 리스트에서의 위치를 결정한다. 이 메서드는 클래스가 전달된 매개변수보다 작은 경우 True를 반환하고 그렇지 않은 경우 False를 반환해야 한다.

종종 이와 같은 비교가 필요할 때는 데이터클래스를 사용한다. '데이터클래스' 절에서 살펴본 것와 같이 @dataclass(order=True) 데코레이터는 모든 비교 메서드가 빌드됐음을 보장한다. 또한 명명된 튜플은 기본적으로 정의된 정렬 작업을 갖고 있다.

정렬과 관련해 발생하는 한 가지 까다로운 상황은 태그된 공용체tagged union라고 불리는 데이터 구조를 처리하는 것이다. 공용체는 속성이 항상 관련이 있는 것이 아닌 객체에 대한 설명이다. 속성의 관련성이 다른 속성의 값에 종속적인 경우 이것은 두 타입을 구별하기 위한 태그가 붙은 개별적인 하위 타입의 결합으로 볼 수 있다.

다음 예제 데이터에서는 태그 값인 '데이터 소스' 열이 나머지 열을 가장 잘 처리하는 방법을 결정한다. '데이터 소스'의 일부 값은 타임스탬프를 사용하도록 지시하지만 다른 값은 생성일자를 사용하도록 지시한다.

데이터 소스	타임스탬프	생성일자	이름,소유자,기타
Local	1607280522.68012		"Some File", etc.
Remote		"2020-12-06T13:47:52.849153"	"Another File", etc.
Local	1579373292.452993		"This File", etc.
Remote		"2020-01-18T13:48:12.452993"	"That File", etc.

이것을 어떻게 하나의 일관된 순서로 정렬할 수 있을까? 리스트에 하나의 일관된 데이터 타입을 갖고 싶지만 소스 데이터에는 태그를 가진 두 개의 하위 타입이 있다.

값을 구별하기 위해 단순해 보이는 if row.data_source == "Local":을 사용할 수 있지만 이것은 mypy를 혼란스럽게 할 수 있다. 한 두 개의 if 문은 나쁘지 않지만 문제에 대해 if 문을 던지는 디자인 원칙은 확장성이 좋지 않다.

이 예에서는 '타임스탬프'를 선호 표현으로 고려할 수 있다. 즉, 데이터 소스가 'Remote'인 항목의 생성 날짜 문자열로부터 타임스탬프만 계산하면 된다. 이 예제에서 부동소수점 값이나 문자열은 순서대로 적절하게 정렬된다. 문자열이 신중하게 디자인된 ISO 형식이기 때문에 이것은 잘 작동한다. 미국식 월-일-년 형식을 타임스탬프로 변환해야 한다.

다양한 입력 형식을 모두 파이썬의 datetime.datetime 객체로 변환하는 것도 또 다른 선택이 될 수 있다. 이것은 입력 형식과 뚜렷이 구별된다는 장점이 있다. 이것은 조금 더 많은 작업이 필요하지만 향후 변경될 수 있는 소스 데이터 형식에 얽매이지 않기 때문에 더 많은 유연성을 제공한다. 이 개념은 모든 입력 형식을 단일한 공통의 datetime.datetime 인스턴스로 변환하는 것이다.

핵심은 두 하위 타입을 객체의 단일 클래스인 것처럼 취급하는 것이다. 이것은 항상 잘 작동하지는 않는다. 종종 이것은 추가 고객이나 추가적인 소스 데이터가 있을 때 몰래 들어오는 디자인 제약사항이 된다.

데이터의 두 하위 타입을 모두 지원하는 단일 타입을 갖는 구현을 해보자. 이상적이지는 않지만 이는 소스 데이터와 잘 맞으며 종종 이런 종류의 데이터를 처리하게 될 것이다. 다음은 필수 클래스 정의이다.

```python
from typing import Optional, cast, Any
from dataclasses import dataclass
import datetime

@dataclass(frozen=True)
class MultiItem:
    data_source: str
```

```
        timestamp: Optional[float]
        creation_date: Optional[str]
        name: str
        owner_etc: str

        def __lt__(self, other: Any) -> bool:
          if self.data_source == "Local":
            self_datetime = datetime.datetime.fromtimestamp(
              cast(float, self.timestamp)
            )
          else:
            self_datetime = datetime.datetime.fromisoformat(
              cast(str, self.creation_date)
            )
          if other.data_source == "Local":
            other_datetime = datetime.datetime.fromtimestamp(
              cast(float, other.timestamp)
            )
          else:
            other_datetime = datetime.datetime.fromisoformat(
              cast(str, other.creation_date)
            )
          return self_datetime < other_datetime
```

__lt__() 메서드는 MultiItem 클래스의 객체를 동일한 클래스의 다른 인스턴스와 비교한다. 두 개의 암시적 하위 클래스가 있기 때문에 태그 속성인 self.data_source와 other.data_source를 확인해 다양한 필드 조합 중 어떤 것을 다루고 있는지 확인해야 한다. 타임스탬프 또는 문자열을 공통 표현으로 변환한다. 그러면 두 개의 공통 표현을 비교할 수 있다.

변환 처리는 거의 중복 코드이다. 이 절의 뒷부분에서 중복성을 제거하기 위해 이 코드를 리팩토링하는 방법을 살펴볼 것이다. 항목이 None이 아님을 mypy에 명확하게 알리려면 cast() 작업이 필요하다. 태그인 데이터 소스 열과 두 종류의 값을 매칭하는 규칙을 알고 있지만 이런 규칙은 mypy가 이를 활용할 수 있는 방식으로 명시돼야 한다. cast()는 런타임시에 mypy에게 데이터가 무엇인지 알려주는 방법일 뿐 실제로 발생하는 프로세스는 없다.

이 애플리케이션은 불완전한 타입 힌트를 가질 수 있으며, 그러면 버그를 가지고 실행돼 `MultiItem`의 인스턴스가 아닌 객체가 `MultiItem`의 인스턴스와 비교될 수 있다. 이로 인해 런타임 오류가 발생할 수 있다. cast()는 런타임에 영향을 미치지 않으면서 그 의도와 디자인을 명확히 하는 방법이다. 파이썬의 덕 타이핑으로 인해 올바른 속성을 가졌지만 예기치 않은 타입이 사용될 수 있으며, 이는 정상적으로 작동한다. 타입 힌트가 있더라도 단위 테스트는 필수적이다.

다음 출력은 이 클래스에서 정렬이 작동하는 것을 보여준다.

```
>>> mi_0 = MultiItem("Local", 1607280522.68012, None, "Some File",
"etc. 0")
>>> mi_1 = MultiItem("Remote", None, "2020-12-06T13:47:52.849153",
"Another File", "etc. 1")
>>> mi_2 = MultiItem("Local", 1579373292.452993, None, "This File",
"etc. 2")
>>> mi_3 = MultiItem("Remote", None, "2020-01-18T13:48:12.452993",
"That File", "etc. 3")
>>> file_list = [mi_0, mi_1, mi_2, mi_3]
>>> file_list.sort()

>>> from pprint import pprint
>>> pprint(file_list)
[MultiItem(data_source='Local', timestamp=1579373292.452993,
creation_date=None, name='This File', owner_etc='etc. 2'),
 MultiItem(data_source='Remote', timestamp=None, creation_date='2020-
01-18T13:48:12.452993', name='That File', owner_etc='etc. 3'),
 MultiItem(data_source='Remote', timestamp=None, creation_date='2020-
12-06T13:47:52.849153', name='Another File', owner_etc='etc. 1'),
 MultiItem(data_source='Local', timestamp=1607280522.68012,
creation_date=None, name='Some File', owner_etc='etc. 0')]
```

단일 클래스 정의로 통합된 다양한 하위 타입 사이에 비교 규칙이 적용됐다. 그러나 규칙이 더 복잡해지면 다루기 어려워질 수 있다.

정렬을 가능하게 하려면 __lt__() 메서드만 구현하면 된다. 완전성을 위해 클래스에서 __gt__(), __eq__(), __ne__(), __ge__(), __le__() 등의 메서드를 구현할 수도 있다. 이렇게 하면 모든 <, >, ==, !=, >=, <= 연산자도 제대로 작동한다. __lt__()와 __eq__()를 구현하고 @total_ordering 클래스 데코레이터를 적용하면 그 나머지를 얻을 수 있다.

```python
from functools import total_ordering
from dataclasses import dataclass
from typing import Optional, cast
import datetime

@total_ordering
@dataclass(frozen=True)
class MultiItem:
  data_source: str
  timestamp: Optional[float]
  creation_date: Optional[str]
  name: str
  owner_etc: str

  def __lt__(self, other: "MultiItem") -> bool:
    연습: 아래의 __eq__ 와 같이 이 메서드를 다시 작성하라.

  def __eq__(self, other: object) -> bool:
    return self.datetime == cast(MultiItem, other).datetime

  @property
  def datetime(self) -> datetime.datetime:
    if self.data_source == "Local":
      return datetime.datetime.fromtimestamp(
        cast(float, self.timestamp))
    else:
      return datetime.datetime.fromisoformat(
        cast(str, self.creation_date))
```

__lt__() 메서드 본문은 반복해서 넣지 않았다. 독자가 __eq__() 메서드처럼 보이도록 다시 작성하기를 권한다. < 와 = 의 일부 조합을 제공하면 @total_order 데코레이터가 나머지 논리 연산자 구현을 추론할 수 있다. 예를 들어 $a \geq b \equiv \neg(a < b)$의 경우, __ge__(self, other)의 구현은 not self < other이다.

이 클래스 메서드 정의는 이런 객체들 사이에서 timestamp 및 creation_date 속성을 비교하는 것으로 매우 좁혀져 있다는 점에 유의하라. 이런 메서드 정의는 정확히 비교 유스 케이스 중 정확히 하나만을 반영하기 때문에 이상적이지 않다. 종종 두 가지 가능한 디자인을 가질 수 있다.

- 특정 유스 케이스에 초점을 맞춰 비교 작업을 좁게 정의한다. 이 예제에서는 타임 스탬프만 비교하고 다른 모든 속성은 무시한다. 이것은 유연하지는 않지만 매우 효율적일 수 있다.

- 사용할 수 있는 다른 순서 비교가 너무 많기 때문에 종종 __eq__() 및 __ne__()만 지원하는 비교 연산을 광범위하게 정의한다. 클래스 외부에서 개별 속성 비교 규칙을 추출해 정렬 작업의 일부로 만든다.

두 번째 디자인 전략은 비교를 클래스의 일부분으로 만드는 대신에 sort() 메서드 평가의 일부로 비교를 국한시켜야 한다. sort() 메서드는 key 인수를 옵션으로 사용할 수 있다. 이를 통해 sort() 메서드에 "키 추출" 함수를 제공한다. sort()에 대한 이 key 인수는 리스트의 각 객체를 비교할 수 있는 객체로 변환하는 함수이다. 이 예제의 경우 비교를 위해 timestamp 또는 creation_date를 추출하는 함수가 필요하다. 코드는 다음과 같다.

```
@dataclass(frozen=True)
class SimpleMultiItem:
  data_source: str
  timestamp: Optional[float]
  creation_date: Optional[str]
  name: str
  owner_etc: str

def by_timestamp(item: SimpleMultiItem) -> datetime.datetime:
  if item.data_source == "Local":
    return datetime.datetime.fromtimestamp(
      cast(float, item.timestamp))
  elif item.data_source == "Remote":
    return datetime.datetime.fromisoformat(
      cast(str, item.creation_date))
  else:
    raise ValueError(f"Unknown data_source in {item!r}")
```

다음은 이 by_timestamp() 함수를 통해 각 SimpleMultiItem 객체의 datetime 객체를 비교하는 방법이다.

```
>>> file_list.sort(key=by_timestamp)
```

정렬 규칙을 클래스에서 분리해 단순화시켰다. 이 디자인을 활용해 다른 종류의 정렬을 제공할 수 있다. 예를 들어 이름으로만 정렬할 수 있다. 변환이 필요하지 않기 때문에 이 것은 더 간단하다.

```
>>> file_list.sort(key=lambda item: item.name)
```

항목을 인수로 사용해 `item.name` 값을 반환하는 이름 없는 작은 함수인 람다 객체를 만 들었다. 람다는 함수이지만 이름도 없고 명령문도 가질 수 없다. 단 하나의 표현식만 있 다. 예를 들어 try/except 절과 같은 명령문이 필요한 경우에는 sort() 메서드 인수 외 부에 함수 정의가 필요하다.

파이썬 팀에서 제공하는 매우 일반적인 몇 가지 정렬 키 연산이 있으므로 직접 작성할 필요가 없다. 예를 들어 리스트의 첫 번째 항목이 아닌 다른 항목을 기준으로 튜플 리스 트를 정렬하는 것도 일반적이다. 이를 위해 `operator.attrgetter` 메서드를 키로 사용할 수 있다.

```
>>> import operator
>>> file_list.sort(key=operator.attrgetter("name"))
```

attrgetter() 함수는 객체에서 특정 속성을 가져온다. 튜플이나 딕셔너리로 작업할 때 는 itemgetter()를 사용해 이름이나 위치로 특정 항목을 추출할 수 있다. 정렬되는 객체 에 대한 메서드 호출의 결과를 반환하는 methodcaller()도 있다. 자세한 내용은 operator 모듈 문서를 참조하라.

데이터 객체는 단일한 정렬 순서만 갖는 경우가 거의 없다. sort() 메서드에 키 함수를 제공하면 복잡한 클래스 정의를 만들지 않고도 다양한 정렬 규칙을 정의할 수 있다.

딕셔너리와 리스트를 살펴봤으니 이제 집합으로 주의를 돌릴 수 있다.

⠿ 집합

리스트는 많은 컨테이너 객체 애플리케이션에 적합한 매우 다재다능한 도구이다. 그러나 리스트 내의 객체가 고유한지 확인하려는 경우에는 유용하지 않다. 예를 들어 노래 라이브러리에는 같은 아티스트의 많은 노래가 포함될 수 있다. 라이브러리를 정렬하고 모든 아티스트의 리스트를 만들려면 이미 추가한 아티스트가 있는지 알기 위해 리스트를 확인해야 한다.

바로 이 때 집합^{set}이 필요하다. 집합은 수학에서 유래했으며 순서가 없는 고유한 항목의 그룹을 나타낸다. 집합에 한 항목을 다섯 번 추가하려고 시도할 수 있지만 "집합의 멤버임"은 처음 추가한 후 변경되지 않는다.

파이썬에서 집합은 문자열이나 숫자뿐만 아니라 해시 가능한 모든 객체를 보유할 수 있다. 해시 가능한 객체는 __hash__() 메서드를 구현한다. 이들은 딕셔너리에서 키로 사용할 수 있는 것과 동일한 객체이다. 따라서 가변인 리스트, 집합, 딕셔너리에는 이 메서드가 없다. 수학의 집합과 마찬가지로 각 객체의 복사본은 하나만 저장할 수 있다. 아티스트의 리스트를 만들려는 경우 문자열 이름의 집합을 생성하고 이 집합에 추가하면 된다. 이 예제는 (song, artist) 튜플 리스트로 시작해 아티스트의 집합을 생성한다.

```
>>> song_library = [
...     ("Phantom Of The Opera", "Sarah Brightman"),
...     ("Knocking On Heaven's Door", "Guns N' Roses"),
...     ("Captain Nemo", "Sarah Brightman"),
...     ("Patterns In The Ivy", "Opeth"),
...     ("November Rain", "Guns N' Roses"),
...     ("Beautiful", "Sarah Brightman"),
...     ("Mal's Song", "Vixy and Tony"),
... ]

>>> artists = set()
>>> for song, artist in song_library:
...     artists.add(artist)
```

리스트 및 딕셔너리와는 다르게 빈 집합에 대한 내장 구문은 없다. set() 생성자를 사용해 집합을 생성한다. 그러나 집합이 값을 포함하는 경우에는 딕셔너리 구문에서 차용한 중괄호를 사용해 집합을 만들 수 있다. 딕셔너리는 {'key': 'value', 'key2': 'value2'} 와 같이 콜론을 사용해 키-값 쌍을 구분한다. 집합은 {'value', 'value2'}와 같이 값을 쉼표로 구분한다.

항목은 add() 메서드를 사용해 집합에 개별적으로 추가할 수 있으며 update() 메서드를 사용해 대량으로 업데이트할 수 있다. 위에 표시된 스크립트를 실행하면 집합이 얘기한 대로 작동하는 것을 볼 수 있다.

```
{'Sarah Brightman', "Guns N' Roses", 'Vixy and Tony', 'Opeth'}
```

출력을 주의 깊게 보면 항목이 집합에 추가된 순서대로 출력되지 않는다는 것을 알 수 있다. 실제로 이것은 실행할 때마다 항목이 다른 순서로 표시될 수 있다.

집합은 멤버에 대한 효율적인 액세스를 위해 사용되는 해시 기반 데이터 구조로 인해 본질적으로 순서가 지정되지 않는다. 순서가 없기 때문에 집합은 인덱스로 항목을 조회할 수 없다. 집합의 주요 목적은 세상을 집합에 있는 것과 집합에 없는 것의 두 그룹으로 나누는 것이다. 항목이 집합에 있는지 확인하거나 집합에 있는 항목을 반복 처리하는 것은 쉽지만, 정렬하거나 순서를 갖게 하려면 집합을 리스트로 변환해야 한다. 다음 출력은 이런 세 가지 동작을 모두 보여준다.

```
>>> "Opeth" in artists
True
>>> alphabetical = list(artists)
>>> alphabetical.sort()
>>> alphabetical
["Guns N' Roses", 'Opeth', 'Sarah Brightman', 'Vixy and Tony']
```

다음 출력은 매우 가변적이다. 사용되는 해시 무작위화에 따라 순서가 바뀐다.

```
>>> for artist in artists:
...     print(f"{artist} plays good music")
...
Sarah Brightman plays good music
Guns N' Roses plays good music
```

```
Vixy and Tony play good music
Opeth plays good music
```

집합의 주요 특징은 고유성이다. 집합은 종종 데이터 중복 제거에 사용된다. 집합은 컬렉션 간의 합집합^{union} 및 차집합^{difference}을 포함해 조합을 만들 때 사용된다. 집합 타입에 대한 대부분의 메서드는 다른 집합에서도 동작하므로 두 개 이상의 집합에 있는 항목을 효율적으로 결합하거나 비교할 수 있다.

union 메서드는 가장 일반적이고 이해하기 쉽다. 두 번째 집합을 매개변수로 사용해 두 집합에 있는 모든 요소를 포함하는 새 집합을 반환한다. 요소가 두 원본 집합에 모두 있는 경우 새 집합에는 한 번만 표시된다. 합집합은 or 논리 연산과 같다. 실제로 메서드 호출이 마음에 들지 않으면 | 연산자를 두 집합에 사용해 합집합 연산을 수행할 수 있다.

반대로 intersection 메서드는 두 번째 집합을 매개변수로 받아 양쪽 집합에 모두 존재하는 요소만 포함하는 새 집합을 반환한다. and 논리 연산과 같으며 & 연산자를 사용할 수도 있다.

마지막으로 symmetric_difference 메서드는 남아있는 것이 무엇인지 알려준다. 이것은 둘 중 하나의 집합에는 있지만 양쪽 모두에는 없는 객체의 집합이며 ^ 연산자를 사용한다. 다음 예제는 두 사람이 선호하는 아티스트를 비교하기 위해 이런 메서드를 사용하는 방법을 보여준다.

```
>>> dusty_artists = {
...     "Sarah Brightman",
...     "Guns N' Roses",
...     "Opeth",
...     "Vixy and Tony",
... }
>>> steve_artists = {"Yes", "Guns N' Roses", "Genesis"}
```

다음은 합집합, 교집합, 대칭 차집합의 세 가지 예이다.

```
>>> print(f"All: {dusty_artists | steve_artists}")
All: {'Genesis', "Guns N' Roses", 'Yes', 'Sarah Brightman', 'Opeth',
 'Vixy and Tony'}
>>> print(f"Both: {dusty_artists.intersection(steve_artists)}")
Both: {"Guns N' Roses"}
>>> print(
...     f"Either but not both: {dusty_artists ^ steve_artists}"
... )
Either but not both: {'Genesis', 'Sarah Brightman', 'Opeth', 'Yes',
 'Vixy and Tony'}
```

합집합, 교집합, 대칭 차집합 메서드는 교환법칙이 성립한다. dusty_artists.union(steve_artists)와 steve_artists.union(dusty_artists)는 동일한 결과를 얻을 수 있다. 값의 순서는 해시 무작위화로 인해 달라지지만 두 집합에 동일한 항목이 표시된다.

누가 호출자이고 누가 인수인지에 따라 다른 결과를 반환하는 메서드도 있다. 이런 메서드에는 서로 반대인 issubset 및 issuperset이 포함된다. 둘 다 bool을 반환한다.

- issubset 메서드는 호출 집합의 모든 항목이 인수로 전달된 집합에도 있는 경우에 True를 반환한다. 이를 위해 <= 연산자를 사용할 수 있다.

- issuperset 메서드는 인수 집합의 모든 항목이 호출 집합에도 있는 경우 True를 반환한다. 따라서 s.issubset(t), s <= t, t.issuperset(s), t >= s 등은 모두 동일하다.

- t에 s의 모든 요소가 포함돼 있으면 둘 다 True를 반환한다. < 및 > 연산자는 적절한 하위 집합 및 상위 집합에 사용되며 이런 작업을 위해 명명된 메서드는 없다.

마지막으로 difference 메서드는 호출 집합에 있지만 인수로 전달된 집합에는 없는 모든 요소를 반환한다. difference 메서드는 - 연산자로 나타낼 수도 있다. 다음 코드는 이런 메서드들의 동작을 보여준다.

```
>>> artists = {"Guns N' Roses", 'Vixy and Tony', 'Sarah Brightman',
 'Opeth'}
>>> bands = {"Opeth", "Guns N' Roses"}
```

```
>>> artists.issuperset(bands)
True
>>> artists.issubset(bands)
False
>>> artists - bands
{'Sarah Brightman', 'Vixy and Tony'}

>>> bands.issuperset(artists)
False
>>> bands.issubset(artists)
True
>>> bands.difference(artists)
set()
```

마지막 표현식에서 bands에는 artists에 없는 항목이 없기 때문에 difference 메서드는 빈 집합을 반환한다. 다른 방식으로 보면 bands의 값에서 아티스트의 모든 항목을 제거한다. bands - artists로 생각하는 것이 도움이 될 수 있다.

union, intersection, difference 등의 메서드는 모두 여러 개의 집합을 인수로 사용할 수 있다. 예상할 수 있듯이 모든 매개변수에 대해 연산이 호출될 때마다 생성된 집합을 반환한다.

따라서 집합에 대한 메서드는 집합이 다른 집합에 대해 작동하도록 돼 있기 때문에 단순한 컨테이너가 아님을 분명히 암시한다. 두 개의 서로 다른 소스에서 데이터가 들어오고 데이터가 중복되거나 서로 다른 항목을 결정하기 위해 어떤 방식으로든 빠르게 결합해야 하는 경우 집합 연산을 사용해 효율적으로 비교할 수 있다. 또는 이미 처리된 데이터에 대해 중복을 포함할 수 있는 데이터 수신이 있는 경우 집합을 사용해 둘을 비교하고 새 데이터만 처리할 수 있다.

마지막으로 in 키워드를 사용해 멤버 자격을 확인할 때 집합이 리스트보다 훨씬 더 효율적임을 아는 것이 중요하다. 집합이나 리스트에서 value in container 구문을 사용하는 경우 container의 요소 중 하나가 value와 같으면 True를 반환하고 그렇지 않으면 False를 반환한다. 하지만 리스트는 값을 찾을 때까지 컨테이너의 모든 객체를 살펴보는 반면 집합은 단순히 해시값을 통해 멤버 자격을 확인한다. 즉, 컨테이너의 크기에 관계없이 집합은 동일한 시간에 값을 찾지만 리스트는 값이 많을수록 값을 검색하는 데 시간이 더 오래 걸린다.

⁝⊁ 세 가지 타입의 큐

큐queue를 생성하기 위한 리스트 구조의 애플리케이션을 살펴보자. 큐는 선입선출FIFO, First In First Out로 요약되는 특수한 종류의 버퍼이다. 이 아이디어는 임시로 감추는 역할을 통해 애플리케이션의 한 부분이 큐에 쓸 수 있고 다른 부분이 큐의 항목을 소비할 수 있도록 하는 것이다.

데이터베이스는 디스크에 기록하기 위한 데이터 큐를 가질 수 있다. 애플리케이션이 업데이트를 수행할 때 데이터의 로컬 캐시 버전이 업데이트되면 다른 모든 애플리케이션에서 변경사항을 볼 수 있다. 그러나 디스크에 대한 쓰기는 작성자가 몇 밀리초 후에 처리되도록 큐에 배치될 수 있다.

파일과 디렉터리를 다룰 때 큐는 나중에 처리할 수 있도록 디렉터리의 세부 정보를 숨겨두는 편리한 장소가 될 수 있다. 디렉터리는 종종 파일 시스템의 루트에서 관심 있는 파일까지의 경로를 표현한다. Path 객체에 대해서는 9장 '문자열, 직렬화, 파일 경로'에서 자세히 살펴볼 것이다. 알고리듬은 다음과 같이 작동한다.

```
큐는 빈 상태로 시작된다.
큐에 기본 디렉터리를 추가한다.
큐가 비어 있지 않으면:
    큐로부터 첫 번째 항목을 꺼낸다.
    If 항목이 파일이면:
        항목을 처리한다.
    Else 항목이 디렉터리이면:
        For 디렉터리 내의 각 하위 항목
            이 하위 항목을 큐에 추가한다.
```

리스트와 비슷한 이 구조는 append()를 통해 커지고 pop(0)를 통해 줄어든다. 이것은 다음과 같이 시각화할 수 있다.

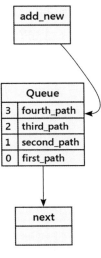

그림 7.1 큐 개념

아이디어는 큐가 커지고 줄어드는 것이다. 각 디렉터리는 큐를 늘리고 각 파일은 큐를 줄어들게 한다. 결국 모든 파일과 디렉터리가 처리되면 큐는 비어 있게 된다. 본래의 순서는 FIFO 규칙에 의해 유지된다.

파이썬에서 큐를 구현하는 몇 가지 방법이 있다.

1. 리스트의 pop() 및 append() 메서드를 사용한다.

2. Popleft() 및 append() 메서드를 지원하는 collections.deque 구조를 사용한다. Deque는 양방향 큐Double-Ended Queue이다. 이것은 양쪽 끝 모두에서 넣고 뺄 수 있기 때문에 추가 및 제거와 같은 특정 작업에 대해 단순 리스트보다 빠른 큐 구현이다.

3. queue 모듈은 멀티스레딩에 자주 사용되는 큐를 제공하지만 단일 스레드가 디렉터리 트리를 검사할 때도 사용할 수 있다. 이것은 get() 및 put() 메서드를 사용한다. 이 구조는 동시성concurrency을 위해 디자인됐기 때문에 각 변경이 원자적이며 다른 스레드에 의해 중단되지 않도록 데이터 구조를 잠근다. 멀티스레딩이 아닌 애플리케이션의 경우에는 잠금 오버헤드로 인한 성능 저하를 피할 수 있다. 이것은 14장 '동시성'의 주제이다.

heapq 모듈은 큐도 제공하지만 이 장의 예제와 관련이 없는 몇 가지 추가적인 처리를 수행한다. 항목을 큐에 넣은 순서가 아닌 우선 순위를 지정할 수 있어 FIFO 규칙을 깨뜨린다. 이것을 8장의 '함수도 객체이다' 절에서 사용할 것이다.

각각의 구현은 약간씩 다르다. 따라서 균일한 인터페이스를 제공하기 위해 그 구현 주위에 편리한 래퍼 클래스를 만들면 좋을 것이다. 다음과 같은 클래스 정의를 만들 수 있다.

```python
class ListQueue(List[Path]):
  def put(self, item: Path) -> None:
    self.append(item)

  def get(self) -> Path:
    return self.pop(0)

  def empty(self) -> bool:
    return len(self) == 0
```

이것은 큐에 대한 세 가지 필수 연산을 보여준다. 큐에 무언가를 넣어 끝에 추가할 수 있다. 큐의 앞단에서 무언가를 얻은 후 해당 아이템을 제거할 수 있다. 마지막으로 큐가 비어 있는지 물어볼 수 있다. 이것을 확장한 세 가지 새로운 메서드인 put(), get(), empty()를 리스트 클래스에 추가했다.

다음은 약간 다른 구현이다. typing.Deque 타입 힌트는 collections.deque 클래스를 둘러싼 래퍼이다. 최근의 파이썬에서는 collections.deque 클래스가 변경돼 특별한 힌트가 필요하지 않다.

```python
from typing import Deque

class DeQueue(Deque[Path]):
  def put(self, item: Path) -> None:
    self.append(item)

  def get(self) -> Path:
    return self.popleft()

  def empty(self) -> bool:
    return len(self) == 0
```

이 구현과 일반 리스트 구현 사이의 차이점을 구분하기는 어렵다. `popleft()` 메서드는 리스트에서 `pop(0)`의 빠른 버전이다. 그 외에는 리스트 기반 구현과 매우 유사해 보인다.

다음은 queue 모듈을 사용하는 최종 버전이다. 이 queue 모듈 구현은 잠금을 사용해 다중 스레드에서 동시 액세스로 인해 데이터 구조가 손상되는 것을 방지한다. 약간의 성능 비용을 제외하고는 일반적으로 큰 차이가 없다.

```python
import queue
from typing import TYPE_CHECKING

if TYPE_CHECKING:
    BaseQueue = queue.Queue[Path] # mypy를 위해
else:
    BaseQueue = queue.Queue          # 런타임시에 사용됨

class ThreadQueue(BaseQueue):
    pass
```

이 구현은 Queue 클래스 인터페이스를 다른 두 클래스의 템플릿으로 사용하기로 결정했기 때문에 작동한다. 즉 이 클래스를 구현하기 위해 실제 작업을 할 필요가 없음을 의미한다. 이 디자인은 위의 다른 클래스 디자인의 최종 목표였다.

하지만 타입 힌트는 좀 복잡해 보인다. queue.Queue 클래스 정의도 일반 타입 힌트이다. 코드가 mypy에 의해 검사될 때 TYPE_CHECKING 변수는 True이고 일반 타입에 매개변수를 제공해야 한다. TYPE_CHECKING 변수가 False이면 mypy를 사용하지 않으며 런타임에 큐를 정의하기 위해서는 매개변수 없이 클래스 이름만 있으면 된다.

이 세 가지 클래스는 정의된 세 개의 메서드 측면에서 서로 유사하다. 따라서 이들을 위한 추상 기본 클래스를 정의할 수 있다. 또는 다음과 같이 타입 힌트를 제공할 수 있다.

```python
PathQueue = Union[ListQueue, DeQueue, ThreadQueue]
```

이 PathQueue 타입 힌트는 세 가지 타입을 모두 요약해 최종 구현에서 선택할 수 있는 세 개의 클래스 중 하나의 객체를 정의할 수 있게 해준다.

"어느 것이 더 나은가"라는 질문에 대한 대답은 "해야 할 일이 무엇인지에 달려 있다"는 것이다.

- 단일 스레드 애플리케이션의 경우에는 collection.deque가 이상적이다. 바로 이 목적을 위해 디자인됐다.

- 다중 스레드 애플리케이션의 경우 queue.Queue는 다중 동시성 스레드에서 읽고 쓸 수 있는 데이터 구조를 제공한다. 이에 대해서는 14장 '동시성'에서 다시 다룰 것이다.

다양한 목적을 위해 list 클래스와 같은 내장 구조를 종종 활용할 수 있지만 이상적이지 않을 수 있다. 다른 두 구현은 내장 리스트를 넘어서는 이점을 제공한다. 파이썬의 표준 라이브러리와 PYPI^{Python Package Index}를 통해 사용할 수 있는 광범위한 외부 패키지 에코 시스템은 일반 구조를 개선할 수 있게 해준다. 중요한 것은 완벽한 패키지를 찾기 전에 개선할 사항이 무엇인지 아는 것이다. 앞의 예제에서 deque와 list 사이의 성능 차이는 작다. 오히려 원시 데이터를 수집하는 데 필요한 OS 작업이 차지하는 시간이 지배적이다. 여러 호스트에 걸쳐 있는 대규모 파일 시스템의 경우에는 그 차이가 더 커질 것이다.

파이썬의 객체지향은 대안적인 디자인을 탐색할 수 있는 자유를 준다. 문제를 더 잘 이해하고 수용 가능한 솔루션에 도달하기 위한 방법으로서 문제에 대해 하나 이상의 솔루션을 자유롭게 시도해야 한다.

꞉꞉꞉ 사례 연구

이 장의 사례 연구에서는 파이썬의 @dataclass 정의를 활용해 이전 디자인을 다시 살펴볼 것이다. 데이터클래스는 디자인을 합리적으로 만들 수 있는 잠재력을 가지고 있다. 몇 가지 선택사항과 제약사항도 살펴볼 것이다. 이것은 하나의 명백한 최선의 접근방식이 없는 상황에서 일련의 어려운 엔지니어링 트레이드오프를 탐색하도록 이끌 것이다.

불변인 NamedTuple 클래스 정의도 살펴볼 것이다. 이 객체는 내부 상태변경이 없으므로 디자인 단순화의 가능성을 준다. 또한 상속보다는 구성 관계를 사용하도록 디자인을 변경할 것이다.

논리 모델

지금까지의 model.py 모듈에 대한 디자인을 검토해 보자. 이것은 샘플이 사용되는 다양한 방법을 반영하기 위해 사용되는 Sample 클래스 정의의 계층 구조를 보여준다.

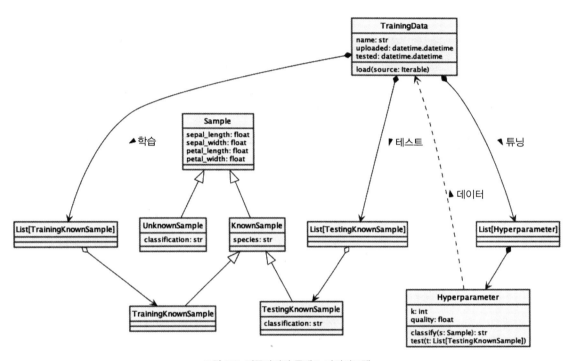

그림 7.2 지금까지의 클래스 다이어그램

다양한 Sample 클래스는 데이터클래스 정의와 매우 잘 맞는다. 이 객체들은 여러 속성을 가지며 자동으로 빌드되는 메서드는 원하는 동작과 맞는 것처럼 보인다. 다음은 완전히 수작업으로 빌드하는 대신에 @dataclass로 구현한 수정된 Sample 클래스이다.

```
from dataclasses import dataclass, asdict
from typing import Optional

@dataclass
```

```
class Sample:
    sepal_length: float
    sepal_width: float
    petal_length: float
    petal_width: float
```

@dataclass 데코레이터를 사용해 제공된 속성 타입 힌트로부터 클래스를 생성했다. 그 결과 Sample 클래스를 다음과 같이 사용할 수 있다.

```
>>> from model import Sample
>>> x = Sample(1, 2, 3, 4)
>>> x
Sample(sepal_length=1, sepal_width=2, petal_length=3, petal_width=4)
```

이 예제는 @dataclass 데코레이터로 정의된 클래스의 인스턴스를 생성하는 방법을 보여 준다. 표현 함수 __repr__()는 자동으로 생성된다는 것에 주의하라. 따라서 위의 예제와 같이 유용한 세부정보를 표시한다. 이건 매우 즐거운 일이다.

다음은 Sample 클래스 계층 구조 중 일부에 대한 정의이다.

```
@dataclass
class KnownSample(Sample):
    species: str

@dataclass
class TestingKnownSample(KnownSample):
    classification: Optional[str] = None

@dataclass
class TrainingKnownSample(KnownSample):
    """주의: classification 인스턴스 변수를 사용할 수 없다."""
    pass
```

이것은 1장, '객체지향 디자인'에서 설명하고 4장, '예상치 못한 상황을 예상하기'에서 확장된 사용자 스토리를 다루는 것 같다. 학습 데이터를 제공하고, 분류기를 테스트하며, 미지의 샘플을 분류할 수 있다. 많은 코드를 작성하지 않고도 유용한 기능을 얻을 수 있다.

그러나 잠재적인 문제를 가지고 있다. TrainingKnownSample 인스턴스에 classification 속성을 설정하는 것이 허용되지만 이는 좋은 생각이 아닌 것 같다. 다음은 학습에 사용할 샘플을 생성한 다음에 classification 속성도 설정하는 예이다.

```
>>> from model import TrainingKnownSample
>>> s1 = TrainingKnownSample(
...     sepal_length=5.1, sepal_width=3.5, petal_length=1.4,
...     petal_width=0.2, species="Iris-setosa")
>>> s1
TrainingKnownSample(sepal_length=5.1, sepal_width=3.5,
petal_length=1.4, petal_width=0.2, species='Iris-setosa')

# 이것은 바람직하지 않다...
>>> s1.classification = "wrong"
>>> s1
TrainingKnownSample(sepal_length=5.1, sepal_width=3.5,
petal_length=1.4, petal_width=0.2, species='Iris-setosa')
>>> s1.classification
'wrong'
```

일반적으로 파이썬은 객체에 classification과 같은 새 속성을 생성하는 것을 막지 않는다. 이 동작은 숨겨진 버그의 원인이 될 수 있다. 좋은 단위 테스트는 종종 이런 버그를 노출한다. 추가 속성은 이 클래스에 대한 __repr__() 메서드 처리 또는 __eq__() 메서드 비교에 반영되지 않는다는 점에 유의하라. 물론 심각한 문제는 아니다. 이후의 절에서 고정된 데이터클래스뿐만 아니라 typing.NamedTuple 클래스를 사용해 이 문제를 다룰 것이다.

이 모델의 나머지 클래스는 Sample 클래스가 데이터클래스로 구현되는 것과 같은 큰 이점을 누리지 못한다. 클래스에 속성이 많고 메서드가 별로 없는 경우에는 @dataclass 정의가 큰 도움이 된다.

@dataclass 처리로 가장 큰 이점을 얻을 수 있는 또 다른 클래스는 Hyperparameter 클래스이다. 다음은 메서드 본문이 생략된 클래스 정의의 첫 번째 부분이다.

```
@dataclass
class Hyperparameter:
    """k 및 거리 계산 알고리듬이 있는 튜닝 매개변수 집합"""
```

```
k: int
algorithm: Distance
data: weakref.ReferenceType["TrainingData"]

def classify(self, sample: Sample) -> str:
  """k-NN 알고리듬"""
  ...
```

이것은 from __future__ import annotations을 사용할 때 가능한 흥미로운 기능을 보여준 다. 특히, weakref.ReferenceType["TrainingData"]의 값은 두 가지 뚜렷한 목표를 갖는다.

- mypy 도구는 이것을 사용해 타입 참조를 확인한다. 반드시 한정자 weakref. ReferenceType["TrainingData"]를 제공해야 한다. 이것은 아직 정의되지 않은 TrainingData 클래스에 대한 정방향 참조로서 문자열을 사용한다.

- 클래스 정의를 빌드하기 위해 @dataclass 데코레이터에 의해 런타임에 평가될 때 추가적인 타입 한정자는 사용되지 않는다.

classify() 메서드의 상세 내용은 생략했다. 10장 '이터레이터 패턴'에서 몇 가지 대안적 인 구현을 검토할 것이다.

아직 데이터클래스의 모든 기능을 보지 못했다. 다음 절에서는 학습 데이터의 일부가 테 스트 목적으로 사용되는 버그를 찾는 데 도움이 되도록 데이터클래스를 고정할 것이다.

고정된 데이터클래스

데이터클래스의 일반적인 용도는 가변 객체를 생성하는 것이다. 속성에 새 값을 할당해 객체의 상태를 변경할 수 있다. 이것이 항상 바람직한 기능은 아니며 데이터클래스를 불변으로 만들 수도 있다.

«Frozen» 스테레오타입을 추가해 디자인의 UML 다이어그램을 설명할 수 있다. 이 표기 법은 객체를 불변으로 만드는 구현을 상기시키는 데 도움이 될 수 있다. 또한 고정된 데 이터클래스는 상속을 통한 확장도 고정돼야 한다는 중요 규칙도 지켜야 한다.

고정된 Sample 객체에 대한 정의는 미지의 샘플이나 테스트 샘플을 처리하는 가변 객체와 별도로 유지돼야 한다. 이것은 이 디자인을 두 개의 클래스 패밀리로 나눈다.

- 불변 클래스의 작은 계층, 특히 Sample 및 KnownSample.

- 이런 고정된 클래스를 활용하는 일부 관련 클래스

테스트 샘플, 학습 샘플, 미지의 샘플에 대한 관련 클래스는 거의 동일한 메서드와 속성을 가진 느슨한 클래스 모음을 형성한다. 이것을 관련 클래스들의 "패들링[paddling]"이라고 부를 수 있다. 이것은 덕 타이핑 규칙에서 비롯된다. "오리처럼 걷고 오리처럼 꽥꽥거리는 새를 보면 그 새를 오리라고 부른다." 동일한 속성과 메서드를 가진 클래스에서 생성된 객체는 공통 추상 상위 클래스가 없더라도 상호 호환될 수 있다.

이 수정된 디자인을 다음과 같은 다이어그램으로 설명할 수 있다.

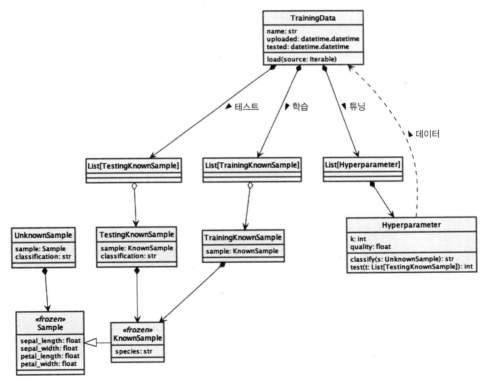

그림 7.3 고정된 클래스가 있는 수정된 클래스 다이어그램

다음은 Sample 클래스 계층 구조를 변경한 것이다. 몇몇 곳에 있는 frozen=True는 비교적 쉽게 간과될 수 있다.

```python
@dataclass(frozen=True)
class Sample:
    sepal_length: float
    sepal_width: float
    petal_length: float
    petal_width: float


@dataclass(frozen=True)
class KnownSample(Sample):
    species: str

@dataclass
class TestingKnownSample:
    sample: KnownSample
    classification: Optional[str] = None

@dataclass(frozen=True)
class TrainingKnownSample:
    """분류할 수 없음."""
    sample: KnownSample
```

TrainingKnownSample 또는 TestingKnownSample의 인스턴스를 생성할 때 이 객체들의 구성 관계에 유의해야 한다. 이 각 클래스 내부에는 고정된 KnownSample 객체가 있다. 다음 예제는 구성 객체를 생성하는 한 가지 방법을 보여준다.

```python
>>> from model_f import TrainingKnownSample, KnownSample
>>> s1 = TrainingKnownSample(
...     sample=KnownSample(
...         sepal_length=5.1, sepal_width=3.5,
...         petal_length=1.4, petal_width=0.2, species="Iris-setosa"
...     )
... )
>>> s1
TrainingKnownSample(sample=KnownSample(sepal_length=5.1, sepal_width=3.5,
petal_length=1.4, petal_width=0.2, species='Iris-setosa'))
```

KnownSample 객체를 포함하는 TrainingKnownSample 인스턴스의 이 중첩된 구성은 명시적이다. 불변의 KnownSample 객체를 노출한다.

고정된 디자인은 미묘한 버그를 감지하는 데 매우 좋다. 다음 예제는 TrainingKnownSample을 부적절하게 사용해 발생한 예외를 보여준다.

```
>>> s1.classification = "wrong"
Traceback (most recent call last):
... details omitted
dataclasses.FrozenInstanceError: cannot assign to field
'classification'
```

학습 인스턴스를 변경하는 버그를 실수로 만들 수 없다.

학습셋에 인스턴스를 할당할 때 중복을 더 쉽게 발견할 수 있는 보너스 기능이 하나 더 있다. Sample 및 KnownSample 클래스의 고정 버전은 일관된 hash() 값을 생성한다. 이를 통해 공통 해시값을 가진 항목의 하위 집합을 검사해 중복값을 쉽게 찾을 수 있다.

@dataclass 및 @dataclass(frozen=True)를 적절히 사용하면 객체지향 파이썬을 구현하는데 큰 도움이 될 수 있다. 이런 정의는 최소한의 코드로 풍부한 기능을 제공한다.

여기서 사용할 수 있는 또 다른 기술은 고정된 데이터클래스와 유사한 typing.NamedTuple이다. 이에 대해서는 다음 절에서 살펴볼 것이다.

NamedTuple 클래스

typing.NamedTuple을 사용하는 것은 @dataclass(frozen=True)를 사용하는 것과 유사하다. 그러나 세부 구현에서는 몇 가지 중요한 차이점이 있다. 특히 typing.NamedTuple 클래스는 명백한 방식으로 상속을 지원하지 않는다. 이것은 Sample 클래스 계층 구조에서 객체의 구성 관계를 기반으로 하는 디자인으로 인도한다. 상속은 종종 기본 클래스를 확장해 기능을 추가하기 위해 사용한다. 구성은 서로 다른 클래스의 여러 부분을 갖는 객체를 빌드하는 경우에 사용한다.

다음은 NamedTuple을 사용한 Sample 정의이다. @dataclass 정의와 유사해 보인다. 그러나 KnownSample의 정의는 크게 변경돼야 한다.

```python
class Sample(NamedTuple):
    sepal_length: float
    sepal_width: float
    petal_length: float
    petal_width: float

class KnownSample(NamedTuple):
    sample: Sample
    species: str
```

KnownSample 클래스는 Sample 인스턴스와 데이터가 처음 로드될 때 할당된 종으로 빌드된 구성 객체이다. 이들은 모두 typing.NamedTuple의 하위 클래스이므로 값을 변경할 수 없다.

디자인을 상속에서 구성으로 전환했다. 다음은 두 가지 개념을 나란히 보여준다.

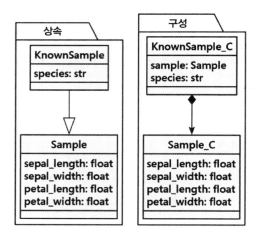

그림 7.4 상속 기반 대 구성 기반 클래스 디자인

다이어그램에서 그 차이점을 간과하기 쉽다.

- 상속지향 디자인을 사용하는 KnownSample 인스턴스는 Sample 인스턴스이다. KnownSample은 5개의 속성을 갖는다. Sample 클래스에서 상속된 4개의 속성과 KnownSample 하위 클래스에 고유한 1개 속성이다.

- 구성지향 디자인을 사용한 KnownSample_C 인스턴스는 Sample 인스턴스와 분류된 종으로 구성된다. 2개의 속성을 갖는다.

앞에서 본 것처럼 두 디자인은 모두 작동한다. 선택은 어렵고 종종 그 선택은 상위 클래스에서 상속된 메서드의 수와 복잡성을 기반으로 이루어진다. 이 예제에서는 Sample 클래스에 정의된 메서드 중에 애플리케이션에 중요한 메서드가 없다.

상속 대 구성 디자인 결정은 하나의 정답이 없는 어려운 선택이다. 하위 클래스가 상위 클래스의 멤버인지 여부에 대한 미묘한 이해가 결정에 도움이 되는 경우가 많다. 비유적으로 사과가 과일인지 묻는 것은 하위 클래스와 일반 상위 클래스를 이해하는 데 도움이 된다. 하지만 문제는 사과가 디저트도 될 수 있다는 것이다. 추가적인 세부정보가 단순한 결정처럼 보였던 것을 혼란스럽게 만든다.

사과는 메인 코스의 일부일 수도 있음을 잊지 말라. 이런 종류의 복잡성은 "is-a" 질문에 대답하기 어렵게 만들 수 있다. 이 사례 연구의 경우 샘플, 알려진 샘플, 미지의 샘플, 테스트 및 학습 샘플 간의 "is-a" 관계가 최선의 경로가 아닐 수도 있다. 이 디자인은 각 샘플과 관련돼 테스트, 학습, 분류 대상 등의 여러 역할을 갖고 있는 것으로 보이며, Sample 의 하위 클래스는 알려진 샘플과 미지의 샘플 두 가지뿐일 수 있다.

TestingKnownSample 및 TrainingKnownSample 클래스 정의는 덕 타이핑 규칙을 따른다. 이들은 유사한 속성을 가지고 있으며 많은 경우에 상호 호환적으로 사용될 수 있다.

```python
class TestingKnownSample:
  def __init__(
    self, sample: KnownSample, classification: Optional[str] = None
  ) -> None:
    self.sample = sample
    self.classification = classification

  def __repr__(self) -> str:
```

```
    return (
      f"{self.__class__.__name__}(sample={self.sample!r},"
      f"classification={self.classification!r})"
    )

class TrainingKnownSample(NamedTuple):
  sample: KnownSample
```

이 경우에 TestingKnownSample과 TrainingKnownSample은 모두 KnownSample 객체를 포함하는 구성 객체이다. 주요 차이점은 추가 속성인 classification 값의 존재 또는 부재 여부이다.

다음은 TrainingKnownSample을 생성한 후 분류를 설정하려고 잘못된 시도를 하는 예이다.

```
>>> from model_t import TrainingKnownSample, KnownSample, Sample
>>> s1 = TrainingKnownSample(
...     sample=KnownSample(
...         sample=Sample(sepal_length=5.1, sepal_width=3.5,
...         petal_length=1.4, petal_width=0.2),
...         species="Iris-setosa"
...     ),
... )
>>> s1
TrainingKnownSample(sample=KnownSample(sample=Sample(sepal_length=5.1,
sepal_width=3.5, petal_length=1.4, petal_width=0.2), species='Iris-setosa'))

>>> s1.classification = "wrong"
Traceback (most recent call last):
...
AttributeError: 'TrainingKnownSample' object has no attribute
'classification'
```

이 코드는 구성의 구성 디자인을 반영한다. TrainingKnownSample 인스턴스는 Sample 객체가 포함된 KnownSample 객체를 포함하고 있다. 이 예제는 TrainingKnownSample 인스턴스에 새 속성을 추가할 수 없음을 보여준다.

결론

지금까지 객체지향 디자인 및 구현을 위한 네 가지 방법을 살펴봤다.

- 이전 장들에서는 모든 메서드 정의를 직접 작성해 객체를 생성하는 방법을 살펴봤다. Sample 클래스 계층 구조에서 클래스 간의 상속을 강조했다.

- 이 장에서는 @dataclass를 사용하는 상태 저장 클래스 정의를 보았다. 이는 Sample 클래스 계층 구조에서 클래스 간의 상속을 지원한다.

- @dataclass(frozen=True)를 사용하는 상태 비저장 또는 불변 클래스 정의도 살펴봤다. 이것은 상속보다는 구성 관계를 선호하는 경향이 있다.

- 마지막으로 NamedTuple을 사용하는 상태 비저장 또는 불변 클래스 정의를 살펴봤다. 이것은 반드시 구성을 이용해 디자인해야 한다. 이런 클래스는 디자인을 매우 단순하게 만든다. 이에 대해서는 8장 '객체지향과 함수형 프로그래밍의 교차점'에서 다시 다룰 것이다.

파이썬에는 많은 유연성이 있다. 기능을 추가하거나 변경하려는 미래의 나 자신의 관점에서 선택을 하는 것이 중요하다. 이렇게 하면 SOLID 디자인 원칙을 따르면서 단일 책임 및 인터페이스 분리에 초점을 맞춰 클래스 정의를 분리하고 캡슐화하는 데 도움이 된다.

⋮⋮ 정리

7장에서는 다양한 내장 파이썬 데이터 구조를 탐색했다. 파이썬은 잠재적으로 혼란스러울 수 있는 수많은 클래스 정의의 오버헤드 없이 객체지향 프로그래밍을 수행할 수 있게 해준다. 문제에 적합한 여러 내장 클래스에 이용할 수 있다.

다음은 7장의 몇 가지 핵심 사항이다.

- 튜플과 명명된 튜플을 사용하면 단순한 속성 컬렉션을 활용할 수 있다. 필요할 때 메서드를 추가하기 위해 `NamedTuple` 정의를 확장할 수 있다.

- 데이터클래스는 정교한 속성 컬렉션을 제공한다. 제공되는 다양한 메서드는 작성해야 하는 코드를 단순화할 수 있게 해준다.

- 딕셔너리는 파이썬에서 널리 사용되는 필수 기능이다. 키가 값과 연관되는 경우가 많이 있을 것이다. 이 때 내장 딕셔너리 클래스의 구문을 사용하면 코드가 쉬워진다.

- 리스트와 집합은 파이썬의 일등급 객체이다. 애플리케이션에서 이것을 활용할 수 있다.

- 또한 세 가지 타입의 큐를 살펴봤다. 이것들은 일반 리스트 객체보다 더 집중된 액세스 패턴을 가진 더 전문화된 구조이다. 전문화에 대한 생각과 기능의 범위를 좁히는 것은 성능 향상으로 이어질 수 있으며, 또한 이 개념을 넓게 적용할 수 있게 해준다.

또한 사례 연구에서 이런 내장 클래스를 사용해 테스트 및 학습에 사용되는 데이터 샘플을 정의하는 방법을 살펴봤다.

⁑ 연습

올바른 데이터 구조를 선택하는 방법을 배우는 가장 좋은 방법은 의도적이든 우발적이든 몇 번 잘못된 데이터 구조를 선택하는 것이다. 최근에 작성한 코드 중 리스트를 사용하는 것을 가져오거나 없으면 새 코드를 작성하라. 그리고 몇 가지 다른 데이터 구조를 사용해 다시 작성해보라. 어떤 것이 더 합리적인가? 어떤 것이 적합하지 않은가? 가장 깔끔한 코드는 무엇인가?

몇 가지 다른 데이터 구조의 쌍으로 이것을 시도하라. 이전 장의 연습에서 수행한 예제를 다시 살펴볼 수 있다. 그중에서 데이터클래스, 명명된 튜플, 또는 딕셔너리를 대신 사용할 수 있는 메서드를 가진 객체가 있는가? 모두 시도하고 확인해보라. 실제로 값에 액세스할 수 없기 때문에 설정된 딕셔너리가 있는가? 중복을 확인하는 리스트가 있는가? 집합이 좋지 않을까? 여러 개의 집합이 필요한가? 큐 구현 중 하나가 더 효율적일까? 리스트에 대한 임의적인 액세스를 허용하는 대신 API를 스택의 상단으로 제한하는 것이 유용할까?

내장 데이터 구조를 상속하고 특수 이중 밑줄 메서드를 재정의함으로써 개선할 수 있는 컨테이너 객체를 최근에 작성한 적이 있는가? 재정의가 필요한 메서드를 찾기 위해 dir 및 help를 사용하거나 또는 파이썬 라이브러리를 참조해 조사를 수행해야 할 수도 있다.

상속이 적용하기에 좋은 도구라고 확신하는가? 구성 기반 솔루션이 더 효과적일 수 있는가? 가능하다면 결정하기 전에 둘 다 시도하라. 각 방법이 다른 방법보다 더 나은 다양한 상황을 찾아보라.

이 장을 시작하기 전에 다양한 파이썬 데이터 구조와 사용에 익숙했다면 지루했을 수 있다. 하지만 그렇다면 데이터 구조를 너무 많이 사용했을 가능성이 높다. 이전 코드 중 일부를 확인해 데이터 구조 대신 자체적인 클래스를 더 많이 사용하도록 다시 작성하라. 신중하게 여러 대안을 고려하고 모두 시도하라. 가장 읽기 쉽고 유지 관리가 쉬운 시스템을 만드는 것은 무엇인가?

이 장의 MultiItem 예제는 투박해 보이는 __lt__() 메서드로 시작했다. 두 번째 버전에는 약간 더 나은 __eq__() 메서드가 있다. __eq__()의 디자인 패턴을 따르도록 __lt__()를 다시 작성하라.

MultiItem 예제에서 초기 클래스 디자인의 더 큰 문제는 다양한 하위 타입과 그에 대한 선택적 필드를 처리하는 것이었다. 선택적인 속성의 존재는 아마도 서로 별개의 클래스로 분리할 필요가 있다는 암시일 수 있다. 밀접하게 관련돼 있지만 별개의 두 클래스인 timestamp를 사용하는 LocalItem과 created_date를 사용하는 RemoteItem으로 클래스를 구분하면 어떻게 될까? 공통 타입 힌트를 Union[LocalItem, RemoteItem]으로 정의할 수 있다. 각 클래스에 datetime.datetime 객체를 계산하는 creation_datetime과 같은 프로퍼티가 있으면 처리가 더 간단해질까? 두 개의 클래스를 빌드하고 테스트 데이터를 생성하라. 이렇게 두 하위 타입을 분리하는 것을 어떻게 생각하는가?

항상 코드와 디자인 결정을 비판적으로 평가하라. 오래된 코드를 검토하는 습관을 들이고 좋은 디자인에 대한 이해가 코드를 작성한 이후로 바뀌었는지 확인하라. 소프트웨어 디자인은 미학적 요소가 크고 캔버스에 유화를 그리는 예술가처럼 자신에게 가장 잘 맞는 스타일을 찾아야 한다.

⠶ 요약

7장에서는 몇 가지 내장 데이터 구조를 다뤘고 특정 애플리케이션에 대해 그중 하나를 선택하는 방법을 이해하고자 했다. 때로는 객체의 새로운 클래스를 생성하는 것이 최선이지만, 종종 내장 데이터 구조 중 하나가 필요로 하는 것을 정확히 제공할 수 있다. 그렇지 않은 경우에는 상속 또는 구성 관계를 적용할 수 있다. 내장 구문의 동작을 완전히 변경하기 위해 특수 메서드를 재정의할 수도 있다.

다음 장에서는 파이썬의 객체지향적인 측면과 그렇지 않은 측면을 통합하는 방법에 대해 논의할 것이다. 그 과정에서 그것이 처음 볼 때보다 더 객체지향적이라는 것을 발견하게 될 것이다.

08

객체지향과
함수형 프로그래밍의 교차점

파이썬의 많은 부분은 객체지향 프로그래밍보다는 구조적 프로그래밍이나 함수형 프로그래밍을 더 연상시킨다. 객체지향 프로그래밍이 지난 20년 동안 가장 눈에 띄는 패러다임이기는 했지만 오래된 모델이 최근에 부활했다. 파이썬의 데이터 구조와 마찬가지로 이 도구의 대부분은 근본적인 객체지향 구현에 대한 구문 설탕이다. 즉 이것들은 이미 추상화된 객체지향 패러다임의 최상위에 구축된 또 하나의 추상화 계층으로 생각할 수 있다. 8장에서는 엄격하게 객체지향적이지 않은 여러 가지 파이썬 기능을 다룰 것이다.

- 한 번의 호출로 공통 작업을 처리하는 내장 함수

- 메서드 오버로딩에 대한 대안

- 객체로서의 함수

- 파일 I/O와 컨텍스트 관리자

이 장의 사례 연구에서는 k-최근접 이웃 분류의 핵심 알고리듬을 다시 살펴볼 것이다. 메서드를 갖는 클래스 대신 함수를 사용하는 방법을 알아본다. 애플리케이션의 일부에서 클래스 정의로부터 알고리듬을 분리하면 유연성을 줄 수 있다.

파이썬의 내장 함수를 살펴보는 것으로 이 장을 시작할 것이다. 그중 일부는 클래스 정의와 밀접하게 관련돼 있어 기본적인 복합 객체를 함수형 프로그래밍 스타일로 사용할 수 있다.

⁝⁞▸ 파이썬 내장 함수

파이썬에는 클래스의 메서드 대신에 특정 타입의 객체에 대해 작업을 수행하거나 결과를 계산하는 수많은 함수가 있다. 이 함수들은 일반적으로 다양한 타입의 클래스에 공통적으로 적용되는 계산을 추상화한다. 이것은 최고의 덕 타이핑이다. 이런 함수는 특정 속성이나 메서드를 가진 객체를 받아들여 자신의 메서드를 사용해 일반적인 연산을 수행할 수 있다. 이미 많은 내장 함수를 사용했지만 중요한 것을 빠르게 살펴보고 그 과정에서 몇 가지 깔끔한 트릭을 학습할 것이다.

len() 함수

객체 메서드와 관련된 함수의 간단한 예는 딕셔너리나 리스트와 같은 일종의 컨테이너 객체에 있는 항목의 수를 반환하는 len() 함수이다. 이전에 본 적이 있으며 다음과 같이 사용된다.

```
>>> len([1, 2, 3, 4])
4
```

함수를 호출하는 대신에 이런 객체가 길이에 대한 프로퍼티를 갖지 않는 이유가 궁금할 것이다. 기술적으로 말하면 프로퍼티를 가지고 있다. len()이 적용되는 대부분의 객체는 동일한 값을 반환하는 __len__()이라는 메서드를 갖고 있다. 그래서 len(myobj)은 myobj.__len__()을 호출하는 것과 같다.

__len__() 메서드 대신 len() 함수를 사용해야 하는 이유는 무엇인가? 분명히 __len__() 은 특수한 이중 밑줄 메서드이므로 직접 호출해서는 안 된다. 이에 대한 설명이 있어야 한다. 파이썬 개발자는 이런 디자인 결정을 가볍게 내리지 않는다.

주된 이유는 효율성이다. 객체의 __len__() 메서드를 호출할 때 객체는 자신의 네임스 페이스에서 메서드를 검색해야 하며, 객체의 속성이나 메서드에 액세스할 때마다 호출 되는 __getattribute__() 특수 메서드가 해당 객체에 정의돼 있다면 그것도 역시 호출 돼야 한다. 더구나 __getattribute__() 메서드는 예를 들어 __len__()과 같은 특수 메서 드에 대한 액세스를 거부하는 것과 같이 어떤 역할을 하기 위해 작성됐을 수도 있다. len() 함수는 이와 같은 것은 어떤 것도 만나지 않는다. 실제로 클래스에서 바로 __len__() 메 서드를 호출하므로 len(myobj)은 MyObj.__len__(myobj)에 매핑된다.

또 다른 이유는 유지 관리를 위해서이다. 미래에 파이썬 개발자는 예를 들어 이터레이 터에서 반환되는 항목의 수를 세는 것과 같이 __len__() 없이도 객체의 길이를 계산할 수 있도록 len()을 변경할 수 있다. 그들은 수많은 객체에서 수많은 __len__() 메서드를 변경하는 대신 하나의 함수만 변경하면 된다.

어떤 사람들은 함수 스타일인 len(myobj)이 메서드 스타일인 myobj.len()보다 읽기 쉽 다고 말한다. 일부 사람들은 이 구문 불일치에 대해 논쟁하지만 다른 일부는 다양한 컬 렉션 타입에 적용되는 공통 연산을 선호한다.

때때로 간과되지만 len()이 외부 함수인 또 다른 이유는 이전 버전과의 호환성이다. 이 것은 종종 역사적인 이유로 논문에서 인용되는데, 오래 전에 실수한 것이고 지금도 그것 을 고수하고 있다고 약간 무시하듯 말하는 사람도 있다. 엄밀히 말하면 len()은 실수가 아니다. 이는 시간의 시험을 견뎠으며 여러 이점을 가진 디자인 결정이다.

reversed() 함수

reversed() 함수는 임의의 시퀀스를 입력으로 사용해 해당 시퀀스의 역순인 복사본을 반환한다. 항목을 뒤에서 앞으로 반복하려는 경우 일반적으로 for 문에서 사용된다.

len() 함수와 마찬가지로 reversed()는 매개변수에 대한 클래스에서 __reversed__() 메서드를 호출한다. 해당 메서드가 없으면 reversed는 시퀀스를 정의하는 데 사용되는 __len__()과 __getitem__()을 호출해 역순 시퀀스 자체를 빌드한다. 다음 코드에서 보이는 것처럼 프로세스를 사용자 정의하거나 최적화하려는 경우에만 __reversed__()를 재정의해야 한다.

```
>>> class CustomSequence:
...     def __init__(self, args):
...         self._list = args
...     def __len__(self):
...         return 5
...     def __getitem__(self, index):
...         return f"x{index}"

>>> class FunkyBackwards(list):
...     def __reversed__(self):
...         return "BACKWARDS!"
```

세 가지 다른 리스트에서 이 기능을 실행해보자.

```
>>> generic = [1, 2, 3, 4, 5]
>>> custom = CustomSequence([6, 7, 8, 9, 10])
>>> funkadelic = FunkyBackwards([11, 12, 13, 14, 15])

>>> for sequence in generic, custom, funkadelic:
...     print(f"{sequence.__class__.__name__}: ", end="")
...     for item in reversed(sequence):
...         print(f"{item}, ", end="")
...     print()
list: 5, 4, 3, 2, 1,
CustomSequence: x4, x3, x2, x1, x0,
FunkyBackwards: B, A, C, K, W, A, R, D, S, !,
```

끝에 있는 for 문은 일반 리스트 객체의 반전된 버전과 CustomSequence 클래스 및 FunkyBackwards 클래스의 인스턴스를 출력한다. 출력은 reversed가 세 가지 모두에서 작동하지만 결과는 매우 다르다는 것을 보여준다.

CustomSequence를 반전시킬 때는 각 항목에 대해 __getitem__() 메서드가 호출되며 인덱스 앞에 x만 삽입된다. FunkyBackwards의 경우 __reversed__() 메서드는 문자열을 반환하며, 각 문자는 for 루프에서 개별적으로 출력된다.

> **TIP**
>
> CustomSequence 클래스는 불완전한다. __iter__()의 적절한 버전을 정의하지 않았기 때문에 이에 대한 정방향 for 루프는 절대 끝나지 않다. 이것은 10장, '이터레이터 패턴'의 주제이다.

enumerate() 함수

때때로 for 문으로 컨테이너의 항목을 검사할 때 처리 중인 현재 항목의 인덱스, 즉 컨테이너의 현재 위치에 액세스하기를 원한다. for 문은 인덱스를 제공하지 않지만 enumerate() 함수는 튜플 시퀀스를 생성하며, 각 튜플의 첫 번째 객체는 인덱스이고 두 번째 객체가 원본 항목이다.

이 함수는 인덱스 번호를 할당하기 때문에 유용하다. 값에 고유한 인덱스 순서가 없는 집합 또는 딕셔너리에서 잘 작동한다. 또한 암시적으로 줄 번호가 있는 텍스트 파일에서도 작동한다. 다음은 줄 번호와 함께 파일의 각 줄을 출력하는 간단한 코드이다.

```
>>> from pathlib import Path
>>> with Path("docs/sample_data.md").open() as source:
...     for index, line in enumerate(source, start=1):
...         print(f"{index:3d}: {line.rstrip()}")
```

이것을 실행하면 다음과 같이 표시된다.

```
  1: # Python 3 Object-Oriented Programming
  2:
  3: Chapter 8. The Intersection of Object-Oriented and Functional
Programming
  4:
  5: Some sample data to show how the `enumerate()` function works.
```

enumerate 함수는 반복 가능한 튜플 시퀀스를 반환한다. for 문은 각 튜플을 두 개의 값으로 분할하고 print() 함수는 출력 형식을 지정한다. enumerate 함수에서 옵션으로 start=1을 사용해 줄 번호 시퀀스를 1부터 시작하도록 했다.

여기서는 중요한 파이썬 내장 함수 중 몇 가지만 다뤘다. 보다시피 그중 많은 것이 객체지향 개념에 속하는 반면에 어떤 것들은 순전히 함수적 또는 절차적 패러다임에 속한다. 표준 라이브러리에는 다른 많은 것들이 있다. 더 흥미로운 것들 중 일부는 다음과 같다.

- abs(), str(), repr(), pow(), divmod()는 특수 메서드 __abs__(), __str__(), __repr__(), __pow__(), __divmod__()에 직접적으로 매핑된다.

- bytes(), format(), hash(), bool()도 특수 메서드 __bytes__(), __format__(), __hash__(), __bool__()에 직접적으로 매핑된다.

파이썬 공식 문서인 'Python Language Reference(https://docs.python.org/3/reference/)'의 '3.3 특수 메서드 이름Special Methods Names' 절에서 이런 매핑의 세부 정보를 제공한다. 다른 흥미로운 내장 함수로는 다음과 같은 것이 있다.

- all() 및 any()는 반복 가능한 객체를 받아서 예를 들어 비어 있지 않은 문자열이나 리스트, 0이 아닌 숫자, None이 아닌 객체, 또는 리터럴 True 등과 같이 항목의 전체 또는 일부가 참으로 평가되면 True를 반환한다.

- eval(), exec(), compile() 등은 인터프리터 내부에서 문자열을 코드로서 실행한다. 이것은 조심해야 한다. 안전하지 않으므로 미지의 사용자가 제공한 코드는 실행하지 말라. 일반적으로 미지의 모든 사용자는 악의적이거나 어리석거나 아니면 둘 다라고 가정하라.

- hasattr(), getattr(), setattr(), deattr() 등은 객체의 속성을 문자열 이름으로 조작할 수 있게 해준다.

- zip()은 두 개 이상의 시퀀스를 가져와서 각 튜플이 각 시퀀스의 단일 값을 포함하는 새 튜플 시퀀스를 반환한다.

- 더 많은 것을 알고 싶으면 help("builtins")에 나열된 각 함수에 대한 인터프리터 도움말 문서를 참조하라.

핵심은 객체지향 프로그래밍 언어가 모든 것에 항상 object.method() 구문을 사용해야 한다는 편협한 관점을 피하는 것이다. 파이썬은 가독성을 위해 노력하며, 단순한 len(collection)이 약간 더 일관된 collection.len()보다 더 명확해 보인다.

⁝⁝‣ 메서드 오버로딩의 대안

많은 객체지향 프로그래밍 언어의 두드러진 특징 중 하나는 메서드 오버로딩method overloading이라는 도구이다. 메서드 오버로딩은 여러 가지 매개변수 집합을 받아들이는 동일한 이름의 여러 메서드를 갖는 것을 말한다. 정적 타입 언어에서 이것은 정수나 문자열 중 하나를 매개변수로 받는 메서드를 갖고 싶을 때 유용하다. 객체지향이 아닌 언어에서는 이런 상황이라면 add_s와 add_i라는 두 개의 함수가 필요할 수 있다. 정적 타입 객체지향 언어에서는 하나는 문자열을 받고 다른 하나는 정수를 받는 두 개의 메서드가 필요하지만 둘 다 add라고 부른다.

파이썬에서는 모든 타입의 객체를 받는 하나의 메서드만 필요하다는 것을 이미 보았다. 예를 들어 문자열인 경우 그것을 정수로 변환하는 등 객체 타입에 대해 테스트를 수행해야 할 수도 있지만 메서드는 하나만 필요하다.

여러 타입을 취할 수 있는 매개변수에 대한 타입 힌트는 다소 복잡해질 수 있다. 매개변수가 Union[int, str] 값을 가질 수 있음을 보여주기 위해서는 typing.Union 힌트를 사용해야 한다. 이 정의는 대안을 명확히 밝혀 오버로드된 함수를 제대로 사용하고 있는지 mypy가 확인할 수 있게 해준다.

여기에서 두 가지 종류의 오버로딩을 구분해야 한다.

- Union[...] 힌트를 사용해 대체 타입을 허용하는 매개변수 오버로딩
- 더 복잡한 패턴의 매개변수를 사용한 메서드 오버로딩

예를 들어 이메일 메시지 메서드는 두 가지 버전으로 제공될 수 있는데, 그중 하나는 보낸 사람 이메일 주소의 매개변수를 받는다. 다른 메서드는 그 대신에 보낸 사람 이메일 주소의 기본값을 조회할 수 있다. 일부 언어에서는 이름은 동일하지만 매개변수 패턴이 다른 여러 개의 메서드를 작성해야 한다. 파이썬은 같은 이름을 가진 메서드를 여러 개 정의하는 것이 허용되지 않지만, 가변 매개변수를 지정하는 방식을 통해 다르지만 동일하게 유연한 방식을 제공한다.

이전 예제에서 메서드와 함수에 인수 값을 보내는 몇 가지 방법을 살펴봤지만 이제는 모든 것을 자세하게 다룰 것이다. 가장 단순한 함수는 매개변수를 받지 않는다. 예제가 필요하지 않겠지만 완전성을 위해 예제를 제시한다.

```
>>> def no_params():
...     return "Hello, world!"
```

호출하는 방법은 다음과 같다.

```
>>> no_params()
'Hello, world!'
```

인터프리터에서 대화형으로 작업하기 때문에 이 경우에는 타입 힌트를 생략했다. 매개변수를 받는 함수는 해당 매개변수들의 이름을 쉼표로 구분된 리스트로 제공한다. 각 매개변수의 이름만 제공하면 된다. 그러나 타입 힌트는 항상 도움이 된다. 힌트는 매개변수 이름 뒤에 콜론(:)으로 구분된다.

함수를 호출할 때 위치 매개변수의 값은 순서대로 지정돼야 하며 어느 것도 누락되거나 건너뛸 수 없다. 다음은 앞의 예제에서 매개변수를 지정하는 가장 일반적인 방법이다.

```
>>> def mandatory_params(x, y, z):
...     return f"{x=}, {y=}, {z=}"
```

호출하려면 다음을 입력한다.

```
>>> a_variable = 42
>>> mandatory_params("a string", a_variable, True)
```

파이썬 코드는 타입에 대해서는 일반적이다. 이는 모든 타입의 객체가 인수 값으로 전달될 수 있음을 의미한다. 객체, 컨테이너, 원시 자료형, 심지어 함수 및 클래스도 가능하다. 앞의 호출은 함수에 전달되는 하드코딩된 문자열, 변수값, 그리고 불리언 값을 보여준다.

일반적으로 애플리케이션은 완전히 일반적이지 않다. 그렇기 때문에 가능한 값의 범위를 좁히기 위해 타입 힌트를 제공하는 경우가 많다. 드문 경우지만 어떤 객체도 사용할 수 있다는 것을 mypy에게 알려주기 위해 typing.Any 힌트를 사용할 수 있다.

```
>>> from typing import Any
>>> def mandatory_params(x: Any, y: Any, z: Any) -> str:
...     return f"{x=}, {y=}, {z=}"
```

mypy를 --disallow-any-expr 옵션과 함께 사용하면 이와 같은 코드를 찾을 수 있다. 이것은 어떤 타입이 정말로 중요한지에 대한 명확성이 필요한 줄에 플래그를 지정할 수 있다.

매개변수의 기본값

매개변수의 값을 옵션으로 만들고 싶다면 기본값을 지정할 수 있다. 자바와 같은 일부 다른 언어는 다른 매개변수 집합에 대해서는 다른 두 번째 메서드를 요구한다. 파이썬에서는 단일 메서드로 정의한다. 등호를 사용해 매개변수에 대한 기본값을 지정할 수 있다. 호출 코드가 매개변수에 대한 인수 값을 제공하지 않으면 지정된 기본값이 할당된다. 이것은 호출 코드가 다른 값을 전달함으로써 기본값을 재정의하도록 선택할 수 있음을 의미한다. None이 옵션인 매개변수의 기본값으로 사용되는 경우에 typing 모듈을 사용하면 Optional 타입 힌트를 사용해 이를 설명할 수 있다.

다음은 매개변수에 기본값 정의가 있는 함수 정의이다.

```
def latitude_dms(
  deg: float, min: float, sec: float = 0.0, dir: Optional[str] = None
) -> str:
  if dir is None:
    dir = "N"
  return f"{deg:02.0f}° {min+sec/60:05.3f}{dir}"
```

처음 두 매개변수는 필수이므로 반드시 제공해야 한다. 뒤쪽의 두 매개변수는 기본 인수 값을 갖기 때문에 생략할 수 있다.

이 함수를 호출하는 방법이 몇 가지 있다. 다음에서 볼 수 있듯이 모든 매개변수가 위치 매개변수이므로 모든 인수 값을 순서대로 제공할 수 있다.

```
>>> latitude_dms(36, 51, 2.9, "N")
'36° 51.048N'
```

또는 필수 인수 값만 순서대로 제공하고, 키워드 매개변수 중 하나인 sec는 기본값을 사용하고, dir 매개변수에 대해서는 키워드 인수를 제공할 수 있다.

```
>>> latitude_dms(38, 58, dir="N")
'38° 58.000N'
```

관심 없는 기본값은 건너뛰기 위해 함수를 호출할 때 등호 구문을 사용했다.

놀랍게도, 모든 매개변수에 인수 값이 주어질 때는 등호 구문을 사용해 위치 매개변수에 대한 인수의 순서를 섞을 수도 있다.

```
>>> latitude_dms(38, 19, dir="N", sec=7)
'38° 19.117N'
```

때로는 키워드 전용 매개변수를 만드는 것이 유용할 수 있다. 이를 사용하려면 인수 값은 반드시 키워드 인수로 제공해야 한다. 모든 키워드 전용 매개변수 앞에 *를 배치하면 된다.

```
def kw_only(
  x: Any, y: str = "defaultkw", *, a: bool, b: str = "only"
) -> str:
  return f"{x=}, {y=}, {a=}, {b=}"
```

이 함수에는 하나의 위치 매개변수 x와 세 개의 키워드 매개변수 y, a, b가 있다. x와 a매개변수는 모두 필수이지만 a는 키워드 인수로만 전달할 수 있다. y와 b는 모두 기본값이 있어 옵션이지만 b가 제공될 때는 키워드 인수만 가능하다.

이 함수는 a를 전달하지 않으면 실패한다.

```
>>> kw_only('x')
Traceback (most recent call last):
  File "<stdin>", line 1, in <module>
TypeError: kw_only() missing 1 required keyword-only argument: 'a'
```

a를 위치 인수로 전달하는 경우에도 실패한다.

```
>>> kw_only('x', 'y', 'a')
Traceback (most recent call last):
  File "<stdin>", line 1, in <module>
TypeError: kw_only() takes from 1 to 2 positional arguments but 3 were
given
```

그러나 a와 b를 키워드 인수로 전달할 수 있다.

```
>>> kw_only('x', a='a', b='b')
"x='x', y='defaultkw', a='a', b='b'"
```

매개변수가 위치에 의해서만 제공되도록 표시할 수도 있다. / 앞에 위치 전용 매개변수의 이름을 제공하고 그 뒤에는 더 유연한 매개변수 이름을 제공해 이를 수행한다.

```
def pos_only(x: Any, y: str, /, z: Optional[Any] = None) -> str:
  return f"{x=}, {y=}, {z=}"
```

이 함수는 처음 두 개의 x, y 매개변수에 대한 인수 값은 필수이며, 특히 x 및 y에 대한 명명된 인수는 허용되지 않는다. 시도하면 다음과 같이 된다.

```
>>> pos_only(x=2, y="three")
Traceback (most recent call last):
  ...
  File "<doctest hint_examples.__test__.test_pos_only[0]>", line 1, in
<module>
    pos_only(x=2, y="three")
TypeError: pos_only() got some positional-only arguments passed as
keyword arguments: 'x, y'

>>> pos_only(2, "three")
"x=2, y='three', z=None"

>>> pos_only(2, "three", 3.14159)
"x=2, y='three', z=3.14159"
```

위치적으로 처음 두 매개변수 x와 y에 대한 인수 값은 반드시 제공해야 한다. 세 번째 매개변수인 z는 위치적으로 또는 키워드로 제공될 수 있다.

매개변수는 다음과 같이 세 가지 종류로 나뉜다.

- **위치 전용**: 몇 가지 경우에 유용하다. PEP 570을 참조하라. https://www.python. org/dev/peps/pep-0570.

- **위치 또는 키워드 모두 가능**: 대부분의 매개변수가 이에 해당한다. 순서는 편리성을 위해 디자인 됐으며 키워드는 설명을 위해 사용될 수 있다. 3개 이상의 위치 매개변수는 혼란을 일으킬 수 있으므로 위치 매개변수의 리스트가 긴 것은 좋은 생각이 아니다.

- **키워드 전용**: * 다음에 있는 인수 값은 반드시 키워드로 제공돼야 한다. 이것은 거의 사용되지 않는 옵션을 더 잘 보이게 하는 데 도움이 될 수 있다. 키워드를 딕셔너리의 키로 생각하면 도움이 될 것이다.

메서드 호출 방법을 선택하면 제공해야 하는 값과 기본값으로 둘 수 있는 값에 따라 처리된다. 적은 수의 인수 값이 있는 간단한 메서드의 경우에는 위치 매개변수가 어느 정도 적당하다. 인수 값이 많은 복잡한 메서드는 키워드를 사용하면 작동 방식을 명확히 하는 데 도움이 된다.

기본값에 대한 추가 사항

키워드 인수에 대해 주의해야 할 한 가지는 기본 인수가 제공하는 모든 항목은 함수가 평가될 때가 아니라 함수가 처음 생성될 때 정확히 한 번 평가된다는 것이다. 이는 동적으로 생성된 기본값을 가질 수 없음을 의미한다. 예를 들어 다음 코드는 예상대로 동작하지 않는다.

```
number = 5

def funky_function(x: int = number) -> str:
  return f"{x=}, {number=}"
```

x 매개변수에 대한 기본값은 함수가 정의될 때의 현재값이다. 다른 값을 가진 number 변수로 이것을 평가하려고 할 때 그 동작을 볼 수 있다.

```
>>> funky_function(42)
'x=42, number=5'

>>> number = 7
>>> funky_function()
'x=5, number=5'
```

첫 번째 평가는 예상대로다. 기본값은 처음에 주어진 값이다. 이것은 우연의 일치이다. 전역 변수 number를 변경한 이후의 두 번째 평가는 함수 정의가 기본값에 대해 고정된 값을 갖고 있음을 보여준다. 변수는 재평가되지 않는다.

이 작업을 수행하기 위해서는 None을 기본값으로 사용하고 함수 본문 내에서 전역 변수의 현재값을 할당한다.

```
def better_function(x: Optional[int] = None) -> str:
  if x is None:
    x = number
  return f"better: {x=}, {number=}"
```

이 better_function()에서는 number 변수의 값이 함수 정의에 바인딩되지 않는다.
number 전역 변수의 현재값을 사용한다. 이 함수는 암시적으로 전역 변수에 종속되며,
따라서 함수의 결과가 분명히 멱등성[1]이 아닐 수 있음을 읽는 사람에게 명확하게 알리
기 위해 불꽃 이모티콘으로 둘러싸 독스트링에서 설명해야 한다.

인수 또는 기본값으로 매개변수 값을 설정하는 약간 더 간결한 방법은 다음과 같다.

```
def better_function_2(x: Optional[int] = None) -> str:
  x = number if x is None else x
  return f"better: {x=}, {number=}"
```

number if x is None else x 표현식은 x가 number 전역 변수 또는 x에 대해 제공된 인수
값을 가질 것임을 분명히 하는 것 같다.

'정의 시점에서의 평가'는 리스트, 집합, 딕셔너리와 같은 가변 컨테이너로 작업할 때 문
제를 일으킬 수 있다. 매개변수의 기본값으로 빈 리스트, 빈 집합, 또는 빈 딕셔너리를
만드는 것은 좋은 디자인 결정처럼 보인다. 하지만 코드가 처음 생성될 때 가변 객체의
인스턴스를 하나만 생성하므로 이렇게 하면 안 된다. 이 하나의 객체는 다음과 같이 재
사용된다.

```
from typing import List

def bad_default(tag: str, history: list[str] = []) -> list[str]:
  """ 매우 나쁜 디자인."""
  history.append(tag)
  return history
```

---

1   멱등성은 연산을 여러 번 적용하더라도 결과가 달라지지 않는 성질을 의미한다. – 옮긴이

이것은 매우 나쁜 디자인이다. 히스토리 리스트 h를 만들고 그것에 항목을 추가하려고 할 수 있다. 이것은 작동하는 것 같다. 기본값 객체는 하나의 특정 가변 list이며 이는 공유된다.

```
>>> h = bad_default("tag1")
>>> h = bad_default("tag2", h)
>>> h
['tag1', 'tag2']

>>> h2 = bad_default("tag21")
>>> h2 = bad_default("tag22", h2)
>>> h2
['tag1', 'tag2', 'tag21', 'tag22']
```

예상한 것과 완전히 다르다. 두 번째 리스트 h2를 만들려고 했으나 오직 하나인 기본값 리스트를 기반으로 동작했다.

```
>>> h
['tag1', 'tag2', 'tag21', 'tag22']
>>> h is h2
True
```

이 문제를 해결하는 일반적인 방법은 기본값을 None으로 설정하는 것이다. 이전 예제에서 보았던 이것이 일반적인 접근 방식이다.

```
def good_default(
  tag: str, history: Optional[list[str]] = None
) -> list[str]:
  history = [] if history is None else history
  history.append(tag)
  return history
```

매개변수가 제공되지 않은 경우 새로운 빈 list[str] 객체를 빌드한다. 이것은 가변 객체를 기본값으로 사용해 작업할 때 가장 좋은 방법이다.

가변 인수 리스트

기본값만으로는 원하는 모든 유연성을 얻을 수 없다. 파이썬을 정말 매끄럽게 만드는 한 가지는 명시적으로 이름을 지정하지 않아도 임의의 수의 위치 인수 또는 키워드 인수를 받는 메서드를 작성할 수 있다는 것이다. 임의의 리스트와 딕셔너리를 이런 함수에 전달할 수 있다. 다른 언어에서는 이를 가변 인수^{variadic arguments, varargs}라고 부른다.

예를 들어 한 개의 링크를 받거나 또는 URL의 리스트를 받아 웹 페이지를 다운로드하는 함수를 작성할 수 있다. 아이디어는 페이지 하나만 다운로드하고 싶을 때 리스트의 혼란스러워 보이는 오버헤드를 피하는 것이다. URL들의 리스트를 단일 값으로 받는 대신 임의의 수의 인수를 받을 수 있다. 여기서 각 인수는 하나의 URL이다. 모든 인수 값을 받기 위해 하나의 위치 매개변수를 정의해 이를 수행한다. 이 매개변수는 위치 매개변수 중에서 마지막 매개변수에 있어야 하며 다음과 같이 함수 정의에서 *로 표시한다.

```python
from urllib.parse import urlparse
from pathlib import Path

def get_pages(*links: str) -> None:
  for link in links:
    url = urlparse(link)
    name = "index.html" if url.path in ("", "/") else url.path
    target = Path(url.netloc.replace(".", "_")) / name
    print(f"Create {target} from {link!r}")
    # etc.
```

*links 매개변수의 *는 "인수의 수에 상관없이 모든 인수를 받아 links라는 이름의 튜플에 모두 넣을 것"이라고 말한다. 하나의 인수만 제공하면 하나의 요소가 있는 리스트가 된다. 인수를 제공하지 않으면 빈 리스트가 된다. 따라서 다음과 같은 모든 함수 호출은 유효하다.

```
>>> get_pages()

>>> get_pages('https://www.archlinux.org')
Create www_archlinux_org/index.html from 'https://www.archlinux.org'
```

```
>>> get_pages('https://www.archlinux.org',
...      'https://dusty.phillips.codes',
...      'https://itmaybeahack.com'
... )
Create www_archlinux_org/index.html from 'https://www.archlinux.org'
Create dusty_phillips_codes/index.html from 'https://dusty.phillips.
codes'
Create itmaybeahack_com/index.html from 'https://itmaybeahack.com'
```

이 예제에서 타입 힌트는 모든 위치 인수 값이 동일한 타입인 str임을 제시했다는 것에 주의하라. 가변 매개변수 기능은 설탕 구문에 불과하지만 멍청해 보이는 리스트를 작성하지 않아도 된다는 널리 알리는 것이다. 가변 매개변수 튜플에 대해 한 가지 타입만 있는 대안은 잠재적으로 혼란스러울 수 있다. 왜 매개변수 정의에 명시하지는 않지만 여러 타입의 복잡한 컬렉션을 기대하는 함수를 작성하지 않을까? 이런 함수는 작성하지 말라.

또한 임의의 수의 키워드 인수도 받을 수 있다. 이것은 딕셔너리로 함수에 도착한다. 함수 선언에서는 **kwargs와 같이 두 개의 별표로 지정된다. 이 도구는 일반적으로 환경설정을 할 때 사용된다. 다음 클래스를 사용하면 기본값으로 옵션 집합을 지정할 수 있다.

```python
from __future__ import annotations
from typing import Dict, Any

class Options(Dict[str, Any]):
    default_options: dict[str, Any] = {
        "port": 21,
        "host": "localhost",
        "username": None,
        "password": None,
        "debug": False,
    }

    def __init__(self, **kwargs: Any) -> None:
        super().__init__(self.default_options)
        self.update(kwargs)
```

이 클래스는 __init__() 메서드의 기능을 활용한다. 클래스의 일부로 정의된 default_options라는 이름을 가진 기본 옵션 딕셔너리가 있다. __init__() 메서드는 기본값을 가진 클래스 수준 딕셔너리에 있는 값으로 이 인스턴스를 초기화하기 시작한다. 두 개의 옵션 집합을 인스턴스화하는 경우에는 딕셔너리를 직접 수정하는 대신에 위와 같이 수행한다. 클래스 수준 변수는 클래스의 모든 인스턴스에서 공유된다는 것을 기억하라.

클래스 수준 소스 데이터로부터 인스턴스를 생성한 후 __init__()은 상위 클래스에서 상속한 update() 메서드를 사용해 기본값이 아닌 값을 키워드 인수로 제공된 값으로 변경한다. kwargs의 값도 딕셔너리이기 때문에 update() 메서드는 기본값과 재정의된 값을 병합한다.

다음은 실제로 이 클래스를 시연하는 세션이다.

```
>>> options = Options(username="dusty", password="Hunter2",
...     debug=True)
>>> options['debug']
True
>>> options['port']
21
>>> options['username']
'dusty'
```

딕셔너리 인덱싱 구문을 사용해 options 인스턴스에 액세스할 수 있다. Options 딕셔너리에는 기본값과 키워드 인수를 사용해 설정한 값이 모두 포함된다.

부모 클래스는 키가 문자열로 제한된 일반 딕셔너리 클래스인 typing.Dict[str, Any]인 것에 주의하라. default_options 객체를 초기화할 때 from __future__ import annotations 문과 dict[str, Any]를 사용해 이 변수에 대해 예상되는 것이 무엇인지 mypy 도구에 알릴 수 있다. 이 클래스는 상위 클래스인 type.Dict에 의존하므로 여기서 이 구별은 중요하다.

변수도 타입 힌트가 필요하며, 여기서는 typing.Dict 클래스를 사용하거나 내장 dict 클래스를 사용할 수 있다. 반드시 필요한 경우에만 typing 모듈을 사용하고 가능하다면 내장 클래스를 많이 사용하는 것이 좋다.

앞의 예제에서는 임의의 키워드 인수들을 `Options`의 초기화 메서드에 전달해 기본 딕셔너리에 없는 옵션을 나타낼 수 있다. 이것은 애플리케이션에 새로운 기능을 추가할 때 편리하다. 하지만 철자 실수가 있으면 디버깅할 때 나쁠 수 있다. 'port' 옵션 대신 'Port' 옵션을 제공하면 하나만 존재해야 하는데 두 개의 유사한 옵션이 생성돼 버린다.

철자 실수의 위험을 막는 한 가지 방법은 존재하는 기존 키만 교체하는 `update()` 메서드를 작성하는 것이다. 이렇게 하면 잘못된 철자로 인해 문제가 발생하는 것을 방지할 수 있다. 이 솔루션은 흥미롭지만 독자를 위한 연습문제로 남겨 두겠다.

키워드 인수는 두 번째 함수에 전달하기 위해 임의의 수의 인수를 받아야 하지만 그 인수가 무엇인지 알 수 없는 경우에 매우 유용하다. 3장, '객체가 유사한 경우'에서 다중 상속에 대한 지원을 구축할 때 이것을 다뤘다.

물론 하나의 함수 호출에서 가변 인수와 가변 키워드 인수 구문을 결합할 수 있으며 일반적인 위치 인수와 기본 인수도 사용할 수 있다. 다음 예는 다소 억지스럽지만 동작하는 네 가지 타입의 매개변수를 보여준다.

```python
from __future__ import annotations
import contextlib
import os
import subprocess
import sys
from typing import TextIO
from pathlib import Path

def doctest_everything(
    output: TextIO,
    *directories: Path,
    verbose: bool = False,
    **stems: str
) -> None:
    def log(*args: Any, **kwargs: Any) -> None:
        if verbose:
            print(*args, **kwargs)

    with contextlib.redirect_stdout(output):
        for directory in directories:
            log(f"Searching {directory}")
```

```
for path in directory.glob("**/*.md"):
    if any(
        parent.stem == ".tox"
        for parent in path.parents
    ):
        continue
    log(
        f"File {path.relative_to(directory)}, "
        f"{path.stem=}"
    )
    if stems.get(path.stem, "").upper() == "SKIP":
        log("Skipped")
        continue
    options = []
    if stems.get(path.stem, "").upper() == "ELLIPSIS":
        options += ["ELLIPSIS"]
    search_path = directory / "src"
    print(
        f"cd '{Path.cwd()}'; "
        f"PYTHONPATH='{search_path}' doctest '{path}' -v"
    )
    option_args = (
        ["-o", ",".join(options)] if options else []
    )
    subprocess.run(
        ["python3", "-m", "doctest", "-v"]
          + option_args + [str(path)],
        cwd=directory,
        env={"PYTHONPATH": str(search_path)},
    )
```

이 예제는 임의의 디렉터리 경로 리스트를 처리하면서 해당 디렉터리 내의 마크다운 파일에서 독테스트[doctest] 도구를 실행한다. 각 매개변수 정의를 자세히 살펴보자.

- 첫 번째 매개변수인 output은 출력을 기록하기 위해 열리는 파일이다.

- directories 매개변수에는 키워드 인수가 아닌 모든 인수가 제공된다. 이것들은 모두 Path() 객체여야 한다.

- 키워드 전용 매개변수인 verbose는 처리되는 각 파일에 대한 정보의 출력 여부를 알려준다.

398

- 마지막으로 특별히 처리할 파일 이름을 다른 키워드 인수로 제공할 수 있다. output, directories, verbose, stems의 네 가지 이름은 다른 특수 처리가 주어지지 않도록 하는 효과적이고 특별한 이름이다. 다른 모든 키워드 인수는 stems 딕셔너리에 수집되고 이 이름들은 특수 처리를 위해 선별된다. 특히 파일명 어간^{stem}이 "SKIP" 값으로 나열되면 파일은 테스트되지 않는다. 만약 파일명 어간이 "ELLIPSIS"이면 독테스트에 특수 옵션 플래그가 제공된다.

내부 도우미 함수인 log()는 verbose 매개변수가 설정된 경우에만 메시지를 출력한다. 이 함수는 단일 위치에 이 기능을 캡슐화해서 코드를 읽기 좋게 유지한다.

가장 바깥쪽의 with 문은 일반적으로 sys.stdout으로 보내지는 모든 출력을 파일 쪽으로 방향을 바꾸도록 리다이렉션한다. 이것은 print() 함수를 통해 로그를 수집할 수 있게 해준다. for 문은 directories 매개변수에 수집된 모든 위치 인수 값을 검사한다. 각 디렉터리는 glob() 메서드를 이용해 하위 디렉터리에 있는 모든 *.md 파일을 찾는다.

파일명의 어간은 경로나 확장자가 없는 이름이다. 따라서 ch_03/docs/examples.md의 어간은 examples이다. 어간이 키워드 인수로 사용된 경우에 해당 인수의 값은 지정된 어간을 갖는 파일에 대해 수행할 작업에 대한 정보를 제공한다. 예를 들어 키워드 인수로 examples='SKIP'을 제공하면 이것으로 **stems 딕셔너리가 채워지고 examples라는 어간을 갖는 파일은 건너뛴다.

독테스트가 로컬 디렉터리를 처리하는 방식 때문에 subprocess.run()을 사용한다. 많은 디렉터리에서 독테스트를 실행하고 싶을 때는 독테스트를 실행하기 전에 먼저 현재 작업 디렉터리인 cwd가 설정돼 있는지 확인하는 것이 좋다.

일반적인 경우 이 함수는 다음과 같이 호출할 수 있다.

```
doctest_everything(
    sys.stdout,
    Path.cwd() / "ch_02",
    Path.cwd() / "ch_03",
)
```

이 명령문은 두 디렉터리에서 모든 *.md 파일을 찾아 독테스트를 실행한다. sys.stdout 을 다시 원래의 sys.stdout으로 리다이렉션했기 때문에 출력이 콘솔에 나타난다. verbose 매개변수의 기본값이 False이기 때문에 매우 적은 출력이 생성된다.

자세한 출력을 수집하려면 다음 명령을 사용해 호출할 수 있다.

```
doctest_log = Path("doctest.log")
with doctest_log.open('w') as log:
  doctest_everything(
    log,
    Path.cwd() / "ch_04",
    Path.cwd() / "ch_05",
    verbose=True
  )
```

이 명령문은 두 개의 디렉터리에 있는 파일들을 테스트하고 결과를 알려준다. 이 예제 에서는 verbose를 위치 인수로 지정 불가능하다는 것에 주의하라. 이것은 키워드 인수 로 전달해야 한다. 그렇지 않으면 파이썬은 *directories 리스트 내의 다른 Path라고 생 각할 것이다.

리스트에서 선택된 파일 집합에 대한 처리를 변경하려면 다음과 같이 추가 키워드 인수 를 전달할 수 있다.

```
doctest_everything(
  sys.stdout,
  Path.cwd() / "ch_02",
  Path.cwd() / "ch_03",
  examples="ELLIPSIS",
  examples_38="SKIP",
  case_study_2="SKIP",
  case_study_3="SKIP",
)
```

이것은 두 개의 디렉터리를 테스트하지만 verbose를 지정하지 않았기 때문에 어떤 출력 도 하지 않을 것이다. 이것은 doctest --ellipsis 옵션을 examples라는 어간을 가진 모 든 파일에 적용한다. 마찬가지로 examples_38, case_study_2, case_study_3 등의 어간을 가진 모든 파일은 건너뛴다.

어떤 이름이든지 제공할 수 있으며, 그것들은 모두 stems 매개변수의 값으로 수집될 것이기 때문에 디렉터리 구조 내에서 파일 이름을 매칭시키기 위해 이런 유연성을 사용할수 있다. 물론 운영체제 파일 이름과 매칭되지 않는 파이썬 식별자에는 많은 제한이 있으므로 완벽하지는 않다. 그러나 파이썬 함수 인수의 놀라운 유연성을 보여준다.

인수 언패킹

위치 매개변수 및 키워드 매개변수와 관련된 멋진 트릭이 하나 더 있다. 이전 예제에서 사용했지만 설명하기 늦은 것은 아니다. 값의 리스트나 딕셔너리가 주어지면 값의 시퀀스를 마치 일반적인 위치 인수 또는 키워드 인수인 것처럼 함수에 전달할 수 있다. 다음 코드를 보라.

```
>>> def show_args(arg1, arg2, arg3="THREE"):
...     return f"{arg1=}, {arg2=}, {arg3=}"
```

이 함수는 세 개의 매개변수를 받으며 그중 하나는 기본값을 갖는다. 그러나 3개의 인수 값을 갖는 리스트를 갖고 있을 때 함수 호출 내에서 * 연산자를 사용해 이 리스트를 세 개의 인수로 언패킹할 수 있다.

다음은 *some_args를 사용해 리스트로부터 세 개 요소를 갖는 반복 가능 항목을 제공하는 모습이다.

```
>>> some_args = range(3)
>>> show_args(*some_args)
'arg1=0, arg2=1, arg3=2'
```

*some_args의 값은 위치 매개변수 정의와 일치해야 한다. arg3은 기본값을 갖고 있는 옵션이기 때문에 두 개 또는 세 개의 값을 제공할 수 있다.

인수 딕셔너리를 갖고 있는 경우에는 ** 구문을 사용해 딕셔너리를 언패킹해 키워드 매개변수에 대한 인수 값을 제공할 수 있다. 다음과 같다.

```
>>> more_args = {
...     "arg1": "ONE",
...     "arg2": "TWO"}
>>> show_args(**more_args)
"arg1='ONE', arg2='TWO', arg3='THREE'"
```

이것은 사용자 입력 또는 인터넷 페이지나 텍스트 파일 등의 외부 소스에서 수집된 정보를 매핑할 때 유용하며 함수 또는 메서드 호출시에 제공해야 한다. 데이터의 외부 소스를 개별 키워드 매개변수로 분해하는 대신 딕셔너리 키를 이용해 키워드 매개변수를 제공하면 된다. show_args(arg1=more_args['arg1'], arg2=more_args['arg2'])와 같은 표현식은 매개변수 이름을 딕셔너리 키와 일치시킬 때 오류가 발생하기 쉬운 방법이다.

이 언패킹 구문은 함수 호출 외부의 일부 영역에서도 사용할 수 있다. 이 장의 앞부분에 있는 '가변 인수 리스트' 절에서 나온 Options 클래스에는 다음과 같은 __init__() 메서드가 있다.

```
def __init__(self, **kwargs: Any) -> None:
  super().__init__(self.default_options)
  self.update(kwargs)
```

이를 수행하는 훨씬 더 간결한 방법은 다음과 같이 두 딕셔너리를 언패킹하는 것이다.

```
def __init__(self, **kwargs: Any) -> None:
  super().__init__({**self.default_options, **kwargs})
```

{**self.default_options, **kwargs} 표현식은 각 딕셔너리를 키워드 인수로 언패킹한 후 그것들을 합쳐 최종 딕셔너리를 만든다. 딕셔너리들은 왼쪽에서 오른쪽으로 순서대로 언패킹되기 때문에 결과 딕셔너리에는 모든 기본 옵션이 포함되며, kwarg 옵션이 일부 키를 대체한다. 다음은 그 예이다.

```
>>> x = {'a': 1, 'b': 2}
>>> y = {'b': 11, 'c': 3}
>>> z = {**x, **y}
```

```
>>> z
{'a': 1, 'b': 11, 'c': 3}
```

이 딕셔너리 언패킹은 ** 연산자가 딕셔너리를 함수 호출을 위한 명명된 매개변수로 변환하는 편리한 도구이다.

함수에 인수 값을 제공할 수 있는 정교한 방법을 살펴봤으니 이제 함수를 좀 더 광범위하게 살펴볼 필요가 있다. 파이썬은 함수를 일종의 '호출 가능한' 객체로 간주한다. 이것은 함수가 객체이고, 고차 함수는 함수를 인수 값으로 받아들이고 그 결과로 함수를 반환할 수 있음을 의미한다.

함수도 객체다

작업을 수행하기 위해 호출된 작은 객체를 전달해야 하는 상황은 많다. 본질적으로 이를 위해 호출 가능한 함수인 객체가 필요하다. 그래픽 툴킷이나 비동기 서버와 같은 이벤트 기반 프로그래밍에서 이런 일이 자주 수행된다. 11장 '일반 디자인 패턴'과 12장 '고급 디자인 패턴'에서 이를 사용하는 몇 가지 디자인 패턴을 살펴볼 것이다.

파이썬에서는 함수가 이미 객체이기 때문에 클래스 정의에서 이런 메서드를 래핑할 필요가 없다. 일반적인 것은 아니지만 함수에도 속성을 설정할 수 있으며, 나중에 호출할 수 있도록 함수를 전달할 수도 있다. 직접 액세스할 수 있는 몇 가지 특수 프로퍼티도 가질 수 있다.

다음은 인터뷰 질문에서 종종 사용되는 인위적인 한 예이다.

```
>>> def fizz(x: int) -> bool:
...     return x % 3 == 0
>>> def buzz(x: int) -> bool:
...     return x % 5 == 0
>>> def name_or_number(
...         number: int, *tests: Callable[[int], bool]) -> None:
...     for t in tests:
...         if t(number):
...             return t.__name__
```

```
...         return str(number)
>>> for i in range(1, 11):
...         print(name_or_number(i, fizz, buzz))
```

fizz() 및 buzz() 함수는 매개변수 x가 어떤 수의 배수인지 확인한다. 이것은 모듈로 연산자의 정의를 따른다. x가 3의 배수이면 3은 나머지 없이 x를 나눈다. 이것은 수학책에서 $x \equiv 0 \pmod 3$으로 표현된다. 파이썬에서는 x % 3 == 0으로 표현된다.

name_or_number() 함수는 tests 매개변수 값으로 제공되는 임의의 개수의 테스트 함수를 사용한다. for 문은 tests 컬렉션의 각 함수를 변수 t에 할당한 다음 number 매개변수의 값으로 이 변수를 평가한다. 함수의 값이 참이면 결과는 함수의 이름이다.

이 함수를 숫자와 다른 함수에 적용했을 때의 모습은 다음과 같다.

```
>>> name_or_number(1, fizz)
'1'
>>> name_or_number(3, fizz)
'fizz'
>>> name_or_number(5, fizz)
'5'
```

각각의 경우에 tests 매개변수의 값은 (fizz,)로 fizz 함수만 포함하는 튜플이다. name_or_number() 함수는 t(number)를 평가하며, 여기서 t는 fizz() 함수이다. fizz(number)가 참일 때 반환되는 값은 함수의 __name__ 속성값인 문자열 'fizz'이다. 함수 이름은 런타임시에 함수의 속성으로 사용될 수 있다.

여러 개의 함수를 제공하면 어떻게 될까? 하나가 참이 될 때까지 각 함수는 숫자에 적용된다.

```
>>> name_or_number(5, fizz, buzz)
'buzz'
```

그런데 이 예제는 완전하지 않다. 15와 같은 숫자는 어떤 결과가 나올까? fizz인가 buzz인가 아니면 둘 다인가? 둘 다이기 때문에 결과가 참인 함수의 이름을 모두 수집하려면

name_or_number() 함수의 일부를 수정해야 한다. 좋은 연습이 될 것이다.

이 특별한 함수 리스트에 또 하나를 추가할 수 있다. 7의 배수에 대해 참인 bazz()를 정의해보자. 이것도 역시 좋은 연습이 될 것이다.

이 코드를 실행하면 두 개의 다른 함수를 name_or_number() 함수에 전달할 수 있고 각각 다른 출력을 얻을 수 있음을 알 수 있다.

```
>>> for i in range(1, 11):
...     print(name_or_number(i, fizz, buzz))
1
2
fizz
4
buzz
fizz
7
8
fizz
buzz
```

t(number)를 사용해 인수 값에 함수를 적용할 수 있다. t.__name__을 사용해 함수의 __name__ 속성값을 얻을 수 있었다.

함수 객체와 콜백

함수가 최상위 객체라는 사실은 예를 들어 특정 조건이 충족됐을 때와 같이 나중에 실행되도록 함수를 전달하기 위해 가장 자주 사용된다. 콜백callback은 사용자 인터페이스 구축에서 일반적이다. 사용자가 무언가를 클릭하면 프레임워크가 함수를 호출함으로써 애플리케이션 코드는 시각적 응답을 생성할 수 있다. 파일 전송과 같이 매우 오래 실행되는 작업의 경우 전송 라이브러리가 지금까지 전송된 바이트byte 수에 대한 상태값으로 애플리케이션을 다시 호출하는 것은 종종 도움이 된다. 이를 통해 전송 상태를 표시하기 위한 진행 표시줄을 보여줄 수 있다.

예약된 간격으로 이벤트가 발생하도록 콜백을 사용하는 이벤트 기반 타이머를 구축해 보자. 이것은 소형의 써킷파이썬^{CircuitPython}이나 마이크로파이썬^{MicroPython} 디바이스에 구축되는 사물 인터넷^{IoT, Internet of Things} 애플리케이션에서 사용할 수 있다. 여기서는 이것을 작업^{task}과 작업에 저장된 함수 객체를 실행하는 스케줄러^{scheduler}의 두 부분으로 나눌 것이다.

```python
from __future__ import annotations
import heapq
import time
from typing import Callable, Any, List, Optional
from dataclasses import dataclass, field

Callback = Callable[[int], None]

@dataclass(frozen=True, order=True)
class Task:
  scheduled: int
  callback: Callback = field(compare=False)
  delay: int = field(default=0, compare=False)
  limit: int = field(default=1, compare=False)

  def repeat(self, current_time: int) -> Optional["Task"]:
    if self.delay > 0 and self.limit > 2:
      return Task(
        current_time + self.delay,
        cast(Callback, self.callback), # type: ignore [misc]
        self.delay,
        self.limit - 1,
      )
    elif self.delay > 0 and self.limit == 2:
      return Task(
        current_time + self.delay,
        cast(Callback, self.callback), # type: ignore [misc]
      )
    else:
      return None
```

Task 클래스 정의에는 두 개의 필수 필드와 두 개의 옵션 필드가 있다. 필수 필드인 scheduled는 작업을 수행하도록 예정된 시간, callback은 예정된 시간에 수행할 작업인

406

콜백 함수를 제공한다. 예정된 시간은 int 타입 힌트를 갖는다. time 모듈은 매우 정확한 연산을 위해 부동 소수점 수로 된 시간을 사용할 수 있다. 여기서는 이것을 무시할 것이다. 또한 mypy 도구는 정수가 부동 소수점 수로 강제 변환될 수 있다는 것을 잘 알고 있으므로 숫자 타입에 극도로 민감할 필요는 없다.

콜백은 Callable[[int], None] 힌트를 갖는다. 이것은 함수 정의가 어떻게 생겼는지 요약한다. 콜백 함수 정의는 def some_name(an_arg: int) -> None:과 같아야 한다. 이것과 일치하지 않으면 mypy는 콜백 함수 정의와 타입 힌트에 의해 지정된 계약 간의 잠재적 불일치를 경고할 것이다.

repeat() 메서드는 반복될 수 있는 작업들에 대해서 하나의 작업을 반환한다. 작업을 실행할 시간을 계산하고, 실행시킬 함수 객체에 대한 참조를 제공하며, 지연시간^{delay} 및 변경된 제한 횟수^{limit}를 제공할 수 있다. 변경된 제한 횟수는 반복 횟수가 0을 향하도록 차감해 처리 횟수에 대해 정의된 상한을 제공한다. 반복 처리를 종료시킬 것인지 확인하는 것은 항상 좋은 일이다.

type: ignore [misc] 주석은 여기에 mypy에 혼란을 주는 기능이 있기 때문에 표시했다. self.callback 또는 someTask.callback()과 같은 코드를 사용하면 일반적인 메서드처럼 보인다. Scheduler 클래스에서 이 코드는 일반적인 메서드로 사용되지 않는다. 클래스 외부에 완전하게 정의된 별도의 함수에 대한 참조로 사용된다. 파이썬에 연결된 가정은 다음과 같다. Callable 속성은 메서드여야 하며, 이는 메서드가 "self" 변수를 가져야 함을 의미한다. 이 경우에 호출 가능한 객체는 별도의 함수이다. 이 가정을 반박하는 가장 쉬운 방법은 코드의 이 줄에 대한 mypy의 검사를 침묵시키는 것이다. 다른 대안은 self.callback을 다른 self가 아닌 변수에 할당해 외부 함수처럼 보이도록 하는 것이다.

다음은 Task 객체와 관련 콜백 함수를 사용하는 전체 Scheduler 클래스이다.

```python
class Scheduler:
  def __init__(self) -> None:
    self.tasks: List[Task] = []

  def enter(
```

```
      self,
      after: int,
      task: Callback,
      delay: int = 0,
      limit: int = 1,
  ) -> None:
      new_task = Task(after, task, delay, limit)
      heapq.heappush(self.tasks, new_task)

  def run(self) -> None:
      current_time = 0
      while self.tasks:
          next_task = heapq.heappop(self.tasks)
          if (delay := next_task.scheduled - current_time) > 0:
              time.sleep(next_task.scheduled - current_time)
          current_time = next_task.scheduled
          next_task.callback(current_time)  # type: ignore [misc]
          if again := next_task.repeat(current_time):
              heapq.heappush(self.tasks, again)
```

Scheduler 클래스의 핵심 기능은 특정 순서로 유지되는 Task 객체의 List인 힙 큐^{heap}이다. 7장의 '세 가지 타입의 큐' 절에서 힙 큐인 heapq 모듈을 언급했는데, 순서에 우선 순위가 있는 것이 해당 유스 케이스에 부적절하다는 점에 주목했다. 그러나 여기서의 힙 데이터 구조는 전체 리스트의 완전한 정렬에 대한 오버헤드 없이 항목을 순서대로 유지하기 위해 리스트의 유연성을 사용한다. 이 예제에서는 항목이 실행될 때까지 항목을 순서대로 유지하길 원한다. 힙 큐에 무언가를 추가하면 시간 순서가 유지되도록 삽입된다. 큐에서 다음 항목을 가져올 때 힙은 첫 번째로 실행돼야 할 것을 큐의 맨 앞에 두도록 조정할 수 있다.

Scheduler 클래스는 큐에 새 작업을 추가하는 enter() 메서드를 제공한다. 이 메서드는 콜백 작업을 실행하기 전에 기다리는 간격을 나타내는 delay 매개변수와 정확한 시간에 실행될 함수인 task 함수 자체를 받는다. 이 task 함수는 위에서 정의한 Callback의 타입 힌트에 맞아야 한다.

콜백 함수가 실제로 타입 힌트를 충족하는지 확인하기 위한 런타임 검사는 없다. mypy 에서만 확인한다. 더 중요한 것은 after, delay, limit 매개변수에 유효성 검사가 있어야 한다는 것이다. 예를 들어 after 또는 delay의 음수값은 ValueError 예외를 발생시켜야 한다. 데이터 클래스에는 유효성 검사를 위해 사용할 수 있는 특수 메서드인 __post_init__()이 있다. 이것은 __init__() 후에 호출되며 또 다른 초기화, 파생된 값에 대한 예비 계산, 또는 값의 조합이 유효한지 확인하기 위해 사용할 수 있다.

run() 메서드는 항목이 수행돼야 하는 시간에 따라 큐에서 항목을 제거한다. 요구된 시간이 됐거나 또는 요구된 시간이 지난 후면 delay에 대해 계산된 값은 0 또는 음수가 되며, 이것은 기다릴 필요가 없음을 의미한다. 즉 콜백을 즉시 수행할 수 있다. 요구된 시간 이전이라면 해당 시간이 될 때까지 잠을 자야 한다.

약속된 시간에 current_time 변수에 현재 시간을 업데이트한다. Task 객체에 제공된 콜백 함수를 호출한다. 그 다음에 Task 객체의 repeat() 메서드가 큐에 또 다른 반복 작업을 제공할 것인지 확인한다.

여기서 주의해야 할 중요 사항은 콜백 함수를 처리하는 줄이다. 함수는 다른 객체와 마찬가지로 전달되며 Scheduler 및 Task 클래스는 함수의 원래 이름이 무엇인지 또는 함수가 어느 위치에 정의돼 있는지 알지 못하거나 신경 쓰지 않는다. 함수를 호출할 때 Scheduler는 단순히 new_task.callback(current_time)으로 함수를 평가한다.

다음은 Scheduler 클래스를 테스트하는 콜백 함수들이다.

```python
import datetime

def format_time(message: str) -> None:
  now = datetime.datetime.now()
  print(f"{now:%I:%M:%S}: {message}")

def one(timer: float) -> None:
  format_time("Called One")

def two(timer: float) -> None:
  format_time("Called Two")

def three(timer: float) -> None:
  format_time("Called Three")

class Repeater:
```

```
def __init__(self) -> None:
    self.count = 0

def four(self, timer: float) -> None:
    self.count += 1
    format_time(f"Called Four: {self.count}")
```

이 함수들은 모두 Callback 타입 힌트의 정의를 충족하므로 잘 작동한다. Repeater 클래스 정의에는 이 정의를 충족하는 메서드 four()가 있다. 즉, Repeater의 인스턴스도 사용할 수 있다.

공통 메시지를 작성하기 위해 유틸리티 함수인 format_time()을 정의했다. 형식 문자열 구문을 사용해 메시지에 현재 시간을 추가한다. 세 개의 작은 콜백 함수는 현재 시간과 어떤 콜백이 실행됐는지 알려주는 짧은 메시지를 출력한다.

다음은 스케줄러를 만들고 콜백 함수로 로드하는 예이다.

```
s = Scheduler()
s.enter(1, one)
s.enter(2, one)
s.enter(2, two)
s.enter(4, two)
s.enter(3, three)
s.enter(6, three)
repeater = Repeater()
s.enter(5, repeater.four, delay=1, limit=5)
s.run()
```

이 예제를 통해 여러 콜백이 타이머와 상호 작용하는 방식을 확인할 수 있다.

Repeater 클래스는 메서드가 실제로 객체에 바인딩될 수 있는 함수이기 때문에 메서드를 콜백으로도 사용할 수 있음을 보여준다. Repeater 클래스의 인스턴스의 메서드를 사용하는 것은 다른 것들과 마찬가지로 함수이다.

출력은 이벤트가 예상된 순서로 실행됨을 보여준다.

```
01:44:35: Called One
01:44:36: Called Two
01:44:36: Called One
01:44:37: Called Three
01:44:38: Called Two
01:44:39: Called Four: 1
01:44:40: Called Three
01:44:40: Called Four: 2
01:44:41: Called Four: 3
01:44:42: Called Four: 4
01:44:43: Called Four: 5
```

일부 이벤트는 예약된 실행 시간이 같다는 것에 주의하라. 예를 들어 콜백 함수 one()과 two()는 모두 2초 후로 예약됐다. 둘 다 01:44:36에 실행됐다. 이 두 함수 간의 관계를 해결하는 방법을 결정하는 규칙은 없다. 스케줄러의 알고리듬은 힙 큐에서 항목을 pop 하고 콜백 함수를 실행한 다음 힙 큐에서 다른 항목을 pop하는 것이다. 실행 시간이 같으면 다음 콜백 함수를 평가한다. 두 콜백 중 어느 것이 먼저 수행되고 어떤 것이 두 번째로 수행되는지는 힙 큐에서 구현된다. 애플리케이션에서 순서가 중요한 경우에는 같은 시간에 예약된 항목을 구별하기 위한 추가 속성이 필요하다. 이를 위해서 우선 순위 번호가 종종 사용된다.

파이썬은 동적 언어이기 때문에 클래스의 내용은 고정되지 않는다. 이와 관련해 사용할 수 있는 몇 가지 고급 프로그래밍 기법이 있다. 다음 절에서는 클래스의 메서드를 변경하는 방법을 살펴볼 것이다.

함수를 사용한 클래스 패치

이전 예제에서 언급한 것 중 하나는 mypy가 Callable 속성인 callback을 Task 클래스의 메서드라고 가정했다는 것이다. 이것은 잠재적으로 혼란을 일으킬 수 있는 mypy 오류 메시지인 Invalid self argument "Task" to attribute function "callback" with type "Callable[[int], None]"로 이어진다. 앞의 예제에서 호출 가능한 속성은 메서드가 절대 아니다.

혼란이 있다는 것은 호출 가능한 속성이 클래스의 메서드로 취급될 수 있음을 의미한다. 일반적으로 클래스에는 메서드를 추가적으로 제공할 수 있으며 이는 런타임에 추가 메서드를 패치[patch]할 수 있음을 의미한다.

이것을 해야 한다는 의미인가? 아주 특별한 상황을 제외하고는 아마도 나쁜 생각일 것이다.

다음에서 볼 수 있듯이 인스턴스화된 객체에 함수를 추가하거나 변경할 수 있다. 먼저 show_something() 메서드를 가진 클래스 A를 정의한다.

```
>>> class A:
...     def show_something(self):
...         print("My class is A")

>>> a_object = A()
>>> a_object.show_something()
My class is A
```

이것은 기대한 대로 작동한다. 클래스의 인스턴스에서 메서드를 호출하고 print() 함수의 결과를 출력한다. 이제 show_something() 메서드를 교체함으로써 이 객체를 패치해보자.

```
>>> def patched_show_something():
...     print("My class is NOT A")

>>> a_object.show_something = patched_show_something
>>> a_object.show_something()
My class is NOT A
```

호출 가능한 함수를 속성으로 도입해 객체를 패치했다. a_object.show_something()을 사용할 때의 규칙은 먼저 로컬 속성을 찾은 다음 클래스 속성을 찾는다. 이런 규칙 때문에 호출 가능한 속성을 사용해 A 클래스의 이 인스턴스에 대한 로컬 패치를 생성할 수 있다.

패치되지 않은 클래스의 다른 인스턴스를 생성할 수 있으며, 이 인스턴스는 여전히 클래스 수준 메서드를 사용하고 있음을 확인할 수 있다.

```
>>> b_object = A()
>>> b_object.show_something()
My class is A
```

객체를 패치할 수 있다면 클래스도 패치할 수 있다고 생각할 것이다. 가능하다. 이것은 객체가 아닌 클래스에서 메서드를 교체함으로써 가능하다. 클래스를 변경하는 경우에는 클래스에 정의된 메서드에 암시적으로 제공될 self 인수를 설명해야 한다.

클래스를 패치하면 이미 인스턴스화된 객체를 포함해 해당 객체의 모든 인스턴스에 대한 메서드가 변경된다는 점에 주의하는 것은 매우 중요하다. 분명히 이와 같이 메서드를 교체하는 것은 위험하고 유지 관리를 혼란스럽게 한다. 코드를 읽는 누군가는 메서드가 호출된 것을 보고 원래의 클래스에서 해당 메서드를 찾는다. 그러나 원래 클래스의 메서드는 호출된 메서드가 아니다. 실제로 무슨 일이 일어났는지 파악하는 것은 까다롭고 짜증나는 디버깅이 될 수 있다.

작성하는 모든 코드를 뒷받침해야 하는 기본적인 가정이 있다. 소프트웨어 작동 방식을 이해하는 데 필수적인 일종의 계약이다.

TIP

사람들이 모듈 파일에서 보는 코드는 실행되는 코드여야 한다.

이 가정을 깨는 것은 사람들을 혼란스럽게 할 것이다. 앞의 예제는 클래스 A에 있는 정의와 분명히 다른 동작을 가진 show_something() 메서드가 있는 클래스 A의 인스턴스를 보여준다. 그러면 사람들은 이 애플리케이션 소프트웨어를 불신하게 될 것이다.

그럼에도 불구하고 이 기법은 쓸모가 있다. 종종 원숭이 패치monkey patching라고 불리는 이것은 런타임에 메서드를 교체하거나 추가함으로써 자동화된 테스트에 사용된다. 클라이언트-서버 애플리케이션을 테스트할 때 클라이언트를 테스트하는 동안 실제로 서버에 연결하고 싶지는 않을 수 있다. 이로 인해 실수로 돈이 이체되거나 실제 사람들에게 당혹스러운 테스트 이메일이 전송될 가능성이 있다.

그 대신 서버에 요청을 보내는 객체의 주요 메서드 중 일부를 대체하도록 테스트 코드를 설정해 메서드가 호출됐다는 것만 기록하도록 할 수 있다. 이것은 13장에서 자세히 다룰 것이다. 테스트라는 좁은 영역을 벗어나면 원숭이 패치는 일반적으로 잘못된 디자인을 의미한다.

이것은 임포트된 구성 요소에 대한 버그 수정의 일부로서 정당화되는 경우가 있다. 이 버그 수정이 완료되면 코드를 보는 모든 사람이 어떤 버그가 해결됐고 언제 수정 사항을 제거할 수 있는지 알 수 있도록 패치에 명확하게 플래그를 지정해야 한다. 원숭이 패치 사용으로 인한 문제는 부채와 같기 때문에 이런 종류의 코드를 기술 부채라고 부른다.

이 예제에 있는 클래스의 경우 show_something()의 고유한 구현을 가진 A의 하위 클래스는 패치된 메서드보다 훨씬 더 명확해야 한다.

클래스 정의를 사용해 마치 함수인 것처럼 사용할 수 있는 객체를 생성할 수 있다. 이것은 애플리케이션을 구축하기 위해 별도의 작은 함수를 사용하는 또 다른 경로를 제공한다.

호출 가능한 객체

함수가 속성을 가질 수 있는 객체인 것과 마찬가지로 함수인 것처럼 호출할 수 있는 객체를 생성하는 것도 가능하다. 모든 객체는 필수 인수를 받는 __call__() 메서드를 제공함으로써 호출 가능하게 만들 수 있다. 타이머 예제의 Repeater 클래스를 다음과 같이 호출 가능하게 만들어 좀 더 사용하기 쉽게 해보자.

```python
class Repeater_2:
    def __init__(self) -> None:
        self.count = 0

    def __call__(self, timer: float) -> None:
        self.count += 1
        format_time(f"Called Four: {self.count}")
```

이 예제는 이전 클래스와 크게 다르지 않다. Repeater 내의 함수 이름을 __call__로 변경하고 호출 가능하도록 객체 자체를 전달한 것이 전부이다. 어떻게 작동할까? 대화식으로 다음과 같이 수행할 수 있다.

```python
class Repeater_2:
  def __init__(self) -> None:
    self.count = 0

  def __call__(self, timer: float) -> None:
    self.count += 1
    format_time(f"Called Four: {self.count}")

rpt = Repeater_2()
```

지금 호출 가능한 객체인 rpt()를 만들었다. rpt(1)을 평가할 때 __call__() 메서드가 정의돼 있기 때문에 파이썬은 rpt.__call__(1)을 평가할 것이다. 다음과 같다.

```
>>> rpt(1)
04:50:32: Called Four: 1
>>> rpt(2)
04:50:35: Called Four: 2
>>> rpt(3)
04:50:39: Called Four: 3
```

다음은 Scheduler 객체와 함께 Repeater_2 클래스 정의를 사용하는 예다.

```python
s2 = Scheduler()
s2.enter(5, Repeater_2(), delay=1, limit=5)
s2.run()
```

enter()를 호출할 때 인수로 Repeater_2() 값을 전달한 것에 주의하라. 이 두 괄호는 클래스의 새 인스턴스를 생성한다. 생성된 인스턴스는 Scheduler에서 사용할 수 있는 __call__() 메서드를 갖고 있다. 호출 가능한 객체로 작업할 때는 클래스의 인스턴스를 생성하는 것이 필수이다. 호출 가능한 것은 클래스가 아니라 객체이다.

지금까지 두 가지 다른 종류의 호출 가능한 객체를 살펴봤다.

1. def 문으로 빌드된 파이썬의 함수.

2. 호출 가능한 객체. __call__() 메서드가 정의돼 있는 클래스의 인스턴스이다.

일반적으로 간단한 def 문만 있으면 충분하다. 그러나 호출 가능한 객체는 일반 함수가 할 수 없는 일을 할 수 있다. Repeater_2 클래스는 사용 횟수를 계수한다. 일반 함수는 상태 비저장이다. 호출 가능한 객체는 상태를 저장할 수 있다. 이것은 약간의 주의가 필요하지만 일부 알고리듬은 결과를 캐시에 저장해 성능을 크게 향상시킬 수 있으며 호출 가능한 객체는 함수의 결과를 다시 계산할 필요가 없도록 저장하는 좋은 방법이다.

⁝⁝➢ 파일 입출력

지금까지 파일 시스템을 다룬 예제는 내부에서 무슨 일이 일어나고 있는지에 대한 많은 생각 없이 텍스트 파일을 전체적으로 다뤘다. 운영체제는 파일을 텍스트가 아닌 바이트 시퀀스로 나타낸다. 9장 '문자열, 직렬화, 파일 경로'에서 바이트와 텍스트의 관계를 자세히 알아볼 것이다. 지금은 파일에서 텍스트 데이터를 읽는 것이 상당히 복잡한 과정이지만 파이썬은 개발자를 위해 대부분의 작업을 뒤에서 처리한다.

파일의 개념은 누군가가 객체지향 프로그래밍이라는 용어를 만들기 오래 전부터 존재해 왔다. 그러나 파이썬은 운영체제가 제공하는 인터페이스를 파일 객체 또는 덕 타이핑과 비교해 파일과 유사한 객체로 작업할 수 있도록 하는 추상화로 래핑했다.

운영체제 파일과 파이썬 파일 객체를 모두 공통적으로 "파일"이라고 하기 때문에 혼란이 발생한다. OS 라이브러리를 래핑하는 파이썬 파일 객체에서 해당 바이트에 액세스하고자 OS 라이브러리와 디스크의 바이트를 구별하기 위해 적절한 컨텍스트로 term 파일에 대한 각 참조를 조심스럽게 래핑하는 것은 매우 어렵다.

파이썬의 open() 내장 함수는 OS 파일을 열어 파이썬 파일 객체를 반환하기 위해 사용된다. 파일로부터 텍스트를 읽으려면 파일 이름만 함수에 전달하면 된다. OS 파일이 읽기 위해 열리고 바이트는 플랫폼의 기본 인코딩을 사용해 텍스트로 변환된다.

파일 "이름"은 현재 작업 디렉터리에 대해 상대적인 이름일 수 있다. 또한 디렉터리 트리의 루트에서 시작하는 절대 이름일 수도 있다. 파일 이름은 파일 시스템의 루트에서 파일 경로의 끝부분까지를 말한다. 리눅스 기반 파일 시스템의 루트는 "/"이다. 윈도우에서는 각 디바이스에 파일 시스템이 있으므로 "c:\"와 같은 더 복잡한 이름을 사용한다. 윈도우는 파일 경로의 요소를 구분하기 위해 \를 사용하지만 파이썬의 pathlib는 일관되게 "/"를 사용하며, 필요할 때 문자열을 OS 종속적인 이름으로 변환한다.

물론 항상 파일을 읽기만 원하는 것은 아니다. 종종 파일에 데이터를 쓰고 싶어한다. 쓰기를 위해 파일을 열려면 "w" 값을 mode 인수인 두 번째 위치 인수로 open()에 전달해야 한다.

```
>>> contents = "Some file contents\n"
>>> file = open("filename.txt", "w")
>>> file.write(contents)
>>> file.close()
```

기존 파일 내용을 완전히 덮어쓰는 대신 파일 끝에 추가하기 위해 값 "a"를 mode 인수로 제공할 수도 있다.

바이트를 텍스트로 변환하기 위한 내장 래퍼가 있는 이런 파일은 매우 편하지만 열고 싶은 파일이 이미지, 실행 파일, 또는 다른 바이너리 파일이라면 매우 불편하지 않을까?

바이너리 파일을 열려면 모드mode 문자열에 "b"를 추가한다. 따라서 "wb"는 바이트를 쓰기 위해 파일을 열고, "rb"는 바이너리 파일을 읽을 수 있게 해준다. 텍스트 파일처럼 작동하지만 텍스트를 바이트로 자동 인코딩하지 않는다. 파일을 읽을 때 str 대신 bytes 객체를 반환하며, 파일에 쓸 때도 텍스트 객체를 전달하려고 하면 실패할 것이다.

TIP

파일을 여는 방법을 제어하기 위한 이 모드 문자열은 다소 모호하며 파이썬답지도 않고 객체지향적이지도 않다. 하지만 유서 깊은 표준 I/O 라이브러리를 기반으로 하기 때문에 거의 모든 프로그래밍 언어에서 일관성을 갖는다. 파일 I/O는 운영체제가 처리해야 하는 기본 작업 중 하나이며 모든 프로그래밍 언어는 동일한 시스템 호출을 사용해 운영체제와 통신해야 한다.

모든 파일은 실제로 바이트이므로 텍스트를 읽는 것은 바이트가 텍스트 문자로 변환된다는 것을 의미한다는 점을 아는 것이 중요하다. 대부분의 운영체제는 UTF-8 인코딩을 사용해 파이썬이 바이트에 사용하는 유니코드 문자를 나타낸다. 경우에 따라 다른 인코딩이 사용될 수 있으며 일반적이지 않은 인코딩을 사용하는 텍스트 파일을 열 때는 encoding='cp1252'와 같이 encoding 인수 값을 제공해야 한다.

파일이 읽기 위해 열리면 read(), readline(), readlines() 등의 메서드를 호출해 파일 내용을 가져올 수 있다. read() 메서드는 모드에 "b"가 있는지 여부에 따라 파일의 전체 내용을 str 또는 bytes 객체로 반환한다. 대용량 파일에 다른 인수 없이 이 메서드를 사용하지 않도록 주의하라. 매우 많은 데이터를 메모리에 로드하려고 하면 어떤 일이 일어나는지 알고 싶지 않을 것이다.

파일에서 고정된 수의 바이트를 읽는 것도 가능하다. 읽고자 하는 바이트 수를 설명하는 정수 인수를 read() 메서드에 전달한다. read()에 대한 다음 호출은 다음 바이트 시퀀스를 로드하는 방식이다. 전체 파일을 관리 가능한 청크^{chunk}로 읽기 위해 while 문 안에서 이 작업을 수행할 수 있다.

일부 파일 형식은 깔끔하게 바인딩된 청크를 정의한다. 로깅 모듈은 로그 객체를 바이트로 전송할 수 있다. 바이트를 읽는 프로세스는 먼저 4바이트를 읽어 로그 메시지의 크기를 결정해야 한다. 크기 값은 하나의 완전한 메시지를 수집하기 위해 읽어야 하는 바이트 수를 정의한다.

readline() 메서드는 파일에서 한 줄을 반환한다. 파일이 생성된 운영체제에 따라 각 줄은 줄바꿈 문자, 캐리지 리턴^{carriage return}, 또는 둘 다로 끝난다. 줄을 추가적으로 얻기 위해 반복적으로 호출할 수 있다. 복수형인 readlines() 메서드는 파일의 모든 줄의 리스트를 반환한다. 이 메서드는 read() 메서드와 마찬가지로 매우 큰 파일에 사용하는 것은 안전하지 않다. 이 두 메서드는 파일이 bytes 모드로 열려 있을 때도 작동하지만 특정 위치에 줄 바꿈이 있는 텍스트와 같은 데이터를 파싱하는 경우에만 의미가 있다. 예를 들어 줄바꿈 바이트가 특정 픽셀이나 사운드를 나타내지 않는 한 이미지나 오디오 파일에는 줄바꿈 문자가 없으므로 readline()을 적용하는 것은 의미가 없다.

가독성을 위해, 그리고 매우 큰 파일을 한 번에 메모리로 읽는 것을 방지하기 위해서는 파일 객체에서 각 줄을 가져올 때 for 문을 사용하는 것이 더 나은 경우가 많다. 텍스트 파일의 경우 한 번에 한 줄씩 읽어 for 문 내에서 처리할 수 있다. 바이너리 파일의 경우에도 이것이 작동하지만 바이너리 파일이 텍스트 파일 규칙을 준수할 가능성은 거의 없다. 바이너리 파일의 경우에는 한 번에 읽을 최대 바이트 수를 매개변수로 read() 메서드에 전달해 고정 크기의 데이터 청크를 읽는 것이 좋다.

파일 읽기는 다음과 같이 할 수 있다.

```
with open("big_number.txt") as input:
  for line in input:
    print(line)
```

마찬가지로 파일에 쓰는 것도 쉽다. 파일 객체의 write() 메서드는 문자열 객체 또는 바이너리 데이터의 경우에는 바이트 객체를 파일에 쓴다. 여러 문자열을 차례로 쓰기 위해 반복적으로 호출할 수 있다. writelines() 메서드는 문자열 시퀀스를 받아들여 반복되는 각 값을 파일에 쓴다. writelines() 메서드는 시퀀스의 각 항목 뒤에 줄바꿈 문자를 추가하지 않는다. for 문을 사용해 명시적으로 반복할 필요 없이 문자열 시퀀스의 내용을 파일에 쓸 수 있는 이 함수는 기본적으로 이름이 적당하지 않지만 편리한 함수이다.

파일에 쓰기는 다음과 같이 할 수 있다.

```
results = str(2**2048)
with open("big_number.txt", "w") as output:
  output.write("# A big number\n")
  output.writelines(
    [
      f"{len(results)}\n",
      f"{results}\n"
    ]
  )
```

파일에서 줄바꿈을 하려면 명시적으로 줄바꿈 문자 \n 이 필요하다. print() 함수만 자동으로 줄바꿈을 추가한다. open() 함수는 내장 함수이기 때문에 간단한 파일 입출력 작업에는 별도의 임포트가 필요 없다.

마지막으로 close() 메서드가 있다. 이 메서드는 버퍼링된 쓰기가 디스크에 기록됐는지, 파일이 제대로 정리됐는지, 파일과 관련된 모든 리소스가 해제돼서 운영체제로 다시 돌아갔는지 확인하기 위해 파일 읽기나 쓰기를 마쳤을 때 호출해야 한다. 특히 웹 서버와 같이 오래 실행되는 프로세스에서는 명시적으로 정리하는 것이 매우 중요하다.

열려 있는 각 파일은 컨텍스트 관리자^{context manager}이므로 with 문에서 사용할 수 있다. with 문과 함께 파일을 사용하면 컨텍스트의 끝에서 close()가 자동으로 발생한다. 다음 절에서 컨텍스트 관리자를 사용해 OS 리소스를 제어하는 방법을 자세히 살펴볼 것이다.

컨텍스트에 배치

파일 작업이 끝나면 파일을 닫아야 하므로 코드가 지저분해 보일 수 있다. 파일 I/O 중 언제든지 예외가 발생할 수 있기 때문에 파일에 대한 모든 호출을 try...finally 절로 래핑해야 한다. I/O 성공 여부에 상관없이 파일은 finally 절에서 닫아야 하지만 매우 파이썬스럽지 않으므로 이를 위한 더 우아한 방법이 있다.

파이썬의 파일 객체는 컨텍스트 관리자이기도 하다. with 문을 사용함으로써 컨텍스트 관리 메서드는 예외가 발생하더라도 파일이 확실히 닫히도록 한다. with 문을 사용하면 더 이상 파일 닫기를 명시적으로 관리할 필요가 없다.

파일지향 with 문은 다음과 같다.

```
>>> source_path = Path("requirements.txt")
>>> with source_path.open() as source_file:
...     for line in source_file:
...         print(line, end='')
```

Path 객체의 open 메서드는 __enter__() 및 __exit__() 메서드를 갖고 있는 파일 객체를 반환한다. 반환된 객체는 as 절에 의해 source_file이라는 변수에 할당된다. 코드가 바깥쪽 들여쓰기 수준으로 돌아갈 때 파일이 닫히며, 예외가 발생할 때도 파일은 닫히게 된다. 9장 '문자열, 직렬화, 파일 경로'에서 Path 객체를 더 자세히 살펴볼 것이다. 지금은 이 객체를 파일을 열기 위해 사용할 것이다.

with 문은 잘못될 가능성에도 불구하고 시작 코드와 정리 코드를 연결해야 하는 경우에 널리 사용된다. 예를 들어, urlopen 호출은 작업이 끝나면 소켓을 정리하기 위해 with 문에서 사용할 수 있는 컨텍스트 객체를 반환한다. threading 모듈에서 잠금은 with 문의 본문이 실행된 후에 자동으로 잠금을 해제할 수 있다.

흥미롭게도 적절한 특수 메서드를 가진 모든 객체는 with 문에서 사용되는 컨텍스트 관리자가 될 수 있으므로 이를 자체 프레임워크에서 사용할 수 있다. 예를 들어 문자열은 불변이지만 종종 문자열의 여러 부분을 조작해 새로운 문자열을 만들어야 하는 경우가 있다. 효율성을 위해 이 작업은 일반적으로 새 문자열의 각 구성 요소를 리스트에 저장하고 마지막에 이를 결합한다. 리스트 클래스를 확장해 일련의 문자 시퀀스를 구성하고 종료시에 자동으로 이를 문자열로 변환하는 간단한 컨텍스트 관리자를 생성해보자.

```
>>> class StringJoiner(list):
...     def __enter__(self):
...         return self
...     def __exit__(self, exc_type, exc_val, exc_tb):
...         self.result = "".join(self)
```

이 코드는 list 클래스를 상속받아 컨텍스트 관리자에 필요한 두 개의 특수 메서드를 추가한다. __enter__() 메서드는 이 경우에는 없지만 필요한 설정 코드를 수행한 다음 with 문의 as 뒤에 오는 변수에 할당될 객체를 반환한다. 앞에서 수행한 것처럼 이는 컨텍스트 관리자 객체 그 자체이다. __exit__() 메서드는 세 개의 인수를 받는다. 정상적인 상황에서는 모두 None 값이 지정된다. 그러나 with 블록 내부에서 예외가 발생하면 이 인수들은 예외의 타입, 예외의 값, 트레이스백으로 값이 설정된다. 이를 통해서 예외가 발생한 경우에도 __exit__() 메서드는 필요한 정리 코드를 수행할 수 있다. 이 예제에서는 예외 발생 여부에 상관없이 리스트에 있는 문자들을 결합해 결과 문자열을 만든다. 경우에 따라 예외 조건에 대응하기 위해 보다 정교하게 정리를 수행해야 할 수도 있다.

공식적으로 타입 힌트는 다음과 같다.

```python
from typing import List, Optional, Type, Literal
from types import TracebackType

class StringJoiner(List[str]):
  def __enter__(self) -> "StringJoiner":
    return self

  def __exit__(
    self,
    exc_type: Optional[Type[BaseException]],
    exc_val: Optional[BaseException],
    exc_tb: Optional[TracebackType],
  ) -> Literal[False]:
    self.result = "".join(self)
    return False
```

항상 False를 반환하도록 __exit__()을 정의한 것에 주의하라. 반환값 False는 컨텍스트에서 발생하는 모든 예외가 표시되도록 한다. 이것은 전형적인 동작이다. 하지만 True를 반환해 발생하는 예외를 침묵시킬 수 있다. 이것은 타입 힌트를 Literal[False]에서 bool로 변경하고 예외를 검사해 침묵시킬 것인지 확인할 수 있음을 의미한다. 예를 들어 다음과 같이 exc_type이 StopIteration인지 확인할 수 있다.

```python
return exc_type == StopIteration
```

이렇게 하면 StopIteration 예외만 침묵하고 다른 모든 예외는 컨텍스트 외부로 전파될 수 있다. 예외에 대한 복습은 4장 '예상치 못한 상황을 예상하기'를 참조하라.

이것은 가장 간단한 컨텍스트 관리자 중 하나이며 그 유용성이 의심스럽긴 하지만 with 문과 함께 작동한다. 실제 동작을 확인해보자.

```python
>>> with StringJoiner("Hello") as sj:
...     sj.append(", ")
...     sj.extend("world")
...     sj.append("!")
```

```
>>> sj.result
'Hello, world!'
```

이 코드는 문자 리스트에 문자를 추가하거나 확장해 문자열을 구성한다. with 문이 컨텍스트의 들여쓰기된 문을 완료하면 __exit__() 메서드가 호출되고 result 속성은 StringJoiner의 객체인 sj에서 사용할 수 있게 된다. 그 다음에 결과 문자열을 보기 위해 이 값을 출력한다. 예외가 발생하더라도 __exit__()는 항상 실행된다는 것에 주의하라. 다음 예제는 컨텍스트 내에서 예외를 발생시키지만 최종 결과는 여전히 빌드된다.

```
>>> with StringJoiner("Partial") as sj:
...     sj.append(" ")
...     sj.extend("Results")
...     sj.append(str(2 / 0))
...     sj.extend("Even If There's an Exception")
Traceback (most recent call last):
  ...
  File "<doctest examples.md[60]>", line 3, in <module>
    sj.append(str(2 / 0))
ZeroDivisionError: division by zero
>>> sj.result
'Partial Results'
```

0으로 나누면 예외가 발생한다. 이것을 sj 변수에 추가하는 명령문이 실패했으므로 컨텍스트 내의 나머지 명령문은 실행되지 않는다. 컨텍스트의 __exit__() 메서드가 예외 정보와 함께 실행된다. __exit__() 메서드는 result 속성을 계산하고 예외가 전파되도록 허용했다. sj 변수는 부분적인 결과를 가지고 있다.

간단한 함수로부터 컨텍스트 관리자를 빌드할 수도 있다. 이것은 이터레이터의 기능에 의존하며, 이는 10장 '이터레이터 패턴'에서 자세히 살펴볼 것이다. 지금은 yield 문이 결과 시퀀스의 첫 번째 결과를 생성한다는 것을 아는 것으로 충분하다. 파이썬에서 이 터레이터가 작동하는 방식 때문에 __enter__() 처리와 __exit__() 처리가 하나의 yield 문으로 분리된 함수를 작성할 수 있다.

문자열을 결합하는 예제는 상태 저장 컨텍스트 관리자이며, 함수를 사용하면 상태가 변경되는 객체를 상태 변경을 일으키는 컨텍스트 관리자와 분명하게 분리할 수 있다.

다음은 그 일부를 구현한 수정된 StringJoiner 객체이다. 이 객체는 문자열과 최종 결과 속성을 포함한다.

```python
class StringJoiner2(List[str]):
    def __init__(self, *args: str) -> None:
        super().__init__(*args)
        self.result = "".join(self)
```

이와 별도로 컨텍스트 진입 및 종료를 위한 몇 가지 단계를 갖는 컨텍스트 관리자가 있다.

```python
from contextlib import contextmanager
from typing import List, Any, Iterator


@contextmanager
def joiner(*args: Any) -> Iterator[StringJoiner2]:
    string_list = StringJoiner2(*args)
    try:
        yield string_list
    finally:
        string_list.result = "".join(string_list)
```

yield 이전의 단계는 컨텍스트에 들어갈 때 수행된다. yield 문의 표현식은 with 문의 as 변수에 해당된다. 컨텍스트가 정상적으로 종료되면 yield 이후의 코드가 처리된다. try: 문의 finally: 절은 예외가 있더라도 최종 결과 속성이 항상 설정되도록 한다. try: 문은 명시적으로 어떤 예외와도 매칭되지 않아서 아무것도 침묵시키지 않으므로 예외는 with 문 외부에서 볼 수 있다. 이것은 위의 StringJoiner 예제와 동일하게 작동한다. 유일한 변경 사항은 컨텍스트 관리자인 StringJoiner 클래스를 joiner로 교체한 것이다.

@contextmanager 데코레이터는 컨텍스트 관리자 클래스 정의처럼 작동하도록 이 함수 주변에 몇 가지 기능을 추가하기 위해 사용된다. 이것은 __enter__() 및 __exit__() 메서드를 모두 정의해야 하는 클래스의 오버헤드를 절약하게 해준다. 이 경우 컨텍스트 관리자에 대한 코드 줄 수가 더 적기 때문에 데코레이팅된 함수가 더 길고 복잡해 보이는 클래스보다 적절한 것 같다.

컨텍스트 관리자는 많은 일을 할 수 있다. 파일 작업에 대한 것을 다루는 이유는 컨텍스트 관리자를 사용하는 중요한 위치 중 하나가 파일, 데이터베이스, 네트워크 연결 등을 열 때이기 때문이다. 외부의 운영체제가 관리하는 리소스가 관련된 모든 곳에서는 애플리케이션 프로그래밍에서 어떤 문제가 발생하더라도 외부 리소스가 적절하게 해제되도록 컨텍스트 관리자가 필요하다.

TIP

파일로 작업할 때는 항상 with 문으로 해당 처리를 래핑하라.

⫶⫶ 사례 연구

객체지향 프로그래밍은 기능을 캡슐화하는 데 도움이 되지만 유연하고 표현이 풍부하면서 간결한 애플리케이션을 만드는 유일한 방법은 아니다. 함수형 프로그래밍은 객체지향 디자인보다 기능적 디자인과 함수 구성을 강조한다.

파이썬에서 기능적 디자인은 종종 몇 가지 객체지향 기법을 사용한다. 이것은 파이썬의 장점 중 하나이다. 문제를 효과적으로 해결하기 위해 적절한 디자인 도구를 선택할 수 있다는 것이다.

종종 클래스 및 클래스의 다양한 연관 관계를 통해 객체지향 디자인을 묘사한다. 기능적 디자인의 경우에는 객체를 변환하는 함수에 관심이 있다. 기능적 디자인은 수학적 관행을 따를 수 있다.

사례 연구의 이 부분에서는 클래스 정의와 혼합된 함수로서 분류기의 여러 기능을 다시 살펴볼 것이다. 순수한 객체지향 관점에서 벗어나 하이브리드 관점을 채택할 것이다. 특히 데이터를 학습셋과 테스트셋으로 분리하는 방법을 자세히 살펴볼 것이다.

프로세스 개요

1장에서는 학습 데이터 수집, 분류기 테스트, 그리고 실제로 분류를 수행하는 세 가지 프로세스를 식별했다. 컨텍스트 다이어그램은 다음과 같다.

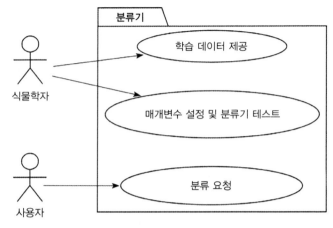

그림 8.1 컨텍스트 다이어그램

이 프로세스들은 샘플 데이터의 일부 컬렉션을 빌드하기 위한 별도의 함수로 생각할 수 있다.

1. "학습 데이터 제공" 유스 케이스를 기반으로 하는 함수는 소스 데이터를 학습셋과 테스트셋의 두 샘플 컬렉션으로 변환한다. 이 프로세스에 몇 가지 제약 조건을 만들어 학습셋의 항목과 정확히 일치하는 항목이 테스트셋에 배치되는 것을 피하고 싶다. 이 프로세스는 KnownSample을 TestingKnownSample 또는 TrainingKnownSample 로 매핑하는 것으로 생각할 수 있다.

2. "매개변수 설정 및 분류기 테스트" 유스 케이스를 기반으로 하는 함수는 k 값과 거리 계산 알고리듬을 포함하는 Hyperparameter와 샘플의 테스트셋을 품질 점수로 변환한다. 이것은 TestingKnownSample을 분류한 결과를 정확 또는 부정확으로 매핑한 다음, 테스트한 개수 중에서 정확하게 분류한 수를 나타내는 단일 값으로 축소하는 것으로 생각할 수 있다.

3. "분류 요청" 유스 케이스를 기반으로 하는 함수는 Hyperparameter와 단일 샘플을 분류 결과로 변환한다.

이런 각 함수를 개별적으로 살펴보자. 기능적 접근 방식을 정의하기 위해 이런 프로세스 단계를 사용해 애플리케이션의 대안적인 모델을 구축할 수 있다.

데이터 분할

실제로 데이터를 두 개의 하위 집합으로 분할하는 것은 필터 함수를 통해 정의될 수 있다. 잠시 파이썬을 떠나서 수학적 개념에 집중해 코드에 뛰어들기 전에 논리가 올바른지 확인해보자. 개념적으로 한 쌍의 함수 $e(s_i)$와 $r(s_i)$를 가지고 있는데, 이 두 함수는 샘플 s_i가 테스트용 e인지 아니면 학습용 r인지를 결정한다. 이 함수는 샘플을 두 개의 하위 집합으로 분할하는 데 사용된다. 테스트와 학습이 모두 영문 t로 시작하지 않았다면 이름을 찾는 것이 더 쉬웠을 것이다. 평가와 테스트를 위해서는 $e(s_i)$, 실제 분류를 실행하기 위해서는 $r(s_i)$라고 생각하는 것이 도움이 될 것이다.

이 두 함수가 배타적이면, 즉 $e(s_i) = \neg r(s_i)$이면 더 간단하다. 여기서는 더 긴 not 대신 $\neg$를 사용했다. 두 함수가 서로의 역이면 이것은 두 함수 중 하나만 정의하면 된다는 것을 의미한다.

$$R = \{s_i \mid s_i \in S \wedge r(s_i)\}$$

$$E = \{s_i \mid s_i \in S \wedge \neg r(s_i)\}$$

위 구문이 낯설다면 $r(s_i)$가 참인 경우 소스 데이터 S에서 s_i인 모든 항목은 학습셋임을 의미한다고 할 수 있다. 테스트셋은 $r(s_i)$가 거짓인 소스의 모든 항목이다. 이 수학적 형식은 모든 경우를 적절하게 다루는 데 도움이 될 수 있다.

이 개념은 샘플 집합에 대한 일종의 '컴프리헨션' 또는 '빌더'이다. 수학적 컴프리헨션은 상당히 직접적인 방식으로 파이썬 리스트 컴프리헨션으로 번역할 수 있다. 개념적 함수 $r(s_i)$를 파이썬 함수인 training()으로 구현할 것이다. 또한 인덱스값 i를 이 함수에 대한 별도의 매개변수로 노출할 것이다.

```
def training(s: Sample, i: int) -> bool:
  pass

training_samples = [
  TrainingKnownSample(s)
  for i, s in enumerate(samples)
  if training(s, i)]

test_samples = [
  TestingKnownSample(s)
  for i, s in enumerate(samples)
  if not training(s, i)]
```

10장 '이터레이터 패턴'에서 이를 자세히 알아볼 것이다. 지금은 컴프리헨션이 표현식, for 절, 그리고 if 조건문의 세 부분으로 구성됨을 확인하는 것으로 충분한다. for 절은 값을 제공하며 사실상 수학식의 $s_i \in S$ 부분이다. if 조건은 실제로 $r(s_i)$ 부분으로 값을 필터링한다. 최종 표현식 s는 결과 리스트 객체에 누적되는 항목을 결정한다.

소스인 KnownSample 인스턴스를 둘러싼 래퍼로서 TrainingKnownSample 객체를 구성했다. 이것은 7장 '파이썬 데이터 구조'에서 논의했던 구성 기반 디자인을 활용한다.

인덱스 값을 사용해 데이터를 분할한다. 나누기한 나머지인 모듈로를 사용해 데이터를 하위 집합으로 나눌 수 있다. 예를 들어 i % 5의 값은 0에서 4 사이의 값이다. i % 5 == 0을 테스트 데이터로 사용하면 전체의 20%가 선택된다. i % 5 != 0일 때 이것은 나머지 80%이며 학습에 사용될 데이터이다.

다음은 [] 래퍼가 없는 리스트 컴프리헨션이다. list() 함수를 사용해 제너레이터로부터 항목을 가져와 리스트를 빌드한다.

```
test_samples = list(
  TestingKnownSample(s)
  for i, s in enumerate(samples)
  if not training(s, i))
```

[] 또는 list()를 사용한 처리는 동일하다. 어떤 사람들은 []가 더 간결함에도 불구하고 list()의 명료함을 좋아한다. 리스트 클래스에 대한 자체적인 확장을 이렇게 생성하면

[...]가 사용되는 모든 위치를 찾는 것보다 list(...)을 찾는 것이 약간 더 간단하며, 이는 리스트 빌더를 []의 다른 용도와 분리한다.

분류 재고찰

2장 '파이썬의 객체'에서 분류classification와 관련된 상태 변경을 처리하는 여러 가지 방법과 씨름했다. 두 가지 유사한 프로세스가 있는데, 하나는 테스트에 사용할 KnownSample 객체에 대한 것이고 다른 하나는 사용자에 의해 분류되는 UnknownSample 객체에 대한 것이다. 프로세스 다이어그램은 단순해 보이지만 중요한 질문이 숨겨져 있다.

다음은 미지의 샘플에 대한 사용자의 분류이다.

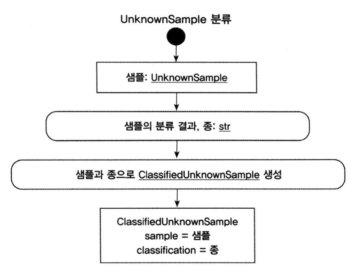

그림 8.2 UnknownSample 분류 프로세스 다이어그램

이것을 빌려서 클래스에 몇 가지 작은 변경을 하면 테스트에 사용할 수 있다. 다음은 미지의 샘플 프로세스와 유사하게 테스트 목적으로 분류를 처리하는 접근 방식이다.

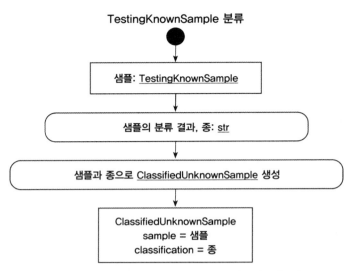

그림 8.3 TestingKnownSample 분류 프로세스 다이어그램

이상적으로는 동일한 코드를 두 경우 모두에 사용할 수 있으므로 애플리케이션의 전체 복잡성을 줄일 수 있다.

프로세스 뷰의 다양한 대안을 고려하면 논리 뷰의 변경으로 이어진다. 다음은 이 클래스들을 불변의 구성 관계로 보는 수정된 버전이다. 애플리케이션 처리 중에 이런 객체가 생성되는 시기를 제안하는 메모를 포함했다. 세심한 고려가 필요한 두 클래스는 강조해 표시했다.

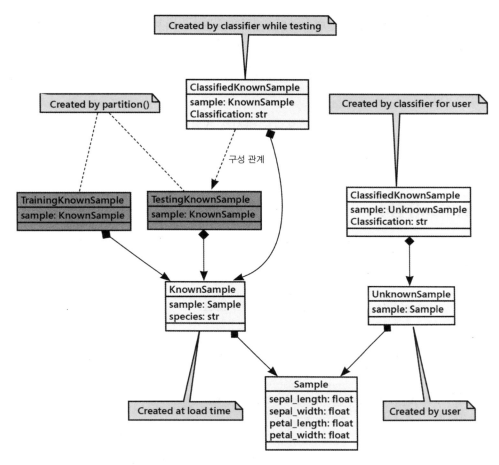

그림 8.4 수정된 논리 뷰

TestingKnownSample와 TrainingKnownSample 클래스에는 매우 작은 차이점이 있다. 이들은 새로운 속성이나 메서드를 도입하지 않는다. 차이점은 다음과 같다.

- TrainingKnownSample 인스턴스는 분류에 사용되지 않는다.

- TestingKnownSample 및 UnknownSample 인스턴스는 분류 및 테스트에 사용된다. KnownSample 인스턴스를 새 컨테이너로 다시 패키징해 TestingKnownSample 객체로부터 ClassifiedKnownSample 객체를 생성한다. 이로서 정의가 좀 더 일관된 집합이 생성된다.

아이디어는 Hyperparameter 클래스의 classifier() 메서드가 Union[TestingKnownSample, UnknownSample] 타입 힌트로 요약되는 두 클래스의 객체와 함께 작동해야 한다는 것이다. 이런 종류의 힌트는 클래스를 잘못 사용하는 애플리케이션 코드를 찾는 데 도움이 될 수 있다.

이 다이어그램은 이런 객체들이 사용되는 방식을 캡처하는 것 같다. 이런 세부 정보는 의도를 명확히 하기 위해 사용할 수 있는 더 자세한 타입 힌트를 얻을 수 있게 해준다.

partition() 함수

여러 버전의 training() 함수를 정의해 데이터를 80/20, 75/25 또는 67/33 비율로 나눌 수 있다.

```
def training_80(s: KnownSample, i: int) -> bool:
  return i % 5 != 0

def training_75(s: KnownSample, i: int) -> bool:
  return i % 4 != 0

def training_67(s: KnownSample, i: int) -> bool:
  return i % 3 != 0
```

다음은 training_xx() 함수 중 하나를 인수로 사용하는 partition() 함수이다. training_xx() 함수는 샘플에 적용돼 학습 데이터인지 여부를 결정한다.

```
TrainingList = List[TrainingKnownSample]
TestingList = List[TestingKnownSample]

def partition(
  samples: Iterable[KnownSample],
  rule: Callable[[KnownSample, int], bool]
) -> Tuple[TrainingList, TestingList]:

  training_samples = [
    TrainingKnownSample(s)
    for i, s in enumerate(samples) if rule(s, i)
```

```
    ]

    test_samples = [
      TestingKnownSample(s)
      for i, s in enumerate(samples) if not rule(s, i)
    ]

    return training_samples, test_samples
```

다른 함수를 인수 값으로 사용하는 '고차' 함수를 만들었다. 이것은 파이썬의 필수적인 부분인 함수형 프로그래밍의 매우 멋진 기능이다.

이 partition() 함수는 소스 데이터와 함수를 사용해 두 개의 리스트를 작성한다. 이것은 training 리스트에 있는 값과 중복되는 값이 testing 리스트에 들어오는 것을 신경 쓸 필요가 없게 해준다.

이것은 간결한 표현이지만 숨겨진 비용이 있다. 데이터를 두 번 검사하는 것인데 이를 피하고 싶다. 이 문제에서 알려진 샘플의 집합이 작은 경우에는 처리 비용이 많이 들지 않는다. 그러나 첫 부분에 원시 데이터를 생성하는 제너레이터 표현식이 있을 수 있다. 제너레이터는 한 번만 사용할 수 있으므로 대규모 데이터의 여러 복사본을 만드는 것을 피해야 한다.

또한 학습 데이터 값과 정확히 일치하는 값을 테스트 데이터에 할당하는 것을 피하고 싶다. 이것은 더 복잡한 문제가 된다. 이에 대해서는 10장 '이터레이터 패턴'에서 다룰 것이다.

한 번에 분할하기

데이터를 한 번만 사용해 여러 샘플 데이터를 만들 수 있다. 몇 가지 접근 방식이 있다. 여기서는 간단한 타입 힌트가 있는 것을 보여줄 것이다. 다시 말하지만 이것은 완전한 클래스 정의가 아니라 함수이다. 개별 샘플 인스턴스는 고유한 클래스를 갖지만 이 프로세스는 고유한 클래스의 객체를 산출하며 따라서 함수 스타일에 더 적합하다.

이 아이디어는 하나는 학습용으로 다른 하나는 테스트용으로 두 개의 빈 리스트 객체를 만드는 것이다. 그 다음 각 리스트에 특정 타입 힌트를 할당하고 mypy를 활용해 리스트를 적절하게 사용하고 있는지 확인할 수 있다.

```python
def partition_1(
    samples: Iterable[KnownSample],
    rule: Callable[[KnownSample, int], bool]
) -> Tuple[TrainingList, TestingList]:

    training: TrainingList = []
    testing: TestingList = []

    for i, s in enumerate(samples):
        training_use = rule(s, i)
        if training_use:
            training.append(TrainingKnownSample(s))
        else:
            testing.append(TestingKnownSample(s))

    return training, testing
```

이 partition_1() 함수에서는 데이터를 학습에 사용할지 여부를 결정하기 위해 rule 함수를 사용했다. 이 사례 연구의 앞부분에서 정의한 training_xx() 함수 중 하나가 rule 매개변수의 인수로 제공될 것임을 예상할 수 있다.

이 함수의 결과를 기반으로 각 샘플 인스턴스에 대해 적절한 클래스를 생성한 다음 샘플을 적절한 리스트에 할당할 수 있다.

이 예제는 테스트 샘플과 학습 샘플 간의 중복을 확인하지 않는다. 데이터 과학자는 학습 샘플과 정확히 같은 테스트 샘플을 원하지 않는다. 그것은 테스트를 편향시킨다. training_use 변수가 할당된 시점과 두 리스트 중 하나에 추가가 완료되는 시점 사이에 이와 관련해 필요한 결정을 삽입할 수 있다. training_use가 False이지만 항목이 이미 학습셋에 있는 경우라면 이 항목은 학습에 사용해야 한다.

프로세스에서 나중에 타입 변환을 수행해 이 알고리듬을 약간 리팩토링할 수 있다. 이 것은 의도한 용도에 따라 KnownSample 객체의 다양한 '풀pools'을 가진 딕셔너리를 만들 수

434

있다. 지금까지는 training_xx() 규칙이 True인 학습셋과, 그 나머지인 테스트셋의 두 가지 풀만 있었다.

```
from collections import defaultdict, Counter

def partition_1p(
    samples: Iterable[KnownSample],
    rule: Callable[[KnownSample, int], bool]
) -> tuple[TrainingList, TestingList]:

    pools: defaultdict[bool, list[KnownSample]] = defaultdict(list)
    partition = ((rule(s, i), s) for i, s in enumerate(samples))
    for usage_pool, sample in partition:
        pools[usage_pool].append(sample)

    training = [TrainingKnownSample(s) for s in pools[True]]
    testing = [TestingKnownSample(s) for s in pools[False]]
    return training, testing
```

defaultdict 객체인 pools는 불리언 값을 List[KnownSample] 객체에 매핑한다. 이전에 존재하지 않은 키에 액세스할 때 기본값으로 설정하는 리스트 함수를 제공했다. 여기서는 오직 두 개의 키만 예상되며, 이것은 pools: dict[bool, list[KnownSample]] = {True: [], False: []}로 표현할 수 있다.

분할은 주어진 rule 함수를 각 샘플에 적용하는 제너레이터 함수를 생성하는 것으로 시작된다. 그 결과는 2-튜플이며 명시적으로 tuple[bool, KnownSample] 타입 힌트를 작성할 수 있다. partition 변수에 할당된 이 제너레이터 표현식에 대한 평가는 지연되며, for 문에서 값을 사용할 때까지 아무것도 계산하지 않는다.

for 문은 제너레이터의 값을 사용해 각 샘플을 적절한 풀에 추가한다. 값이 사용되면 제너레이터 함수가 평가돼 풀을 나타내는 불리언 값과 KnownSample 인스턴스가 있는 2-튜플의 스트림을 생성한다.

KnownSample 객체가 분할되면 TrainingKnownSample 클래스 또는 TestingKnownSample 클래스의 인스턴스로 래핑할 수 있다. 이 예제는 이전 버전보다 타입 힌트가 더 단순해 보인다.

이것은 실제로 두 개의 데이터 복사본을 생성하지 않는다. KnownSample 객체에 대한 참조는 딕셔너리에 수집된다. 이것으로부터 TrainingKnownSample 및 TestingKnownSample 객체의 두 리스트가 생성된다. 파생된 각 객체에는 KnownSample 객체에 대한 참조가 포함돼 있다. 임시 딕셔너리 구조는 약간의 메모리 오버헤드를 나타내지만 전반적으로 데이터 중복을 방지해 이 애플리케이션에 필요한 메모리를 줄였다.

이 예제는 좀 복잡하다. 학습 샘플과 정확히 일치하는 테스트 샘플 생성을 방지하는 방법은 완벽하게 명확하지 않다. for 문 내부에 추가적인 if 문으로 usage_pool이 False인 항목, 즉 테스트 항목이 pools[True], 즉 학습용 데이터에도 존재하는지 확인할 수 있다. 이것은 약간의 복잡성을 추가한다.

여기서는 더이상 단계를 진행하지 않고 10장 '이터레이터 패턴'에서 여러 가지 특수한 경우와 추가 if 문을 피하면서 중복을 제거하도록 알고리듬을 수정할 것이다.

5장 '객체지향 프로그래밍의 사용 시기'에 있는 사례 연구에서는 with 문과 csv 모듈을 사용해 원시 샘플 데이터를 로드하고 SampleReader 클래스를 정의했다. 샘플 데이터의 소스를 적절하게 읽고 동시에 분할할 수 있는 통합적인 전체 애플리케이션을 만들려면 이런 새로운 분할 함수로 이전의 정의를 검토하는 것이 중요하다.

⋙ 정리

8장에서는 객체지향 및 함수형 프로그래밍 기법이 파이썬의 일부로서 사용되는 여러 가지 방법을 살펴봤다.

- 파이썬 내장 함수는 다양한 클래스에서 구현할 수 있는 특수 메서드에 대한 액세스를 제공한다. 대부분 서로 관련이 없는 거의 모든 클래스가 내장 str() 및 repr() 함수에서 사용될 수 있는 __str__() 및 __repr__() 메서드에 대한 구현을 제공한다. 클래스 경계를 가로지르는 구현에 액세스하기 위해 제공되는 이런 함수와 비슷한 함수가 많이 있다.

- 일부 객체지향 언어는 단일 이름의 메서드가 다양한 매개변수 조합으로 여러 가지 구현을 가질 수 있는 "메서드 오버로딩"에 의존한다. 파이썬은 하나의 메서드 이름에 선택, 필수, 위치 전용, 키워드 전용 등의 매개변수를 가질 수 있는 대안을 제공한다. 이것은 엄청난 유연성을 제공한다.

- 함수는 객체이며 다른 객체가 사용되는 방식으로 사용될 수 있다. 함수도 인수 값으로 제공할 수 있다. 함수도 다른 함수로부터 반환될 수 있다. 또한 함수도 속성을 갖는다.

- 파일 I/O는 외부 객체와 상호작용하는 방식을 자세히 살펴보게 한다. 파일은 항상 바이트로 구성된다. 파이썬은 사용자를 위해 바이트를 텍스트로 변환한다. 가장 일반적인 인코딩인 UTF-8이 기본값이지만 다른 인코딩을 지정할 수도 있다.

- 컨텍스트 관리자는 예외가 발생한 경우에도 운영체제와 얽힌 것을 올바르게 정리하는 방법이다. 그 용도는 단순히 파일 및 네트워크 연결을 처리하는 것 이상이다. 컨텍스트에 들어가거나 나올 때 일관된 처리를 원하는 경우라면 컨텍스트 관리자가 유용할 수 있다.

⁝⁝ 연습

이전에 with 문과 컨텍스트 관리자를 다룬 적이 없다면 평소처럼 이전 코드를 살펴보고 파일을 여는 모든 위치를 찾은 다음 with 문을 사용해 파일이 안전하게 닫히는지 확인하는 것이 좋다. 컨텍스트 관리자를 작성할 수 있는 곳을 찾으라. 보기 좋지 않거나 반복적인 try...finally 절은 이 연습을 시작하기 좋은 위치이며, 컨텍스트에서 특정 작업 전후에 try...finally 절을 수행해야 할 때는 컨텍스트 관리자가 유용할 수 있다.

지금까지는 기본 내장 함수를 많이 사용했을 것이다. 그중 몇 가지를 살펴봤지만 자세히 다루지는 않았다. 작업에 적합한 도구로서 기억할 때까지 enumerate, zip, reversed, any, all 등을 사용하라. enumerate 함수는 사용하지 않으면 while 루프가 발생하기 때문에 특히 중요하다.

또한 함수를 호출 가능한 객체로서 전달할 뿐만 아니라 __call__() 메서드를 사용해 자신의 객체를 호출 가능한 객체로 만들 수 있는 애플리케이션이 있는지 살펴보라. 함수에 속성을 추가하거나 객체에 __call__() 메서드를 생성해 동일한 효과를 얻을 수 있다. 하나의 구문을 사용하는 것이 다른 구문을 사용하는 것보다 더 적합한 경우는 언제인가?

인수, 키워드 인수, 가변 인수, 가변 키워드 인수 간의 관계는 약간 혼란스러울 수 있다. 이미 다중 상속을 다룰 때 그들이 얼마나 고통스럽게 상호 작용할 수 있는지 알아봤다. 서로 잘 작동할 수 있는 방법과 그렇지 않은 경우를 이해하기 위해 몇 가지 다른 예제를 생각해보라.

**kwargs를 사용하는 Options 예제에는 잠재적인 문제가 있다. dict 클래스로부터 상속된 update() 메서드는 키를 추가하거나 교체한다. 키의 값만 바꾸려면 어떻게 해야 하는가? 기존 키는 업데이트하고 새로운 키가 제공되면 ValueError 예외를 발생시키는 자체 버전의 update()를 작성해보라.

name_or_number() 함수 예제에는 노골적인 버그가 있다. 이 함수는 완전하지 않다. 숫자 15의 경우 "fizz"와 "buzz"를 모두 보고하지 않는다. 모든 함수의 모든 이름을 수집하도록 name_or_number() 함수를 수정해보라. 좋은 연습이 될 것이다.

name_or_number() 함수 예제에는 fizz()와 buzz() 두 가지 테스트 함수가 있다. 7의 배수에 대해 참이 되는 함수 bazz()를 추가하라. 이 함수를 작성하고 name_or_number() 함수와 함께 작동하는지 확인하라. 105인 경우 올바르게 처리되는지 확인하라.

이전의 사례 연구를 검토하고 이를 더 완전한 애플리케이션으로 결합하는 것은 도움이 된다. 이 장의 사례 연구는 완전한 애플리케이션의 전체 통합보다는 세부적인 것에 초점을 맞추고 있다. 독자가 디자인을 더 깊이 파고들 수 있도록 통합 작업을 연습으로 남겨둔다.

⚙ 요약

8장에서는 다양한 주제를 다뤘다. 각 주제는 파이썬에서 널리 사용되는 중요한 비객체 지향 기능을 보여준다. 객체지향 원칙을 사용할 수 있다고 해서 항상 그래야 하는 것은 아니다.

하지만 파이썬이 전통적인 객체지향 구문에 대한 구문 설탕을 제공함으로써 이런 기능을 구현한다는 것을 알았다. 이런 도구의 기초가 되는 객체지향 원리를 알면 자기만의 클래스에서 더 효과적으로 사용할 수 있다.

일련의 내장 함수와 파일 I/O 작업을 논의했다. 인수, 키워드 인수, 가변 인수 리스트가 있는 함수를 호출할 때 사용할 수 있는 다양한 구문이 있다. 컨텍스트 관리자는 두 메서드 호출 사이에 코드 조각을 끼우는 일반적인 패턴에 유용하다. 함수도 객체이며, 반대로 모든 일반 객체를 호출 가능하게 만들 수도 있다.

다음 9장에서는 문자열 및 파일 조작에 대해 더 배우고 표준 라이브러리에서 객체지향적이지 않은 것 중 하나인 정규표현식에 대해서도 시간을 할애할 것이다.

09

문자열, 직렬화, 파일 경로

더 높은 수준의 디자인 패턴을 학습하기 전에 파이썬의 가장 일반적인 객체 중 하나인 문자열을 자세히 살펴보자. 문자열에 보기보다 많은 기능이 있다는 사실을 알게 될 것이다. 패턴을 이용한 문자열 검색과 저장 또는 전송을 위한 데이터 직렬화^{serialization}도 다룬다.

이 모든 주제는 객체의 영속화와 관련된 요소들이다. 애플리케이션은 나중에 사용하기 위한 목적으로 파일 객체를 만들 수 있다. 데이터를 파일에 쓰고 나중에 파일을 조회할 수 있는 능력인 영속성은 종종 당연시된다. 이 영속성은 파일에 대한 바이트^{byte} 수준에서 OS의 쓰기 및 읽기를 통해 발생하기 때문에 두 가지 변환이 일어난다. 저장된 데이터는 메모리에 객체의 컬렉션으로 디코딩^{decode}돼야 한다. 메모리의 객체는 저장, 네트워크를 통한 전송, 또는 원격 서버에 대한 호출 등을 위해 일종의 투박한 텍스트 또는 바이트 포맷으로 인코딩^{encode}돼야 한다.

9장에서는 다음 주제를 살펴볼 것이다.

- 문자열, 바이트, 바이트 배열의 복잡성

- 문자열 포맷팅의 안과 밖

- 신비한 정규표현식

- pathlib 모듈을 사용해 파일시스템을 관리하는 방법

- 피클^{Pickle} 및 JSON을 포함해 데이터를 직렬화하는 몇 가지 방법

이 장에서는 데이터 파일의 컬렉션으로 작업하는 가장 좋은 방법을 조사하기 위해 사례 연구를 확장한다. 또한 사례 연구에서 또 다른 직렬화 포맷인 CSV를 살펴볼 것이다. 이 것은 학습 및 테스트 데이터 대안적인 표현을 탐색하는 데 도움이 된다.

먼저 파이썬 문자열을 살펴보자. 문자열은 아주 많이 사용되기 때문에 그 풍부한 기능을 간과하기 쉽다.

⠿ 문자열

문자열은 파이썬의 기본적인 원시 자료형이다. 지금까지 논의한 거의 모든 예제에서 문자열을 사용했다. 문자열이 하는 일은 변경할 수 없는 문자의 시퀀스를 나타내는 것이다. 그런데 생각해 보면 문자^{character}는 약간 모호한 단어다. 파이썬 문자열은 악센트가 있는 문자의 시퀀스를 나타낼 수 있는가? 한자는? 그리스어, 키릴 문자, 또는 페르시아 어는 어떤가?

파이썬 3에서 그 대답은 '그렇다'이다. 파이썬 문자열은 모두 유니코드^{Unicode}로 표현되며, 유니코드는 지구상의 거의 모든 문자를 나타낼 수 있는 문자 정의 표준이다. 문자의 유니코드 표현은 매끄럽게 동작한다. 그러므로 파이썬 3 문자열은 유니코드 문자의 변경할 수 없는 시퀀스로 생각하라. 이전의 예제에서 문자열을 조작할 수 있는 많은 방법을 다뤘지만 여기서는 문자열 집중 과정으로서 모든 것을 빠르게 다룰 것이다.

익숙하고 오래된 인코딩에서 벗어나는 것은 매우 중요하다. 예를 들어 ASCII 인코딩은 문자당 1바이트로 제한된다. 유니코드에는 문자를 바이트로 인코딩하는 여러 방법이 있다. 가장 많이 사용되는 UTF-8은 일부 구두점과 문자가 문자당 1바이트인 점이 이전 ASCII 인코딩과 유사하다. 그러나 수천 개의 다른 유니코드 문자 중 하나가 필요할 경우에는 한 문자당 여러 바이트가 포함될 수 있다.

중요한 규칙은 다음과 같다. 문자를 인코딩해 바이트를 만든다. 바이트를 디코딩해 문자로 복원한다. 이 둘 사이는 높은 울타리로 분리돼 있고 한쪽엔 인코드, 다른 쪽엔 디코드라는 표시가 붙은 문이 있다. 다음과 같이 시각화할 수 있다.

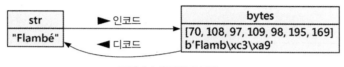

그림 9.1 문자열과 바이트

바이트 값의 표준 표시로 발생하는 혼란이 있다. 파이썬은 바이트 값을 b'Flamb\xc3\xa9'와 같이 표시한다. 바이트 값에서 문자는 숫자에 대한 축약형이며 이전의 ASCII 인코딩 체계를 사용한다.

대부분의 문자는 UTF-8과 ASCII 인코딩이 동일하다. b' 접두사는 이것이 바이트임을 알려주며 문자는 실제로 유니코드 문자가 아니라 ASCII 코드이다. UTF-8로 인코딩된 유니코드 é는 2 바이트를 사용하고 해당 바이트에 대한 ASCII 축약형이 없기 때문에 해당 바이트를 보여준다.

문자열 조작

알다시피 문자열은 문자의 시퀀스를 작은따옴표나 큰따옴표로 묶어 파이썬에서 생성할 수 있다. 세 개의 따옴표 문자를 사용해 여러 줄의 문자열도 쉽게 만들 수 있으며 여러 개의 하드코딩된 문자열을 나란히 배치해 함께 연결할 수 있다. 다음은 몇 가지 예이다.

```
>>> a = "hello"
>>> b = 'world'
```

```
>>> c = '''a multiple
... line string'''
>>> d = """More
... multiple"""
>>> e = ("Three " "Strings "
...         "Together")
```

마지막 문자열은 인터프리터에 의해 자동으로 단일 문자열로 구성된다. `"hello"` +
`"world"`와 같이 + 연산자를 사용해 문자열을 병합하는 것도 가능하다. 물론 문자열을 하
드코딩하지 않아도 된다. 텍스트 파일이나 사용자 입력과 같은 다양한 외부 소스로부터
가져올 수도 있고 네트워크를 통해 전송될 수도 있다.

TIP

> **연산자 누락을 조심하라.**
>
> 인접 문자열의 자동 병합은 쉼표가 누락되면 재미있는 버그를 만들 수 있다. 그러나 파이썬 스타일 가이
> 드인 PEP-8에 의해 제안된 한 줄 길이 79자 제한을 초과하지 않으면서 긴 문자열을 함수 호출 내부에
> 배치해야 할 때 인접 문자열 자동 병합은 매우 유용하다.

다른 시퀀스와 마찬가지로 문자열은 문자 단위 반복 처리, 인덱싱, 슬라이스, 병합 등을
할 수 있다. 구문은 리스트 및 튜플과 동일하다.

str 클래스에는 문자열을 더 쉽게 조작할 수 있는 수많은 메서드를 가지고 있다. `dir()`
및 `help()` 함수는 이 모든 사용법을 알려줄 것이다. 여기서는 좀 더 일반적인 것들 중 일
부만 다룰 것이다.

여러 불리언 편의 메서드는 문자열에 있는 문자가 특정 패턴과 매칭되는지 여부를 식별
하는 데 도움이 된다. `isalpha()`, `isupper()`, `islower()`, `startswith()`, `endswith()` 등과
같이 대부분은 이해하기 쉽다. `isspace()` 메서드도 상당히 명확하지만 단순한 공백 문자
뿐만 아니라 탭과 줄바꿈을 포함한 모든 공백 문자를 확인하다는 점을 기억하라. 확실
하지 않다면 `help()` 함수가 유용할 것이다.

```
>>> help(str.isalpha)
Help on method_descriptor:
isalpha(...)
```

```
S.isalpha() -> bool

Return True if all characters in S are alphabetic and there is at
least one character in S, False otherwise.

A string is alphabetic if all characters in the string are
alphabetic and there is at least one character in the string.
```

istitle() 메서드는 각 단어의 첫 번째 문자가 대문자이고 나머지 다른 모든 문자가 소
문자이면 True를 반환한다. 제목 서식에 대한 영어 문법 정의를 엄격하게 따르지 않는다
는 것에 주의하라. 예를 들어 리 헌트^{Leigh Hunt}의 시 〈The Glove and the Lions〉는 제목
에 대한 공통 스타일 가이드를 따르지만 파이썬 방식의 좁은 규칙에는 맞지 않는다. 마
찬가지로 로버트 서비스^{Robert Service}의 〈The Cremation of Sam McGee〉는 마지막 단어
중간에 대문자가 있더라도 제목에 대한 일반적인 영어 규칙을 따른다. 파이썬의
istitle() 메서드는 제목에서 'McGee'와 같은 이름이나 'and the'와 같은 단어가 대문
자 표시 규칙을 따르지 않기 때문에 False를 반환한다.

isdigit(), isdecimal(), isnumeric() 메서드는 생각보다 미묘한 차이가 있으므로 주의
하라. 많은 유니코드 문자는 0부터 9까지의 숫자가 아니어도 숫자로 간주된다. 더 심각
한 것은 문자열로부터 부동 소수점 수를 구성할 때 사용하는 마침표 문자는 소수 문자
로 간주되지 않으므로 '45.2'에 대해서 isdecimal()은 False를 반환한다. 45.2에서 실제
소수 문자는 45\u06602 와 같이 유니코드 값 0660으로 표시된다. 또한 이런 메서드는 문
자열이 유효한 숫자로 돼 있는지 확인하지 않는다. 127.0.0.1은 세 메서드 모두에서
False를 반환한다. 모든 숫자 표시에 마침표 대신 소수 문자를 사용해야 한다고 생각할
수도 있지만 해당 문자를 float() 또는 int() 생성자에 전달하면 해당 소수 문자는 0으
로 변환된다.

```
>>> float('45\u06602')
4502.0
```

이런 모든 일관성 없는 결과는 불리언 숫자 검사의 상세한 규칙을 알고 신중하게 사용
해야 함을 의미한다. 그래서 문자열이 특정 숫자 패턴과 매칭되는지 확인하기 위해 뒤

에서 다룰 정규표현식을 작성해야 하는 경우가 종종 있다. 이런 방식을 '돌다리도 두들겨 보고 건너라Look Before You Leap', 즉 LBYL 스타일 프로그래밍이라고 부른다. 매우 일반적인 접근방식 중 하나는 int() 또는 float() 변환 시도를 감싸는 try/except 블록을 사용하는 것이다. 이것은 '허락보다는 용서를 구하는 것이 더 쉽다It's Easier to Ask Forgiveness than to Ask Permission', 즉 EAFP 스타일 프로그래밍이라고 부른다. EAFP 스타일은 파이썬과 잘 어울린다.

패턴 매칭에 유용한 다른 메서드는 불리언을 반환하지 않는다. count() 메서드는 주어진 하위 문자열이 원본 문자열에 몇 번 나타나는지 알려주고 find(), index(), rfind(), rindex() 등은 원본 문자열 내에서 주어진 하위 문자열의 위치를 알려준다. 대부분은 인덱스 0에서 시작해 왼쪽에서 오른쪽으로 작동한다. 오른쪽 또는 역방향을 가리키는 두 개의 r 메서드는 문자열의 가장 높은 인덱스에서 검색을 시작해 오른쪽에서 왼쪽으로 작동한다. find() 메서드는 하위 문자열을 찾을 수 없으면 -1을 반환하는 반면에 index()는 같은 상황에서 ValueError 예외를 발생시킨다. 메서드 중 일부를 실제로 살펴보자.

```
>>> s = "hello world"
>>> s.count('l')
3
>>> s.find('l')
2
>>> s.rindex('m')
Traceback (most recent call last):
...
File "<doctest examples.md[11]>", line 1, in <module>
s.rindex('m')
ValueError: substring not found
```

나머지 문자열 메서드의 대부분은 변환된 문자열을 반환한다. upper(), lower(), capitalize(), title() 메서드는 모든 알파벳 문자를 주어진 포맷 규칙을 따르는 새 문자열로 만든다. translate() 메서드는 딕셔너리를 사용해 임의의 입력 문자를 지정된 출력 문자에 매핑할 수 있다.

이런 모든 메서드에서 입력 문자열은 수정되지 않은 상태로 유지되고 새로운 str 인스턴스가 생성된다. 결과 문자열을 조작해야 하는 경우에는 new_value = value.capitalize()

와 같이 새 변수에 할당해야 한다. 종종 변환을 수행하고 나면 이전 값이 더 이상 필요하지 않으므로 일반적인 관용구는 value = value.title()와 같이 동일한 변수에 할당하는 것이다.

마지막으로 몇 가지 문자열 메서드는 리스트를 반환하거나 리스트에서 작동한다. split() 메서드는 하위 문자열을 받아 원본 문자열에서 해당 하위 문자열이 발생할 때마다 끊어서 문자열 리스트로 분할한다. 두 번째 매개변수로 숫자를 전달해 리스트에 담길 결과 문자열의 수를 제한할 수 있다. rsplit() 메서드는 문자열 수를 제한하지 않으면 split()과 동일하게 작동하지만 제한을 주면 문자열 끝에서부터 분할을 시작한다. partition() 및 rpartition() 메서드는 하위 문자열이 처음 또는 마지막으로 나타날 때만 문자열을 분할하고 하위 문자열의 앞쪽 문자들, 하위 문자열 자체, 하위 문자열의 뒤쪽 문자들이라는 세 가지 값을 가진 튜플을 반환한다.

split()과는 반대로 join() 메서드는 문자열의 리스트를 받아서 원하는 문자열을 그 사이에 배치해 함께 결합된 문자열을 반환한다. replace() 메서드는 두 개의 인수를 받아 첫 번째 인수의 각 인스턴스가 두 번째 인수로 교체된 문자열을 반환한다. 다음은 이 메서드 중 일부의 예이다.

```
>>> s = "hello world, how are you"
>>> s2 = s.split(' ')
>>> s2
['hello', 'world,', 'how', 'are', 'you']
>>> '#'.join(s2)
'hello#world,#how#are#you'
>>> s.replace(' ', '**')
'hello**world,**how**are**you'
>>> s.partition(' ')
('hello', ' ', 'world, how are you')
```

str 클래스에서 가장 일반적인 메서드에 대해 빠르게 살펴봤다. 이제 새로운 문자열을 생성하기 위해 변수 및 기타 표현식으로부터 문자열과 값을 구성하는 파이썬 3의 접근 방식을 알아보자.

문자열 포맷팅

파이썬 3는 강력한 문자열 포맷팅 및 템플릿 메커니즘을 가지고 있어서 템플릿 텍스트와 함께 변수 뿐만 아니라 표현식으로부터 객체의 분산 배치된 표현으로 구성된 문자열을 생성할 수 있다. 이전의 많은 예제에서 이를 사용했지만 그 때 사용했던 단순한 포맷팅 지정자보다 훨씬 더 다양하다.

포맷 문자열format string은 f-문자열이라고도 하며 f"hello world"와 같이 접두사 f와 함께 따옴표를 사용한다. 이런 문자열에 특수 문자 { 및 }가 포함된 경우 범위 내의 변수를 포함한 표현식이 평가된 후 해당 문자열에 삽입된다. 다음은 그 예이다.

```
>>> name = "Dusty"
>>> activity = "reviewing"
>>> message = f"Hello {name}, you are currently {activity}."
>>> print(message)
```

이 명령문을 실행하면 순서대로 중괄호 내용을 변수로 바꾼다.

```
Hello Dusty, you are currently reviewing.
```

중괄호 이스케이프

중괄호 문자는 포맷팅 외에도 문자열에서 유용하다. 대체되지 않고 문자열이 그대로 표시되기를 원하는 상황에서 이 문자열을 탈출시킬escape 방법이 필요하다. 이것은 중괄호를 이중화해 수행할 수 있다. 예를 들어 파이썬을 사용해 자바 프로그램 서식을 표현할 수 있다.

```
>>> classname = "MyClass"
>>> python_code = "print('hello world')"
>>> template = f"""
... public class {classname} {{
...     public static void main(String[] args) {{
...         System.out.println("{python_code}");
...     }}
```

```
...     }}
...     """
```

template에서 {{ 및 }} 시퀀스 부분, 즉 자바 클래스 및 메서드 정의를 둘러싸는 중괄호 부분을 보면 f-문자열이 주변 메서드의 인수가 아니라 단일 중괄호로 대체됐음을 알 수 있다. 출력은 다음과 같다.

```
>>> print(template)
public class MyClass {
    public static void main(String[] args) {
        System.out.println("print('hello world')");
    }
}
```

출력에서 클래스 이름과 내용은 두 개의 매개변수로 대체됐으며 이중 중괄호는 단일 중괄호로 대체돼 유효한 자바 파일을 제공한다. 이것은 간단한 파이썬 프로그램을 출력할 수 있는 간단한 자바 프로그램을 출력하는 간단한 파이썬 프로그램이라고 할 수 있다.

f-문자열은 파이썬 코드를 포함할 수 있다

단순 문자열 변수의 값을 f-문자열 템플릿으로 보간하는 것에는 제한이 없다. 정수 또는 부동 소수점 수와 같은 모든 원시 자료형을 포맷팅할 수 있다. 더 흥미로운 것은 리스트, 튜플, 딕셔너리 및 임의의 객체를 포함해 복잡한 객체도 사용할 수 있으며, 인덱스 및 변수에 액세스하거나, f-문자열 내에서 해당 객체에 대한 함수를 호출할 수도 있다는 것이다.

예를 들어 이메일 메시지가 From 및 To 이메일 주소를 튜플로 그룹화하고 제목과 메시지를 딕셔너리에 배치한 경우에 사용하려는 기존의 send_mail 함수에 요구되는 입력이기 때문이거나 다른 이유로 인해 다음과 같이 포맷팅할 수 있다.

```
>>> emails = ("steve@example.com", "dusty@example.com")
>>> message = {
...     "subject": "Next Chapter",
```

```
...       "message": "Here's the next chapter to review!",
... }

>>> formatted = f"""
... From: <{emails[0]}>
... To: <{emails[1]}>
... Subject: {message['subject']}
...
... {message['message']}
... """
```

템플릿 문자열에서 중괄호 안의 변수가 약간 이상해 보이지만 그들이 하는 일을 살펴보자. 두 이메일 주소는 emails[x] 표현식으로 조회되며 여기서 x는 0 또는 1이다. 이것은 일반적인 튜플 인덱싱이므로 emails[0]은 emails 튜플의 첫 번째 항목을 참조한다. 마찬가지로 message['subject'] 표현식은 딕셔너리에서 항목을 가져온다.

이것은 더 복잡한 객체를 표시해야 할 때 특히 잘 작동한다. 객체 속성과 프로퍼티를 추출하고 f-문자열 내부에서 메서드를 호출할 수도 있다. 이메일 메시지 데이터를 이번에는 클래스로 변경해보자.

```
>>> class Notification:
...     def __init__(
...         self,
...         from_addr: str,
...         to_addr: str,
...         subject: str,
...         message: str
...     ) -> None:
...         self.from_addr = from_addr
...         self.to_addr = to_addr
...         self.subject = subject
...         self._message = message
...     def message(self):
...         return self._message
```

다음은 Notification 클래스의 인스턴스이다.

```
>>> email = Notification(
...     "dusty@example.com",
...     "steve@example.com",
...     "Comments on the Chapter",
...     "Can we emphasize Python 3.9 type hints?",
... )
```

이 이메일 인스턴스를 사용해 다음과 같이 f-문자열을 채울 수 있다.

```
>>> formatted = f"""
... From: <{email.from_addr}>
... To: <{email.to_addr}>
... Subject: {email.subject}
...
... {email.message()}
... """
```

문자열뿐만 아니라 str() 함수를 사용해 문자열로 변환할 수 있는 값을 반환할 것으로 예상되는 거의 모든 파이썬 코드는 f-문자열 내에서 실행할 수 있다. 얼마나 강력한지 보여주는 예로 f-문자열 매개변수에 리스트 컴프리헨션 또는 삼항 연산자를 사용할 수도 있다.

```
>>> f"{[2*a+1 for a in range(5)]}"
'[1, 3, 5, 7, 9]'
>>> for n in range(1, 5):
...     print(f"{'fizz' if n % 3 == 0 else n}")
1
2
fizz
4
```

어떤 경우에는 값에 레이블을 포함하고 싶을 것이다. 이것은 디버깅할 때 좋다. 표현식에 = 접미사를 추가하면 된다. 다음과 같다.

```
>>> a = 5
>>> b = 7
```

```
>>> f"{a=}, {b=}, {31*a//42*b + b=}"
'a=5, b=7, 31*a//42*b + b=28'
```

이 기법은 레이블과 값을 만들어 표시한다. 도움이 될 수 있다. 물론 더 정교한 포맷팅 옵션을 사용할 수도 있다.

제대로 보이게 만들기

템플릿 문자열에 변수를 포함할 수 있다는 것은 좋은 일이지만 변수가 출력에서 원하는 방식으로 보이게 하려면 때로는 조금 강제로 할 필요도 있다. 우리는 체서피크 만 Chesapeake Bay 주변을 항해하는 여행을 계획하고 있다. 아나폴리스에서 출발해 세인트 마이클스, 옥스포드, 케임브리지를 방문하고 싶다. 이를 위해서는 각 항구 사이의 거리를 알아야 한다. 다음은 상대적으로 짧은 거리를 알기 위한 계산식이다. 우선 수학이 코드를 설명하는 데 도움이 될 수 있다.

$$d = \sqrt{(R \times \Delta\phi)^2 + (R \times cos(\phi_1) \times \Delta\lambda)^2}$$

이것은 삼각형의 빗변 길이 계산과 같은 패턴을 따른다.

$$h = \sqrt{(x_2 - x_1)^2 + (y_2 - y_1)^2}$$

몇 가지 중요한 차이점이 있다.

- 도degree에서 라디안radian으로 변환된 남북 위도의 차이를 $\Delta\phi$로 표기했다. 이것은 $r(y_2)$ - $r(y_1)$ 보다 단순해 보인다.

- 도에서 라디안으로 변환된 동서 경도의 차이를 $\Delta\lambda$로 표기했다. 이것은 $r(x_2)$ - $r(x_1)$ mod 2π 보다 단순하다. 세계의 일부 지역에서는 경도에 양수와 음수가 혼합돼 있으므로 전 세계를 한 바퀴 도는 여행을 계산하는 대신 양수의 최소값을 갖는 거리를 선택해야 한다.

- R 값은 라디안을 해리로 변환한다. 1 해리는 약 1.85 km, 1.15 법정 마일과 같으며, 정확히 위도의 1/60 도이다.

- 코사인 계산은 경도 거리가 극점에서 0을 향해 수렴되는 방식을 반영한다. 북극에서는 작은 원을 걸으면 360°를 모두 커버할 수 있다. 하지만 적도에서 같은 360°를 커버하기 위해서는 40,000km를 걷거나 항해해야 한다.

하지만 이것은 3장의 사례 연구에서 사용한 `math.hypot()` 함수와 유사하며, 이는 제곱근과 함께 어색할 정도로 지나치게 정확한 부동 소수점 수를 포함한다는 것을 의미한다.

코드는 다음과 같다.

```python
def distance(
  lat1: float, lon1: float, lat2: float, lon2: float
) -> float:
  d_lat = radians(lat2) - radians(lat1)
  d_lon = min(
    (radians(lon2) - radians(lon1)) % (2 * pi),
    (radians(lon1) - radians(lon2)) % (2 * pi),
  )
  R = 60 * 180 / pi
  d = hypot(R * d_lat, R * cos(radians(lat1)) * d_lon)
  return d
```

다음은 테스트 케이스이다.

```python
>>> annapolis = (38.9784, 76.4922)
>>> saint_michaels = (38.7854, 76.2233)
>>> round(distance(*annapolis, *saint_michaels), 9)
17.070608794
```

재미있는 것 같다. 17.070608794 해리인 만을 건너기 위해서 약 6노트 속도인 요트로 이동하면 2.845101465666667 시간이 걸릴 것이다. 바람이 약해 속도가 5노트라면 여행은 3.4141217588000004 시간이 걸릴 것이다.

이것을 실제로 사용하기에는 소수점 이하 자릿수가 너무 많다. 보트의 길이는 42피트, 약 12.8m, 즉 0.007 해리다. 따라서 소수점 세 번째 자리 이후의 모든 것은 노이즈이며 결과는 유용하지 않다. 유용한 정보를 제공하기 위해서 이 거리를 조정해야 한다. 또한 이 여행은 항해 코스인 레그[leg]가 여러 개 있을 수 있으며 각 레그를 특별한 경우로 취급하고 싶지 않다. 더 나은 준비와 더 나은 데이터 표시를 제공해야 한다.

이 여행을 계획하는 방법은 다음과 같다. 먼저 가고자 하는 장소에 대해 4개의 경유지를 정의한다. 그다음에 경유지들을 레그로 결합한다.

```
>>> annapolis = (38.9784, 76.4922)
>>> saint_michaels = (38.7854, 76.2233)
>>> oxford = (38.6865, 76.1716)
>>> cambridge = (38.5632, 76.0788)

>>> legs = [
...     ("to st.michaels", annapolis, saint_michaels),
...     ("to oxford", saint_michaels, oxford),
...     ("to cambridge", oxford, cambridge),
...     ("return", cambridge, annapolis),
... ]
```

이후 거리 계산을 사용해 각 목적지까지의 거리를 파악할 수 있다. 해당 거리를 커버하는 속도를 계산할 수 있으며, 돛이 아니라 모터를 사용해야 하는 경우에 필요한 연료도 계산할 수 있다.

```
>>> speed = 5
>>> fuel_per_hr = 2.2
>>> for name, start, end in legs:
...     d = distance(*start, *end)
...     print(name, d, d/speed, d/speed*fuel_per_hr)
    to st.michaels 17.070608794397305 3.4141217588794612
    7.511067869534815
    to oxford 6.407736547720565 1.281547309544113 2.8194040809970486
    to cambridge 8.580230239760064 1.716046047952013 3.7753013054944287
    return 31.571582240989173 6.314316448197834 13.891496186035237
```

전체 여정을 구성했지만 아직 숫자가 너무 많다. 거리는 소수점 이하 두 자리까지만 필요하다. 1/10 시간은 6분이다. 너무 많은 숫자는 필요 없다. 그리고 연료도 마찬가지로 갤런의 1/10 단위로 계산할 수 있다. 1갤런의 1/10은 약 0.4리터이다.

f-문자열 대체 규칙에는 도움이 되는 포맷팅이 포함된다. 표현식 뒤에 :를 사용할 수 있으며 숫자 레이아웃의 자세한 설명이 이어진다. 예제 이후에 자세한 설명을 할 것이다. 다음은 보다 유용한 출력 포맷팅으로 개선된 여행 계획이다.

```
>>> speed = 5
>>> fuel_per_hr = 2.2
>>> print(f"{'leg':16s} {'dist':5s} {'time':4s} {'fuel':4s}")
leg              dist  time fuel
>>> for name, start, end in legs:
...     d = distance(*start, *end)
...     print(
...         f"{name:16s} {d:5.2f} {d/speed:4.1f} "
...         f"{d/speed*fuel_per_hr:4.0f}"
...     )
to st.michaels   17.07 3.4 8
to oxford        6.41  1.3 3
to cambridge     8.58  1.7 4
return           31.57 6.3 14
```

예를 들어 :5.2f 포맷 지정자는 왼쪽에서 오른쪽으로, 다음을 뜻한다.

- 5: 최대 5개의 공백을 차지한다. 고정폭 글꼴을 사용할 때 열 정렬을 보장한다.

- .: 소수점 표시

- 2: 소수점 이하 두 자리 표시

- f: 입력값을 부동 소수점 수로 포맷팅

위치는 16s로 포맷팅된다. 이것은 float 포맷과 동일한 패턴을 따른다.

- 16은 16 문자를 차지해야 함을 의미한다. 기본적으로 문자열의 경우 문자열이 지정된 문자 수보다 짧으면 문자열의 오른쪽에 공백을 추가해 충분히 길게 만든다. 그러나 원래 문자열이 너무 길면 잘리므로 주의하라.

- s는 문자열 값임을 의미한다.

헤더를 출력할 때 이상한 f-문자열을 사용했다.

```
f"{'leg':16s} {'dist':5s} {'time':4s} {'fuel':4s}")
```

이것은 16s 포맷의 'leg'와 5s 포맷의 'dist'와 같은 리터럴 문자열임을 말한다. 헤더가 해당 열에 맞는지 확인하기 위해 상세 출력 라인에서 크기를 복사했다. 크기가 일치하는지 확인하면 제목과 상세내역이 나란히 정렬되는 것을 쉽게 확인할 수 있다.

이런 모든 포맷 지정자는 동일한 패턴을 갖는다. 다음은 옵션들이다.

- 지정된 크기를 채우기 위해 사용되는 채우기 문자. 아무것도 제공되지 않은 경우에는 공백이다.

- 정렬 규칙. 기본적으로 숫자는 오른쪽으로 정렬되고 문자열은 왼쪽으로 정렬된다. <, ^, > 등의 문자로 왼쪽, 가운데, 또는 오른쪽 정렬을 강제할 수 있다.

- 기호를 처리하는 방법. 기본적으로 음수인 경우 -가 표시되고 양수인 경우 표시가 없다. "+"를 사용해 모든 기호를 표시할 수 있다. 또한 공백 " "은 적절한 정렬을 보장하기 위해 양수를 위해서는 공백을, 음수를 위해서는 -를 남긴다.

- "0"은 숫자 앞에 남은 공간만큼 0을 채운다.

- 필드의 전체 크기. 이 크기에는 부호, 소수점 이하의 자릿수, 쉼표, 부동 소수점 숫자의 소수점 자체도 포함돼야 한다.

- ","를 사용해 1,000 단위 그룹을 ","로 구분한다. "_"를 사용하면 "_"로 그룹을 구분한다. 1,000 단위 그룹화가 "."로 수행되고 소수점 기호가 ","인 로케일[locale]의 경우에는 모든 로케일 설정을 사용하기 위해 n 포맷을 사용할 수 있다. f 포맷은 그룹화에 ","를 사용하는 로케일에 편향돼 있다.

- 부동 소수점 수 f 또는 일반 숫자 g인 경우 "."뒤에 소수점 오른쪽의 자릿수가 뒤따른다.

- 타입. 일반적인 타입은 문자열은 s, 정수는 d, 부동 소수점 수는 f이다. 기본값은 문자열인 s이다. 다른 포맷 지정자의 대부분은 이들의 대체 버전이다. 예를 들어,

o는 8진수 포맷을 나타내고 X는 정수에 대한 16진수 포맷을 나타낸다. n 타입 지정자는 현재 로케일의 포맷으로 모든 종류의 숫자를 포맷팅할 때 유용할 수 있다. 부동 소수점 수의 경우 % 타입은 100을 곱해 부동 소수점 수를 백분율로 포맷팅한다.

이것은 숫자를 정교하게 표시하기 위한 방법이다. 관련된 정보에 대한 혼란을 줄이고 데이터를 열에 맞춰 정렬해 복잡한 출력을 단순화할 수 있다.

TIP

잘못된 탐색 조언

이 항해 계획은 약간 오해의 소지가 있다. 당신이 새라면 세인트 마이클스에서 옥스포드까지의 경로는 단 6.41해리이다. 실제로는 도중에 큰 반도가 있으며 포플러 섬과 틸먼 제도를 벗어나 촙탱크 강을 따라 올라가는 훨씬 더 긴 여행이다. 거리에 대한 피상적인 분석은 실제로 항해도를 보고 많은 추가 경유지를 삽입하는 것으로 뒷받침돼야 한다. 예제의 알고리듬은 이것을 허용하며 레그 리스트를 업데이트하는 것은 쉽다.

사용자 정의 포맷터

이런 표준 포맷터는 대부분의 내장 객체에 적용되지만 다른 객체에 대해 비표준 지정자를 정의하는 것도 가능하다. 예를 들어 datetime 객체를 format으로 전달하면 다음과 같이 datetime.strftime() 함수에서 사용되는 지정자를 사용할 수 있다.

```
>>> import datetime
>>> important = datetime.datetime(2019, 10, 26, 13, 14)
>>> f"{important:%Y-%m-%d %I:%M%p}"
'2019-10-26 01:14PM'
```

자체적으로 생성한 객체에 대한 사용자 정의 포맷터를 작성하는 것도 가능하지만 이 책의 범위를 벗어난다. 코드에서 이 작업을 수행해야 하는 경우 __format__() 특수 메서드를 재정의하는 방법을 살펴보라.

파이썬 포맷팅 구문은 매우 유연하지만 기억하기 어려운 미니 언어이다. 자세한 내용을 찾는 데 도움이 되도록 파이썬 표준 라이브러리의 해당 페이지를 책갈피로 지정하는 것이 도움이 된다. 이 포맷팅 기능은 웹 페이지 생성과 같은 대규모 템플릿 요구사항에 대해서는 충분히 강력하지 않다. 몇 가지 문자열의 기본 포맷팅 이상을 수행해야 하는 경우에 사용할 수 있는 여러 써드파티 템플릿 라이브러리가 있다.

format( ) 메서드

f-문자열은 파이썬 3.6에서 도입됐다. 파이썬 3.5에 대한 지원이 2020년에 종료됐으므로 f-문자열이 없는 이전 파이썬 런타임을 더 이상 걱정할 필요가 없다. 자세한 것은 PEP-478을 참조하라. 문자열 템플릿에 값을 연결하는 약간 더 일반적인 도구가 있다. 바로 문자열의 format( ) 메서드이다. 이 메서드는 f-문자열과 동일한 포맷팅 지정자를 사용한다. 매개변수 값에서 format( ) 메서드로 값을 가져온다. 다음은 그 예이다.

```
>>> from decimal import Decimal
>>> subtotal = Decimal('2.95') * Decimal('1.0625')
>>> template = "{label}: {number:*^{size}.2f}"
>>> template.format(label="Amount", size=10, number=subtotal)
'Amount: ***3.13***'

>>> grand_total = subtotal + Decimal('12.34')
>>> template.format(label="Total", size=12, number=grand_total)
'Total: ***15.47****'
```

format( ) 메서드는 f-문자열과 유사하게 동작하지만 한 가지 중요한 차이점이 있다. format( ) 메서드는 인수로 제공된 값에만 액세스할 수 있다. 이를 통해 복잡한 애플리케이션에서 구성 항목으로서 메시지 템플릿을 제공할 수 있다.

템플릿 문자열에 삽입되는 인수를 참조하는 세 가지 방법이 있다.

- **이름 참조**: 예제에서는 템플릿에 {label} 및 {number}가 있고, format( ) 메서드에 label= 및 number= 로 명명된 인수를 제공한다.

- **위치 참조**: 템플릿에서 {0}을 사용할 수 있으며 이는 "Hello {0}!".format("world") 과 같이 format()의 첫 번째 위치 인수를 사용한다.

- **암시된 위치 참조**: 템플릿에서 {}를 사용할 수 있으며, 이는 "{} {}!".format
("Hello", "world")와 같이 템플릿에서 위치 인수를 순서대로 사용한다.

f-문자열과 템플릿의 format() 메서드 사이에서 표현식이나 값을 템플릿으로 보간해 복
잡한 문자열 값을 만들 수 있다. 대부분의 경우 f-문자열이 사용된다. f-문자열이 복잡
한 애플리케이션의 구성 매개변수가 될 수 있는 드문 경우에는 format() 메서드가 유용
하다.

문자열은 유니코드이다

이 절의 시작 부분에서 문자열을 유니코드 문자들의 변경할 수 없는 컬렉션으로 정의했
다. 유니코드는 저장 형식이 아니기 때문에 때때로 상황이 매우 복잡해진다. 예를 들어
파일이나 소켓으로부터 바이트 문자열을 가져오면 그것은 유니코드가 아니다. 실제로
는 bytes 내장 타입이다. 바이트는 불변인 바이트의 시퀀스이다. 바이트는 컴퓨터의 기
본 저장 형식이다. 일반적으로 0에서 255 사이의 정수 또는 0x00에서 0xFF 사이에 해당
하는 16진수로 설명되는 8 비트를 나타낸다. 바이트는 특정한 것을 나타내지 않는다. 바
이트 시퀀스는 인코딩된 문자열의 문자나 이미지의 픽셀을 저장하거나, 또는 정수나 부
동 소수점 값의 일부를 나타낼 수 있다.

bytes 객체를 출력할 때 파이썬은 상당히 간결한 표준 표시를 사용한다. ASCII 문자에
매핑되는 모든 개별 바이트 값은 문자로 표시되는 반면 문자가 아닌 ASCII 바이트는 \n
과 같은 한 문자 이스케이프 또는 \x1b와 같은 16진 코드로 출력된다. 정수로 표현되는
바이트가 ASCII 문자에 매핑될 수 있다는 것이 이상할 수 있다. 그러나 예전 ASCII 코
드는 다양한 바이트 값에 대한 라틴 문자를 정의했다. ASCII에서 문자 a는 정수 97 및
그 수의 16진수인 0x61과 동일한 바이트로 표시된다. 이 모든 것은 바이너리 패턴
0b1100001에 대한 해석이다.

```
>>> list(map(hex, b'abc'))
['0x61', '0x62', '0x63']
>>> list(map(bin, b'abc'))
['0b1100001', '0b1100010', '0b1100011']
```

다음은 ASCII 문자 표현이 있는 값과 없는 값이 혼합돼 있을 때 표준 표시 바이트가 어떻게 보이는지에 대한 예이다.

```
>>> bytes([137, 80, 78, 71, 13, 10, 26, 10])
b'\x89PNG\r\n\x1a\n'
```

첫 번째 바이트는 16진수 이스케이프 \x89를 사용했다. 다음 세 바이트에는 ASCII 문자 P, N, G에 해당된다. 다음 두 바이트에는 한 문자 이스케이프 \r 및 \n이 해당된다. 일곱 번째 바이트는 다른 인코딩이 없었기 때문에 16진수 이스케이프 \x1a를 갖는다. 마지막 바이트는 또 다른 한 문자 이스케이프 \n이다. 8 바이트는 접두사 b'와 마지막의 '을 제외하고 17개의 출력 가능한 문자로 확장됐다.

많은 I/O 작업은 바이트 객체가 텍스트 데이터의 인코딩인 경우에도 바이트를 처리하는 방법만 알고 있다. 따라서 바이트 값과 유니코드 str 값 사이를 변환하는 방법을 아는 것이 중요하다.

문제는 bytes를 유니코드 텍스트로 매핑하는 인코딩이 많다는 것이다. 일부는 국제 표준이며, 상용 제품의 일부인 다른 인코딩은 인기는 있지만 정확히 말하면 표준화되지 않았다. 파이썬 codecs 모듈은 바이트를 문자열로 디코딩하고 문자열을 바이트로 인코딩하기 위한 많은 코드-디코드 규칙을 제공한다.

다중 인코딩에서 중요한 점은 동일한 바이트 시퀀스가 다른 인코딩을 사용해 매핑되면 완전히 다른 텍스트 문자를 나타낸다는 것이다. 따라서 bytes는 반드시 인코딩된 것과 동일한 문자 집합을 사용해 디코딩해야 한다. 바이트를 디코딩하는 방법을 모르면 바이트로부터 텍스트를 가져올 수 없다. 지정된 인코딩 없이 미지의 바이트를 수신하는 경우에 할 수 있는 최선은 인코딩된 형식을 추측하는 것이며 틀릴 가능성이 높다.

바이트를 텍스트로 디코딩

어딘가에 bytes의 배열이 있으면 bytes 클래스의 .decode() 메서드를 사용해 이를 유니코드로 변환할 수 있다. 이 메서드는 문자 인코딩의 이름인 문자열을 인수로 받는다. 일반적으로 사용되는 ASCII, UTF-8, latin-1, cp-1252 등을 포함해 많은 인코딩이 있다. 이 중 UTF-8이 가장 일반적으로 사용된다.

16진수인 바이트 시퀀스 63 6c 69 63 68 c3 a9는 실제로 UTF-8 인코딩에서 단어 cliche의 문자들을 나타낸다.

```
>>> characters = b'\x63\x6c\x69\x63\x68\xc3\xa9'
>>> characters
b'clich\xc3\xa9'
```

첫 번째 줄은 b'' 문자열을 사용해 bytes 리터럴을 만든다. 문자열 앞의 문자 b는 일반 유니코드 텍스트 문자열 대신 bytes 객체를 정의하고 있음을 말한다. 문자열 내에서 각 바이트는 이 경우엔 16진수를 사용해 지정된다. \x 문자는 바이트 문자열 내에서 이스케이프되며 그 다음의 두 문자는 16진수를 사용한 바이트를 나타낸다.

마지막 줄은 bytes 객체에 대한 파이썬의 표준 표시를 보여주는 출력이다. 7바이트 중 처음 5바이트는 사용할 수 있는 ASCII 문자가 있다. 그러나 마지막 두 바이트에는 ASCII 문자가 없으므로 \xc3\xa9가 사용됐다.

UTF-8 인코딩을 이해하는 셸을 사용하는 경우 바이트를 유니코드로 디코딩하면 다음을 볼 수 있다.

```
>>> characters.decode("utf-8")
'cliché'
```

decode 메서드는 정확한 문자와 함께 유니코드 텍스트 str 객체를 반환한다. \xc3\xa9 바이트 시퀀스가 단일 유니코드 문자에 매핑됐다.

어떤 경우에는 파이썬 터미널에 올바른 인코딩이 정의돼 있지 않아서 운영체제가 OS 글꼴에서 문자를 선택할 수도 있다. 이렇듯 바이트에서 텍스트로, 텍스트에서 표시되는 문자로의 매우 복잡한 매핑이 있으며, 그중 일부는 파이썬 문제이고 일부는 OS 문제이다. 이상적인 상황은 컴퓨터가 UTF-8 인코딩을 사용하고 있고 전체 유니코드 문자 집합이 포함된 글꼴을 갖고 있는 것이다. 그렇지 않다면 PYTHONIOENCODING 환경 변수를 확인해야 할 필요가 있다. https://docs.python.org/3.9/using/cmdline.html#envvar-PYTHONIOENCODING을 참조하라.

하지만 만약 키릴 자모 인코딩인 iso8859-5을 사용해 동일한 문자열을 디코딩했다면 다음과 같이 끝났을 것이다.

```
>>> characters.decode("iso8859-5")
'clichУѢ'
```

이것은 \xc3\xa9 바이트가 다른 인코딩의 다른 문자에 매핑되기 때문이다. 수년에 걸쳐 많은 인코딩이 발명됐지만 모든 인코딩이 널리 사용되는 것은 아니다.

```
>>> characters.decode("cp037")
'Ä%ÑÂÇZ'
```

이것이 사용된 인코딩을 알아야 하는 이유이다. 일반적으로는 UTF-8 인코딩을 선택해야 한다. 이 인코딩은 기본값이지만 보편적이지는 않다.

텍스트를 바이트로 인코딩

바이트를 유니코드로 변환하는 것의 반대는 유니코드를 바이트 시퀀스로 변환하는 것이다. 이것은 decode() 메서드와 마찬가지로 str 클래스의 encode() 메서드로 수행되며 인코딩 이름을 인수로 받는다. 다음 코드는 유니코드 문자열을 만들고 다른 문자 집합으로 인코딩한다.

```
>>> characters = "cliché"
>>> characters.encode("UTF-8")
b'clich\xc3\xa9'

>>> characters.encode("latin-1")
b'clich\xe9'

>>> characters.encode("cp1252")
b'clich\xe9'

>>> characters.encode("CP437")
b'clich\x82'

>>> characters.encode("ascii")
```

```
Traceback (most recent call last):
...
File "<doctest examples.md[73]>", line 1, in <module>
characters.encode("ascii")
UnicodeEncodeError: 'ascii' codec can't encode character '\xe9' in
position 5: ordinal not in range(128)
```

이제 인코딩의 중요성을 이해해야 한다. 악센트가 있는 문자는 대부분의 이런 인코딩에서 다른 바이트로 표시된다. 바이트를 텍스트로 디코딩할 때 잘못된 인코딩을 사용하면 잘못된 문자가 표시된다.

마지막 케이스에서 예외가 항상 원하는 동작이 아닐 수 있다. 알 수 없는 문자는 다른 방식으로 처리되기를 원하는 경우가 있을 수 있다. encode 메서드는 이런 문자를 처리하는 방법을 정의는 errors라는 문자열 인수를 옵션으로 허용한다. 이 문자열은 다음 중 하나일 수 있다.

- "strict"

- "replace"

- "ignore"

- "xmlcharrefreplace"

strict 교체 전략은 방금 본 기본값이다. 요청된 인코딩에 유효한 표현이 없는 바이트 시퀀스를 만나면 예외가 발생한다. replace 전략을 사용하면 해당 문자가 다른 문자로 바뀐다. ASCII에서는 물음표이며, 다른 인코딩은 빈 상자와 같은 다른 기호를 사용할 수 있다.

ignore 전략은 이해하지 못하는 모든 바이트를 단순히 버리는 반면에 xmlcharrefreplace 전략은 유니코드 문자를 나타내는 xml 엔티티를 만든다. 이것은 XML 문서에서 사용하기 위해 알 수 없는 문자열을 변환할 때 유용할 수 있다.

각 전략이 샘플 단어에 미치는 영향은 다음과 같다.

```
>>> characters = "cliché"
>>> characters.encode("ascii", "replace")
b'clich?'

>>> characters.encode("ascii", "ignore")
b'clich'

>>> characters.encode("ascii", "xmlcharrefreplace")
b'clich&#233;'
```

인코딩 이름을 전달하지 않고 str.encode() 및 bytes.decode() 메서드를 호출할 수 있다. 그러면 인코딩은 현재 플랫폼의 기본 인코딩으로 설정된다. 이는 현재 운영체제와 로케일 또는 지역 설정에 따라 다르다. 이는 sys.getdefaultencoding() 함수를 사용해 찾을 수 있다. 플랫폼의 기본 인코딩이 변경되거나 프로그램이 언젠가는 더 다양한 소스의 텍스트에 대해 작동하도록 확장될 수 있으므로 일반적으로 인코딩을 명시적으로 지정하는 것이 좋다.

텍스트를 인코딩할 때 어떤 인코딩을 사용할지 모르는 경우에는 UTF-8 인코딩을 사용하는 것이 가장 좋다. UTF-8은 모든 유니코드 문자를 나타낼 수 있다. 최신 소프트웨어에서 이 인코딩은 모든 언어 또는 여러 언어로 된 문서를 교환할 수 있도록 하기 위해 널리 사용되는 표준 인코딩이다. 그 외의 다른 인코딩은 기본적으로 다른 문자 인코딩을 사용하는 레거시 문서나 소프트웨어에서만 유용하다.

UTF-8 인코딩은 ASCII 및 기타 일반 문자에 대해서는 1 바이트를 사용하고 다른 문자에 대해서는 최대 4 바이트를 사용한다. UTF-8은 대부분의 이전 버전 ASCII와 호환되기 때문에 특별하다. UTF-8을 사용해 인코딩된 ASCII 문서는 원본 ASCII 문서와 거의 동일하다.

TIP

인코딩 대 디코딩

이진 바이트를 유니코드 텍스트로 변환할 때 encode 또는 decode 중 어떤 것을 사용해야 하는지 기억하기 어렵다. 문제는 유니코드의 "코드"라는 문자가 혼동을 준다는 것이다. 그냥 그것을 무시하라고 제안하고 싶다. 바이트를 코드라고 생각하면 일반 텍스트를 바이트로 인코딩하는 것이고, 바이트를 다시 일반 텍스트로 디코딩하는 것이다.

가변 바이트 문자열

str과 마찬가지로 bytes 타입은 변경할 수 없다. bytes 객체에 인덱스 및 슬라이스 표기법을 사용할 수 있고 특정 바이트 시퀀스를 검색할 수 있지만 확장하거나 수정할 수는 없다. 이것은 I/O를 다룰 때 불편할 수 있는데, 전송 준비가 될 때까지 들어오거나 나가는 바이트를 버퍼링해야 하는 경우가 많기 때문이다. 예를 들어 소켓으로부터 데이터를 수신하는 경우 전체 메시지를 수신하기 위해서 여러 recv 호출 결과를 누적해야 할 수 있다.

여기가 내장 bytearray가 필요한 시점이다. 이 타입은 바이트만 보유한다는 점을 제외하고는 리스트처럼 동작한다. 클래스에 대한 생성자는 bytes 객체를 받아 초기화할 수 있다. extend 메서드를 사용해 기존 배열에 다른 bytes 객체를 추가할 수 있다. 소켓 또는 다른 I/O 채널에서 많은 데이터가 오는 경우를 예로 들 수 있다.

bytearray에서 슬라이스 표기법을 사용해 새 객체를 생성하는 오버헤드 없이 항목을 제자리에서 수정할 수 있다. 예를 들어 다음 코드는 bytes 객체를 받아 bytearray을 생성한 다음 두 바이트를 바꾼다.

```
>>> ba = bytearray(b"abcdefgh")
>>> ba[4:6] = b"\x15\xa3"
>>> ba
bytearray(b'abcd\x15\xa3gh')
```

슬라이스 표기법을 사용해 [4:6] 슬라이스에 있는 바이트를 두 개의 바이트인 b"\x15\xa3"으로 교체했다.

bytearray에서 단일 요소를 조작하려면 그 값은 지정된 bytes 패턴인 0에서 255까지의 정수여야 한다. 문자 또는 bytes 객체를 전달하려고 하면 예외가 발생한다.

ord() 함수를 사용해 단일 바이트 문자를 정수로 변환할 수 있다. 이 함수는 단일 문자에 대한 정수 표현을 반환한다.

```
>>> ba = bytearray(b"abcdefgh")
>>> ba[3] = ord(b'g')
>>> ba[4] = 68
```

```
>>> ba
bytearray(b'abcgDfgh')
```

배열을 구성한 후 인덱스 3의 문자, 즉 리스트와 마찬가지로 인덱싱이 0에서 시작하므로 네 번째 문자를 바이트 103으로 바꾼다. 이 정수는 ord() 함수에 의해 반환됐으며 소문자 g에 대한 ASCII 문자이다.

설명을 위해 그다음 문자를 대문자 D의 ASCII 문자에 매핑되는 바이트 번호 68로 바꿨다.

bytearray 타입은 리스트처럼 동작하는 메서드를 갖고 있다. 예를 들어 정수 바이트를 추가할 수 있다. 또한 bytes 객체처럼 동작할 수도 있다. 예를 들어 count() 및 find()와 같은 메서드를 사용할 수 있다. bytes와의 차이점은 bytearray가 가변 타입이라는 것이며, 따라서 특정 입력 소스로부터 복잡한 바이트 시퀀스를 빌드할 때 유용할 수 있다. 예를 들어 페이로드payload 바이트를 읽기 전에 길이 정보가 있는 4바이트 헤더를 읽어야 할 수 있다. 이 때는 메모리에 작은 객체를 많이 생성하는 것을 피하기 위해 가변 bytearray로 직접 읽기를 수행하는 것이 편리하다.

⠿ 정규표현식

객체지향 원리를 사용해 수행하기에 정말 어려운 것은 임의의 패턴과 매칭되도록 문자열을 파싱하는 것이다. 객체지향 디자인을 사용해 문자열을 파싱하는 학술 논문이 상당히 많이 작성됐지만 결과가 너무 장황하고 읽기 어려워 실제로 널리 사용되지 않는다.

실제로 대부분의 프로그래밍 언어에서 문자열 파싱은 정규표현식regular expression으로 처리된다. 이것은 장황하지는 않지만 구문을 배우기 전에는 읽기 어렵다. 정규표현식은 객체지향적이지 않지만, 파이썬 정규표현식 라이브러리는 정규표현식을 구성하고 실행하는 데 사용할 수 있는 몇 가지 클래스와 객체를 제공하고 있다.

정규표현식을 사용해 문자열에서 매칭되는 부분을 찾는 것은 정규표현식이 실제로 무엇인지에 대한 부분적인 설명일 뿐이다. 정규표현식을 잠재적으로 무한한 문자열 컬렉션을 생성할 수 있는 수학적 규칙으로 생각하면 도움이 될 수 있다. 정규표현식을 매칭하는 것은 주어진 문자열이 표현식에 의해 생성된 집합에 있는지 묻는 것과 유사하다. 까다로운 것은 원래 ASCII 문자 집합에서 사용할 수 있는 보잘것없는 구두점들을 사용해 멋진 수식을 작성하는 것이다. 정규표현식 구문을 설명하는 데 도움이 되므로 정규표현식을 읽기 어렵게 만드는 조판 문제를 잠깐 살펴보자.

다음은 world라는 작은 문자열 집합에 대한 이상적인 수학적 정규표현식이다. 이 5개의 문자를 매칭시키고자 한다. 이 집합은 매칭되는 하나의 문자열 "world"를 갖는다. 이것은 복잡해 보이지 않는다. 이 표현식은 "AND"가 암시된 w AND o AND r AND l AND d 에 해당한다. 즉 $d = rt$는 d = r 곱하기 t를 의미하는 방식과 유사하다. 곱셈이 내포돼 있다.

다음은 hel^2o 라는 반복이 있는 패턴에 대한 정규표현식이다. 5개의 문자를 매칭하고 싶은데 그중 하나는 두 번 발생해야 한다. 이 집합은 매칭되는 하나의 문자열 "hello"를 갖는다. 이것은 정규표현식, 곱셈, 그리고 지수 간의 유사성을 강조한다. 또한 지수를 사용해서 연속된 두 문자의 매칭을 앞의 정규표현식을 두 번 매칭시키는 것과 구별한다.

때로는 어느 정도의 유연성을 원하고, 또 임의의 아라비아 숫자와 매칭되기를 원한다. 수학적 조판을 통해 새로운 글꼴을 사용할 수 있다. 이를 $\mathbb{D}^4$라고 하자. 이 멋진 모양의 D는 임의의 아라비아 숫자 또는 $\mathbb{D} = \{0,1,2,3,4,5,6,7,8,9\}$를 의미하며 4는 네 개의 자릿수를 의미한다. 즉 '0000'에서 '9999'까지 10,000개의 매칭 가능한 문자열이 있는 집합을 설명한다. 수학적 조판을 사용하는 이유는 무엇인가? 다른 글꼴과 문자를 사용해 '임의의 아라비아 숫자' 및 '네 자리'라는 개념을 문자 D 및 숫자 4를 통해 식별할 수 있다. 앞으로 살펴보겠지만 코드에는 특수 글꼴이 없다. 그래서 설계자는 D와 같이 그 자체를 의미하는 문자와 D와 같은 다른 유용한 의미를 갖는 문자를 구별하는 문제를 해결해야 한다.

정규표현식은 긴 곱셈과 유사하다. '이것이 있어야 함'과 곱셈은 매우 강력한 유사성이 있다. 덧셈과도 유사성이 있는가? 그렇다. 선택적 또는 대안적 구성이라는 아이디어이다. 이것은 기본값 'and'가 아닌 'or'를 말한다.

두 자리 또는 네 자리가 있을 수 있는 날짜에서 연도를 설명하려면 어떻게 해야 할까? 수학적으로는 $\mathbb{D}^2|\mathbb{D}^4$ 라고 말할 수 있다. 몇 자릿수인지 확실하지 않으면 어떻게 해야 하는가? 이를 위해 특별한 능력을 가진 클레이니 스타$^{Kleene\ star}$가 있다. $\mathbb{D}*$는 $\mathbb{D}$ 집합에 있는 문자의 반복 횟수를 의미한다.

이 모든 수학적 조판은 정규표현식 언어로 구현돼야 한다. 이로 인해 정규표현식이 의미하는 바를 정확하게 분류하기 어려울 수 있다.

정규표현식은 문자열이 주어졌을 때 해당 문자열이 주어진 패턴과 매칭되는지 확인하고 관련 정보가 포함된 하위 문자열을 수집하는 일반적인 문제를 해결하는 데 사용된다. 다음과 같은 질문에 답하기 위해 사용할 수 있다.

- 이 문자열은 유효한 URL인가?

- 로그 파일에 있는 모든 경고 메시지의 날짜와 시간은?

- /etc/passwd에 있는 어느 사용자가 주어진 그룹에 속하는가?

- 방문자가 입력한 URL에서 요청된 사용자 이름과 문서는 무엇인가?

정규표현식을 사용할 수밖에 없는 유사한 시나리오가 많이 있다. 이 절에서 비교적 일반적인 패턴과 문자열을 비교하는 정규표현식에 대해 충분한 지식을 얻을 수 있을 것이다.

중요한 제약사항이 있다. 정규표현식은 재귀 구조를 가진 언어를 설명하지 못한다. 예를 들어, XML이나 HTML을 보면 <p> 태그는 다음과 같은 인라인 <span> 태그를 포함할 수 있다. <p><span>hello</span><span>world</span></p>. 태그 내 태그라는 이런 재귀적 중첩은 일반적으로 정규표현식으로 처리하기 좋지 않다. XML 언어의 개별 요소를 인식할 수 있지만 내부에 다른 태그가 있는 단락 태그와 같은 상위 수준의 구성에는 정규표현식보다 더 강력한 도구가 필요하다. 파이썬 표준 라이브러리의 XML 파서는 이런 더 복잡한 구성을 처리할 수 있다.

패턴 매칭

정규표현식은 복잡한 미니 언어이다. 몇 가지 ASCII 호환 문자를 사용해 개별 문자와 문자 클래스, 문자를 그룹화하고 결합하는 연산자를 설명해야 한다. 항상 자신과 매칭되는 문자, 숫자, 공백 문자와 같은 리터럴 문자부터 시작하자. 다음 기초 예제를 살펴보라.

```
>>> import re

>>> search_string = "hello world"
>>> pattern = r"hello world"

>>> if match := re.match(pattern, search_string):
...     print("regex matches")
...     print(match)
regex matches
<re.Match object; span=(0, 11), match='hello world'>
```

정규표현식을 위한 파이썬 표준 라이브러리 모듈을 re라고 한다. 이 모듈을 임포트하고 검색 문자열과 패턴을 설정한다. 이 경우에는 동일한 문자열이다. 검색 문자열이 주어진 패턴과 매칭되기 때문에 조건문이 통과되고 print 문이 실행된다.

성공적인 매칭은 정확히 매칭된 항목을 설명하는 re.Match 객체를 반환한다. 매칭되지 않으면 if 문의 불리언 컨텍스트에서 False에 해당하는 None을 반환한다.

'바다코끼리' 연산자 :=를 사용해 re.match()의 결과를 계산하고 이 결과를 모두 if 문의 일부로서 변수에 저장했다. 이것은 바다코끼리 연산자를 사용해 결과를 계산한 다음 결과가 참인지 테스트하는 가장 일반적인 방법 중 하나이다. 이것은 매칭 연산의 결과가 None이 아닌 경우 그 결과가 어떻게 사용되는지 명확히 하는 데 도움이 될 수 있는 약간의 최적화이다.

거의 대부분 정규표현식에 대해 r 접두사로 '원시' 문자열을 사용한다. 원시 문자열에는 파이썬에 의해 다른 문자로 처리하는 백슬래시 이스케이프가 없다. 예를 들어 일반 문자열에서 \b는 단일 백스페이스 문자로 변환된다. 원시 문자열에서는 \와 b의 두 문자이다. 위 예제에는 패턴에 \d 또는 \w 등의 특수한 정규표현식 기호가 포함되지 않았기 때문에 실제로 r–문자열은 필요하지 않다. 하지만 r–문자열을 사용하는 것은 좋은 습관이며 지속적으로 사용하도록 노력하라.

match 함수는 문자열의 시작 부분부터 패턴과 매칭되는지 검사한다는 점에 유의하라. 따라서 패턴이 r"ello world"인 경우에는 search_string 값이 'e'가 아닌 'h'로 시작하기 때문에 매칭되는 항목이 없다. 혼란스러운 비대칭성으로 인해서 파서는 매칭되는 항목을 찾는 즉시 검색을 중지하므로 r"hello wo" 패턴은 몇 개의 문자가 남지만 search_string 값과 성공적으로 매칭된다. 이런 차이점을 보여주고 다른 정규표현식 구문을 배우는 데 도움이 되는 작은 예제 프로그램을 작성해 보자.

```python
import re
from typing import Pattern, Match

def matchy(pattern: Pattern[str], text: str) -> None:
  if match := re.match(pattern, text):
    print(f"{pattern=!r} matches at {match=!r}")
  else:
    print(f"{pattern=!r} not found in {text=!r}")
```

matchy() 함수는 앞의 예제를 확장한다. 패턴과 검색 문자열을 매개변수로 받는다. 패턴의 시작 부분이 매칭되는 방식을 볼 수 있으며, 매칭이 발견되는 즉시 값이 반환된다.

다음은 이 함수를 사용하는 몇 가지 예이다.

```
>>> matchy(pattern=r"hello wo", text="hello world")
pattern='hello wo' matches at match=<re.Match object; span=(0, 8),
match='hello wo'>
>>> matchy(pattern=r"ello world", text="hello world")
pattern='ello world' not found in text='hello world'
```

다음 몇 개의 절에서 이 함수를 사용할 것이다. 일련의 테스트 케이스는 정규표현식을 개발하는 일반적인 방법이다. 매칭시키려는 텍스트와 매칭되지 않기를 원하는 텍스트 등의 예제를 통해 표현식이 예상대로 작동하는지 테스트한다.

항목이 줄의 시작 또는 끝에서 발생하는지, 또는 문자열 내에 줄바꿈이 없다면 문자열의 시작과 끝에 발생하는지 여부를 제어해야 하는 경우에는 ^ 및 $ 문자를 사용해 문자열의 시작과 끝을 각각 나타낼 수 있다.

패턴이 전체 문자열과 매칭되도록 하려면 이 두 가지를 모두 포함하는 것이 좋다.

```
>>> matchy(pattern=r"^hello world$", text="hello world")
pattern='^hello world$' matches at match=<re.Match object; span=(0, 11),
match='hello world'>
>>> matchy(pattern=r"^hello world$", text="hello worl")
pattern='^hello world$' not found in text='hello worl'
```

^ 및 $ 문자를 '앵커anchor'라고 한다. 문자열의 시작 또는 끝에 매칭 항목을 고정한다. 중요한 것은 이것이 문자 그대로 매칭에 사용되지 않는다는 것이다. 이것을 메타 문자meta-character라고 부른다. 수학적 조판에서는 시작 부분에 고정됨을 의미하는 ^와 실제 "^" 문자를 의미하는 ^를 구별하기 위해 다른 글꼴을 사용한다. 파이썬 코드에는 수학적 조판 기능이 없기 때문에 \를 사용해 메타 문자와 일반 문자를 구분한다. 이 경우 ^는 메타 문자이고 \^는 일반 문자이다.

```
>>> matchy(pattern=r"\^hello world\$", text="hello worl")
pattern='\\^hello world\\$' not found in text='hello worl'

>>> matchy(pattern=r"\^hello world\$", text="^hello world$")
pattern='\\^hello world\\$' matches at match=<re.Match object; span=(0,
13), match='^hello world$'>
```

\^를 사용했기 때문에 문자열에서 ^ 문자를 매칭시켜야 한다. 이것은 앵커 역할을 하는 메타 문자가 아니다. 원시 문자열을 생성하기 위해 r"\^hello..."를 사용한 것에 주의하라. 파이썬의 표준 표시는 '\\^hello...'로 보여준다. 이중 \\가 있는 표준 버전은 입력하기 어색할 수 있다. 원시 문자열은 작업하기가 더 쉽지만 입력한 방식으로 표시되지는 않는다.

선택한 문자만 매칭

임의의 문자 매칭을 시작해보자. 정규표현식 패턴에서 사용되는 마침표 문자는 모든 문자를 포함하는 집합을 나타내는 메타 문자이다. 이것은 모든 단일 문자와 매칭된다. 문자열에 마침표를 사용한다는 것은 해당 문자가 무엇인지 상관하지 않고 문자가 있다는 것만 의미한다. 다음은 matchy() 함수의 출력 예이다.

```
pattern='hel.o world' matches at match=<re.Match object; span=(0, 11),
match='hello world'>

pattern='hel.o world' matches at match=<re.Match object; span=(0, 11),
match='helpo world'>

pattern='hel.o world' matches at match=<re.Match object; span=(0, 11),
match='hel o world'>

pattern='hel.o world' not found in text='helo world'
```

패턴에서 마침표 위치에 문자가 없기 때문에 마지막 예제가 어떻게 매칭되지 않는지 주의하라. 몇 가지 추가 기능이 없이는 '없음'을 매칭시킬 수 없다. 이 절의 뒷부분에서 옵션 문자에 대해 알아볼 것이다.

다 좋은데 더 작은 문자 집합만 매칭시키려면 어떻게 해야 할까? 대괄호 안에 문자 집합을 넣어 해당 문자 중 하나와 매칭시킬 수 있다. 따라서 정규표현식 패턴에서 문자열 [abc]를 만나면 검색 중인 문자열에서 한 문자에 대해 매칭되는 대안 집합을 정의한 것이다. 이 한 문자는 대괄호 안에 지정된 문자 집합에 있는 것 중 하나이다. 문자 집합을 감싼 []는 메타 문자이다. 대괄호는 문자 집합을 둘러싸지만 자신을 매칭시키지 않는다. 몇 가지 예를 살펴보자.

```
pattern='hel[lp]o world' matches at match=<re.Match object; span=(0, 11),
match='hello world'>

pattern='hel[lp]o world' matches at match=<re.Match object; span=(0, 11),
match='helpo world'>

pattern='hel[lp]o world' not found in text='helPo world'
```

^ 및 $와 마찬가지로 . , [,] 문자는 메타 문자이다. 메타 문자는 정규표현식에서 복잡한 기능을 정의한다. 실제로 [문자를 매칭시키려면 문자의 클래스의 정의를 시작하는 대신에 \[를 사용해 메타 의미를 이스케이프해서 [와 매칭한다고 이해하면 된다.

이런 대괄호로 설정된 집합을 문자 집합이라고도 하지만 문자 클래스^{character class}라고 하는 경우가 더 많다. 종종 이런 집합에 광범위한 문자를 포함시키고자 할 것이며, 모든 문자를 입력하는 것은 단조롭고 오류가 발생하기 쉽다. 다행히 정규표현식 디자이너는 이것을 생각하고 지름길을 줬다. 문자 집합 내에서 대시 문자는 범위를 생성한다. 이것은 특히 다음과 같이 모든 소문자, 모든 문자, 또는 모든 숫자를 매칭시키려는 경우에 유용하다.

```
'hello   world' does not match pattern='hello [a-z] world'
'hello b world' matches pattern='hello [a-z] world'
'hello B world' matches pattern='hello [a-zA-Z] world'
'hello 2 world' matches pattern='hello [a-zA-Z0-9] world'
```

자체적인 약어가 있는 매우 일반적인 문자 클래스가 있다. \d는 숫자, \s는 공백, \w는 "단어" 문자이다. [0-9] 대신 \d를 사용한다. 모든 유니코드 공백 문자를 열거하는 대신 \s를 사용한다. [a-z0-9_] 대신 \w를 사용한다. 다음은 그 예이다.

```
>>> matchy(r'\d\d\s\w\w\w\s\d\d\d\d', '26 Oct 2019')
pattern='\\d\\d\\s\\w\\w\\w\\s\\d\\d\\d\\d' matches at match=<re.Match
object; span=(0, 11), match='26 Oct 2019'>
```

정의된 집합이 없으면 이 패턴은 [0-9][0-9][\t\n\r\f\v][A-Za-z0-9_][A-Za-z0-9_][A-Za-z0-9_]로 시작할 것이다. [\t\n\r\f\v] 클래스와 [0-9] 클래스를 네 번 더 반복하면 꽤 길어진다.

[]로 클래스를 정의할 때 –는 메타 문자가 된다. [A-Z]와 함께 – 도 매칭시키려면 어떻게 해야 할까? 맨 처음 또는 맨 끝에 –를 포함해 이를 수행할 수 있다. [A-Z-]는 A와 Z 사이의 모든 문자와 함께 – 문자도 의미한다.

이스케이프 문자

위에서 언급했듯이 많은 문자들이 특별한 의미를 가지고 있다. 예를 들어 패턴에 마침표 문자를 넣으면 임의의 문자와 매칭된다. 그러면 어떻게 해야 문자열에서 마침표를 매칭시킬 수 있을까? 특별한 의미를 벗어나기 위해, 즉 이스케이프하기 위해 백슬래시를 사용함으로써 메타 문자(클래스 정의, 앵커, 또는 클래스 시작 등)에서 일반 문자로 변경해 일반 문자로서 이해한다. 이것은 정규표현식에서 \ 문자를 사용해 r-문자열을 매우 유용하게 만들 수 있음을 의미한다.

다음은 0.00에서 0.99 사이의 소수점 두 자리 수와 매칭하는 정규표현식이다.

```
pattern='0\\.[0-9][0-9]' matches at match=<re.Match object; span=(0, 4),
match='0.05'>
pattern='0\\.[0-9][0-9]' not found in text='005'
pattern='0\\.[0-9][0-9]' not found in text='0,05'
```

이 패턴의 경우 두 문자인 \.는 단일 문자인 .와 매칭된다. 마침표 문자가 없거나 다른 문자인 경우에는 매칭되지 않는다.

이 백슬래시 이스케이프 시퀀스는 정규표현식의 다양한 특수 문자에 사용된다. \[를 사용해 문자 클래스를 시작하는 것이 아닌 대괄호를 삽입할 수 있고 \(를 사용해 괄호를 삽입할 수 있다. 이 괄호도 나중에 보게 될 메타 문자이다.

더 흥미로운 것은 이스케이프 기호 다음에 문자를 사용해 줄바꿈 \n 및 탭 \t 과 같은 특수 문자를 나타낼 수도 있다. 앞서 보았듯이 일부 문자 클래스는 이스케이프 문자열을 사용해 더 간결하게 표현할 수 있다.

원시 문자열과 백슬래시를 더 명확하게 하기 위해 원시 문자열에 대한 파이썬의 표준 표시와 함께 별도로 작성한 코드를 보여주기 위해 함수 호출을 다시 포함한다.

```
>>> matchy(r'\(abc\]', "(abc]")
pattern='\\(abc\\]' matches at match=<re.Match object; span=(0, 5),
match='(abc]'>

>>> matchy(r'\s\d\w', " 1a")
pattern='\\s\\d\\w' matches at match=<re.Match object; span=(0, 3),
```

```
match=' 1a'>

>>> matchy(r'\s\d\w', "\t5n")
pattern='\\s\\d\\w' matches at match=<re.Match object; span=(0, 3),
match='\t5n'>

>>> matchy(r'\s\d\w', " 5n")
pattern='\\s\\d\\w' matches at match=<re.Match object; span=(0, 3),
match=' 5n'>
```

요약하면 이 백슬래시 사용에는 두 가지 뚜렷한 의미가 있다.

- 메타 문자의 경우 백슬래시는 메타 의미를 이스케이프한다. 예를 들어 .는 문자 클래스인 반면 \. 단일 문자이다. 마찬가지로 ^ 는 문자열의 시작 부분을 의미하는 앵커이지만 \^는 일반 문자이다.

- 일부 일반 문자의 경우 백슬래시를 사용해 문자 클래스 이름을 지정한다. 이에 대한 예는 많지 않다. 가장 일반적으로 사용되는 것은 \s, \d, \w, \S, \D, \W이다. 대문자 변형 \S, \D, \W는 소문자의 반대 의미이다. 예를 들어 \d는 임의의 숫자이고 \D 는 숫자가 아닌 모든 것이다.

이 이상한 차이는 처음에는 혼란스러울 수 있다. 문자 앞의 \는 특별한 경우를 의미하는 반면 구두점 앞의 \는 메타 문자 의미를 제거한다는 것을 기억하면 도움이 된다.

문자의 반복 패턴

이 정보를 사용하면 길이를 알고 있는 대부분의 문자열을 매칭시킬 수 있지만 대부분의 경우에는 패턴 내에서 매칭시킬 문자의 수를 모른다. 정규표현식은 이것도 처리할 수 있다. 접미사 문자를 갖도록 패턴을 수정할 수 있다. 정규표현식을 곱셈으로 생각할 때 반복되는 시퀀스는 거듭제곱을 올리는 것과 같다. 즉 a*a*a*a == a**4의 패턴을 따른다.

별표 * 문자는 이전 패턴이 0번 이상 매칭될 수 있음을 나타낸다. 우습게 들릴지 모르겠지만 이것은 가장 유용한 반복 문자 중 하나이다. 그 이유를 알아보기 전에 이것이 무슨 일을 하는지 이해할 수 있는 몇 가지 예를 살펴보자.

```
>>> matchy(r'hel*o', 'hello')
pattern='hel*o' matches at match=<re.Match object; span=(0, 5),
match='hello'>

>>> matchy(r'hel*o', 'heo')
pattern='hel*o' matches at match=<re.Match object; span=(0, 3),
match='heo'>

>>> matchy(r'hel*o', 'helllllo')
pattern='hel*o' matches at match=<re.Match object; span=(0, 8),
match='helllllo'>
```

패턴의 * 문자는 앞의 패턴, 즉 여기서는 l 문자가 옵션이며 만약 존재한다면 아주 많이 반복돼도 패턴과 매칭될 수 있음을 나타낸다. 나머지 문자, 여기서는 h, e, o는 정확히 한 번만 나타나야 한다.

별표를 여러 문자와 매칭되는 패턴과 결합하면 더욱 흥미로워진다. 예를 들어 .*는 모든 문자열과 매칭되는 반면 [a-z]*는 빈 문자열을 포함해 모든 소문자 컬렉션과 매칭된다. 다음은 몇 가지 예이다.

```
>>> matchy(r'[A-Z][a-z]* [a-z]*\.', "A string.")
pattern='[A-Z][a-z]* [a-z]*\\.' matches at match=<re.Match object;
span=(0, 9), match='A string.'>
>>> matchy(r'[A-Z][a-z]* [a-z]*\.', "No .")
pattern='[A-Z][a-z]* [a-z]*\\.' matches at match=<re.Match object;
span=(0, 4), match='No .'>
>>> matchy(r'[a-z]*.*', "")
pattern='[a-z]*.*' matches at match=<re.Match object; span=(0, 0),
match=''>
```

패턴의 더하기 + 기호는 별표와 유사하게 동작한다. 앞의 패턴이 한 번 이상 반복될 수 있음을 나타낸다. 하지만 이 기호는 해당 표현식이 옵션이 아님을, 즉 반드시 한 번은 존재해야 함을 의미한다. 물음표 ?는 패턴이 정확히 0번 또는 1번 표시되지만 그 이상은 표시되지 않음을 의미한다. 숫자를 가지고 이들 중 일부를 탐색해보자. \d는 [0-9]와 같은 문자 클래스와 매칭된다는 것을 기억하라.

```
>>> matchy(r'\d+\.\d+', "0.4")
pattern='\\d+\\.\\d+' matches at match=<re.Match object; span=(0, 3),
match='0.4'>
>>> matchy(r'\d+\.\d+', "1.002")
pattern='\\d+\\.\\d+' matches at match=<re.Match object; span=(0, 5),
match='1.002'>
>>> matchy(r'\d+\.\d+', "1.")
pattern='\\d+\\.\\d+' not found in text='1.'

>>> matchy(r'\d?\d%', "1%")
pattern='\\d?\\d%' matches at match=<re.Match object; span=(0, 2),
match='1%'>
>>> matchy(r'\d?\d%', "99%")
pattern='\\d?\\d%' matches at match=<re.Match object; span=(0, 3),
match='99%'>
>>> matchy(r'\d?\d%', "100%")
pattern='\\d?\\d%' not found in text='100%'
```

이 예제는 또한 \의 두 가지 다른 용도를 보여준다. . 문자에 대해 \.는 어떤 문자와도 매칭되는 메타 문자를 리터럴 마침표로 변경한다. d 문자의 경우 \d는 이를 리터럴 d에서 문자 클래스 [0-9]로 변경한다. *, +, ?는 메타 문자이며 문자 그대로 매칭하기 위해서는 *, \+, \?를 사용해야 한다는 것을 잊지 말라.

패턴 그룹화

지금까지 패턴을 여러 번 반복하는 방법을 살펴보았지만 반복할 수 있는 패턴에는 제한이 있다. 개별 문자를 반복하려는 경우는 다뤘는데 반복되는 문자 시퀀스를 원하는 경우는 어떻게 해야 할까? 패턴 집합을 괄호로 묶으면 반복 연산을 적용할 때 패턴 집합을 단일 패턴으로 처리할 수 있다. 다음 패턴을 비교해보자.

```
pattern='abc{3}' matches at match=<re.Match object; span=(0, 5),
match='abccc'>
pattern='(abc){3}' not found in text='abccc'
pattern='(abc){3}' matches at match=<re.Match object; span=(0, 9),
match='abcabcabc'>
```

이것은 정규표현식 뒤에 숨은 수학에 따른 것이다. 식 abc^3과 $(abc)^3$은 의미가 완전히 다르다.

복잡한 패턴과 결합된 이 그룹화 기능은 패턴 매칭 레퍼토리를 크게 확장한다. 다음은 간단한 영어 문장과 매칭되는 정규표현식이다.

```
>>> matchy(r'[A-Z][a-z]*( [a-z]+)*\.$', "Eat.")
pattern='[A-Z][a-z]*( [a-z]+)*\\.$' matches at match=<re.Match object;
span=(0, 4), match='Eat.'>

>>> matchy(r'[A-Z][a-z]*( [a-z]+)*\.$', "Eat more good food.")
pattern='[A-Z][a-z]*( [a-z]+)*\\.$' matches at match=<re.Match object;
span=(0, 19), match='Eat more good food.'>

>>> matchy(r'[A-Z][a-z]*( [a-z]+)*\.$', "A good meal.")
pattern='[A-Z][a-z]*( [a-z]+)*\\.$' matches at match=<re.Match object;
span=(0, 12), match='A good meal.'>
```

[A-Z][a-z]*는 첫 번째 단어가 대문자로 시작하고 그 뒤에 0개 이상의 소문자가 있음을 의미한다. 그다음 한 칸의 공백 뒤에 하나 이상의 소문자가 있는 단어에 대한 매칭인 [a-z]+을 괄호 안에 넣는다. 이 전체 괄호는 0번 이상 반복 가능하기 때문에 ([a-z]+)*이다. 패턴은 마침표로 끝난다. 패턴 끝에 $ 앵커로 표시됐기 때문에 마침표 뒤에 다른 문자가 올 수 없다.

가장 기본적인 패턴을 많이 봤지만 정규표현식 언어는 더 많은 것을 지원한다. re 모듈에 대한 파이썬 문서는 북마크에 추가하고 자주 참조할 가치가 있다. 정규표현식으로 매칭시킬 수 없는 것이 거의 없으며, 정규표현식은 복잡한 재귀 정의를 포함하지 않는 문자열을 파싱할 때 가장 먼저 사용해야 하는 도구이다.

정규표현식으로 정보 파싱

이제 파이썬 측면에 초점을 맞춰 보자. 정규표현식 구문은 객체지향 프로그래밍에서 가장 먼 것이다. 그러나 파이썬의 re 모듈은 정규표현식 엔진에 진입하기 위한 객체지향 인터페이스를 제공한다.

앞에서는 re.match() 함수가 유효한 객체를 반환하는지를 확인했다. 패턴이 매칭되지 않으면 이 함수는 None을 반환한다. 하지만 매칭이 되는 경우에는 패턴에 대한 정보를 검사할 수 있는 유용한 객체를 반환한다.

지금까지 학습한 정규표현식은 "이 문자열이 이 패턴과 매칭되는가?"와 같은 질문에 답하는 것이었다. 패턴을 매칭시키는 것은 유용하지만 "이 문자열이 이 패턴과 매칭되는 경우 관련 하위 문자열의 값은 무엇인가?"라는 질문이 많은 경우 더 흥미롭다. 나중에 참조하려는 패턴 부분을 식별하기 위해 그룹을 사용하는 경우 다음 예제와 같이 매칭 반환값에서 해당 부분을 가져올 수 있다.

```python
def email_domain(text: str) -> Optional[str]:
    email_pattern = r"[a-z0-9._%+-]+@([a-z0-9.-]+\.[a-z]{2,})"
    if match := re.match(email_pattern, text, re.IGNORECASE):
        return match.group(1)
    else:
        return None
```

모든 유효한 이메일 주소를 설명하는 전체 사양은 매우 복잡하고 모든 가능성과 정확하게 매칭되는 정규표현식은 엄청나게 길다. 그래서 편법을 써서 많은 일반적인 이메일 주소와 매칭되는 더 작은 정규표현식을 만들었다. 요점은 해당 주소에 연결할 수 있도록 @ 기호 뒤에 있는 도메인 이름에 액세스하려는 것이다. 이는 패턴의 해당 부분을 괄호로 묶고 match()에서 반환된 객체에서 group() 메서드를 호출해 쉽게 수행할 수 있다.

추가 인수 값인 re.IGNORECASE를 사용해 이 패턴에 대소문자 구분을 없앴다. 이렇게 하면 패턴의 세 군데 위치에서 [a-zA-Z...]를 사용하지 않아도 된다. 대소문자 여부가 중요하지 않을 때 편리한 단순화이다.

매칭된 그룹을 수집하는 세 가지 방법이 있다. 하나의 매칭된 그룹을 제공하는 group() 메서드를 사용했다. 패턴에 한 쌍의 ()만 있기 때문에 이 코드는 신중해 보인다. 보다 일반적인 groups() 메서드는 패턴 내에서 매칭되는 모든 () 그룹의 튜플을 반환한다. 이 튜플은 특정 값에 액세스하기 위해 인덱싱할 수 있다. 그룹은 왼쪽에서 오른쪽 순서로 정렬된다. 하지만 그룹은 중첩될 수 있는데, 이는 어떤 그룹 내에 하나 이상의 그룹이 있을 수 있음을 의미한다. 이 경우 그룹은 가장 왼쪽에 있는 (의 순서대로 반환되므로 가장 바깥쪽 그룹이 내부 매칭 그룹보다 먼저 반환된다.

그룹에 이름을 제공할 수도 있다. 구문은 매우 복잡하다. 매칭된 텍스트를 그룹으로 수집하기 위해 (...) 대신 (?P<name>...)을 사용해야 한다. ?P<name>은 ( ) 안에서 name이라는 그룹 이름을 제공하는 방법이다. 그러면 groupdict() 메서드를 사용해 그룹 이름과 해당 내용을 추출할 수 있다.

다음은 이메일 도메인 파서이다. 이것은 그룹 이름을 사용한다.

```python
def email_domain_2(text: str) -> Optional[str]:
    email_pattern = r"(?P<name>[a-z0-9._%+-]+)@(?P<domain>[a-z0-9.-]+\.[a-z]{2,})"
    if match := re.match(email_pattern, text, re.IGNORECASE):
        return match.groupdict()["domain"]
    else:
        return None
```

캡처 그룹에 이름을 제공하기 위해 () 안에 ?P<name> 및 ?P<domain>을 추가해 패턴을 변경했다. 정규표현식의 이 부분은 매칭되는 항목을 변경하지 않으며 캡처 그룹에 이름을 제공한다.

re 모듈의 다른 기능

match() 함수 외에도 re 모듈은 몇 가지 다른 유용한 함수인 search() 및 findall()을 제공한다. search() 함수는 매칭되는 패턴의 첫 번째 인스턴스를 찾으며, match와는 다르게 패턴이 문자열의 첫 번째 문자부터 매칭돼야 한다는 암시적인 제한을 완화한다. match()를 사용할 때는 문자열의 시작과 찾고자 하는 패턴 간에 어떤 문자와도 매칭될 수 있도록 패턴 앞에 .* 문자를 넣으면 유사한 효과를 얻을 수 있다.

findall() 함수는 search()와 유사하게 동작하지만 첫 번째 패턴뿐만 아니라 매칭되는 패턴의 겹치지 않는 모든 인스턴스를 찾는다. 첫 번째로 매칭된 항목을 찾은 다음 첫 번째 매칭 항목이 끝난 지점부터 검색을 계속해 다음 항목을 찾는다.

이 함수들은 re.Match 객체의 리스트를 반환하지 않고 매칭되는 문자열 또는 튜플 리스트를 반환한다. 때로는 문자열이고 때로는 튜플이다. 그다지 좋은 API는 아니다. 모든 나쁜 API에서와 마찬가지로 직관에 의존하지 말고 그 차이점을 기억해야 한다. 반환값의 타입은 정규표현식 내부에서 괄호로 묶인 그룹의 수에 따라 다르다.

- 패턴에 그룹이 없는 경우 re.findall()은 문자열 리스트를 반환한다. 여기서 각 값은 소스 문자열에서 패턴과 매칭되는 하위 문자열이다.

- 패턴에 하나의 그룹만 있는 경우 re.findall()은 각 값이 해당 그룹의 내용인 문자열 리스트를 반환한다.

- 패턴에 여러 그룹이 있는 경우 re.findall()은 튜플 리스트를 반환하며, 각 튜플은 매칭되는 그룹의 값을 그룹 순서대로 포함한다.

> TIP
>
> **일관성에 대한 조언**
>
> 자체적으로 개발하는 파이썬 라이브러리에서 함수 호출을 디자인할 때 함수가 항상 일관된 데이터 구조를 반환하도록 해야 한다. 임의의 입력을 받아 처리할 수 있는 함수를 디자인하는 것이 좋은 경우가 많지만 반환값은 입력에 따라 단일 값에서 리스트로, 또는 값 리스트에서 튜플 리스트로 전환돼서는 안 된다. re.findall()을 교훈으로 삼자.

다음 대화식 세션의 예는 그 차이점을 명확히 설명해줄 것이다.

```
>>> import re
>>> re.findall(r"\d+[hms]", "3h 2m 45s")
['3h', '2m', '45s']
>>> re.findall(r"(\d+)[hms]", "3h:2m:45s")
['3', '2', '45']
>>> re.findall(r"(\d+)([hms])", "3h, 2m, 45s")
[('3', 'h'), ('2', 'm'), ('45', 's')]
>>> re.findall(r"((\d+)([hms]))", "3h - 2m - 45s")
[('3h', '3', 'h'), ('2m', '2', 'm'), ('45s', '45', 's')]
```

3데이터 요소를 가능한 한 분해하는 것은 항상 좋은 방법인 것 같다. 이 경우엔 숫자값을 단위, 시간, 분, 초 등으로 분리해 복잡한 문자열을 시간 간격으로 쉽게 변환할 수 있도록 했다.

효율적인 정규표현식 만들기

정규표현식 메서드 중 하나를 호출할 때마다 re 모듈은 패턴 문자열을 빠른 문자열 검색을 위한 내부 구조로 변환한다. 이 변환에는 상당한 시간이 걸린다. 예를 들어 for 또는 while 문 내부에서 정규표현식 패턴을 여러 번 재사용해야 하는 경우에는 이 변환 단계를 한 번만 수행할 수 있으면 좋을 것이다.

이것은 re.compile() 메서드로 가능하다. 이 메서드는 컴파일된 정규표현식의 객체지향 버전을 반환하며, 무엇보다도 이 객체는 match(), search(), findall() 등의 탐색 메서드를 가지고 있다. 앞에서 본 것 중에서 변경할 것은 거의 없다. 앞에서 사용한 것은 다음과 같다.

```
>>> re.findall(r"\d+[hms]", "3h 2m   45s")
```

단일 패턴이 여러 문자열에 재사용되는 2단계 작업을 만들 수 있다.

```
>>> duration_pattern = re.compile(r"\d+[hms]")
>>> duration_pattern.findall("3h 2m   45s")
['3h', '2m', '45s']
>>> duration_pattern.findall("3h:2m:45s")
['3h', '2m', '45s']
```

패턴을 사용하기 전에 미리 컴파일해 최적화한다. 컴파일은 애플리케이션을 더 단순하고 효율적으로 만든다.

지금까지 정규표현식을 간단히 소개했다. 이 시점에서 학습한 기초에 대해 좋은 느낌을 갖고 추가적인 연구가 더 필요함을 인식했을 것이다. 문자열 패턴 매칭 문제가 있는 경우 정규표현식은 거의 확실하게 문제를 해결할 수 있다. 그러나 주제에 대해 좀 더 포괄적인 범위에서 새로운 구문을 찾아야 할 수도 있다. 하지만 이제는 무엇을 찾아야 하는지 안다. https://pythex.org의 Pythex와 같은 도구는 정규표현식을 개발하고 디버그하는 데 도움이 될 수 있다. 이제 완전히 다른 주제인 파일시스템 경로로 넘어가 보자.

⫸ 파일시스템 경로

대부분의 운영체제는 종종 폴더라고도 부르는 디렉터리와 파일의 논리적 추상화를 하드 드라이브 또는 다른 저장 디바이스에 저장된 비트 및 바이트에 매핑하는 방법인 파일시스템[filesystem]을 제공한다. 사람은 일반적으로 다양한 타입의 폴더 및 파일의 이미지가 있는 드래그앤드롭[drag-and-drop] 인터페이스를 사용해 파일시스템과 상호작용한다. 또는 cp, mv, mkdir 등과 같은 명령줄 프로그램을 사용할 수 있다.

프로그래머는 일련의 시스템 호출을 통해 파일시스템과 상호작용해야 한다. 프로그램이 호출할 수 있도록 운영체제에서 제공하는 라이브러리 함수라고 생각할 수 있다. 운영체제는 정수 파일 핸들[file handle]과 버퍼링된 읽기/쓰기가 있는 투박한 인터페이스가 갖고 있으며, 해당 인터페이스는 사용하는 운영체제에 따라 다르다. 파이썬 os 모듈은 이런 근본적인 호출 중 일부를 노출한다.

os 모듈 내부에는 os.path 모듈이 있다. 이것은 잘 동작하지만 매우 직관적이지 못하다. 많은 문자열 병합이 필요하며 OS 차이를 고려해야 한다. 예를 들어 경로 구분자를 나타내는 os.sep 속성은 POSIX 호환 OS에서는 "/"이고 윈도우에서는 "\"이다. 이 속성을 사용해 다음과 같은 코드를 만들 수 있다.

```
>>> import os.path
>>> path = os.path.abspath(
...     os.sep.join(
...         ["", "Users", "dusty", "subdir", "subsubdir", "file.ext"]))
>>> print(path)
/Users/dusty/subdir/subsubdir/file.ext
```

os.path 모듈은 플랫폼 종속적인 정보의 일부를 숨긴다. 그러나 이것은 여전히 경로를 문자열로 사용하도록 강요한다.

문자열 형태의 파일시스템 경로로 작업하는 것은 종종 짜증나는 일이다. 명령줄에 입력하기 쉬운 경로는 파이썬 코드에서 읽을 수 없게 된다. 예를 들어 머신러닝 컴퓨터 비전 문제를 위해 데이터 파이프라인에서 이미지를 처리할 때와 같이 여러 데이터 경로를 가지고 작업할 때는 해당 디렉터리를 관리하는 것만으로도 약간의 시련이 된다.

그래서 파이썬 언어 설계자들은 표준 라이브러리에 pathlib라는 모듈을 포함시켰다. 이 모듈은 작업하기 더 쉽게 만든 경로와 파일에 대한 객체지향적 표현이다. 앞에 나온 경로를 pathlib를 사용하면 다음과 같다.

```
>>> from pathlib import Path
>>> path = Path("/Users") / "dusty" / "subdir" / "subsubdir" / "file.ext"
>>> print(path)
/Users/dusty/subdir/subsubdir/file.ext
```

보다시피 무슨 일이 일어나고 있는지 알기가 훨씬 쉽다. 나누기 연산자를 고유한 경로 구분자로 사용하기 때문에 os.sep을 사용할 필요가 없다. 이것은 Path 객체에 대해 이런 기능을 제공하기 위해 파이썬의 __truediv__() 메서드를 우아하게 오버로드한 것이다.

보다 실제적인 예제로서 주어진 디렉터리와 하위 디렉터리에 있는 모든 파이썬 파일에서 공백과 주석을 제외한 코드 줄 수를 계산하는 코드를 생각해보자.

```python
from pathlib import Path
from typing import Callable

def scan_python_1(path: Path) -> int:
  sloc = 0
  with path.open() as source:
    for line in source:
      line = line.strip()
      if line and not line.startswith("#"):
        sloc += 1
  return sloc

def count_sloc(path: Path, scanner: Callable[[Path], int]) -> int:
  if path.name.startswith("."):
    return 0
  elif path.is_file():
    if path.suffix != ".py":
      return 0
    with path.open() as source:
      return scanner(path)
  elif path.is_dir():
    count = sum(
      count_sloc(name, scanner) for name in path.iterdir())
```

```
      return count
  else:
    return 0
```

일반적으로 pathlib를 사용할 때는 Path 객체를 많이 구성할 필요가 거의 없다. 이 예제에서는 기본 Path가 매개변수로 제공된다. Path 조작의 대부분은 주어진 Path와 관련된 다른 파일이나 디렉터리를 찾는 것이다. Path 관련 처리의 나머지는 지정된 Path의 속성을 요청하는 것이다.

count_sloc() 함수는 "."로 시작하는 이름은 건너뛰면서 경로의 이름을 찾는다. 이것은 "." 및 ".." 디렉터리뿐만 아니라 이 책에서 사용한 도구로 인해 생성된 .tox, .coverage, .git 등과 같은 디렉터리도 건너뛴다.

세 가지 일반적인 케이스는 다음과 같다.

- 파이썬 소스를 갖고 있을 수 있는 실제 파일. 파일을 열기 전에 파일 이름의 확장자가 .py인지 확인한다. scanner() 함수를 호출해 각 파이썬 파일을 열어서 읽는다. 소스 코드 줄 수를 계산하는 방법에는 여러 가지가 있다. 여기서는 경로를 인수 값으로 제공받아야 하는 scan_python_1() 함수에서 한 가지 방법을 볼 수 있다.

- 디렉터리. 이 경우 디렉터리의 내용을 반복 처리해 이 디렉터리에서 찾은 항목에 대해 count_sloc()을 호출한다.

- 디바이스 마운트 이름, 심볼릭 링크, 디바이스, FIFO 큐, 소켓 등과 같은 기타 파일시스템 객체. 이것은 무시한다.

Path.open 메서드는 open 내장 함수와 유사한 인수를 사용하지만 보다 객체지향적인 구문을 사용한다. 경로가 이미 있는 경우 Path('./README.md').open()을 사용해 읽을 파일을 열 수 있다.

scan_python_1() 함수는 파일의 각 줄을 반복 처리하면서 수를 센다. 공백과 주석 줄은 실제 소스 코드를 나타내지 않기 때문에 건너뛴다. 총 줄 수는 호출한 함수로 반환된다.

다음은 이 함수를 호출해 한 디렉터리에 있는 코드의 줄 수를 계수하는 방법이다.

```
>>> base = Path.cwd().parent
>>> chapter = base / "ch_02"
>>> count = count_sloc(chapter, scan_python_1)
>>> print(
...     f"{chapter.relative_to(base)}: {count} lines of code"
... )
ch_02: 542 lines of code
```

이 코드는 상당히 복잡한 예제에서 Path() 생성자가 한 번만 사용됐음을 보여준다. 현재 작업 디렉터리^{CWD, Current Working Directory}에서 상위 디렉터리로 도약한다. 거기에서 ch_02 하위 디렉터리로 내려가 디렉터리와 파이썬 파일을 찾기 위해 주변을 뒤질 수 있다.

이것은 또한 scanner 매개변수에 대한 인수 값으로 scan_python_1() 함수를 제공하는 방법을 보여준다. 함수를 다른 함수에 대한 매개변수로 사용하는 방법에 대한 자세한 내용은 8장 '객체지향과 함수형 프로그래밍의 교차점'을 참조하라.

pathlib 모듈의 Path 클래스에는 경로를 가지고 수행할 수 있는 거의 모든 것을 다루는 메서드 또는 속성이 있다. 예제에서 다룬 것 외에도 Path 객체의 몇 가지 메서드와 속성이 다음과 같다.

- .absolute()는 파일시스템의 루트에서 시작하는 전체 경로를 반환한다. 이것은 상대 경로의 출처를 보여주는 데 도움이 된다.

- .parent는 상위 디렉터리에 대한 경로를 반환한다.

- .exists()는 파일이나 디렉터리가 존재하는지 확인한다.

- .mkdir()은 현재 경로에 디렉터리를 생성한다. 불리언으로 parents 및 exist_ok 인수를 사용해 필요한 경우 디렉터리를 재귀적으로 생성해야 한다는 것과 디렉터리가 이미 존재하는 경우에 예외를 발생시키지 않을 것임을 나타낼 수 있다.

더 많은 용도에 대해서는 https://docs.python.org/3/library/pathlib.html에 있는 표준 라이브러리 문서를 참조하라. 이 책의 저자들은 이 라이브러리에 기여한 것을 자랑스럽게 생각한다.

문자열 경로를 받는 거의 모든 표준 라이브러리 모듈은 `pathlib.Path` 객체도 받을 수 있다. `os.PathLike` 타입 힌트는 `Path`를 받아들이는 매개변수를 설명하는 데 사용된다. 예를 들어 다음과 같이 경로를 전달해 ZIP 파일을 열 수 있다.

```
>>> zipfile.ZipFile(Path('nothing.zip'), 'w').writestr('filename',
'contents')
```

일부 외부 패키지는 `Path` 객체와 함께 작동하지 않을 수 있다. 이런 경우 `str(pathname)`을 사용해 경로를 문자열로 변환해야 한다.

TIP

명령문 대 코드 줄

`scan_python_1()` 함수는 삼중 따옴표로 묶인 여러 줄 문자열의 각 줄을 마치 코드의 줄인 것처럼 계수한다. 각 물리적 줄이 중요하다고 확신한다면 실제로 코드가 아니더라도 긴 독스트링을 코드라고 생각할 수 있다. 반면에 실제 코드 줄 대신 의미 있는 명령문 단위로 계수하기로 결정할 수도 있다. 이 경우에는 ast 모듈을 사용하는 더 똑똑한 함수가 필요하다. 소스 텍스트로 작업하는 것보다 추상 구문 트리(Abstract Syntax Trees, AST)로 작업하는 것이 훨씬 낫다. ast 모듈 사용은 `Path` 처리를 변경하지 않는다. 이것은 텍스트를 읽는 것보다 좀 더 복잡하며 이 책의 범위를 벗어난다. 명령문의 줄 또는 삼중 따옴표로 묶인 주석이 아니라 명령문 자체를 세는 경우라면 542개의 코드 행에 257개의 명령문이 있다.

문자열, 바이트, 파일시스템 경로에 대해서 살펴봤다. 다음으로 다룰 개념은 애플리케이션의 객체를 파일에 저장하고 파일의 바이트에서 객체를 복구하는 방법이다. 이 프로세스를 직렬화라고 한다.

∰ 객체 직렬화

지금까지는 바이트 및 파일 경로를 영속적인 객체에 대한 작업을 지원하는 기반으로 사용해왔다. 객체를 영속화 하려면 객체의 상태를 나타내는 일련의 바이트를 생성하고 해당 바이트를 파일에 기록해야 한다. 이 영속성에서 아직 다루지 않은 부분은 객체를 일련의 바이트로 인코딩하는 프로세스이다. 또한 일련의 바이트로부터 객체 및 그와 관계된 것으로 디코딩하기를 원한다. 이 인코딩 및 디코딩을 직렬화serializing 및 역직렬화deserializing라고도 한다.

웹 서비스를 살펴보면 RESTful로 설명된 서비스를 자주 볼 수 있다. REST 개념은 REpresentational State Transfer, 즉 서버와 클라이언트가 객체 상태의 표현을 교환하는 것이다. 여기서 차이점을 알아야 한다. 소프트웨어의 두 부분은 서로 객체를 교환하지 않는다. 애플리케이션에는 자체적인 내부 객체가 있다. 하지만 그들은 객체 상태를 나타내는 표현representation을 교환한다.

객체를 직렬화하는 방법은 여러 가지가 있다. pickle 모듈을 사용하는 간단하고 일반적인 접근방식으로 시작할 것이다. 나중에 그 대안인 json 패키지를 살펴볼 것이다.

파이썬 pickle 모듈은 객체 상태를 직접적으로 특수한 저장 포맷으로 저장하는 객체지향 방식이다. 본질적으로 객체의 상태와 속성으로서 갖고 있는 모든 객체의 상태를 저장하거나 전송할 수 있는 일련의 바이트로 변환한다.

기본적인 작업일 경우 pickle 모듈은 매우 간단한 인터페이스를 가지고 있다. 이 모듈은 데이터 저장 및 로드를 위한 4개의 기본 함수로 구성돼 있다. 2개는 파일류 객체file-like object를 조작하기 위한 것이고 2개는 파일을 열지 않고도 피클된 객체로 작업할 수 있도록 bytes 객체를 조작하기 위한 것이다.

dump() 메서드는 쓰일 객체와 직렬화된 바이트로 작성할 파일류 객체를 받는다. 파일류 객체는 write() 메서드를 갖고 있어야 하며 해당 메서드는 bytes 인수를 처리하는 방법을 알고 있어야 한다. 이것은 파일이 텍스트 출력을 위해 열리는 것이 아님을 의미한다. 즉 모드 값 wb로 파일을 열어야 한다.

load() 메서드는 정확히 그 반대이다. 파일류 객체로부터 직렬화된 객체의 상태를 읽는
다. 이 객체는 read() 및 readline() 메서드를 갖고 있어야 하며, 각각은 물론 bytes를 반
환해야 한다. pickle 모듈이 바이트를 읽으면 load() 메서드는 완전히 재구성된 객체를
반환한다. 다음은 리스트 객체에 있는 데이터를 저장한 다음에 다시 로드하는 예이다.

```
>>> import pickle
>>> some_data = [
... "a list", "containing", 5, "items",
... {"including": ["str", "int", "dict"]}
... ]

>>> with open("pickled_list", 'wb') as file:
...     pickle.dump(some_data, file)

>>> with open("pickled_list", 'rb') as file:
...     loaded_data = pickle.load(file)

>>> print(loaded_data)
['a list', 'containing', 5, 'items', {'including': ['str', 'int',
'dict']}]

>>> assert loaded_data == some_data
```

이 코드는 some_data에 의해 참조되는 객체를 직렬화한다. 여기에는 연관된 문자열, 딕
셔너리, 심지어 정수도 포함된다. 이 데이터는 파일에 저장된 다음에 동일한 파일로부
터 로드된다. 각각의 경우 with 문을 사용해 열린 파일은 자동으로 닫힌다. 파일이 텍스
트 모드가 아닌 바이트 모드에 있도록 하기 위해 wb 및 rb 모드를 사용했다.

끝에 있는 assert 문은 새로 로드된 객체가 원래 객체와 같지 않으면 오류를 발생시킨
다. 같다는 것은 그들이 동일한 객체라는 것을 의미하지 않는다. 실제로 두 객체의 id()
를 출력하면 서로 다른 내부 식별자가 있는 별개의 객체임을 알 수 있다. 그러나 둘 다
동일한 내용을 가진 리스트이므로 동일한 것으로 간주된다.

dumps()와 loads() 함수는 파일류 객체 대신에 bytes를 반환하거나 받아들인다는 점을
제외하고는 dump() 및 load() 함수와 매우 유사하게 동작한다. dumps 함수는 단 하나의
인수로 저장하려는 객체만 받아 직렬화된 bytes 객체를 반환한다. loads() 함수는 bytes

객체를 받아서 복원된 객체를 반환한다. 메서드 이름에 있는 문자 's'는 string의 약자이다. bytes 대신 str 객체가 사용된 파이썬의 옛날 버전으로부터 유래된 레거시 이름이다.

열려 있는 단일 파일에 대해 dump() 또는 load()를 두 번 이상 호출할 수 있다. dump에 대한 각 호출은 단일 객체를 파일류 객체에 저장하며, load()에 대한 각 호출은 하나의 객체만 로드해서 반환한다. 따라서 단일 파일에 대해서 여러 개의 객체를 저장할 때 각각의 dump() 호출은 나중에 복원할 때 이와 연관된 load() 호출이 있어야 한다.

```
>>> nums = [1,2,3]
>>> strings = ['hello', 'world']

>>> with open('call_pickle', 'wb') as f:
...     pickle.dump(nums, f)
...     pickle.dump(strings, f)

>>> with open('call_pickle', 'rb') as f:
...     re_nums = pickle.load(f)
...     re_strings = pickle.load(f)

>>> print(re_nums)
[1, 2, 3]
>>> print(re_strings)
['hello', 'world'][1]
```

객체의 상태에 대한 표현은 파이썬의 특정 릴리즈에 종속적이라는 것을 아는 것이 중요하다. 예를 들어 파이썬 3.7에서 생성된 피클 파일은 파이썬 3.8에서 사용하지 못할 수도 있다. 이는 피클 파일이 일시적인 저장에는 적합하지만 공통된 버전이 없을 수도 있는 파이썬 애플리케이션 간의 장기적인 저장이나 공유에는 적합하지 않음을 시사한다.

피클된 표현으로부터 객체의 상태를 복구하는 프로세스는 어떤 상황에서 피클 파일에 묻혀 있던 임의의 코드를 평가하는 결과를 초래할 수도 있다. 이는 피클 파일이 악성 코드의 매개체가 될 수 있음을 의미한다. 이것은 pickle 모듈에 대한 문서에서 다음과 같은 중요한 경고로 이어진다.

---

[1]　이 코드는 위 문단의 내용이 명확하지 않아 이해를 돕기 위해 추가했다. - 옮긴이

이 조언은 일반적으로 보낸 사람을 신뢰하지 않거나 중간에 전달한 사람이 파일을 변경하지 않았는지 확인하지 않았다면 피클 포맷 파일을 수락하지 않을 것을 권한다. 임시적인 캐시에 피클을 사용하는 애플리케이션은 걱정하지 않아도 된다.

사용자 정의 피클

가장 일반적인 파이썬 객체를 사용할 때는 피클링이 잘 작동한다. 정수, 부동 소수점 수, 문자열 등과 같은 원시 자료형 타입도 리스트나 딕셔너리 같은 컨테이너 객체와 마찬가지로 피클링될 수 있다. 중요한 것은 모든 객체는 모든 속성이 피클 가능한 한 피클링될 수 있다는 것이다.

그렇다면 피클되지 못하게 만드는 속성은 어떤 것일까? 일반적으로 변경될 수 있는 동적 속성값과 관련이 있다. 예를 들어 열려 있는 네트워크 소켓, 열린 파일, 실행 중인 스레드, 하위 프로세스, 프로세스 풀, 또는 객체의 속성으로 저장된 데이터베이스 연결 등이 있는 경우 이런 객체를 피클링하는 것은 의미가 없다. 나중에 객체를 다시 로드하려고 할 때 디바이스 및 운영체제의 상태는 의미가 없다. 다시 로드할 때 원래의 스레드나 소켓 연결이 있는 것처럼 가장할 수 없다. 그렇다면 이런 일시적이고 동적인 데이터를 덤프하고 로드하는 방법을 사용자 정의로 구현해야 한다.

다음은 웹 페이지의 내용을 최신 상태로 유지하기 위해 매시간마다 다시 로드하는 클래스이다. threading.Timer 클래스를 사용해 다음 업데이트를 예약한다.

```python
from threading import Timer
import datetime
from urllib.request import urlopen

class URLPolling:
  def __init__(self, url: str) -> None:
```

```
      self.url = url
      self.contents = ""
      self.last_updated: datetime.datetime
      self.timer: Timer
      self.update()

  def update(self) -> None:
      self.contents = urlopen(self.url).read()
      self.last_updated = datetime.datetime.now()
      self.schedule()

  def schedule(self) -> None:
      self.timer = Timer(3600, self.update)
      self.timer.setDaemon(True)
      self.timer.start()
```

url, contents, last_updated 등과 같은 객체는 모두 피클 가능하지만 이 클래스의 인스턴스를 피클하려고 하면 self.timer 인스턴스에서 약간의 문제가 발생한다.

```
>>> import pickle
>>> poll = URLPolling("http://dusty.phillips.codes")
>>> pickle.dumps(poll)
Traceback (most recent call last):
  ...
  File "<doctest url_poll.__test__.test_broken[2]>", line 1, in
<module>
pickle.dumps(poll)
TypeError: cannot pickle '_thread.lock' object
```

그다지 유용한 오류 메시지는 아니지만 피클링하면 안 되는 것을 피클링하려고 하는 것 같다. 그것은 Timer 인스턴스 때문일 것이다. schedule() 메서드에서 self.timer에 대한 참조를 저장하고 있으며 해당 속성은 직렬화할 수 없다.

pickle이 객체를 직렬화하려고 할 때는 단순히 객체의 __dict__ 속성의 값으로 돼 있는 상태를 저장하려고 시도한다. __dict__는 객체의 모든 속성 이름에 그 값을 매핑하는 딕셔너리다. 다행스럽게도 pickle은 __dict__를 확인하기 전에 __getstate__() 메서드가 있는지 확인한다. 그렇다면 __dict__ 객체 대신 해당 메서드의 반환값을 저장할 수 있다.

__dict__의 복사본에서 피클되지 않는 타이머 객체만 빼고 반환하는 __getstate__() 메서드를 URLPolling 클래스에 추가해 보자.

```
def __getstate__(self) -> dict[str, Any]:
  pickleable_state = self.__dict__.copy()
  if "timer" in pickleable_state:
    del pickleable_state["timer"]
  return pickleable_state
```

이 확장된 버전의 URLPolling 인스턴스를 피클하면 더 이상 실패하지 않는다. 그리고 loads()를 사용해 해당 객체를 성공적으로 복원할 수도 있다. 그러나 복원된 객체에는 self.timer 속성이 없으므로 의도한 대로 콘텐츠를 새로 고치지 않는다. 객체가 복원될 때 누락된 타이머를 대체하기 위해 어떻게든 새 타이머를 생성해야 한다.

예상했듯이 피클링 객체 복원을 사용자 정의하기 위해 구현할 수 있는 보완적인 __setstate__() 메서드가 있다. 이 메서드는 단일 인수로서 __getstate__에서 반환된 객체를 받는다. 두 메서드를 모두 구현하면 __setstate__()는 __getstate__()가 반환하기로 선택한 객체로 무엇을 해야 할지 알고 있기 때문에 딕셔너리를 받기 위해 __getstate__()를 호출할 필요가 없다. 이 경우에는 __dict__를 복원하고 새 타이머를 생성하기만 하면 된다.

```
def __setstate__(self, pickleable_state: dict[str, Any]) -> None:
  self.__dict__ = pickleable_state
  self.schedule()
```

__init__()과 __setstate__() 사이의 유사성은 중요하다. 둘 다 내부 타이머 객체를 생성 또는 재생성하기 위해 self.schedule()에 대한 호출을 포함한다. 이것은 복구해야 하는 동적 상태를 갖는 피클 객체로 작업하기 위한 일반적인 패턴이다.

pickle 모듈은 매우 유연하며 필요한 경우 피클링 프로세스를 사용자 정의할 수 있는 다른 도구를 제공한다. 그러나 이것은 이 책의 범위를 벗어난다. 앞에서 다룬 도구만으로 대부분의 기본적인 피클링 작업에 충분하다. 피클링하려고 하는 객체는 일반적으로 비교적 단순한 데이터 객체이다. `scikit-learn`과 같은 인기 있는 머신러닝 프레임워크 중 일부는 생성된 모델을 보존하기 위해 `pickle`을 사용한다. 이를 통해 데이터 과학자는 예측 또는 추가 테스트를 위해 피클링된 모델을 사용할 수 있다.

보안 제약 때문에 데이터 교환을 위한 대안적인 포맷이 필요하다. 텍스트 기반 포맷은 악성이 아닌지 확인하기 위해 파일을 검사하는 것이 더 쉽기 때문에 유용할 수 있다. 이제 인기 있는 텍스트 기반 직렬화 포맷인 JSON을 살펴볼 것이다.

JSON을 사용한 객체 직렬화

여러 해 동안 많은 포맷이 텍스트 기반 데이터 교환에 사용됐다. XML[eXtensible Markup Language]이 널리 사용되지만 파일이 커지는 경향이 있다. YAML[Yet Another Markup Language]은 가끔 참조할 수 있는 또 다른 포맷이다. 테이블 형식 데이터는 CSV[Comma-Separated Value] 포맷으로 자주 교환된다. 이런 포맷 중 많은 것들이 사라져가고 있으며 시간이 지남에 따라 더 많은 것을 만나게 될 것이다. 파이썬은 이들 모두를 위한 견고한 표준 라이브러리 또는 써드파티 라이브러리를 가지고 있다.

신뢰할 수 없는 데이터에 이런 라이브러리를 사용하기 전에 각각에 대한 보안 문제를 조사해야 한다. 예를 들어 XML과 YAML에는 악의적으로 사용되는 모호한 기능이 있어 호스트 머신에서 임의의 명령을 실행할 수 있다. 기본적으로 이런 기능이 해제돼 있지 않을 수 있다. 그러므로 스스로 조사해야 한다. ZIP 파일이나 JPEG 이미지처럼 단순해 보이는 것조차도 웹 서버에서 충돌을 발생시킬 수 있는 데이터 구조를 생성하기 위해 해킹될 수 있다.

JSON[JavaScript Object Notation]은 사람이 읽을 수 있는 데이터 교환 포맷이다. JSON은 다양한 이기종 클라이언트 시스템에 의해 해석될 수 있는 표준 포맷이다. 이것은 JSON이 완전히 분리된 시스템 간에 데이터를 전송하는 데 매우 유용하다는 것을 의미한다. JSON 포맷은 실행 코드를 지원하지 않는다. 데이터만 직렬화할 수 있기 때문에 악성 컨텐츠를 넣기 어렵다.

JSON은 자바스크립트 엔진으로 쉽게 해석할 수 있기 때문에 웹 서버에서 자바스크립트가 가능한 웹 브라우저로 데이터를 전송하는 데 자주 사용된다. 데이터를 제공하는 웹 애플리케이션이 파이썬으로 작성된 경우 서버는 내부 데이터를 JSON 포맷으로 변환하는 방법이 필요하다.

이것을 하기 위한 모듈이 있는데, 예상대로 이름이 json이다. 이 모듈은 dump(), load(), dumps(), loads() 등의 함수를 사용해 pickle 모듈과 유사한 인터페이스를 제공한다. 이 함수에 대한 기본 호출은 pickle 호출과 거의 동일하므로 자세한 것은 반복하지 않겠다. 몇 가지 차이점이 있다. 분명하게 이 호출의 출력은 피클된 객체가 아니라 유효한 JSON 표기법이다. 또한 json 함수는 bytes가 아닌 str 객체에서 작동한다. 따라서 파일로부터 덤프하거나 로드할 때는 바이너리 파일이 아닌 텍스트 파일을 사용해야 한다.

JSON 직렬 변환기^{serializer}는 pickle 모듈만큼 강력하지 않다. 정수, 부동 소수점 수, 문자열 등과 같은 기본 타입과 딕셔너리 및 리스트와 같은 간단한 컨테이너만 직렬화할 수 있다. 이들 각각은 JSON 표현에 대한 직접적인 매핑을 가지고 있지만, JSON은 클래스나 함수 정의와 같이 파이썬에 고유한 객체를 나타낼 수 없다.

일반적으로 json 모듈의 함수는 객체의 __dict__ 속성값을 사용해 객체의 상태를 직렬화하려고 한다. 더 나은 접근방식은 객체의 상태를 JSON 친화적인 딕셔너리로 직렬화하는 사용자 정의 코드를 제공하는 것이다. 또한 파이썬 객체의 상태를 복원하기 위해 JSON 딕셔너리를 역직렬화하는 방법도 필요하다.

json 모듈에서 객체 인코딩 및 디코딩 함수는 모두 인수를 옵션으로 받아들여 동작을 사용자 정의한다. dump() 및 dumps() 함수는 잘못 명명된 cls 키워드 인수를 받는다. cls는 'class'의 줄임말이며 class는 예약어이기 때문에 철자를 바꿔야 한다. 이 인수가 함수에 제공될 때 이 인수의 값은 default() 메서드가 재정의된 JSONEncoder 클래스의 하위 클래스여야 한다. 이 재정의된 default() 메서드는 임의의 파이썬 객체를 받아서 json이 직렬화할 수 있는 딕셔너리로 변환한다. 객체를 처리하는 방법을 모른다면 super() 메서드를 호출해 일반적인 방식으로 기본 타입을 직렬화할 수 있다.

load() 및 loads() 메서드는 그 반대 클래스인 JSONDecoder의 하위 클래스를 cls 인수를 받는다. 하지만 일반적으로 object_hook 키워드 인수를 사용해 이런 메서드에 함수를 전달하는 것으로 충분하다. 이 함수는 딕셔너리를 받아서 객체를 반환한다. 입력 딕셔너리로 무엇을 해야 할지 모르는 경우에는 수정되지 않은 상태로 반환할 수 있다.

이제 예제를 살펴보자. 다음과 같은 간단한 연락처 클래스를 직렬화 한다고 상상해보라.

```python
class Contact:
  def __init__(self, first, last):
    self.first = first
    self.last = last

  @property
  def full_name(self):
    return("{} {}".format(self.first, self.last))
```

__dict__ 속성을 직렬화하려고 시도할 수 있다.

```python
>>> import json
>>> c = Contact("Noriko", "Hannah")
>>> json.dumps(c.__dict__)
'{"first": "Noriko", "last": "Hannah"}'
```

그러나 이런 방식으로 __dict__ 특수 속성에 액세스하는 것은 너무 무성의하다. 속성이 아직 json 모듈에 의해 직렬화되지 않은 값을 갖는 경우 문제가 발생할 수 있다. datetime 객체가 일반적으로 문제가 된다. 또한 수신 코드, 아마도 웹 페이지의 일부 자바스크립트 코드가 full_name 프로퍼티를 제공하기를 원한다면 어떻게 될까? 물론 딕셔너리를 직접 구성할 수도 있지만 그 대신 사용자 정의 인코더를 만들어 보자.

```python
import json

class ContactEncoder(json.JSONEncoder):
  def default(self, obj: Any) -> Any:
    if isinstance(obj, Contact):
      return {
        "__class__": "Contact",
        "first": obj.first,
        "last": obj.last,
        "full_name": obj.full_name,
```

```
        }
    return super().default(obj)
```

default 메서드는 직렬화하려는 객체의 종류를 확인해야 한다. 객체가 Contact인 경우 딕셔너리를 수동으로 변환한다. 그렇지 않으면 json이 처리하는 방법을 알고 있는 기본 타입이라고 가정해 상위 클래스가 직렬화를 처리하도록 한다. 이 객체를 로드할 때 알 수 있는 방법이 없기 때문에 이 객체를 연락처로 식별하기 위해 __class__라는 추가 속성을 전달한다는 것에 주의하라.

어떤 경우에는 패키지와 모듈을 포함해 완전히 정규화된 이름을 제공하고 싶을 수도 있다. 딕셔너리의 포맷은 수신측의 코드에 따라 다르다는 것을 기억하라. 데이터를 지정하는 방법에 대한 합의가 있어야 한다.

이 인코더 클래스를 사용해 인스턴스화된 객체가 아니라 클래스를 dump 또는 dumps 함수에 전달해 연락처를 인코딩할 수 있다.

```
>>> c = Contact("Noriko", "Hannah")
>>> text = json.dumps(c, cls=ContactEncoder)
>>> text
'{"__class__": "Contact", "first": "Noriko", "last": "Hannah",
"full_name": "Noriko Hannah"}'
```

디코딩을 위해 딕셔너리를 받아 클래스 속성을 확인한 후 이를 Contact 인스턴스로 변환할지 아니면 기본 딕셔너리로 둘지 결정하는 함수를 작성할 수 있다.

```
def decode_contact(json_object: Any) -> Any:
    if json_object.get("__class__") == "Contact":
        return Contact(json_object["first"], json_object["last"])
    else:
        return json_object
```

object_hook 키워드 인수를 사용해 이 함수를 load() 또는 loads() 함수에 전달할 수 있다.

```
>>> some_text = (
...     '{"__class__": "Contact", "first": "Milli", "last": "Dale", '
...     '"full_name": "Milli Dale"}'
... )
>>> c2 = json.loads(some_text, object_hook=decode_contact)
>>> c2.full_name
'Milli Dale'
```

이 예제는 일반적인 파이썬 객체를 인코딩한 객체를 교환하기 위해 JSON을 사용하는 방법을 보여준다. 일반적이지 않은 파이썬 객체의 경우에는 복잡한 경우를 처리하기 위해 인코더 또는 디코더를 추가하는 방법이 있다. 더 큰 애플리케이션에서는 객체를 직렬화하기 위해 특별한 to_json() 메서드를 포함할 수도 있다.

⁂ 사례 연구

이전 장들의 사례 연구에서 복잡한 데이터로 작업할 때 자주 발생하는 문제를 살펴봤다. 파일은 논리적 레이아웃과 물리적 포맷을 모두 갖고 있다. 지금까지는 파일이 첫 번째 줄에 의해 정의된 레이아웃을 가진 CSV 포맷이라는 암묵적인 가정하에 작업했다. 2장에서 파일 로딩에 대해 다뤘다. 6장에서는 데이터를 로드하고 이를 학습셋과 테스트셋으로 분할하는 방법을 다시 살펴봤다.

이전 두 장에서는 데이터가 CSV 포맷일 것이라고 믿었다. 이것은 훌륭한 가정이 아니다. 대안들을 살펴보고 이 가정을 디자인 선택으로 끌어올려야 한다. 또한 애플리케이션이 사용되는 컨텍스트가 발전함에 따라 변경을 위한 유연성도 구축해야 한다.

복잡한 객체는 딕셔너리에 매핑하는 것이 일반적이며, 딕셔너리는 JSON 표현을 가질 수 있다. 이런 이유로 Classifier 웹 애플리케이션은 딕셔너리를 사용한다. 또한 CSV 데이터를 딕셔너리로 파싱할 수 있다. 딕셔너리로 작업하는 것은 일종의 CSV, 파이썬, JSON의 대통합을 제공한다. JSON 등의 직렬화로 이동하기 전에 CSV 포맷을 살펴보는 것으로 시작한다.

CSV 포맷 디자인

csv 모듈을 사용해 파일을 읽고 쓸 수 있다. CSV는 원래 스프레드시트에서 데이터를 내보내고 가져오기 위해 디자인된 쉼표로 구분된 값을 나타낸다.

CSV 포맷은 일련의 행을 설명한다. 각 행은 문자열의 시퀀스이다. 이게 전부이며 약간의 제한이 있을 수 있다.

CSV에서 '쉼표'는 문자가 아니라 특정 역할을 한다. 이 문자의 목적은 데이터의 열을 구분하는 것이다. 대부분의 경우 쉼표의 역할은 리터럴 ","에 의해 수행된다. 그러나 다른 배우들이 이 역할을 대신할 수 있다. "\t" 또는 "\x09"로 쓰이는 탭 문자가 쉼표의 역할을 대신하는 것이 일반적이다.

줄 끝은 종종 "\r\n" 또는 \x0d\x0a로 쓰여지는 CRLF 시퀀스이다. 맥OS X 및 리눅스에서는 각 행 끝에 단일 줄바꿈 문자 \n을 사용할 수도 있다. 다시 말하지만 이것은 역할이며 다른 문자를 사용할 수도 있다.

각 열의 데이터 내에 쉼표 문자를 포함시키기 위해 데이터를 인용처리 할 수 있다. 이것은 종종 열 값을 " 문자로 둘러싸서 수행된다. 변형된 CSV에서는 인용 문자를 다른 것으로 지정할 수 있다.

CSV 데이터는 단순히 문자열의 시퀀스이기 때문에 데이터의 다른 해석은 애플리케이션에서 처리해야 한다. 예를 들어 TrainingSample 클래스의 load() 메서드에는 다음과 같은 처리가 포함된다.

```python
test = TestingKnownSample(
    species=row["species"],
    sepal_length=float(row["sepal_length"]),
    sepal_width=float(row["sepal_width"]),
    petal_length=float(row["petal_length"]),
    petal_width=float(row["petal_width"]),
)
```

이 load() 메서드는 각 행에서 특정 열 값을 추출하고 변환 함수를 적용해 텍스트로부터 파이썬 객체를 빌드하고, 모든 속성값을 사용해 결과 객체를 빌드한다.

CSV 포맷 데이터를 사용 및 생성하는 두 가지 방법이 있다. 각 행을 딕셔너리로 사용하거나 각 행을 간단한 문자열 리스트로 처리할 수 있다. 사례 연구의 데이터에 얼마나 잘 적용되는지 확인하기 위해 두 가지 대안을 모두 살펴볼 것이다.

CSV 딕셔너리 리더

CSV 파일은 문자열 시퀀스 또는 딕셔너리로 읽을 수 있다. 파일을 문자열 시퀀스로 읽을 때 열 헤더에 대한 특별한 규정은 없다. 여기서는 특정 속성을 갖는 열에 대한 세부 정보를 관리하도록 할 것이다. 이것은 매우 복잡하지만 때로는 필요한 일이다.

각 행이 딕셔너리가 되도록 CSV 파일을 읽을 수도 있다. 일련의 키를 제공하거나 파일의 첫 번째 줄에서 키를 제공할 수 있다. 이것은 비교적 일반적이며 데이터의 일부로 열 헤더가 있으면 약간의 혼란을 줄일 수 있다.

사례 연구를 위해 베즈덱 아이리스^{Bezdek Iris} 데이터를 사용했다. 케글 저장소 https://www.kaggle.com/uciml/iris에 데이터 사본이 있다. 데이터는 https://archive.ics.uci.edu/ml/datasets/iris에서도 확인할 수 있다. UCI 머신러닝 저장소 파일인 bezdek Iris.data에는 열 제목이 없다. 열 제목은 iris.names라는 파일에 별도로 제공된다.

iris.names 파일에는 아래의 7번 항목 내용을 포함해 많은 정보가 있다.

```
7. Attribute Information:
   1. sepal length in cm
   2. sepal width in cm
   3. petal length in cm
   4. petal width in cm
   5. class:
      -- Iris Setosa
      -- Iris Versicolour
      -- Iris Virginica
```

이것은 데이터의 다섯 개 열을 정의한다. 메타데이터와 샘플 데이터를 이렇게 분리하는 것은 이상적이지 않다. 다만 이 정보를 복사해 코드에 붙여 넣어 유용한 정보를 만들 수 있다.

다음과 같이 아이리스 리더^{reader} 클래스를 정의하는 데 사용할 것이다.

```python
class CSVIrisReader:
    """
    Attribute Information:
      1. sepal length in cm
      2. sepal width in cm
      3. petal length in cm
      4. petal width in cm
      5. class:
         -- Iris Setosa
         -- Iris Versicolour
         -- Iris Virginica
    """
    header = [
      "sepal_length", # in cm
      "sepal_width",  # in cm
      "petal_length", # in cm
      "petal_width",  # in cm
      "species",      # Iris-setosa, Iris-versicolour, Iris-virginica
    ]

    def __init__(self, source: Path) -> None:
      self.source = source

    def data_iter(self) -> Iterator[dict[str, str]]:
      with self.source.open() as source_file:
        reader = csv.DictReader(source_file, self.header)
        yield from reader
```

문서를 일련의 열 이름으로 변환했다. 변환은 임의적이지 않다. KnownSample 클래스 속성 이름을 매칭시켰다.

비교적 단순한 애플리케이션에서는 단일 데이터 소스를 사용하기 때문에 클래스의 속성 이름과 CSV 파일의 열 이름을 쉽게 매칭할 수 있다. 물론 항상 그런 것은 아니다. 일부 문제 영역에서는 데이터에 변형된 여러 가지 이름과 형식이 있을 수 있다. 좋아 보이지만 입력 파일과 단순하게 매칭되지 않을 수도 있는 속성 이름을 선택할 수도 있다.

data_iter() 메서드는 여러 데이터 항목의 이터레이터임을 암시하는 이름을 가지고 있다. 타입 힌트 Iterator[Dict[str, str]]가 이를 확인해 준다. 이 함수는 클라이언트 프로세스에서 요구하는 대로 CSV `DictReader` 객체로부터 데이터의 각 행을 제공하기 위해 `yield from`을 사용한다.

이것은 다른 객체에 의해 요청될 때 CSV로부터 행을 읽는 '지연된 평가' 방식이다. 이터레이터는 칸반kanban 기법을 사용하는 공장과 같다. 이터레이터는 요청에 따라 데이터를 준비한다. 이것은 전체 파일을 한 번에 처리해 방대한 딕셔너리의 리스트를 생성하지 않는다. 그 대신 이터레이터는 요청에 따라 한 번에 하나의 딕셔너리를 생성한다.

이터레이터로부터 데이터를 요청하는 한 가지 방법은 내장 `list()` 함수를 사용하는 것이다. 이 클래스는 다음과 같이 사용할 수 있다.

```
>>> from model import CSVIrisReader
>>> from pathlib import Path
>>> test_data = Path.cwd().parent/"bezdekIris.data"
>>> rdr = CSVIrisReader(test_data)
>>> samples = list(rdr.data_iter())
>>> len(samples)
150
>>> samples[0]
{'sepal_length': '5.1', 'sepal_width': '3.5', 'petal_length': '1.4',
'petal_width': '0.2', 'species': 'Iris-setosa'}
```

CSV `DictReader`는 하나의 딕셔너리를 생성한다. `self.header` 값으로 이 딕셔너리에 대한 키를 제공했다. 이 방식의 대안은 파일의 첫 번째 행을 키로 사용하는 것이다. 하지만 이 경우에는 파일의 첫 번째 행에 열 헤더가 없으므로 헤더를 따로 제공했다.

`data_iter()` 메서드는 소비하는 클래스 또는 함수에 대한 행을 생성한다. 이 예제에서 `list()` 함수는 사용 가능한 행을 소비한다. 예상대로 데이터셋에는 150개의 행이 있다. 첫 번째 행을 표시했다.

속성값은 문자열이다. 이것은 CSV 파일을 읽을 때 항상 참이다. 모든 입력값은 문자열이다. 사례 연구의 애플리케이션은 `KnownSample` 객체를 생성하기 위해 문자열을 `float` 값으로 변환해야 한다.

값을 소비하는 또 다른 방법은 `for` 문을 사용하는 것이다. 이것은 `TrainingData` 클래스의 `load()` 메서드가 작동하는 방식이다. 다음과 같은 코드를 사용한다.

```
def load(self, raw_data_iter: Iterator[Dict[str, str]]) -> None:
    for n, row in enumerate(raw_data_iter):
        ... 여기서부터 데이터 처리 수행
```

IrisReader 객체를 이 객체와 결합해 샘플을 로드한다. 다음과 같다.

```
>>> training_data = TrainingData("besdekIris")
>>> rdr = CSVIrisReader(test_data)
>>> training_data.load(rdr.data_iter())
```

load() 메서드는 data_iter() 메서드에서 생성된 값을 사용한다. 데이터를 로드하는 것은 두 객체의 협력 프로세스이다.

딕셔너리로 CSV 데이터를 사용하는 것은 매우 편리한 것 같다. 그에 대한 대안을 보여주기 위해 딕셔너리가 아닌 CSV 리더를 사용해 데이터를 읽어보자.

CSV 리스트 리더

딕셔너리 포맷이 아닌 CSV 리더는 각 행으로부터 문자열 리스트를 생성한다. 그러나 이것은 TrainingData 컬렉션의 load() 메서드가 기대하는 것과 다르다.

load() 메서드에 대한 인터페이스 요구사항을 만족시키기 위한 두 가지 선택지가 있다.

1. 열 값의 리스트를 딕셔너리로 변환한다.

2. 고정된 순서로 값 리스트를 사용하도록 load()를 변경한다. 이는 TrainingData 클래스의 load() 메서드가 특정 파일 레이아웃과 매칭되도록 강제하는 불행한 결과를 초래한다. 그렇지 않으면 load()의 요구에 맞게 입력값을 재정렬해야 한다. 이렇게 하는 것은 딕셔너리를 만드는 것만큼 복잡하다.

딕셔너리를 만드는 것이 비교적 쉬워 보인다. 이렇게 하면 열 레이아웃이 초기 예상과 다른 데이터일 경우에도 load() 메서드를 사용할 수 있다.

다음은 csv.reader()를 사용해 파일을 읽고 iris.names 파일에 게시된 속성 정보를 기반으로 딕셔너리를 빌드하는 CSVIrisReader_2 클래스이다.

```
class CSVIrisReader_2:
    """
    Attribute Information:
      1. sepal length in cm
      2. sepal width in cm
      3. petal length in cm
      4. petal width in cm
      5. class:
         -- Iris Setosa
         -- Iris Versicolour
         -- Iris Virginica
    """

    def __init__(self, source: Path) -> None:
        self.source = source

    def data_iter(self) -> Iterator[dict[str, str]]:
        with self.source.open() as source_file:
            reader = csv.reader(source_file)
            for row in reader:
                yield dict(
                    sepal_length=row[0], # in cm
                    sepal_width=row[1],  # in cm
                    petal_length=row[2], # in cm
                    petal_width=row[3],  # in cm
                    species=row[4]        # class string
                )
```

data_iter() 메서드는 개별 딕셔너리 객체를 산출한다. 이 for-with-yield 구조는 yield from이 하는 일을 요약한다. yield from X라고 쓰는 것은 사실상 더 긴 다음 코드와 동일하다.

```
for item in X:
    yield item
```

이 애플리케이션의 경우 비 딕셔너리 처리는 입력 행으로부터 딕셔너리를 생성함으로써 작동한다. 이것은 csv.DictReader 클래스에 비해 이점이 없는 것 같다.

다른 대안은 JSON 직렬화이다. 이 장에서 설명한 기법을 사례 연구 데이터에 적용하는 방법을 살펴보자.

JSON 직렬화

JSON 포맷은 다음을 포함해 일반적으로 사용되는 여러 파이썬 객체 클래스를 직렬화할 수 있다.

- None
- 불리언
- 부동 소수점 수 및 정수
- 문자열
- 호환 가능한 객체의 리스트
- 문자열 키에 대해 호환 가능한 객체를 값으로 사용하는 딕셔너리

'호환가능한 객체'는 중첩 구조를 포함할 수 있다. 이 '리스트 내 딕셔너리' 및 '딕셔너리 내 딕셔너리' 재귀를 사용하면 JSON은 매우 복잡한 것을 표현할 수 있다.

이론적으로 다음과 같은 타입 힌트를 고려할 수 있지만 유효하지는 않다.

```
JSON = Union[
  None, bool, int, float, str, List['JSON'], Dict[str, 'JSON']
]
```

이 힌트는 JSON 타입이 JSON 타입을 기반으로 정의된다는 명시적인 재귀를 포함하기 때문에 mypy에서 지원하지 않는다. 이 힌트는 JSON 표기법으로 표현할 수 있는 것을 이해하기 위한 개념적 프레임워크가 될 수 있다. 실무적으로는 JSON 객체를 설명하기

위해 종종 Dict[str, Any]를 사용해 존재할 수 있는 다른 구조에 대한 상세는 무시한다. 그러나 딕셔너리에 대해 예상되는 키를 알면 조금 더 구체적일 수 있다. 이것을 아래와 같이 확장할 것이다.

JSON 표기법으로 데이터는 다음과 같이 표현된다.

```
[
  {
    "sepal_length": 5.1,
    "sepal_width": 3.5,
    "petal_length": 1.4,
    "petal_width": 0.2,
    "species": "Iris-setosa"
  },
  {
    "sepal_length": 4.9,
    "sepal_width": 3.0,
    "petal_length": 1.4,
    "petal_width": 0.2,
    "species": "Iris-setosa"
  },
```

숫자 값에는 따옴표가 없으며 . 문자가 있는 경우에는 부동 소수점 값으로 변환되고 . 문자가 없는 경우에는 정수로 변환된다.

json.org 표준은 한 파일 내에서 하나의 단일 JSON 객체를 요구한다. 이것은 "list-of-dict" 구조를 만들도록 권장한다. 실무적으로 파일 구조는 다음과 같은 타입 힌트로 요약할 수 있다.

```
JSON_Samples = List[Dict[str, Union[float, str]]]
```

전체로서의 문서는 리스트다. 이 리스트는 문자열 키를 부동 소수점 수 또는 문자열 값과 매핑하는 많은 딕셔너리를 포함하고 있다.

위에서 키가 예상되면 더 구체적일 수 있음을 언급했다. 이 경우에는 특정 딕셔너리 키로 작업하도록 애플리케이션을 제한하려고 한다. Typing.TypedDict 힌트를 사용해 좀 더 정확하게 할 수 있다.

```
class SampleDict(TypedDict):
  sepal_length: float
  sepal_width: float
  petal_length: float
  petal_width: float
  species: str
```

이것은 예상되는 구조가 무엇인지 보여줌으로써 mypy와 이 코드를 읽는 다른 사람들에게 도움이 될 수 있다. 정의가 유효한 키의 전체 도메인을 표시한다고 주장하기 위해 total=True를 추가할 수도 있다.

그러나 이 TypedDict 힌트는 실제로 JSON 문서의 내용이 유효하거나 합리적인지 확인하지 않는다. mypy는 코드에 대한 정적 검사일 뿐이며 런타임에 영향을 미치지 않음을 기억하라. JSON 문서의 구조를 확인하려면 파이썬 타입 힌트보다 더 정교한 것이 필요하다.

다음은 이 사례 연구를 위한 JSON 리더 클래스 정의이다.

```
class JSONIrisReader:
  def __init__(self, source: Path) -> None:
    self.source = source

  def data_iter(self) -> Iterator[SampleDict]:
    with self.source.open() as source_file:
      sample_list = json.load(source_file)
    yield from iter(sample_list)
```

소스 파일을 열어 딕셔너리의 리스트 객체를 로드했다. 그 다음에 리스트를 반복처리해 개별 샘플 딕셔너리를 산출할 수 있다.

여기에는 숨겨진 비용이 있다. 표준을 수정해 줄바꿈으로 구분된 JSON이 메모리 사용량을 줄이는 데 어떻게 도움이 되는지 살펴볼 것이다.

줄바꿈으로 구분된 JSON

대규모 객체 컬렉션의 경우 하나의 방대한 리스트를 메모리로 읽는 것은 이상적이지 않다. ndjson.org 에서 설명하는 줄바꿈으로 구분된[newline-delimited] JSON 포맷은 많은 수의 개별 JSON 문서를 단일 파일에 넣는 방법을 제공한다.

파일은 다음과 같이 생겼다.

```
{"sepal_length": 5.0, "sepal_width": 3.3, "petal_length": 1.4, "petal_
width": 0.2, "species": "Iris-setosa"}
{"sepal_length": 7.0, "sepal_width": 3.2, "petal_length": 4.7, "petal_
width": 1.4, "species": "Iris-versicolor"}
```

리스트를 생성하는 전체를 감싼 []가 없다. 각 개별 샘플은 파일에서 물리적인 하나의 행으로 완료돼야 한다.

이것은 문서 시퀀스를 처리하는 방식에 약간의 차이를 가져온다.

```
class NDJSONIrisReader:
  def __init__(self, source: Path) -> None:
    self.source = source

  def data_iter(self) -> Iterator[SampleDict]:
    with self.source.open() as source_file:
      for line in source_file:
        sample = json.loads(line)
        yield sample
```

파일의 각 줄을 읽어 json.loads()를 사용해 하나의 문자열을 샘플 딕셔너리로 파싱했다. 인터페이스는 동일하게 Iterator[SampleDict]이다. 여기서 이터레이터를 생성하는 기법은 줄바꿈으로 구분된 JSON에 대해서만 가능하다.

JSON 유효성 검사

앞에서 mypy 타입 힌트는 JSON 문서가 예상한 것과 같다는 것을 실제로 보장하지 않는다는 점에 주목했다. 이를 위해 사용할 수 있는 패키지가 파이썬 패키지 색인에 있다. jsonschema 패키지를 사용하면 JSON 문서에 대한 사양을 제공해 문서가 해당 사양을 충족하는지를 확인할 수 있다.

유효성 검사를 수행하려면 추가 라이브러리를 설치해야 한다.

```
python -m pip install jsonschema
```

JSON 스키마 유효성 검사는 mypy 타입 힌트와 달리 런타임 검사이다. 이것은 유효성 검사를 사용하면 프로그램이 느려진다는 것을 의미한다. 하지만 미묘하게 잘못된 JSON 문서를 검사하는 데 도움이 될 수 있다. 자세한 내용은 https://json-schema.org를 참조하라. 이 패키지는 표준화를 향해 발전하고 있으며 여러 버전의 유효성 검사를 사용할 수 있다.

여기서는 줄바꿈으로 구분된 JSON에 초점을 맞출 것이다. 이는 큰 문서 컬렉션 내의 각 샘플 문서에 대한 스키마가 필요하다는 것을 의미한다. 이런 종류의 추가 검증은 분류해야 하는 미지의 샘플 배치를 만들 때 관련이 있다. 어떤 작업을 수행하기 전에 샘플 문서에 올바른 속성이 있는지 확인하고자 한다.

JSON 스키마 문서도 JSON으로 작성된다. 여기에는 문서의 목적과 의미를 명확히 하는 데 도움이 되는 일부 메타데이터가 포함돼 있다. JSON 스키마 정의를 사용해 파이썬 딕셔너리를 생성하는 것이 더 쉬운 경우가 종종 있다.

다음은 개별 샘플의 아이리스 스키마의 정의이다.

```
IRIS_SCHEMA = {
    "$schema": "https://json-schema.org/draft/2019-09/hyper-schema",
    "title": "Iris Data Schema",
    "description": "Schema of Bezdek Iris data",
    "type": "object",
    "properties": {
```

```
      "sepal_length": {
        "type": "number", "description": "Sepal Length in cm"},
      "sepal_width": {
        "type": "number", "description": "Sepal Width in cm"},
      "petal_length": {
        "type": "number", "description": "Petal Length in cm"},
      "petal_width": {
        "type": "number", "description": "Petal Width in cm"},
      "species": {
        "type": "string",
        "description": "class",
        "enum": [
          "Iris-setosa", "Iris-versicolor", "Iris-virginica"],
      },
    },
    "required": [
  "sepal_length", "sepal_width", "petal_length", "petal_width"],
  }
```

각 샘플은 키와 값이 있는 딕셔너리에 대한 JSON 스키마 용어인 object이다. 이 객체의
properties는 딕셔너리 키다. 이들 각각은 데이터 타입으로 설명되며 이 경우에는
number이다. 값의 범위와 같은 추가 정보를 제공할 수 있다. iris.names 파일에서 가져온
설명을 제공했다.

species 프로퍼티의 경우 유효한 문자열 값을 열거했다. 이는 데이터가 전반적인 예상
과 맞는지 확인할 때 유용할 수 있다.

jsonschema 검증기를 만들고, 읽은 각 샘플을 확인하기 위해 검증기를 적용하기 위해 이
스키마 정보를 사용한다. 확장된 클래스는 다음과 같다.

```python
class ValidatingNDJSONIrisReader:
  def __init__(self, source: Path, schema: dict[str, Any]) -> None:
    self.source = source
    self.validator = jsonschema.Draft7Validator(schema)

  def data_iter(self) -> Iterator[SampleDict]:
    with self.source.open() as source_file:
      for line in source_file:
        sample = json.loads(line)
```

```
          if self.validator.is_valid(sample):
            yield sample
          else:
            print(f"Invalid: {sample}")
```

스키마 정의를 __init__() 메서드에서 추가 매개변수로 받는다. 이것을 사용해 각 문서에 적용될 Validator 인스턴스를 생성한다.

data_iter() 메서드는 validator의 is_valid() 메서드를 사용해 JSON 스키마 유효성 검사를 통과한 샘플만 처리한다. 나머지는 보고된 후 무시된다. print() 함수를 사용해 유효하지 않은 샘플을 출력했다. file=sys.stderr 키워드 매개변수를 사용해 출력을 오류 출력으로 지정하는 것이 더 현명할 것이다. 로그에 오류 메시지를 기록하려면 logging 패키지를 사용하는 것이 훨씬 더 좋다.

이제 Sample 인스턴스를 빌드하는 원시 데이터에 대해 유사하지만 별개인 두 가지 정의가 있다.

1. 예상되는 파이썬 중간 데이터 구조를 설명하는 SampleDict 타입 힌트. 이것은 CSV 뿐만 아니라 JSON 데이터에도 적용할 수 있으며, TrainingData 클래스의 load() 메서드와 다양한 리더reader 간의 관계를 요약하는 데 도움이 된다.

2. 예상되는 외부 데이터 구조도 설명하는 JSON 스키마. 이것은 파이썬 객체를 설명하는 것이 아니라 파이썬 객체의 JSON 직렬화를 설명한다.

매우 단순한 케이스에서의 데이터에 대한 이 두 설명은 중복인 것 같다. 그러나 더 복잡한 상황에서 이 두 개는 서로 다르며 외부 스키마, 중간 결과, 최종 클래스 정의 사이의 상당히 복잡한 변환은 파이썬 애플리케이션의 공통 기능이 될 것이다. 이것은 파이썬 객체를 직렬화하는 방법이 다양하기 때문이다. 우리는 다양한 표현으로 작업할 수 있을 만큼 충분히 유연해야 한다.

∷ 정리

9장에서는 다음과 같은 주제를 살펴봤다.

- 문자열을 바이트로 인코딩하고 바이트를 문자열로 디코딩하는 방법. ASCII와 같이 일부 오래된 문자 인코딩은 바이트와 문자를 동일하게 취급하지만 이로 인해 혼란이 있을 수 있다. 파이썬 텍스트는 유니코드 문자가 될 수 있고 파이썬 바이트는 0에서 255 사이의 숫자이다.

- 문자열 포맷팅을 사용하면 템플릿 조각과 동적인 조각을 갖는 문자열 객체를 준비할 수 있다. 이것은 파이썬의 많은 상황에서 작동한다. 그중 하나는 사람들이 읽을 수 있는 출력을 만드는 것이지만 복잡한 문자열을 만드는 모든 곳에서 f-문자열과 문자열의 format() 메서드를 사용할 수 있다.

- 복잡한 문자열을 분해하기 위해 정규표현식을 사용한다. 실제로 정규표현식은 문자열 포맷터의 반대이다. 정규표현식은 반복이나 대체 문자 선택과 같은 추가적인 매칭 규칙을 제공하는 "메타 문자"와 매칭되는 문자를 구별하는 데 어려움이 있다.

- 피클, CSV, JSON 등을 포함해 데이터를 직렬화하는 몇 가지 방법을 살펴봤다. YAML을 포함한 다른 포맷이 있지만 JSON이나 피클과 유사하기 때문에 자세히 다루지 않았다. XML 및 HTML과 같은 다른 직렬화는 훨씬 더 복잡하기 때문에 여기서는 이를 피했다.

∷ 연습

9장에서는 문자열에서 시작해 정규표현식, 객체 직렬화 및 역직렬화 등의 다양한 주제를 다뤘다. 이제 이런 아이디어를 자신의 코드에 적용할 수 있는 방법을 생각해보자.

파이썬 문자열은 매우 유연하며 파이썬은 문자열 기반 조작에 매우 강력한 도구이다. 일상 업무에서 문자열 처리를 많이 하지 않는다면 문자열 조작 전용 도구를 디자인해보라. 혁신적인 것을 생각해 내는 것도 좋지만 만약 막힌다면 웹 페이지의 시간당 요청

횟수, 다섯 페이지 이상을 방문하는 사람이 몇 명인지 등을 알아내기 위한 웹 로그 분석기 또는 다른 파일의 내용에서 특정 변수 이름을 교체하는 템플릿 도구를 작성하는 것을 생각해보라.

구문을 암기할 때까지 문자열 포맷팅 연산자를 사용하는 데 많은 시간을 할애하라. format 함수에 전달할 템플릿 문자열과 객체를 작성하고 어떤 종류의 출력을 얻는지 확인하라. 백분율 또는 16진수 표기법과 같은 특이한 포맷팅 연산자를 사용해 보라. 채우기 및 정렬 연산자를 사용해 보고 정수, 문자열, 부동 소수점 수에 대해 어떻게 다르게 동작하는지 확인하라. __format__ 메서드를 갖는 클래스를 작성해보라. 이에 대해서는 자세히 논의하지 않았지만 포맷팅을 사용자 정의할 수 있다.

bytes와 str 객체의 차이점을 이해해야 한다. 바이트에 대한 파이썬의 표준 표시가 문자열처럼 보이는 것이 혼란스러울 수 있다. 유일하게 까다로운 부분은 둘 사이를 변환하는 방법과 시기를 아는 것이다. 연습을 위해 bytes 쓰기를 위해 열어 놓은 파일에 텍스트를 직접 인코딩해서 텍스트 데이터를 쓴 다음에 동일한 파일로부터 읽어보라.

bytearray로 실험을 해보라. 어떻게 bytes 객체이면서 리스트 또는 컨테이너 객체처럼 작동하는지 확인하라. 반환하기 전에 특정 길이가 될 때까지 바이트 배열에 데이터를 보유하는 버퍼에 쓰기를 시도해보라. time.sleep 호출을 사용해 데이터를 버퍼에 넣는 코드를 시뮬레이션해 데이터가 너무 빨리 갱신되지 않도록 할 수 있다.

정규표현식을 온라인으로 학습하라. 정규표현식을 좀 더 연구하라. 특히 이 장에서 다루지 않은 세 가지 기능인 명명된 그룹, 탐욕적 매칭 대 지연된 매칭, 정규표현식 플래그 등에 대해 학습하라. 그리고 언제 정규표현식을 사용하지 않아야 하는지에 대해 의식적으로 결정하라. 많은 사람들이 정규표현식에 대해 매우 강한 의견을 갖고 있으며 이를 남용하거나 아예 사용을 거부한다. 적절한 경우에만 사용하도록 자신을 설득하고 그 때가 언제인지 파악하라.

파일이나 데이터베이스로부터 소량의 데이터를 로드하고 이를 객체로 변환하는 어댑터를 작성한 적이 있다면 대신 피클을 사용하는 것을 고려해보라. 피클은 대량의 데이터를 저장하는 데는 효율적이지 않지만 구성이나 기타 간단한 객체를 로드할 때는 유용할 수 있다. 피클, 텍스트 파일, 또는 작은 데이터베이스를 사용해 여러 가지 방법으로 코딩해 보라. 어떤 것이 작업하기 가장 쉬운가?

피클링 데이터로 연습한 다음에 데이터를 보유하는 클래스를 수정하고, 피클을 새 클래스에 로드해 보라. 무엇이 작동되는가? 무엇이 되지 않는가? 속성 이름을 바꾸거나 속성을 두 개의 새 속성으로 분할하는 것과 같이 클래스를 크게 변경하면서도 예전의 피클로부터 데이터를 가져오는 방법이 있는가? 힌트는 각 객체에 개별 피클 버전을 기록하고 클래스를 변경할 때마다 업데이트하라는 것이다. 그러면 __setstate__에 마이그레이션 경로를 넣을 수 있다.

웹 개발을 전혀 하지 않는다면 JSON 직렬 변환기를 중점적으로 학습하라. 사용자 정의 인코더나 object_hooks를 작성하는 대신 표준 JSON 직렬화 가능 객체를 사용하는 것으로 단순화할 수 있지만 디자인은 객체의 복잡성과 전송되는 상태 표현에 따라 달라진다.

사례 연구에서는 JSON 파일에 JSON 스키마 유효성 검사를 적용했다. CSV 포맷의 파일에서 읽은 행에도 적용할 수 있다. 이것은 두 가지 포맷에서의 데이터 작업을 위한 강력한 도구 조합이다. 데이터 행이 애플리케이션의 예상과 맞는지 확인하기 위해 엄격한 유효성 검사 규칙을 적용하는 데 도움이 된다. 이것이 어떻게 작동하는지 보려면 데이터 행의 JSON 스키마 유효성 검사를 포함하도록 CSVIrisReader 클래스를 수정하라.

⁖ 요약

9장에서는 문자열 조작, 정규표현식, 객체 직렬화를 다뤘다. 강력한 문자열 포맷팅 시스템으로 하드코딩된 문자열과 프로그램 변수를 출력 가능한 문자열로 결합할 수 있다. 이진 데이터와 텍스트 데이터를 구별하는 것이 중요하며, bytes와 str은 특정 목적을 갖는다. 둘 다 변경할 수 없지만 바이트를 조작하기 위해 bytearray 타입을 사용할 수 있다.

정규표현식은 복잡한 주제이며 여기서는 기초만 다뤘다. 파이썬 데이터를 직렬화하는 방법에는 여러 가지가 있으며, 피클과 JSON 두 가지가 가장 많이 사용된다.

다음 10장에서는 파이썬 프로그래밍에서 매우 기본적인 디자인 패턴으로 특별한 지원이 제공되는 이터레이터 패턴을 살펴볼 것이다.

10

이터레이터 패턴

파이썬의 내장 도구 중 많은 것들이 언뜻 보면 객체지향 원리에서 멀어지는 것처럼 보이지만 내부적으로는 실제 객체에 대한 액세스를 제공하고 있음을 살펴봤다. 10장에서는 구조화된 것처럼 보이는 for 루프가 어떻게 실제로 일련의 객체지향 원리들을 둘러싼 경량 래퍼wrapper인지에 대해 논의할 것이다. 또한 여러 가지 타입의 객체를 자동으로 생성하는 구문에 대한 다양한 확장을 살펴볼 것이다. 이 장에서는 다음과 같은 주제를 다룬다.

- 디자인 패턴이란 무엇인가

- 이터레이터 프로토콜 – 가장 강력한 디자인 패턴 중 하나

- 리스트, 집합, 딕셔너리 컴프리헨션

- 제너레이터 함수 및 이 함수를 다른 패턴에서 빌드하는 방법

이 장의 사례 연구에서는 샘플 데이터를 테스트셋 및 학습셋으로 분할하는 문제에 이터레이터 디자인 패턴이 어떻게 적용되는지 보기 위해 해당 알고리듬을 다시 검토할 것이다.

먼저 디자인 패턴이 무엇이고 왜 중요한지를 살펴보자.

⁞⁝⁞· 디자인 패턴이란

엔지니어와 건축가는 교량, 타워, 빌딩 등을 짓기로 결정할 때 구조적 무결성을 보장하기 위해 특정 원칙을 따른다. 흔들 다리나 외팔보 다리 등 교량에 대한 다양한 디자인이 있지만 엔지니어가 표준 디자인 중 하나를 사용하지 않거나 획기적인 새 디자인도 없는 경우에는 교량이 붕괴될 가능성이 높다.

디자인 패턴은 올바르게 디자인된 구조물에 대한 형식적 정의를 소프트웨어 엔지니어링에 적용하려는 시도이다. 다양한 문제를 해결하기 위한 다양한 디자인 패턴이 있다. 특정 상황에서 개발자가 직면하는 일반적인 문제를 해결하기 위해 디자인 패턴을 적용한다. 디자인 패턴은 객체지향 디자인 측면에서 해당 문제를 위한 이상적인 솔루션에 대한 제안이다. 패턴의 핵심은 고유한 컨텍스트에서 자주 재사용된다는 것이다. 한 번의 기발한 솔루션은 좋은 아이디어이다. 두 번의 유사한 솔루션은 우연의 일치일 수 있다. 하지만 아이디어를 세 번 이상 재사용하면 반복되는 패턴처럼 보이기 시작한다.

그러나 디자인 패턴을 알고 소프트웨어에서 사용하기로 했다고 해서 알맞은 솔루션을 만들고 있다는 것을 보장하지는 않는다. 오늘날까지 세계에서 가장 긴 외팔보 다리로 길이가 거의 1km에 달하는 퀘벡 대교^{Québec Bridge}는 1907년 건설이 완료되기 전에 붕괴되는 사고가 있었는데, 설계한 엔지니어가 건설에 사용되는 강철의 무게를 과소평가했기 때문이었다. 이와 유사하게 소프트웨어 개발에서도 디자인 패턴을 잘못 선택하거나 적용할 수 있으며, 정상적인 작동 상황에서 또는 원래의 디자인 한계를 넘는 스트레스를 받으면 망가지는 소프트웨어를 만들 수도 있다.

하나의 디자인 패턴은 일반적인 문제를 해결하기 위해 특정 방식으로 상호작용하는 일련의 객체를 제안한다. 프로그래머의 임무는 그런 문제의 특정 버전에 직면한 것을 인식한 다음 정확한 필요에 따라 일반적인 패턴을 선택하고 적용하는 것이다.

이 장에서는 이터레이터^{iterator} 디자인 패턴을 자세히 살펴볼 것이다. 파이썬 개발자들이 패턴의 기반이 되는 객체지향 원리에 접근할 수 있는 여러 구문을 제공했기 때문에 이 패턴은 매우 강력하고 광범위하다. 다른 디자인 패턴들은 이 다음의 두 장에서 다룰 것이다. 그들 중 일부는 언어를 지원하고 일부는 지원하지 않지만, 그중 어떤 것도 이터레이터 패턴만큼 파이썬 프로그래머의 일상 생활에서 일부가 되는 것은 없다.

이터레이터

전형적인 디자인 패턴 용어에서 이터레이터는 next() 메서드와 done() 메서드가 있는 객체를 말한다. 후자는 시퀀스에 항목이 남아 있지 않으면 True를 반환한다. 이터레이터에 대한 내장 지원이 없는 프로그래밍 언어에서 이터레이터는 다음과 같이 사용된다.

```
while not iterator.done():
    item = iterator.next()
    # 항목에 대한 작업 수행
```

파이썬에서 반복 처리[iteration]는 많은 언어 기능에서 사용되기 때문에 __next__ 라는 특수 이름을 갖는 메서드가 있다. 이 메서드는 next(iterator) 내장 함수를 사용해 액세스할 수 있다. done() 메서드 대신 파이썬의 이터레이터 프로토콜은 StopIteration 예외를 발생시켜 이터레이터가 완료됐음을 클라이언트에 알린다. 마지막으로 while 문을 사용하는 대신 이터레이터의 항목에 실제로 액세스하는 for item in iterator: 구문이 훨씬 더 읽기 쉽다. 각각에 대해 더 자세히 살펴보자.

이터레이터 프로토콜

collections.abc 모듈의 Iterator 추상 기본 클래스는 파이썬에서 이터레이터 프로토콜을 정의한다. 이 정의는 또한 적절한 타입 힌트를 제공하기 위해 typing 모듈에 의해 참조된다. 기본적으로 모든 Collection 클래스 정의는 Iterable이어야 한다. Iterable은 __iter__() 메서드를 구현하고 있음을 의미한다. 이 메서드는 Iterator 객체를 생성한다.

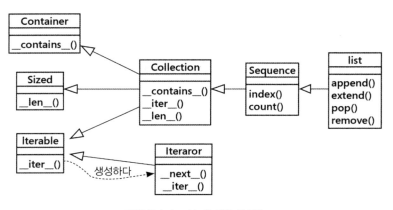

그림 10.1 Iterable에 대한 추상화

언급했듯이 Iterator 클래스는 for 문 및 반복 처리를 지원하는 다른 기능이 시퀀스로부터 새 요소를 가져오기 위해 호출할 수 있는 __next__() 메서드를 정의해야 한다. 또한 모든 Iterator 클래스는 Iterable 인터페이스도 충족해야 한다. 이것은 Iterator가 __iter__() 메서드도 제공한다는 것을 의미한다.

이것은 다소 혼란스럽게 들릴 수 있다. 다음 예제를 살펴보자. 이 예제는 해당 문제를 해결하는 매우 번잡한 방법이다. 이 예제는 반복 처리 및 문제의 두 프로토콜에 대해 설명하며, 이 장의 뒷부분에서 더 읽기 쉽지만 같은 효과를 얻을 수 있는 몇 가지 방법을 살펴볼 것이다.

```python
from typing import Iterable, Iterator

class CapitalIterable(Iterable[str]):
  def __init__(self, string: str) -> None:
    self.string = string

  def __iter__(self) -> Iterator[str]:
    return CapitalIterator(self.string)

class CapitalIterator(Iterator[str]):
  def __init__(self, string: str) -> None:
    self.words = [w.capitalize() for w in string.split()]
    self.index = 0

  def __next__(self) -> str:
```

```
    if self.index == len(self.words):
        raise StopIteration()

    word = self.words[self.index]
    self.index += 1
    return word
```

이 예제는 문자열의 각 단어를 반복 처리해 첫 글자를 대문자로 출력하는 작업을 하는 CapitalIterable 클래스를 정의한다. Iterable[str] 타입 힌트를 상위 클래스로 사용해 의도를 명확히 함으로써 이것을 공식화했다. 이 반복 가능한 클래스에서 대부분의 작업은 CapitalIterator 구현에 위임된다. 이 이터레이터와 상호작용하는 한 가지 방법은 다음과 같다.

```
>>> iterable = CapitalIterable('the quick brown fox jumps over the lazy
dog')
>>> iterator = iter(iterable)
>>> while True:
...     try:
...         print(next(iterator))
...     except StopIteration:
...         break
...
...
The
Quick
Brown
Fox
Jumps
Over
The
Lazy
Dog
```

이 예제는 먼저 이터러블iterable을 생성해 iterable이라는 매우 분명한 이름을 가진 변수에 할당한다. 그다음에 iterable 객체로부터 CapitalIterator 인스턴스를 조회한다. 이것은 설명이 필요할 수 있다. 이터러블은 반복될 수 있는 요소들을 가진 객체이다. 일반적으로 이런 요소는 여러 번 반복될 수 있으며, 동시에 또는 중첩되는 코드에서도 반복 처리가 가능하다. 반면에 이터레이터는 이터러블의 특정 위치를 나타낸다. 일부 항목은 소비됐고 일부는 아직 소비되지 않았다. 두 개의 다른 이터레이터가 단어 리스트의 다른 위치에 있을 수 있지만 한 이터레이터는 한 위치만 나타낼 수 있다.

next()가 이터레이터에서 호출될 때마다 이터러블로부터 토큰이 순서대로 반환되고 다음 항목을 가리키도록 내부 상태를 업데이트한다. 결국 이터레이터는 더 이상 반환할 요소가 없을 때까지 소비되며, 이 경우 StopIteration 예외가 발생하고 while 문을 중단한다.

파이썬은 이터러블로부터 이터레이터를 구성하는 더 간단한 구문을 가지고 있다.

```
>>> for i in iterable:
...     print(i)
...
The
Quick
Brown
Fox
Jumps
Over
The
Lazy
Dog
```

멀리서 보면 for 문은 객체지향적으로 보이지 않지만 실제로는 근본적인 객체지향 디자인 원리에 대한 지름길이다. 객체지향 도구의 정반대인 것처럼 보이는 컴프리헨션comprehension을 나중에 논의할 때 이 점을 기억하라. 컴프리헨션도 for 문과 동일한 반복처리 프로토콜을 사용하며 객체지향에 대한 또 다른 지름길이다.

파이썬에는 많은 반복 가능한 이터러블 클래스가 있다. 문자열, 튜플, 리스트도 이터러블인 것은 놀랍지 않다. 요소의 순서를 예측하기 어렵지만 집합은 분명히 이터러블이어야 한다. 매핑은 기본적으로 키가 반복처리 된다. 다른 이터레이터들도 있다. 파일은 사용 가능한 줄을 반복한다. 정규표현식은 매칭되는 하위 문자열의 각 인스턴스에 대한 이터레이터인 finditer() 메서드를 갖고 있다. Path.glob() 메서드는 디렉터리 내에서 매칭되는 항목을 반복한다. range() 객체도 또한 이터레이터이다. 이제 아이디어를 얻었다. 조금이나마 컬렉션과 비슷한 것은 일종의 이터레이터를 지원할 것이다.

ꓻ 컴프리헨션

컴프리헨션은 간단하지만 강력한 구문으로, 단 한 줄의 코드로 반복 가능한 객체를 변환하거나 필터링할 수 있다. 컴프리헨션의 결과 객체는 완벽한 리스트, 집합, 또는 딕셔너리가 될 수도 있고 한 번에 하나의 요소만 메모리에 유지하면서 효율적으로 사용할 수 있는 제너레이터^{generator} 표현식이 될 수도 있다.

리스트 컴프리헨션

리스트 컴프리헨션은 파이썬에서 가장 강력한 도구 중 하나이므로 사람들은 이를 어려운 고급 도구로 생각하는 경향이 있다. 하지만 그렇지 않다. 이제 당신이 컴프리헨션을 이해했다고 가정하면 이전의 예제들에 컴프리헨션을 마음껏 사용할 자유를 얻은 것이다. 고급 프로그래머가 컴프리헨션을 많이 사용하는 것은 사실이지만, 그들이 고급이기 때문은 아니다. 컴프리헨션은 파이썬에서 매우 기본적인 것이며 애플리케이션 소프트웨어에서 일반적으로 가장 많은 작업을 처리할 수 있기 때문이다.

이와 관련된 일반적인 작업 중 하나를 살펴보자. 즉, 항목 리스트를 관련된 다른 항목의 리스트로 변환하려고 한다. 특히 파일에서 문자열 리스트를 읽었다고 가정하고 이제 이를 정수 리스트로 변환하려고 한다. 리스트의 모든 항목이 정수라는 것을 알고 있으며, 해당 숫자들에 대해서 평균 계산과 같은 몇 가지 연산을 수행하길 원한다. 이를 위한 간단한 방법은 다음과 같다.

```
>>> input_strings = ["1", "5", "28", "131", "3"]

>>> output_integers = []
>>> for num in input_strings:
...     output_integers.append(int(num))
```

이것은 단 세 줄의 코드이며 잘 작동한다. 컴프리헨션에 익숙하지 않다면 보기 흉하다고 생각하지 않을 수도 있다. 이제 리스트 컴프리헨션을 사용한 코드를 살펴보자.

```
>>> output_integers = [int(num) for num in input_strings]
```

한 줄로 줄였다. 중요한 것은 리스트에 각 항목을 추가하는 메서드 호출이 삭제돼 성능이 향상됐다. 컴프리헨션에 익숙하지 않더라도 전반적으로 무슨 일이 일어나고 있는지 쉽게 알 수 있다.

대괄호는 항상 그렇듯이 리스트를 생성하고 있음을 나타낸다. 이 리스트 내부에 입력 시퀀스의 각 항목을 반복하는 for 절이 있다. 유일하게 혼란스러울 수 있는 것은 리스트를 여는 대괄호와 for 문의 시작 사이에 무슨 일이 일어나고 있는지이다. 여기에 제공된 표현식은 입력 리스트의 각 항목에 적용된다. 해당 항목은 for 절의 num 변수에 의해 참조된다. 따라서 이 표현식은 int 함수를 각 요소에 적용하고 그 결과인 정수를 새 리스트에 저장한다.

전문 용어로 이를 매핑^{mapping}이라고 한다. 이 예제에서는 결과 표현식 int(num)을 적용해서 소스 이터러블의 값들을 매핑해 결과 이터러블 리스트를 생성한다.

이것이 기본적인 리스트 컴프리헨션의 전부이다. 컴프리헨션은 고도로 최적화돼 많은 항목을 처리할 때 for 문보다 훨씬 빠르다. 현명하게 사용하면 가독성도 높다. 이것이 컴프리헨션이 널리 사용돼야 하는 두 가지 강력한 이유이다.

하나의 리스트를 관련 리스트로 변환하는 것이 리스트 컴프리헨션으로 할 수 있는 유일한 것은 아니다. 또한 컴프리헨션 안에 if 문을 추가해 특정한 값을 제외할 수도 있다. 이것을 필터라고 부른다. 다음 코드를 살펴보라.

```
>>> output_integers = [int(num) for num in input_strings if len(num) < 3]
>>> output_integers
[1, 5, 28, 3]
```

이 예제와 이전 예제의 근본적인 차이점은 if len(num) < 3 절이다. 이 추가 코드는 두 글자를 초과한 문자열을 제외한다. if 절은 마지막 int() 함수 이전에 각 요소에 적용되므로 문자열의 길이를 테스트한다. 입력 문자열은 모두 정수이므로 99를 넘는 숫자는 제외된다.

리스트 컴프리헨션을 사용해 입력값을 출력값에 매핑하고 필터를 적용해 특정 조건을 충족하는 값을 포함하거나 제외할 수 있다. 많은 알고리듬에는 매핑 및 필터링 작업이 포함된다.

모든 이터러블은 리스트 컴프리헨션에 대한 입력이 될 수 있다. 다시 말해서 for 문으로 래핑할 수 있는 모든 것은 컴프리헨션의 소스로 사용 가능하다.

예를 들어 텍스트 파일은 이터러블이다. 파일의 이터레이터에서 __next__()를 호출할 때마다 파일의 한 줄을 반환한다. 리스트 컴프리헨션의 for 절에서 열린 파일의 이름을 사용해 텍스트 파일의 줄을 검사할 수 있다. 그 후 if 절을 사용해 관심있는 텍스트 줄만 추출할 수 있다. 다음 예제는 테스트 파일에서 하위 집합을 추출한다.

```
>>> from pathlib import Path
>>> source_path = Path('src') / 'iterator_protocol.py'
>>> with source_path.open() as source:
...     examples = [line.rstrip()
...         for line in source
...         if ">>>" in line]
```

이 예제에서는 컴프리헨션을 더 읽기 쉽게 만들기 위해 약간의 공백을 추가했다. 리스트 컴프리헨션은 논리적으로 한 줄일지라도 물리적으로 한 줄일 필요는 없다. 이 예제는 파일에서 ">>>" 프롬프트가 있는 줄의 리스트를 만든다. ">>>"가 있다는 것은 이 파일에 독테스트doctest 예제가 있을 수 있다는 의미이다. 각 줄에는 이터레이터에 의해 반환된 각 텍스트 줄의 끝에 있는 \n 등의 후행 공백을 제거하기 위해 rstrip()을 적용했다. 결과 리스트 객체인 examples는 코드 내에서 찾을 수 있는 몇 가지 테스트 케이스를 제안한다. 이것은 독테스트의 자체 파서만큼 똑똑하지 않다.

이 예제를 확장해 ">>>" 프롬프트가 있는 각 예제의 줄 번호를 캡처해보자. 이것은 일반적인 요구 사항이며, 내장 enumerate() 함수는 이터레이터가 제공하는 각 항목과 숫자를 쌍으로 만드는 데 도움이 된다.

```
>>> with source_path.open() as source:
...     examples = [(number, line.rstrip())
...         for number, line in enumerate(source, start=1)
...         if ">>>" in line]
```

enumerate() 함수는 이터러블을 소비해 숫자와 원래 항목의 2-튜플로 된 이터러블 시퀀스를 제공한다. 줄이 ">>>" 테스트를 통과하면 숫자와 정리된 텍스트가 담긴 2-튜플을 만든다. 한 줄의 코드로 정교한 처리를 효과적으로 수행했다. 하지만 기본적으로 이것은 필터와 매핑이다. 먼저 소스로부터 튜플을 추출한 다음 주어진 if 절과 일치하는 줄을 필터링하고, (number, line.rstrip()) 표현식을 평가해 결과 튜플을 생성하고, 마지막으로 모든 것을 리스트 객체로 수집한다. 이 반복-필터-매핑-수집 패턴의 편재성은 리스트 컴프리헨션 뒤에 숨겨진 아이디어를 이끌어낸다.

집합 및 딕셔너리 컴프리헨션

컴프리헨션은 리스트로 제한되지 않는다. 유사한 구문으로 중괄호를 사용해 집합과 딕셔너리도 만들 수 있다. 집합부터 시작하자. 집합을 생성하는 한 가지 방법은 set() 생성자로 리스트 컴프리헨션을 래핑해 리스트를 집합으로 변환하는 것이다. 집합을 직접 생성할 수 있는데 왜 중간 상태인 리스트에 메모리를 낭비하는 것일까?

다음은 명명된 튜플을 사용해 저자/제목/장르의 세 가지 속성을 모델링한 다음 특정 장르의 모든 저자를 조회하는 예제이다.

```
>>> from typing import NamedTuple
>>> class Book(NamedTuple):
...     author: str
...     title: str
...     genre: str

>>> books = [
...     Book("Pratchett", "Nightwatch", "fantasy"),
...     Book("Pratchett", "Thief Of Time", "fantasy"),
...     Book("Le Guin", "The Dispossessed", "scifi"),
...     Book("Le Guin", "A Wizard Of Earthsea", "fantasy"),
...     Book("Jemisin", "The Broken Earth", "fantasy"),
...     Book("Turner", "The Thief", "fantasy"),
...     Book("Phillips", "Preston Diamond", "western"),
...     Book("Phillips", "Twice Upon A Time", "scifi"),
... ]
```

Book 클래스 인스턴스의 작은 라이브러리를 정의했다. 집합 컴프리헨션을 사용해 이런 각 객체로부터 집합을 생성할 수 있다. 리스트 컴프리헨션과 많이 유사해 보이지만 [] 대신 {}를 사용한다.

```
>>> fantasy_authors = {b.author for b in books if b.genre == "fantasy"}
```

강조 표시된 집합 컴프리헨션은 데모 데이터 작성에 비해 확실히 짧다. 물론 리스트 컴프리헨션을 사용했다면 Terry Pratett은 두 번 나열됐을 것이다. 집합의 특성은 중복을 제거하므로 결과는 다음과 같다.

```
>>> fantasy_authors
{'Pratchett', 'Le Guin', 'Turner', 'Jemisin'}
```

집합에는 정의된 순서가 없으므로 출력이 이 예제와 다를 수 있다. 테스트 목적으로 PYTHONHASHSEED 환경 변수를 설정해 순서를 부과할 수 있다. 이것에는 작은 보안 취약점이 있기 때문에 오직 테스트에만 적합하다.

중괄호를 사용해 딕셔너리 컴프리헨션도 만들 수 있으며 필요한 key:value 쌍을 만들기 위해 콜론을 사용한다. 제목을 알고 있다면 딕셔너리에서 저자나 장르를 빠르게 찾을 수 있다. 딕셔너리 컴프리헨션을 사용해 books 객체에 제목을 매핑할 수 있다.

```
fantasy_titles = {b.title: b for b in books if b.genre == "fantasy"}
```

이제 새로운 딕셔너리를 가지고 있다. fantasy_titles['Nightwatch']와 같이 일반적인 구문을 사용해 제목으로 책을 검색할 수 있다. 성능이 낮은 시퀀스로부터 고성능의 인덱스를 만들었다.

요약하면, 컴프리헨션은 고급 파이썬이 아니며 객체지향 프로그래밍을 뒤엎는 기능도 아니다. 기존의 반복 가능한 데이터 소스로부터 리스트, 집합, 또는 딕셔너리를 만들기 위한 간결한 구문이다.

제너레이터 표현식

때로는 새 리스트, 집합, 또는 딕셔너리를 시스템 메모리로 가져오지 않고 새 시퀀스를 처리하고 싶을 때가 있다. 한 번에 하나씩 항목을 반복하면서도 실제로 리스트나 딕셔너리 등의 전체 컨테이너를 만드는 데 신경 쓰지 않을 수 있다면 컨테이너는 메모리 낭비이다. 한 번에 하나의 항목을 처리할 때 메모리에서 사용할 수 있는 현재 객체만 순간적으로 필요할 뿐이다. 하지만 컨테이너를 만들면 처리를 시작하기 전에 모든 객체는 해당 컨테이너에 저장돼 있어야 한다.

예를 들어, 로그 파일을 처리하는 프로그램을 생각해보자. 매우 간단한 로그에는 다음 형식의 정보가 들어 있다.

```
Apr 05, 2021 20:03:29 DEBUG This is a debugging message.
Apr 05, 2021 20:03:41 INFO This is an information method.
Apr 05, 2021 20:03:53 WARNING This is a warning. It could be serious.
Apr 05, 2021 20:03:59 WARNING Another warning sent.
Apr 05, 2021 20:04:05 INFO Here's some information.
Apr 05, 2021 20:04:17 DEBUG Debug messages are only useful if you want
to figure something out.
Apr 05, 2021 20:04:29 INFO Information is usually harmless, but
helpful.
Apr 05, 2021 20:04:35 WARNING Warnings should be heeded.
Apr 05, 2021 20:04:41 WARNING Watch for warnings.
```

널리 사용되는 웹 서버, 데이터베이스, 또는 이메일 서버의 로그 파일에는 수 기가바이트의 데이터가 포함될 수 있다. 저자 중 한 명은 한때 오작동하는 시스템에서 거의 2 테라바이트의 로그를 삭제해야 했다. 로그의 각 줄을 처리하려고 할 때 리스트 컴프리헨션을 사용할 수 없다. 파일의 모든 줄을 포함하는 리스트를 만들어야 하기 때문이다. 이것은 아마도 RAM 용량을 넘어설 것이며 운영체제에 따라 컴퓨터를 다운시킬 수 있다.

로그 파일에 for 문을 사용한다면 한 번에 한 줄씩 처리하고 다음 줄을 메모리로 읽어올 수 있다. 컴프리헨션 구문을 사용해 동일한 효과를 얻을 수 있다면 좋지 않을까?

바로 이 때 제너레이터 표현식이 필요하다. 제너레이터 표현식은 컴프리헨션과 동일한 구문을 사용하지만 최종 컨테이너 객체를 생성하지 않는다. 이것을 지연된[lazy] 방식이라고 부른다. 즉 요청이 있으면 마지 못해 값을 생산한다. 제너레이터 표현식을 생성하려면 [] 또는 {} 대신 ()로 컴프리헨션을 래핑한다.

다음 코드는 앞에서 제공된 형식의 로그 파일을 파싱하고 WARNING 줄만 포함하는 새 로그 파일을 생성한다.

```
>>> from pathlib import Path

>>> full_log_path = Path.cwd() / "data" / "sample.log"
>>> warning_log_path = Path.cwd() / "data" / "warnings.log"

>>> with full_log_path.open() as source:
...     warning_lines = (line for line in source if "WARN" in line)
...     with warning_log_path.open('w') as target:
...         for line in warning_lines:
...             target.write(line)
```

메모리에 비해 너무 큰 sample.log 파일을 열었다. 제너레이터 표현식은 경고를 필터링한다. 이 경우에 if 구문을 사용하고 각 줄을 수정하지 않은 상태로 둔다. 이것이 지연된 상태이며, 출력을 소비할 때까지 실제로 아무 것도 하지 않는다. 다른 파일을 하위 집합으로 열 수도 있다. 마지막 for 문은 warning_lines 제너레이터로부터 각 개별 줄을 소비한다. 어떤 경우에도 전체 로그 파일을 메모리로 읽지 않는다. 처리는 한 번에 한 줄에 대해서만 발생한다.

샘플 파일에서 실행하면 결과인 warnings.log 파일은 다음과 같이 나타난다.

```
Apr 05, 2021 20:03:53 WARNING This is a warning. It could be serious.
Apr 05, 2021 20:03:59 WARNING Another warning sent.
Apr 05, 2021 20:04:35 WARNING Warnings should be heeded.
Apr 05, 2021 20:04:41 WARNING Watch for warnings.
```

물론 이 예제는 짧은 입력 파일이므로 모든 처리를 메모리에서 수행하는 리스트 컴프리헨션을 안전하게 사용할 수 있었다. 하지만 파일 길이가 수백만 줄이면 제너레이터 표현식은 메모리와 속도 모두에 큰 영향을 미친다.

제너레이터 표현식은 함수 호출 내에서 매우 유용하다. 예를 들어 리스트 대신 제너레이터 표현식에서 sum, min, max 등을 호출할 수 있으며, 이런 함수는 한 번에 하나의 객체를 처리하기 때문이다. 우리는 중간 컨테이너가 아닌 집계 결과에만 관심이 있다.

일반적으로 네 가지 옵션 중 가능한 한 제너레이터 표현식을 사용해야 한다. 실제로 리스트, 집합, 또는 딕셔너리가 필요하지 않지만 시퀀스의 항목을 필터링하거나 매핑을 적용하기만 하면 되는 경우에는 제너레이터 표현식이 가장 효율적이다. 리스트의 길이를 알아야 하거나 결과를 정렬하거나 중복을 제거하거나 딕셔너리를 만들어야 하는 경우에는 컴프리헨션 구문을 사용해 결과 컬렉션을 만들어야 한다.

⁝⁝• 제너레이터 함수

제너레이터 함수는 컴프리헨션의 일반화인 제너레이터 표현식의 필수 기능을 구현한다. 제너레이터 함수 구문은 앞에서 본 것보다 훨씬 덜 객체지향적이지만 일종의 이터레이터 객체를 생성하는 구문 설탕임을 다시 한 번 발견할 것이다. 표준적인 이터레이터-필터-매핑 패턴에 따라 프로세스를 구축하는 데 도움이 된다.

로그 파일의 예를 조금 더 살펴보자. 로그를 열로 분해하려면 매핑 단계의 일부로서 더 중요한 변환을 수행해야 한다. 여기에는 타임스탬프, 심각도, 메시지를 찾기 위한 정규 표현식이 포함된다. 이 문제에 대한 여러 솔루션을 살펴보고 원하는 객체를 생성하기 위해 제너레이터 및 제너레이터 함수를 적용하는 방법을 살펴볼 것이다.

다음은 제너레이터 표현식을 완전히 피하는 버전이다.

```
import csv
import re
```

```
from pathlib import Path
from typing import Match, cast

def extract_and_parse_1(
  full_log_path: Path, warning_log_path: Path
)-> None:
  with warning_log_path.open("w") as target:
    writer = csv.writer(target, delimiter="\t")
    pattern = re.compile(
      r"(\w\w\w \d\d, \d\d\d\d \d\d:\d\d:\d\d) (\w+) (.*)")
    with full_log_path.open() as source:
      for line in source:
        if "WARN" in line:
          line_groups = cast(
            Match[str], pattern.match(line)).groups()
          writer.writerow(line_groups)
```

세 그룹을 매칭시키기 위한 정규표현식을 정의했다.

- 복잡한 날짜 문자열 (\w\w\w \d\d, \d\d\d\d \d\d:\d\d:\d\d). 이것은 "Apr 05, 2021 20:04:41"과 같은 문자열의 일반화이다.

- 심각도 수준 (\w+). 연속되는 문자, 숫자, 밑줄 등을 매칭한다. 이것은 INFO 및 DEBUG와 같은 단어와 매칭한다.

- 옵션인 메시지 (.*). 이것은 줄 끝까지 모든 문자를 수집한다.

이 패턴은 pattern 변수에 할당된다. 그 대안으로 split(' ')을 사용해 줄을 공백으로 구분된 단어들로 나눌 수도 있다. 처음 네 단어는 날짜, 다음 단어는 심각도, 나머지 모든 단어는 메시지이다. 이것은 정규표현식을 정의하는 것만큼 유연하지 않다.

줄을 그룹으로 분해하는 과정에는 두 단계가 포함된다. 먼저 텍스트인 줄에 pattern. match()를 적용해 Match 객체를 만든다. 그 다음에 매칭되는 그룹 시퀀스에 대해서 Match 객체에 질의한다. 여기서는 모든 줄이 Match 객체를 생성할 것이라고 mypy에게 알려주는 cast(Match[str], pattern.match(line))를 가지고 있다. re.match()에 대한 타입 힌트는 Match가 없을 때 None을 반환하기 때문에 Optional[Match]이다. 예제에서는 모든 줄이 매칭될 것이라고 주장하기 위해 cast()를 사용하고 있으며 매칭되지 않으면 이 함수가 예외를 발생시키길 바란다.

이 깊이 중첩된 함수는 유지 관리가 가능한 것처럼 보이지만, 몇 줄의 코드에 너무 많은 들여쓰기 수준이 있는 것은 보기 좋지 않다. 더 놀라운 것은 파일에는 불규칙성이 있을 것이고, pattern.match(line)이 None을 반환하는 경우를 처리하려면 다른 if 문을 포함해야 하므로 더 깊은 수준의 중첩이 발생한다. 깊게 중첩된 조건부 처리는 실행되는 조건이 모호할 수 있는 명령문으로 이어진다.

코드를 읽는 사람은 조건을 이해하기 위해 앞의 모든 if 문을 머리 속에서 통합해야 한다. 이런 종류의 솔루션은 문제가 될 수 있다.

이제 지름길 없는 진정한 객체지향 솔루션을 고려해 보자.

```python
import csv
import re
from pathlib import Path
from typing import Match, cast, Iterator, Tuple, TextIO

class WarningReformat(Iterator[Tuple[str, ...]]):
    pattern = re.compile(
        r"(\w\w\w \d\d, \d\d\d\d \d\d:\d\d:\d\d) (\w+) (.*)")

    def __init__(self, source: TextIO) -> None:
        self.insequence = source

    def __iter__(self) -> Iterator[tuple[str, ...]]:
        return self

    def __next__(self) -> tuple[str, ...]:
        line = self.insequence.readline()
        while line and "WARN" not in line:
            line = self.insequence.readline()
        if not line:
            raise StopIteration
        else:
            return tuple(
                cast(Match[str],
                    self.pattern.match(line)
```

```
    ).groups()
  )

def extract_and_parse_2(
  full_log_path: Path, warning_log_path: Path
) -> None:
  with warning_log_path.open("w") as target:
    writer = csv.writer(target, delimiter="\t")
    with full_log_path.open() as source:
      filter_reformat = WarningReformat(source)
      for line_groups in filter_reformat:
        writer.writerow(line_groups)
```

날짜, 경고, 메시지의 3-튜플을 내보내는 WarningReformat 이터레이터를 정의했다. 이 튜플은 self.pattern.match(line).groups() 표현식의 출력과 매칭되기 때문에 타입 힌트로 tuple[str, ...]를 사용했다. 이것은 문자열의 시퀀스이며 몇 개를 보여줄 것인지에 대한 제한이 없다. 이터레이터는 readline() 메서드를 갖는 파일류 객체인 TextIO 객체로 초기화된다.

이 __next__() 메서드는 파일에서 줄을 읽고 WARNING 줄이 아닌 줄은 버린다. WARNING 줄을 만나면 파싱하고 문자열의 3-튜플을 반환한다.

extract_and_parse_2() 함수는 for 문에서 WarningReformat 클래스의 인스턴스를 사용한다. 이것은 __next__() 메서드를 반복적으로 평가해 후속 WARNING 줄을 처리한다. 줄이다 소비되면 WarningReformat 클래스는 StopIteration 예외를 발생시켜 반복이 완료됐음을 함수에게 알린다. 다른 예제에 비해 꽤 번잡하지만 강력하기도 하다. 이제 손에 클래스가 생겼으니 원하는 모든 작업을 수행할 수 있다.

이런 배경지식을 바탕으로 이제 제너레이터가 실제로 작동하는 모습을 살펴보자. 이 다음 예제는 앞의 예제와 정확히 동일한 작업을 수행한다. 즉, 입력이 다 떨어지면 StopIteration을 발생시키는 __next__() 메서드를 사용해 객체를 생성한다.

```
from __future__ import annotations
import csv
import re
from pathlib import Path
```

```
from typing import Match, cast, Iterator, Iterable

def warnings_filter(
  source: Iterable[str]
) -> Iterator[tuple[str, ...]]:
  pattern = re.compile(
    r"(\w\w\w \d\d, \d\d\d\d \d\d:\d\d:\d\d) (\w+) (.*)")
  for line in source:
    if "WARN" in line:
      yield tuple(
        cast(Match[str], pattern.match(line)).groups())

def extract_and_parse_3(
  full_log_path: Path, warning_log_path: Path
) -> None:
  with warning_log_path.open("w") as target:
    writer = csv.writer(target, delimiter="\t")
    with full_log_path.open() as infile:
      filter = warnings_filter(infile)
      for line_groups in filter:
        writer.writerow(line_groups)
```

warning_filters() 함수의 yield 문은 제너레이터의 핵심이다. 이전 예제에서 정의한 클래스와 달리 파이썬은 함수에서 yield를 보면 그것이 들어있는 해당 함수를 가져와 Iterator 프로토콜을 따르는 객체로 래핑한다. yield 문은 return 문과 유사하다고 생각하면 된다. 이것은 한 줄을 반환한다. 그러나 return과 달리 함수는 일시적으로 중단된다. next()를 통해 다시 호출되면 함수의 시작 부분이 아니라 중단된 위치, 즉 yield 문 다음 줄에서 시작한다. 이 예제에서는 yield 문 뒤에 줄이 없기 때문에 for 문의 다음 반복으로 점프한다. yield 문은 if 문 안에 있으므로 WARNING이 포함된 줄만 산출한다.

이것은 단순히 줄들을 반복하는 함수처럼 보이지만 실제로는 특별한 타입의 객체인 제너레이터 객체를 생성하고 있다.

```
>>> print(warnings_filter([]))
<generator object warnings_filter at 0xb728c6bc>
```

함수가 하는 모든 일은 제너레이터 객체를 생성하고 반환하는 것이다. 이 예에서는 빈 리스트가 제공됐고 제너레이터가 빌드됐다. 제너레이터 객체는 이전 예제에서 클래스 정의로 생성한 것과 마찬가지로 __iter__() 및 __next__() 메서드를 갖는다. 여기서 이 제너레이터 객체에 dir() 내장 함수를 사용하면 그것의 일부가 무엇인지 드러낼 것이다. __next__() 메서드가 호출될 때마다 제너레이터는 yield 문이 나올 때까지 함수를 실행한다. 그 다음엔 실행을 일시 중지하고 현재 상태를 유지하면서 yield에서 값을 반환한다. 다음에 __next__() 메서드가 호출되면 상태를 복원하고 중단된 부분에서 실행을 다시 시작한다.

이 제너레이터 함수는 다음 제너레이터 표현식과 거의 동일하다.

```
warnings_filter = (
  tuple(cast(Match[str], pattern.match(line)).groups())
  for line in source
  if "WARN" in line
)
```

이런 다양한 패턴이 서로 어떻게 정렬되는지 확인할 수 있다. 제너레이터 표현식은 명령문의 모든 요소를 가지고 있으며, 약간 압축돼 있고, 순서가 다르다.

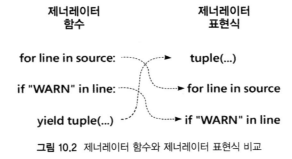

그림 10.2 제너레이터 함수와 제너레이터 표현식 비교

그렇다면 컴프리헨션은 구체적인 객체를 생성하기 위해 [] 또는 {}로 래핑된 제너레이터이다. 어떤 경우에는 list(), set(), 또는 dict()를 제너레이터의 래퍼로 사용하는 것이 합리적일 수 있다. 이것은 일반적인 컬렉션을 자신의 필요에 맞는 맞춤형 컬렉션으로 교체해야 할 때 유용하다. list()를 MySpecialContainer()로 변경하면 그 변화가 더 명확해진다.

제너레이터 표현식은 짧고 필요한 곳에 바로 나타낼 수 있다는 장점이 있다. 제너레이터 함수에는 이름과 매개변수가 있으므로 재사용할 수 있다. 더 중요한 것은 제너레이터 함수는 명령문이 필요한 케이스에서 여러 개의 명령문과 더 복잡한 프로세스 로직을 가질 수 있다는 것이다. 제너레이터 표현식에서 함수로 전환하는 일반적인 이유 중 하나는 예외 처리를 추가하기 위해서이다.

다른 이터러블로부터 항목 산출

종종 제너레이터 함수를 만들 때 다른 이터러블 객체, 아마도 제너레이터 내부에서 구성된 리스트 컴프리헨션이나 제너레이터 표현식 또는 함수에 전달된 외부 항목으로부터 데이터를 산출해야 하는 상황이 발생한다. yield from 문을 사용해 이 작업을 수행하는 방법을 살펴볼 것이다.

입력 파일을 받는 대신 디렉터리 이름을 받도록 제너레이터 예제를 약간 수정해 보자. 아이디어는 기존의 경고 필터 제너레이터는 유지하지만 이를 사용하는 함수의 구조를 조정하는 것이다. 여기서는 이터레이터를 입력과 결과에서 모두 사용할 것이다. 이 방식은 로그가 파일, 메모리, 웹, 또는 다른 이터레이터에서 왔는지에 상관없이 동일한 함수를 사용할 수 있다.

이 코드 버전은 새로운 file_extract() 제너레이터를 보여준다. 이것은 warnings_filter() 제너레이터에서 정보를 생성하기 전에 몇 가지 기본 설정을 수행한다.

```python
def file_extract(
    path_iter: Iterable[Path]
) -> Iterator[tuple[str, ...]]:
    for path in path_iter:
        with path.open() as infile:
            yield from warnings_filter(infile)

def extract_and_parse_d(
        directory: Path, warning_log_path: Path) -> None:
    with warning_log_path.open("w") as target:
        writer = csv.writer(target, delimiter="\t")
        log_files = list(directory.glob("sample*.log"))
```

```
for line_groups in file_extract(log_files):
    writer.writerow(line_groups)
```

최상위 함수인 extract_and_parse_d()는 하나의 파일을 열어 warnings_filter()를 적용하는 대신 file_extract() 함수를 사용하도록 약간 변경됐다. file_extract() 제너레이터는 인수 값으로 제공된 모든 파일로부터 모든 WARNING 행을 산출한다.

yield from 구문은 서로 연결된 제너레이터를 작성할 때 유용하다.

이 예제에서 핵심은 관련된 각 제너레이터가 지연된 평가를 한다는 것이다. 클라이언트인 extract_and_parse_d() 함수가 요청을 할 때 어떤 일이 발생하는지 생각해보자.

1. 클라이언트는 file_extract(log_files)를 평가한다. 이것은 for 문 안에 있으므로 __iter__() 메서드를 평가한다.

2. file_extract() 제너레이터는 path_iter 이터러블로부터 이터레이터를 가져오고 이것을 사용해 다음 Path 인스턴스를 가져온다. Path 객체는 warnings_filter() 제너레이터에 제공되는 파일 객체를 만드는 데 사용된다.

3. warnings_filter() 제너레이터는 파일의 이터레이터를 사용해 WARNING 줄을 찾을 때까지 각 줄을 읽고, 찾았으면 이 줄을 파싱해 정확히 하나의 튜플을 산출한다. 이 줄을 찾기 위해 가장 적은 수의 줄을 읽었다.

4. file_extract() 제너레이터는 warnings_filter() 제너레이터로부터 산출되므로 단일 튜플은 최종 클라이언트인 extract_and_parse_d() 함수에 제공된다.

5. extract_and_parse_d() 함수는 열린 CSV 파일에 단일 튜플을 쓴 다음 다른 튜플을 요구한다. 이 요청은 file_extract()로 이동해서 warnings_filter()로 요청을 푸시하고, WARNING 줄을 찾기 위한 줄을 제공하도록 이 요청을 열린 파일로 푸시한다.

각 제너레이터는 지연된 평가를 통해 하나의 응답을 제공함으로써 결과를 생성하기 위해 수행할 수 있는 최소한의 작업을 수행한다. 이것은 거대한 로그 파일이 많은 디렉터리에서 열린 로그 파일은 하나이며 현재 파싱되고 처리되는 줄도 하나임을 의미한다. 파일이 아무리 커도 메모리를 채우지 않는다.

제너레이터 함수가 다른 제너레이터 함수에 데이터를 제공하는 방법을 살펴봤다. 일반 제너레이터 표현식으로도 이 작업을 수행할 수 있다. 이제 제너레이터 표현식의 스택을 생성하는 방법을 보여주기 위해 `warning_filter()` 함수를 약간 변경할 것이다.

제너레이터 스택

`warnings_filter`에 대한 제너레이터 함수 및 제너레이터 표현식은 불쾌한 가정을 유발한다. `cast()`를 사용해 mypy에 대해 주장한 것이 잘못된 것일 수도 있다. 그 예는 다음과 같다.

```
warnings_filter = (
  tuple(cast(Match[str], pattern.match(line)).groups())
  for line in source
  if "WARN" in line
)
```

`cast()`를 사용하는 것은 `pattern.match()`가 항상 `Match[str]` 객체를 산출한다고 가정하는 것이다. 이것은 훌륭한 가정이 아니다. 누군가가 여러 줄 메시지를 포함하도록 로그 파일의 형식을 변경할 수 있으며 여러 줄 메시지를 만날 때마다 WARNING 필터가 충돌을 일으킨다.

다음은 문제를 일으키는 메시지와 처리하기 쉬운 메시지이다.

```
Jan 26, 2015 11:26:01 INFO This is a multi-line information
message, with misleading content including WARNING
and it spans lines of the log file WARNING used in a confusing way
Jan 26, 2015 11:26:13 DEBUG Debug messages are only useful if you want
to figure something out.
```

첫 번째 줄은 여러 줄 메시지에 WARN이라는 단어를 가지고 있지만 WARN이 포함된 줄에 대한 가정을 깨고 있다. 이 줄은 좀 더 주의해서 처리해야 한다.

이 제너레이터 표현식을 다시 작성해 제너레이터 함수를 만들고, `Match` 객체를 저장하기 위한 할당문과 `if` 문을 추가해 필터링을 좀 더 분해할 수 있다. 바다코끼리 연산자 `:=`

를 사용해 Match 객체도 저장할 수 있다.

위 제너레이터 표현식을 다음 제너레이터 함수로 재구성할 수 있다.

```
def warnings_filter(source: Iterable[str]
) -> Iterator[Sequence[str]]:
  pattern = re.compile
    (r"(\w\w\w \d\d, \d\d\d\d \d\d:\d\d:\d\d) (\w+) (.*)")
  for line in source:
    if match := pattern.match(line):
      if "WARN" in match.group(2):
        yield match.groups()
```

위에서 언급했듯이 이 복잡한 필터링은 깊이 중첩된 if 문으로 가는 경향이 있어 요약하기 어려운 논리를 생성할 수 있다. 하지만 이 경우 두 조건은 그다지 복잡하지 않다. 대안은 이것을 일련의 매핑 및 필터 단계로 변경하는 것이며, 각 단계는 입력에 대한 별도의 작은 변환을 수행한다. 매칭과 필터링을 다음과 같이 분해할 수 있다.

- pattern.match() 메서드를 사용해 소스 줄을 Optional[Match[str]] 객체에 매핑한다.

- 필터를 사용해 None 객체는 거부하고 Match 객체만 전달하며 groups() 메서드를 적용해 List[str]을 만든다.

- 문자열을 필터링해 WARN이 아닌 줄은 거부하고, WARN 줄만 전달한다.

이 각 단계는 표준 패턴을 따르는 제너레이터 표현식이다. warnings_filter 표현식을 세 개 표현식의 스택으로 확장할 수 있다.

```
possible_match_iter = (pattern.match(line) for line in source)
group_iter = (
  match.groups() for match in possible_match_iter if match)
warnings_filter = (
  group for group in group_iter if "WARN" in group[1])
```

물론 이 표현들은 지연 평가를 한다. 마지막의 warnings_filter는 이터러블 group_iter를 사용한다. 이 이터러블은 다른 제너레이터인 possible_match_iter로부터 매칭 항목을 가져오며, 이 제너레이터는 이터러블인 소스 객체로부터 텍스트 줄을 가져온다. 이 각각의 제너레이터는 다른 지연 이터레이터에서 항목을 가져오기 때문에 이 프로세스의 각 단계에서 if 절과 최종 표현식 절을 통해 처리되는 데이터 행은 단 한 줄 뿐이다.

주변의 ()을 이용해 각 표현식을 여러 줄로 나눌 수 있다. 이렇게 하면 각 표현식에 구현된 매핑 또는 필터링 작업을 표현하는 데 도움이 될 수 있다.

이 필수 매핑 및 필터링 디자인 패턴에 맞는 한 추가적인 처리를 더 넣을 수 있다. 계속 진행하기 전에 로그 파일에서 줄을 찾기 위해 약간 더 친숙한 정규표현식으로 바꿔보자.

```
pattern = re.compile(
  r"(?P<dt>\w\w\w \d\d, \d\d\d\d \d\d:\d\d:\d\d)"
  r"\s+(?P<level>\w+)"
  r"\s+(?P<msg>.*)"
)
```

이 정규표현식은 세 개의 인접한 문자열로 나뉘어 있다. 파이썬은 문자열 리터럴을 자동으로 병합한다. 이 표현식은 세 개의 명명된 그룹을 사용한다. 예를 들어 날짜–시간 스탬프는 그룹번호 1이지만 이것은 사소한 것이라 기억하기 어렵다. () 안의 ?P<dt>는 Match 객체의 groupdict() 메서드가 결과 딕셔너리에서 키 dt를 가질 것임을 의미한다. 더 많은 처리 단계를 도입함에 따라 중간 결과에 대해 훨씬 더 명확해질 필요가 있다.

다음은 종종 도움이 될 수 있는 정규표현식 이미지이다.

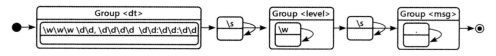

그림 10.3 로그 줄 정규표현식 다이어그램

이 예제를 확장해 날짜–시간 스탬프를 다른 포맷으로 변환해보자. 여기에는 입력 포맷에서 원하는 출력 포맷으로의 변환을 삽입하는 작업이 포함된다. 이것을 크게 한 번에 처리할 수도 있고, 또는 일련의 작은 단계로 처리할 수도 있다.

이 일련의 단계를 통해 프로세스의 전체 파이프라인을 중단하지 않고 개별 단계 하나를 더 쉽게 추가하거나 변경할 수 있다.

```
possible_match_iter = (
  pattern.match(line) for line in source)
group_iter = (
  match.groupdict() for match in possible_match_iter if match)
warnings_iter = (
  group for group in group_iter if "WARN" in group["level"])
dt_iter = (
  (
    datetime.datetime.strptime(g["dt"], "%b %d, %Y %H:%M:%S"),
    g["level"],
    g["msg"],
  )
  for g in warnings_iter
)
warnings_filter = (
  (g[0].isoformat(), g[1], g[2]) for g in dt_iter)
```

두 개의 추가 단계를 만들었다. 하나는 입력 시간을 파싱해 파이썬의 datetime 객체를 생성한다. 두 번째 단계에서는 datetime 객체를 ISO 형식으로 지정한다. 변환을 작은 단계로 나누면 각 매핑 작업과 필터링 작업을 별도의 개별 단계로 취급할 수 있다. 더 작고 이해하기 쉬운 단계를 만들면 좀 더 유연하게 추가, 변경, 삭제할 수 있다. 아이디어는 제너레이터 표현식에 의해 설명되는 각 변환을 별도의 객체로 분리하는 것이다.

dt_iter 표현식의 결과는 익명 튜플에 대한 이터러블이다. 이 부분은 NamedTuple로 명확성을 추가할 수 있는 부분이다. NamedTuple에 대한 자세한 내용은 7장, '파이썬 데이터 구조'를 참조하라.

map() 및 filter() 내장 함수를 사용해 이런 변환을 수행할 수도 있다. 이 함수들은 약간 다른 구문을 사용하지만 제너레이터 표현식과 유사한 기능을 제공한다.

```
possible_match_iter = map(pattern.match, source)
good_match_iter = filter(None, possible_match_iter)
group_iter = map(lambda m: m.groupdict(), good_match_iter)
warnings_iter = filter(lambda g: "WARN" in g["level"], group_iter)

dt_iter = map(
  lambda g: (
    datetime.datetime.strptime(g["dt"], "%b %d, %Y %H:%M:%S"),
```

```
        g["level"],
        g["msg"],
      ),
    warnings_iter,
  )
  warnings_filter = map(
    lambda g: (g[0].isoformat(), g[1], g[2]), dt_iter)
```

람다^{lambda} 객체는 익명 함수이다. 각 람다는 매개변수와 함께 평가되고 반환되는 단일 표현식을 갖는 호출 가능한 객체이다. 람다의 본문에는 이름과 선언문이 없다. 이 파이프라인의 각 단계는 개별적인 매핑 또는 필터링 작업이다. 이 매핑과 필터링을 map(lambda ..., filter(lambda ..., source)) 방식으로 단일하게 결합할 수 있지만 매우 혼란스러울 수 있다.

possible_match_iter는 pattern.match()를 각 줄에 적용한다. good_match_iter는 None이 아닌 객체는 전달하고 None인 객체는 거부하는 특수한 filter(None, source)를 사용한다. group_iter는 good_match_iter의 각 객체 m에 대한 m.groups()를 평가하기 위해 람다를 사용한다. warnings_iter는 group_iter 결과를 필터링해 WARN 줄만 남기고 다른 모든 줄은 거부한다. dt_iter와 최종 warnings_filter 표현식은 소스의 날짜-시간 형식을 일반 datetime 객체로 변환을 한 다음에 datetime 객체를 다시 다른 문자열 형식으로 포맷팅한다.

복잡한 매핑-필터링 문제에 접근하는 여러 가지 방법을 살펴봤다. 중첩된 for 문과 if 문을 사용할 수 있다. 명시적으로 Iterator 하위 클래스 정의를 만들 수도 있다. yield 문을 포함하는 함수 정의를 사용해 이터레이터 기반 객체를 만들 수도 있다. 이것은 __iter__() 및 __next__() 메서드를 정의하기 위해 요구되는 긴 상투적인 문구 없이 Iterator 클래스의 공식 인터페이스를 제공한다. 또한 제너레이터 표현식과 컴프리헨션을 사용해 여러 공통 컨텍스트에서 이터레이터 디자인 패턴을 적용할 수 있다.

이터레이터 패턴은 파이썬 프로그래밍의 기본이다. 컬렉션으로 작업할 때마다 항목을 반복처리하기 위해 이터레이터를 사용하게 될 것이다. 반복처리는 매우 중요하기 때문에 문제를 해결하는 다양한 방법이 있다. for 문, 제너레이터 함수, 제너레이터 표현식 등을 사용할 수 있으며 자체적인 이터레이터 클래스를 빌드할 수도 있다.

⠿ 사례 연구

파이썬은 이터레이터와 이터러블 컬렉션을 광범위하게 사용한다. 이것은 여러 곳에서 나타난다. 각 for 문은 이를 암시적으로 사용한다. 제너레이터 표현식 같은 함수형 프로그래밍 기법과 map(), filter(), reduce() 등의 함수를 사용할 때도 이터레이터를 활용한다.

파이썬은 이터레이터 기반 디자인 패턴으로 가득 찬 itertools 모듈을 가지고 있다. 이것은 내장 구조를 사용해 쉽게 활용할 수 있는 일반적인 작업의 많은 예를 제공하기 때문에 학습할 가치가 있다.

사례 연구의 여러 곳에 이 개념을 적용할 수 있다.

- 모든 원본 샘플을 테스트셋 및 학습셋으로 분할
- 모든 테스트 케이스를 분류해 설정된 특정 k 및 거리계산 하이퍼파라미터를 테스트
- k-최근접 이웃$^{k\text{-NN}}$ 알고리듬 자체와 모든 학습 샘플에서 k-최근접 이웃을 찾는 방법

이 세 가지 프로세스의 공통적인 측면은 각각에 있는 '모두에 대한$^{for\ all}$'이라는 측면이다. 여기서 컴프리헨션과 제너레이터 함수 이면의 수학에 대해 약간 옆길로 갈 것이다. 수학은 크게 복잡하지 않지만 다음 절은 심층 배경지식으로 생각하면 된다. 이 여담이 끝난 후에 이터레이터 개념을 사용해 데이터를 학습셋 및 테스트셋으로 분할하는 방법에 대해 자세히 알아볼 것이다.

집합 빌더에 대한 배경지식

논리 표현식을 사용해 분할, 테스트, 최근접 이웃 찾기와 같은 작업을 요약할 수 있다. 일부 개발자는 특정 파이썬 구현을 강제하지 않고도 프로세스를 설명하는 데 도움이 되기 때문에 공식을 좋아한다.

예를 들어 다음은 분할에 대한 필수 규칙이다. 여기에는 샘플 집합 S의 요소를 설명하는 '모두에 대한' 조건이 포함된다.

$$\forall s \in S \mid s \in R \lor s \in E$$

즉, 사용 가능한 샘플 S 전체에서 모든 s에 대해 s의 값은 학습셋 R 또는 테스트셋 E에 있다. 이것은 성공적인 데이터 분할 결과를 요약한다. 알고리듬을 직접적으로 설명하지는 않지만 이 규칙은 중요한 것을 놓치고 있지 않은지 확인하는 데 도움이 된다.

또한 테스트를 위한 성능 측정기준을 요약할 수도 있다. 이 측정기준은 Σ가 '모두에 대한'을 암시하고 있다.

$$q = \sum_{e \in E} 1 \text{ if } knn(e) = s(e) \text{ else } 0$$

테스트셋 E의 모든 e는 e에 적용된 knn() 분류기의 결과가 e에 대한 종 s(e)와 일치하면 1이고 그렇지 않으면 0을 가지며, 품질 점수 q는 이 모두에 대한 합계이다. 이것은 파이썬 제너레이터 표현식에 잘 매핑될 수 있다.

k-NN 알고리듬은 그 정의가 좀 더 복잡하다. 이를 분할 문제로 생각할 수 있다. 순서쌍의 컬렉션으로 시작할 필요가 있다. 각 쌍은 미지의 샘플 u에서 학습 샘플 r까지의 거리이며 d(u, r)로 요약된다. 3장에서 봤듯이 이 거리를 계산하는 방법에는 여러 가지가 있다. 이것은 학습 샘플 R의 영역에서 모든 학습 샘플 r에 대해 수행돼야 한다.

$$\forall r \in R \mid \langle d(u,r), r \rangle$$

그 다음에 이 거리를 근거리 N 및 원거리 F에 대해서 N의 모든 거리가 F의 모든 거리보다 작거나 같도록 두 개의 하위 집합으로 분할해야 한다.

$$\forall n \in N \land f \in F \mid d(u,n) \le d(u,f)$$

또한 근거리 집합 N의 요소 수가 지정된 이웃 수 k와 같은지 확인해야 한다.

이 마지막 공식은 최근접 이웃 계산에 대해 흥미로운 뉘앙스를 드러낸다. 동일한 거리를 가진 등거리 이웃이 k개 이상 있는 경우에는 어떻게 되는가? 모든 등거리 학습 샘플이 투표에 포함돼야 하는가? 아니면 정확히 k개의 샘플을 임의로 슬라이스해야 하는가? '임의로' 슬라이스를 할 경우에 등거리 학습 샘플에 대한 선택에 사용되는 규칙은 무엇인가? 이 선택 규칙이 중요한가? 이 질문들은 중요한 문제일 수 있지만 이 책의 범위를 벗어난다.

이 장의 뒷부분에 나오는 예제에서는 원래 순서를 유지하는 경향이 있는 sorted() 함수를 사용한다. 이것이 등거리 선택에 직면했을 때 분류기에 편향으로 줄 수 있는가? 이것역시 중요한 문제일 수 있으나 이것 또한 이 책의 범위를 벗어난다.

약간의 집합 이론이 주어지면 공통 이터레이터 기능을 사용해 데이터를 분할하고, k개의 최근접 이웃을 계산하는 아이디어를 다룰 수 있다. 파이썬에서 분할 알고리듬을 구현하는 것부터 시작하자.

다중 분할

목표는 테스트 데이터와 학습 데이터를 분리하는 것이다. 그러나 중복 제거라는 작은 장애물이 있다. 전반적인 품질에 대한 통계적 측정은 독립적으로 존재하는 학습셋 및 테스트셋에 의존한다. 즉, 테스트셋과 학습셋 간에 중복 샘플이 분할되는 것을 방지해야 한다. 테스트셋과 학습셋으로 분할하기 전에 중복 항목을 찾아야 한다.

각 샘플을 다른 모든 샘플과 비교할 수는 없다. 대량의 샘플 집합인 경우 시간이 매우 오래 걸릴 수 있다. 1만 개의 샘플은 1억 번의 중복 검사로 이어진다. 이것은 실용적이지 않다. 대신에 측정된 피쳐 값이 같을 가능성이 높은 하위 그룹으로 데이터를 분할할 수 있다. 그 다음에 해당 하위 그룹에서 테스트 및 학습 샘플을 선택할 수 있다. 이렇게 하면 중복을 찾기 위해 모든 샘플을 다른 모든 샘플과 비교하지 않아도 된다.

파이썬의 내부 해시값을 사용하면 동일한 값을 가질 가능성이 있는 샘플이 포함된 버킷 ^bucket을 만들 수 있다. 파이썬에서는 항목이 서로 같으면 동일한 정수 해시값을 가져야 한다. 하지만 그 반대는 참이 아니다. 우연히 동일한 해시값을 가질 수 있지만 실제로는 다를 수 있다.

공식으로 표현하면 다음과 같다.

$$a = b \Rightarrow h(a) = h(b)$$

즉, 파이썬의 두 객체 a와 b가 같으면 해시값 $h(x)$도 같아야 한다. 동등성은 단순한 해시값 검사 이상이므로 그 반대는 사실이 아니다. $h(a) = h(b) \wedge a \neq b$, 즉 해시값은 동일할 수 있지만 원본 객체는 실제로 동일하지 않을 수 있다. 이것을 동일하지 않은 두 객체의 '해시 충돌'이라고 한다.

이 생각을 연장하면 그 다음은 모듈로 정의 문제이다.

$$h(a) = h(b) \Rightarrow h(a) = h(b) \quad (\text{mod } m)$$

두 값이 같으면 해당 값의 모듈로 값도 같다. a == b인지 알고 싶을 때 a % 2 == b % 2인지 질의할 수 있다. 두 숫자가 모두 홀수이거나 두 숫자가 모두 짝수이면 a와 b가 같을 가능성이 있다. 한 숫자가 짝수이고 다른 숫자가 홀수이면 두 숫자가 같을 수 없다.

복합 객체의 경우 hash(a) % m == hash(b) % m을 사용할 수 있다. 두 해시값의 m 모듈로 값이 같으면 해시값도 같을 수 있고 두 객체 a와 b도 같을 가능성이 있다. 하지만 여러 객체가 동일한 해시값을 가질 수 있고 많은 객체가 동일한 해시값의 m 모듈로 값을 가질 수 있다는 것을 알고 있다.

이것은 두 항목이 동일한지 여부를 알려주지는 않지만 이 기법은 정확한 동등성 비교에 필요한 객체의 범위를 모든 샘플이 있는 전체 집합 대신에 적은 수의 매우 작은 풀로 제한한다. 이 하위 그룹 중 하나를 분리하지 않는다면 중복을 피할 수 있다.

다음은 '해시 코드 모듈로 3'을 기반으로 3개의 하위 그룹으로 나뉜 7개의 샘플에 대한 보기이다. 대부분의 하위 그룹에는 잠재적으로 동일하지만 실제로는 같지 않은 항목이 있다. 그룹 중 하나에 실제 중복 샘플이 있다.

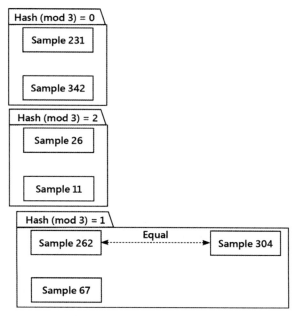

그림 10.4 샘플 데이터를 분할해 중복 찾기

중복 샘플을 찾기 위해 각 샘플을 다른 6개와 비교할 필요는 없다. 각 하위 그룹의 적은 샘플을 비교해 중복 여부를 확인할 수 있다.

이 중복 제거 접근 방식의 이면에 있는 아이디어는 전체 샘플을 '해시값 모듈로 60'에 대해 같은 값을 갖는 60개의 버킷으로 분리하는 것이다. 같은 버킷에 있는 샘플들은 동일할 가능성이 있으며 편의상 동일한 것으로 취급할 수 있다. 다른 버킷에 있는 샘플은 해시값이 다르며 같을 수 없다.

전체 버킷의 샘플 집합을 사용해 테스트셋과 학습셋 모두에서 샘플이 중복되는 것을 방지할 수 있다. 이 방식은 중복 항목이 모두 테스트셋에 있거나 또는 모두 학습셋에 있을 수 있지만 양쪽으로 분할되지는 않는다.

다음은 샘플을 담을 60개의 버킷을 먼저 생성하는 분할 함수이다. 그 다음에 버킷의 일부는 테스트에 할당되고 그 나머지는 학습에 할당된다. 구체적으로 말하면 60개 중 12개, 15개, 또는 20개의 버킷은 모집단의 약 20%, 25%, 또는 33%를 의미한다. 다음은 테스트셋 및 학습셋으로 분할할 때 중복 제거를 위한 구현이다.

```
import itertools
from typing import DefaultDict, Iterator

ModuloDict = DefaultDict[int, List[KnownSample]]

def partition_2(
  samples: Iterable[KnownSample],
  training_rule: Callable[[int], bool]
) -> tuple[TrainingList, TestingList]:
  rule_multiple = 60
  partitions: ModuloDict = collections.defaultdict(list)
  for s in samples:
    partitions[hash(s) % rule_multiple].append(s)

  training_partitions: list[Iterator[TrainingKnownSample]] = []
  testing_partitions: list[Iterator[TestingKnownSample]] = []
  for i, p in enumerate(partitions.values()):
    if training_rule(i):
      training_partitions.append(
        TrainingKnownSample(s) for s in p)
    else:
      testing_partitions.append(
        TestingKnownSample(s) for s in p)

  training = list(itertools.chain(*training_partitions))
  testing = list(itertools.chain(*testing_partitions))
  return training, testing
```

이 분할에는 세 단계가 있다.

1. 해시가 동일하기 때문에 중복이 있을 수 있는 60개의 개별 샘플 리스트를 생성한다. 중복되는 항목들이 분할돼 테스트셋과 학습셋에 모두 포함되는 것을 방지하기 위해 이런 배치에 함께 있도록 한다.

2. 두 개의 이터레이터 리스트를 빌드한다. 각 리스트는 버킷의 하위 집합에 대한 이터레이터를 갖는다. training_rule() 함수는 12/60, 15/60, 또는 20/60 버킷을 테스트에 넣고 나머지는 학습에 넣도록 하기 위해 사용된다. 이 각 이터레이터는 지연 평가를 하기 때문에 이 이터레이터의 리스트는 샘플을 누적하기 위해 사용될 수 있다.

3. 마지막으로 `itertools.chain`을 사용해 일련의 제너레이터로부터 값을 소비한다. 이터레이터 체인은 다양한 각 개별 버킷 수준 이터레이터로부터 항목을 소비해 샘플의 최종 파티션 두 개를 생성한다.

`ModuloDict`에 대한 타입 힌트를 일반적인 `DefaultDict`의 하위 타입으로 정의한 것에 주의하라. `int` 타입의 키를 제공하며 값은 `list[KnownSample]` 인스턴스가 된다. 작업할 딕셔너리의 긴 정의를 반복하지 않기 위해 이 명명된 타입을 제공했다.

`itertools.chain()`은 꽤 영리한 이터레이터이다. 다른 이터레이터로부터 데이터를 소비한다. 다음은 한 예이다.

```
>>> p1 = range(1, 10, 2)
>>> p2 = range(2, 10, 2)
>>> itertools.chain(p1, p2)
<itertools.chain object at ...>

>>> list(itertools.chain(p1, p2))
[1, 3, 5, 7, 9, 2, 4, 6, 8]
```

두 개의 `range()` 객체 p1과 p2를 생성했다. 체인 객체는 이터레이터가 될 것이고, 모든 값을 소비하기 위해 `list()` 함수를 사용했다.

위의 단계들은 중간 데이터 구조로서 큰 매핑을 만들 수 있다. 또한 60개의 제너레이터를 생성하지만 아주 많은 메모리를 필요로 하지 않는다. 마지막 두 리스트에는 분할 딕셔너리와 동일한 `Sample` 객체에 대한 참조가 포함돼 있다. 좋은 소식은 매핑이 일시적이며 이 함수가 실행되는 동안만 존재한다는 것이다.

이 함수는 또한 `training_rule()` 함수에 의존한다. `training_rule()` 함수는 `Callable[[int], bool]` 타입 힌트를 갖는다. 0에서 59까지 파티션에 대한 인덱스 값이 주어지면 테스트 또는 학습 파티션에 할당할 수 있다.

다른 구현을 사용해 80%, 75%, 66% 등의 테스트 데이터를 얻을 수도 있다. 예를 들어,

```
lambda i: i % 4 != 0
```

위 람다 객체는 75%의 학습셋과 25%의 테스트셋으로 분할을 수행한다.

데이터를 분할하고 나면 이터레이터를 사용해 샘플을 분류할 뿐만 아니라 분류 프로세스의 품질을 테스트할 수 있다.

테스트

테스트 프로세스는 또한 매개변수 값으로 다른 함수를 받는 함수인 고차 함수로 정의될 수 있다. 테스트 과정은 맵-리듀스$^{map\text{-}reduce}$ 문제로 요약할 수 있다. k 값과 거리 계산 알고리듬이 하이퍼파라미터로 주어지면 다음 두 단계에 대해 이터레이터를 사용해야 한다.

- 모든 테스트 샘플을 분류해 분류가 올바른 경우 1로, 잘못된 분류인 경우 0으로 각 테스트 샘플을 매핑하는 함수. 이것은 맵-리듀스의 매핑 부분이다.

- 실제 분류된 샘플의 긴 시퀀스에서 정확히 분류된 것의 수를 세어 요약하는 함수. 이것은 맵-리듀스의 리듀스 부분이다.

파이썬은 이런 매핑 및 리듀스 작업에 대한 고차 함수를 제공한다. 이것은 매핑에 집중하고 데이터 항목을 반복 처리하는 상투적인 부분은 무시할 수 있게 해준다.

다음 절에서는 Hyperparameter 클래스를 리팩토링해 분류기 알고리듬을 별도의 독립 실행형 함수로 분리할 것이다. 분류기 함수를 Hyperparameter 클래스의 인스턴스를 생성할 때 제공하는 전략^{Strategy} 패턴으로 만들 것이다. 이렇게 하면 몇 가지 대안을 더 쉽게 실험할 수 있다. 클래스 리팩토링에 접근하는 세 가지 방법을 살펴보자.

다음은 외부 분류기 함수에 의존하는 정의이다.

```
Classifier = Callable[
  [int, DistanceFunc, TrainingList, AnySample], str]

class Hyperparameter(NamedTuple):
  k: int
  distance_function: DistanceFunc
```

```
    training_data: TrainingList
    classifier: Classifier

    def classify(self, unknown: AnySample) -> str:
      classifier = self.classifier
      return classifier(
        self.k, self.distance_function,
        self.training_data,
        unknown
      )

    def test(self, testing: TestingList) -> int:
      classifier = self.classifier
      test_results = (
        ClassifiedKnownSample(
          t.sample,
          classifier(
            self.k, self.distance_function,
            self.training_data, t.sample
          ),
        )
        for t in testing
      )
      pass_fail = map(
        lambda t: (
          1 if t.sample.species == t.classification else 0),
        test_results
      )
      return sum(pass_fail)
```

test() 메서드는 두 개의 매핑 작업과 리듀스 작업을 사용한다. 먼저 각 테스트 샘플을 ClassifiedKnownSample 객체에 매핑하는 제너레이터를 정의한다. 이 객체는 원본 샘플과 분류 결과를 갖는다.

두 번째로 각 ClassifiedKnownSample 객체를 예상된 종과 일치하는 테스트의 경우 1, 실패한 테스트의 경우 0으로 매핑하는 제너레이터를 정의한다. 이 제너레이터는 값을 제공하는 첫 번째 제너레이터에 의존한다.

실제 작업은 합계를 내는 것이다. 이것은 두 번째 제너레이터의 값을 소비한다. 두 번째 제너레이터는 첫 번째 제너레이터의 객체를 소비한다. 이 기법은 한 번에 사용하는 메모리의 데이터 볼륨을 최소화할 수 있다. 또한 복잡한 알고리듬을 두 개의 개별 단계로 분해해 필요에 따라 변경할 수 있다.

여기에서도 최적화가 가능하다. 두 번째 제너레이터의 t.classification 값은 self.classify(t.sample.sample)이다. 이를 하나의 제너레이터로 줄이고 중간의 Classified KnownSample 객체 생성을 제거할 수 있다.

다음은 테스트 작업을 실행하는 모습이다. 거리에 대한 함수 manhattan()과 분류기 함수 k_nn_1()을 사용해 하이퍼파라미터 인스턴스를 만들 수 있다.

```
h = Hyperparameter(1, manhattan, training_data, k_nn_1)
h.test(testing_data)
```

다음 두 절에서 여러 가지 분류기의 구현을 살펴볼 것이다. 기본 정의인 k_nn_1()부터 시작해 그 다음으로 bisect 모듈을 기반으로 한 정의를 살펴본다.

k-NN 필수 알고리듬

k-NN 알고리듬은 다음 단계로 요약할 수 있다.

1. 모든 (거리, 학습 샘플) 쌍의 리스트를 만든다.

2. 오름차순으로 정렬한다.

3. k개의 최근접 이웃이 될 첫 번째 k를 선택한다.

4. k개의 최근접 이웃에 대한 최빈값의 레이블을 선택한다.

구현은 다음과 같다.

```
class Measured(NamedTuple):
    distance: float
    sample: TrainingKnownSample

def k_nn_1(
```

```
    k: int, dist: DistanceFunc, training_data: TrainingList,
    unknown: AnySample
) -> str:
    distances = sorted(
      map(
        lambda t: Measured(dist(t, unknown), t), training_data
      )
    )
    k_nearest = distances[:k]
    k_frequencies: Counter[str] = collections.Counter(
      s.sample.sample.species for s in k_nearest
    )
    mode, fq = k_frequencies.most_common(1)[0]
    return mode
```

명확하기는 하지만 실제로 *k*개만 필요한 경우에도 distances 리스트 객체에 많은 수의 거리 값이 누적된다. sorted() 함수는 소스 제너레이터를 소비하고 잠재적으로 커질 수 있는 값의 리스트를 만든다.

이 *k*-NN 알고리듬에서 고비용인 부분 중 하나는 거리가 계산된 후 전체 학습 데이터셋을 정렬하는 것이다. O(n log n) 연산으로 복잡성을 요약할 수 있다. 이 비용을 피하는 방법은 전체 거리 계산 데이터셋을 정렬하지 않는 것이다.

1~3단계는 *k*개의 가장 작은 값만 유지하도록 최적화할 수 있다. bisect 모듈을 사용해 정렬된 리스트에서 새 값을 삽입할 수 있는 위치를 찾음으로써 이를 수행할 수 있다. 리스트에 작은 값만 *k*개를 유지하면 긴 정렬을 피할 수 있다.

bisect 모듈을 사용하는 k-NN

다음은 모든 거리 계산을 정렬하지 않는 대안적인 *k*-NN 구현이다.

1. 각 학습 샘플에 대해:

    a. 이 학습 샘플에서 미지의 샘플까지의 거리를 계산한다.

    b. 지금까지 본 *k*개의 최근접 이웃 중 마지막 것보다 크면 새 거리를 버린다.

c. 그렇지 않으면 k개의 값 중에서 한 지점을 찾아 새 항목을 삽입한다. 그 다음에 리스트를 길이 k로 자른다.

2. k개의 최근접 이웃 중에서 결과 값의 빈도를 구한다.

3. k개의 가장 가까운 이웃 중에서 최빈값을 선택한다.

파이썬에서 `float("inf")`로 나타내는 부동 소수점 무한대 값으로 k개의 최근접 이웃 리스트를 초기화하면 처음 몇 개의 계산된 거리 d는 $d < \infty$ 이기 때문에 유지된다. 처음 k개의 거리가 계산된 후 나머지 거리는 k개의 최근접 리스트의 값 중 하나보다 작아야 한다.

```python
def k_nn_b(
    k: int, dist: DistanceFunc, training_data: TrainingList,
    unknown: AnySample
) -> str:
    k_nearest = [
        Measured(float("inf"), cast(TrainingKnownSample, None))
        for _ in range(k)
    ]
    for t in training_data:
        t_dist = dist(t, unknown)
        if t_dist > k_nearest[-1].distance:
            continue
        new = Measured(t_dist, t)
        k_nearest.insert(bisect.bisect_left(k_nearest, new), new)
        k_nearest.pop(-1)
    k_frequencies: Counter[str] = collections.Counter(
        s.sample.sample.species for s in k_nearest
    )
    mode, fq = k_frequencies.most_common(1)[0]
    return mode
```

모든 거리를 커다란 리스트로 정렬하는 대신 훨씬 작은 리스트에서 하나의 거리를 삽입 및 제거한다. 처음 k개의 거리가 계산된 후 이 알고리듬에는 두 가지 종류의 상태 변경이 포함된다. 새 항목은 k개의 최근접 이웃에 삽입되고 $k+1$개의 가장 먼 이웃은 제거된다. 이것이 전반적인 복잡성을 극적으로 변화시키지는 않지만 k개 항목의 매우 작은 리스트에서 수행할 때 비교적 비용이 적게 드는 작업이다.

heapq 모듈을 사용하는 k-NN

또 다른 대안이 있다. heapq 모듈을 사용해 정렬된 항목 리스트를 유지할 수 있다. 이를 통해 각 항목이 전체 리스트에 배치될 때 정렬 작업을 구현할 수 있다. 이것은 프로세스의 일반적인 복잡성을 줄이지는 않지만 두 개의 저렴한 삽입 및 제거 작업을 잠재적으로 더 저렴한 하나의 삽입 작업으로 대체한다.

아이디어는 빈 리스트에서 시작해 리스트에 항목을 삽입해서 (a) 항목이 순서대로 유지되고 (b) 리스트 맨 위에 있는 항목이 항상 최소 거리를 갖도록 하는 것이다. 힙 큐 알고리듬은 큐 크기의 상한선을 유지할 수 있다. k개의 항목만 유지하면 메모리에 필요한 데이터 볼륨도 줄어든다.

그 다음에 최근접 이웃을 조회하기 위해 힙에서 k개의 항목만 가져올 수 있다.

```
def k_nn_q(
  k: int, dist: DistanceFunc, training_data: TrainingList,
  unknown: AnySample
) -> str:
  measured_iter = (
    Measured(dist(t, unknown), t) for t in training_data)
  k_nearest = heapq.nsmallest(k, measured_iter)
  k_frequencies: Counter[str] = collections.Counter(
    s.sample.sample.species for s in k_nearest
  )
  mode, fq = k_frequencies.most_common(1)[0]
  return mode
```

이것은 매우 간단하다. 그러나 눈에 띄게 빠르지는 않다. 거리를 계산하는 비용이 정렬되는 항목의 수를 줄이기 위해 힙 큐를 사용하는 비용 절감보다 크기 때문이다.

결론

동일한 학습 및 테스트 데이터셋을 제공해 이런 고유한 *k*-NN 알고리듬을 비교할 수 있다. 다음과 같은 함수를 사용할 것이다.

```
def test_classifier(
    training_data: List[TrainingKnownSample],
    testing_data: List[TestingKnownSample],
    classifier: Classifier) -> None:
  h = Hyperparameter(
    k=5,
    distance_function=manhattan,
    training_data=training_data,
    classifier=classifier)
  start = time.perf_counter()
  q = h.test(testing_data)
  end = time.perf_counter()
  print(
    f'| {classifier.__name__:10s} '
    f'| q={q:5}/{len(testing_data):5} '
    f'| {end-start:6.3f}s |')
```

Hyperparameter 인스턴스를 일관되게 생성했다. 각 인스턴스에는 공통의 *k*의 값과 거리함수가 있다. 하지만 서로 다른 분류기 알고리듬을 가지고 있다. test() 메서드를 실행하고 소요 시간을 표시할 수 있다.

main() 함수는 이를 사용해 다양한 분류기를 조사할 수 있다.

```
def main() -> None:
  test, train = a_lot_of_data(5_000)
  print("| algorithm  | test quality | time    |")
  print("|------------|--------------|---------|")
  test_classifier(test, train, k_nn_1)
  test_classifier(test, train, k_nn_b)
  test_classifier(test, train, k_nn_q)
```

일관된 데이터 집합에 각 분류기를 적용했다. a_lot_of_data() 함수는 보여주지 않은 것이다. 이 함수는 TrainingKnownSample 및 TestingKnownSample 인스턴스의 두 리스트가 생성한다. 이것은 독자를 위한 연습으로 남겨둔다.

다음은 이런 여러 *k*-NN 알고리듬의 성능을 비교한 결과이다.

algorithm	test quality	time
k_nn_1	q= 241/ 1000	6.553s
k_nn_b	q= 241/ 1000	3.992s
k_nn_q	q= 241/ 1000	5.294s

테스트 품질은 정확한 테스트 케이스의 수이다. 데이터가 완전히 무작위이기 때문에 맞춘 갯수가 적으며, 무작위 데이터가 네 개의 종 이름을 사용하기 때문에 정확한 분류 비율은 약 25%로 예상된다.

기본 알고리듬인 k_nn_1은 예상했던 것처럼 가장 느리다. 이것은 최적화가 필요할 수 있다는 증거를 제공한다. bisect 기반 처리인 k_nn_b는 작은 리스트로 작업하는 것이 이등분 연산을 여러 번 수행하는 것보다 비용이 크다는 것을 보여준다. heapq 처리인 k_nn_q는 기본 알고리듬보다 우수하지만 약 20%만 좋아졌다.

알고리듬의 복잡성에 대한 이론적 분석과 함께 실제 데이터의 벤치마크까지 모두 수행하는 것이 중요하다. 성능 향상에 시간과 노력을 들이기 전에 벤치마크 분석으로 시작해 작업을 보다 효율적으로 수행할 수 있는 부분을 식별해야 한다. 성능 최적화를 시도하기 전에 프로세스가 정확한지 확인하는 것도 중요하다.

어떤 경우에는 특정 함수 또는 파이썬 연산자에 대한 상세 분석이 필요하다. timeit 모듈은 여기에서 도움이 될 수 있다. 다음과 같은 작업이 필요할 수도 있다.

```
>>> import timeit

>>> m = timeit.timeit(
...     "manhattan(d1, d2)",
...     """
... from model import Sample, KnownSample, TrainingKnownSample,
TestingKnownSample
... from model import manhattan, euclidean
... d1 = TrainingKnownSample(KnownSample(Sample(1, 2, 3, 4), "x"))
```

```
... d2 = KnownSample(Sample(2, 3, 4, 5), "y")
... """)
```

m에 대해 계산된 값은 거리 계산을 구체적으로 비교하는 데 도움이 될 수 있다. `timeit` 모듈은 임포트 및 샘플 데이터 생성의 일회성 설정을 수행한 후 주어진 명령문인 `manhattan(d1, d2)`를 실행한다.

이터레이터는 성능을 향상시키는 동시에 전체 디자인을 명확하게 할 수 있는 방법이다. 프로세스의 많은 부분이 대규모 데이터 컬렉션에 대한 반복이기 때문에 이터레이터는 이 사례 연구에 도움이 될 수 있다.

⁝⋗ 정리

10장에서는 이터레이터라는 파이썬에서 흔히 사용되는 디자인 패턴을 살펴봤다. 파이썬에서 이터레이터 개념은 언어의 기초이며 널리 사용된다. 이 장에서는 다음과 같은 여러 측면을 조사했다.

- 디자인 패턴은 소프트웨어 구현, 디자인, 아키텍처 등에서 반복적으로 볼 수 있는 좋은 아이디어이다. 좋은 디자인 패턴은 이름과 사용할 수 있는 컨텍스트를 가지고 있다. 이것은 재사용 가능한 코드가 아닌 패턴일 뿐이므로 이를 사용할 때마다 구현 세부사항은 달라진다.

- `Iterator` 프로토콜은 데이터 수집 작업을 위한 일관된 방법을 제공하기 때문에 가장 강력한 디자인 패턴 중 하나이다. 문자열, 튜플, 리스트, 집합, 파일 등은 이터러블 컬렉션으로 볼 수 있다. 매핑에는 키, 값, 그리고 키-값 쌍인 항목을 포함하는 여러 이터러블 컬렉션이 포함된다.

- 리스트, 집합, 딕셔너리 컴프리헨션은 기존 컬렉션에서 새 컬렉션을 만드는 방법에 대한 짧고 간결한 요약이다. 여기에는 소스 이터러블, 필터, 새 컬렉션의 객체를 정의하는 최종 표현식이 포함된다.

- 제너레이터 함수는 다른 패턴을 기반으로 한다. 매핑과 필터 기능이 있는 이터러블 객체를 정의할 수 있다.

⠿ 연습

일상적인 코딩에서 컴프리헨션을 자주 사용하지 않을 때 가장 먼저 해야 할 일은 기존 코드를 검색해 for 루프를 찾는 것이다. 제너레이터 표현식이나 리스트, 집합, 또는 딕셔너리 컴프리헨션으로 간단하게 변환할 수 있는 것이 있는지 확인하라.

리스트 컴프리헨션이 for 루프보다 빠른지 테스트해보라. 이것은 내장된 timeit 모듈을 사용해 수행할 수 있다. timeit.timeit 함수에 대한 도움말 문서를 사용해 사용법을 알아보라. 기본적으로 동일한 작업을 수행하는 두 개의 함수를 작성하는데 하나는 리스트 컴프리헨션을 사용하고 다른 하나는 for 루프를 사용해 수천 개의 항목을 반복처리한다. 각 함수를 timeit.timeit에 전달하고 결과를 비교한다. 모험심을 느낀다면 제너레이터와 제너레이터 표현식도 비교해보라. timeit를 사용해 코드를 테스트하는 것은 중독성이 있지만, 거대한 입력 리스트나 입력 파일을 처리하는 경우와 같이 엄청나게 많은 횟수를 실행하지 않는 한 코드가 초고속일 필요는 없다는 점을 명심하라.

제너레이터 함수로 연습을 해보라. 여러 개의 값을 필요로 하는 기본 이터레이터부터 시작한다. 수학적인 시퀀스가 표준적인 예라고 할 수 있다. 더 나은 것이 생각나지 않으면 피보나치 시퀀스를 사용해보라. 여러 입력 리스트를 가져와 그들을 병합한 값을 산출하는 작업을 수행하는 고급 제너레이터를 사용해보라. 제너레이터는 파일에 대해서도 사용할 수 있다. 두 파일에서 동일한 줄을 표시하는 간단한 제너레이터를 작성할 수 있는가?

연습으로 WARNING 필터를 시간 범위를 갖는 필터로 교체하기 위해 로그 처리를 확장하라. 예를 들어 2015년 1월 26일 11:25:46부터 2015년 1월 26일 11:26:15 사이의 모든 메시지를 필터링한다.

WARNING 줄 또는 특정 시간 범위의 줄을 찾을 수 있으면 이 두 필터를 결합해 주어진 시간 내의 경고만 선택하게 해보라. 단일 제너레이터 내에서 and 조건을 사용하거나, 또는 여러 제너레이터를 결합해 사실상의 and 조건을 구축할 수 있다. 변화하는 요구사항에 어느 것이 더 적합해 보이는가?

이터레이터 예제로서 클래스 WarningReformat(Iterator[Tuple[str, ...]]):를 제시했을 때 의문이 있을 수 있는 디자인 결정을 내렸다. __init__() 메서드는 열린 파일을 인수 값으로 받았고 __next__() 메서드는 해당 파일에서 readline()을 사용했다. 이것을 약간 변경해 다음과 같이 다른 이터레이터 내부에서 사용하도록 명시적으로 이터레이터 객체를 생성하면 어떻게 될까?

```
def __init__(self, source: TextIO) -> None:
    self.insequence = iter(source)
```

이렇게 변경하면 __next__()는 line = self.insequence.readline() 대신 line = next(self.insequence)를 사용할 수 있다. object.readline()에서 next(object)로 전환하는 것은 흥미로운 일반화이다. extract_and_parse_2() 함수에 대해 변경할 것이 있는가? WarningReformat 이터레이터와 함께 제너레이터 표현식을 사용할 수 있을까?

한 걸음 더 나아가보자. WarningReformat 클래스를 두 개의 개별 클래스로 리팩토링하는데, 하나는 WARN을 필터링하고 다른 클래스는 입력 로그의 각 줄을 파싱하고 포맷을 지정한다. 이 두 클래스의 인스턴스를 사용하도록 extract_and_parse_2() 함수를 다시 작성하라. 어떤 것이 더 좋은가? 더 좋다는 평가를 위해 어떤 측정기준을 사용했는가?

사례 연구는 k-NN 알고리듬을 거리 값을 계산한 후 가장 가까운 k개를 정렬하고 선택하는 일종의 컴프리헨션으로 요약했다. 사례 연구에서는 테스트 데이터에서 학습 데이터를 분리하기 위한 분할 알고리듬에 대해 많은 이야기를 하지는 않았다. 이것도 한 쌍의 리스트 컴프리헨션으로 작동할 수 있을 것 같다. 그런데 여기에 흥미로운 문제가 있다. 소스를 정확히 한 번만 읽어서 두 개의 리스트를 만들고 싶다. 이것은 리스트 컴프리헨션으로 쉽게 수행되지 않는다. 다만 몇 가지 가능한 디자인이 있다. itertools 모듈을 살펴보라. 특히 itertools.tee() 함수는 단일 소스로부터 여러 개의 이터러블을 제공한다.

itertools 모듈의 레시피^{recipe} 절을 보라. 어떻게 itertools.partition() 함수를 사용해 데이터를 분할할 수 있는가?

⁛ 요약

10장에서는 디자인 패턴이 일반적인 프로그래밍 문제에 모범적인 해결책을 제공하는 유용한 추상화임을 배웠다. 첫 번째 디자인 패턴으로 이터레이터를 다뤘고, 파이썬이 이 패턴을 사악한 목적으로 사용하고 남용하는 다양한 방법도 다뤘다. 원래 이터레이터 패턴은 극도로 객체지향적이지만 코드를 작성하기에는 다소 보기 좋지 않고 장황하다. 그러나 파이썬의 내장 구문은 이런 부분을 추상화해 객체지향 구조에 대한 깔끔한 인터 페이스를 제공한다.

컴프리헨션 및 제너레이터 표현식은 컨테이너 구성과 반복을 한 줄로 결합할 수 있다. 제너레이터 함수는 yield 구문을 사용해 구성할 수 있다.

다음 두 장에서는 여러 가지 디자인 패턴을 다룰 것이다.

11

일반 디자인 패턴

이전 장에서는 디자인 패턴을 간략히 소개한 다음 너무 유용하고 일반적으로 사용되는 패턴이기 때문에 프로그래밍 언어 자체의 핵심으로 추상화된 이터레이터 패턴을 다뤘다. 11장에서는 다른 일반적인 패턴들과 그들이 파이썬에서 어떻게 구현되는지 검토할 것이다. 반복 처리와 마찬가지로 파이썬은 문제를 더 간단하게 처리할 수 있는 대안적인 구문을 제공하는 경우가 많다. 이 장에서는 이런 패턴에 대한 전통적인 디자인과 함께 파이썬 버전도 모두 다룰 것이다.

이 장에서는 다음을 살펴볼 것이다.

- 데코레이터Decorator 패턴

- 옵저버Observer 패턴

- 전략Strategy 패턴

- 커맨드Command 패턴

- 상태State 패턴

- 싱글톤^{Singleton} 패턴

이 장의 사례 연구에서는 어떻게 거리 계산이 전략 디자인 패턴의 한 예가 되는지, 그리고 추상 기본 클래스를 활용해 가장 유용한 결과를 생성하기 위해 비교할 수 있는 다양한 거리 계산 방법을 어떻게 디자인할 수 있는지를 강조할 것이다.

이 책에서는 『GoF의 디자인 패턴』(2011)이라는 책의 관행에 맞춰 패턴 이름을 대문자로 사용한다. 이것은 일반적인 영어 문장에서 패턴 이름이 눈에 띄게 해줄 것이다.

데코레이터 패턴부터 시작하자. 이 패턴은 다른 여러 종류의 기능을 단일한 결과 객체로 결합하는 데 사용된다.

데코레이터 패턴

데코레이터^{Decorator} 패턴을 사용하면 핵심 기능을 제공하는 코어^{core} 객체를 기능이 변경된 다른 객체로 래핑할 수 있다. 데코레이트된 객체를 사용하는 모든 객체는 데코레이트되지 않았을 때와 정확히 동일한 방식으로 이 객체와 상호작용한다. 즉, 데코레이트된 객체의 인터페이스는 코어 객체의 인터페이스와 동일하다.

데코레이터 패턴은 주로 두 가지 용도로 사용된다.

- 한 구성 요소가 두 번째 구성 요소에 데이터를 보낼 때 구성 요소의 응답을 향상시킨다.
- 여러 선택적인 동작을 지원한다.

두 번째 용도는 종종 다중 상속에 대한 적절한 대안이 된다. 코어 객체를 구성한 다음 해당 코어 객체를 래핑하는 데코레이터를 생성한다. 데코레이터 객체는 코어 객체와 동일한 인터페이스를 가지므로 새 객체를 다른 데코레이터로 래핑할 수도 있다. UML 다이어그램으로 나타내면 다음과 같다.

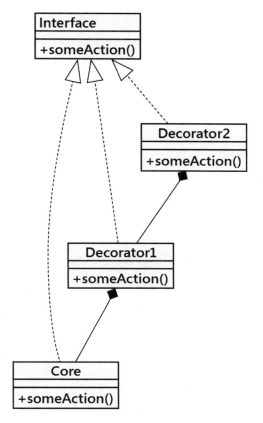

그림 11.1 UML로 나타낸 데코레이터 패턴

이 그림에서 Core와 모든 데코레이터는 특정 Interface를 구현한다. 점선은 '구현' 또는 '실현'을 나타낸다. 데코레이터는 구성 관계를 통해 해당 Interface의 core 인스턴스에 대한 참조를 유지한다. 호출된 데코레이터는 래핑된 인터페이스를 호출하기 전이나 후에 추가적인 처리를 수행한다. 래핑된 객체는 다른 데코레이터일 수도 있고 또는 핵심 기능일 수도 있다. 여러 데코레이터가 서로를 래핑할 수 있지만 모든 데코레이터의 체인 끝에 있는 객체는 핵심 기능을 제공한다.

이들 각각이 공통 기능의 구현을 제공한다는 것이 중요하다. 그 목적은 코어 객체에 적용된 다양한 데코레이터로부터 처리 단계들의 구성을 제공하는 것이다. 전형적으로 데코레이터는 작고 상태가 없는 함수 정의이다.

파이썬에서는 덕 타이핑 때문에 공식적인 추상 인터페이스 정의로 이런 관계를 공식화할 필요가 없다. 클래스에 매칭되는 메서드가 있는지 확인하는 것으로 충분하다. 필요한 경우에는 typing.Protocol을 타입 힌트로 정의해 이 관계에 대해 mypy에게 알릴 수 있다.

데코레이터 패턴 예제

네트워크 프로그래밍의 예를 살펴보자. 데이터를 제공하는 작은 서버와 해당 서버와 상호작용하는 클라이언트를 구축하려고 한다. 서버는 복잡한 주사위 게임을 시뮬레이션한다. 클라이언트는 한 턴을 요청하고 임의의 숫자가 담긴 응답을 기다린다.

이 예제에는 컴퓨터 시스템 간에 바이트를 전송하는 방법인 TCP 소켓을 통해 상호작용하는 두 개의 프로세스가 있다. 소켓은 연결을 수신 대기하는 서버에 의해 생성된다. 클라이언트가 소켓에 연결을 시도할 때 서버는 새 연결 요청을 수락해야 하며, 그 다음엔두 프로세스가 바이트를 주고 받을 수 있다. 이 예제에는 클라이언트에서 서버로의 요청과 서버에서 클라이언트로의 응답이 있다. TCP 소켓은 월드 와이드 웹이 구축되는 HTTP의 기초를 이루는 부분이다.

클라이언트와 서버 프로세스는 socket.send() 메서드를 사용해 소켓을 통해 바이트 문자열을 전송한다. 그들은 또한 바이트를 수신하기 위해 socket.recv()를 사용한다. 클라이언트의 연결 요청을 기다린 다음 요청에 응답하는 대화형 서버로 시작해보자. 이 모듈을 socket_server.py라고 부를 것이다. 일반적인 개요는 다음과 같다.

```python
import contextlib
import socket

def main_1() -> None:
  server = socket.socket(socket.AF_INET, socket.SOCK_STREAM)
  server.bind(("localhost", 2401))
  server.listen(1)
  with contextlib.closing(server):
    while True:
      client, addr = server.accept()
      dice_response(client)
      client.close()
```

서버는 임의의 포트 번호 2401을 사용해 "공용" 소켓에 바인딩한다. 이 소켓에서 서버는 연결 요청을 수신한다. 클라이언트가 이 소켓에 연결을 시도하면 클라이언트와 서버가 대화할 수 있도록 하위 소켓이 만들어지고 더 많은 연결을 위해 공용 소켓은 다시 준비된다. 웹 서버는 수많은 동시 세션을 허용하기 위해 다중 스레드를 사용한다. 여기서는 스레드를 사용하지 않으며 두 번째 클라이언트는 서버가 첫 번째 클라이언트와 작업을 완료할 때까지 기다려야 한다. 정확히 한 명의 바리스타가 에스프레소를 내리는 커피숍의 대기열이라고 할 수 있다.

TCP/IP 소켓은 호스트 주소와 포트 번호를 모두 갖는다. 포트 번호는 1023보다 커야 한다. 포트 번호 1023 이하는 예약돼 있으며 특별한 OS 권한이 필요하다. 포트 2401은 다른 용도로 사용되지 않는 것 같아서 선택했다.

dice_response() 함수는 이 서비스의 모든 실제 작업을 수행한다. 클라이언트에 응답하기 위해 socket 매개변수를 받는다. 클라이언트 요청을 바이트로 읽고 응답을 생성한 다음 다시 보낸다. 예외를 정상적으로 처리하도록 한 dice_response() 함수는 다음과 같다.

```python
def dice_response(client: socket.socket) -> None:
    request = client.recv(1024)
    try:
        response = dice.dice_roller(request)
    except (ValueError, KeyError) as ex:
        response = repr(ex).encode("utf-8")
    client.send(response)
```

예외 처리기에서 다른 함수인 dice_roller()를 래핑했다. 이것은 주사위 굴리기를 수행하고 롤플레잉 게임에 사용할 숫자로 클라이언트에 응답하는 실제 작업으로부터 오류 처리 및 다른 오버헤드를 분리하는 일반적인 패턴이다.

```python
import random

def dice_roller(request: bytes) -> bytes:
    request_text = request.decode("utf-8")
    numbers = [random.randint(1, 6) for _ in range(6)]
```

```
    response = f"{request_text} = {numbers}"
    return response.encode("utf-8")
```

이것은 세련된 코드는 아니다. 이 장의 뒷부분에 나오는 '커맨드 패턴' 절에서 이를 확장할 것이다. 지금은 일련의 난수를 제공한다.

클라이언트에서 온 request 객체로는 실제로 아무 것도 하지 않는다는 점에 유의하라. 초기의 예제에서는 이런 바이트를 읽고 무시한다. 이 request는 나중에 주사위 수 및 굴릴 횟수를 설명하는 보다 복잡한 요청에 대한 플레이스홀더이다.

데코레이터 디자인 패턴을 활용해 기능을 추가할 수 있다. 데코레이터로 읽고 쓸 수 있는 소켓 객체가 있는 코어인 dice_response() 함수를 래핑할 것이다. 디자인 패턴을 사용하려면 기능을 추가할 때 이 함수가 socket.send() 및 socket.recv() 메서드에 의존하는 방식을 활용하는 것이 중요하다. 즉 이 함수의 인터페이스 정의를 보존해야 한다.

서버를 테스트하기 위해 동일한 포트에 연결하고 종료하기 전에 응답을 출력하는 아주 간단한 클라이언트를 작성할 수 있다.

```
import socket

def main() -> None:
    server = socket.socket(socket.AF_INET, socket.SOCK_STREAM)
    server.connect(("localhost", 2401))
    count = input("How many rolls: ") or "1"
    pattern = input("Dice pattern nd6[dk+-]a: ") or "d6"
    command = f"Dice {count} {pattern}"
    server.send(command.encode("utf8"))
    response = server.recv(1024)
    print(response.decode("utf-8"))
    server.close()

if __name__ == "__main__":
    main()
```

이 클라이언트는 두 가지 질문을 하고 굴리는 횟수와 주사위 굴리기 패턴이 포함된 상당히 복잡한 문자열 명령을 만든다. 현재의 서버는 이 명령을 사용하지 않는다. 더 세련

568

된 주사위 게임의 티저라고 할 수 있다.

다음 단계에 따라 이 두 개의 애플리케이션을 사용한다.

1. 두 개의 터미널 창을 나란히 연다. 창 제목을 "클라이언트"와 "서버"로 변경하는 것이 도움이 될 수 있다. 맥OS 터미널 사용자는 shell 메뉴에서 change title 항목을 사용할 수 있다. 윈도우 사용자는 title 명령을 사용할 수 있다.

2. 서버 창에서 서버 애플리케이션을 시작한다.

```
python src/socket_server.py
```

3. 클라이언트 창에서 클라이언트 애플리케이션을 시작한다.

```
python src/socket_client.py
```

4. 클라이언트 창의 프롬프트에 응답을 입력한다. 예를 들어,

```
How many rolls: 2
Dice pattern nd6[dk+-]a: d6
```

5. 클라이언트는 명령을 보내고 응답을 읽고 콘솔에 출력한 다음 종료한다. 주사위 굴리기 시퀀스를 얻고 싶은 만큼 여러 번 클라이언트를 실행한다.

결과는 다음과 같다.

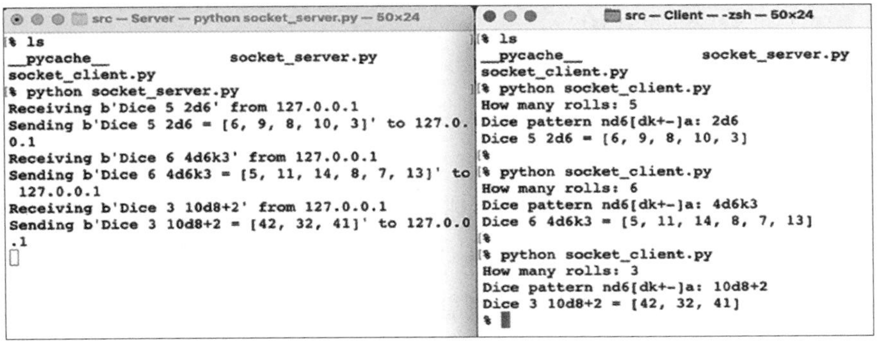

그림 11.2 서버(왼쪽)와 클라이언트(오른쪽)

왼쪽이 서버이다. 애플리케이션을 시작하고 클라이언트를 위해 포트 2401에서 수신 대기를 시작한다. 오른쪽은 클라이언트다. 클라이언트를 실행할 때마다 공용 소켓에 연결된다. 연결 작업은 계속되는 상호작용에 사용할 수 있도록 하위 소켓을 만든다. 클라이언트는 명령을 보내고 서버가 해당 명령에 응답하는 것을 받아 이를 출력한다.

서버 코드를 다시 살펴보면 두 부분이 있다. dice_response() 함수는 데이터를 읽고 socket 객체를 통해 클라이언트로 데이터를 다시 보낸다. 스크립트의 나머지 부분은 해당 socket 객체를 생성하는 역할을 한다. 이제 소켓 자체를 확장하거나 수정할 필요 없이 소켓 동작을 사용자 정의 할 수 있는 데코레이터 쌍을 만들 것이다.

로깅 데코레이터부터 시작한다. 이 객체는 클라이언트로 데이터를 보내기 전에 서버의 콘솔로 모든 데이터를 출력한다.

```python
class LogSocket:
  def __init__(self, socket: socket.socket) -> None:
    self.socket = socket

  def recv(self, count: int = 0) -> bytes:
    data = self.socket.recv(count)
    print(
      f"Receiving {data!r} from {self.socket.getpeername()[0]}"
    )
    return data

  def send(self, data: bytes) -> None:
    print(f"Sending {data!r} to {self.socket.getpeername()[0]}")
    self.socket.send(data)

  def close(self) -> None:
    self.socket.close()
```

이 클래스는 socket 객체를 데코레이트해 소켓을 사용하는 클라이언트에게 send(), recv(), close() 인터페이스를 제공한다. 더 나은 데코레이터는 send에 대한 선택적 flags 인수 등 모든 인수를 적절하게 구현할 수 있지만 여기서는 예제를 단순하게 유지할 것이다. LogSocket 클래스의 인스턴스에서 send()가 호출될 때마다 원래 소켓을 사용해 클라이언트에 데이터를 보내기 전에 화면에 출력을 로깅한다. 마찬가지로 recv()의 경우 수신한 데이터를 읽고 화면으로 로깅한다.

이 데코레이터를 사용하려면 원래의 코드에서 한 줄만 변경하면 된다. 원래의 클라이언트 소켓으로 dice_response() 함수를 호출하는 대신 데코레이트된 소켓으로 호출한다.

```python
def main_2() -> None:
    server = socket.socket(socket.AF_INET, socket.SOCK_STREAM)
    server.bind(("localhost", 2401))
    server.listen(1)
    with contextlib.closing(server):
        while True:
            client, addr = server.accept()
            logging_socket = cast(socket.socket, LogSocket(client))
            dice_response(logging_socket)
            client.close()
```

코어 socket을 LogSocket으로 데코레이트했다. LogSocket은 콘솔에 출력할 뿐만 아니라 데코레이트하는 소켓의 메서드를 호출한다. LogSocket 인스턴스가 기본 socket 객체처럼 동작하기 때문에 dice_response() 함수의 주요 처리는 변경되지 않는다.

LogSocket 인스턴스가 일반 socket과 유사한 인터페이스를 제공할 것이라고 mypy에게 알리기 위해서는 명시적으로 cast()를 사용할 필요가 있다. 이처럼 간단한 케이스에서 왜 상속을 통해 socket 클래스를 확장하고 send 메서드를 재정의하지 않았는지 자문해야 한다. 하위 클래스에서 로그를 기록한 후 실제 전송을 수행하기 위해 super().send() 및 super().recv()를 호출할 수 있다. 데코레이션은 상속을 넘어서는 이점을 제공한다. 데코레이션은 클래스 계층 구조의 다양한 클래스에서 재사용될 수 있다. 이 특정한 작은 예제에서는 소켓류^{socket-like} 객체가 많지 않으므로 재사용 가능성은 제한적이다.

socket보다 더 일반적인 것으로 초점을 전환하면 잠재적으로 재사용 가능한 데코레이터를 만들 수 있다. 문자열이나 바이트를 처리하는 것이 socket을 처리하는 것보다 더 일반적으로 보인다. 구조를 변경하면 재사용 가능성 외에 유연성도 얻을 수 있다. 원래의 코드에서는 소켓 읽기 및 쓰기를 처리하는 dice_response() 함수와 바이트로 작업하는 dice_roller() 함수를 별도로 분리했다. dice_roller() 함수는 요청 바이트를 소비하고 응답 바이트를 생성하기 때문에 기능을 확장하고 추가하는 것이 좀 더 간단할 수 있다.

연관된 데코레이터들의 패밀리를 가질 수 있다. 이미 데코레이트된 객체를 데코레이트할 수도 있다. 이 아이디어는 구성 관계를 통해 유연성을 제공하는 것이다. socket 객체 대신 바이트 요청 및 응답에 초점을 맞추기 위해 로깅 데코레이터로 다시 작업을 해보자. 다음은 이전 예제와 유사하지만 일부 코드가 단일 __call__() 메서드에 상주하도록 이동된 것이다.

```python
Address = Tuple[str, int]

class LogRoller:
  def __init__(
      self,
      dice: Callable[[bytes], bytes],
      remote_addr: Address
  ) -> None:
    self.dice_roller = dice
    self.remote_addr = remote_addr

  def __call__(self, request: bytes) -> bytes:
    print(f"Receiving {request!r} from {self.remote_addr}")
    dice_roller = self.dice_roller
    response = dice_roller(request)
    print(f"Sending {response!r} to {self.remote_addr}")
    return response
```

다음은 결과 바이트에서 gzip 압축을 사용해 데이터를 압축하는 두 번째 데코레이터이다.

```python
import gzip
import io

class ZipRoller:
  def __init__(self, dice: Callable[[bytes], bytes]) -> None:
    self.dice_roller = dice

  def __call__(self, request: bytes) -> bytes:
    dice_roller = self.dice_roller
    response = dice_roller(request)
    buffer = io.BytesIO()
```

```
    with gzip.GzipFile(fileobj=buffer, mode="w") as zipfile:
        zipfile.write(response)
    return buffer.getvalue()
```

이 데코레이터는 들어오는 데이터를 클라이언트로 보내기 전에 압축한다. 이것은 요청에 대한 응답을 계산하는 기본 dice_roller 객체를 데코레이트한다.

이제 두 개의 데코레이터가 있으므로 한 데코레이션을 다른 데코레이션 위에 쌓는 코드를 작성할 수 있다.

```
def dice_response(client: socket.socket) -> None:
    request = client.recv(1024)
    try:
        remote_addr = client.getpeername()
        roller_1 = ZipRoller(dice.dice_roller)
        roller_2 = LogRoller(roller_1, remote_addr=remote_addr)
        response = roller_2(request)
    except (ValueError, KeyError) as ex:
        response = repr(ex).encode("utf-8")
    client.send(response)
```

여기서의 의도는 이 애플리케이션의 세 가지 측면을 분리하는 것이다.

- 결과 문서 압축

- 로그 쓰기

- 기본 계산 수행

바이트 수신 및 전송 작업을 하는 유사한 애플리케이션들에 압축 또는 로깅을 적용할 수 있다. 원하는 경우 압축 작업을 동적으로 선택할 수도 있다. GZip 기능을 활성화하거나 비활성화하는 별도의 구성 파일이 있을 수 있다. 이것은 다음과 같이 할 수 있음을 의미한다.

```
if config.zip_feature:
    roller_1 = ZipRoller(dice.dice_roller)
```

```
else:
    roller_1 = dice.dice_roller
```

역동적인 일련의 데코레이션을 갖게 됐다. 다중 상속 믹스인^{mixin}을 사용해 이런 것을 작성하려면 얼마나 혼란스러울지 생각해보라.

파이썬의 데코레이터 패턴

데코레이터 패턴은 파이썬에서 유용하지만 다른 옵션도 있다. 예를 들어 런타임에 클래스 정의를 변경하는 원숭이 패치를 사용해 유사한 효과를 얻을 수 있다. 예를 들어 socket.socket.send = log_send는 내장 소켓이 작동하는 방식을 변경한다. 때때로 이것을 상세하게 구현하는 것은 정말 복잡할 수 있다. 여러 개의 if 문을 사용하는 하나의 큰 메서드 내에서 선택적 계산들을 수행하는 단일 상속이 하나의 옵션이 될 수 있다. 다중 상속도 앞에서 본 특정한 예에 적합하지 않다고 무시하면 안 된다.

파이썬에서는 함수에 이 패턴을 사용하는 것이 매우 일반적이다. 이전 장에서 봤듯이 함수도 객체이다. 사실 함수 데코레이션은 너무 일반적이어서 파이썬은 이런 데코레이터를 함수에 쉽게 적용할 수 있도록 특수 구문을 제공한다.

예를 들어, 로깅 예제를 보다 일반적인 방식으로 작성할 수 있다. 소켓에 대한 전송 호출만 로깅하는 대신 특정 함수 또는 메서드에 대한 모든 호출을 로깅하는 것이 도움이 될 수 있다. 다음 예제는 바로 이것을 수행하는 데코레이터를 구현한다.

```
from functools import wraps

def log_args(function: Callable[..., Any]) -> Callable[..., Any]:

    @wraps(function)
    def wrapped_function(*args: Any, **kwargs: Any) -> Any:
        print(f"Calling {function.__name__}(*{args}, **{kwargs})")
        result = function(*args, **kwargs)
        return result

    return wrapped_function
```

이 데코레이터 함수는 이전에 살펴본 예제와 매우 유사하다. 이전 예제에서 데코레이터는 소켓류의 객체를 취해 소켓류 객체를 생성했다. 이번에는 데코레이터가 함수 객체를 취해 새 함수 객체를 반환한다. 모든 함수가 여기에서 작동할 것임을 명시하기 위해 Callable[..., Any] 타입 힌트를 제공했다. 이 코드는 세 가지 개별 작업으로 구성된다.

- 다른 함수 function을 매개변수 값으로 받는 함수 log_args().

- 이 함수는 원본 함수를 호출하고 원본 함수로부터 결과를 반환하기 전에 몇 가지 추가 작업을 수행하는 wrap_function이라는 새 함수를 내부적으로 정의한다.

- 새 내부 함수인 wrap_function()가 데코레이터 함수로부터 반환된다.

@wraps(function)을 사용하고 있기 때문에 새 함수에는 원본 함수의 이름과 원본 함수의 독스트링의 복사본을 갖는다. 이렇게 하면 데코레이트하는 모든 함수를 wraped_function이라고 명명하지 않아도 된다.

다음은 데코레이터 사용 예를 보여주는 함수 샘플이다.

```
def test1(a: int, b: int, c: int) -> float:
  return sum(range(a, b + 1)) / c
test1 = log_args(test1)
```

이 함수는 다음과 같이 데코레이트돼 사용된다.

```
>>> test1(1, 9, 2)
Calling test1(*(1, 9, 2), **{})
22.5
```

이 구문을 사용하면 소켓 예제에서 했던 것처럼 데코레이트된 함수 객체를 동적으로 빌드할 수 있다. 새 객체를 이전 이름에 할당하기 위한 할당문을 사용하지 않으면 다른 상황에 대해 데코레이트된 버전과 데코레이트되지 않은 버전을 유지할 수도 있다. test1_log = log_args(test1)과 같은 명령문을 사용해 test1_log()라는 데코레이트된 test1() 함수의 두 번째 버전을 만들 수 있다.

일반적으로 이런 데코레이터는 다른 함수에 영구적으로 적용되는 일반적인 변경이다. 이 상황에서 파이썬은 함수가 정의될 때 데코레이터를 적용하는 특별한 구문을 지원한다. 이미 몇 군데에서 이 구문을 봤을 것이다. 이제 어떻게 작동하는지 살펴보자.

메서드 정의 후에 데코레이터 기능을 적용하는 대신 @decorator 구문을 사용해 이를 한번에 수행할 수 있다.

```
@log_args
def test1(a: int, b: int, c: int) -> float:
  return sum(range(a, b + 1)) / c
```

이 구문의 주요 이점은 함수 정의를 읽을 때 함수가 데코레이트됐음을 쉽게 알 수 있다는 것이다. 데코레이터가 나중에 적용되면 코드를 읽는 사람이 함수가 변경된 것을 놓칠 수 있다. "왜 내 프로그램이 함수 호출을 콘솔에 로깅을 하지?"라는 질문에 답하는 것이 훨씬 더 어려워질 수 있다. 그러나 이 구문은 다른 모듈의 소스 코드에 액세스할 수 없기 때문에 자체적으로 정의한 함수에만 적용할 수 있다. 써드파티 라이브러리에 속한 함수를 데코레이트해야 하는 경우에는 이전 구문을 사용해야 한다.

파이썬의 데코레이터는 매개변수도 허용한다. 표준 라이브러리에서 가장 유용한 데코레이터 중 하나는 functools.lru_cache이다. 캐시의 개념은 다시 계산하지 않기 위해 함수의 계산된 결과를 저장하는 것이다. 모든 매개변수와 결과를 저장하지 않고 LRU[Least Recently Used]에 따라 최근에 사용되지 않은 값을 삭제해 캐시를 작게 유지할 수 있다. 예를 들어 다음은 잠재적으로 비용이 많이 드는 계산이 포함된 함수이다.

```
>>> from math import factorial
>>> def binom(n: int, k: int) -> int:
...     return factorial(n) // (factorial(k) * factorial(n-k))

>>> f"6-card deals: {binom(52, 6):,d}"
'6-card deals: 20,358,520'
```

lru_cache 데코레이터를 사용해 답이 알려지면 다시 이 계산을 수행하지 않도록 할 수 있다. 필요한 작은 변경은 다음과 같다.

```
>>> from math import factorial
>>> from functools import lru_cache

>>> @lru_cache(64)
... def binom(n: int, k: int) -> int:
...     return factorial(n) // (factorial(k) * factorial(n-k))
```

binom() 함수의 이 두 번째 버전을 만드는 데 사용된 매개변수화된 데코레이터 @lru_
cache(64)는 이미 한 번 계산된 값을 다시 계산하는 것을 방지하기 위해 가장 최근의 64
개 결과를 저장한다는 의미이다. 애플리케이션의 다른 곳에서는 변경할 필요가 없다.
때로는 이 작은 변화로 인해 극적인 속도 향상이 있을 수 있다. 물론 데이터와 수행되는
계산의 수를 기반으로 캐시 크기를 조정할 수 있다.

이와 같이 매개변수화된 데코레이터에는 2단계의 과정이 있다. 먼저 매개변수로 데코레
이터를 사용자 정의한 다음에 이 사용자 정의된 데코레이터를 함수 정의에 적용한다.
별도의 이 두 단계는 호출 가능한 객체가 __init__() 메서드로 초기화되는 방식과 유사
하며, 함수처럼 __call__() 메서드를 통해 호출할 수 있다.

다음은 구성 설정이 가능한 로깅 데코레이터인 NamedLogger 예제이다.

```
class NamedLogger:
  def __init__(self, logger_name: str) -> None:
    self.logger = logging.getLogger(logger_name)

  def __call__(
      self,
      function: Callable[..., Any]
  ) -> Callable[..., Any]:
    @wraps(function)
    def wrapped_function(*args: Any, **kwargs: Any) -> Any:
      start = time.perf_counter()
      try:
        result = function(*args, **kwargs)
        µs = (time.perf_counter() - start) * 1_000_000
        self.logger.info(
          f"{function.__name__}, { µs:.1f}µs")
        return result
      except Exception as ex:
```

```
        μs = (time.perf_counter() - start) * 1_000_000
        self.logger.error(
          f"{ex}, {function.__name__}, { μs:.1f}μs")
        raise

  return wrapped_function
```

`__init__()` 메서드는 `NamedLogger("log4")`와 같은 코드를 사용해 데코레이터를 만들 수 있는지 확인한다. 이 데코레이터는 아래와 같은 함수가 특정 로거를 사용하는지 확인한다.

`__call__()` 메서드는 앞에서 봤던 패턴을 따른다. 작업을 수행하는 새 함수인 `wrap_function()`을 정의하고 새로 생성된 함수를 반환한다. 다음과 같이 사용할 수 있다.

```
>>> @NamedLogger("log4")
... def test4(median: float, sample: float) -> float:
...     return abs(sample-median)
```

`NamedLogger` 클래스의 인스턴스를 만들었다. 그 다음에 이 인스턴스를 `test4()` 함수 정의에 적용했다. `__call__()` 메서드가 호출되고 `test4()` 함수의 데코레이팅된 버전인 새 함수가 생성된다.

데코레이터 구문의 사용 사례는 몇 가지 더 있다. 예를 들어 데코레이터가 클래스의 메서드인 경우 데코레이트된 함수에 대한 정보를 저장해 데코레이트된 함수의 레지스트리를 만들 수도 있다. 또한 클래스도 데코레이트할 수 있다. 이 경우 데코레이터는 새 함수 대신 새 클래스를 반환한다. 이런 모든 고급 사례에서는 더 단순한 `@decorator` 구문과 함께 일반적인 객체지향 디자인을 사용한다.

⫸ 옵저버 패턴

옵저버Observer 패턴은 상태 모니터링 및 이벤트 처리 상황에서 유용하다. 이 패턴을 사용하면 미지의 동적 옵저버 객체 그룹으로 주어진 객체를 모니터링할 수 있다. 관찰되는 코어 객체는 자신을 관찰 가능하게 만드는 인터페이스를 구현해야 한다.

코어 객체의 값이 변경될 때마다 상태 변경이 있음을 알리는 메서드를 호출해 모든 옵저버 객체에 변경이 발생했음을 알린다. 이것은 기본 모델의 상태 변경이 모델의 뷰에 반영되도록 하기 위해 GUI에서 널리 사용된다. 상세 뷰와 요약 뷰가 있는 것이 일반적이며, 상세를 변경하면 상세 뷰를 표시하는 위젯도 업데이트해야 하고 표시되는 요약도 업데이트해야 한다. 때때로 모드가 크게 변경되면 많은 항목이 변경될 수 있다. 예를 들어 "잠금" 아이콘을 클릭하면 표시된 항목의 수가 잠긴 상태를 반영하도록 변경될 수 있다. 이것은 관찰 가능한 디스플레이 위젯에 연결된 다수의 옵저버로 구현될 수 있다.

파이썬에서 옵저버는 __call__() 메서드를 통해 알림을 받을 수 있으므로 각 옵저버는 함수나 호출 가능한 객체처럼 동작한다. 각 옵저버는 코어 객체가 변경될 때마다 각각 다른 작업을 담당할 수 있다. 코어 객체는 이런 작업이 무엇인지 알지 못하거나 신경 쓰지 않으며 옵저버는 일반적으로 다른 옵저버가 무엇을 하는지 알지도 못하고 신경 쓰지도 않는다. 이는 상태 변경의 반응을 변경 그 자체와 분리함으로써 엄청난 유연성을 얻게 해준다.

다음은 UML로 나타낸 옵저버 디자인 패턴이다.

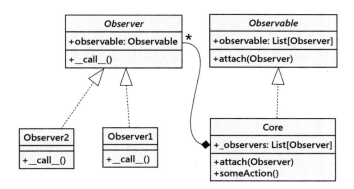

그림 11.3 UML로 나타낸 옵저버 패턴

옵저버 객체의 리스트를 포함하는 Core 객체를 볼 수 있다. 관찰 가능하려면 Core 클래스는 관찰 가능성observability에 대한 일반적인 이해를 충실히 따라야 한다. 특히, 옵저버 리스트 및 새로운 옵저버를 연결하는 방법을 제공해야 한다.

그림을 보면 Observer 하위 클래스는 __call__() 메서드를 갖는다. 이것은 각 옵저버에게 상태 변경을 알리기 위해 observable에 의해 사용된다. 데코레이터 패턴과 마찬가지로 공식적으로 정의된 추상 상위 클래스와의 관계를 공식화할 필요가 없다. 대부분의 경우 덕 타이핑 규칙에 의존할 수 있다. 즉 올바른 인터페이스를 가지고 있는 한 옵저버는 이 패턴에서 정의된 역할로 사용될 수 있다. 맞는 인터페이스가 없는 경우에는 mypy가 문제를 포착할 수 있으며, 단위 테스트에서도 문제가 포착될 것이다.

옵저버 패턴의 예

GUI 외부에서 옵저버 패턴은 객체의 중간 상태를 저장하는 데 유용하다. 옵저버 객체를 사용하면 변경에 대해 엄격한 감사가 요구되는 시스템에서 편리할 수 있다. 혼돈이 지배하고 구성 요소를 신뢰할 수 없는 시스템에서도 유용하다.

복잡한 클라우드 기반 애플리케이션은 불안정한 연결로 인해 혼돈 문제를 겪을 수 있다. 옵저버를 사용하면 상태 변경을 기록해 복구 및 재시작을 더 쉽게 할 수 있다.

다음 예제에서는 중요한 값들의 컬렉션을 유지 관리하는 코어 객체를 정의한 다음 하나 이상의 옵저버가 해당 객체의 직렬화된 복사본을 만들도록 한다. 이 복사본은 데이터베이스, 원격 호스트, 또는 로컬 파일에 저장될 수 있다. 많은 옵저버를 가질 수 있기 때문에 서로 다른 데이터 캐시를 사용하도록 디자인을 수정하는 것은 쉽다. 이 예제에서는 종크^{Zonk}, 질츠^{Zilch} 또는 텐 사우전드$^{Ten\ Thousand}$라고 불리는 주사위 게임에 대해 생각할 것이다. 이 게임에서 플레이어는 6개의 주사위를 굴리고, 트리플^{triple}과 런^{run} 등에 대해 점수를 얻고, 아마도 특정 시퀀스를 얻기 위해 주사위의 일부 또는 전체를 다시 굴릴 것이다. 실제 규칙은 이 요약보다 약간 더 복잡하다.

의도를 명확히 하기 위해 몇 가지 오버헤드부터 시작한다.

```
from __future__ import annotations
from typing import Protocol

class Observer(Protocol):
  def __call__(self) -> None:
    ...
```

```
class Observable:
  def __init__(self) -> None:
    self._observers: list[Observer] = []

  def attach(self, observer: Observer) -> None:
    self._observers.append(observer)

  def detach(self, observer: Observer) -> None:
    self._observers.remove(observer)

  def _notify_observers(self) -> None:
    for observer in self._observers:
      observer()
```

Observer 클래스는 프로토콜로서 옵저버를 위한 추상 상위 클래스이다. 이것을 abc.ABC 추상 클래스로 공식화하지 않았다. 이는 abc 모듈이 제공하는 런타임 오류에 의존하지 않기 위함이다. Protocol을 정의할 때 모든 옵저버가 실제로 요구되는 메서드를 구현했는지 확인하기 위해 mypy에 의존한다.

Observable 클래스는 _observers 인스턴스 변수와 이 프로토콜 정의의 순수한 부분인 세 가지 메서드를 정의한다. 관찰 가능한 객체는 옵저버를 추가 및 제거할 수 있으며, 가장 중요한 것으로 모든 옵저버에 상태 변경을 알릴 수 있다. 코어 클래스가 특별히 또는 다르게 수행해야 하는 유일한 것은 상태 변경이 있을 때 _notify_observers() 메서드를 호출하는 것이다. 적절한 알림은 관찰 가능한 객체에 대한 디자인에서 중요한 부분이다.

다음은 다루고자 하는 Zonk 게임의 일부이다. 이 클래스는 플레이어가 매 턴마다 실행한 결과를 Hand 리스트에 유지한다.

```
from typing import List
Hand = List[int]

class ZonkHandHistory(Observable):
  def __init__(self, player: str, dice_set: Dice) -> None:
    super().__init__()
    self.player = player
    self.dice_set = dice_set
```

```
    self.rolls: list[Hand]

  def start(self) -> Hand:
    self.dice_set.roll()
    self.rolls = [self.dice_set.dice]
    self._notify_observers()    # 상태 변경
    return self.dice_set.dice

  def roll(self) -> Hand:
    self.dice_set.roll()
    self.rolls.append(self.dice_set.dice)
    self._notify_observers()    # 상태 변경
    return self.dice_set.dice
```

이 클래스는 중요한 상태 변경이 있을 때 self._notify_observers()를 호출한다. 이것은 모든 옵저버 인스턴스에 알림을 보낸다. 옵저버는 각 턴의 복사본을 캐시하고, 네트워크를 통해 상세정보를 보내고, GUI에서 위젯을 업데이트할 것이다. Observable에서 상속받은 _notify_observers() 메서드는 등록된 모든 옵저버에게 Hand의 상태가 변경됐음을 각각 알린다.

이제 간단한 옵저버 객체를 구현해 보자. 이것은 콘솔에 어떤 상태를 출력할 것이다.

```
class SaveZonkHand(Observer):
  def __init__(self, hand: ZonkHandHistory) -> None:
    self.hand = hand
    self.count = 0

  def __call__(self) -> None:
    self.count += 1
    message = {
      "player": self.hand.player,
      "sequence": self.count,
      "hands": json.dumps(self.hand.rolls),
      "time": time.time(),
    }
    print(f"SaveZonkHand {message}")
```

여기에는 흥미로울 것이 아무 것도 없다. 관찰되는 객체는 초기화 메서드에서 설정되고, 옵저버가 호출되면 어떤 작업을 수행하는데, 이 예제에서는 한 줄을 출력하는 작업

을 수행한다. 상위 클래스인 Observer는 여기서 실제로 필요하지 않다. 이 클래스가 사용되는 컨텍스트는 이 클래스가 요구되는 Observer 프로토콜과 일치하는지 mypy가 확인하는 것으로 충분하다. 즉 Observer라고 명시할 필요는 없지만 독자에게 이 클래스가 Observer 프로토콜을 구현한다는 것을 알리기 위해 표시했다.

대화형 콘솔에서 SaveZonkHand 옵저버를 테스트할 수 있다.

```
>>> d = Dice.from_text("6d6")
>>> player = ZonkHandHistory("Bo", d)

>>> save_history = SaveZonkHand(player)
>>> player.attach(save_history)
>>> r1 = player.start()
SaveZonkHand {'player': 'Bo', 'sequence': 1, 'hands': '[[1, 1, 2, 3, 6, 6]]',
'time': 1609619907.52109}
>>> r1
[1, 1, 2, 3, 6, 6]
>>> r2 = player.roll()
SaveZonkHand {'player': 'Bo', 'sequence': 2, 'hands': '[[1, 1, 2, 3, 6, 6],
[1, 2, 2, 6, 6, 6]]', 'time': ...}
```

Inventory 객체에 옵저버를 연결한 후 관찰되는 두 프로퍼티 중 하나를 변경할 때마다 옵저버가 호출되고 해당 작업이 호출된다. 옵저버가 시퀀스 번호를 추적하고 타임스탬프도 포함한다는 것에 주의하라. 이것은 게임 정의 외부의 것이며 SaveZonkHand 옵저버 클래스의 일부가 돼 필수적인 게임 처리와는 별도로 유지된다.

다양한 클래스의 여러 옵저버를 추가할 수 있다. 주사위 숫자 중 세 종류가 각각 쌍으로 나오는 경우를 확인하고 알리는 제한된 역할을 하는 두 번째 옵저버를 추가해 보자.

```
class ThreePairZonkHand:
    """ZonkHandHistory의 옵저버"""
    def __init__(self, hand: ZonkHandHistory) -> None:
        self.hand = hand
        self.zonked = False

    def __call__(self) -> None:
        last_roll = self.hand.rolls[-1]
```

```
      distinct_values = set(last_roll)
      self.zonked = len(distinct_values) == 3 and all(
        last_roll.count(v) == 2 for v in distinct_values
      )
      if self.zonked:
        print("3 Pair Zonk!")
```

이 예제에서는 Observer를 상위 클래스로 명명하는 것을 생략했다. mypy 도구를 통해 이 클래스가 사용되는 방식과 구현해야 하는 프로토콜을 확인할 수 있다. 이 새로운 ThreePairZonkHand 옵저버를 도입하는 것은 각 턴에서 상태를 변경할 때마다 각 옵저버에 대해 하나씩, 즉 두 개의 출력이 있을 수 있음을 의미한다. 이것의 핵심은 완전히 다른 타입의 옵저버를 쉽게 추가해 다른 종류의 작업을 수행할 수 있다는 것이다. 이 경우에는 데이터를 복사해 데이터에서 특별한 경우를 확인한다.

옵저버 패턴은 관찰을 수행하는 코드와 관찰의 대상이 되는 코드를 분리한다. 이 패턴을 사용하지 않았다면 콘솔에 로깅하고, 데이터베이스 또는 파일을 업데이트하고, 특별한 경우를 확인하는 등 발생할 수 있는 다양한 경우를 처리하기 위해 ZonkHandHistory 클래스에 코드를 넣어야 한다. 그러면 이런 각 작업에 대한 코드는 모두 코어 클래스 정의와 섞이게 된다. 그것을 유지하는 것은 악몽이 될 것이고 나중에 새로운 모니터링 기능을 추가하는 것은 힘들 것이다.

⠿ 전략 패턴

전략Strategy 패턴은 객체지향 프로그래밍에서 추상화의 일반적인 데모라고 할 수 있다. 전략 패턴은 하나의 문제에 대해 여러 다른 객체에서 각각 다른 솔루션을 구현한다. 그러면 코어 클래스는 런타임에 가장 적절한 구현을 동적으로 선택할 수 있다.

일반적으로 알고리듬마다 장단점이 다르다. 한 알고리듬은 다른 것보다 빠르지만 더 많은 메모리를 사용하는 반면, 다른 알고리듬은 여러 CPU를 사용하거나 분산 시스템에서 가장 적합할 수 있다.

UML로 나타낸 전략 패턴은 다음과 같다.

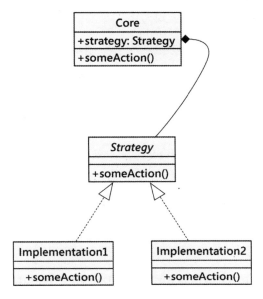

그림 11.4 UML로 나타낸 전략 패턴

Strategy 추상과 연결되는 Core의 코드는 특정 동작을 위한 전략 인터페이스를 충족하는 몇 종류의 클래스를 다룬다는 것을 알면 된다. 각 구현은 동일한 작업을 수행해야 하지만 다른 방식으로 수행한다. 구현 인터페이스는 동일해야 하며, 추상 기본 클래스를 활용해 구현이 일치하는지 확인하는 것이 종종 도움이 된다.

TIP

> 플러그인 전략이라는 아이디어는 옵저버 패턴의 한 측면이기도 하다. 실제로 전략 객체의 개념은 이 장에서 다루는 많은 패턴들의 중요한 측면 중 하나이다. 공통 아이디어는 조건부 프로세스 또는 대체 가능한 프로세스를 분리해 작업을 별도의 객체에 위임하는 것이다. 이것은 옵저버 패턴, 데코레이터 패턴, 그리고 앞으로 보게 될 커맨드 패턴과 상태 패턴에서도 작동한다.

전략 패턴의 예

전략 패턴의 일반적인 예는 정렬 루틴이다. 수년에 걸쳐 객체의 컬렉션을 정렬하기 위해 수많은 알고리듬이 발명됐다. 퀵 정렬quick sort, 병합 정렬merge sort, 힙 정렬heap sort 등은 모두 다른 특징을 가진 알고리듬으로 입력의 크기와 타입, 순서가 섞여 있는 정도, 시스템 요구사항 등에 따라 유용성이 다르다.

컬렉션을 정렬해야 하는 클라이언트 코드가 있는 경우 sort() 메서드를 사용해 코드에 객체에 전달할 수 있다. 이 객체는 QuickSorter 또는 MergeSorter 객체일 수 있지만 두 경우 모두 동일하게 그 결과는 정렬된 리스트이다. 정렬을 수행하는 데 사용되는 전략은 호출 코드에서 추상화돼 모듈화되고 대체가 가능하다.

물론 파이썬에서는 일반적으로 sorted() 함수 또는 list.sort() 메서드를 호출하고 TimSort 알고리듬[1]에 대해서 몰라도 충분히 빠르게 정렬을 수행할 것이라고 믿는다. TimSort가 얼마나 놀랍게 빠른지에 대한 자세한 것은 https://bugs.python.org/file4451/timsort.txt를 참조하라. 정렬은 유용한 개념이지만 가장 실용적인 예는 아니므로 다른 예를 살펴보자.

전략 디자인 패턴의 간단한 예로서 바탕화면 배경이미지 관리자를 들 수 있다. 이미지가 바탕화면 배경에 표시될 때 다양한 방법으로 화면 크기에 맞게 조정할 수 있다. 예를 들어 이미지가 화면보다 작다고 가정하면 화면 전체에 바둑판식으로 배열하거나 중앙에 배치하거나 크기에 맞게 늘릴 수 있다. 최대 높이 또는 최대 너비를 기준으로 크기를 조정하거나 단색, 반투명, 또는 그라데이션 효과를 넣거나 그 외의 다른 조작을 하는 등의 더 복잡한 다른 전략도 가능하다. 나중에 이런 전략을 추가할 수도 있지만 지금은 몇 가지 기본 전략부터 시작하자.

예제를 위해서 pillow 모듈을 설치해야 한다. conda를 통해 가상 환경을 관리하는 경우 conda install pillow를 사용해 Pillow 프로젝트의 PIL 구현을 설치한다. conda를 이용하지 않는 경우 python -m pip install pillow를 사용하라.

이 예제의 전략 객체는 표시할 이미지 그리고 화면의 너비와 높이 튜플이라는 두 가지 입력을 받아야 한다. 이 전략 객체는 주어진 전략에 맞게 조정된 이미지와 함께 화면 크기의 새 이미지를 반환한다.

---

1   TimSort 알고리듬은 파이썬과 자바의 기본 정렬 알고리듬으로 병합 정렬과 삽입 정렬을 함께 사용하는 하이브리드 정렬 알고리듬이다. 현실 세계의 데이터는 랜덤하게 흩어져 있기 보다는 대략적으로 어느 정도 정렬된 상태로 있다는 것에 기반해 디자인된 알고리듬이다. - 옮긴이

다음은 모든 유형의 전략에 대한 추상 상위 클래스를 포함한 몇 가지 예비적인 정의이다.

```
import abc
from pathlib import Path
from PIL import Image   # type: ignore [import]
from typing import Tuple

Size = Tuple[int, int]

class FillAlgorithm(abc.ABC):
  @abc.abstractmethod
  def make_background(
    self,
    img_file: Path,
    desktop_size: Size
  ) -> Image:
    pass
```

이 추상화는 필요한 것인가? 이는 추상화를 요구하기에는 너무 단순한 것과 상위 클래스가 도움이 될 만큼 충분히 복잡한 것 사이에 있다. 함수 시그니처는 이미지 크기 튜플을 설명하는 특별한 타입 힌트로 인해 좀 복잡하다. 이런 이유로 추상화는 각 구현을 확인해 모든 타입이 일치하는지 확인하는 데 도움이 될 수 있다.

PIL 모듈은 mypy가 혼동하지 않도록 `# type: ignore [import]`라는 특별한 주석을 포함해야 한다.

다음은 구체적인 첫 번째 전략이다. 이것은 타일 형태로 이미지를 배치하는 채우기 알고리듬이다.

```
class TiledStrategy(FillAlgorithm):
  def make_background(
      self,
      img_file: Path,
      desktop_size: Size
  ) -> Image:
    in_img = Image.open(img_file)
    out_img = Image.new("RGB", desktop_size)
    num_tiles = [
      o // i + 1 for o, i in zip(out_img.size, in_img.size)]
```

```
      for x in range(num_tiles[0]):
        for y in range(num_tiles[1]):
          out_img.paste(
            in_img,
            (
              in_img.size[0] * x,
              in_img.size[1] * y,
              in_img.size[0] * (x + 1),
              in_img.size[1] * (y + 1),
            ),
          )
      return out_img
```

이것은 출력의 높이와 너비를 입력 이미지의 높이와 너비로 나눈다. num_tiles 시퀀스는 너비와 높이에 대해 동일한 계산을 수행한다. 너비와 높이가 동일한 방식으로 처리되도록 하기 위해 리스트 컴프리헨션을 통해 계산된 2-튜플이다.

다음은 크기를 다시 조정하지 않고 이미지를 중앙에 배치하는 채우기 알고리듬이다.

```
class CenteredStrategy(FillAlgorithm):
  def make_background(
      self,
      img_file: Path,
      desktop_size: Size
  ) -> Image:
    in_img = Image.open(img_file)
    out_img = Image.new("RGB", desktop_size)
    left = (out_img.size[0] - in_img.size[0]) // 2
    top = (out_img.size[1] - in_img.size[1]) // 2
    out_img.paste(
      in_img,
      (left, top, left + in_img.size[0], top + in_img.size[1]),
    )
    return out_img
```

마지막으로 다음은 전체 화면을 채우도록 이미지를 확대하는 채우기 알고리듬이다.

```
class ScaledStrategy(FillAlgorithm):
  def make_background(
      self,
```

```
        img_file: Path,
        desktop_size: Size
    ) -> Image:
        in_img = Image.open(img_file)
        out_img = in_img.resize(desktop_size)
        return out_img
```

PIL.Image를 사용해 각각 자신의 작업을 수행하는 세 가지 전략 하위 클래스가 있다. 모든 전략 구현은 동일한 매개변수 집합을 받는 make_background() 메서드를 갖는다. 하나가 선택되면 적절한 전략 객체를 호출해 바탕화면 이미지의 올바른 크기 버전을 만들 수 있다. TiledStrategy는 하나의 이미지로 전체 공간을 채우지 않고 디스플레이 화면의 너비와 높이에 맞는 타일의 수를 계산해 이미지를 크기 조정 없이 반복적으로 각 타일에 복사한다. CenteredStrategy는 이미지를 중앙에 배치하기 위해 이미지의 네 가장자리에 얼마나 많은 공간이 남아 있어야 하는지 계산한다. ScaledStrategy는 원본의 가로세로 비율을 유지하지 않고 이미지를 출력 크기로 강제 설정한다.

다음은 이런 전략 클래스 중 하나를 사용해 크기 조정을 수행하는 전체 객체이다. algorithm 인스턴스 변수는 Resizer 인스턴스가 생성될 때 채워진다.

```
class Resizer:
    def __init__(self, algorithm: FillAlgorithm) -> None:
        self.algorithm = algorithm

    def resize(self, image_file: Path, size: Size) -> Image:
        result = self.algorithm.make_background(image_file, size)
        return result
```

그리고 다음은 Resizer 클래스의 인스턴스를 빌드하고 사용 가능한 전략 클래스 중 하나를 적용하는 main 함수이다.

```
def main() -> None:
    image_file = Path.cwd() / "boat.png"
    tiled_desktop = Resizer(TiledStrategy())
    tiled_image = tiled_desktop.resize(image_file, (1920, 1080))
    tiled_image.show()
```

중요한 것은 전략 인스턴스의 바인딩이 프로세스에서 가능한 한 늦게 발생한다는 것이다. 사용 가능한 전략 객체는 언제든지 Resizer 객체에 연결할 수 있기 때문에 프로세스의 어느 시점에서든 결정을 내릴 수 있다.

전략 패턴 없이 이런 옵션들 사이에서 전환하는 방법을 생각해보라. 모든 코드를 하나의 큰 메서드 안에 넣고 예상되는 메서드를 선택하기 위해 어색한 if 문을 사용해야 한다. 또한 새로운 전략을 추가하고 싶을 때마다 그 메서드를 훨씬 더 보기 흉하게 만들어야 한다.

파이썬의 전략 패턴

앞에서 살펴본 전략 패턴의 표준적인 구현은 대부분의 객체지향 라이브러리에서 매우 일반적이지만 파이썬에서는 이상적이지 않다. 여기에는 실제로 필요하지 않은 일부 오버헤드가 포함되기 때문이다.

이런 전략 클래스들은 각각 단일 메서드만 제공하는 객체를 정의한다. 파이썬에서는 __call__ 함수를 쉽게 호출해 객체를 직접 호출 가능하게 만들 수 있다. 객체와 연결된 다른 데이터가 없기 때문에 최상위 함수 집합을 만들어 전략 대신 전달하면 된다.

추상 클래스의 오버헤드 대신 다음과 같은 타입 힌트로 이 전략을 요약할 수 있다.

```
FillAlgorithm = Callable[[Image, Size], Image]
```

이렇게 하면 클래스 정의에서 FillAlgorithm에 대한 모든 참조를 제거할 수 있다. 즉, class CenteredStrategy(FillAlgorithm):를 class CenteredStrategy:로 변경한다.

추상 클래스와 타입 힌트 중에서 선택할 수 있기 때문에 전략 디자인 패턴이 불필요해 보인다. 이것은 "파이썬은 일등급 함수를 가지고 있기 때문에 전략 패턴이 필요하지 않다."로 시작하는 이상한 대화로 이어진다. 사실, 파이썬의 일등급 함수를 사용하면 클래스 정의에 대한 오버헤드 없이 보다 직접적인 방식으로 전략 패턴을 구현할 수 있다. 패턴은 상세 구현 이상이다. 패턴을 아는 것은 프로그램에 적합한 디자인을 선택하고 가장 읽기 쉬운 구문을 사용해 구현하는 데 도움이 된다. 클래스인지 또는 최상위 함수인지에 상관없이 전략 패턴은 클라이언트 코드 또는 최종 사용자가 런타임 시에 동일한 인터페이스를 갖는 여러 구현 중에서 선택하는 것이 필요할 때 사용해야 한다.

플러그인 전략 객체와 믹스인 클래스 정의를 구분하는 명확한 선이 있다. 6장, '추상 기본 클래스와 연산자 오버로딩'에서 보았듯이 믹스인 클래스 정의는 소스 코드에서 생성되며 런타임에 쉽게 변경할 수 없다. 그러나 플러그인 전략 객체는 런타임에 채워져 전략의 늦은 바인딩을 허용한다. 이 둘 사이의 코드는 매우 유사한 경향이 있으며, 각 클래스에 명확한 독스트링을 작성해 다양한 클래스가 함께 맞춰가는 방식을 설명하는 것이 도움이 된다.

⠿ 커맨드 패턴

클래스 책임에 대해 생각할 때면 종종 객체를 보유하고 내부 상태를 유지하지만 그다지 일을 하지 않는 '수동' 클래스와 동작를 일으키고 작업을 수행하기 위해 다른 객체에 접근하는 '능동' 클래스를 구분하게 된다. 이것은 아주 또렷한 구분은 아니지만 상대적으로 수동적인 옵저버 패턴과 능동적인 커맨드^{Command} 디자인 패턴을 구분하는 데 도움이 될 수 있다. 옵저버는 무언가가 변경됐다는 알림을 받는다. 반면에 커맨더^{Commander}는 다른 객체의 상태를 변경한다. 이 두 가지 측면을 결합할 수 있으며, 이는 클래스에 적용되는 다양한 패턴이나 클래스 간의 관계를 설명함으로써 소프트웨어 아키텍처에 대해 이야기하는 즐거움 중 하나이다.

커맨드 패턴은 일반적으로 무언가를 수행하는 각 클래스들의 계층 구조를 포함한다. 코어 클래스는 작업을 수행하기 위한 일련의 명령, 즉 커맨드를 생성할 수 있다.

어떤 면에서 이것은 일종의 메타 프로그래밍이다. 여러 명령문을 포함하고 있는 커맨드 객체를 생성함으로써 디자인은 커맨드 객체의 상위 수준 '언어'를 갖게 된다.

다음은 Core 객체와 Command 객체들의 컬렉션을 보여주는 UML 다이어그램이다.

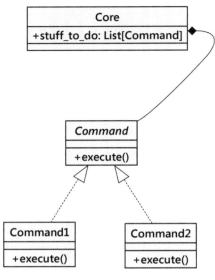

그림 11.5 UML로 나타낸 커맨드 패턴

모든 패턴이 Core 객체에서 플러그인 객체로 작업을 위임하는 데 의존하기 때문에 이 그림은 전략 패턴 및 옵저버 패턴에 대한 다이어그램과 유사하다. 이 경우 개별 플러그인 객체의 시퀀스는 수행할 커맨드의 시퀀스를 나타낸다.

커맨드 패턴의 예

예를 들어 이 장의 앞부분에 있는 데코레이터 패턴 예제에서 생략됐던 복잡한 주사위 굴리기를 살펴보자. 앞의 예제에서 일련의 난수를 계산하는 dice_roller() 함수가 있었다.

```
def dice_roller(request: bytes) -> bytes:
    request_text = request.decode("utf-8")
    numbers = [random.randint(1, 6) for _ in range(6)]
    response = f"{request_text} = {numbers}"
    return response.encode("utf-8")
```

이것은 매우 단순한 코드이다. 좀 더 정교한 것을 처리하고 싶다. 3개의 6면체 주사위를 의미하는 3d6, 3개의 6면체 주사위와 2점의 보너스를 의미하는 3d6+2, "6면체 주사위 4개를 굴리고 그중 가장 낮은 주사위 1개를 버린다"를 의미하는 4d6d1과 같은 문자열을 작성할 수 있기를 원한다. 또한 이것을 결합하거나 4d6d1+2라고 써서 가장 낮은 값을 버리고 결과 값에 2를 더하는 결합을 원할 수도 있다.

이 d1 및 끝에 있는 +2 옵션은 일련의 명령으로 볼 수 있다. 여기에는 "제거", "유지", "더하기", "빼기"의 네 가지 일반적인 명령이 있다. 물론 다양한 게임 메커니즘과 원하는 통계 분포를 반영하기 위해 훨씬 더 많을 수 있지만, 한 묶음의 주사위 상태를 변경하는 네 가지 명령을 살펴보자.

다음은 구현할 정규표현식이다.

```
dice_pattern = re.compile(r"(?P<n>\d*)d(?P<d>\d+)(?P<a>[dk+-]\d+)*")
```

이 정규표현식은 다소 어려울 수 있다. https://www.debuggex.com에서 철도 다이어 그램 또는 구문 다이어그램으로 도움을 받을 수 있다. 다음은 이 정규표현식을 UML 상태 다이어그램으로 나타낸 것이다.

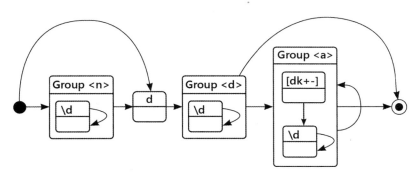

그림 11.6 Dice 파싱 정규표현식

이 패턴에는 네 부분이 있다.

1. 첫 번째 그룹인 (?P<n>\d*)은 주사위 수에 대한 숫자를 캡처해 n이라는 그룹 이름으로 저장한다. 이것은 옵션이므로 1d6 대신 d6을 쓸 수 있다.

2. 문자 "d"는 반드시 존재해야 하지만 캡처되지 않는다.

3. 다음 그룹인 (?P<d>\d+)는 각 주사위의 면 수에 대한 숫자를 캡처해 d라는 그룹 이름으로 저장한다. 매우 까다롭게 한다면 이것을 (4|6|8|10|12|20|100)으로 제한해 일반 다면체 주사위 및 두 개의 불규칙 다면체로 허용 가능한 리스트를 정의할 수도 있다. 여기서는 이 짧은 리스트를 제공하지 않으며, 대신 모든 숫자 시퀀스를 허용한다.

4. 마지막 그룹인 (?P<a>[dk+-]\d+)*는 반복되는 일련의 값 조정을 정의한다. 각각에는 예를 들어 d1, k3, +1, -2 등과 같이 접두사와 그에 따르는 숫자가 있다. 값 조정 시퀀스 전체를 그룹 a로 캡처하고 그 다음에 각 부분을 개별적으로 분해한다. 이 각 부분은 커맨드 디자인 패턴을 따르는 명령이 될 것이다.

주사위 굴리기의 각 부분을 별도의 명령으로 생각할 수 있다. 하나의 명령이 주사위를 굴리고, 그 다음 후속 명령이 주사위 값을 조정한다. 예를 들어 3d6+2는 3개의 주사위를 던져 ⚃, ⚂, ⚄이 나온 경우 여기에 2를 더해 총 13이 되는 것을 의미한다. 클래스는 전체적으로 다음과 같다.

```python
class Dice:
  def __init__(self, n: int, d: int, *adj: Adjustment) -> None:
    self.adjustments = [cast(Adjustment, Roll(n, d))] + list(adj)
    self.dice: list[int]
    self.modifier: int

  def roll(self) -> int:
    for a in self.adjustments:
      a.apply(self)
    return sum(self.dice) + self.modifier
```

주사위를 새로 굴릴 때 Dice 객체는 개별적으로 Adjustment 객체를 적용해 새로운 턴을 만든다. __init__() 메서드에서 Adjustment 객체의 종류 중 하나인 Roll 객체를 볼 수 있다. 이것은 일련의 조정에 우선적으로 포함된다. 그 후에 추가 조정이 순서대로 처리된다. 각 조정은 다른 종류의 명령이다.

다음은 Dice 객체의 상태를 변경하는 다양한 종류의 조정 명령이다.

```python
class Adjustment(abc.ABC):
    def __init__(self, amount: int) -> None:
        self.amount = amount

    @abc.abstractmethod
    def apply(self, dice: "Dice") -> None:
        ...

class Roll(Adjustment):
    def __init__(self, n: int, d: int) -> None:
        self.n = n
        self.d = d

    def apply(self, dice: "Dice") -> None:
        dice.dice = sorted(
            random.randint(1, self.d) for _ in range(self.n))
        dice.modifier = 0

class Drop(Adjustment):
    def apply(self, dice: "Dice") -> None:
        dice.dice = dice.dice[self.amount :]

class Keep(Adjustment):
    def apply(self, dice: "Dice") -> None:
        dice.dice = dice.dice[: self.amount]

class Plus(Adjustment):
    def apply(self, dice: "Dice") -> None:
        dice.modifier += self.amount

class Minus(Adjustment):
    def apply(self, dice: "Dice") -> None:
        dice.modifier -= self.amount
```

Roll() 클래스의 인스턴스는 주사위 값과 Dice 인스턴스의 modifier 속성을 설정한다. 다른 Adjustment 객체들은 일부 주사위를 제거하거나 modifier를 변경한다. 작업은 정렬된 주사위에 대해 수행된다. 이렇게 하면 슬라이스 작업을 통해 최악의 항목을 삭제하거나 최상의 상태를 유지하기 쉽다. 각 조정은 일종의 명령이기 때문에 굴린 주사위의 전체 상태를 조정한다.

누락된 부분은 문자열 주사위 표현식을 Adjustment 객체의 시퀀스로 변환하는 것이다. 여기서는 이것을 Dice 클래스의 @classmethod로 만들었다. 이를 통해 Dice.from_text()를 사용해 새 Dice 인스턴스를 생성할 수 있다. 또한 하위 클래스를 첫 번째 매개변수 값인 cls로 제공해 이 부모 클래스가 아닌 각 하위 클래스가 자체적으로 적절한 인스턴스를 생성하도록 한다. 이 메서드 정의는 다음과 같다.

```python
@classmethod
def from_text(cls, dice_text: str) -> "Dice":
    dice_pattern = re.compile(
        r"(?P<n>\d*)d(?P<d>\d+)(?P<a>[dk+-]\d+)*")
    adjustment_pattern = re.compile(r"([dk+-])(\d+)")
    adj_class: dict[str, Type[Adjustment]] = {
        "d": Drop,
        "k": Keep,
        "+": Plus,
        "-": Minus,
    }

    if (dice_match := dice_pattern.match(dice_text)) is None:
        raise ValueError(f"Error in {dice_text!r}")

    n = int(dice_match.group("n")) if dice_match.group("n") else 1
    d = int(dice_match.group("d"))
    adjustment_matches = adjustment_pattern.finditer(
        dice_match.group("a") or "")
    adjustments = [
        adj_class[a.group(1)](int(a.group(2)))
        for a in adjustment_matches
    ]
    return cls(n, d, *adjustments)
```

전체 dice_pattern이 먼저 적용되고 그 결과가 dice_match 변수에 할당된다. 결과가 None 객체이면 매칭되는 패턴이 없으므로 ValueError 예외를 발생시키고 중단하는 것 외에는 할 수 있는 것이 없다. adjustment_pattern은 주사위 표현식의 끝 부분에서 조정 문자열을 분해하는 데 사용된다. 리스트 컴프리헨션이 Adjustment 클래스 정의로부터 객체의 리스트를 만드는 데 사용된다.

각 조정 클래스는 별도의 명령이다. Dice 클래스는 주사위 굴리기를 시뮬레이션해 처리를 시작하는 특수 명령인 Roll을 주입한다. 그 다음에 조정 명령은 개별적인 변경을 초기 상태에 적용할 수 있다.

이 디자인을 통해 다음과 같은 인스턴스를 수동으로 생성할 수 있다.

```
dice.Dice(4, dice.D6, dice.Keep(3))
```

처음 두 매개변수는 특수한 Roll 명령을 정의한다. 나머지 매개변수에 추가 조정이 포함될 수 있다. 이 경우에는 Keep(3) 명령만 있다. 이에 대해서는 dice.Dice.from_text("4d6k3")과 같이 텍스트를 파싱하도록 하는 대안이 있다. 그러면 Roll 명령과 다른 Adjustment 명령이 빌드된다. 주사위를 새로 굴릴 때마다 일련의 명령이 실행돼 주사위를 굴린 다음 여러 가지 조정을 수행해 최종 결과를 얻는다.

⋮⁝ 상태 패턴

상태State 패턴은 전략 패턴과 구조적으로 유사하지만 그 의도와 목적은 매우 다르다. 상태 패턴의 목표는 상태 전환 시스템state transition system을 표현하는 것이다. 즉, 객체의 동작이 자신이 속한 상태에 의해 제한되고 좁게 정의된 다른 상태로의 전환이 있는 시스템이다.

이 작업을 수행하려면 상태 전환을 위한 인터페이스를 제공하는 관리자 클래스 또는 컨텍스트 클래스가 필요하다. 내부적으로 이 클래스는 현재 상태에 대한 포인터를 포함한다. 각 상태는 허용된 다른 상태를 알고 있으며 호출된 작업에 따라 해당 상태로 전환된다.

UML에서는 다음과 같이 표시된다.

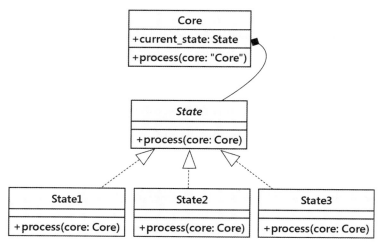

그림 11.7 UML로 나타낸 상태 패턴

상태 패턴은 문제를 Core 클래스와 다양한 State 클래스의 두 가지 유형의 클래스로 분해한다. Core 클래스는 현재 상태를 유지 관리하고 현재의 상태 객체에 작업을 전달한다. State 객체는 일반적으로 Core 객체를 호출하는 다른 객체들로부터 숨겨져 있다. 즉 내부적으로 상태 관리를 수행하는 블랙박스와 같은 역할을 한다.

상태 패턴의 예

가장 흥미로운 상태 종속적인 처리 예제 중 하나는 텍스트 파싱이다. 정규표현식을 작성할 때 패턴을 텍스트의 샘플 조각과 매칭시키는 데 사용되는 일련의 상태 변경에 대해 자세히 설명했다. 더 높은 수준에서 프로그래밍 언어나 마크업 언어의 텍스트를 파싱하는 것도 고도의 상태 처리 작업이다. XML, HTML, YAML, TOML, reStructuredText, Markdown 등과 같은 마크업 언어에는 모두 다음에 오는 것으로 허용되는 항목과 허용되지 않는 항목에 대한 상태 처리 규칙이 있다.

사물 인터넷(IoT) 문제를 해결할 때 처리해야 하는 비교적 간단한 언어를 살펴보자. GPS 수신기의 데이터 스트림은 흥미로운 문제이다. 이 언어의 파싱 명령문은 상태 디자인 패턴의 예이다. 이 언어는 국제 해상 전자 위원회^{National Marine Electronics Association}에서 제안한 NMEA 0183 언어이다.

GPS 안테나의 출력은 문장의 시퀀스를 형성하는 바이트 스트림이다. 각 문장은 $로 시작하고, ASCII 인코딩으로 출력 가능한 문자를 포함하며, 캐리지 리턴 및 줄바꿈 문자로 끝난다. GPS 장치의 출력에는 다음을 포함해 다양한 종류의 문장이 포함된다.

- GPRMC - 권장 최소 데이터

- GPGGA - 글로벌 위치

- GPGLL - 위도 및 경도

- GPGSV - 위성의 뷰 이미지

- GPGSA - 활성 위성

가용한 메시지는 이보다 훨씬 더 많으며 어리둥절할 정도의 속도로 안테나 장치에서 출력돼 나온다. 그러나 모두 공통 형식을 가지고 있으므로 검증 및 필터링하기 쉽기 때문에 다루기 좋은 형식을 사용하고 특정 애플리케이션에 유용한 정보를 제공하지 않는 형식은 무시할 수 있다.

일반적인 메시지는 다음과 같다.

```
$GPGLL,3723.2475,N,12158.3416,W,161229.487,A,A*41
```

이 문장의 구조는 다음과 같다.

$	문장 시작
GPGLL	GP: "송신자", GLL: 메시지 타입
3723.2475	위도, 37°23.2475
N	적도의 북쪽
12158.3416	경도, 121°58.3416
W	자오선 0°의 서쪽

161229.487	UTC의 타임스탬프: 16:12:29.487
A	상태, A=유효, V=유효하지 않음
A	모드, A=자율, D=DGPS, E=DR
*	문장 종료, 체크섬 시작
41	$ 및 * 문자를 제외한 텍스트의 16진수 체크섬

몇 가지 예외를 제외하고 GPS의 모든 메시지는 유사한 패턴을 갖는다. 예외적인 메시지는 !로 시작하며 예제의 디자인은 이것을 안전하게 무시할 것이다.

IoT 장치를 구축할 때는 두 가지 어려운 요소가 있음을 알 필요가 있다.

1. 상황이 항상 안정적이지는 않으므로 소프트웨어는 깨지거나 불완전한 메시지에 대비해야 한다.

2. 이 장치는 소형이기 때문에 대형 범용 랩톱 컴퓨터에서 잘 작동하는 몇 가지 파이썬 기술은 32K 메모리만 있는 작은 Circuit Playground Express 칩에서는 제대로 작동하지 않는다.

그렇다면 해야 할 일은 바이트가 도착했을 때 메시지를 읽고 검증하는 것이다. 이를 통해 데이터를 수집할 때 시간 및 메모리를 절약할 수 있다. 이런 GPS 메시지에 대해 정의된 상한이 82바이트이기 때문에 파이썬의 bytearray 구조를 메시지의 바이트를 처리하는 장소로 사용할 수 있다.

메시지를 읽기 위한 프로세스는 다양한 고유 상태를 갖는다. 다음의 상태 전환 다이어그램은 사용 가능한 상태 변경을 보여준다.

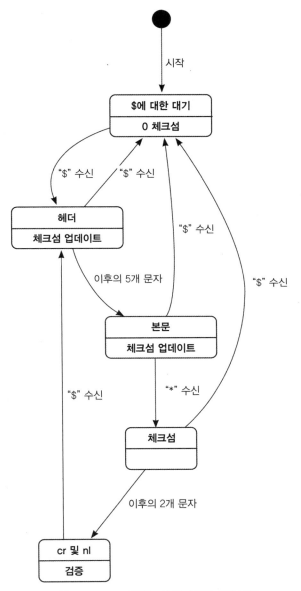

그림 11.8 NMEA 문장을 파싱하기 위한 상태 전환

다음 \$에 대한 대기 상태에서 시작한다. IoT 장치에는 느슨한 전선과 전력 문제가 있다고 가정한다. 어떤 사람들은 수선을 정말 잘 할 수 있기 때문에 저자의 경우처럼 신뢰할 수 없는 경우가 흔하지 않을 수 있다.

$를 수신하면 다섯 문자의 헤더 읽기 상태로 전환한다. 언제든지 다른 $가 수신되면 어딘가에서 일부 바이트가 손실됐다는 의미이므로 다시 시작해야 한다. 메시지 이름을 가진 다섯 개의 문자가 모두 있으면 메시지 본문 읽기로 전환할 수 있다. 최대 73바이트를 더 읽어야 할 수 있다. *를 수신하면 본문의 끝에 도달했음을 말한다. 다시 말하지만 도중에 $가 수신되면 문제가 있음을 의미하므로 다시 시작해야 한다.

* 뒤의 마지막 2바이트는 앞쪽의 메시지, 즉 헤더와 본문의 계산된 체크섬과 같아야 하는 16진수 값을 나타낸다. 체크섬이 맞다면 애플리케이션에서 메시지를 사용할 수 있다. 메시지 끝에 하나 이상의 "공백" 문자, 일반적으로 캐리지 리턴 및 줄바꿈 문자가 있을 수 있다.

이런 각 상태를 다음 클래스의 확장으로 가정할 수 있다.

```python
class NMEA_State:
  def __init__(self, message: "Message") -> None:
    self.message = message

  def feed_byte(self, input: int) -> "NMEA_State":
    return self

  def valid(self) -> bool:
    return False

  def __repr__(self) -> str:
    return f"{self.__class__.__name__}({self.message})"
```

Message 객체와 함께 작동하도록 각 상태를 정의했다. 일부 리더reader 객체는 현재 상태에 바이트를 제공해 바이트를 저장하는 등의 작업을 수행하고 다음 상태를 반환한다. 정확한 동작은 수신된 바이트에 따라 다르다. 예를 들어, 대부분의 상태는 메시지 버퍼를 비어 있는 상태로 재설정하고 $를 수신하면 Header 상태로 전환한다. 대부분의 상태는 valid() 함수에 대해 False를 반환한다. 하지만 하나의 상태는 전체 메시지의 유효성을 검사하고 체크섬이 정확한 경우 valid() 함수에 대해 True를 반환할 수 있다.

순수주의자를 위해 설명하자면 이 클래스 이름은 PEP-8을 엄격히 따르지 않는다. 약어나 두문자어를 포함하면서 적절한 낙타 대소문자(camel-cased) 이름을 유지하는 것은 어렵다. NmeaState 같은 이름은 명확하지 않은 것 같다. 절충해서 클래스 이름이 **NMEAState**일 수 있지만 약어와 클래스 이름 사이의 충돌은 혼란스러워 보인다. 여기서는 이 특정한 경우에 대해 "어리석은 일관성은 편협한 마음의 헛된 망상이다... (A foolish consistency is the hobgoblin of little minds...)"[2]를 인용하고 싶다. 클래스 계층 구조를 내부적으로 일관성 있게 유지하는 것은 전체 PEP-8 수준의 일관성보다 더 중요하다.

Message 객체는 메시지의 내용을 축적하는 두 개의 bytearray 구조를 둘러싼 래퍼이다.

```python
class Message:
  def __init__(self) -> None:
    self.body = bytearray(80)
    self.checksum_source = bytearray(2)
    self.body_len = 0
    self.checksum_len = 0
    self.checksum_computed = 0

  def reset(self) -> None:
    self.body_len = 0
    self.checksum_len = 0
    self.checksum_computed = 0

  def body_append(self, input: int) -> int:
    self.body[self.body_len] = input
    self.body_len += 1
    self.checksum_computed ^= input
    return self.body_len

  def checksum_append(self, input: int) -> int:
    self.checksum_source[self.checksum_len] = input
    self.checksum_len += 1
    return self.checksum_len

  @property
  def valid(self) -> bool:
    return (
      self.checksum_len == 2
```

---

2   무조건적인 일관성이 성공의 열쇠가 아닐 수도 있으며 사소한 변화라도 도입되는 것이 좋다는 의미를 지닌 속담. – 옮긴이

```
    and int(self.checksum_source, 16) == self.checksum_computed
)
```

Message 클래스의 이 정의는 GPS 장치에서 나오는 각 문장에 대해 중요한 대부분을 캡슐화한다. 본문 바이트를 축적하고 해당 바이트의 체크섬을 축적하기 위해 body_append() 메서드를 정의했다. 이 경우엔 체크섬을 계산하기 위해 ^ 연산자를 사용한다. 이것은 실제 파이썬 연산자로 비트 XOR (exclusive OR)을 의미한다. XOR은 '하나 또는 다른 하나이지만 둘 모두는 아님'을 의미한다. bin(ord(b'a') ^ ord(b'z'))와 같은 표현식으로 XOR의 동작을 확인할 수 있다. b'a'의 비트는 0b1100001이다. b'z'의 비트는 0b1111010이다. 이 두 비트에 '하나 또는 다른 하나이지만 둘 모두는 아님'을 적용하면 XOR은 0b0011011이 된다.

다음은 바이트가 수신될 때 여러 상태 변경을 거쳐 유효한 Message 객체를 빌드하는 리더이다.

```
class Reader:
  def __init__(self) -> None:
    self.buffer = Message()
    self.state: NMEA_State = Waiting(self.buffer)

  def read(self, source: Iterable[bytes]) -> Iterator[Message]:
    for byte in source:
      self.state = self.state.feed_byte(cast(int, byte))
      if self.buffer.valid:
        yield self.buffer
        self.buffer = Message()
        self.state = Waiting(self.buffer)
```

초기 상태는 NMEA_State의 하위 클래스인 Waiting 클래스의 인스턴스이다. read() 메서드는 입력에서 1바이트를 소비한 후 다음 처리를 위해 입력을 현재의 NMEA_State 객체에 전달한다. 상태 객체는 바이트를 저장하거나 버릴 수 있으며, 상태 객체는 다른 상태로 전환하거나 또는 현재 상태를 반환할 수 있다. 상태의 valid() 메서드가 True이면 메시지가 완료되고 애플리케이션에서 추가 처리를 하기 위해 메시지를 산출할 수 있다.

메시지가 완전하고 유효할 때까지 Message 객체의 바이트 배열을 재사용한다는 점에 유의하라. 이를 통해 잡음이 있는 회선의 불완전한 메시지를 무시함으로써 수많은 객체가 할당되고 해제되는 것을 피할 수 있다. 이것은 대형 컴퓨터의 파이썬 프로그램에서는 일반적이지 않는다. 일부 애플리케이션에서는 원본 메시지를 저장할 필요 없이 일부 필드의 값만 저장해도 사용되는 메모리 양이 많이 줄어든다.

Message 객체에 있는 버퍼를 재사용하려면 버퍼가 특정 State 객체의 일부가 아닌지 확인해야 한다. 여기서는 현재 Message 객체를 전체 Reader의 일부로 만들고 각 State에 Message 객체를 인수 값으로 제공했다.

이제 컨텍스트를 보았으므로 불완전한 메시지에 대한 다양한 상태를 구현하는 클래스를 살펴보자. 처음에 메시지를 시작하는 $에 대한 대기 상태로 시작할 것이다. $가 수신되면 파서는 새로운 상태인 Header로 전환된다.

```python
class Waiting(NMEA_State):
  def feed_byte(self, input: int) -> NMEA_State:
    if input == ord(b"$"):
      return Header(self.message)
    return self
```

Header 상태에 있을 때 $ 이후에서 'GP'와 같은 발신자 및 'GLL' 등의 문장 타입을 식별하는 다섯 개의 문자 수신을 기다린다. 문자 다섯 개를 얻을 때까지 바이트를 축적한 다음에 Body 상태로 전환된다.

```python
class Header(NMEA_State):
  def __init__(self, message: "Message") -> None:
    self.message = message
    self.message.reset()

  def feed_byte(self, input: int) -> NMEA_State:
    if input == ord(b"$"):
      return Header(self.message)
    size = self.message.body_append(input)
    if size == 5:
      return Body(self.message)
    return self
```

Body 상태는 메시지의 대부분을 축적하는 곳이다. 일부 애플리케이션의 경우 헤더에 대한 추가적인 처리를 적용해 원치 않는 메시지 타입을 수신하면 헤더에 대한 대기 상태로 다시 전환되도록 할 수 있다. 이렇게 하면 대량의 데이터를 생성하는 장치를 처리할 때 처리 시간을 약간 줄일 수 있다.

*가 도착하면 본문이 완료되며, 그 다음 두 바이트는 반드시 체크섬의 일부여야 한다. 이는 Checksum 상태로 전환하는 것을 의미한다.

```python
class Body(NMEA_State):
  def feed_byte(self, input: int) -> NMEA_State:
    if input == ord(b"$"):
      return Header(self.message)
    if input == ord(b"*"):
      return Checksum(self.message)
    self.message.body_append(input)
    return self
```

Checksum 상태는 특정 수의 입력 바이트를 기다리고 있다는 점이 Header 상태에서 바이트를 축적하는 것과 유사하다. 체크섬 다음에는 대부분의 메시지 뒤에 ASCII 문자 \r 및 \n 가 온다. 이 중 하나를 받으면 그 다음에 오는 초과 문자를 정상적으로 무시할 수 있는 End 상태로 전환된다.

```python
class Checksum(NMEA_State):
  def feed_byte(self, input: int) -> NMEA_State:
    if input == ord(b"$"):
      return Header(self.message)
    if input in {ord(b"\n"), ord(b"\r")}:
      # 불완전한 체크섬... 유효하지 않음.
      return End(self.message)
    size = self.message.checksum_append(input)
    if size == 2:
      return End(self.message)
    return self
```

End 상태에는 추가 기능이 있다. 기본 valid() 메서드를 재정의한다. 다른 모든 상태의 경우 valid() 메서드는 False이다. 완전한 메시지를 받으면 이 상태의 클래스 정의가 유효성 규칙을 변경한다. 이제 Message 클래스에 의존해 계산된 체크섬과 최종 체크섬 바이트를 비교해 메시지가 유효한지 알려준다.

```python
class End(NMEA_State):
  def feed_byte(self, input: int) -> NMEA_State:
    if input == ord(b"$"):
      return Header(self.message)
    elif input not in {ord(b"\n"), ord(b"\r")}:
      return Waiting(self.message)
    return self

  def valid(self) -> bool:
    return self.message.valid
```

이런 상태 지향적인 동작 변화는 이 디자인 패턴을 사용하는 가장 좋은 이유 중 하나이다. 완전한 메시지가 있는지, 모든 부분이 올바르고 구두점이 있는지 여부를 결정하기 위한 복잡한 if 조건문 집합 대신에 복잡성을 여러 개별 상태 및 상태에서 상태로의 전환 규칙으로 리팩토링했다. 따라서 $, 다섯 개의 문자, 본문, *, 두 개의 추가 문자를 수신하고 체크섬이 올바른지 확인한 경우에만 유효성을 검사하면 된다.

다음은 이것이 어떻게 작동하는지 보여주는 테스트 케이스이다.

```python
>>> message = b'''
... $GPGGA,161229.487,3723.2475,N,12158.3416,W,1,07,1.0,9.0,M,,,,0000*18
... $GPGLL,3723.2475,N,12158.3416,W,161229.487,A,A*41
... '''
>>> rdr = Reader()
>>> result = list(rdr.read(message))
[Message(bytearray(b'GPGGA,161229.487,3723.2475,N,12158.3416,W,1,07,1
.0,9.0,M,,,,0000'), bytearray(b'18'), computed=18), Message(bytearray
(b'GPGLL,3723.2475,N,12158.3416,W,161229.487,A,A'), bytearray(b'41'),
computed=41)]
```

파싱이 정확히 되는지 확인하기 위해 "SiRF NMEA 레퍼런스 매뉴얼 1.3 개정판"에서 두 개의 예제 메시지를 복사했다. GPS IoT 장치에 대한 자세한 정보는 https://www.sparkfun.com/products/13750을 참조하라. 추가적인 예제와 상세정보는 http://aprs.gids.nl/nmea/를 참조하라.

유효성 검사를 개별 상태 정의 및 상태 전환 규칙으로 리팩토링할 수 있으므로 복잡한 메시지를 파싱할 때 상태 전환을 사용하는 것은 종종 도움이 된다.

상태 패턴 대 전략 패턴

상태 패턴은 전략 패턴과 매우 유사해 보인다. 실제로 둘의 UML 다이어그램은 동일하다. 구현도 역시 동일하다. 이 장의 앞부분에 있는 전략 패턴 절에서 제안했던 것처럼 상태를 객체로 래핑하는 대신 일등급 함수로 작성할 수도 있다.

이 두 패턴은 모두 다른 객체에 작업을 위임하기 때문에 유사하다. 이 패턴들은 복잡한 문제와 밀접하게 관련돼 있으면서도 더 단순한 여러 문제로 분해한다.

전략 패턴은 런타임에 알고리듬을 선택할 때 사용된다. 일반적으로 특정 유스 케이스에 대해 이런 알고리듬 중 하나만 선택된다. 이 아이디어는 가능한 한 디자인 프로세스의 후반부에서 런타임에 대한 구현을 선택하도록 하는 것이다. 전략 클래스 정의는 다른 구현을 거의 인식하지 못한다. 각 전략은 보통 독립적이다.

반면에 상태 패턴은 일부 프로세스가 발전함에 따라 서로 다른 상태 사이를 동적으로 전환할 수 있도록 디자인됐다. 이 예제에서는 바이트가 소비되고 발전하면서 일련의 유효성 조건이 충족됨에 따라 상태가 변경됐다. 상태 정의는 일반적으로 다양한 상태 객체들 사이에서 전환될 수 있는 그룹으로서 정의된다.

NMEA 메시지를 파싱하는 데 사용되는 End 상태는 어느 정도 상태 패턴 특징과 전략 패턴 특징을 모두 갖고 있다. valid() 메서드의 구현이 다른 상태들과 다르기 때문에 이것은 문장의 유효성을 결정하는 다른 전략을 반영한다고 할 수 있다.

⁛ 싱글톤 패턴

싱글톤 패턴은 논란의 여지가 있다. 많은 사람들이 이 패턴은 안티-패턴, 즉 권장되면 안 되고 피해야 하는 패턴이라고 비난했다. 파이썬에서 누군가가 싱글톤 패턴을 사용하고 있다면 그들은 거의 확실히 뭔가 잘못하고 있는 것이며, 아마도 더 제한적인 프로그래밍 언어에서 건너왔기 때문일 것이다.

그렇다면 왜 이것을 논의해야 하는가? 싱글톤은 지나치게 객체지향적인 언어에서 유용하며 전통적인 객체지향 프로그래밍의 중요한 부분이다. 더 적절하게 말하면, 파이썬에서 완전히 다른 방식으로 개념을 구현하더라도 싱글톤 이면에 있는 아이디어는 유용하다.

싱글톤 패턴의 이면에 있는 기본 아이디어는 특정 객체의 인스턴스가 하나만 존재하도록 하는 것이다. 일반적으로 이 객체는 5장, '객체지향 프로그래밍의 사용 시기'에서 논의한 것과 같은 일종의 관리자 클래스이다. 이런 관리자 객체는 종종 다양한 다른 객체에서 참조된다. 관리자 객체에 대한 참조를 메서드나 생성자에 전달하는 것은 코드를 읽기 어렵게 만들 수 있다.

대신 싱글톤이 사용되면 개별 객체들은 클래스로부터 관리자 객체의 단일 인스턴스를 요청한다. UML 다이어그램은 이를 완전히 설명하지 못하지만 완전성을 위해 아래에 표시했다.

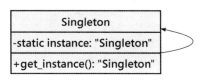

그림 11.9 UML로 나타낸 싱글톤 패턴

대부분의 프로그래밍 환경에서 싱글톤은 생성자를 비공개로 만들어 아무도 추가 인스턴스를 만들 수 없도록 하며, 그 다음에 단일 인스턴스를 조회하는 정적 메서드를 제공한다. 이 메서드는 처음 호출될 때 새 인스턴스를 만들고, 그 다음 모든 후속 호출에 대해 동일한 인스턴스를 반환한다.

싱글톤 구현

파이썬에는 private 생성자가 없지만 이 목적을 위해 __new__() 클래스 메서드를 사용해 인스턴스가 오직 하나만 생성되도록 할 수 있다.

```
>>> class OneOnly:
...     _singleton = None
...     def __new__(cls, *args, **kwargs):
...         if not cls._singleton:
...             cls._singleton = super().__new__(cls, *args, **kwargs)
...         return cls._singleton
```

__new__()가 호출되면 일반적으로 요청된 클래스의 새 인스턴스를 생성한다. 이 메서드를 재정의할 때 먼저 싱글톤 인스턴스가 생성됐는지 확인한다. 그렇지 않다면 super 호출을 사용해 생성한다. 따라서 OneOnly에서 생성자를 호출할 때마다 항상 정확히 동일한 인스턴스를 얻게 된다.

```
>>> o1 = OneOnly()
>>> o2 = OneOnly()
>>> o1 == o2
True
>>> id(o1) == id(o2)
True
>>> o1
<__main__.OneOnly object at 0x7fd9c49ef2b0>
>>> o2
<__main__.OneOnly object at 0x7fd9c49ef2b0>
```

두 객체는 동일하며 동일한 주소에 있다. 따라서 동일한 객체이다. 이 특정 구현은 싱글톤 객체를 만드는 데 사용되는 특수 메서드가 분명하지 않기 때문에 매우 명쾌하지 못하다.

실제로는 이것이 필요하지 않다. 파이썬은 활용할 수 있는 두 가지 내장 싱글톤 패턴을 제공한다. 읽기 어려운 것을 개발하는 대신 다음 두 가지 선택이 있다.

- 파이썬 모듈은 싱글톤이다. 한 번의 import로 모듈이 생성된다. 모듈을 임포트하려는 그 후의 모든 시도는 모듈의 유일한 싱글톤 인스턴스를 반환한다. 애플리케이션 전체에 대한 구성 파일 또는 캐시가 필요한 경우 이 부분을 별개의 모듈로 만들라. logging, random, re 등과 같은 라이브러리 모듈은 모듈 수준의 싱글톤 캐시를 갖고 있다. 아래에서 모듈 수준 변수를 사용하는 방법을 살펴볼 것이다.

- 파이썬 클래스 정의도 싱글톤으로 서비스될 수 있다. 클래스는 주어진 네임스페이스에서 한 번만 생성될 수 있다. 클래스 수준 속성이 있는 클래스를 싱글톤 객체로 사용하는 것을 고려할 수 있다. 이는 인스턴스가 생성되지 않고 self 변수가 없기 때문에 @staticmethod 데코레이터로 메서드를 정의하는 것을 의미한다.

복잡한 싱글톤 패턴 대신 모듈 수준 변수를 사용하려면 클래스를 정의한 후 클래스를 인스턴스화해야 한다. 각 상태에 대해 싱글톤 객체를 사용하도록 해 앞에서 본 상태 패턴 구현을 개선할 수 있다. 상태를 변경할 때마다 새 객체를 생성하는 대신 항상 액세스할 수 있는 모듈 수준 변수 컬렉션을 만들 수 있다.

여기서 작지만 아주 중요한 디자인 변경을 할 것이다. 앞의 예제에서 각 상태는 축적되는 Message 객체에 대한 참조를 가지고 있다. 이것은 새로운 NMEA_State 객체를 생성하는 일부로서 Message 객체를 제공할 것을 요구했다. 그래서 동일한 Message 인스턴스에서 작업을 하지만 새로운 상태인 Body로 전환하기 위해 return Body(self.message)와 같은 코드를 사용해야 했다.

상태 객체를 생성 및 재생성 하지 않으려면 관련 메서드에 대한 인수로 Message를 제공해야 한다.

수정된 NMEA_State 클래스는 다음과 같다.

```python
class NMEA_State:
    def enter(self, message: "Message") -> "NMEA_State":
        return self

    def feed_byte(
        self,
        message: "Message",
        input: int
    ) -> "NMEA_State":
        return self

    def valid(self, message: "Message") -> bool:
        return False

    def __repr__(self) -> str:
        return f"{self.__class__.__name__}()"
```

NMEA_State 클래스의 이 변형에는 인스턴스 변수가 없다. 모든 메서드는 클라이언트가 전달하는 인수 값으로 작동한다. 다음은 개별 상태 정의이다.

```python
class Waiting(NMEA_State):
  def feed_byte(
      self,
      message: "Message",
      input: int
  ) -> "NMEA_State":
    if input == ord(b"$"):
      return HEADER
    return self

class Header(NMEA_State):
  def enter(self, message: "Message") -> "NMEA_State":
    message.reset()
    return self

  def feed_byte(
      self,
      message: "Message",
      input: int
  ) -> "NMEA_State":
    if input == ord(b"$"):
      return HEADER
    size = message.body_append(input)
    if size == 5:
      return BODY
    return self

class Body(NMEA_State):
  def feed_byte(
      self,
      message: "Message",
      input: int
  ) -> "NMEA_State":
    if input == ord(b"$"):
      return HEADER
    if input == ord(b"*"):
      return CHECKSUM
    size = message.body_append(input)
    return self
```

```python
class Checksum(NMEA_State):
  def feed_byte(
      self,
      message: "Message",
      input: int
  ) -> "NMEA_State":
    if input == ord(b"$"):
      return HEADER
    if input in {ord(b"\n"), ord(b"\r")}:
      # Incomplete checksum... Will be invalid.
      return END
    size = message.checksum_append(input)
    if size == 2:
      return END
    return self

class End(NMEA_State):
  def feed_byte(
      self,
      message: "Message",
      input: int
  ) -> "NMEA_State":
    if input == ord(b"$"):
      return HEADER
    elif input not in {ord(b"\n"), ord(b"\r")}:
      return WAITING
    return self

  def valid(self, message: "Message") -> bool:
    return message.valid
```

다음은 이런 각 NMEA_State 클래스의 인스턴스에서 생성된 모듈 수준 변수이다.

```python
WAITING = Waiting()
HEADER = Header()
BODY = Body()
CHECKSUM = Checksum()
END = End()
```

이런 각 클래스 내에서 이 다섯 가지 전역 변수를 참조해 파싱 상태를 변경할 수 있다. 클래스 이후에 정의된 전역을 참조하는 능력은 처음에는 약간 신기하게 보일 수 있다.

파이썬 변수 이름은 런타임이 될 때까지 객체로 확인되지 않기 때문에 아름답게 작동한다. 각 클래스가 빌드될 때 CHECKSUM과 같은 이름은 문자열에 불과하다. Body.feed_byte() 메서드를 평가하고 CHECKSUM 값을 반환할 때 이 이름은 Checksum() 클래스의 단일 인스턴스로 확인된다.

Header 클래스가 어떻게 리팩토링됐는지 주의하라. 각 상태에 __init__()이 있는 버전에서는 Header 상태에 진입할 때 Message.reset()을 명시적으로 평가했다. 이 디자인에서는 새로운 상태 객체를 생성하지 않기 때문에 새로운 상태로 들어가는 특별한 경우를 처리하고 초기화 또는 설정을 수행하기 위해 enter() 메서드를 오직 한 번만 수행하는 방법이 필요하다. 이 요구사항으로 인해 Reader 클래스가 약간 변경됐다.

```python
class Reader:
    def __init__(self) -> None:
        self.buffer = Message()
        self.state: NMEA_State = WAITING

    def read(self, source: Iterable[bytes]) -> Iterator[Message]:
        for byte in source:
            new_state = self.state.feed_byte(
                self.buffer, cast(int, byte)
            )
            if self.buffer.valid:
                yield self.buffer
                self.buffer = Message()
                new_state = WAITING
            if new_state != self.state:
                new_state.enter(self.buffer)
                self.state = new_state
```

단순히 self.state 인스턴스 변수의 값을 self.state.feed_byte() 평가의 결과로 바꾸지 않는다. 대신에 self.state의 이전 값을 다음 값인 new_state와 비교해 상태 변경이 있는지 확인한다. 변경이 있는 경우 상태 변경이 요구되는 일회성 초기화를 수행할 수 있도록 새 상태에서 enter()를 평가해야 한다.

이 예제에서는 나중에 가비지로 수집돼야 하는 각 상태 객체의 수많은 새 인스턴스를 만들기 위해 메모리를 낭비하지 않는다. 그 대신 들어오는 데이터 스트림의 각 부분에 대해 단일 상태 객체를 재사용한다. 여러 개의 파서가 한 번에 실행되더라도 이런 상태 객체만 사용해야 한다. 상태를 가진 메시지 데이터는 각 상태 객체의 상태 처리 규칙과 별도로 유지된다.

TIP

> 각각 다른 목적을 가진 두 패턴을 결합했다. 상태 패턴은 처리가 완료되는 방법을 다룬다. 싱글톤 패턴은 객체 인스턴스를 관리하는 방법을 다룬다. 많은 소프트웨어 디자인에는 여러 가지 중복 또는 보완적인 패턴이 포함된다.

⁙ 사례 연구

여기서는 3장, '객체가 유사한 경우'에서 따로 남겨둔 사례 연구의 일부를 검토할 것이다. 3장에서 거리를 계산하는 다양한 방법에 대해서는 얘기했지만 디자인에 대한 부분은 나중을 위해 남겨두었다. 이제 몇 가지 기초 디자인 패턴을 보았으므로 그중 일부를 사례 연구에 적용할 수 있다.

이제는 다양한 종류의 거리 계산을 Hyperparameter 클래스 정의에 넣어야 한다. 3장에서는 거리 계산이 하나의 정의가 아님을 설명했다. 일반적으로 사용되는 거리 계산에는 50여 가지 대안이 있으며 일부는 단순하고 일부는 다소 복잡하다. 3장에서는 유클리드 거리, 맨해튼 거리, 체비쇼프 거리, 그리고 좀 복잡해 보이는 쇠렌센 거리 등 몇 가지 일반적인 것을 보여주었다. 각각은 이웃의 '가까움'에 대해 약간 다른 가중치를 부여한다.

Hyperparameter 클래스는 세 가지 중요한 구성 요소를 포함하고 있다.

- 기본 TrainingData에 대한 참조. 이것은 가장 가까운 이웃을 찾기 위해 사용된다.

- 몇 개의 이웃을 확인할지 결정하는 데 사용되는 k 값.

- 거리 계산 알고리듬. 여기에 어떤 알고리듬이든 연결할 수 있어야 한다. 이전의 사례 연구에서 수많은 대안이 있음을 보여줬다. 이는 한두 가지만 구현하는 것은 현실적인 요구사항을 제대로 수용하지 못할 것임을 시사한다.

거리 계산 알고리듬을 플러그인으로 사용하는 것은 전략 디자인 패턴의 좋은 적용 사례이다. 주어진 Hyperparameter 객체 h에 대해 h.distance 객체는 거리 계산 작업을 수행하는 distance() 메서드를 갖는다. 이 작업을 수행하기 위해 Distance의 모든 하위 클래스를 플러그인 할 수 있다.

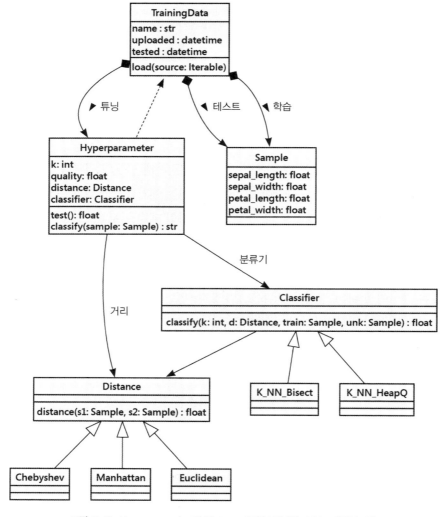

그림 11.10 Hyperparameter 및 Distance 클래스가 있는 UML 다이어그램

이것은 Hyperparameter 클래스의 classify() 메서드가 전략 객체의 self.distance.
distance()를 사용해 거리를 계산한다는 것을 의미한다. 이를 사용해 여러 대안적인
distance 객체들 뿐만 아니라 대안적인 k 값들을 제공해 미지의 샘플을 최고의 품질로
분류하는 조합을 찾을 수 있다.

다음과 같은 UML 다이어그램을 사용해 관계를 요약할 수 있다.

이 다이어그램은 몇 가지 클래스에 중점을 둔다.

- Hyperparameter 클래스의 인스턴스는 Distance 클래스에 대한 참조를 갖는다. 이
  전략 디자인 패턴을 사용하면 문헌에서 찾을 수 있는 알고리듬으로 Distance의 하
  위 클래스를 원하는 수만큼 만들 수 있다.

- Distance 클래스의 인스턴스는 두 샘플 사이의 거리를 계산한다. 연구원들은 54개
  의 구현을 디자인했다. 여기서는 3장에서 살펴본 몇 가지 간단한 것들만 다룰 것
  이다.

  - 체비쇼프Chebyshev 거리는 max()를 사용해 각 차원에 따른 4개의 거리 중 가장
    큰 단일 값을 선택한다.

  - 유클리드Euclidean 거리는 math.hypot() 함수를 사용한다.

  - 맨해튼Manhattan 거리는 4개 차원에 따른 각 거리의 합이다.

- Hyperparameter 클래스의 인스턴스는 k-최근접 이웃 분류기인 Classifier 함수에
  대한 참조도 갖고 있다. 이 전략 디자인 패턴을 사용하면 최적화된 분류기 알고리
  듬을 원하는 만큼 사용할 수 있다.

- TrainingData 객체에는 Hyperparameter 객체가 공유하는 원본 Sample 객체가 포함
  돼 있다.

다음은 거리 계산 및 Euclidean 구현을 위한 전체 프로토콜을 정의하는 Distance 클래스
정의의 예이다.

```
from typing import Protocol
from math import hypot

class Distance(Protocol):
  def distance(
      self,
      s1: TrainingKnownSample,
      s2: AnySample
  ) -> float:
    ...

class Euclidean(Distance):
  def distance(self, s1: TrainingKnownSample, s2: AnySample) -> float:
    return hypot(
      (s1.sample.sample.sepal_length - s2.sample.sepal_length)**2,
      (s1.sample.sample.sepal_width - s2.sample.sepal_width)**2,
      (s1.sample.sample.petal_length - s2.sample.petal_length)**2,
      (s1.sample.sample.petal_width - s2.sample.petal_width)**2,
    )
```

mypy와 같은 도구가 거리 계산을 수행하는 클래스를 인식할 수 있도록 Distance 프로
토콜을 정의했다. distance() 함수의 본문은 파이썬 토큰 ... 이다. 그것은 정말로 세 개
의 점이며 6장에서 배웠듯이 추상 메서드 본문에 사용되는 토큰이다.

맨해튼 거리와 체비쇼프 거리는 서로 유사하다. 맨하탄 거리는 피쳐 간 변화의 합이며
체비쇼프는 피쳐 중 가장 큰 변화이다.

```
class Manhattan(Distance):
  def distance(self, s1: TrainingKnownSample, s2: AnySample) -> float:
    return sum(
      [
        abs(s1.sample.sample.sepal_length - s2.sample.sepal_length),
        abs(s1.sample.sample.sepal_width - s2.sample.sepal_width),
        abs(s1.sample.sample.petal_length - s2.sample.petal_length),
        abs(s1.sample.sample.petal_width - s2.sample.petal_width),
      ]
    )

class Chebyshev(Distance):
  def distance(self, s1: TrainingKnownSample, s2: AnySample) -> float:
    return max(
```

```
          [
            abs(s1.sample.sample.sepal_length - s2.sample.sample.sepal_length),
            abs(s1.sample.sample.sepal_width - s2.sample.sample.sepal_width),
            abs(s1.sample.sample.petal_length - s2.sample.sample.petal_length),
            abs(s1.sample.sample.petal_width - s2.sample.sample.petal_width),
          ]
        )
```

이와 유사하게 *k*-최근접 이웃 분류도 대안적인 구현 전략을 갖는 계층으로 정의될 수 있다. 10장 '이터레이터 패턴'에서 보았듯이 이 알고리듬을 수행하는 방법도 여러 가지가 있다. 정렬된 리스트가 있는 간단한 접근 방식을 사용하거나, 보다 정교한 접근 방식으로 힙 큐를 사용하거나, 또는 bisect 모듈을 사용해 대규모인 이웃 컬렉션의 오버헤드를 줄일 수 있다. 여기서 10장의 모든 정의를 반복하지는 않을 것이다. 이것들은 모두 함수로 정의되며, 다음은 모든 거리 계산 결과를 정렬해 가장 가까운 *k* 개의 샘플을 찾는 간단한 버전이다.

```
From collections import Counter

def k_nn_1(
    k: int,
    dist: DistanceFunc,
    training_data: TrainingList,
    unknown: AnySample
) -> str:
  distances = sorted(
    map(lambda t: Measured(dist(t, unknown), t), training_data))
  k_nearest = distances[:k]
  k_frequencies: Counter[str] = Counter(
    s.sample.sample.species for s in k_nearest
  )
  mode, fq = k_frequencies.most_common(1)[0]
  return mode
```

이 두 가지 계열의 거리 함수와 전체 분류기 알고리듬이 주어지면 두 개의 플러그인 전략 객체에 의존하는 방식으로 Hyperparameter 클래스를 정의할 수 있다. 상세한 것은 필요에 따라 확장할 수 있는 별도의 클래스 계층 구조로 분해됐기 때문에 클래스 정의가 약간 작아진다.

```
class Hyperparameter(NamedTuple):
  k: int
  distance: Distance
  training_data: TrainingList
  classifier: Classifier

  def classify(self, unknown: AnySample) -> str:
    classifier = self.classifier
    distance = self.distance
    return classifier(
      self.k, distance.distance, self.training_data, unknown)
```

다음은 Hyperparameter 인스턴스를 만들고 사용하는 방법이다. 이것은 전략 객체가 Hyperparameter 객체에 제공되는 방법을 보여준다.

```
>>> data = [
...     KnownSample(sample=Sample(1, 2, 3, 4), species="a"),
...     KnownSample(sample=Sample(2, 3, 4, 5), species="b"),
...     KnownSample(sample=Sample(3, 4, 5, 6), species="c"),
...     KnownSample(sample=Sample(4, 5, 6, 7), species="d"),
... ]
>>> manhattan = Manhattan().distance
>>> training_data = [TrainingKnownSample(s) for s in data]
>>> h = Hyperparameter(1, manhattan, training_data, k_nn_1)
>>> h.classify(UnknownSample(Sample(2, 3, 4, 5)))
'b'
```

Manhattan 클래스의 인스턴스를 만들고 이 객체의 distance() 메서드, 즉 계산된 거리 값이 아닌 메서드 객체를 Hyperparameter 인스턴스에 제공했다. 최근접 이웃 분류를 위해 k_nn_1() 함수도 제공했다. 학습 데이터는 4개의 KnownSample 객체 시퀀스이다.

분류가 얼마나 잘 되는지에 직접적인 영향을 미치는 거리 함수와 성능 최적화에 큰 영향이 없는 분류기 알고리듬 사이에는 미묘한 차이가 있다. 이 둘이 대등하지 않다고 말할 수 있으며, 아마도 한 클래스에 너무 많은 기능을 넣은 것일 수 있다. 사실 분류기 알고리듬의 품질은 테스트할 필요가 없다. 성능만 테스트하면 된다.

이 작은 예제는 주어진 미지의 샘플에 가장 가까운 이웃을 정확하게 찾는다. 실제적으로 테스트 데이터셋의 모든 샘플을 검사하려면 보다 정교한 테스트 기능이 필요하다.

위에서 정의한 Hyperparameter 클래스에 다음 메서드를 추가할 수 있다.

```
def test(self, testing: TestingList) -> float:
  classifier = self.classifier
  distance = self.distance
  test_results = (
    ClassifiedKnownSample(
      t.sample,
      classifier(
        self.k, distance.distance,
        self.training_data, t.sample),
    )
    for t in testing
  )
  pass_fail = map(
    lambda t: (1 if t.sample.species == t.classification else 0),
    test_results
  )
  return sum(pass_fail) / len(testing)
```

Hyperparameter의 이 test() 메서드는 테스트셋의 모든 샘플에 classify() 메서드를 적용할 수 있다. 테스트한 전체 개수 대비 정확히 분류된 테스트 샘플의 비율은 이 특정 매개변수 조합의 전체 품질을 측정하는 한 가지 방법이다.

하이퍼파라미터의 조합은 매우 다양하며, 커맨드 디자인 패턴을 사용해 여러 테스트 커맨드를 생성할 수 있다. 이런 각 커맨드 인스턴스에는 고유한 Hyperparameter 객체를 만들고 테스트하는 데 필요한 값들이 포함된다. 포괄적인 하이퍼파라미터 튜닝을 수행하기 위해 이런 커맨드들의 컬렉션을 생성할 수 있다.

핵심 커맨드는 실행될 때 Timing 객체를 생성한다. Timing 객체는 테스트 결과의 요약이며 다음과 같다.

```
class Timing(NamedTuple):
  k: int
  distance_name: str
  classifier_name: str
  quality: float
  time: float   # Milliseconds
```

테스트 커맨드에는 Hyperparameter와 테스트 데이터에 대한 참조가 제공된다. 이것은 나중에 실제로 튜닝 결과를 수집하기 위해 사용할 수 있다. 커맨드 디자인 패턴을 사용하면 커맨드의 생성과 실행을 분리할 수 있다. 이 분리는 진행상황을 이해하는 데 도움이 될 수 있다. 다양한 알고리듬의 성능을 비교할 때 측정하고 싶지 않은 일회성 설정 처리가 있는 경우에 필요할 수도 있다.

다음은 TestCommand 클래스 정의이다.

```python
import time

class TestCommand:
  def __init__(
    self,
    hyper_param: Hyperparameter,
    testing: TestingList,
  ) -> None:
    self.hyperparameter = hyper_param
    self.testing_samples = testing

  def test(self) -> Timing:
    start = time.perf_counter()
    recall_score = self.hyperparameter.test(self.testing_samples)
    end = time.perf_counter()
    timing = Timing(
      k=self.hyperparameter.k,
      distance_name=
        self.hyperparameter.distance.__class__.__name__,
      classifier_name=
        self.hyperparameter.classifier.__name__,
      quality=recall_score,
      time=round((end - start) * 1000.0, 3),
    )
    return timing
```

생성자는 Hyperparameter 및 테스트 샘플 리스트를 저장한다. test() 메서드가 평가되면 테스트가 실행되고 Timing 객체가 생성된다. 이 매우 작은 데이터셋의 경우 테스트는 매우 빠르게 실행된다. 더 크고 복잡한 데이터셋의 경우 하이퍼파라미터 튜닝이 몇 시간 동안 실행될 수 있다.

다음은 TestCommand 인스턴스 모음을 빌드하고 실행하는 함수이다.

```python
def tuning(source: Path) -> None:
    train, test = load(source)
    scenarios = [
        TestCommand(Hyperparameter(k, df, train, cl), test)
        for k in range(3, 33, 2)
        for df in (euclidean, manhattan, chebyshev)
        for cl in (k_nn_1, k_nn_b, k_nn_q)
    ]
    timings = [s.test() for s in scenarios]
    for t in timings:
        if t.quality >= 1.0:
            print(t)
```

이 함수는 원시 데이터를 로드하고 데이터 분할도 수행한다. 이 코드는 9장 '문자열, 직렬화, 파일 경로'의 주제이다. k 값, 거리, 분류기 함수의 다양한 조합에 대해 각각 TestCommand 객체를 생성해 scenarios 리스트에 저장한다.

모든 커맨드 인스턴스가 생성된 후 모든 객체를 실행해 그 결과를 timings 리스트에 저장한다. 최적의 하이퍼파라미터 조합을 찾는 데 도움이 되는 결과가 표시된다.

튜닝 함수 구축의 일부로 전략 및 커맨드 디자인 패턴을 사용했다. 3개의 거리 계산 클래스는 이 객체 각각에 대해 하나의 인스턴스만 필요하기 때문에 싱글톤과 같은 클래스 디자인을 위한 좋은 후보이다. 디자인 패턴과 같이 디자인을 설명하는 언어가 있으면 다른 개발자에게 디자인을 설명하기가 더 쉬워진다.

⁞ 정리

소프트웨어 디자인의 세계는 좋은 아이디어로 가득 차 있다. 정말 좋은 아이디어는 반복적으로 사용되고, 반복 가능한 패턴을 형성한다. 이런 소프트웨어 디자인 패턴을 알고 사용하면 개발자는 이미 개발된 것을 재발명하려고 많은 두뇌 칼로리를 소모하지 않아도 된다. 11장에서는 가장 일반적인 몇 가지 디자인 패턴을 살펴봤다.

- 데코레이터 패턴은 파이썬 언어에서 함수나 클래스에 기능을 추가하기 위해 사용된다. 데코레이터 함수를 정의하고 이를 직접 적용하거나 @ 구문을 사용해 데코레이터를 다른 함수에 적용할 수 있다.

- 옵저버 패턴으로 GUI 애플리케이션 작성을 단순화할 수 있다. 또한 GUI가 아닌 애플리케이션에서도 상태를 변경하는 객체와 상태 정보를 표시하거나 요약하거나 다르게 사용하는 객체 간의 관계를 공식화하는 데 사용할 수 있다.

- 전략 패턴은 많은 객체지향 프로그래밍에서 핵심이 된다. 데이터와 데이터 처리에 도움이 되는 전략 객체를 사용해 큰 문제를 여러 개의 컨테이너로 분해할 수 있다. 전략 객체는 다른 객체에 대한 일종의 "플러그인"이다. 이것은 변경이 필요할 때 작성된 모든 코드를 손상시키지 않고 처리를 조정, 확장, 개선할 수 있는 방법을 제공한다.

- 커맨드 패턴은 다른 객체들에 적용되는 변경의 컬렉션을 요약하는 편리한 방법이다. 이 패턴은 웹 클라이언트로부터 외부 명령이 오는 웹 서비스 컨텍스트에서 매우 유용하다.

- 상태 패턴은 상태 변경 및 동작 변경이 있는 처리를 정의하는 방법이다. 상태 종속적인 동작을 연결하기 위해 전략 패턴을 활용함으로써 고유하거나 특수한 케이스에 대한 처리를 상태 종속적인 객체로 푸시할 수 있다.

- 싱글톤 패턴은 특정 종류의 객체가 하나만 있는지 확인해야 하는 드문 경우에 사용된다. 예를 들어 애플리케이션을 중앙 데이터베이스에 대한 하나의 연결만으로 제한하는 것이 일반적이다.

이런 디자인 패턴은 복잡한 객체 컬렉션을 구성하는 데 도움이 된다. 여러 패턴을 알면 개발자가 협력 클래스들을 시각화하고 책임을 할당하는 데 도움이 될 수 있다. 또한 개발자가 디자인에 대해 얘기할 때 도움이 될 수 있다. 둘 다 디자인 패턴에 대한 동일한 책을 읽었으므로 패턴을 이름으로 언급하고 긴 설명은 건너뛸 수 있다.

⠶ 연습

이 장의 예제를 작성하는 동안 저자는 특정 디자인 패턴을 사용해야만 하는 좋은 예제를 생각해 내는 것이 매우 어렵고 매우 교육적일 수 있음을 발견했다. 이전 장에서 제안했던 것처럼 이런 패턴을 적용할 수 있는 위치를 확인하기 위해 현재 또는 이전 프로젝트를 살펴보는 대신 각 패턴과 이런 패턴이 나타날 수 있는 다양한 상황에 대해 생각해 보라. 자신의 경험 밖에서 생각하려고 노력하라. 만약 현재 프로젝트가 은행 비즈니스인 경우 소매용 또는 매장용 POS 애플리케이션에서 이런 디자인 패턴을 적용하는 방법을 생각해보라. 일반적으로 웹 애플리케이션을 작성하는 경우 컴파일러를 작성하는 동안 디자인 패턴 사용을 고려하라.

데코레이터 패턴을 보고 언제 적용해야 하는지에 대한 좋은 예를 생각해보라. 논의한 파이썬 구문이 아니라 패턴 자체에 집중하라. 실제 패턴보다 조금 더 일반적이다. 기존 프로젝트에서 데코레이터를 위한 특수 구문을 적용하고 싶은 위치를 찾고 싶을 수도 있다.

옵저버 패턴을 사용하기 좋은 영역은 무엇인가? 왜 그런가? 패턴을 적용하는 방법뿐만 아니라 옵저버를 사용하지 않고 동일한 작업을 구현하는 방법에 대해서도 생각하라. 그것을 사용하기로 선택함으로써 무엇을 얻거나 잃게 되는가?

전략 패턴과 상태 패턴의 차이점을 고려하라. 구현 면에서는 매우 유사해 보이지만 목적은 다르다. 패턴을 교환할 수 있는 경우를 생각할 수 있는가? 상태 기반 시스템을 전략 패턴을 사용하도록 재디자인하거나 그 반대로 하는 것은 합리적인가? 실제 디자인은 얼마나 다른가?

주사위 굴리기 예제에서 간단한 표현식을 파싱해 몇 가지 명령을 생성했다. 더 많은 옵션이 가능하다. 주사위와 주사위 게임을 설명하는 매우 정교한 구문에 대해서는 https://help.roll20.net/hc/en-us/articles/360037773133-Dice-Reference#DiceReference-Roll20DiceSpecification 을 참조하라. 이를 구현하기 위해서는 두 가지 변경이 필요하다. 먼저 이런 모든 옵션에 대한 커맨드 계층 구조를 디자인한다. 그 다음 더 복잡한 주사위 굴리기 표현식을 파싱하고 존재하는 모든 명령을 실행하는 정규표현식을 작성한다.

파이썬 모듈 변수를 사용해 싱글톤 객체를 빌드할 수 있다는 점을 언급했다. 때로는 두 개의 서로 다른 NMEA 메시지 프로세서의 성능을 비교하는 것이 도움이 된다. USB 인터페이스가 있는 GPS 칩이 없다면 인터넷에서 NMEA 예제 메시지를 검색해 파싱할 수 있다. http://aprs.gids.nl/nmea/에서 좋은 예제를 얻을 수 있다. 모듈 변수로 인한 잠재적인 혼란과 애플리케이션의 성능 사이에는 트레이드오프 문제가 있다. 학습한 것을 뒷받침하는 데이터를 갖는 것이 도움이 될 것이다.

⠿ 요약

11장에서는 예제, UML 다이어그램, 파이썬과 정적으로 타입이 지정된 객체지향 언어 간의 차이점에 대한 설명과 함께 몇 가지 일반적인 디자인 패턴에 대해 자세히 논의했다. 데코레이터 패턴은 종종 파이썬의 일반적인 데코레이터 구문을 사용해 구현된다. 옵저버 패턴은 해당 이벤트에 대해 수행된 작업에서 이벤트를 분리하는 유용한 방법이다. 전략 패턴은 동일한 작업을 수행하기 위해 여러 알고리듬 중에서 선택할 수 있게 해준다. 커맨드 패턴은 공통 인터페이스를 공유하지만 고유한 작업을 수행하는 활성 클래스를 디자인하는 데 도움이 된다. 상태 패턴은 전략 패턴과 유사해 보이지만 대신 잘 정의된 작업을 사용해 서로 다른 상태 사이를 이동할 수 있는 시스템을 구현하기 위해 사용된다. 일부 정적으로 타입이 지정된 언어에서 널리 사용되는 싱글톤 패턴은 파이썬에서 거의 항상 안티-패턴이다.

다음 12장에서는 디자인 패턴에 대한 논의를 마무리할 것이다.

12

고급 디자인 패턴

12장에서는 디자인 패턴을 몇 가지 더 소개한다. 다시 한 번 말하지만 표준 예제뿐만 아니라 파이썬의 일반적인 구현도 다룰 것이다. 다음과 같은 주제를 논의한다.

- 어댑터^{Adapter} 패턴

- 퍼사드^{Façade} 패턴

- 지연 초기화 및 플라이웨이트^{Flyweight} 패턴

- 추상 팩토리^{Abstract Factory} 패턴

- 컴포짓^{Composite} 패턴

- 템플릿^{Template} 패턴

이 장의 사례 연구는 이런 패턴 중 일부를 아이리스 샘플 문제에 적용하는 방법을 보여준다. 특히 사례 연구 디자인의 얼마나 많은 부분이 암시적으로 이런 패턴들을 기반으로 했는지 보여줄 것이다.

이 책에서는 『GoF의 디자인 패턴』(2011)이라는 책의 관행에 맞춰 패턴 이름을 대문자로 사용한다.

어댑터 패턴부터 시작해보자. 이것은 종종 요구사항에 맞지 않는 디자인을 갖고 있는 객체 주변에 필요한 인터페이스를 제공하기 위해 사용된다.

⫶ 어댑터 패턴

이전 장에서 논의한 대부분의 패턴과 달리 어댑터^{Adapter} 패턴은 기존 코드와 상호작용하기 위해 디자인됐다. 따라서 어댑터 패턴을 구현하는 완전히 새로운 객체 집합을 디자인하지 않는다. 어댑터는 두 개의 기존 객체가 서로 인터페이스가 호환되지 않는 경우에 함께 작동하도록 하기 위해 사용된다. 마이크로 USB 충전 케이블을 USB-C 휴대폰에 연결할 수 있는 어댑터와 마찬가지로 어댑터 객체는 두 개의 서로 다른 인터페이스 사이에 위치해 즉석에서 그 둘 사이를 중계한다. 어댑터 객체의 유일한 목적은 이 중계를 수행하는 것이다. 여기에는 인수를 다른 형식으로 변환하거나, 인수 순서를 재정렬하거나, 다른 이름의 메서드를 호출하거나, 또는 기본 인수 제공과 같은 다양한 작업이 수반될 수 있다.

구조적으로 어댑터 패턴은 단순화된 데코레이터 패턴과 유사하다. 데코레이터는 일반적으로 대체되는 것과 동일한 인터페이스를 제공하는 반면에 어댑터는 두 개의 서로 다른 인터페이스 사이에 매핑된다. 이것은 UML 형식으로 다음 다이어그램과 같이 표시된다.

여기서 Client의 인스턴스인 클라이언트 객체는 작업을 수행하기 위해 다른 클래스와 협력해야 한다. 이 예에서는 어댑터가 필요한 메서드의 구체적인 예로서 load_data()를 사용하고 있다.

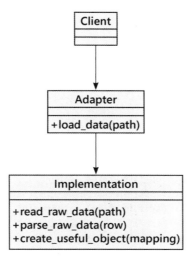

그림 12.1 어댑터 패턴

현재 원하는 모든 것을 수행하는 Implementation이라는 완벽한 클래스를 이미 가지고 있으며, 중복을 피하기 위해 다시 작성하고 싶지 않다. 이 완벽한 클래스에는 한 가지 문제가 있다. read_raw_data(), parse_raw_data(), create_useful_object() 등의 메서드를 사용하는 복잡한 작업 시퀀스를 요구한다는 것이다. Adapter 클래스는 Implementation에 의해 제공되는 기존 인터페이스의 복잡성을 숨기고 사용하기 쉬운 load_data() 인터페이스를 구현한다.

이 디자인의 장점은 요구되는 인터페이스에서 실제 인터페이스로 매핑하는 코드가 모두 한 곳인 Adapter 클래스에 있다는 것이다. 그렇지 않으면 코드를 클라이언트에 넣어야 하므로 서로 관련성이 없는 상세 구현이 코드를 복잡하게 만들 것이다. 여러 종류의 클라이언트가 있는 경우 각 클라이언트가 Implementation 클래스에 액세스해야 할 때마다 여러 위치에서 복잡한 load_data() 처리를 수행해야 한다.

어댑터 패턴의 예

HHMMSS 형식의 문자열 타임스탬프를 사용하고 이런 문자열로부터 시간 간격을 부동 소수점 수로 계산하는 다음과 같은 기존 클래스가 있다고 가정해보자.

```
class TimeSince:
    """시간은 구두점 없이 6자리여야 한다."""

    def parse_time(self, time: str) -> tuple[float, float, float]:
        return (
            float(time[0:2]),
            float(time[2:4]),
            float(time[4:]),
        )

    def __init__(self, starting_time: str) -> None:
        self.hr, self.min, self.sec = self.parse_time(starting_time)
        self.start_seconds = ((self.hr * 60) + self.min) * 60 + self.sec

    def interval(self, log_time: str) -> float:
        log_hr, log_min, log_sec = self.parse_time(log_time)
        log_seconds = ((log_hr * 60) + log_min) * 60 + log_sec
        return log_seconds - self.start_seconds
```

이 클래스는 문자열에서 시간 간격으로의 변환을 처리한다. 애플리케이션에 이 클래스가 이미 있으며, 단위 테스트에서도 잘 작동한다. from future import annotations 사용을 잊은 경우 tuple[float, float, float]을 타입 힌트로 사용하려고 하면 오류가 발생한다. annotations 모듈을 코드의 첫 번째 줄로 포함해야 한다.

다음은 이 클래스의 작동 방식을 보여주는 예이다.

```
>>> ts = TimeSince("000123")    # 00:01:23 로그 시작
>>> ts.interval("020304")
7301.0
>>> ts.interval("030405")
10962.0
```

이렇게 형식이 지정되지 않은 시간으로 작업하는 것이 약간 어색할 수 있지만 많은 IoT(사물 인터넷) 장치는 날짜와 분리된 이런 종류의 시간 문자열을 제공한다. 예를 들어 GPS 장치의 NMEA 0183 메시지는 날짜와 시간으로서 형식이 지정되지 않은 숫자로 된 문자열을 사용한다.

몇 년 전에 생성된 것으로 보이는 이런 장치 중 하나에 대한 오래된 로그가 있다. 각 ERROR 메시지와 그에 따라 나오는 일련의 메시지에 대해 이 로그를 분석하려고 한다. 문제의 근본 원인 분석을 위해 ERROR와 관련된 정확한 시간을 원한다.

다음은 테스트를 위해 사용하는 로그 데이터의 일부이다.

```
>>> data = [
...     ("000123", "INFO", "Gila Flats 1959-08-20"),
...     ("000142", "INFO", "test block 15"),
...     ("004201", "ERROR", "intrinsic field chamber door locked"),
...     ("004210.11", "INFO", "generator power active"),
...     ("004232.33", "WARNING", "extra mass detected")
... ]
```

ERROR와 WARNING 사이의 시간 간격을 계산하는 것은 어렵다. 하지만 손가락으로도 충분히 계산할 수 있으니 불가능하지는 않다. 그러나 절대 시간 대신 상대 시간으로 로그를 보여주는 것이 좋을 것 같다. 다음은 사용하려는 로그 포맷터의 개요이다. 그러나 이 코드에는 ???로 표시한 문제가 있다.

```python
class LogProcessor:
  def __init__(self, log_entries: list[tuple[str, str, str]]) -> None:
    self.log_entries = log_entries

  def report(self) -> None:
    first_time, first_sev, first_msg = self.log_entries[0]
    for log_time, severity, message in self.log_entries:
      if severity == "ERROR":
        first_time = log_time
      interval = ??? 시간 간격 계산 필요 ???
      print(f"{interval:8.2f} | {severity:7s} {message}")
```

이 LogProcessor 클래스는 잘 작동할 것처럼 보인다. 로그 항목을 반복 처리해 ERROR 줄이 발생할 때마다 first_time 변수를 재설정한다. 이렇게 하면 로그에 오류의 오프셋이 표시되므로 정확히 무슨 일이 일어났는지 알아내기 위해 많은 계산을 하지 않아도 된다.

하지만 한 가지 문제가 있다. `TimeSince` 클래스를 재사용하고 싶다. 그러나 이 클래스는 단순히 두 값 사이의 간격을 계산하지 않는다. 이 시나리오를 해결할 수 있는 몇 가지 옵션이 있다.

- 한 쌍의 시간 문자열을 사용하도록 `TimeSince` 클래스를 다시 작성할 수 있다. 이 경우에는 애플리케이션의 다른 것이 손상될 위험이 약간 있다. 이것은 종종 변경에 의해 영향을 받는 스플래시 반경^{splash radius}이라고 불린다. 스플래시 반경은 수영장에 바위를 떨어뜨렸을 때 주변의 얼마나 많은 것이 젖게 되는지를 말한다. 3장의 사례 연구에서 디자인 원칙으로 SOLID 원칙을 논의했으며, 이에 대한 배경지식은 https://subscription.packtpub.com/book/application_development/9781788835831/4를 참조하라. SOLID 원칙 중 하나인 개방/폐쇄 디자인 원칙은 클래스가 확장에는 열려 있지만 이런 종류의 변경에는 닫혀 있어야 한다고 제안한다. 이 클래스가 PyPI에서 다운로드된 경우 내부 구조를 변경하고 싶지 않을 수 있다. 그러면 후속 릴리즈를 사용할 수 없기 때문이다. 따라서 다른 클래스 내부에서 땜질해야 하는 것에 대한 대안이 필요하다.

- `TimeSince` 클래스를 그대로 사용하며 ERROR와 후속 로그 사이의 간격을 계산할 때마다 새로운 `TimeSince` 객체를 생성한다. 이것은 많은 객체를 생성한다. 로그 메시지의 각기 다른 측면을 살펴보는 여러 개의 로그 분석 애플리케이션이 있다고 생각해보라. 만약 변경이 필요하다면 이런 `TimeSince` 객체가 생성되는 모든 위치를 찾아 수정해야 함을 의미한다. `TimeSince` 클래스 작동 방식에 대한 것이 `LogProcessor` 클래스를 어지럽히는 것은 단일 책임 디자인 원칙을 위반한다. 그리고 또 다른 원칙인 DRY^(중복 배제)가 이 경우에도 적용되는 것 같다.

- 그 대신에 `LogProcessor` 클래스의 필요를 `TimeSince` 클래스의 사용 가능한 메서드와 연결하는 어댑터를 추가할 수 있다.

어댑터 솔루션은 `LogProcessor` 클래스에 필요한 인터페이스를 제공하는 클래스를 도입한다. 이 클래스는 `TimeSince` 클래스에서 제공하는 인터페이스를 사용한다. 이것은 두 클래스의 독립성을 허용하므로 변경에 대해서는 닫혀 있지만 확장에는 열려 있다. 이

어댑터는 다음과 같다.

```python
class IntervalAdapter:
  def __init__(self) -> None:
    self.ts: Optional[TimeSince] = None

  def time_offset(self, start: str, now: str) -> float:
    if self.ts is None:
      self.ts = TimeSince(start)
    else:
      h_m_s = self.ts.parse_time(start)
      if h_m_s != (self.ts.hr, self.ts.min, self.ts.sec):
        self.ts = TimeSince(start)
    return self.ts.interval(now)
```

이 어댑터는 필요할 때 TimeSince 객체를 생성한다. TimeSince가 없으면 새로 생성해야 한다. 기존 TimeSince 객체가 있고 이미 설정된 시작 시간을 사용하는 경우에는 TimeSince 인스턴스를 재사용할 수 있다. 그러나 LogProcessor 클래스가 분석의 초점을 새로운 오류 메시지로 옮겼다면 새로운 TimeSince를 생성해야 한다.

IntervalAdapter 클래스를 사용한 LogProcessor 클래스의 최종 디자인은 다음과 같다.

```python
class LogProcessor:
  def __init__(
    self,
    log_entries: list[tuple[str, str, str]]
  ) -> None:
    self.log_entries = log_entries
    self.time_convert = IntervalAdapter()

  def report(self) -> None:
    first_time, first_sev, first_msg = self.log_entries[0]
    for log_time, severity, message in self.log_entries:
      if severity == "ERROR":
        first_time = log_time
      interval = self.time_convert.time_offset(first_time, log_time)
      print(f"{interval:8.2f} | {severity:7s} {message}")
```

초기화하는 동안 IntervalAdapter() 인스턴스를 생성했다. 그 다음에 이 객체를 사용해 각 시간 오프셋을 계산했다. 이를 통해 기존 TimeSince 클래스를 수정하지 않고 재사용 할 수 있으며, TimeSince의 작동 방식으로 인해 LogProcessor가 복잡해지지 않는다.

또한 상속을 통해 이런 종류의 디자인을 다룰 수도 있다. TimeSince를 확장해 필요한 메서드를 추가할 수 있다. 이 상속 대안은 나쁜 생각이 아니며 단 하나의 '정답'이 없는 일반적인 상황을 보여준다. 어떤 경우에는 상속 솔루션을 작성해 어댑터 솔루션과 비교해서 어느 것이 더 설명하기 쉬운지 확인해야 할 수도 있다.

상속 대신에 때때로 원숭이 패치를 사용해 기존 클래스에 메서드를 추가할 수도 있다. 파이썬을 사용하면 코드를 호출하기 위해 필요한 인터페이스를 제공하는 새 메서드를 추가할 수 있다. 물론 이것은 class 문 내에 보이는 클래스 정의가 실제로 런타임에 사용되는 클래스 전체가 아니라는 것을 의미한다. 이것은 다른 개발자들이 새로운 기능이 클래스에 원숭이 패치된 위치를 찾기 위해 코드 전체를 검색하도록 강요하는 것이다. 단위 테스트가 아니라면 원숭이 패치는 좋은 생각이 아니다.

함수를 어댑터로 사용하는 것도 종종 가능하다. 이것은 어댑터 디자인 패턴의 전통적인 디자인과 맞지는 않지만, __call__() 메서드가 있는 클래스는 함수와 구별할 수 없는 호출 가능한 객체이므로 실제적인 영향은 거의 없다. 함수는 완벽하게 좋은 어댑터가 될 수 있다. 파이썬은 모든 것을 클래스에 정의할 것을 요구하지 않는다.

어댑터와 데코레이터의 차이는 작지만 중요하다. 어댑터는 종종 적용되는 클래스에서 둘 이상의 메서드를 확장, 수정, 또는 결합한다. 그러나 데코레이터는 일반적으로 기능을 약간만 추가해 주어진 메서드에 대해 유사한 인터페이스를 유지하면서 심각한 변경을 피한다. 11장에서 보았듯이 데코레이터는 특수한 종류의 어댑터로 보아야 한다.

어댑터 클래스를 사용하는 것은 전략 클래스를 사용하는 것과 매우 비슷하다. 이는 변경이 발생할 수 있으며 따라서 언젠가는 다른 어댑터가 필요할 수도 있다는 것이다. 주요 차이점은 전략이 런타임에 선택되는 반면에 어댑터는 디자인 선택이며 매우 느리게 변경된다.

다음으로 살펴볼 패턴은 새 컨테이너 내부에 기능을 래핑한다는 점에서 어댑터와 유사하다. 차이점은 래핑되는 것의 복잡성이다. 퍼사드는 종종 훨씬 더 복잡한 구조를 포함한다.

퍼사드 패턴

퍼사드Façade 패턴은 복잡한 구성 요소를 갖는 시스템에 대해 단순한 인터페이스를 제공하기 위해 디자인됐다. 이는 시스템의 전형적인 사용법을 캡슐화하는 새 클래스를 정의할 수 있게 해주기 때문에 여러 객체 간의 상호작용 사이에 숨어 있는 많은 구현 상세가 노출되는 디자인을 피할 수 있다. 공통 기능 또는 일반적인 기능에 대한 액세스를 원할 때마다 단일 객체의 단순화된 인터페이스를 사용할 수 있다. 프로젝트의 다른 부분이 더 완전한 기능에 액세스해야 하는 경우에도 시스템의 구성 요소 및 개별 메서드와 직접적으로 상호작용할 수 있다.

퍼사드 패턴에 대한 UML 다이어그램은 실제로는 다음 그림에서 패키지인 Big System 으로 표시된 하위 시스템에 종속적이지만 대략적으로 보면 다음과 같다.

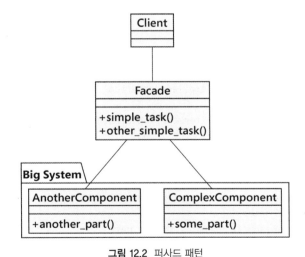

그림 12.2 퍼사드 패턴

퍼사드 패턴은 여러 면에서 어댑터 패턴과 유사하다. 주요 차이점은 퍼사드는 복잡한 인터페이스에서 좀 더 단순한 인터페이스를 추상화하려고 하는 반면 어댑터는 기존 인터페이스 하나를 다른 인터페이스에 매핑하려고 한다는 것이다.

퍼사드 패턴의 예

이 책의 이미지는 PlantUML로 작성됐다. 각 다이어그램은 텍스트 파일로 시작되며, 이것을 일부 텍스트를 갖는 PNG 파일로 변환해야 한다. 이것은 2단계 프로세스이며 여기서 퍼사드 패턴을 사용해 두 프로세스를 결합한다. PlantUML에 대한 자세한 것은 https://plantuml.com을 참조하라.

첫 번째 부분은 모든 UML 파일을 찾는 것이다. 즉 이름이 .uml로 끝나는 모든 파일을 찾기 위해 디렉터리 트리를 탐색한다. 또한 파일 내부에 이름이 지정된 여러 다이어그램이 있는지 확인하기 위해 파일 내부를 살펴본다.

```python
from __future__ import annotations
import re
from pathlib import Path
from typing import Iterator, Tuple

class FindUML:
  def __init__(self, base: Path) -> None:
    self.base = base
    self.start_pattern = re.compile(r"@startuml *(.*)")

  def uml_file_iter(self) -> Iterator[tuple[Path, Path]]:
    for source in self.base.glob("**/*.uml"):
      if any(n.startswith(".") for n in source.parts):
        continue
      body = source.read_text()
      for output_name in self.start_pattern.findall(body):
        if output_name:
          target = source.parent / output_name
        else:
          target = source.with_suffix(".png")
        yield (
          source.relative_to(self.base),
```

```
        target.relative_to(self.base)
    )
```

FindUML 클래스는 기본 디렉터리를 요구한다. uml_file_iter() 메서드는 Path.glob() 메서드를 사용해 전체 디렉터리 트리를 탐색한다. .으로 시작하는 이름을 가진 모든 디렉터리는 건너뛴다. 이들은 tox, mypy, git 등과 같은 도구에서 사용되며 이런 디렉터리의 내부는 보고 싶지 않다. 나머지 파일 중에는 @startuml이 있는 줄이 있을 수 있다. 그중 일부는 여러 출력 파일의 이름을 지정하는 줄을 갖고 있다. 대부분의 UML 파일은 여러 파일을 생성하지 않는다. self.start_pattern 정규표현식은 출력 파일 이름이 제공되는 경우 이를 캡처한다. 이터레이터는 두 개의 경로가 있는 튜플을 산출한다.

이와 별도로 PlantUML 애플리케이션 프로그램을 하위 프로세스로 실행하는 클래스가 있다. 파이썬이 실행 중일 때 이것은 운영체제 프로세스이다. 여기서는 subprocess 모듈을 사용해 다른 바이너리 애플리케이션이나 셸 스크립트를 실행하는 하위 프로세스를 시작할 수 있다. 이 클래스는 다음과 같다.

```
import subprocess

class PlantUML:

    conda_env_name = "CaseStudy"
    base_env = Path.home() / "miniconda3" / "envs" / conda_env_name

    def __init__(
        self,
        graphviz: Path = Path("bin") / "dot",
        plantjar: Path = Path("share") / "plantuml.jar",
    ) -> None:
        self.graphviz = self.base_env / graphviz
        self.plantjar = self.base_env / plantjar

    def process(self, source: Path) -> None:
        env = {
            "GRAPHVIZ_DOT": str(self.graphviz),
        }
        command = [
            "java", "-jar",
```

```
        str(self.plantjar), "-progress",
        str(source)
    ]
    subprocess.run(command, env=env, check=True)
    print()
```

이 PlantUML 클래스는 conda를 사용해 만든 CaseStudy라는 이름의 가상 환경에 있다. 다른 가상 환경 관리자를 사용한 경우 하위 클래스에서 필요한 경로 수정을 제공할 수 있다. Graphviz 패키지를 명명된 가상 환경에 설치해야 한다. 이 패키지는 다이어그램을 이미지 파일로 렌더링한다. 또한 plantuml.jar 파일을 어딘가에 다운로드해야 한다. 여기서는 가상 환경 내부의 share 디렉터리에 저장하기로 결정했다. command 변수의 값은 JRE(자바 런타임 환경)가 제대로 설치됐다고 가정한다.

subprocess.run() 함수는 명령줄 인수와 설정이 필요한 모든 특수 환경 변수를 허용한다. 주어진 환경에서 명령을 실행하고 반환되는 결과 코드를 확인해 프로그램이 제대로 실행됐는지 확인한다.

별도로 이 단계를 사용해 모든 UML 파일을 찾아 다이어그램을 만들 수 있다. 인터페이스가 약간 불편하기 때문에 퍼사드 패턴을 따르는 클래스가 유용한 명령줄 애플리케이션을 만드는 데 도움이 된다.

```
class GenerateImages:
  def __init__(self, base: Path) -> None:
    self.finder = FindUML(base)
    self.painter = PlantUML()

  def make_all_images(self) -> None:
    for source, target in self.finder.uml_file_iter():
      if (
        not target.exists()
        or source.stat().st_mtime > target.stat().st_mtime
      ):
        print(f"Processing {source} -> {target}")
        self.painter.process(source)
      else:
        print(f"Skipping {source} -> {target}")
```

GenerateImages 클래스는 FindUML 클래스와 PlantUML 클래스의 기능을 결합한 편리한 퍼사드이다. FindUML.uml_file_iter() 메서드를 사용해 소스 파일과 출력 이미지 파일을 찾는다. 이미지가 소스보다 최신인 경우 처리하는 것을 피하기 위해 파일의 수정 시간을 확인한다. stat().st_mtime은 모호하다. Path의 stat() 메서드는 많은 파일 상태 정보를 제공하며 수정 시간은 파일에 대해 찾을 수 있는 많은 것 중 하나일 뿐이다.

.uml 파일이 최신이면 저자 중 한 명이 소스 파일을 변경했으며 이미지를 다시 생성해야 함을 의미한다. 이를 수행하는 기본 스크립트는 이제 매우 간단하다.

```
if __name__ == "__main__":
    g = GenerateImages(Path.cwd())
    g.make_all_images()
```

이 예제는 자동화에 파이썬을 사용하는 중요한 방법 중 하나를 보여준다. 몇 줄의 코드로 구현할 수 있는 단계들로 프로세스를 나눴다. 그 다음에 이런 단계들을 결합해 퍼사드로 래핑했다. 또 다른 더 복잡한 애플리케이션에서도 구현 방법에 대해 깊이 고민할 필요 없이 퍼사드를 사용할 수 있다.

파이썬 커뮤니티에서 이름으로는 거의 언급되지 않지만 퍼사드 패턴은 파이썬 생태계에서 필수적인 부분이다. 파이썬은 언어 가독성을 강조하기 때문에 언어와 라이브러리 모두에서 복잡한 작업에 대해 이해하기 쉬운 인터페이스를 제공하는 경향이 있다. 예를 들어 for 루프, 리스트 컴프리헨션, 제너레이터 등은 모두 더 복잡한 이터레이터 프로토콜의 퍼사드이다. defaultdict 구현은 딕셔너리에 키가 없을 때와 같이 성가신 경우를 추상화하는 퍼사드이다.

requests 또는 httpx 등의 써드파티 라이브러리는 모두 HTTP 처리를 위해 가독성이 낮은 urllib 라이브러리에 대한 강력한 퍼사드이다. urllib 패키지 자체도 기본 socket 패키지를 사용해 텍스트 기반으로 HTTP 프로토콜을 관리하는 것에 대한 퍼사드이다.

퍼사드는 복잡성을 숨긴다. 때때로 데이터 중복을 피하기를 원한다. 다음에 살펴볼 디자인 패턴은 대용량 데이터로 작업할 때 스토리지를 최적화하기 위해 도움이 될 수 있다. 사물 인터넷 애플리케이션에 일반적으로 사용되는 매우 작은 컴퓨터에서 특히 유용하다.

⠿ 플라이웨이트 패턴

플라이웨이트Flyweight 패턴은 메모리 최적화 패턴이다. 초보 파이썬 프로그래머는 내장된 가비지 컬렉터garbage collector가 처리할 것이라 생각하고 메모리 최적화를 무시하는 경향이 있다. 물론 내장 메모리 관리에 의존하는 것이 가장 좋은 시작 방법이다. 그러나 어떤 경우에, 예를 들어 대규모 데이터 과학 애플리케이션의 경우 메모리 제약이 장벽이 될 수 있으므로 보다 적극적인 조치를 취해야 한다. 아주 작은 사물 인터넷 장치에서도 메모리 관리가 도움이 될 수 있다.

플라이웨이트 패턴은 상태를 공유하는 객체들이 공유 상태에 대해 동일한 메모리를 사용하도록 한다. 이것은 일반적으로 프로그램에서 메모리 문제가 나타난 후에만 구현된다. 어떤 상황에서는 처음부터 최적의 구성을 디자인하는 것이 합리적일 수 있지만, 때이른 최적화는 유지보수가 너무 복잡한 프로그램을 만드는 가장 효과적인 방법이라는 것을 명심하라.

일부 언어에서 플라이웨이트 디자인은 객체 참조를 공유하고, 우발적인 객체 복사를 방지하고, 객체가 조기에 삭제되지 않도록 객체 소유권을 추적할 것을 요구한다. 파이썬에서는 모든 것이 객체이고 모든 객체는 일관된 참조를 통해 작동한다. 파이썬의 플라이웨이트 디자인은 일반적으로 다른 언어보다 약간 단순하다.

플라이웨이트 패턴에 대한 다음 UML 다이어그램을 살펴보자.

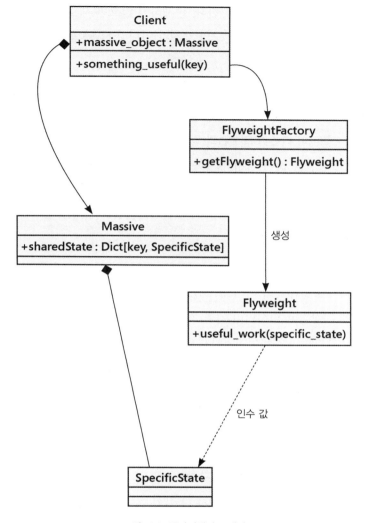

그림 12.3 플라이웨이트 패턴

각 Flyweight 객체는 고유한 특정 상태를 갖지 않는다. SpecificState에서 작업을 수행해야 할 때마다 해당 상태는 호출 코드에 의해 인수 값으로서 Flyweight에 전달돼야 한다. 전통적으로 Flyweight 클래스의 인스턴스를 반환하는 팩토리[factory]는 별도의 객체이다. 팩토리의 목적은 어떤 종류의 키나 인덱스로 구성된 개별 Flyweight 객체를 반환하는 것이다. 이것은 11장, '일반 디자인 패턴'에서 논의한 싱글톤 패턴처럼 작동한다. 플라이웨이트가 존재하면 그것을 반환한다. 존재하지 않으면 새로운 플라이웨이트를 생성한다. 많은 언어에서 팩토리는 별도의 객체가 아니라 `Flyweight` 클래스 자체의 정적 메서드로 구현된다.

이것을 월드 와이드 웹이 데이터로 가득 찬 컴퓨터를 대체한 방식에 비유할 수 있다. 옛날에는 문서와 파일을 수집하고 색인을 생성해 로컬 컴퓨터에 원본 자료의 복사본을 만들었다. 이것은 플로피 디스크 및 CD와 같은 물리적 미디어로의 전송도 포함한다. 이제는 부피가 크고 공간을 많이 차지하는 복사본을 만들지 않고도 웹사이트를 통해 원본 데이터를 참조할 수 있다. 소스 데이터에 대한 참조로 작동하기 때문에 모바일 장치에서도 쉽게 읽을 수 있다. 데이터 참조 작업의 플라이웨이트 원칙은 정보에 대한 접근 방식에 중대한 변화를 가져왔다.

클래스의 한 인스턴스만 반환하면 되는 싱글톤 디자인 패턴과 달리 플라이웨이트 디자인은 플라이웨이트 클래스의 여러 인스턴스를 가질 수 있다. 한 가지 접근 방식은 항목을 딕셔너리에 저장하고 딕셔너리 키를 기반으로 플라이웨이트 객체에 값을 제공하는 것이다. 일부 IoT 애플리케이션의 또 다른 일반적인 접근 방식은 항목들의 버퍼를 활용하는 것이다. 대형 컴퓨터에서 객체 할당 및 해제는 상대적으로 낮은 비용이 든다. 소형 IoT 컴퓨터에서는 객체 생성을 최소화해야 하며, 이는 객체가 버퍼를 공유하는 플라이웨이트 디자인을 활용해야 한다는 것을 의미한다.

파이썬에서 플라이웨이트 패턴의 예

GPS 메시지로 작업하는 IoT 장치에 대한 몇 가지 구체적인 클래스로 시작한다. 소스 버퍼에서 가져온 중복된 값으로 개별 `Message` 객체를 많이 만들고 싶지 않다. 대신 플라이웨이트 객체가 메모리 절약에 도움이 되기를 바란다. 이것은 두 가지 중요한 기능을 활용한다.

- 플라이웨이트 객체는 단일 버퍼에서 바이트를 재사용한다. 이것은 작은 컴퓨터에서 데이터 중복을 방지한다.

- 플라이웨이트 클래스는 다양한 메시지 타입에 대해 고유한 처리를 가질 수 있다. 특히, GPGGA, GPGLL, GPRMC 메시지에는 모두 위도 및 경도 정보가 있다. 세부 사항은 메시지에 따라 다르지만 별도의 파이썬 객체를 생성하고 싶지 않다. 실제 처리에 대한 유일한 구별이 버퍼 내 관련 바이트의 위치인 경우를 다루는 것은 적지 않은 오버헤드이다.

다음은 UML 다이어그램이다.

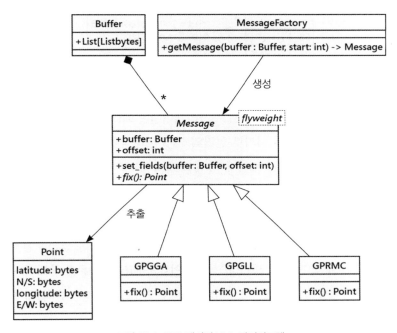

그림 12.4 GPS 메시지 UML 다이어그램

GPS로부터 읽은 바이트가 있는 Buffer 객체가 주어지면 MessageFactory를 적용해 다양한 Message 하위 클래스의 플라이웨이트 인스턴스를 생성할 수 있다. 각 하위 클래스는 공유된 Buffer 객체에 액세스할 수 있고 Point 객체를 생성할 수 있지만, 각 메시지의 독특한 구조를 반영하는 고유한 구현을 갖는다.

파이썬만의 또다른 복잡한 문제가 있다. Buffer 객체의 인스턴스에 대한 참조가 여러 개인 경우 문제가 발생할 수 있다. 여러 메시지로 작업한 후에는 Buffer 인스턴스에 대한 참조를 포함해 각 Message 하위 클래스에 로컬 임시 데이터를 갖게 된다.

이 상황은 구체적인 객체와 그에 대한 참조를 갖는 다음 다이어그램과 같이 표시할 수 있다.

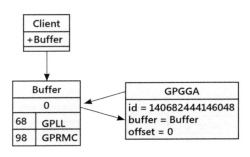

그림 12.5 참조 다이어그램

Client 객체로 표시된 일부 클라이언트 애플리케이션은 Buffer 인스턴스에 대한 참조를 갖고 있다. 애플리케이션은 이 버퍼로 일련의 GPS 트래픽을 읽는다. 또한 버퍼의 오프셋 0에 GPGGA 메시지가 있기 때문에 특정 GPGGA 인스턴스도 Buffer 객체에 대한 참조를 갖고 있다. 오프셋 68과 98에는 다른 메시지가 있으며, 이것들도 Buffer 인스턴스에 대한 참조를 갖고 있다.

Buffer에는 GPGGA Message 객체에 대한 참조가 있고 Message에도 Buffer에 대한 참조가 있기 때문에 순환 참조 쌍이 생긴다. 클라이언트가 Buffer 사용을 중지하면 참조 횟수reference count가 4에서 3으로 바뀐다. 따라서 Buffer와 Message 객체를 쉽게 제거할 수 없다.

이 문제는 파이썬의 weakref 모듈을 활용해 해결할 수 있다. '강한' 일반 참조와 달리 약한 참조는 메모리 관리 목적으로 계수되지 않는다. 객체에 대한 약한 참조를 많이 가질 수 있지만 마지막 일반 참조가 제거되면 객체는 메모리에서 제거될 수 있다. 이것은 클라이언트가 메모리를 복잡하게 만드는 이전 Buffer에 대해 걱정할 필요 없이 새로운 Buffer 객체로 작업을 시작할 수 있게 해준다. 강한 참조의 수가 1에서 0으로 바뀌면서 제거할 수 있게 된다. 마찬가지로 각 Message 객체는 Buffer로부터 하나의 강한 참조를 가질 수 있으므로 Buffer를 제거하면 각 Message도 제거된다.

약한 참조는 파이썬 런타임을 기반으로 한다. 결과적으로 이것은 몇 가지 특별한 경우에 사용할 수 있는 중요한 최적화이다. 이런 최적화 중 하나가 bytes 객체에 대해서는 약한 참조를 만들 수 없다는 것이다. 그러면 오버헤드가 발생할 수밖에 없다.

이와 같은 경우에는 이것을 약한 참조를 가질 수 있는 객체로 변환하기 위해 기본 bytes 객체에 대한 어댑터를 생성해야 한다.

```python
class Buffer(Sequence[int]):
    def __init__(self, content: bytes) -> None:
        self.content = content

    def __len__(self) -> int:
        return len(self.content)

    def __iter__(self) -> Iterator[int]:
        return iter(self.content)

    @overload
    def __getitem__(self, index: int) -> int:
        ...

    @overload
    def __getitem__(self, index: slice) -> bytes:
        ...

    def __getitem__(self, index: Union[int, slice]) -> Union[int, bytes]:
        return self.content[index]
```

이 Buffer 클래스 정의에는 실제로 새로운 코드가 많이 포함돼 있지 않다. 세 가지 특수 메서드를 제공했으며, 세 가지 모두 기본 bytes 객체에 작업을 위임했다. Sequence 추상 기본 타입은 index() 및 count()와 같은 몇 가지 메서드를 제공한다.

오버로드된 __getitem__() 메서드의 세 가지 정의는 mypy에게 buffer[i] 표현식과 buffer[start:end] 표현식 사이의 중요한 차이점을 알려준다. 첫 번째 표현식은 버퍼에서 단일 int 항목을 가져오고, 두 번째 표현식은 슬라이스를 사용해 bytes 객체를 반환한다. __getitem__()의 오버로드 정의가 아닌 마지막 메서드는 self.contents 객체에 작업을 위임함으로써 두 개의 오버로드를 구현한다.

11장 '일반 디자인 패턴'에서는 상태 기반 디자인을 사용해 체크섬을 얻고 계산하는 방법을 살펴봤다. 이 장에서는 빠르게 도착하는 많은 양의 GPS 메시지 작업에 대해 다른 접근 방식을 취한다.

다음은 일반적인 GPS 메시지이다.

```
>>> raw = Buffer(b"$GPGLL,3751.65,S,14507.36,E*77")
```

$는 메시지를 시작한다. *는 메시지를 종료한다. * 뒤의 문자는 체크섬 값이다. 이 예제에서는 두 개의 체크섬 바이트가 정확하다고 믿고 무시한다. 다음은 이런 GPS 메시지를 파싱하기 위한 몇 가지 메서드가 있는 추상 Message 클래스이다.

```
class Message(abc.ABC):
  def __init__(self) -> None:
    self.buffer: weakref.ReferenceType[Buffer]
    self.offset: int
    self.end: Optional[int]
    self.commas: list[int]

  def from_buffer(self, buffer: Buffer, offset: int) -> "Message":
    self.buffer = weakref.ref(buffer)
    self.offset = offset
    self.commas = [offset]
    self.end = None
    for index in range(offset, offset + 82):
      if buffer[index] == ord(b","):
        self.commas.append(index)
      elif buffer[index] == ord(b"*"):
        self.commas.append(index)
        self.end = index + 3
        break
    if self.end is None:
      raise GPSError("Incomplete")
    # TODO: 체크섬 확인.
    return self

  def __getitem__(self, field: int) -> bytes:
    if (not hasattr(self, "buffer")
      or (buffer := self.buffer()) is None):
```

```
    raise RuntimeError("Broken reference")
start, end = self.commas[field] + 1, self.commas[field + 1]
return buffer[start:end]
```

__init__() 메서드는 실제로 아무 것도 하지 않는다. 타입과 함께 인스턴스 변수 리스트를 제공했지만 실제로 여기서 설정하지 않는다. 이것은 클래스의 다른 곳에서 설정될 인스턴스 변수에 대해 mypy에게 알리는 방법이다.

from_buffer() 메서드에서 weakref.ref() 함수를 사용해 Buffer 인스턴스에 대한 약한 참조를 만든다. 위에서 언급했듯이 이 특수한 참조는 Buffer 객체가 사용되는 위치를 추적하기 위해 사용되지 않으므로 Message 객체가 여전히 오래되고 신선하지 않은 참조를 갖고 있는 경우에도 Buffer 객체를 제거할 수 있게 해준다.

from_buffer() 메서드는 버퍼에서 "," 문자를 스캔해 각 필드를 쉽게 찾을 수 있도록 한다. 여러 필드가 필요한 경우 시간을 절약할 수 있다. 하지만 하나 또는 두 개 정도의 필드만 필요한 경우에는 과도한 오버헤드가 될 수 있다.

__getitem__() 메서드에서 약한 참조를 역참조해 Buffer 객체를 추적한다. 일반적으로 처리되고 있는 Buffer는 일부 Message 객체와 함께 메모리에 있다. 함수처럼 참조를 호출하는 self.buffer() 평가는 메서드 본문에서 사용할 수 있는 일반 참조를 조회한다. __getitem__() 메서드의 끝에 이르면 버퍼 변수는 더 이상 사용되지 않으며 따라서 임시 참조는 사라진다.

클라이언트 애플리케이션에는 다음과 같은 코드가 있을 수 있다.

```
while True:
  buffer = Buffer(gps_device.read(1024))
  # buffer에 있는 메시지 처리
```

buffer 변수는 Buffer 객체에 대한 일반 참조를 갖고 있다. 이상적으로는 이것이 유일한 참조이다. 이 할당문을 실행할 때마다 이전 Buffer 객체는 참조가 0이 되고 메모리에서 제거될 수 있다. 이 할당문 이후에, 그리고 Message의 from_buffer() 메서드를 평가하기 전에 Message 객체의 __getitem__() 메서드를 사용하려고 하면 RuntimeError 예외가 발생한다.

애플리케이션이 from_buffer()를 먼저 수행하지 않고 Message 객체의 __getitem__() 메서드를 사용하려고 시도하는 것은 심각하고 치명적인 버그이다. 애플리케이션에 충돌이 발생하게 해 이 점을 분명히 보여주었다. 13장, '객체지향 프로그램 테스트'에서는 단위 테스트를 사용해 메서드가 올바른 순서로 사용되는지 확인할 수 있다. 그때까지는 __getitem__()을 올바르게 사용하는지 확인해야 한다.

다음은 메시지로부터 위치를 추출하기 위해 필요한 메서드를 보여주는 Message 추상 기본 클래스의 남은 부분이다.

```python
def get_fix(self) -> Point:
  return Point.from_bytes(
    self.latitude(),
    self.lat_n_s(),
    self.longitude(),
    self.lon_e_w()
  )

@abc.abstractmethod
def latitude(self) -> bytes:
  ...

@abc.abstractmethod
def lat_n_s(self) -> bytes:
  ...

@abc.abstractmethod
def longitude(self) -> bytes:
  ...

@abc.abstractmethod
def lon_e_w(self) -> bytes:
  ...
```

get_fix() 메서드는 GPS 메시지로부터 여러 필드 중 하나를 추출하는 네 개의 메서드에 작업을 위임한다. 다음과 같이 하위 클래스를 제공할 수 있다.

```
class GPGLL(Message):
    def latitude(self) -> bytes:
        return self[1]

    def lat_n_s(self) -> bytes:
        return self[2]

    def longitude(self) -> bytes:
        return self[3]

    def lon_e_w(self) -> bytes:
        return self[4]
```

이 클래스는 Message 클래스에서 상속된 __getitem__() 메서드를 사용해 전체 바이트 시퀀스에서 네 개의 특정 필드에 대한 바이트를 선택한다. __getitem__() 메서드는 Buffer 객체에 대한 참조를 사용하기 때문에 전체 메시지의 바이트 시퀀스를 복제할 필요가 없다. 대신 Buffer 객체에 다시 접근해 데이터를 가져오기 때문에 메모리를 복잡하게 만드는 것을 방지한다.

Point 객체는 이 책에 표시하지 않았다. 연습의 일부로 남겨둔다. 이 객체는 바이트 문자열을 부동 소수점 수로 변환해야 한다.

다음은 버퍼에 있는 메시지 타입에 따라 적절한 플라이웨이트 객체를 만드는 방법이다.

```
def message_factory(header: bytes) -> Optional[Message]:
    # TODO: 스토리지와 시간을 절약하기 위해 functools.lru_cache를 추가
    if header == b"GPGGA":
        return GPGGA()
    elif header == b"GPGLL":
        return GPGLL()
    elif header == b"GPRMC":
        return GPRMC()
    else:
        return None
```

인식된 메시지가 있으면 플라이웨이트 클래스 중 하나의 인스턴스를 만든다. 또한 독자에게 연습을 제안하는 주석을 남겼다. 이미 가용한 Message 객체를 다시 생성하지 않으려면 functools.lru_cache를 사용하라. 실제로 message_factory()가 어떻게 작동하는지 살펴보자.

```
>>> buffer = Buffer(
...     b"$GPGLL,3751.65,S,14507.36,E*77"
... )
>>> flyweight = message_factory(buffer[1 : 6])
>>> flyweight.from_buffer(buffer, 0)
<gps_messages.GPGLL object at 0x7fc357a2b6d0>

>>> flyweight.get_fix()
Point(latitude=-37.86083333333333, longitude=145.12266666666667)
>>> print(flyweight.get_fix())
(37°51.6500S, 145°07.3600E)
```

바이트가 포함된 Buffer 객체를 로드했다. 메시지 이름은 버퍼에서 위치 1부터 6 사이의 바이트 조각이다. 슬라이스 작업은 작은 bytes 객체를 만든다. message_factory() 함수는 플라이웨이트 클래스 정의 중 하나인 GPGLL 클래스를 찾는다. 그 다음에 from_buffer() 메서드를 사용해 플라이웨이트는 오프셋 0에서 시작해 다양한 필드의 시작점과 끝점을 알기 위해 "," 바이트를 찾아 Buffer를 스캔한다.

get_fix()를 평가할 때 GPGLL 플라이웨이트는 네 개의 필드를 추출하고, 값을 각도로 변환하고, 두 개의 부동 소수점 값을 갖는 Point 객체를 반환한다. 다른 장치와의 연동을 위해 이를 도와 분이 서로 분리된 값으로 표시할 수 있다. 37.86083333333333보다 37°51.6500S를 보는 것이 더 도움이 될 것이다.

여러 메시지를 갖는 버퍼

메시지의 시퀀스가 있는 버퍼를 살펴보기 위해 이것을 조금 확장해보자. 두 개의 GPGLL 메시지를 바이트 시퀀스에 넣는다. GPS 장치가 데이터 스트림에 포함하는 명시적인 줄바꿈 공백 문자를 포함한다.

```
>>> buffer_2 = Buffer(
...     b"$GPGLL,3751.65,S,14507.36,E*77\\r\\n"
```

```
...     b"$GPGLL,3723.2475,N,12158.3416,W,161229.487,A,A*41\\r\\n"
... )
>>> start = 0
>>> flyweight = message_factory(buffer_2[start+1 : start+6])
>>> p_1 = flyweight.from_buffer(buffer_2, start).get_fix()
>>> p_1
Point(latitude=-37.86083333333333, longitude=145.12266666666667)
>>> print(p_1)
(37°51.6500S, 145°07.3600E)
```

첫 번째 GPGLL 메시지를 찾고 GPGLL 객체를 만들고, 메시지로부터 위치 정보를 추출했다. 다음 메시지는 이전 메시지가 끝나는 곳에서 시작된다. 이를 이용해 버퍼의 새 오프셋에서 시작해 다른 바이트 영역을 검사할 수 있다.

```
>>> flyweight.end
30
>>> next_start = buffer_2.index(ord(b"$"), flyweight.end)
>>> next_start
32
>>>
>>> flyweight = message_factory(buffer_2[next_start+1 : next_start+6])
>>> p_2 = flyweight.from_buffer(buffer_2, next_start).get_fix()
>>> p_2
Point(latitude=37.387458333333335, longitude=-121.97236)
>>> print(p_2)
(37°23.2475N, 121°58.3416W)
```

새로운 GPGLL 객체를 생성하기 위해 message_factory() 함수를 사용했다. 메시지로부터 얻은 데이터가 객체에 없기 때문에 이전 GPGLL 객체를 재사용할 수 있다. 코드의 flyweight = 줄을 제거할 수 있으며 결과는 동일하다. from_buffer() 메서드를 사용할 때 "," 문자의 새로운 배치를 찾는다. get_fix() 메서드를 사용할 때 전체 바이트 컬렉션의 새 위치에서 값을 가져온다.

이 구현은 message_factory()에서 사용할 캐시 가능한 객체를 생성하기 위해 짧은 바이트 문자열을 만든다. 이 객체는 Point를 생성할 때 새로운 부동 소수점 값을 만든다. 그러나 메시지 처리 객체가 단일 Buffer 인스턴스를 재사용하도록 해서 큰 바이트의 블록들이 여기저기 생겨나는 것을 방지한다.

일반적으로 파이썬에서 플라이웨이트 패턴을 사용하는 것은 원본 데이터에 대한 참조가 있는지 확인하는 문제이다. 일반적으로 파이썬은 객체의 암시적 복사본 만드는 것을 피한다. 거의 모든 객체 생성은 클래스 이름이나 컴프리헨션 구문을 사용해 명확하게 한다. 객체 생성이 명확하지 않은 한 가지 경우는 바이트 버퍼와 같은 시퀀스에서 슬라이스를 가져오는 것이다. bytes[start:end]를 사용할 때 바이트의 복사본을 만든다. 이것을 너무 많이 사용하면 IoT 장치의 사용 가능한 메모리가 부족하게 된다. 플라이웨이트 디자인은 새로운 객체 생성을 피하고, 특히 데이터 사본을 생성하기 위해 문자열 및 바이트를 슬라이싱하는 것을 피한다.

이 예제는 또한 weakref를 도입했다. 이것은 플라이웨이트 디자인에 필수적인 것은 아니지만 메모리에서 제거할 수 있는 객체를 식별하는 데 도움이 될 수 있다. 이 둘은 종종 함께 보이지만 밀접하게 관련돼 있지는 않다.

플라이웨이트 패턴은 메모리 소비에 막대한 영향을 미칠 수 있다. CPU, 메모리, 또는 디스크 공간을 최적화하는 프로그래밍 솔루션의 경우 이들이 최적화되지 않은 코드보다 더 복잡한 코드가 생성되는 것이 일반적이다. 따라서 코드 유지 관리 가능성과 최적화 사이에서 결정할 때 균형을 맞추는 것이 중요하다. 최적화를 선택한다면 플라이웨이트와 같은 패턴을 사용해 최적화로 인한 복잡성이 잘 문서화된 코드의 단일 섹션으로 제한되도록 노력하라.

추상 팩토리 패턴을 살펴보기 전에 파이썬 고유의 또 다른 메모리 최적화 기술을 살펴보자. 이것은 __slots__ 라는 마법의 속성이다.

파이썬의 __slots__를 이용한 메모리 최적화

한 프로그램에 파이썬 객체가 많이 있는 경우 메모리를 절약하는 또 다른 방법은 __slots__를 사용하는 것이다. 이것은 파이썬 언어 외부의 일반적인 디자인 패턴이 아니기 때문에 번외의 내용이다. 이것은 널리 사용되는 객체에서 몇 바이트를 줄일 수 있기 때문에 유용한 파이썬 디자인 패턴이다. 저장 공간이 의도적으로 공유되는 플라이웨이트 디자인 대신 슬롯slot 디자인은 자체적인 비공개 데이터를 갖는 객체를 생성하지만 파이썬의 내장 딕셔너리를 피한다. 모든 파이썬 dict 객체에서 사용하는 다소 큰 해시

테이블을 피하고 그 대신에 속성 이름을 값의 시퀀스로 직접 매핑한다.

이 장의 이전 예제를 되돌아보면 Message의 각 하위 클래스의 get_fix() 메서드로 생성된 Point 객체에 대한 설명을 하지 않았다. 다음은 한 가지 가능한 Point 클래스의 정의이다.

```python
class Point:
  __slots__ = ("latitude", "longitude")

  def __init__(self, latitude: float, longitude: float) -> None:
    self.latitude = latitude
    self.longitude = longitude

  def __repr__(self) -> str:
    return (
      f"Point(latitude={self.latitude}, "
      f"longitude={self.longitude})"
    )
```

Point의 각 인스턴스는 latitude 및 longitude 라는 이름을 가진 정확히 두 개의 속성을 가질 수 있다. __init__() 메서드는 이 값을 설정하고 mypy와 같은 도구에 타입 힌트를 제공한다.

이 클래스의 대부분은 __slots__가 없는 클래스와 동일하다. 가장 주목할 만한 차이점은 속성을 추가할 수 없다는 것이다. 다음은 어떤 예외가 발생하는지 보여주는 예이다.

```
>>> p2 = Point(latitude=49.274, longitude=-123.185)
>>> p2.extra_attribute = 42
Traceback (most recent call last):
...
AttributeError: 'Point' object has no attribute 'extra_attribute'
```

슬롯으로 이름 정의를 관리하는 것은 애플리케이션이 이런 객체를 대량으로 생성할 때 도움이 될 수 있다. 하지만 많은 경우에 애플리케이션은 클래스에 대해 하나 또는 매우 적은 수의 인스턴스를 빌드하기 때문에 __slots__ 도입으로 인한 메모리 절약은 무시할 수 있다.

어떤 경우에는 `NamedTuple`을 사용하는 것이 `__slots__`를 사용하는 것만큼 메모리를 절약하는 데 효과적일 수 있다. 7장 '파이썬 데이터 구조'에서 이것에 대해 살펴봤다.

앞에서 퍼사드로 객체를 래핑해 복잡성을 관리하는 방법을 살펴봤다. 여기서는 내부 상태가 거의 또는 전혀 없는 플라이웨이트 객체를 사용해 메모리 사용을 관리하는 방법을 살펴봤다. 다음으로 팩토리를 사용해 다양한 종류의 객체를 생성하는 방법을 살펴보자.

⁙ 추상 팩토리 패턴

추상 팩토리^Abstract Factory 패턴은 일부 구성^configuration이나 또는 플랫폼에 종속적인 시스템에 대해 가능한 구현이 여러 개가 있을 때 적합하다. 호출 코드는 추상 팩토리에 객체를 요청하며, 반환될 객체의 클래스는 정확히 알지 못한다. 반환을 위한 기본 구현은 현재 로케일^locale, 운영체제, 로컬 구성 등과 같은 다양한 요인에 따라 달라질 수 있다.

추상 팩토리 패턴의 일반적인 예로는 운영체제 독립적인 툴킷, 데이터베이스 백엔드, 국가에 종속적인 포맷터, 계산기 등을 위한 코드가 있다. 운영체제 독립적인 GUI 툴킷은 윈도우에서는 WinForm 위젯, 맥에서는 코코아^Cocoa 위젯, 구글 놈^Gnome에서는 GTK 위젯, KDE에서는 QT 위젯을 반환하는 추상 팩토리 패턴을 사용할 수 있다. 장고^Django는 사이트의 구성 설정에 따라 MySQL, PostgreSQL, SQLite 등의 특정 데이터베이스 백엔드와 상호작용하기 위한 객체 관계형 클래스 집합을 반환하는 추상 팩토리를 제공한다. 애플리케이션을 여러 지역에 배포해야 하는 경우 하나의 구성 변수만 변경해 다른 데이터베이스 백엔드를 사용할 수 있다. 국가마다 소매 상품에 대한 세금, 소계, 합계 등을 계산하는 시스템이 다르다. 추상 팩토리는 특정 국가에 대한 세금 계산 객체를 반환할 수 있다.

추상 팩토리에는 두 가지 핵심 특징이 있다.

- 여러 개의 구현 선택이 있어야 한다. 각 구현은 객체를 생성하기 위한 팩토리 클래스를 갖는다. 단일 추상 팩토리는 구현된 팩토리들에 대한 인터페이스를 정의한다.

- 밀접하게 관련된 많은 객체를 가지고 있으며, 그 관계는 각 팩토리의 여러 메서드를 통해 구현된다.

다음 UML 클래스 다이어그램은 관계가 복잡해 보인다.

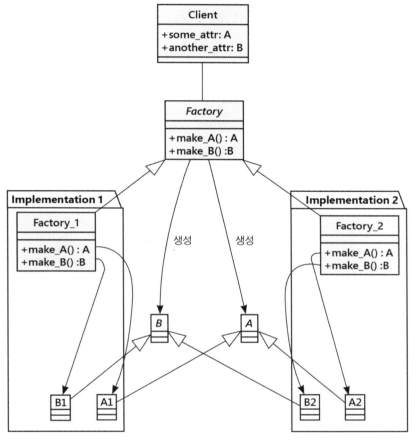

그림 12.6 추상 팩토리 패턴

여기서 핵심이 되는 대칭은 매우 중요하다. 클라이언트는 클래스 A와 클래스 B의 인스턴스가 필요하다. 클라이언트에게 이것은 추상 클래스 정의이다. Factory 클래스는 구현이 필요한 추상 기본 클래스이다. 각 구현 패키지인 implementation_1 및 implementation_2는 클라이언트에 필요한 A 및 B 인스턴스를 빌드하는 구상 Factory 하위 클래스를 제공한다.

추상 팩토리 패턴의 예

추상 팩토리 패턴에 대한 UML 클래스 다이어그램은 특정한 예가 없으면 이해하기 어렵기 때문에 먼저 상황을 바꿔 구체적인 예를 만들어 보자. 포커(Poker)와 크리비지(Cribbage)라는 두 가지 카드 게임을 살펴볼 것이다. 당황하지 말라, 모든 규칙을 알 필요는 없으며 상세한 룰은 다르지만 몇 가지 기본적인 면에서는 유사하다. 이것을 다음 다이어그램으로 설명한다.

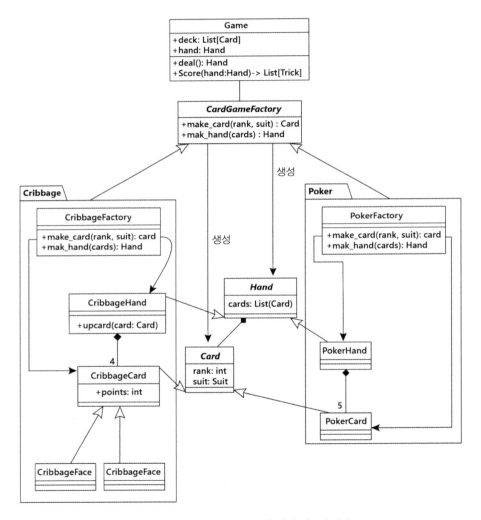

그림 12.7 크리비지와 포커를 위한 추상 팩토리 패턴

Game 클래스는 Card 객체와 Hand 객체를 요구한다. 추상 Card 객체가 추상 Hand 컬렉션 안에 포함돼 있음을 보여준다. 각 구현은 몇 가지 고유한 기능을 제공한다. 대부분의 경우 PokerCard는 일반 Card 정의와 일치한다. 그러나 PokerHand 클래스는 손에 든 패(hand)의 순위rank를 정의하는 모든 고유한 규칙을 사용해 Hand 추상 기본 클래스를 확장한다. 포커 플레이어는 매우 많은 수의 변형된 포커 게임이 있다는 것을 알고 있다. 많은 포커 게임의 공통 기능인 것처럼 보이기 때문에 PokerHand는 5장의 카드를 갖는 것으로 표시했다.

Cribbage 구현에는 여러 타입의 CribbageCard 하위 클래스를 도입했으며, 각 하위 클래스는 추가 속성인 점수points를 갖는다. CribbageFace 카드는 모두 10점이며, 다른 종류의 CribbageCard 클래스의 경우 점수는 카드의 숫자와 일치한다. CribbageHand 클래스는 패에서 모든 점수 조합을 찾기 위한 고유한 규칙을 사용해 Hand 추상 기본 클래스를 확장한다. 추상 팩토리 패턴을 사용해 Card 및 Hand 객체를 빌드할 수 있다.

다음은 Hand 및 Card의 핵심 정의이다. 여기서는 이것들로 공식적인 추상 기본 클래스를 만들지 않았다. 파이썬은 이런 것을 요구하지 않으며, 복잡성 추가는 도움이 되지 않는 것 같다.

```python
from enum import Enum, auto
from typing import NamedTuple, List

class Suit(str, Enum):
    Clubs = "\N{Black Club Suit}"
    Diamonds = "\N{Black Diamond Suit}"
    Hearts = "\N{Black Heart Suit}"
    Spades = "\N{Black Spade Suit}"

class Card(NamedTuple):
    rank: int
    suit: Suit

    def __str__(self) -> str:
        return f"{self.rank}{self.suit}"

class Trick(int, Enum):
    pass
```

```
class Hand(List[Card]):
  def __init__(self, *cards: Card) -> None:
    super().__init__(cards)

  def scoring(self) -> List[Trick]:
    pass
```

이것들은 각 '카드'와 '한 패의 카드'를 포착하는 것 같다. 각 게임과 관련된 하위 클래스에서 이를 확장해야 한다. 또한 카드와 패를 생성하는 추상 팩토리가 필요하다.

```
import abc

class CardGameFactory(abc.ABC):
  @abc.abstractmethod
  def make_card(self, rank: int, suit: Suit) -> "Card":
    ...

  @abc.abstractmethod
  def make_hand(self, *cards: Card) -> "Hand":
    ...
```

이처럼 팩토리를 실제 추상 기본 클래스로 만들었다. 각 개별 게임은 게임의 고유한 기능인 Hand와 Card에 대한 확장을 제공해야 한다. 게임은 또한 예상되는 클래스를 빌드할 수 있는 CardGameFactory 클래스의 구현을 제공한다.

크리비지를 위한 카드는 다음과 같이 정의할 수 있다.

```
class CribbageCard(Card):
  @property
  def points(self) -> int:
    return self.rank

class CribbageAce(Card):
  @property
  def points(self) -> int:
    return 1

class CribbageFace(Card):
  @property
```

```
    def points(self) -> int:
        return 10
```

기본 Card 클래스에 대한 이 확장은 모두 points 속성을 갖는다. 크리비지에서 트릭 중 하나는 합이 15가 되는 카드 조합이다. 대부분의 카드는 숫자와 동일한 점수를 갖지만 잭^{Jack}, 퀸^{Queen}, 킹^{King}은 모두 각 10점이다. 이것은 또한 Hand에 대한 크리비지의 확장이 점수를 매기기 위한 다소 복잡한 메서드를 가지고 있음을 의미하지만 지금은 생략한다.

```
class CribbageHand(Hand):
    starter: Card

    def upcard(self, starter: Card) -> "Hand":
        self.starter = starter
        return self

    def scoring(self) -> list[Trick]:
        """15's. Pairs. Runs. Right Jack."""
        ... 상세 내용은 생략 ...
        return tricks
```

게임 간에 통일성을 제공하기 위해 크리비지에서의 득점 조합과 포커 패의 순위를 'Trick'의 하위 클래스로 지정했다. 크리비지에는 상당히 많은 득점 트릭이 있다. 반면에 포커에는 패 전체를 나타내는 하나의 트릭이 있다. 트릭은 추상 팩토리가 유용한 곳이 아닌 것 같다.

크리비지에서 다양한 득점 조합에 대한 계산은 복잡한 문제이다. 여기에는 무엇보다도 합이 15가 되는 모든 가능한 카드 조합을 찾는 것이 포함된다. 이런 세부사항은 추상 팩토리 디자인 패턴과 관련이 없다.

포커에는 고유한 문제가 있다. 에이스는 킹보다 순위가 높다.

```
class PokerCard(Card):
    def __str__(self) -> str:
        if self.rank == 14:
            return f"A{self.suit}"
        return f"{self.rank}{self.suit}"
```

```
class PokerHand(Hand):
  def scoring(self) -> list[Trick]:
    """하나의 Trick을 반환한다."""
    ... 상세 내용은 생략 ...
    return [rank]
```

포커에서 다양한 패의 순위를 매기는 것도 다소 복잡한 문제이지만 이것도 추상 팩토리 영역 밖에 있다. 포커용 패와 카드를 만드는 구상 팩토리는 다음과 같다.

```
class PokerFactory(CardGameFactory):
  def make_card(self, rank: int, suit: Suit) -> "Card":
    if rank == 1:
      # 에이스는 킹보다 높다.
      rank = 14
    return PokerCard(rank, suit)

  def make_hand(self, *cards: Card) -> "Hand":
    return PokerHand(*cards)
```

make_card() 메서드가 에이스가 포커에서 작동하는 방식을 반영하는 것에 주의하라. 에이스가 킹보다 높은 순위를 차지하는 것은 여러 카드 게임에서 흔히 볼 수 있는 문제를 반영한다. 에이스가 작동하는 다양한 방식을 반영할 필요가 있다.

크리비지에 대한 테스트 케이스는 다음과 같다.

```
>>> factory = CribbageFactory()
>>> cards = [
...     factory.make_card(6, Suit.Clubs),
...     factory.make_card(7, Suit.Diamonds),
...     factory.make_card(8, Suit.Hearts),
...     factory.make_card(9, Suit.Spades),
... ]
>>> starter = factory.make_card(5, Suit.Spades)
>>> hand = factory.make_hand(*cards)
>>> score = sorted(hand.upcard(starter).scoring())
>>> [t.name for t in score]
['Fifteen', 'Fifteen', 'Run_5']
```

추상 CardGameFactory 클래스의 구체적인 구현인 CribbageFactory 클래스의 인스턴스를 생성했다. 팩토리를 사용해 카드를 만들 수 있으며, 또한 카드 한 패를 만들 수 있다. 크리비지를 플레이할 때는 '스타터starter'라고 불리는 시작 카드를 뒤집는다. 이 경우에 손에 든 패가 순서대로 4장의 카드이고 스타터는 우연히 그 순서와 맞았다. 이 패는 득점할 수 있으며 세 가지 득점 조합이 있음을 알 수 있다. 합 15를 만드는 두 가지 방법과 연속되는 5장의 카드인 런run이 있다.

이 디자인은 더 많은 게임에 대한 지원을 추가하려는 경우 수행해야 하는 작업에 대한 몇 가지 힌트를 제공한다. 새로운 규칙을 도입한다는 것은 새로운 Hand 및 Card 하위 클래스를 만들고 추상 팩토리 클래스 정의를 확장하는 것을 의미한다. 물론 상속은 재사용 기회로 이어지며 유사한 규칙을 가진 게임 패밀리를 만들 수 있다.

파이썬의 추상 팩토리 패턴

앞의 예제는 파이썬에서 덕 타이핑이 작동하는 방식의 흥미로운 결과를 강조한다. 추상 기본 클래스인 CardGameFactory가 정말로 필요한가? 이 클래스는 타입 검사에 사용되는 프레임워크를 제공하지만 그 외에는 유용한 기능이 없다. 실제로 이것은 필요하지 않기 때문에 이 디자인은 세 개의 병렬 모듈이 있는 것으로 생각할 수 있다.

정의된 두 게임 모두 게임의 고유한 기능을 정의하는 CardGameFactory 클래스를 구현한다. 이들은 별도의 모듈에 있으므로 각 클래스에 동일한 이름을 사용할 수 있다. 이를 통해 from cribbage import CardGameFactory를 사용하는 크리비지 애플리케이션을 작성할 수 있다. 이는 공통 추상 기본 클래스의 오버헤드를 건너뛰고 일부 공통 기본 클래스 정의를 공유하는 별도의 모듈로 확장을 할 수 있게 해준다. 각 게임에 대한 구현은 고유한 객체를 생성하는 나머지 세부사항을 처리하는 표준 클래스 이름을 노출함으로써 공통 모듈 수준 인터페이스도 제공한다.

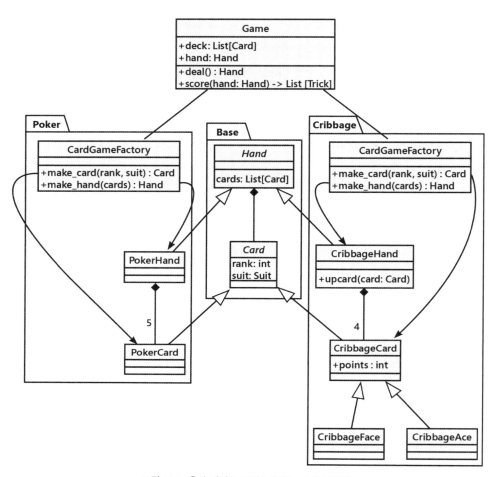

그림 12.8 추상 베이스 클래스가 없는 추상 팩토리

이와 같은 경우 추상 팩토리는 개념이 되며 실제 추상 기본 클래스로 구현되지 않는다. CardGameFactory 구현이라고 할 수 있는 모든 클래스의 독스트링에서 적절한 문서를 제공해야 한다. Typing.Protocol을 사용해 프로토콜을 정의해 의도를 명확히 할 수 있다. 이는 다음과 같을 수 있다.

```
class CardGameFactoryProtocol(Protocol):
    def make_card(self, rank: int, suit: Suit) -> "Card":
        ...
```

```
    def make_hand(self, *cards: Card) -> "Hand":
        ...
```

이 정의를 통해 mypy는 Game 클래스가 poker.CardGameFactory 또는 cribbage.CardGameFactory를 참조할 수 있음을 확인할 수 있는데, 이는 둘 다 동일한 프로토콜을 구현하기 때문이다. 추상 기본 클래스 정의와 달리 이것은 런타임 검사가 아니다. 프로토콜 정의는 코드가 단위 테스트 스위트를 통과할 수 있는지 확인하기 위해 mypy에서만 사용된다.

추상 팩토리 패턴은 플레이하는 카드 및 패와 같은 관련 객체 패밀리를 정의하는 데 도움이 된다. 단일 팩토리는 밀접하게 관련된 두 객체의 개별 클래스를 생성할 수 있다. 어떤 경우에 이 관계는 단순한 컬렉션과 항목의 관계가 아니다. 때로는 항목 외에 하위 컬렉션이 있을 수 있다. 이런 종류의 구조는 컴포짓 디자인 패턴을 사용해 처리할 수 있다.

⠿ 컴포짓 패턴

컴포짓Composite 패턴을 사용하면 노드node라고 불리는 간단한 구성 요소를 사용해 복잡한 트리 구조를 만들 수 있다. 자식이 있는 노드는 컨테이너처럼 동작한다. 자식이 없는 노드는 단일 객체처럼 동작한다. 컴포짓 객체는 일반적으로 다른 컴포짓 객체를 포함할 수 있는 컨테이너 객체이다.

전통적으로 컴포짓 객체의 각 노드는 리프 노드leaf node 또는 컴포짓 노드composite node여야 한다. 리프 노드는 다른 객체를 포함할 수 없다. 핵심은 컴포짓 노드와 리프 노드 모두 동일한 인터페이스를 가질 수 있다는 것이다. 다음 UML 다이어그램은 이 우아한 유사성을 some_action() 메서드로 보여준다.

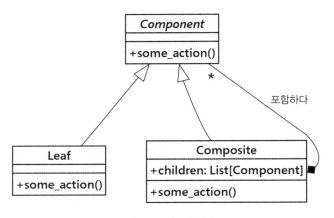

그림 12.9 컴포짓 패턴

그러나 이 단순한 패턴을 사용하면 구성 요소 객체의 인터페이스를 모두 만족하는 요소들의 복잡한 배합을 만들 수 있다. 다음 다이어그램은 이런 복잡한 배합의 구체적인 예를 보여준다.

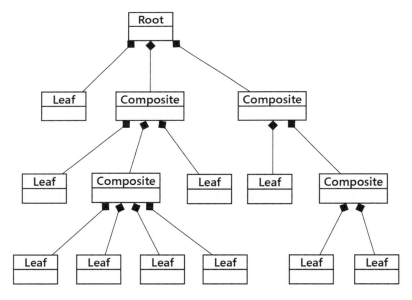

그림 12.10 대규모 컴포짓 패턴

컴포짓 패턴은 언어 처리에 적용된다. 자연어 및 파이썬과 같은 인공 언어는 모두 계층적 규칙을 따르는 경향이 있으며 컴포짓 디자인 패턴에 잘 맞는다. HTML, XML, RST, Markdown 등과 같은 마크업 언어는 리스트의 리스트, 그리고 하위 헤더를 갖는 헤더 등과 같이 일반적인 컴포짓 개념을 반영하는 경향이 있다.

프로그래밍 언어에는 재귀 트리 구조가 포함된다. 파이썬 표준 라이브러리에는 파이썬 코드의 구조를 정의하는 클래스를 제공하는 ast 모듈이 포함돼 있다. 이 모듈을 사용해 정규표현식이나 기타 정확성을 얻기 어려운 텍스트 처리에 의존하지 않고 파이썬 코드를 검사할 수 있다.

컴포짓 패턴의 예

컴포짓 패턴은 파일 시스템의 파일 및 폴더와 같은 트리 구조에 적용해야 한다. 일반 데이터 파일이든 폴더이든 관계없이 트리의 노드는 컴포짓 패턴이 이동, 복사, 삭제하는 등의 작업을 하는 대상이다. 이런 작업을 지원하는 구성 요소 인터페이스를 만든 다음 컴포짓 객체를 사용해 폴더를 나타내고 리프 노드를 사용해 데이터 파일을 나타낸다.

물론 파이썬에서는 다시 한 번 덕 타이핑의 장점을 활용해 인터페이스를 암시적으로 제공할 수 있으므로 두 개의 클래스만 작성하면 된다. 먼저 이 인터페이스를 다음과 같이 정의한다.

```python
class Folder:
  def __init__(
      self,
      name: str,
      children: Optional[dict[str, "Node"]] = None
  ) -> None:
    self.name = name
    self.children = children or {}
    self.parent: Optional["Folder"] = None

  def __repr__(self) -> str:
    return f"Folder({self.name!r}, {self.children!r})"

  def add_child(self, node: "Node") -> "Node":
```

```
      node.parent = self
      return self.children.setdefault(node.name, node)

  def move(self, new_folder: "Folder") -> None:
    pass

  def copy(self, new_folder: "Folder") -> None:
    pass

  def remove(self) -> None:
    pass

class File:
  def __init__(self, name: str) -> None:
    self.name = name
    self.parent: Optional[Folder] = None

  def __repr__(self) -> str:
    return f"File({self.name!r})"

  def move(self, new_path):
    pass

  def copy(self, new_path):
    pass

  def remove(self):
    pass
```

컴포짓 객체인 각 Folder에서 자식 항목은 딕셔너리로 관리한다. 자식에는 Folder와 File 인스턴스가 섞여 있을 수 있다. 많은 컴포짓 구현에서는 리스트로 충분하지만 이와 같은 딕셔너리는 이름으로 자식을 찾는 데 유용하다.

이와 관련된 메서드를 생각해 보면 다음과 같은 몇 가지 패턴이 있다.

- 이동을 위해 Folder를 재배치하면 모든 자식 항목에 대해서 수행된다. File을 재배치하는 것은 자식을 고려할 필요가 없기 때문에 정확히 동일한 코드를 쓸 수 있다.

- 복사를 할 때도 모든 자식 항목을 복사해야 한다. 컴포짓 객체의 File 노드 외부에는 데이터가 없기 때문에 더 이상 아무것도 할 필요가 없다.

- 삭제를 위해서는 부모를 제거하기 전에 먼저 자식 항목을 지우는 리눅스 패턴을 따라야 한다.

이 디자인은 고유한 작업 구현을 갖는 하위 클래스를 만들 수 있게 해준다. 각 하위 클래스 구현은 외부적인 요청^{request}을 만들거나 로컬 머신에서 OS 요청을 만들 수 있다.

유사한 작업들은 공통 메서드를 상위 클래스로 추출할 수 있다. 이를 리팩토링해 다음 코드를 사용해 기본 클래스인 Node를 생성해보자.

```python
class Node(abc.ABC):
  def __init__(
    self,
    name: str,
  ) -> None:
    self.name = name
    self.parent: Optional["Folder"] = None

  def move(self, new_place: "Folder") -> None:
    previous = self.parent
    new_place.add_child(self)
    if previous:
      del previous.children[self.name]

  @abc.abstractmethod
  def copy(self, new_folder: "Folder") -> None:
    ...

  @abc.abstractmethod
  def remove(self) -> None:
    ...
```

이 추상 Node 클래스는 각 노드가 부모에 대한 참조가 있는 문자열을 갖고 있음을 정의한다. 부모 정보를 유지하면 루트 노드를 향해 트리를 "위쪽"으로 조회할 수 있다. 이렇게 하면 부모가 갖고 있는 자식 컬렉션을 변경해 파일을 이동 및 삭제할 수 있다.

Node 클래스에 move() 메서드를 만들었다. 이 메서드는 Folder 또는 File 객체를 새 위치에 할당한다. 그 다음에 이전 위치에서 객체를 제거한다. move() 메서드의 경우 그 대상은 기존 폴더여야 하며, 그렇지 않으면 File 인스턴스에는 add_child() 메서드가 없기 때문에 오류가 발생한다. 많은 기술 서적의 예와 같이 현재 학습중인 원칙에 초점을 맞추는 데 도움이 되지 않으므로 여기에는 오류 처리를 넣지 않았다. 일반적인 방법은 새 TypeError 예외를 발생시켜 AttributeError 예외로 처리하는 것이다. 4장, '예상치 못한 상황을 예상하기'를 참조하라.

그 다음에 이 클래스를 확장해 자식 항목을 갖는 Folder와 트리의 리프 노드이고 자식 항목이 없는 File에 고유한 기능을 제공할 수 있다.

```python
class Folder(Node):
  def __init__(
      self,
      name: str,
      children: Optional[dict[str, "Node"]] = None
  ) -> None:
    super().__init__(name)
    self.children = children or {}

  def __repr__(self) -> str:
    return f"Folder({self.name!r}, {self.children!r})"

  def add_child(self, node: "Node") -> "Node":
    node.parent = self
    return self.children.setdefault(node.name, node)

  def copy(self, new_folder: "Folder") -> None:
    target = new_folder.add_child(Folder(self.name))
    for c in self.children:
      self.children[c].copy(target)

  def remove(self) -> None:
    names = list(self.children)
    for c in names:
      self.children[c].remove()
    if self.parent:
      del self.parent.children[self.name]

class File(Node):
  def __repr__(self) -> str:
    return f"File({self.name!r})"
```

```
    def copy(self, new_folder: "Folder") -> None:
        new_folder.add_child(File(self.name))

    def remove(self) -> None:
        if self.parent:
            del self.parent.children[self.name]
```

Folder에 자식을 추가할 때는 두 가지 작업을 수행한다. 먼저 자식에게 새 부모가 누구인지 알려준다. 이것은 루트 Folder 인스턴스를 제외한 각 Node에는 부모가 있음을 의미한다. 두번째로 새 Node가 이미 존재하지 않는다면 폴더의 자식 컬렉션에 새 노드를 넣는다.

Folder 객체를 복사할 때는 모든 자식이 복사됐는지 확인해야 한다. 각 자식은 다른 자식을 갖는 또 다른 Folder가 될 수 있다. 이 재귀적 탐색은 Folder 인스턴스 내의 각 하위 Folder에 copy() 작업을 위임하는 것을 포함한다. 반면에 File 객체에 대한 구현은 간단하다.

삭제를 위한 재귀 디자인은 재귀적인 복사와 유사하다. Folder 인스턴스는 먼저 모든 자식을 제거해야 한다. 여기에는 하위 Folder 인스턴스 제거가 포함될 수 있다. 반면에 File 객체는 바로 제거할 수 있다.

이것은 아주 쉽다. 다음 코드를 사용해 컴포짓 파일 계층이 제대로 작동하는지 확인해 보자.

```
>>> tree = Folder("Tree")
>>> tree.add_child(Folder("src"))
Folder('src', {})
>>> tree.children["src"].add_child(File("ex1.py"))
File('ex1.py')
>>> tree.add_child(Folder("src"))
Folder('src', {'ex1.py': File('ex1.py')})
>>> tree.children["src"].add_child(File("test1.py"))
File('test1.py')
>>> tree
Folder('Tree', {'src': Folder('src', {'ex1.py': File('ex1.py'), 'test1.
py': File('test1.py')})})
```

tree 값은 시각화하기 조금 어려울 수 있다. 다음은 도움이 될 수 있는 변형된 표현방식이다.

```
+-- Tree
    +-- src
        +-- ex1.py
        +-- test1.py
```

이 중첩 시각화를 생성하기 위한 알고리듬은 다루지 않았다. 클래스 정의에 추가하는 것은 그리 어렵지 않다. 상위 폴더인 Tree에 하위 폴더인 src가 있고 그 안에 두 개의 파일이 있음을 볼 수 있다. 파일 시스템 작업은 다음과 같이 설명할 수 있다.

```
>>> test1 = tree.children["src"].children["test1.py"]
>>> test1
File('test1.py')
>>> tree.add_child(Folder("tests"))
Folder('tests', {})
>>> test1.move(tree.children["tests"])
>>> tree
Folder('Tree',
    {'src': Folder('src',
        {'ex1.py': File('ex1.py')}),
     'tests': Folder('tests',
        {'test1.py': File('test1.py')})})
```

새 폴더인 tests를 만들고 파일을 이동시켰다. 다음은 결과 컴포짓 객체의 또 다른 표현이다.

```
+-- Tree
    +-- src
        +-- ex1.py
    +-- tests
        +-- test1.py
```

컴포짓 패턴은 GUI 위젯 계층, 파일 계층, 트리 집합, 그래프, HTML DOM 등을 포함한 다양한 트리 유사 구조에 매우 유용하다. 종종 얕은 트리만 생성되는 경우에는 리스트의 리스트나 딕셔너리의 딕셔너리를 사용할 수 있으며 사용자 정의 구성 요소, 리프, 컴포짓 클래스를 구현할 필요가 없다. 실제로 JSON, YAML, TOML 등의 문서는 종종 dict-of-dict 패턴을 따른다. 이를 위해 추상 기본 클래스를 자주 사용하지만 필수는 아니다. 파이썬의 덕 타이핑을 사용하면 정확한 인터페이스가 있는 한 컴포짓 계층에 다른 객체를 쉽게 추가할 수 있다.

컴포짓 패턴의 중요한 측면 중 하나는 노드의 다양한 하위 타입에 대한 공통 인터페이스이다. 이 예제에서는 Folder 및 File 클래스 두 가지 구현이 필요했다. 경우에 따라 이런 작업들은 유사하며 복잡한 메서드의 템플릿 구현을 제공하는 데 도움이 될 수 있다.

템플릿 패턴

템플릿Template 패턴은 템플릿 메서드라고도 하며 중복 코드를 제거하는 데 유용하다. 이것은 5장 '객체지향 프로그래밍의 사용 시기'에서 논의한 중복 배제 원칙을 지원하기 위한 것이다. 전부는 아니지만 공통적인 단계를 일부 갖고 있는 여러 작업을 수행해야 하는 상황을 위해 디자인됐다. 공통 단계는 기본 클래스에서 구현되고 고유한 단계는 사용자 정의 동작을 제공하기 위해 하위 클래스에서 재정의된다. 알고리듬의 유사한 부분이 기본 클래스를 사용해 공유된다는 점을 제외하면 어떤 면에서는 전략 패턴과 유사하다. 다음은 UML 형식이다.

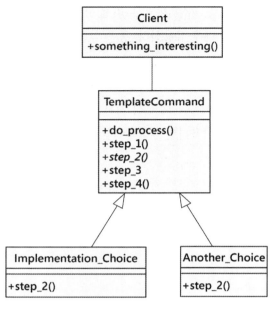

그림 12.11 템플릿 패턴

템플릿 패턴의 예

예를 들어 자동차 판매 보고서를 만들어 보자. SQLite 데이터베이스 테이블에 판매 기록을 저장할 수 있다. SQLite는 SQL 구문을 사용해 레코드를 저장할 수 있는 내장 데이터베이스 엔진이다. 파이썬은 표준 라이브러리에 SQLite를 포함하고 있으므로 모듈을 추가 설치할 필요는 없다.

수행해야 하는 두 가지 작업이 있다.

- 모든 신차 판매 내역을 선택하고 쉼표로 구분된 형식으로 화면에 출력

- 모든 영업 사원별 총 매출을 쉼표로 구분된 리스트를 출력하고 스프레드시트로 가져올 수 있는 파일에 저장

이들은 매우 다른 작업처럼 보이지만 몇 가지 공통된 기능이 있다. 두 경우 모두 다음 단계를 수행해야 한다.

1. 데이터베이스에 연결

2. 신차 판매 또는 총 매출에 대한 쿼리 구성

3. 쿼리 실행

4. 결과를 쉼표로 구분된 문자열로 포맷팅

5. 데이터를 파일이나 이메일로 출력

쿼리 구성 및 출력 단계는 두 작업이 다르지만 나머지 단계는 동일하다. 템플릿 패턴을 사용해 기본 클래스에 공통 단계를 배치하고 두 개의 하위 클래스에 서로 다른 단계를 배치할 수 있다.

시작하기 전에 몇 줄의 SQL을 사용해 데이터베이스를 만들고 여기에 몇 가지 샘플 데이터를 넣어 보자.

```python
import sqlite3

def test_setup(db_name: str = "sales.db") -> sqlite3.Connection:
  conn = sqlite3.connect(db_name)

  conn.execute(
    """
    CREATE TABLE IF NOT EXISTS Sales (
      salesperson text,
      amt currency,
      year integer,
      model text,
      new boolean
    )
    """
  )

  conn.execute(
    """
```

```
    DELETE FROM Sales
    """
)

conn.execute(
    """
    INSERT INTO Sales
    VALUES('Tim', 16000, 2010, 'Honda Fit', 'true')
    """
)
conn.execute(
    """
    INSERT INTO Sales
    VALUES('Tim', 9000, 2006, 'Ford Focus', 'false')
    """
)
conn.execute(
    """
    INSERT INTO Sales
    VALUES('Hannah', 8000, 2004, 'Dodge Neon', 'false')
    """
)
conn.execute(
    """
    INSERT INTO Sales
    VALUES('Hannah', 28000, 2009, 'Ford Mustang', 'true')
    """
)
conn.execute(
    """
    INSERT INTO Sales
    VALUES('Hannah', 50000, 2010, 'Lincoln Navigator', 'true')
    """
)
conn.execute(
    """
    INSERT INTO Sales
    VALUES('Jason', 20000, 2008, 'Toyota Prius', 'false')
    """
)
conn.commit()
return conn
```

SQL을 모르더라도 여기서 무슨 일이 일어나는지 알 수 있기를 바란다. 데이터를 보관할 Sales라는 테이블을 만들고 6개의 insert 문을 사용해 판매 레코드를 추가했다. 데이터는 sales.db라는 파일에 저장된다. 이제 템플릿 패턴을 개발하는 데 사용할 테이블을 가진 샘플 데이터베이스가 생겼다.

템플릿이 수행해야 하는 단계를 이미 설명했으므로 이 단계가 포함된 기본 클래스 정의를 시작할 수 있다. 한 단계를 선택적으로 재정의하기 쉽도록 각 단계에는 고유한 메서드가 있으며, 각 단계를 차례로 호출하는 관리 메서드가 하나 더 있다. 이 클래스는 메서드 내용이 없어서 완성을 위한 첫 번째 단계로 보인다.

```python
class QueryTemplate:
  def __init__(self, db_name: str = "sales.db") -> None:

  def connect(self) -> None:
    pass

  def construct_query(self) -> None:
    pass

  def do_query(self) -> None:
    pass

  def output_context(self) -> ContextManager[TextIO]:
    pass

  def output_results(self) -> None:
    pass

  def process_format(self) -> None:
    self.connect()
    self.construct_query()
    self.do_query()
    self.format_results()
    self.output_results()
```

process_format() 메서드는 외부 클라이언트에 의해 호출되는 기본 메서드이다. 각 단계가 순서대로 실행되도록 보장하지만 해당 단계가 이 클래스에서 구현되는지 아니면 하위 클래스에서 구현되는지는 상관하지 않는다. 이 예제에서는 construct_query()와 output_context() 메서드가 변경될 것으로 예상된다.

파이썬에서는 추상 기본 클래스를 사용해 이를 공식화할 수 있다. 이것의 대안은 템플릿의 누락된 메서드에 대해 NotImplementedError 예외를 발생시키는 것이다. 이 방식은 QueryTemplate의 하위 클래스를 생성해 construct_query() 메서드를 재정의할 때 이름이 틀리지 않았는지 런타임 검사를 제공하는 것이다.

나머지 메서드는 두 클래스가 동일하다.

```python
class QueryTemplate:
    def __init__(self, db_name: str = "sales.db") -> None:
        self.db_name = db_name
        self.conn: sqlite3.Connection
        self.results: list[tuple[str, ...]]
        self.query: str
        self.header: list[str]

    def connect(self) -> None:
        self.conn = sqlite3.connect(self.db_name)

    def construct_query(self) -> None:
        raise NotImplementedError("construct_query not implemented")

    def do_query(self) -> None:
        results = self.conn.execute(self.query)
        self.results = results.fetchall()

    def output_context(self) -> ContextManager[TextIO]:
        self.target_file = sys.stdout
        return cast(ContextManager[TextIO], contextlib.nullcontext())

    def output_results(self) -> None:
        writer = csv.writer(self.target_file)
        writer.writerow(self.header)
        writer.writerows(self.results)

    def process_format(self) -> None:
        self.connect()
        self.construct_query()
        self.do_query()
```

```
  with self.output_context():
    self.output_results()
```

이것은 일종의 추상 클래스이다. 형식적인 추상 기본 클래스를 사용하지 않았다. 그 대신 업데이트해야 할 것으로 예상하는 두 메서드는 추상 정의를 제공하는 두 가지 접근 방식을 보여준다.

- `construct_query()` 메서드는 반드시 재정의해야 한다. 메서드 정의 기본 클래스는 `NotImplementedError` 예외를 발생시킨다. 이것은 파이썬에서 추상 인터페이스를 만드는 것에 대한 대안이다. `NotImplementedError`를 발생시키면 이 클래스는 하위 클래스를 생성하고 이 메서드가 재정의된다는 것을 프로그래머가 이해하는 데 도움이 된다. 클래스 정의에서 `@abc.abstracmethod` 데코레이터를 사용하지 않고 "명시적이지 않은 추상 기본 클래스에 밀항"하는 것으로 설명할 수 있다.

- `output_context()` 메서드를 재정의할 수 있다. `self.target_file` 인스턴스 변수를 설정하고 컨텍스트 값도 반환하는 기본 구현이 제공된다. 기본값은 `sys.stdout`을 출력 파일로 사용하고 null 컨텍스트 관리자를 사용한다.

이제 지루한 세부사항을 처리하는 템플릿 클래스를 갖고 있지만 다양한 쿼리를 실행하고 포맷팅을 할 수 있을 만큼 충분히 유연하다. 가장 좋은 점은 데이터베이스 엔진을 SQLite에서 다른 데이터베이스 엔진, 예를 들어 `py-postgresql` 등으로 변경하려는 경우 이 템플릿 클래스의 바로 여기에서 변경하기만 하면 되며, 작성해야 했을 수도 있는 2개 또는 200개의 하위 클래스는 건드리지 않아도 된다.

이제 구상 클래스를 살펴보자.

```python
import datetime

class NewVehiclesQuery(QueryTemplate):
  def construct_query(self) -> None:
    self.query = "select * from Sales where new='true'"
    self.header = ["salesperson", "amt", "year", "model", "new"]
```

```
class SalesGrossQuery(QueryTemplate):
  def construct_query(self) -> None:
    self.query = (
      "select salesperson, sum(amt) "
      " from Sales group by salesperson"
    )
    self.header = ["salesperson", "total sales"]

  def output_context(self) -> ContextManager[TextIO]:
    today = datetime.date.today()
    filepath = Path(f"gross_sales_{today:%Y%m%d}.csv")
    self.target_file = filepath.open("w")
    return self.target_file
```

이 두 클래스는 데이터베이스에 연결하고, 쿼리를 실행하고, 결과를 포맷팅하고, 출력하는 작업을 모두 수행하는 것을 고려하면 실제로 매우 짧다. 상위 클래스는 반복적인 작업을 처리하지만 작업이 다른 단계는 쉽게 특화할 수 있다. 또한 기본 클래스에서 제공하는 단계를 쉽게 변경할 수도 있다. 예를 들어 웹사이트에 업로드할 HTML 보고서와 같이 쉼표로 구분된 문자열이 아닌 다른 것을 출력하려는 경우에도 output_results() 메서드를 재정의하면 된다.

⁘ 사례 연구

이전 장들의 사례 연구에는 많은 디자인 패턴이 포함됐다. 모델에 대한 대안을 선택하고 이 장의 일부 패턴을 적용하는 방법을 살펴보자.

다음은 애플리케이션의 여러 클래스에 대한 개요이다. 이것은 7장, '파이썬 데이터 구조'의 사례 연구에서 가져왔다.

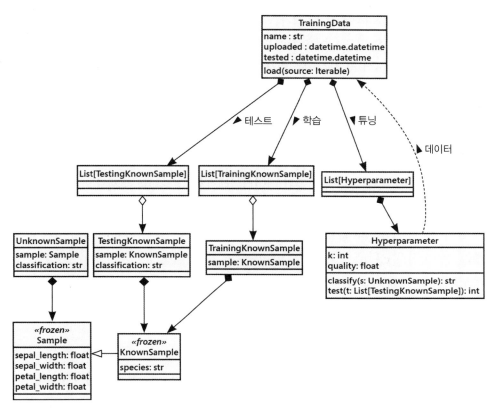

그림 12.12 사례 연구의 논리 뷰

여기에는 이 장에서 본 여러 패턴이 포함된다. 두 개의 복잡한 구성 요소인 분류기 알고리듬과 학습 데이터를 포함하는 퍼사드라고 할 수 있는 Hyperparameter 클래스부터 시작해보자.

먼저 분류기 알고리듬을 살펴보자. 10장, '이터레이터 패턴'에서 분류기 자체가 얼마나 복잡한 구조인지 살펴봤다. 일반적인 정렬을 사용하는 k_nn_1(), 이분법을 사용하는 k_nn_b(), 힙 큐를 사용하는 k_nn_q()의 세 가지 대안을 살펴봤다. 이 탐색은 이 장의 몇 가지 디자인 패턴에 의존한다.

- 분류기는 많은 거리 계산 알고리듬을 통합하기 위해 전략 디자인 패턴에 의존한다. Distance 클래스를 정의하고 각 거리 계산은 그 하위 클래스에서 처리했다. 분류기 알고리듬에는 거리 계산이 매개변수로 주어졌다.

- 분류기는 샘플의 테스트 및 평가를 위한 인터페이스를 제공하는 퍼사드이다. 분류기의 각 변형은 최근접 이웃 컬렉션을 관리하기 위해 약간 다른 데이터 구조를 사용했다. 사이즈가 큰 학습 데이터셋을 정렬하고 싶지 않다. 최근접 이웃인 부분 집합만 추적하기를 원한다.

이전 장들을 통해 학습 데이터의 여러 복사본을 유지하지 않도록 하기 위해 학습 데이터가 플라이웨이트 디자인 패턴을 활용하는 것을 확인했다. 또한 샘플에 대한 알려진 정보를 포함하기 위해 별도의 고정된 데이터클래스로 각 Sample 객체를 래핑하는 아이디어도 일종의 플라이웨이트 디자인이다. 보다 근본적으로 이것은 컴포짓 패턴의 예라고 할 수 있다. 사용 가능한 샘플은 컴포짓이며 메모리에 KnownSample 객체의 여러 복사본을 유지하지 않는다.

TrainingData 클래스를 보면 이 디자인이 어떻게 퍼사드 디자인 패턴을 따르는지 알 수 있다. 다수의 개별 작업에는 통일된 인터페이스가 있다. 여기에는 두 가지 중요한 부분이 있다.

- 원시 Sample 인스턴스를 로드해 학습 및 테스트 하위 집합으로 분할한다. 9장 '문자열, 직렬화, 파일 경로'에서 설명한 다양한 데이터 형식은 복잡한 알고리듬이 퍼사드에 의해 단순화된 것으로 볼 수 있다. 샘플을 학습셋과 테스트셋으로 분할하는 알고리듬은 마찬가지로 전략 디자인 패턴의 적용이다. 이는 전략 클래스 계층 구조로부터 여러 구현을 사용해 학습 및 테스트에 사용되는 샘플의 비율을 변경할 수 있게 해준다.
- 하이퍼파라미터 튜닝에 사용할 테스트셋 및 학습셋을 유지하는 것은 원시 데이터를 두 개의 분리된 리스트로 분할함으로써 수행된다.

TrainingKnownSample 또는 TestingKnownSample 인스턴스를 생성하는 아이디어는 추상 팩토리 패턴의 예이다. 분할 알고리듬은 추상 팩토리 클래스 정의로 설명될 수 있다. 각 분할 알고리듬은 학습 및 테스트 객체의 다양한 혼합을 생성하는 구상 팩토리가 된다.

11장에서는 하이퍼파라미터 튜닝 과정을 자세히 살펴봤다. k-최근접 이웃 알고리듬은 하이퍼파라미터라고 하는 두 개의 파라미터에 따라 달라진다.

- 샘플 사이의 거리를 계산하는 데 사용되는 알고리듬

- 사용된 샘플 수 k. k개의 최근접 이웃 중 가장 다수인 것은 미지의 샘플에 할당될 레이블이 된다. k 값이 홀수이면 두 선택 간에 균등 분할을 피할 수 있으므로 항상 승자가 있다.

11장에서 살펴본 튜닝 알고리듬은 특별히 빠르지는 않지만 철저한 그리드 검색grid search 알고리듬이다. 11장에서는 커맨드 디자인 패턴을 사용해 k 값과 거리 계산의 다양한 조합을 열거했다. 각 조합은 실행시 품질과 실행시간 정보를 제공하는 커맨드였다.

애플리케이션에는 전체적으로 세 가지 주요 작업 단계가 있다. 이들은 1장에서 다양한 유스 케이스로 제시됐다.

1. 식물학자는 학습 데이터를 제공한다.

2. 식물학자는 하이퍼파라미터 튜닝을 사용해 최적의 모델을 찾는다.

3. 사용자는 이것을 사용해 미지의 샘플을 분류한다.

이 작업 패턴은 TrainingData 클래스와 같은 클래스들과 전체 애플리케이션이 일관되게 작동하도록 하기 위해서는 템플릿 디자인 패턴이 필요할 수 있음을 시사한다. 현재는 신중하게 디자인된 클래스 계층 구조가 필요하지 않은 것처럼 보인다. 그러나 1장을 다시 보면 초기의 의도는 이 예제를 사용해 분류기에 대해 더 많이 배우고 궁극적으로 아이리스의 종을 분류하는 간단한 예제에서 더 복잡한 실제적인 문제로 확장하는 것이었다. 이것은 "망원경 법칙"이라고 불리는 것을 따른다.

> 망원경을 처음 만드는 사람을 위한 톰슨의 법칙: "4인치 반사경을 만든 다음에 6인치 반사경을 만드는 것이 처음부터 6인치 반사경을 만드는 것보다 더 빠르다."
>
> – 『생각하는 프로그래밍(Programming Pearls)』(인사이트, 2003)

문제 이면의 의도는 다양한 디자인 패턴을 사용해 실행 가능한 것을 구축하는 것이다. 그 다음에 다양한 구성 요소를 교체, 수정, 확장해 더 크고 복잡한 문제를 해결할 수 있다. 망원경 제작자는 첫 번째 반사경을 만드는 과정에서 망원경에 대해 많은 것을 배우게 될 것이며, 그 교훈은 다음에 더 유용한 망원경을 만드는 데 적용될 수 있다. 유사한 학습 패턴이 소프트웨어 및 객체지향 디자인에 적용된다. 다양한 구성 요소가 잘 디자인되고 확립된 패턴을 따른다면 개선 및 확장을 위한 변경이 애플리케이션을 손상시키거나 중단시키지 않는다.

⁝⁝⁑ 정리

종종 반복되는 좋은 아이디어를 발견할 것이다. 반복은 인식 가능한 패턴을 형성할 수 있다. 소프트웨어 디자인에 대한 패턴 기반 접근 방식을 활용하면 개발자가 이미 잘 알려진 것을 재발명하는 데 시간을 낭비하지 않아도 된다. 이 장에서는 몇 가지 고급 디자인 패턴을 살펴봤다.

- 어댑터 클래스는 클래스가 완벽하게 일치하지 않는 경우에도 클라이언트가 기존 클래스를 사용할 수 있도록 중개자를 삽입하는 방법이다. 소프트웨어 어댑터는 다양한 USB 인터페이스가 있는 다양한 종류의 장치 사이의 하드웨어 USB 어댑터 개념과 유사하다.

- 퍼사드 패턴은 여러 객체에 대해 통일된 인터페이스를 만드는 방법이다. 이 아이디어는 별도의 층, 방, 홀 등을 단일 공간으로 통합하는 건물의 퍼사드와 유사하다.

- 일종의 지연된 초기화를 구현하기 위해 플라이웨이트 패턴을 활용할 수 있다. 객체를 복사하는 대신에 공통 데이터 풀을 공유하는 플라이웨이트 클래스를 디자인해 초기화를 최소화하거나 완전히 피할 수 있다.

- 밀접하게 관련된 객체들의 클래스가 있는 경우 추상 팩토리 패턴을 사용해 함께 작동하는 인스턴스를 방출할 수 있는 클래스를 빌드할 수 있다.

- 컴포짓 패턴은 복잡한 문서 타입에 널리 사용된다. 프로그래밍 언어, 자연어, XML 및 HTML을 포함한 마크업 언어 등을 다룰 수 있다. 디렉터리와 파일의 계층 구조를 가진 파일 시스템과 같은 것도 이 디자인 패턴에 잘 맞는다.

- 유사하고 복잡한 클래스가 여러 개 있는 경우 템플릿 패턴에 따라 클래스를 만드는 것이 적절해 보인다. 템플릿에 고유한 기능을 넣을 수 있는 틈이나 통로를 남길 수도 있다.

이런 패턴은 디자이너가 널리 인정되고 좋은 디자인에 집중하는 데 도움이 될 수 있다. 물론 각 문제는 고유하므로 패턴을 조정해야 한다. 알려진 패턴에 적응하고 완전히 새로운 것을 발명하려는 시도를 피하는 것이 더 좋다.

⁞ 연습

각 디자인 패턴에 대한 연습을 시작하기 전에 잠시 시간을 내 컴포짓 패턴 절에서 os 및 pathlib 호출을 추가해 File 및 Folder 객체에 대한 메서드를 구현하라. File의 copy() 메서드는 파일의 바이트를 읽고 써야 한다. Folder의 copy() 메서드는 먼저 폴더를 복제한 다음 각 하위 항목을 새 위치에 재귀적으로 복사해야 하므로 상당히 복잡하다. 여기서 제공한 예제는 내부 데이터 구조를 업데이트하지만 운영체제에 변경을 적용하지 않는다. 격리된 디렉터리에서 이것을 테스트할 때 주의하라. 중요한 파일을 실수로 망가뜨리고 싶지 않다.

이제 10장에서와 같이 논의한 패턴을 살펴보고 이를 구현할 수 있는 곳을 찾아보라. 일반적으로 새 코드보다는 기존 라이브러리와 인터페이스할 때 적용할 수 있으므로 어댑터 패턴을 기존 코드에 적용할 수 있다. 어댑터를 사용해 두 인터페이스가 서로 올바르게 상호작용하도록 하려면 어떻게 해야 하는가?

퍼사드 패턴을 사용해도 좋을 만큼 충분히 복잡한 시스템을 생각할 수 있는가? 자동차의 운전자 대면 인터페이스 또는 공장의 제어판과 같은 실제 상황에서 퍼사드가 어떻게 사용될지 생각해보라. 퍼사드 인터페이스의 사용자가 그것을 사용하도록 학습된 사람이 아니라 다른 프로그래머라는 점을 제외하면 소프트웨어 면에서는 유사하다. 최근 프로젝트에 퍼사드 패턴으로 이점을 얻을 수 있는 복잡한 시스템이 있는가?

플라이웨이트 패턴의 이점을 얻을 수 있는 메모리를 많이 사용하는 거대한 코드가 없을 수도 있지만 이 패턴을 유용하게 사용할 수 있는 상황을 생각할 수 있는가? 많은 양의 중복 데이터를 처리해야 하는 모든 곳에서 플라이웨이트를 사용할 수 있다. 금융업계에서 유용할까? 웹 애플리케이션에서는 어떤가? 플라이웨이트 패턴을 채택하는 것이 어떤 점에서 의미가 있을까? 또는 언제가 과한 선택인가?

추상 팩토리 패턴 또는 여기서 다룬 약간 더 파이썬적인 파생 코드가 원터치로 구성 가능한 시스템을 만드는 데 매우 유용할 수 있다. 이 패턴이 유용한 시스템으로는 어떤 것이 있을까?

컴포짓 패턴은 여러 곳에 적용된다. 프로그래밍에는 트리 구조가 있다. 파일 계층 구조 예제와 같이 일부는 노골적인 트리 구조이지만 다른 것들은 상당히 미묘하다. 컴포짓 패턴이 유용할 수 있는 상황은 무엇이 있을까? 자신의 코드에서 사용할 수 있는 위치를 생각할 수 있는가? 패턴을 약간 수정하면 어떻게 될까? 예를 들어 다른 타입의 객체에 대해 서로 다른 타입의 리프 또는 컴포짓 노드를 포함시킬 수 있는가?

ast 모듈은 파이썬 코드에 대한 컴포짓 트리 구조를 제공한다. 특히 유용한 것은 ast 모듈을 사용해 일부 코드에서 모든 import 문을 찾는 것이다. 이것은 종종 requirements.txt 파일에 있는 프로젝트에 필수적인 모듈 리스트가 완전하고 일관성이 있는지 확인하는 데 도움이 될 수 있다.

템플릿 메서드는 복잡한 작업을 분해할 때 유용하므로 확장이 가능하다. k-최근접 이웃 알고리듬이 템플릿 메서드의 좋은 후보가 될 수 있다. 10장 '이터레이터 패턴'에서 k-최근접 이웃 알고리듬을 세 개의 완전히 분리된 함수로 다시 작성했다. 이것은 필수적인 것인가? 거리 계산, k-최근접 찾기, 최빈값 찾기의 세 단계로 문제를 분해한 메서드를 다시 작성할 수 있는가? 이 디자인을 별도의 함수로 수행하는 것과 비교하라.

⊹ 요약

12장에서는 몇 가지 고급 디자인 패턴에 대해 자세히 설명하고 표준 설명과 함께 파이썬으로 구현한 대안도 다뤘다. 파이썬은 종종 전통적인 객체지향 언어보다 더 유연하고 다재다능하다. 어댑터 패턴은 인터페이스를 매칭시키는 데 유용하고, 퍼사드 패턴은 인터페이스를 단순화하는 데 적합하다. 플라이웨이트는 복잡한 패턴이며 메모리 최적화가 필요한 경우에만 유용하다. 추상 팩토리는 구성 또는 시스템 정보에 따른 구현의 런타임 분리를 허용한다. 컴포짓 패턴은 트리 구조에 보편적으로 사용된다. 템플릿 메서드는 공통 기능을 반복하지 않도록 복잡한 작업을 단계로 나누는 데 유용할 수 있다.

여기까지가 이 책의 실제적인 객체지향 디자인의 마지막 부분이다. 다음 두 장에서는 객체지향 원칙에 초점을 맞춰 파이썬 프로그램을 테스트하는 것이 얼마나 중요한지, 어떻게 테스트하는지 논의할 것이다. 그 다음 파이썬의 동시성 기능과 이를 활용해 작업을 더 빨리 완료하는 방법을 살펴본다.

13

객체지향 프로그램 테스트

숙련된 파이썬 프로그래머는 테스트가 소프트웨어 개발의 중요한 측면 중 하나라는 데 동의한다. 13장이 책의 끝 부분에 위치한다고 해서 나중에 생각해야 할 내용이라는 건 아니다. 지금까지 학습한 모든 것이 테스트를 작성할 때 도움이 될 것이다. 이 장에서는 다음 주제를 살펴볼 것이다.

- 단위 테스트와 테스트 주도 개발의 중요성

- 표준 라이브러리의 unittest 모듈

- pytest 도구

- mock 모듈

- 코드 커버리지

이 장의 사례 연구에서는 사례 연구 예제에 대한 몇 가지 테스트를 작성하는 데 중점을 둘 것이다.

자동화된 소프트웨어 테스트가 왜 중요한지에 대한 몇 가지 근본적인 이유부터 살펴보자.

▒ 왜 테스트를 해야 하는가

많은 프로그래머는 코드를 테스트하는 것이 이미 얼마나 중요한지 알고 있다. 당신이 그들 중 하나라면 이 절은 그냥 훑어보라. 파이썬에서 테스트를 생성하는 방법을 실제로 볼 수 있는 다음 절이 훨씬 더 흥미진진할 것이다.

테스트의 중요성을 확신하지 못한다면 테스트 없이는 코드가 깨질 것이며 그것은 아무도 알 방법이 없다는 것을 상기시켜 주고 싶다. 이 절의 내용을 읽어 보라.

어떤 사람들은 파이썬 코드의 동적인 특성 때문에 파이썬에서는 테스트가 더 중요하다고 주장한다. 자바나 C++ 등과 같은 컴파일 언어는 컴파일하는 동안 타입 검사를 수행하기 때문에 다소 안전하다고 생각된다. 그러나 파이썬 테스트는 타입을 거의 확인하지 않는다. 파이썬 테스트는 값을 확인한다. 즉 올바른 속성이 올바른 시간에 설정됐는지, 또는 시퀀스가 정확한 길이, 순서, 값을 가지고 있는지 확인한다. 이런 고급 개념은 파이썬 뿐만 아니라 모든 언어에서 테스트해야 한다. 파이썬 프로그래머가 다른 언어의 프로그래머보다 더 많이 테스트하는 진짜 이유는 파이썬에서 테스트하기가 너무 쉽기 때문이다.

그런데 왜 테스트를 해야 하는가? 정말 테스트를 해야 하는가? 테스트를 하지 않는다면? 이런 질문에 답하려면 마지막으로 코드를 작성했을 때를 생각해보라. 처음부터 제대로 실행됐는가? 구문 오류는 없었는가? 논리 문제는 없었는가? 원칙적으로는 완벽한 코드를 작성하는 것이 가능하다. 실제적인 상황에서 수정해야 하는 명백한 구문 오류의 수는 수정해야 하는 더 미묘한 논리 오류가 있을 수 있음을 나타내는 지표이다.

코드가 작동하는지 확인하기 위해 공식적인 별도의 테스트가 필요하지는 않다. 일반적으로 하는 것처럼 프로그램을 실행하고 오류를 수정하는 것은 테스트의 단순한 형태이다. 파이썬의 대화형 인터프리터와 거의 0에 가까운 컴파일 시간을 사용하면 몇 줄의 코드를 쉽게 작성하고 프로그램을 실행해 해당 줄이 예상대로 작동하는지 확인할 수 있다.

프로젝트 초기에는 이것이 수용될 수 있지만, 시간이 지남에 따라 점점 골칫거리가 된다. 몇 줄의 코드를 변경하려는 시도로 깨닫지 못한 프로그램의 다른 부분이 변경돼 영향을 받을 수 있으며, 테스트 없이는 무엇이 깨졌는지 알 수 없다. 디자인을 다시 하거나 또는 작은 최적화라도 재작성을 시도하면 문제가 발생할 수 있다. 더구나 프로그램이 점점 커짐에 따라 인터프리터가 해당 코드로 통할 수 있는 경로의 수도 늘어나기 때문에 모든 경로를 실행하는 것은 금방 불가능해지거나 조잡한 수동 테스트가 된다.

소프트웨어가 작동한다는 것을 자신과 다른 사람들에게 확신시키기 위해서는 자동화된 테스트를 작성해야 한다. 자동화된 테스트는 다른 프로그램이나 프로그램의 일부를 통해 특정 입력을 자동으로 실행하는 프로그램이다. 이 테스트 프로그램은 몇 초 만에 실행할 수 있으며, 프로그래머가 뭔가를 변경할 때마다 테스트할 것이라고 생각하는 것보다 훨씬 더 많은 잠재적 입력 상황을 다룰 수 있다.

> 자동화된 테스트로 시연할 수 없는 소프트웨어 기능은 존재하지 않는 기능이다.
>
> – 『익스트림 프로그래밍(Extreme Programming Explained)』(인사이트, 2006)

테스트를 작성하는 네 가지 주요 이유는 다음과 같다.

- 개발자가 생각하는 대로 코드가 작동하는지 확인하기 위해

- 변경할 때 코드가 계속 작동하도록 하기 위해

- 개발자가 요구사항을 이해했는지 확인하기 위해

- 작성한 코드에 유지 관리 가능한 인터페이스가 있는지 확인하기 위해

자동화된 테스트가 있으면 초기 개발이나 유지 관리 릴리즈에 상관없이 코드를 변경할 때마다 테스트를 실행할 수 있다. 테스트를 통해 기능을 추가하거나 확장했을 때 부주의로 코드가 손상되지 않았음을 확인할 수 있다.

앞의 이유 중 마지막 두 가지는 흥미로운 결과를 가져온다. 테스트를 작성하는 것은 코드가 취하는 API, 인터페이스, 패턴 등을 디자인하는 데 도움이 된다. 따라서 요구사항

을 잘못 이해한 경우에 테스트를 작성하면 오히려 오해를 강조하는 데 도움이 될 수도 있다. 반면에 클래스를 디자인하는 방법이 확실하지 않은 경우 해당 클래스와 상호작용하는 테스트를 작성함으로써 인터페이스가 작동하는 가장 자연스러운 방법에 대한 아이디어를 얻을 수 있다. 사실, 테스트할 코드를 작성하기 전에 테스트를 먼저 작성하는 것이 종종 유익하다.

소프트웨어 테스팅에 집중하면 몇 가지 흥미로운 결과를 얻을 수 있다. 다음 세 가지를 살펴보자.

- 테스트를 통한 개발 촉진

- 테스트에 대한 다양한 목표 관리

- 테스트 시나리오에 대한 일관된 패턴 보유

이제 테스트를 통해 개발을 촉진하는 것에 대해 살펴보자.

테스트 주도 개발

'테스트를 먼저 작성하라'는 것이 테스트 주도 개발test-driven development의 주문이다. 테스트 주도 개발은 '테스트되지 않은 코드는 깨진 코드'라는 개념을 한 단계 더 발전시켜 작성되지 않은 코드만 테스트되지 않을 수 있다고 제안한다. 코드의 작동을 증명할 테스트를 작성할 때까지 어떤 코드도 작성하지 않는다. 테스트를 처음 실행하면 코드가 작성되지 않았기 때문에 실패해야 한다. 그 다음에 해당 테스트를 통과할 수 있는 코드를 작성하고, 그리고 나서 코드의 다음 부분에 대한 또 다른 테스트를 작성한다.

테스트 주도 개발은 해결할 작은 퍼즐을 만들 수 있게 해주기 때문에 재미있을 수 있다. 그 다음에 이런 퍼즐을 풀기 위한 코드를 구현한다. 그리고 나서 풀리지 않은 퍼즐이 없다면 더 복잡한 퍼즐을 만들고 새 퍼즐을 푸는 코드를 작성한다.

테스트 주도 방법론에는 두 가지 목표가 있다. 첫 번째는 테스트가 실제로 작성됐는지 확인하는 것이다.

두 번째로, 테스트를 작성할 때는 먼저 코드가 어떻게 사용될지를 정확히 고려해야 한다. 이것은 객체가 어떤 메서드를 가져야 하고 속성에 어떻게 액세스할 것인지를 알려준다. 이는 초기 문제를 더 작고 테스트 가능한 문제들로 나눈 다음 이에 대해 각각 테스트된 솔루션들을 테스트된 더 큰 솔루션으로 통합하는 데 도움이 된다. 따라서 테스트 작성은 디자인 프로세스의 일부가 될 수 있다. 종종 새로운 객체에 대한 테스트를 작성할 때 소프트웨어에서 새로운 측면을 고려할 수밖에 없는 디자인 상의 이상을 발견하게 된다.

테스트는 소프트웨어를 더 좋게 만든다. 소프트웨어를 릴리즈하기 전에 테스트를 작성하면 최종 코드가 작성되기 전에 소프트웨어는 더 좋아진다.

이 책에 있는 모든 코드는 자동화된 테스트 스위트^{test suite}를 실행해 검토됐다. 자동화된 테스트는 예제가 견고하고 잘 작동하는 코드인지 확인하는 유일한 방법이다.

테스트 목표

테스트 실행을 위한 뚜렷한 목표에는 여러 가지가 있다. 이를 테스트 타입이라고 부르지만 "타입"이라는 단어는 소프트웨어 업계에서 과도하게 사용되고 있다. 이 장에서는 이런 테스트 목표 중 두 가지만 살펴볼 것이다.

- **단위 테스트**^{unit test}는 소프트웨어 구성 요소가 독립적으로 작동하는지 확인한다. 파울러(Fowler)의 테스트 피라미드^{Test Pyramid}는 단위 테스트가 가장 큰 가치를 창출한다고 제안하는 것 같기 때문에 이것에 먼저 초점을 맞출 것이다. 다양한 클래스와 함수가 각자 자신의 인터페이스를 준수하고 예상한 결과를 생성한다면, 그것들을 통합한 것도 원활하게 작동할 것이고 상대적으로 놀랄 일이 거의 없을 것이다. 커버리지^{coverage} 도구를 사용해 코드의 모든 줄이 단위 테스트 스위트의 일부로 실행되는지 확인하는 것이 일반적이다.

- **통합 테스트**^{integration test}는 당연히 통합된 소프트웨어 구성 요소들이 작동하는지 확인한다. 통합 테스트는 시스템 테스트, 기능 테스트, 인수 테스트 등으로도 불린다. 통합 테스트가 실패하면 인터페이스가 제대로 정의되지 않았거나 다른 구성

요소와의 통합을 통해 노출된 일부 극단적인 케이스가 단위 테스트에 포함되지 않았음을 의미한다. 통합 테스트는 좋은 단위 테스트를 갖는 것에 의존하는 것으로 보이며, 따라서 그 중요성은 부차적이다.

"단위"는 파이썬 언어에서 공식적으로 정의되지 않는다. 이것은 의도적인 선택이다. 코드 단위는 종종 단일 함수 또는 단일 클래스이다. 또한 단일 모듈일 수도 있다. 이 정의는 분리된 개별 코드 단위를 식별하는 데 약간의 유연성을 제공한다.

테스트에는 여러 가지 뚜렷한 목표가 있지만 사용되는 기법은 유사한 경향이 있다. 추가적으로 https://www.softwaretestinghelp.com/types-of-software-testing/에는 40가지가 넘는 다양한 타입의 테스트 목표 리스트가 있다. 이것은 너무나 많기 때문에 단위 테스트와 통합 테스트에만 집중할 것이다. 모든 테스트에는 공통 패턴이 있으므로 이제 다음으로 일반적인 테스트 패턴을 살펴볼 것이다.

테스트 패턴

코드를 작성하는 것은 종종 도전적이다. 객체의 내부 상태가 무엇인지, 객체가 겪는 상태 변화가 무엇인지를 파악하고 객체와 협업하는 다른 객체를 결정해야 한다. 이 책을 통해 클래스 디자인을 위한 많은 공통 패턴을 제공했다.

테스트는 어떤 면에서 클래스 정의보다 간단하고 모두 기본적으로 동일한 패턴을 갖는다.

```
GIVEN 시나리오에 대한 몇 가지 전제조건이 주어지고
WHEN 클래스의 일부 메서드를 실행했을 때
THEN 확인할 수 있는 상태 변화 또는 부작용이 발생한다.
```

어떤 경우에는 전제조건이 복잡하거나, 또는 상태 변경이나 부작용이 복잡할 수 있다. 그것들이 너무 복잡해서 여러 단계로 나눠야 할 수도 있다. 세 부분으로 구성된 이 패턴에서 중요한 것은 설정, 실행, 예상된 결과를 서로 분리하는 방법이다. 이 모델은 다양한 테스트에 폭넓게 적용된다. 물이 차 한 잔을 만들 수 있을 만큼 충분히 뜨거운지 확인하려면 다음과 같은 일련의 단계를 따른다.

- GIVEN 스토브에 물 주전자가 있고

- AND 불은 꺼져 있다.

- WHEN 주전자의 뚜껑을 열었을 때

- THEN 증기가 빠져나오는 것이 보인다.

이 패턴은 명확한 설정과 관찰 가능한 결과가 있는지 확인하는 데 매우 유용하다.

시퀀스에서 None 값을 제외한 숫자 리스트의 평균을 계산하는 함수를 작성해야 한다고 가정해 보자. 다음과 같이 시작할 수 있다.

```python
def average(data: list[Optional[int]]) -> float:
    """
    GIVEN 리스트, data = [1, 2, None, 3, 4]
     WHEN 계산, m = average(data)
     THEN 결과, m 은 2.5
    """
    pass
```

어떻게 동작해야 한다고 생각하는지에 대한 요약과 함께 대략적인 함수 정의를 작성했다. GIVEN 단계는 테스트 케이스에 대한 데이터를 정의한다. WHEN 단계는 수행해야 할 작업을 정확하게 정의한다. 마지막으로 THEN 단계는 예상되는 결과를 설명한다. 자동화된 테스트 도구는 실제 결과를 명시된 예상 결과와 비교하고 테스트가 실패하면 이를 보고할 수 있다. 선호하는 테스트 프레임워크를 사용해 이를 별도의 테스트 클래스 또는 테스트 함수로 구체화할 수 있다. unittest와 pytest는 개념을 구현하는 방식은 약간 다르지만 핵심 개념은 두 프레임워크에 모두 남아 있다. 일단 실행하면 테스트는 실패해야 하며 이 테스트가 넘어야 할 명확한 목표인 경우 실제 코드 구현을 시작할 수 있다.

테스트 케이스를 디자인하는 데 도움이 될 수 있는 몇 가지 기법은 동등 분할equivalence partitioning 및 경계값 분석boundary value analysis이다. 이는 메서드나 함수에 대한 가능한 모든 입력의 범위를 파티션으로 분해하는 데 도움이 된다. 일반적인 예는 '유효한 데이터'와 '잘못된 데이터'의 두 파티션을 찾는 것이다. 파티션이 주어지면 파티션 경계의 값은 테스트 케이스에서 사용하기에 흥미로운 값이 된다. 자세한 내용은 https://www.softwaretestinghelp.com/what-is-boundary-value-analysis-and-equivalence-partitioning/을 참조하라.

이제 내장 테스트 프레임워크인 unittest를 살펴보자. unittest는 다소 장황하고 복잡해 보이는 단점이 있다. 하지만 내장이기 때문에 추가 설치가 필요하지 않으며 즉시 사용할 수 있다는 장점이 있다.

∴ unittest로 단위 테스트하기

파이썬 내장 테스트 라이브러리로의 탐색을 시작해보자. 이 라이브러리는 단위 테스트를 위한 공통 객체지향 인터페이스를 제공한다. 이를 위한 파이썬 라이브러리는 당연히 unittest라고 불린다. 이것은 단위 테스트를 만들고 실행하기 위한 여러 도구를 제공하며 그중 가장 중요한 것은 TestCase 클래스이다. 이름은 자바 스타일을 따르기 때문에 많은 메서드 이름이 파이썬스럽지 않다. TestCase 클래스는 값을 비교하고, 테스트를 설정하고, 테스트가 완료되면 정리하는 메서드 집합을 제공한다.

특정 작업에 대한 단위 테스트를 작성하려는 경우 TestCase의 하위 클래스를 만들고 실제 테스트를 수행하는 개별 메서드를 작성한다. 이런 메서드는 모두 test라는 이름으로 시작해야 한다. 이 규칙을 따르면 각 테스트는 테스트 프로세스의 일부로서 자동으로 실행된다. 간단한 예로서 GIVEN, WHEN, THEN 개념을 테스트 메서드에 묶을 수 있다. 다음은 매우 단순한 예이다.

```python
import unittest

class CheckNumbers(unittest.TestCase):
  def test_int_float(self) -> None:
    self.assertEqual(1, 1.0)

if __name__ == "__main__":
  unittest.main()
```

이 코드는 TestCase 클래스를 상속한 후 TestCase.assertEqual() 메서드를 호출하는 메서드를 추가한다. GIVEN 단계는 값 1과 1.0의 쌍이다. WHEN 단계는 새로운 객체가 생성되지 않고 상태 변경이 발생하지 않기 때문에 이 단계가 없다. THEN 단계는 두 값이 동일한 것으로 테스트될 것이라는 주장이다.

테스트 케이스를 실행하면 이 메서드는 두 매개변수가 동일한지 여부에 따라 조용히 성공하거나 예외를 발생시킨다. 이 코드를 실행하면 unittest의 main 함수는 다음과 같은 출력을 보여준다.

```
.
----------------------------------------------------------------
Ran 1 test in 0.000s

OK
```

부동소수점 수와 정수가 같은 것으로 비교될 수 있다는 것을 알고 있었는가?

다음과 같이 실패하는 테스트를 추가해 보자.

```python
def test_str_float(self) -> None:
    self.assertEqual(1, "1")
```

정수와 문자열은 같은 것으로 간주되지 않기 때문에 이 코드의 출력은 위협적이다.

```
.F
================================================================
FAIL: test_str_float (__main__.CheckNumbers)
----------------------------------------------------------------
Traceback (most recent call last):
  File "first_unittest.py", line 9, in test_str_float
    self.assertEqual(1, "1")
AssertionError: 1 != '1'

----------------------------------------------------------------
Ran 2 tests in 0.001s

FAILED (failures=1)
```

첫 번째 줄의 점은 앞에서 작성한 첫 번째 테스트가 성공적으로 통과했음을 나타낸다. 뒤에 오는 문자 F는 두 번째 테스트가 실패했음을 나타낸다. 그 다음에 테스트가 어떻게 어디서 실패했는지 알려주는 요약 정보와 함께 실패 횟수를 보여준다.

OS 수준 반환코드도 유용한 요약을 제공한다. 모든 테스트가 통과하면 반환코드는 0이고 테스트가 실패하면 0이 아니다. 이는 지속적인 통합 도구를 구축할 때 도움이 된다. 즉 unittest 실행이 실패하면 제안된 변경은 허용되지 않아야 한다.

하나의 TestCase 클래스는 원하는 만큼 많은 테스트 메서드를 가질 수 있다. 메서드 이름이 test로 시작하는 한 테스트 러너^{test runner}는 각각을 별도의 분리된 테스트로 실행한다.

> **TIP**
>
> 각 테스트는 다른 테스트와 완전히 독립적이어야 한다.
> 테스트의 결과 또는 계산은 다른 테스트에 영향을 미치지 않아야 한다.

테스트를 서로 분리된 상태로 유지하기 위해서 공용 setUp() 메서드로 구현된 공통의 GIVEN을 사용해 여러 테스트를 수행할 수 있다. 이것은 종종 유사한 클래스를 갖게 될 것이고, 테스트를 디자인할 때 상속을 사용해 기능을 공유하면서도 여전히 완전히 독립적인 상태를 유지할 수 있다는 것을 의미한다.

좋은 단위 테스트를 작성하기 위한 핵심은 각 테스트 메서드를 가능한 한 짧게 유지하고 각 테스트 케이스에서 작은 단위의 코드를 테스트하는 것이다. 코드가 테스트 가능한 작은 단위로 자연스럽게 분할되지 않는 것 같다면 코드를 다시 디자인해야 한다는 신호일 수 있다. 이 장의 뒷부분에 있는 'Mock을 사용한 객체 모방' 절에서는 테스트 목적으로 객체를 분리하는 방법을 제공한다.

unittest 모듈은 테스트를 클래스 정의로 구성할 것을 강요한다. 이것은 어떤 면에서 오버헤드이다. pytest 패키지는 좀 더 영리한 테스트 탐색과 함께 테스트를 클래스의 메서드가 아닌 함수로 구성하는 더 유연한 방법을 가지고 있다. 다음으로 pytest를 살펴보자.

⁘ pytest로 단위 테스트하기

테스트를 실행하고 결과를 기록하는 테스트 러너와 함께 테스트 시나리오에 대한 공통 프레임워크를 제공하는 라이브러리를 사용해 단위 테스트를 생성할 수 있다. 단위 테스트는 한 테스트에서 가능한 최소한의 코드를 테스트하는 데 중점을 둔다. 표준 라이브러리에는 unittest 패키지가 포함돼 있다. 널리 사용되는 이 패키지는 각 테스트 케이스에 대해 상당한 양의 상투적인 코드를 작성하도록 강요하는 경향이 있다.

표준 라이브러리 unittest에 대한 대안 중 인기 있는 것은 pytest이다. 이것은 더 작고 더 명확한 테스트 케이스를 작성할 수 있다는 장점이 있다. 오버헤드가 없기 때문에 바람직한 대안이 된다.

pytest는 표준 라이브러리의 일부가 아니므로 직접 다운로드해 설치해야 한다. pytest 홈페이지인 https://docs.pytest.org/en/stable/에서 얻을 수 있다. 설치 프로그램 중 하나를 사용해 설치할 수 있다.

터미널 창에서 작업 중인 가상환경을 활성화한다. 예를 들어 venv를 사용하는 경우 `python -m venv c:\path\to\myenv`를 사용할 수 있다. 그 다음에 다음과 같은 OS 명령을 사용한다.

```
% python -m pip install pytest
```

윈도우에서의 명령도 맥OS 및 리눅스에서의 명령과 동일하다.

pytest 도구는 unittest 모듈과 상당히 다른 테스트 레이아웃을 사용할 수 있다. 테스트 케이스가 unittest.TestCase의 하위 클래스이어야 할 필요가 없다. 대신 파이썬 함수가 일등급 객체라는 사실을 이용해 적절하게 명명된 함수가 테스트처럼 동작하도록 허용한다. 동등성을 확인하는 여러 가지 메서드를 제공하는 대신 assert 문을 사용해 결과를 확인한다. 이렇게 하면 테스트가 더 단순하고 읽기 쉬워지며 결과적으로 유지 관리가 더 쉬워진다.

pytest를 실행하면 현재 폴더에서 시작해 이름이 test_로 시작하는 모듈이나 하위 패키지를 검색한다. 이 경우에는 _ 문자가 포함돼야 한다. 이 모듈 내의 함수가 test로 시작하는 경우에는 개별 테스트로 실행된다. 함수 이름에는 _ 문자가 필요하지 않다. 또한 모듈 내에 이름이 Test로 시작하는 클래스가 있는 경우 해당 클래스에서 test_로 시작하는 모든 메서드도 테스트 환경에서 실행된다.

또한 당연하게도 tests라는 폴더에서 검색한다. 이 때문에 코드를 두 개의 폴더로 나누는 것이 일반적이다. src/ 디렉터리에는 작업 모듈, 라이브러리, 애플리케이션 등이 포함되고 tests/ 디렉터리에는 모든 테스트 케이스가 포함된다.

다음 코드를 사용해 앞에서 작성한 간단한 unittest 예제를 pytest로 변경해 보자.

```python
def test_int_float() -> None:
    assert 1 == 1.0
```

동일한 테스트에 대해 첫 번째 unittest 예제에 필요한 6줄에 비해 더 읽기 쉬운 코드 2줄을 작성했다.

그러나 클래스 기반 테스트를 작성하는 것이 금지돼 있지는 않다. 클래스는 관련 테스트를 함께 그룹화하거나 클래스에서 관련된 속성 또는 메서드에 액세스해야 하는 테스트에 유용할 수 있다. 다음 예제는 통과 및 실패하는 테스트를 갖는 클래스를 보여준다. 오류 출력이 unittest 모듈에서 제공하는 것보다 더 포괄적임을 알 수 있다.

```python
class TestNumbers:
    def test_int_float(self) -> None:
        assert 1 == 1.0

    def test_int_str(self) -> None:
        assert 1 == "1"
```

테스트 케이스로 발견되기 위해 특별한 객체로 클래스를 확장할 필요가 없다. 물론 pytest는 표준 unittest.TestCases도 잘 실행한다. python -m pytest tests/<filename>을 실행하면 출력은 다음과 같다.

```
% python -m pytest tests/test_with_pytest.py
========================= test session starts =========================
platform darwin -- Python 3.9.0, pytest-6.2.2, py-1.10.0, pluggy-0.13.1
rootdir: /path/to/ch_13
collected 2 items

tests/test_with_pytest.py .F                                     [100%]

============================== FAILURES ===============================
_____ TestNumbers.test_int_str _____

self = <test_with_pytest.TestNumbers object at 0x7fb557f1a370>

    def test_int_str(self) -> None:
>       assert 1 == "1"
E       AssertionError: assert 1 == "1"

tests/test_with_pytest.py:15: AssertionError
===================== short test summary info =====================
FAILED tests/test_with_pytest.py::TestNumbers::test_int_str - Asse...
===================== 1 failed, 1 passed in 0.07s =====================
```

출력은 플랫폼 및 인터프리터에 대한 몇 가지 유용한 정보로 시작된다. 이것은 서로 다른 시스템에서 버그를 공유하거나 논의할 때 유용할 수 있다. 세 번째 줄은 테스트되는 파일의 이름을 알려주며, 여러 테스트 모듈이 선택된 경우에는 모두 표시된다. 그 다음에는 unittest 모듈에서 본 친숙한 .F가 뒤따른다. 문자 .은 통과된 테스트를 나타내고 문자 F는 실패를 나타낸다.

모든 테스트가 실행된 후 각 테스트에 대한 오류 출력이 표시된다. 여기에는 지역 변수의 요약, 오류가 발생한 소스 코드, 오류 메시지 요약 등이 표시된다. 이 예제에서 지역 변수는 함수에 전달된 self 매개변수 하나만 있다. 또한 AssertionError 이외의 예외가 발생하면 pytest는 소스 코드 참조를 포함해 완전한 트레이스백을 제공한다.

기본적으로 pytest는 테스트가 성공하면 print()의 출력을 억제한다. 이것은 테스트 디버깅에 유용하다. 테스트가 실패하면 테스트에 print() 문을 추가해 테스트가 실행될 때 특정 변수와 속성의 값을 확인할 수 있다. 테스트가 실패하면 이런 값이 출력돼 진단에 도움이 된다. 하지만 테스트가 성공하면 print() 출력이 표시되지 않고 무시된다. 따라서 print()를 제거해 테스트 출력을 정리할 필요는 없다. 향후에 변경으로 인해 테스트가 다시 실패하면 디버깅 출력으로 즉시 사용할 수 있다.

흥미롭게도 이 assert 문을 사용하면 mypy에 잠재적인 문제가 노출된다. assert 문을 사용할 때 mypy는 타입을 검사하기 때문에 assert 1 == "1"의 잠재적인 문제에 대해 경고한다. 이 코드는 올바르지 않기 때문에 단위 테스트에서 실패할 뿐만 아니라 mypy 검사에도 실패한다.

pytest가 함수와 assert 문을 사용해 테스트의 WHEN 및 THEN 단계를 지원하는 방법을 살펴봤다. 이제 GIVEN 단계를 처리하는 방법을 더 자세히 살펴볼 필요가 있다. 테스트에 대한 GIVEN 전제조건을 설정하는 두 가지 방법이 있다. 간단한 케이스에 대한 것부터 시작하자.

pytest의 설정 및 해제 기능

pytest는 unittest에서 사용되는 메서드와 유사한 설정[setup] 및 해제[teardown] 기능을 지원하지만 훨씬 더 많은 유연성을 제공한다. 이런 함수에 대해 간략하게 설명할 것이다. pytest가 제공하는 강력한 픽스쳐[fixture] 기능에 대해서는 다음 절에서 논의할 것이다.

클래스 기반 테스트를 작성하는 경우 setup_method()와 teardown_method()라는 두 가지 메서드를 사용할 수 있다. 이 메서드들은 각각 설정과 정리 작업을 수행하기 위해 클래스의 각 테스트 메서드 전과 후에 호출된다.

또한 pytest는 준비 및 정리 코드가 실행되는 시기를 더 잘 제어할 수 있도록 또 다른 설정 및 해제 함수를 제공한다. setup_class() 및 teardown_class() 메서드는 클래스 메서드이며, 문제의 클래스를 단일 인수로 받는다. 인스턴스가 없기 때문에 self 인수가 없으며 그 대신 클래스가 제공된다. 이 메서드는 각각의 테스트 실행이 아닌 클래스가 초기화될 때 pytest에 의해 실행된다.

마지막으로 setup_module() 및 teardown_module() 함수가 있으며, 이 함수는 해당 모듈 내의 함수 또는 클래스에 있는 모든 테스트 직전과 직후에 pytest에 의해 실행된다. 이는 모듈 내의 모든 테스트에서 사용할 소켓 또는 데이터베이스 연결을 만드는 것과 같은 일회성 설정에 유용할 수 있다. 이 함수를 사용할 때는 테스트 사이에서 일부 객체 상태가 제대로 정리되지 않은 경우 테스트 사이에 실수로 종속성이 도입될 수 있으므로 주의해야 한다.

이런 짧은 설명은 이 메서드들이 호출되는 시점을 정확히 설명하는 데 큰 도움이 되지 않는다. 따라서 정확히 언제 발생하는지 보여주는 예제를 살펴보자.

```python
from __future__ import annotations
from typing import Any, Callable

def setup_module(module: Any) -> None:
    print(f"setting up MODULE {module.__name__}")


def teardown_module(module: Any) -> None:
    print(f"tearing down MODULE {module.__name__}")


def test_a_function() -> None:
    print("RUNNING TEST FUNCTION")


class BaseTest:
    @classmethod
    def setup_class(cls: type["BaseTest"]) -> None:
        print(f"setting up CLASS {cls.__name__}")

    @classmethod
    def teardown_class(cls: type["BaseTest"]) -> None:
        print(f"tearing down CLASS {cls.__name__}\n")

    def setup_method(self, method: Callable[[], None]) -> None:
        print(f"setting up METHOD {method.__name__}")

    def teardown_method(self, method: Callable[[], None]) -> None:
        print(f"tearing down METHOD {method.__name__}")


class TestClass1(BaseTest):
    def test_method_1(self) -> None:
        print("RUNNING METHOD 1-1")

    def test_method_2(self) -> None:
        print("RUNNING METHOD 1-2")
```

```
class TestClass2(BaseTest):
  def test_method_1(self) -> None:
    print("RUNNING METHOD 2-1")

  def test_method_2(self) -> None:
    print("RUNNING METHOD 2-2")
```

BaseTest 클래스의 유일한 목적은 두 테스트 클래스에 대해 동일한 4개의 메서드를 추출하고 상속을 사용해 중복 코드의 양을 줄이는 것이다. 따라서 pytest의 관점에서 두 하위 클래스는 각각 두 개의 테스트 메서드 뿐만 아니라 클래스 수준 및 메서드 수준에서 각 두 개의 설정 메서드와 두 개의 해제 메서드를 갖고 있다.

pytest에 -s 또는 --capture=no 플래그를 전달해 print() 함수 출력 억제를 비활성화시킨 상태에서 이 테스트를 실행하면 테스트와 관련된 다양한 함수가 호출될 때 표시된다.

```
% python -m pytest --capture=no tests/test_setup_teardown.py
========================= test session starts
==========================
platform darwin -- Python 3.9.0, pytest-6.2.2, py-1.10.0, pluggy-0.13.1
rootdir: /.../ch_13
collected 5 items

tests/test_setup_teardown.py setting up MODULE test_setup_teardown
RUNNING TEST FUNCTION
.setting up CLASS TestClass1
setting up METHOD test_method_1
RUNNING METHOD 1-1
.tearing down METHOD test_method_1
setting up METHOD test_method_2
RUNNING METHOD 1-2
.tearing down METHOD test_method_2
tearing down CLASS TestClass1

setting up CLASS TestClass2
setting up METHOD test_method_1
RUNNING METHOD 2-1
.tearing down METHOD test_method_1
setting up METHOD test_method_2
RUNNING METHOD 2-2
.tearing down METHOD test_method_2
```

```
tearing down CLASS TestClass2

tearing down MODULE test_setup_teardown

========================== 5 passed in 0.01s
==========================
```

모듈 전체에 대한 설정 및 해제 메서드는 세션의 시작과 끝에서 실행된다. 그 다음에 단일 모듈 수준의 테스트 함수가 실행된다. 그 다음으로 첫 번째 클래스에 대한 설정 메서드가 실행되고 해당 클래스에 대한 두 가지 테스트가 뒤따른다. 이 테스트는 각각 setup_method() 및 teardown_method() 호출로서 개별적으로 래핑된다. 테스트가 실행된 후 클래스에 대한 해제 메서드가 호출된다. teardown_module() 메서드가 마지막으로 한 번 호출되기 전에 두 번째 클래스에 대해 동일한 시퀀스가 발생한다.

이런 함수 이름은 테스트를 위한 많은 옵션을 제공하지만 여러 테스트 시나리오에서 공유되는 설정 조건이 있는 경우가 많다. 이렇게 공유되는 설정은 구성 기반 디자인을 통해 재사용할 수 있다. pytest는 이런 디자인을 '픽스쳐fixture'라고 부른다. 다음으로 픽스쳐를 살펴볼 것이다.

설정 및 해제를 위한 pytest 픽스쳐

다양한 설정 함수의 가장 일반적인 용도는 테스트의 GIVEN 단계가 준비됐는지 확인하는 것이다. 여기에는 종종 객체를 생성하고 테스트 메서드가 실행되기 전에 특정 클래스 또는 모듈 변수에 알려진 값이 있는지 확인하는 작업이 포함된다.

테스트 클래스에 대한 일련의 특수 메서드 이름 외에도 pytest는 픽스쳐라고 하는 것을 사용해 이와 같은 작업을 할 수 있는 완전히 다른 방법을 제공한다. 픽스쳐는 테스트의 WHEN 단계 이전에 GIVEN 조건을 구축하는 함수이다.

pytest 도구에는 여러 내장 픽스쳐가 있어서 구성 파일에서 픽스쳐를 정의한 후 재사용할 수 있으며, 테스트의 일부로서 고유한 픽스쳐를 정의할 수 있다. 이를 통해 테스트 실행으로부터 구성을 분리할 수 있으므로 여러 클래스와 모듈에서 픽스쳐를 사용할 수 있다.

다음은 테스트해야 하는 몇 가지 계산을 수행하는 클래스이다.

```python
from typing import List, Optional

class StatsList(List[Optional[float]]):
    """ None 객체를 가진 Stats는 제외된다."""

    def mean(self) -> float:
        clean = list(filter(None, self))
        return sum(clean) / len(clean)

    def median(self) -> float:
        clean = list(filter(None, self))
        if len(clean) % 2:
            return clean[len(clean) // 2]
        else:
            idx = len(clean) // 2
            return (clean[idx] + clean[idx - 1]) / 2

    def mode(self) -> list[float]:
        freqs: DefaultDict[float, int] = collections.defaultdict(int)
        for item in filter(None, self):
            freqs[item] += 1
        mode_freq = max(freqs.values())
        modes = [item
                for item, value in freqs.items()
                if value == mode_freq]
        return modes
```

이 클래스는 내장 list 클래스를 확장해 세 가지 통계 요약 메서드인 mean(), median(), mode()를 추가한다. 각 메서드에 대해 사용할 수 있는 데이터 집합이 필요하다. 알려진 데이터가 있는 이 StatsList의 구성이 테스트할 픽스쳐이다.

GIVEN 전제조건을 생성하기 위한 픽스쳐를 사용하기 위해서 테스트 함수에 매개변수로서 픽스쳐 이름을 넣는다. 테스트가 실행될 때 테스트 함수의 매개변수 이름은 픽스쳐의 컬렉션에서 검색되며, 이런 픽스쳐 생성 함수는 자동으로 실행된다.

예를 들어 StatsList 클래스를 테스트하기 위해서는 유효한 정수 리스트를 반복적으로 제공해야 한다. 다음과 같이 테스트를 작성할 수 있다.

```
import pytest
from stats import StatsList

@pytest.fixture
def valid_stats() -> StatsList:
  return StatsList([1, 2, 2, 3, 3, 4])

def test_mean(valid_stats: StatsList) -> None:
  assert valid_stats.mean() == 2.5

def test_median(valid_stats: StatsList) -> None:
  assert valid_stats.median() == 2.5
  valid_stats.append(4)
  assert valid_stats.median() == 3

def test_mode(valid_stats: StatsList) -> None:
  assert valid_stats.mode() == [2, 3]
  valid_stats.remove(2)
  assert valid_stats.mode() == [3]
```

세 개의 테스트 함수는 각각 valid_stats라는 매개변수를 받는다. 이 매개변수는 pytest가 자동으로 valid_stats 함수를 호출해 생성된다. 이 함수는 @pytest.fixture로 데코레이트됐기 때문에 pytest에 의해 특별한 방식으로 사용될 수 있다.

물론 이름이 일치해야 한다. pytest 런타임은 매개변수 이름과 일치하고 @fixture 데코레이터가 있는 함수를 찾는다.

픽스쳐는 단순 객체를 반환하는 것보다 훨씬 더 많은 일을 할 수 있다. request 객체는 픽스쳐의 동작을 수정하는 데 매우 유용한 메서드와 속성을 제공하기 위해 픽스쳐 팩토리로 전달될 수 있다. request 객체의 module, cls, function 등의 속성을 통해 어떤 테스트가 픽스쳐를 요청하는지 정확히 알 수 있다. request 객체의 config 속성을 사용하면 명령줄 인수 및 다른 많은 구성 데이터를 확인할 수 있다.

픽스쳐를 제너레이터로 구현하면 각 테스트가 실행된 후에 정리 코드도 실행할 수 있다. 이것은 픽스쳐별로 해제 메서드를 실행하는 것과 동일한 기능을 제공한다. 파일을 정리하거나, 연결을 닫거나, 리스트를 비우거나, 큐를 재설정하는 데 사용할 수 있다. 항목이 독립돼 있는 단위 테스트의 경우 상태를 갖고 있는 객체를 해제하는 것보다 모의

mock 객체를 사용하는 것이 좋다. 단위 테스트에 이상적인 접근 방식은 이 장의 뒷부분에 있는 'Mock을 사용한 객체 모방' 절을 참조하라.

통합 테스트에서 파일을 생성, 삭제, 또는 업데이트하는 일부 코드를 테스트할 수 있다. 종종 pytest의 tmp_path 픽스쳐를 사용해 나중에 삭제할 수 있는 디렉터리에 파일을 저장하면 테스트에서 해제를 수행하지 않아도 된다. 단위 테스트에서는 거의 필요하지 않지만 해제는 하위 프로세스를 중지하거나 통합 테스트의 일부인 데이터베이스 변경을 제거하는 데 유용하다. 이 절의 뒷부분에서 이에 대해 살펴볼 것이다. 그보다 먼저 설정 및 해제 기능이 있는 픽스쳐의 작은 예를 살펴보자.

설정과 해제를 모두 수행하는 픽스쳐의 개념을 학습하기 위해 다음은 파일의 백업 복사본을 만들고 기존 파일의 체크섬으로 새 파일을 작성하는 간단한 코드이다.

```python
import tarfile
from pathlib import Path
import hashlib

def checksum(source: Path, checksum_path: Path) -> None:
  if checksum_path.exists():
    backup = checksum_path.with_stem(f"(old) {checksum_path.stem}")
    backup.write_text(checksum_path.read_text())
  checksum = hashlib.sha256(source.read_bytes())
  checksum_path.write_text(f"{source.name} {checksum.hexdigest()}\n")
```

두 가지 시나리오가 있다.

- 소스 파일이 존재한다. 그러면 새 체크섬이 디렉터리에 추가된다.

- 소스 파일과 체크섬 파일이 모두 존재한다. 이 경우엔 이전 체크섬이 백업 위치에 복사되고 새 체크섬이 작성된다.

두 시나리오를 모두 테스트하지는 않겠지만 픽스쳐가 테스트 시퀀스에 필요한 파일을 생성하고 삭제하는 방법을 보여줄 것이다. 여기서는 더 복잡한 두 번째 시나리오에 중점을 둘 것이다. 픽스쳐부터 시작해 테스트를 두 부분으로 나눌 것이다.

```
from __future__ import annotations
import checksum_writer
import pytest
from pathlib import Path
from typing import Iterator
import sys

@pytest.fixture
def working_directory(tmp_path: Path) -> Iterator[tuple[Path, Path]]:
    working = tmp_path / "some_directory"
    source = working / "data.txt"
    source.write_bytes(b"Hello, world!\n")
    checksum = working / "checksum.txt"
    checksum.write_text("data.txt Old_Checksum")

    yield source, checksum

    checksum.unlink()
    source.unlink()
```

yield 문이 이 작업을 수행하는 비결이다. 이 픽스쳐는 실제로 하나의 결과를 생성한 후에 다음 값에 대한 요청을 기다리는 제너레이터이다. 생성된 첫 번째 결과는 다음의 여러 단계를 따른다. 작업 디렉터리가 생성되고, 소스 파일이 작업 디렉터리에 생성되고, 그 다음에 이전 체크섬 파일이 작성된다. yield 문은 테스트를 위한 두 가지 경로를 제공하고 다음 요청을 기다린다. 이 작업으로 테스트에 대한 GIVEN 조건 설정이 완료된다.

함수 테스트가 완료되면 pytest는 이 픽스쳐로부터 최종 항목을 가져오려고 시도한다. 이를 통해 함수가 파일과의 연결을 해제하면 파일을 제거할 수 있다. 반복의 끝을 알리는 반환값은 없다. 제너레이터 프로토콜을 활용하는 것 외에도 working_directory 픽스쳐는 pytest의 tmp_path 픽스쳐를 이용해 이 테스트를 위한 임시 작업 위치를 만든다.

이 working_directory 픽스쳐를 사용하는 테스트는 다음과 같다.

```
@pytest.mark.skipif(
    sys.version_info < (3, 9), reason="requires python3.9 feature")
def test_checksum(working_directory: tuple[Path, Path]) -> None:
    source_path, old_checksum_path = working_directory
    checksum_writer.checksum(source_path, old_checksum_path)
```

```
backup = old_checksum_path.with_stem(
  f"(old) {old_checksum_path.stem}")
assert backup.exists()
assert old_checksum_path.exists()
name, checksum = old_checksum_path.read_text().rstrip().split()
assert name == source_path.name
assert (
  checksum == "d9014c4624844aa5bac314773d6b689a"
  "d467fa4e1d1a50a1b8a99d5a95f72ff5"
)
```

이 테스트는 파이썬 3.8에서 작동하지 않기 때문에 `skipif` 조건을 표시했다. `Path`의 `with_stem()` 메서드는 이전 버전의 `pathlib`에 구현돼 있지 않다. 이렇게 하면 테스트는 진행되지만 특정 파이썬 릴리즈에 부적합한 것으로 표시된다. 이 장의 뒷부분에 있는 'pytest로 테스트 건너뛰기' 절에서 이에 대해 다시 설명할 것이다.

`working_directory` 픽스쳐에 대한 참조는 pytest가 픽스쳐 함수를 실행하도록 해 테스트 전에 GIVEN 조건의 일부로 사용할 두 경로를 테스트 시나리오에 제공한다. WHEN 단계는 이 두 경로를 사용해 `checksum_writer.checksum()` 함수를 평가한다. THEN 단계는 파일이 예상된 값으로 생성됐는지 확인하기 위한 일련의 assert 문이다. 테스트가 실행된 후 pytest는 `next()`를 사용해 픽스쳐에서 다른 항목을 가져온다. 이 동작은 `yield` 이후의 코드를 실행해 테스트 후의 해제를 수행한다.

분리돼 있는 구성 요소를 개별적으로 테스트할 때는 종종 픽스쳐의 해제 기능을 사용할 필요가 없다. 그러나 여러 구성 요소가 함께 사용되는 통합 테스트의 경우에는 프로세스를 중지하거나 파일을 제거해야 할 수 있다. 다음 절에서는 더 정교한 픽스쳐를 살펴볼 것이다. 이런 종류의 픽스쳐는 하나 이상의 테스트 시나리오에서 사용할 수 있다.

더 정교한 픽스쳐

하나의 테스트보다 오래 지속되는 픽스쳐를 만들기 위해 범위 매개변수를 전달할 수 있다. 이것은 리소스 재사용이 하나의 단위 테스트는 다른 단위 테스트에 의존하거나 영향을 받아서는 안 된다는 테스트의 원자성 또는 단위적인 특성을 손상시키지 않는 한 비용이 많이 드는 작업을 여러 테스트에서 재사용할 수 있도록 설정할 때 유용하다.

예를 들어 클라이언트-서버 애플리케이션의 일부인 서버를 정의한다. 여러 웹 서버가 로그 메시지를 중앙집중식 단일 로그로 보내기를 원한다. 분리된 단위 테스트 외에도 통합 테스트가 필요하다. 통합 테스트는 웹 서버와 로그 수집기가 서로 제대로 통합되는지 확인한다. 통합 테스트에는 이 로그 수집 서버를 시작하고 중지하는 기능이 필요하다.

테스트 피라미드에는 세 개의 수준이 있다. 단위 테스트는 각 구성 요소를 개별적으로 실행하는 기초가 되는 부분이다. 통합 테스트는 피라미드의 중간에 있으며 구성 요소들이 서로 적절하게 통합되는지 확인한다. 시스템 테스트 또는 인수 테스트는 피라미드의 최상위에 있으며 전체 소프트웨어 제품군이 주장하는 바를 수행하는지 확인한다.

메시지를 받아들여 단일한 중앙 파일에 기록하는 로그 수집 서버를 살펴보자. 이런 메시지는 `logging` 모듈의 `SocketHandler`에 의해 정의된다. 헤더와 페이로드payload가 있는 바이트 블록으로서 각 메시지를 설명할 수 있다. 다음 표는 슬라이스를 사용해 바이트 블록의 구조를 보여준다.

메시지는 다음과 같이 정의된다.

슬라이스시작	슬라이스 종료	의미	파싱을 위한 파이썬 모듈과 함수
0	4	payload_size	struct.unpack(")L", bytes)
4	payload_size+4	payload	pickle.loads(bytes)

헤더의 크기는 4바이트 조각으로 표시되지만 여기에 표시된 크기는 오해의 소지가 있다. 헤더는 struct 모듈에서 사용하는 포맷 문자열 ">L"에 의해 공식적으로 정의된다. struct 모듈에는 포맷 문자열의 실제 길이를 계산하는 `calcsize()` 함수가 있다. ">L" 포맷의 크기에서 파생된 리터럴 4를 사용하는 대신 아래 코드에서는 크기 포맷 문자열 `size_format`으로부터 크기인 `size_bytes`를 파생시킬 것이다. 두 조각의 정보에 대해 하나의 적절한 소스인 `size_format`을 사용하는 것은 중복 배제의 디자인 원칙을 따른다.

다음은 logging 모듈의 메시지가 포함된 버퍼의 예이다. 첫 번째 줄은 4바이트 값인 페이로드 크기가 있는 헤더이다. 다음 줄은 로그 메시지에 대한 피클 데이터이다.

```
b'\x00\x00\x02d' b'}q\x00(X\x04\x00\x00\x00nameq\x01X\x03\x00\x00\
x00appq\x02X\x03\x00\x00\x00msgq\x03X\x0b\x00\x00\x00Factorial
…
\x19X\n\x00\x00\x00MainThreadq\x1aX\x0b\x00\x00\x00processNameq\x1bX\
x0b\x00\x00\x00MainProcessq\x1cX\x07\x00\x00\x00processq\x1dMcQu.'
```

이 메시지를 읽으려면 먼저 페이로드 크기 바이트를 수집해야 한다. 그 다음에 뒤따르는 페이로드를 사용할 수 있다. 헤더와 페이로드를 읽고 파일에 쓰는 소켓 서버는 다음과 같다.

```python
from __future__ import annotations
import json
from pathlib import Path
import socketserver
from typing import TextIO
import pickle
import struct

class LogDataCatcher(socketserver.BaseRequestHandler):
    log_file: TextIO
    count: int = 0
    size_format = ">L"
    size_bytes = struct.calcsize(size_format)

    def handle(self) -> None:
        size_header_bytes = self.request.recv(LogDataCatcher.size_bytes)
        while size_header_bytes:
            payload_size = struct.unpack(
                LogDataCatcher.size_format, size_header_bytes)
            payload_bytes = self.request.recv(payload_size[0])
            payload = pickle.loads(payload_bytes)
            LogDataCatcher.count += 1
            self.log_file.write(json.dumps(payload) + "\n")
            try:
                size_header = self.request.recv(
                    LogDataCatcher.size_bytes)
            except (ConnectionResetError, BrokenPipeError):
```

```
        break

def main(host: str, port: int, target: Path) -> None:
  with target.open("w") as unified_log:
    LogDataCatcher.log_file = unified_log
    with socketserver.TCPServer(
        (host, port), LogDataCatcher) as server:
      server.serve_forever()
```

socketserver.TCPServer 객체는 클라이언트의 연결 요청을 수신 대기한다. 클라이언트가 연결되면 LogDataCatcher 클래스의 인스턴스를 생성하고 해당 객체의 handle() 메서드를 평가해 클라이언트로부터 데이터를 수집한다. handle() 메서드는 두 단계를 거쳐 크기와 페이로드를 디코딩한다. 먼저 페이로드의 크기를 찾기 위해 몇 바이트를 읽는다. struct.unpack()을 사용해 해당 바이트를 유용한 숫자인 payload_size로 디코딩한 다음 지정된 바이트 수를 읽어 페이로드를 가져온다. pickle.loads()는 페이로드 바이트에서 파이썬 객체를 로드한다. 이것은 json.dumps()를 사용해 JSON 표기법으로 직렬화되고 열려 있는 파일에 기록된다. 메시지가 처리되면 다음 몇 바이트를 읽어 대기중인 데이터가 더 있는지 확인할 수 있다. 이 서버는 연결이 끊어질 때까지 클라이언트의 메시지를 흡수하다가 읽기 오류가 발생하면 while 문에서 종료된다.

이 로그 수집 서버는 네트워크의 어디에서든 애플리케이션의 로깅 메시지를 흡수할 수 있다. 이 예제 구현은 단일 스레드로, 한 번에 하나의 클라이언트만 처리한다. 추가적인 믹스인을 사용하면 여러 소스로부터 메시지를 수락하는 다중 스레드 서버를 만들 수 있다. 이 예제에서는 이 서버에 의존하는 단일 애플리케이션을 테스트하는 데 중점을 둘 것이다.

완전성을 위해 서버 실행을 시작하는 메인 스크립트는 다음과 같다.

```
if __name__ == "__main__":
  HOST, PORT = "localhost", 18842
  main(HOST, PORT, Path("one.log"))
```

호스트 IP 주소, 포트 번호, 그리고 모든 메시지를 기록할 파일을 제공한다. 실무적으로는 이런 값을 argparse 모듈과 os.environ 딕셔너리를 사용해 애플리케이션에 제공하는 것을 고려할 수 있다. 지금은 그냥 하드코딩했다.

다음은 로그 기록을 로그 수집 서버로 전송하는 remote_logging_app.py 애플리케이션이다.

```python
from __future__ import annotations
import logging
import logging.handlers
import time
import sys
from math import factorial

logger = logging.getLogger("app")

def work(i: int) -> int:
    logger.info("Factorial %d", i)
    f = factorial(i)
    logger.info("Factorial(%d) = %d", i, f)
    return f

if __name__ == "__main__":
    HOST, PORT = "localhost", 18842
    socket_handler = logging.handlers.SocketHandler(HOST, PORT)
    stream_handler = logging.StreamHandler(sys.stderr)
    logging.basicConfig(
        handlers=[socket_handler, stream_handler],
        level=logging.INFO)

    for i in range(10):
        work(i)

    logging.shutdown()
```

이 애플리케이션은 두 개의 로그 처리기[log handler]를 생성한다. SocketHandler 인스턴스는 주어진 서버와 포트 번호에서 소켓을 열고 바이트 쓰기를 시작한다. 바이트에는 헤더와 페이로드가 포함된다. StreamHandler 인스턴스는 터미널 창에 쓰기를 한다. 이것은 특별한 처리기를 생성하지 않는 경우 얻을 수 있는 기본 로그 처리기다. 각 로그 메시지가 콘솔과 메시지를 수집하는 스트림 서버로 모두 전달되도록 두 개의 처리기로 로거를 구성한다. 실제 작업은 숫자의 계승^{factorial}을 계산하는 약간의 수학이다. 이 애플리케이션을 실행할 때마다 20개의 로그 메시지가 표시돼야 한다.

클라이언트와 서버를 통합 테스트하려면 별도의 프로세스에서 서버를 시작해야 한다. 서버를 여러 번 시작하고 중지하는 것은 시간이 걸리기 때문에 한 번 시작해서 여러 테스트에서 사용할 것이다. 이것을 두 개의 픽스쳐로 시작하는 두 부분으로 나눌 것이다.

```python
from __future__ import annotations
import subprocess
import signal
import time
import pytest
import logging
import sys
import remote_logging_app
from typing import Iterator, Any

@pytest.fixture(scope="session")
def log_catcher() -> Iterator[None]:
    print("loading server")
    p = subprocess.Popen(
        ["python3", "src/log_catcher.py"],
        stdout=subprocess.PIPE,
        stderr=subprocess.STDOUT,
        text=True,
    )
    time.sleep(0.25)

    yield

    p.terminate()
    p.wait()
    if p.stdout:
        print(p.stdout.read())
    assert (
        p.returncode == -signal.SIGTERM.value
    ), f"Error in watcher, returncode={p.returncode}"

@pytest.fixture
def logging_config() -> Iterator[None]:
```

```
    HOST, PORT = "localhost", 18842
    socket_handler = logging.handlers.SocketHandler(HOST, PORT)
    remote_logging_app.logger.addHandler(socket_handler)
    yield
    socket_handler.close()
    remote_logging_app.logger.removeHandler(socket_handler)
```

log_catcher 픽스쳐는 log_catcher.py 서버를 하위 프로세스로 시작한다. 이것은 @fixture 데코레이터에서 "session"으로 설정된 범위를 가지며, 전체 테스트 세션에 대해 한 번만 수행됨을 의미한다. 범위는 "function", "class", "module", "package", "session" 문자열 중 하나일 수 있으며, 픽스쳐가 생성되고 재사용되는 고유한 위치를 제공한다. 시작부분에는 다른 프로세스가 제대로 시작됐는지 확인하기 위해 250ms로 설정된 약간의 일시 중지가 포함된다. 이 픽스쳐가 yield 문에 도달하면 GIVEN 테스트 설정에서 이 부분이 완료된다.

logging_config 픽스쳐는 테스트되는 remote_logging_app 모듈의 로그 구성을 조정한다. remote_logging_app.py 모듈의 work() 함수를 보면 모듈 수준의 logger 객체가 필요하다는 것을 알 수 있다. 이 테스트 픽스쳐는 SocketHandler 객체를 생성하고, 이를 logger에 추가한 다음, yield 문을 실행한다.

이 두 픽스쳐가 모두 GIVEN 조건에 기여하면 WHEN 단계를 포함하는 테스트 케이스를 정의할 수 있다. 다음은 두 가지 유사한 시나리오에 대한 두 가지 예이다.

```
def test_1(log_catcher: None, logging_config: None) -> None:
  for i in range(10):
    r = remote_logging_app.work(i)

def test_2(log_catcher: None, logging_config: None) -> None:
  for i in range(1, 10):
    r = remote_logging_app.work(52 * i)
```

이 두 시나리오 모두 두 개의 픽스쳐가 필요하다. 세션 범위를 갖는 log_catcher 픽스쳐는 한 번 준비되면 두 테스트에 모두 사용된다. 그러나 logging_config 픽스쳐는 기본 범위이므로 각 테스트 함수에 대해 준비된다.

타입 힌트 None은 Iterator[None]인 픽스쳐의 정의를 따른다. yield 문에 반환되는 값이 없다. 이 테스트에서 설정 작업은 프로세스를 시작하면서 전체 런타임 환경을 준비하는 것이다.

테스트 함수가 끝나면 logging_config 픽스쳐는 yield 문 이후부터 다시 시작된다. 이 픽스쳐는 이터레이터이며 next() 함수는 두 번째 값을 가져오기 위해 사용된다. 이를 통해 로그 수집 프로세스와의 네트워크 연결이 완전히 끊어지면서 소켓 처리기를 닫고 제거한다.

테스트가 전체적으로 끝나면 log_catcher 픽스쳐가 하위 프로세스를 종료할 수 있다. 디버깅을 돕기 위해 모든 출력을 인쇄한다. 테스트가 제대로 작동했는지 확인하기 위해 OS 반환코드를 확인한다. p.terminate()를 통해 프로세스가 종료됐기 때문에 반환코드는 signal.SIGTERM 값이어야 한다. 다른 반환코드 값, 특히 1은 로그 수집기에 충돌이 발생하고 테스트가 실패했음을 의미한다.

자세한 THEN 확인을 생략했지만 이것도 log_catcher 픽스쳐의 일부이다. 기존의 assert 문은 로그 수집기가 예상 반환코드로 종료됐는지 확인한다. 로그 수집기가 로그 메시지 흡수를 마치면 이 픽스쳐는 두 시나리오에 대해 예상되는 항목이 포함돼 있는지 확인하기 위해 로그 파일도 읽어야 한다.

픽스쳐도 매개변수화할 수 있다. @pytest.fixture(params=[some, list, of, values])와 같은 데코레이터를 사용해 픽스쳐의 복사본을 만들면 각 매개변수 값으로 여러 테스트를 수행할 수 있다.

pytest 픽스쳐의 정교함은 다양한 테스트 설정 및 해제 요구사항에 대해 처리를 매우 편리하게 해준다. 앞에서 테스트를 특정 버전의 파이썬에 적합하지 않은 것으로 표시하는 방법을 사용했다. 다음 절에서는 테스트를 건너뛰도록 표시하는 방법을 살펴볼 것이다.

pytest에서 테스트 건너뛰기

다음과 같은 다양한 이유로 pytest에서 테스트를 건너뛸 필요가 있다. 테스트되는 코드가 아직 작성되지 않았거나, 테스트가 특정 인터프리터 또는 운영체제에서만 실행되거나, 테스트에 시간이 많이 걸리고 특정 상황에서만 실행해야 하는 경우이다. 앞 절에서 테스트 중 하나는 파이썬 3.8에서 작동하지 않으므로 건너뛸 필요가 있었다.

테스트를 건너뛰는 한 가지 방법은 pytest.skip() 함수를 사용하는 것이다. 단일 인수로서 건너뛴 이유를 설명하는 문자열을 받는다. 이 함수는 어디에서나 호출할 수 있다. 테스트 함수 내에서 호출하면 테스트를 건너뛴다. 모듈 수준에서 호출하면 해당 모듈의 모든 테스트를 건너뛴다. 픽스쳐 내부에서 호출하면 이 픽스쳐를 참조하는 모든 테스트를 건너뛴다.

물론 이런 모든 위치에서 특정 조건이 충족되거나 충족되지 않은 경우에만 테스트를 건너뛰는 것이 바람직한 경우가 많다. 파이썬 코드의 어느 곳에서나 skip() 함수를 실행할 수 있기 때문에 if 문 내에서 실행할 수 있다. 다음과 같이 테스트를 작성할 수 있다.

```python
import sys
import pytest

def test_simple_skip() -> None:
  if sys.platform != "ios":
    pytest.skip("Test works only on Pythonista for ios")

  import location # type: ignore [import]

  img = location.render_map_snapshot(36.8508, -76.2859)
  assert img is not None
```

이 테스트는 대부분의 운영체제에서 건너뛴다. 이 테스트는 iOS용 파이썬의 Pythonista 포트에서 실행돼야 한다. 조건적으로 시나리오를 건너뛸 수 있는 방법을 보여주고 if 문에서 유효한 조건을 확인할 수 있으므로 여러 가지 방법으로 테스트를 건너뛸 수 있다. 종종 sys.version_info로 파이썬 인터프리터 버전을 확인하거나, sys.platform으로 운영체제를 확인하거나, some_library.version으로 주어진 모듈의 최신 버전이 있는지 확인한다.

조건에 따라 개별 테스트 메서드나 함수를 건너뛰는 것은 테스트 건너뛰기의 가장 일반적인 용도 중 하나이므로 pytest는 이를 한 줄로 수행할 수 있는 편리한 데코레이터를 제공한다. 데코레이터는 불리언 값으로 평가되는 실행 가능한 파이썬 코드를 포함할 수 있는 단일 문자열을 받는다. 예를 들어 다음 테스트는 파이썬 3.9 이상에서만 실행된다.

```
import pytest
import sys

@pytest.mark.skipif(
  sys.version_info < (3, 9),
  reason="requires 3.9, Path.removeprefix()"
)
def test_feature_python39() -> None:
  file_name = "(old) myfile.dat"
  assert file_name.removeprefix("(old) ") == "myfile.dat"
```

pytest.mark.xfail 데코레이터는 테스트가 실패할 것으로 예상됨을 표시한다. 테스트가 성공하면 실패로 기록된다. 즉 실패하는 것을 실패한 것이다. 테스트가 실패하면 예상된 동작으로서 보고된다. xfail의 경우 조건을 의미하는 인수는 옵션이다. 인수가 제공되지 않은 경우 테스트는 모든 조건에서 실패할 것으로 예상된다고 표시된다.

pytest 프레임워크에는 여기에 설명된 것 외에도 많은 다른 기능이 있으며 테스트 경험을 더 즐겁게 만들기 위해 혁신적이고 새로운 방법이 지속적으로 추가되고 있다. https://docs.pytest.org/에 있는 완전한 문서를 참고하라.

NOTE

> pytest 도구는 자체 테스트 인프라 외에도 표준 unittest 라이브러리를 사용해 정의된 테스트를 찾고 실행할 수 있다. 즉, unittest에서 pytest로 마이그레이션하려는 경우 이전 테스트를 모두 다시 작성할 필요가 없다.

테스트를 위해 복잡한 환경을 설정하고 해제하기 위한 픽스쳐를 사용하는 방법을 살펴봤다. 이것은 일부 통합 테스트에 유용하지만 고비용의 객체나 위험한 작업은 모방하는 것이 더 나은 접근방식일 수 있다. 또한 이 경우에 어떤 종류의 해제 작업은 이 단위 테스트에 적합하지 않다. 단위 테스트는 각 소프트웨어 구성 요소를 테스트할 별개의 단위로 분리한다. 이것은 테스트할 단위를 분리하기 위해 인터페이스 객체를 '모의 객체'라고 하는 모조품으로 교체하는 경우가 많다는 의미이다. 다음으로는 테스트 단위를 분리하고 고비용의 자원을 모방하기 위해 모의 객체를 생성하는 방법을 살펴볼 것이다.

⁞⁝ Mock을 사용한 객체 모방

분리된 문제는 진단하고 해결하기가 더 쉽다. 자동차가 시동이 걸리지 않는 이유를 알아내는 것은 서로 관련된 부품이 너무 많기 때문에 까다로울 수 있다. 테스트가 실패할 경우 모든 상호 관계를 밝히는 것은 문제의 진단을 어렵게 만든다. 종종 단순화된 모조품을 제공해 항목들을 분리할 수 있다. 완벽하게 좋은 코드를 모방 객체 또는 모의 객체로 대체하는 두 가지 이유는 다음과 같다.

- 가장 일반적인 경우는 테스트하는 단위를 분리하는 것이다. 알려지고 신뢰할 수 있는 테스트 픽스처의 환경에서 하나의 미지의 구성 요소를 테스트할 수 있도록 협업하는 클래스와 함수를 만들고 싶을 수 있다.

- 가끔 비용이 많이 들거나 사용하기 위험한 객체가 필요한 코드를 테스트하고 싶을 때가 있다. 공유 데이터베이스, 파일 시스템, 클라우드 인프라 등과 같은 것들은 테스트를 위해 설정하고 해제하는 데 비용이 많이 들 수 있다.

어떤 경우에는 테스트 가능한 인터페이스를 갖기 위해 API를 디자인해야 할 수도 있다. 테스트 가능성을 위한 디자인은 종종 더 사용성이 높은 인터페이스를 디자인하는 것을 의미한다. 특히 실제 애플리케이션 클래스의 인스턴스 대신 모의 객체를 주입할 수 있도록 협업 클래스에 대한 가정을 노출해야 한다.

예를 들어, 타임스탬프와 가장 최근 상태를 저장할 수 있도록 레디스^{redis} 또는 멤캐시^{memcache} 등의 외부 키-값 저장소에서 현재 상태를 추적하는 코드가 있다고 상상해보자. 구현을 위해서는 redis 클라이언트가 필요하다. 단위 테스트를 작성할 필요는 없다. 클라이언트는 다음과 같이 python -m pip install redis 명령으로 설치할 수 있다.

```
% python -m pip install redis
Collecting redis
  Downloading redis-3.5.3-py2.py3-none-any.whl (72 kB)
```

```
                                         72 kB 1.1 MB/s
Installing collected packages: redis
Successfully installed redis-3.5.3
```

실제 redis 서버에서 실행하려면 redis를 다운로드해 설치해야 한다. 이것은 다음과 같이 할 수 있다.

1. 이 애플리케이션을 관리하는 데 도움이 되는 도커^Docker 데스크탑을 다운로드하라. https://www.docker.com/products/docker-desktop을 참조하라.

2. 터미널 창에서 docker pull redis 명령을 사용해 redis 서버 이미지를 다운로드한다. 이 이미지는 실행되는 도커 컨테이너를 빌드하는 데 사용된다.

3. 그 다음에 docker run -p 6379:6379 redis 명령을 사용해 서버를 시작할 수 있다. 그러면 redis 이미지를 실행하는 컨테이너가 시작된다. 그러면 이를 통합 테스트에 사용할 수 있다.

도커를 피하기 위한 대안에는 여러 개의 플랫폼 종속적인 단계가 필요하다. 다양한 설치 시나리오는 https://redislabs.com/ebook/appendix-a/를 참조하라. 다음 예제에서는 도커가 사용 중이라고 가정한다. redis 기본 설치로 전환하는 데 필요한 사소한 변경은 독자를 위한 연습으로 남겨둔다.

다음은 redis 캐시 서버에 상태를 저장하는 약간의 코드이다.

```python
from __future__ import annotations
import datetime
from enum import Enum
import redis

class Status(str, Enum):
    CANCELLED = "CANCELLED"
    DELAYED = "DELAYED"
    ON_TIME = "ON TIME"

class FlightStatusTracker:
    def __init__(self) -> None:
```

```
    self.redis = redis.Redis(host="127.0.0.1", port=6379, db=0)

  def change_status(self, flight: str, status: Status) -> None:
    if not isinstance(status, Status):
      raise ValueError(f"{status!r} is not a valid Status")
    key = f"flightno:{flight}"
    now = datetime.datetime.now(tz=datetime.timezone.utc)
    value = f"{now.isoformat()}|{status.value}"
    self.redis.set(key, value)

  def get_status(self, flight: str) -> tuple[datetime.datetime, Status]:
    key = f"flightno:{flight}"
    value = self.redis.get(key).decode("utf-8")
    text_timestamp, text_status = value.split("|")
    timestamp = datetime.datetime.fromisoformat(text_timestamp)
    status = Status(text_status)
    return timestamp, status
```

Status 클래스는 세 개의 문자열 값의 열거형을 정의한다. 유효한 상태값이 유한하고 제
한된 도메인을 갖도록 Status.CANCELLED와 같이 심볼릭 이름을 제공했다. 데이터베이스
에 저장된 실제 값은 "CANCELLED"와 같은 문자열로 현재로서는 애플리케이션에서 사용
할 심볼과 일치한다. 미래에 값의 도메인이 확장되거나 변경될 수 있지만 애플리케이션
의 심볼릭 이름을 데이터베이스에 나타나는 문자열과 분리해 유지하고 싶다. Enum과 함
께 숫자 코드를 사용하는 것이 일반적이지만 기억하기 어려울 수 있다.

change_status() 메서드에서 테스트해야 할 것이 많이 있다. status 인수 값이 실제로
Status 열거형의 유효한 인스턴스인지 확인하지만 그보다 더 많은 작업을 수행할 수 있
다. flight 인수 값이 적합하지 않은 경우 적절한 오류가 발생하는지 확인해야 한다. 더
중요한 것은 redis 객체에서 set() 메서드가 호출될 때 키와 값의 포맷이 올바른지 증명
하는 테스트가 필요하다는 것이다.

하지만 단위 테스트에서 확인할 필요가 없는 한 가지는 redis 객체가 데이터를 제대로
저장하고 있다는 것이다. 이것은 통합 테스트 또는 애플리케이션 테스트에서는 반드시
테스트돼야 하는 것이지만 단위 테스트 수준에서는 py-redis 개발자가 자신의 코드를
테스트했으며 이 메서드가 원하는 것을 수행한다고 가정할 수 있다. 원칙적으로 단위
테스트는 독립적이어야 한다. 테스트되는 단위는 실행중인 레디스 인스턴스와 같은 외

부 리소스와 분리돼야 한다.

레디스 서버와 통합하는 대신 set() 메서드가 적절한 횟수와 적절한 인수로 호출됐는지 테스트하기만 하면 된다. 테스트에서 Mock() 객체를 사용해 문제인 메서드를 검사할 수 있는 객체로 대체할 수 있다. 다음 예제는 Mock의 사용 방법을 보여준다.

```python
import datetime
import flight_status_redis
from unittest.mock import Mock, patch, call
import pytest

@pytest.fixture
def mock_redis() -> Mock:
  mock_redis_instance = Mock(set=Mock(return_value=True))
  return mock_redis_instance

@pytest.fixture
def tracker(
  monkeypatch: pytest.MonkeyPatch, mock_redis: Mock
) -> flight_status_redis.FlightStatusTracker:
  fst = flight_status_redis.FlightStatusTracker()
  monkeypatch.setattr(fst, "redis", mock_redis)
  return fst

def test_monkeypatch_class(
  tracker: flight_status_redis.FlightStatusTracker, mock_redis: Mock
) -> None:
  with pytest.raises(ValueError) as ex:
    tracker.change_status("AC101", "lost")
  assert ex.value.args[0] == "'lost' is not a valid Status"
  assert mock_redis.set.call_count == 0
```

이 테스트는 적합하지 않은 인수가 전달될 때 예외가 정확히 발생하는지 확인하기 위해 raises() 컨텍스트 관리자를 사용한다. 또한 FlightStatusTracker가 사용할 redis 인스턴스에 대한 Mock 객체를 생성한다.

모의 객체는 항상 True를 반환하는 모의 메서드인 set 속성을 갖고 있다. 그러나 테스트는 redis.set() 메서드가 전혀 호출되지 않는지 확인해야 한다. 만약 그렇다면 예외 처리 코드에 버그가 있음을 의미한다.

모의 객체를 사용할 때 주의하라. mock_redis 픽스쳐에 의해 생성된 Mock 객체의 모방된 set() 메서드를 검사하기 위해 mock_redis.set을 사용한다. call_count는 모든 Mock 객체에서 유지 관리되는 속성이다.

테스트에서 실제 객체를 Mock 객체로 교체하기 위해 flt.redis = mock_redis와 같은 코드를 사용할 수 있지만 문제가 발생할 가능성이 있다. 단순히 값을 바꾸거나 클래스 메서드를 바꾸는 것조차 각 테스트 함수에 대해 소멸되고 생성되는 객체에 대해서만 작동할 수 있다. 모듈 수준에서 항목을 패치해야 하는 경우에도 모듈을 다시 임포트하지 않는다. 훨씬 더 일반적인 솔루션은 패치를 사용해 Mock 객체를 일시적으로 주입하는 것이다. 이 예제에서는 FlightStatusTracker 객체를 일시적으로 변경하기 위해 pytest의 monkeypatch 픽스쳐를 사용했다. monkeypatch는 테스트가 끝날 때 자체적인 자동 해제 기능이 있어서 다른 테스트를 중단하지 않고도 원숭이 패치된 모듈과 클래스를 사용할 수 있게 해준다.

이 테스트 케이스는 mypy에 의해 플래그가 지정될 것이다. mypy 도구는 change_status() 함수의 상태 매개변수에 대한 문자열 인수 값 사용을 반대한다. 이것은 분명히 Status 열거형의 인스턴스여야 한다. mypy의 인수 타입 검사를 침묵시키기 위해 # type: ignore [arg-type]라는 특수 주석을 추가할 수 있다.

추가 패치 기법

어떤 경우에는 단일 테스트 동안에만 특수 함수나 특수 메서드를 주입해야 한다. 실제로 여러 테스트에서 사용되는 Mock 객체를 생성하지 않아도 될 수 있다. 단일 테스트에는 작은 Mock만 필요할 수도 있다. 이 경우에는 monkeypatch 픽스쳐의 모든 기능을 사용할 필요도 없다. 예를 들어 Mock 메서드에서 타임스탬프 형식을 테스트하려면 datetime.datetime.now()가 반환할 날짜를 정확히 알아야 한다. 하지만 이 값은 실행할 때마다 바뀐다. 특정한 datetime 값에 고정해 테스트할 수 있는 방법이 필요하다.

라이브러리 함수를 일시적으로 특정 값으로 설정해야 하는 곳이 패치가 필수적인 곳이다. monkeypatch 픽스쳐 외에도 unittest.mock 라이브러리는 패치 컨텍스트 관리자를 제공한다. 이 컨텍스트 관리자를 사용하면 기존 라이브러리의 속성을 모의 객체로 교체할 수 있다. 컨텍스트 관리자가 종료되면 다른 테스트 케이스에 영향을 미치지 않도록 원래의 속성이 자동으로 복원된다. 다음은 한 예이다.

```python
def test_patch_class(
  tracker: flight_status_redis.FlightStatusTracker, mock_redis: Mock
) -> None:
  fake_now = datetime.datetime(2020, 10, 26, 23, 24, 25)
  utc = datetime.timezone.utc
  with patch("flight_status_redis.datetime") as mock_datetime:
    mock_datetime.datetime = Mock(now=Mock(return_value=fake_now))
    mock_datetime.timezone = Mock(utc=utc)
    tracker.change_status(
    "AC101", flight_status_redis.Status.ON_TIME)
  mock_datetime.datetime.now.assert_called_once_with(tz=utc)
  expected = f"2020-10-26T23:24:25|ON TIME"
  mock_redis.set.assert_called_once_with("flightno:AC101", expected)
```

테스트 결과가 컴퓨터의 시계에 종속되는 것을 원하지 않기 때문에 테스트에서 볼 것으로 예상되는 특정 날짜와 시간으로 fake_now 객체를 만들었다. 이런 종류의 교체는 단위 테스트에서 매우 일반적이다.

patch() 컨텍스트 관리자는 객체를 교체하기 위해 사용되는 Mock 객체를 반환한다. 이 경우 교체되는 객체는 flight_status_redis 모듈 내의 전체 datetime 모듈이다. mock_datetime.datetime에 이 객체를 할당하면 모의된 datetime 모듈 내부의 datetime 클래스를 Mock 객체로 교체한다. 이 새로운 Mock은 하나의 속성 now를 정의한다. utcnow 속성은 값을 반환하는 Mock이기 때문에 메서드처럼 동작하고 알려진 고정된 값인 fake_now를 반환한다. 인터프리터가 patch 컨텍스트 관리자를 종료하면 원래의 datetime 기능이 복원된다.

알려진 값으로 change_status() 메서드를 호출한 후 Mock 객체의 assert_call_once_with() 메서드를 사용해 now() 함수가 예상된 인수와 함께 정확히 한 번만 호출됐는지 확인한다. 이 예제의 경우에는 인수가 없다. 또한 mock_redis.set 메서드에서 assert_called_once_with() 메서드를 사용해 인수가 예상된 포맷으로 호출됐는지 확인한다.

"한 번만 호출됨" 외에도 실제 발생한 모의 호출의 리스트도 확인할 수 있다. 이 시퀀스는 Mock 객체의 mock_calls 속성에서 사용할 수 있다.

이 예제에서 만든 패치는 의도적으로 포괄적이다. 전체 datetime 모듈을 Mock 객체로 교체했다. 이것은 datetime 기능의 예기치 않은 사용을 노출하는 경향이 있다. 이 예제에서 사용된 now() 메서드처럼 구체적으로 모의되지 않은 메서드가 사용되면 테스트 코드에서 충돌이 발생할 가능성이 있는 Mock 객체를 반환할 수 있다.

앞의 예제는 또한 테스트 가능성이 API 디자인으로 인도하고 있음을 보여준다. tracker 픽스쳐는 흥미로운 문제를 가지고 있다. 이 픽스쳐는 레디스 연결을 구성하는 FlightStatusTracker 객체를 생성한다. 레디스 연결이 구축되면 이를 교체한다. 그러나 이 코드에 대한 테스트를 실행할 때 각 테스트가 사용되지 않는 레디스 연결을 생성한다는 것을 알게 될 것이다. 레디스 서버가 실행중이 아니면 일부 테스트가 실패할 수 있다. 이 테스트는 외부 리소스가 필요하므로 단위 테스트로 적절하지 않다. 여기에는 가능한 두 개의 실패 계층이 있다. 즉, 코드가 작동하지 않거나 또는 숨겨진 외부 종속성으로 인해 단위 테스트가 작동하지 않는다. 이것을 해결하는 것은 악몽이 될 수 있다.

이 문제는 redis.Redis 클래스를 모의해서 해결할 수 있다. 이 클래스에 대한 Mock은 setUp 메서드에서 모의 인스턴스를 반환할 수 있다. 그러나 더 나은 아이디어는 구현을 좀 더 근본적으로 다시 생각하는 것이다. __init__ 내부에 redis 인스턴스를 구성하는 대신 다음 예제와 같이 사용자가 인스턴스 하나를 전달하게끔 해야 한다.

```python
def __init__(
    self,
    redis_instance: Optional[redis.Connection] = None
) -> None:
```

```
self.redis = (
  redis_instance
  if redis_instance
  else redis.Redis(host="127.0.0.1", port=6379, db=0)
)
```

이렇게 하면 테스트할 때 Redis 메서드가 구성되지 않도록 연결을 전달할 수 있다. 또한 FlightStatusTracker와 통신하는 모든 클라이언트 코드가 자체적인 redis 인스턴스를 전달할 수 있다. 이렇게 하려는 이유는 다양하다. 클라이언트는 코드의 다른 부분에 대해 이미 구성된 레디스 인스턴스를 갖고 있을 수 있다. 또는 redis API의 최적화된 구현을 이미 만들었을 수도 있다. 또는 내부 모니터링 시스템에서 메트릭을 로깅하는 기능을 갖고 있을 수도 있다. 단위 테스트를 작성함으로써 클라이언트가 그들의 외부자원에 대한 요청을 지원하도록 요구하는 것을 기다리지 않고 처음부터 API를 더 유연하게 만드는 유스 케이스를 발견했다.

지금까지 모의 코드의 놀라움에 대해 간략히 소개했다. 모의 객체는 파이썬 3.3부터 표준 unittest 라이브러리의 일부였다. 위 예제들에서 볼 수 있듯이 모의 객체는 pytest 및 기타 테스트 프레임워크와 함께 사용할 수 있다. 모의 객체에는 코드가 더 복잡해짐에 따라 활용할 수 있는 다른 고급 기능이 많이 있다. 예를 들어 spec 인수를 사용해 기존 클래스를 모방하도록 모의 객체를 도입할 수 있으며, 그러면 코드가 모방된 클래스에 존재하지 않는 속성에 액세스하려고 하면 오류가 발생한다. 또한 리스트를 side_effect 인수로 전달해 호출될 때마다 다른 인수를 반환하는 모의 메서드를 구성할 수도 있다. side_effect 매개변수는 매우 다재다능해서 모의 객체가 호출되거나 예외를 발생시킬 때 임의의 함수를 실행하도록 하기 위해 사용할 수도 있다.

단위 테스트의 핵심은 각 "단위"가 분리돼 작동하는지 확인하는 것이다. 종종 각 단위는 개별 클래스이며 협업 객체는 모의할 필요가 있다. 어떤 경우에는 여러 애플리케이션 클래스를 "단위"로서 함께 테스트하기 위해 클래스들의 구성체나 퍼사드를 사용한다. 그러나 모의를 부적절하게 적용하는 것에 대한 명확한 경계가 있다. 종속성을 모의하는 방법을 보기 위해 외부 모듈이나 자신이 작성하지 않은 클래스 내부를 살펴봐야 하는 경우에는 너무 많이 나간 것이다.

TIP

> 협업 객체를 모의하는 방법을 보기 위해 애플리케이션 외부 클래스의 상세 구현을 확인하지 말라. 그
> 대신 의존하는 전체 클래스를 모의하라.
>
> 이는 일반적으로 전체 데이터베이스 또는 외부 API에 대한 모의를 제공하는 것으로 이어진다.

객체를 모방한다는 이 아이디어를 한 단계 더 확장할 수 있다. 데이터를 손대지 않은 그 대로 유지되도록 하고 싶을 때 사용하는 특수 픽스쳐가 있다. 이에 대해서는 다음에 살 펴보자.

센티넬 객체

많은 디자인에서 해당 객체에서는 실제로 아무런 처리에 사용되지 않지만 다른 객체에 대한 매개변수로 제공되는 속성값을 가진 클래스를 갖게 된다. 예를 들어, 한 클래스에 Path 객체를 제공할 수 있으며, 클래스는 이 Path 객체를 OS 함수에 제공한다. 디자인된 클래스는 객체를 저장하는 것 이상을 하지 않는다. 단위 테스트 관점에서 이 객체는 테 스트되는 클래스에 대해 "불투명"하다. 작성 중인 클래스는 상태 또는 메서드에서 이 객 체 내부를 보지 않는다.

unittest.mock 모듈은 테스트 케이스에서 사용할 수 있는 불투명한 객체를 만드는 데 사 용할 수 있는 센티넬sentinel 객체를 제공해 애플리케이션이 객체에 손대지 않고 저장 및 전달했는지 확인한다.

다음은 hashlib 모듈의 sha256() 함수에 의해 계산된 객체를 저장하는 FileChecksum 클 래스이다.

```
class FileChecksum:
  def __init__(self, source: Path) -> None:
    self.source = source
    self.checksum = hashlib.sha256(source.read_bytes())
```

단위 테스트를 위해 이 코드를 다른 모듈로부터 분리할 수 있다. hashlib 모듈에 대한 Mock을 만들고 결과에 sentinel을 사용한다.

```
from unittest.mock import Mock, sentinel

@pytest.fixture
def mock_hashlib(monkeypatch) -> Mock:
  mocked_hashlib = Mock(sha256=Mock(return_value=sentinel.checksum))
  monkeypatch.setattr(checksum_writer, "hashlib", mocked_hashlib)
  return mocked_hashlib

def test_file_checksum(mock_hashlib, tmp_path) -> None:
  source_file = tmp_path / "some_file"
  source_file.write_text("")
  cw = checksum_writer.FileChecksum(source_file)
  assert cw.source == source_file
  assert cw.checksum == sentinel.checksum
```

mocked_hashlib 객체는 고유한 sentinel.checksum 객체를 반환하는 sha256 메서드를 제공한다. 이것은 sentinel 객체에 의해 생성된 객체로, 메서드나 속성이 거의 없다. 모든 속성 이름을 고유한 객체로 만들 수 있으며, 여기서는 "체크섬"을 선택했다. 결과 객체는 동등성 검사를 위해 디자인됐으며 그 외에 다른 것은 없다. 테스트 케이스에서 sentinel은 FileChecksum 클래스가 제공받은 객체에 대해 잘못되거나 예기치 않은 일을 하지 않는지 확인하는 방법이다.

테스트 케이스는 FileChecksum 객체를 생성한다. 테스트는 파일이 제공받은 인수 값인 source_file임을 확인한다. 테스트는 또한 체크섬이 원래의 sentinel 객체와 일치하는지 확인한다. 이것은 FileChecksum 인스턴스가 체크섬 결과를 올바르게 저장하고 그 결과를 checksum 속성의 값으로 표시했음을 확인한다.

예를 들어 속성에 직접 액세스하는 대신 프로퍼티를 사용하도록 FileChecksum 클래스의 구현을 변경하면 테스트는 체크섬이 hashlib.sha256() 함수에서 온 불투명 객체로서 처리됐는지 그리고 다른 방법으로 처리되지 않았는지 확인할 것이다.

내장 unittest 패키지와 외부 pytest 패키지라는 두 가지 단위 테스트 프레임워크를 살펴봤다. 둘 다 애플리케이션이 작동하는지 확인할 수 있는 명확하고 간단한 테스트를 작성하는 방법을 제공한다. 이제 필요한 테스트의 양을 정의하는 명확한 목표를 갖는 것이 중요하다. 파이썬에는 테스트 품질을 객관적으로 측정할 수 있는 사용하기 쉬운 커버리지 패키지가 있다.

⫶ 얼마나 해야 충분한 테스트인가?

앞에서 테스트되지 않은 코드는 깨진 코드임을 확인했다. 하지만 코드가 얼마나 잘 테스트됐는지 어떻게 알 수 있을까? 코드의 얼마나 많은 부분이 실제로 테스트되고 있고 얼마나 많이 손상됐는지 어떻게 알 수 있을까? 첫 번째 질문이 더 중요하지만 대답하기 어렵다. 애플리케이션 코드의 모든 줄을 테스트했다는 것을 알더라도 제대로 테스트됐는지는 모른다. 예를 들어, 정수 리스트를 제공할 때만 발생하는 코드를 확인하는 stats 테스트를 작성하는 경우 부동소수점 수, 문자열, 또는 사용자 정의 객체의 리스트에 대해 사용되면 분명히 실패할 것이다. 완전한 테스트 스위트를 디자인하는 책임은 여전히 프로그래머에게 있다.

두 번째 질문인 실제로 테스트되는 코드의 양은 확인하기 쉽다. 코드 커버리지[code coverage]는 프로그램에서 실행되는 코드의 줄 수이다. 프로그램 전체의 줄 수 대비 코드의 몇 퍼센트가 실제로 테스트됐는지 알 수 있다. 추가로 테스트되지 않은 줄을 알려주는 표시자가 있으면 해당 줄이 문제를 일으킬 가능성이 적은지 확인하기 위해 더 쉽게 새로운 테스트를 작성할 수 있다.

코드 커버리지 테스트를 위한 가장 인기 있는 도구는 coverage.py이다. python -m pip install coverage 명령을 사용해 대부분의 다른 써드파티 라이브러리처럼 설치할 수 있다.

이 책에서 커버리지 API의 모든 것을 다룰 수 없으므로 몇 가지 전형적인 예만 살펴보자. unittest.main, unittest.discover, 또는 pytest를 사용해 모든 단위 테스트를 실행하는 파이썬 스크립트가 있는 경우에 다음 명령으로 특정 단위 테스트 파일에 대한 커버리지 분석을 수행할 수 있다.

```
% export PYTHONPATH=$(pwd)/src:$PYTHONPATH
% coverage run -m pytest tests/test_coverage.py
```

이 명령은 실행 결과의 데이터를 보관하는 .coverage라는 파일을 생성한다.

윈도우 파워셸Powershell 사용자는 다음과 같이 실행할 수 있다.

```
> $ENV:PYTHONPATH = "$pwd\src" + ";" + $PYTHONPATH
> coverage run -m pytest tests/test_coverage.py
```

그러면 coverage report 명령을 사용해 코드 커버리지를 분석할 수 있다.

```
% coverage report
```

결과 출력은 다음과 같아야 한다.

```
Name                      Stmts   Miss  Cover
-------------------------------------------------
src/stats.py                 19     11    42%
tests/test_coverage.py        7      0   100%
-------------------------------------------------
TOTAL                        26     11    58%
```

이 보고서는 단위 테스트 및 임포트된 모듈에서 실행된 파일, 각 파일의 코드 줄 수, 테스트에서 실행된 코드 줄 수를 나열한다. 그 다음에 이 두 숫자를 통해 코드 커버리지를 표시한다. 당연하게도 모든 테스트가 실행됐지만 stats 모듈은 일부만 실행됐다.

report 명령에 -m 옵션을 전달하면 테스트 실행에서 누락된 줄을 식별하는 열이 추가된다. 출력은 다음과 같다.

```
Name                      Stmts   Miss  Cover   Missing
-------------------------------------------------
src/stats.py                 19     11    42%   18-23, 26-31
tests/test_coverage.py        7      0   100%
-------------------------------------------------
TOTAL                        26     11    58%
```

여기에 표시된 줄의 범위는 테스트가 수행되는 동안에 실행되지 않은 stats 모듈의 줄을 식별한다.

예제 코드는 이 장의 앞부분에서 만든 것과 동일한 stats 모듈을 사용한다. 그러나 의도적으로 파일에서 많은 코드를 테스트하지 못하는 단일 테스트를 사용한다. 테스트는 다음과 같다.

```python
import pytest
from stats import StatsList

@pytest.fixture
def valid_stats() -> StatsList:
  return StatsList([1, 2, 2, 3, 3, 4])

def test_mean(valid_stats: StatsList) -> None:
  assert valid_stats.mean() == 2.5
```

이 테스트는 커버리지 출력에서 누락된 줄 번호에 해당하는 중앙값 또는 최빈값 함수를 테스트하지 않는다.

텍스트 보고서는 충분한 정보를 제공하지만 coverage html 명령을 사용하면 웹 브라우저에서 볼 수 있는 훨씬 더 유용한 대화형 HTML 보고서를 얻을 수 있다. 대화형 보고서에는 사용할 수 있는 여러 가지 유용한 필터가 있다. 웹 페이지는 소스 코드의 어떤 줄이 테스트되고 테스트되지 않았는지 강조 표시한다.

이것은 다음과 같이 표시된다.

그림 13.1 대화형 HTML 커버리지 보고서

pytest와 함께 coverage 모듈을 사용해 HTML 보고서를 만들었다. 이를 위해서는 그 이전에 `python -m pip install pytest-cov`를 사용해 코드 커버리지를 위한 pytest 플러그인을 설치해야 한다. 플러그인은 pytest에 몇 가지 명령줄 옵션을 추가한다. 가장 유용한 옵션은 `--cover-report`이며, 이는 `html`, `report`, `annotate` 중 하나로 설정할 수 있다. 마지막 옵션은 원래의 소스 코드를 수정해 테스트에서 다루어지지 않은 줄을 강조 표시한다.

커버리지 분석에 src 디렉터리 트리 이상을 포함하는 것이 도움이 될 수 있다. 대규모 프로젝트에는 추가 도구 및 지원 라이브러리를 포함해 복잡한 테스트 디렉터리가 있을 수 있다. 프로젝트가 발전함에 따라 더 이상 사용되지 않지만 아직 정리되지 않은 테스트 코드나 지원 코드가 있을 수도 있다.

불행히도 이 장의 이 절에 대한 커버리지 보고서를 실행할 수 있다면 코드 커버리지에 대해 알아야 할 대부분의 내용을 다루지 않았다는 것을 알게 될 것이다. 커버리지 API를 사용하면 자체 프로그램 또는 테스트 스위트 내에서 코드 커버리지를 관리할 수 있으며, coverage.py에는 여기서 다루지 않은 다양한 구성 옵션이 있다. 또한 명령문 커버리지와 분기branch 커버리지 또는 다른 스타일의 코드 커버리지 사이의 차이점에 대해서는 논의하지 않았다. 분기 커버리지는 훨씬 더 유용하며 최신 버전의 coverage.py에는 기본으로 포함돼 있다.

100% 코드 커버리지는 모두가 노력해야 하는 목표이지만 100% 커버리지로도 충분하지 않다는 것을 명심하라. 명령문이 테스트됐다고 해서 가능한 모든 입력에 대해 제대로 테스트됐다는 의미는 아니다. 경계값 분석 기법에는 최소값 이하의 값, 최소값, 중간의 어떤 값, 최대값, 최대값 이상의 값 등 5가지 값을 살펴보는 것이 포함된다. 숫자 타입이 아닌 경우 범위가 분명하지 않을 수 있지만 이 조언은 다른 데이터 구조에도 적용될 수 있다. 예를 들어 리스트 및 매핑의 경우 이 조언은 종종 빈 리스트로 테스트하거나 예기치 않은 키로 매핑할 것을 제안한다. 가설hypothesis 패키지는 좀 더 정교한 테스트 케이스 작성에 도움이 될 수 있으니 https://pypi.org/project/hypothesis/를 참고하라.

테스트가 얼마나 중요한지 강조하기는 어렵다. 테스트 주도 개발 접근방식은 가시적이고 테스트 가능한 목표를 통해 소프트웨어를 설명하도록 권장한다. 복잡한 문제를 개별적이고 테스트 가능한 솔루션으로 분해해야 한다. 실제 애플리케이션 코드보다 테스트 코드 줄이 더 많은 경우가 드문 일이 아니다. 짧지만 혼란스러운 알고리듬은 때때로 예제를 통해 가장 잘 설명되며 각 예제는 테스트 케이스여야 한다.

⫸ 테스트와 개발

이런 단위 테스트가 도움이 되는 경우 중 하나는 애플리케이션 문제를 디버깅할 때이다. 각 단위가 독립적으로 작동하는 것처럼 보일 때 남은 문제는 구성 요소들 사이의 인터페이스가 부적절하게 사용된 결과인 경우가 많다. 문제의 근본 원인을 찾을 때 일련의 테스트 통과는 일련의 이정표 역할을 해 개발자를 구성 요소들 사이의 경계에서 테스트되지 않은 기능에게 안내한다.

문제가 발견되면 원인은 다음 중 하나인 경우가 많다.

- 새로운 클래스를 작성하는 누군가가 기존 클래스와의 인터페이스를 이해하지 못하고 잘못 사용했다. 이는 인터페이스를 사용하는 올바른 방법을 반영하기 위한 새로운 단위 테스트가 필요함을 나타낸다. 이 새 테스트로 인해 새 코드는 확장된 테스트 스위트에서 실패해야 한다. 통합 테스트도 도움이 되지만 상세 인터페이스에 초점을 맞춘 새로운 단위 테스트만큼 중요하지는 않다.

- 인터페이스에 대해 충분히 설명되지 않았으며, 쌍방이 인터페이스를 사용하는 방법에 대해 합의해야 한다. 이 경우 인터페이스의 양쪽에서 인터페이스가 어떠해야 하는지 보여주기 위한 추가 단위 테스트가 필요하다. 두 클래스 모두 이 새로운 단위 테스트에 실패해야 한다. 그 다음에 수정할 수 있다. 또한 통합 테스트를 통해 두 클래스가 서로 일치하는지 확인할 수 있다.

여기서 아이디어는 테스트 케이스를 사용해 개발 프로세스를 주도한다는 것이다. "버그" 또는 "사고"는 실패한 테스트 케이스로 번역돼야 한다. 테스트 케이스의 형태로 문제를 구체적으로 표현하면 모든 테스트가 통과할 때까지 소프트웨어를 만들거나 수정할 수 있다.

버그가 발생하면 다음과 같이 테스트 주도적인 계획을 따르는 경우가 많다.

1. 문제의 버그가 발생하고 있음을 증명하거나 복제하는 테스트 또는 여러 테스트를 작성한다. 물론 이 테스트는 실패할 것이다. 더 복잡한 애플리케이션에서는 분리된 단위 코드에서 버그를 재현하는 정확한 단계를 찾기 어려울 수 있다. 이를 찾는 것은 소프트웨어에 대한 지식이 필요하고 이 지식을 테스트 시나리오로 캡처하기 때문에 매우 가치있는 작업이다.

2. 그다음에 테스트가 실패하지 않도록 코드를 작성한다. 만약 테스트가 포괄적이었다면 버그는 고쳐질 것이고, 무언가를 고치려고 시도하는 동안 새로운 것을 망가뜨리지 않았다는 것을 알게 될 것이다.

테스트 주도 개발의 또 다른 이점은 추가적인 개선을 위한 테스트 케이스의 가치이다. 테스트가 한 번 작성되면 원하는 만큼 코드를 개선할 수 있으며, 변경 사항으로 인해 테스트된 내용이 손상되지 않음을 확신할 수 있다. 더 나아가 리팩토링이 언제 완료되는지 정확히 알게 된다. 바로 테스트가 모두 통과했을 때이다.

물론 테스트가 필요한 모든 것을 포괄적으로 테스트하지 못할 수도 있다. 유지 관리나 코드 리팩토링으로 인해 테스트에서 나타나지 않은 버그가 계속 발생할 수 있다. 자동화된 테스트는 완벽하지 않다. E. W. 데이크스트라^{Dijkstra}가 말했듯이 "프로그램 테스팅은 버그의 존재를 보여주기 위해 사용될 수 있지만, 버그가 없다는 것은 절대 보여줄 수 없다." 알고리듬이 왜 맞는지에 대한 타당한 이유와 문제가 없음을 보여주는 테스트 케이스가 필요하다.

⋮⋮ 사례 연구

실행 가능한 좋은 구현을 했는지 확인하기 위해 몇 가지 주의 깊은 테스트를 적용할 것이다. 3장의 사례 연구에서는 k-최근접 이웃 분류기의 일부인 거리 계산을 살펴봤다. 약간 다른 결과를 산출하는 몇 가지 계산 알고리듬은 다음과 같다.

- **유클리드 거리**: 이것은 한 샘플에서 다른 샘플로의 직선이다.

- **맨해튼 거리**: 맨해튼 시와 같은 그리드에서 가로와 세로를 따라가는 일련의 경로에 필요한 단계를 합산한다.

- **체비쇼프 거리**: 가로 거리의 절대값과 세로 거리의 절대값 중 가장 큰 거리이다.

- **쇠렌센 거리**: 이것은 맨해튼 거리의 변형으로 원점을 기준으로 멀리 있는 단계보다 가까운 단계에 더 많은 가중치를 주는 거리이다. 작은 거리를 확대하는 경향이 있어 더 미묘한 차별을 만든다.

이런 알고리듬은 모두 동일한 입력으로부터 서로 다른 결과를 생성한다. 이것들은 모두 복잡해 보이는 수학을 포함하며 올바르게 구현했는지 확인하기 위해 모두 따로 테스트 해야 한다. 거리 계산에 대한 단위 테스트부터 시작하자.

거리 계산 알고리듬 단위 테스트

각 거리 계산 알고리듬에 대해 몇 가지 테스트 케이스를 생성해야 한다. 방정식을 보면 두 샘플에 각각 네 쌍의 값이 있음을 알 수 있다. 꽃받침의 길이와 너비, 꽃잎의 길이와 너비이다. 매우 철저하게 하기 위해 각 알고리듬에 대해 최소 16개의 테스트 케이스를 만들 수 있다.

- **케이스 0**: 네 개의 값이 모두 동일하면 거리는 0이어야 한다.

- **케이스 1-4**: 두 샘플에서 네 개의 값 중 하나가 다르다. 예를 들어, 테스트 샘플은 ("sepal_length": 5.1, "sepal_width": 3.5, "petal_length": 1.4, "petal_width": 0.2)의 측정값을 가질 수 있다. 그리고 학습 샘플은 ("sepal_length": 5.2, "sepal_width": 3.5, "petal_length": 1.4, "petal_width": 0.2)의 측정값을 가질 수 있다. 이 값들 중 하나만 다르다.

- **케이스 5-10**: 두 개의 값이 다르다.

- **케이스 11-14**: 두 샘플 사이에 세 개의 값이 다르다.

- **케이스 15**: 네 가지 값이 모두 다르다.

또한 동등 분할 및 경계값 분석의 개념은 심각한 상태 변화가 있는 값을 찾을 필요가 있음을 시사한다. 예를 들어 유효하지 않은 값은 예외를 발생시키므로 테스트해야 한다. 이를 통해 위에 열거된 각 테스트 케이스 내에서 여러 하위 케이스를 만들 수 있다.

사례 연구의 이 부분에서 네 개의 알고리듬 각각에 대해 16가지 케이스를 모두 생성하지는 않을 것이다. 대신 16가지 케이스가 모두 필요한지 여부를 자세히 살펴보자. 시작을 위해 각 거리 알고리듬에 대해 하나의 케이스로 제한할 것이다. 두 샘플의 네 가지 값이 모두 다른 테스트 케이스 15의 예이다.

수학적으로 구축하고 있는 소프트웨어 외부에서 예상되는 답을 계산해야 한다. 물론 연필과 종이 또는 스프레드시트로 예상되는 답을 계산해 볼 수 있다.

고급 수학으로 작업할 때 도움이 되는 한 가지 트릭은 수학을 보다 신중하게 확인하는 방법으로 sympy 패키지를 사용하는 것이다.

예를 들어, 알려진 샘플 k와 미지의 샘플 u 사이의 유클리드 거리는 다음과 같은 정의를 갖는다.

$$ED(k, u) = \sqrt{(k_{sl} - u_{sl})^2 + (k_{pl} - u_{pl})^2 + (k_{sw} - u_{sw})^2 + (k_{pw} - u_{pw})^2}$$

이것은 네 가지 측정값으로 거리를 계산한다. 예를 들어, 알려진 샘플의 꽃받침 길이는 k_{sl}이다. 다른 속성들도 유사한 이름을 갖는다.

sympy는 많은 일을 할 수 있지만 두 가지 특정 목적을 위해 사용할 것이다.

1. 수학 공식의 파이썬 버전이 실제로 정확한지 확인하기 위해

2. 특정 변수를 대체해 예상 결과를 계산하기 위해

sympy를 사용해 기호 표기법으로 연산을 수행함으로써 이를 진행할 것이다. 특정한 부동소수점 값을 제공하는 대신 파이썬 표현식을 기존의 수학 표기법으로 변환한다.

이것은 구현이 아닌 디자인에 적용되는 테스트 케이스이다. 이것은 코드의 디자인이 원래의 의도와 일치할 가능성이 매우 높다는 것을 확인시켜 준다. "알려진 샘플의 꽃받침 길이"에 대한 k_{sl}과 같은 멋진 조판 이름을 파이썬스럽지만 읽기는 쉽지 않은 k_sl로 번역했다. 다음은 sympy와의 상호작용이다.

```
>>> from sympy import *

>>> ED, k_sl, k_pl, k_sw, k_pw, u_sl, u_pl, u_sw, u_pw = symbols(
...     "ED, k_sl, k_pl, k_sw, k_pw, u_sl, u_pl, u_sw, u_pw")

>>> ED = sqrt( (k_sl-u_sl)**2 + (k_pl-u_pl)**2 + (k_sw-u_sw)**2 +
(k_pw-u_pw)**2 )
```

```
>>> ED
sqrt((k_pl - u_pl)**2 + (k_pw - u_pw)**2 + (k_sl - u_sl)**2 +
(k_sw - u_sw)**2)

>>> print(pretty(ED, use_unicode=False))
   _____
  /            2              2              2              2
\/ (k_pl - u_pl)  + (k_pw - u_pw)  + (k_sl - u_sl)  + (k_sw - u_sw)
```

sympy를 임포트한 후 원래의 수식과 일치하는 기호들을 정의했다. 이런 객체를 정의해야 sympy가 일반 파이썬 객체가 아닌 수학 기호로 작업할 수 있다. 그 다음에 수학에서 파이썬으로 유클리드 거리 공식을 옮기기 위해 최선을 다했다. 맞는 것 같지만 확실히 하고 싶다.

ED의 값을 물었을 때 파이썬 계산의 결과를 볼 수 없었다는 것에 주의하라. 변수를 기호로서 정의했기 때문에 sympy는 작업할 수 있는 방정식 표현을 빌드한다.

sympy의 pretty() 함수를 사용하면 표현식의 ASCII 아트 버전을 표시하는데, 이는 원래의 공식과 매우 유사하다. use_unicode=False 옵션이 이 책에서 가장 보기 괜찮았기 때문에 사용했다. 적절한 글꼴로 출력하면 use_unicode=True 버전이 더 읽기 쉬울 수 있다.

공식은 이 테스트 케이스가 이 특정 클래스의 동작을 실제로 적절하게 설명하는지 확인하기 위해 전문가와 공유할 수 있는 것이다. 공식이 맞기 때문에 구체적인 값으로 이것을 평가할 수 있다.

```
>>> e = ED.subs(dict(
...     k_sl=5.1, k_sw=3.5, k_pl=1.4, k_pw=0.2,
...     u_sl=7.9, u_sw=3.2, u_pl=4.7, u_pw=1.4,
... ))
>>> e.evalf(9)
4.50111097
```

subs() 메서드는 공식의 기호를 값으로 대체한다. 그 다음에 evalf() 메서드를 사용해 부동소수점 수로 결과를 평가한다. 이를 사용해 클래스에 대한 단위 테스트 케이스를 만들 수 있다.

테스트 케이스를 살펴보기 전에 유클리드 거리 클래스를 구현한다. 최적화를 위해 여기서는 math.hypot()을 사용한다.

```
class ED(Distance):
  def distance(self, s1: Sample, s2: Sample) -> float:
    return hypot(
      s1.sepal_length - s2.sepal_length,
      s1.sepal_width - s2.sepal_width,
      s1.petal_length - s2.petal_length,
      s1.petal_width - s2.petal_width,
    )
```

이 구현은 수학과 일치하는 것 같다. 확인하는 가장 좋은 방법은 자동화된 테스트를 만드는 것이다. 테스트에는 GIVEN-WHEN-THEN 단계가 있음을 기억하라. 이것을 다음과 같은 개념적 시나리오로 확장할 수 있다.

시나리오: 유클리드 거리 계산
    GIVEN   미지의 샘플 U와 알려진 샘플 K가 주어졌을 때
    WHEN   둘 사이의 유클리드 거리를 계산하면
    THEN   거리인 ED를 얻는다.

U, K, 그리고 예상되는 거리에 대한 기호 계산에 사용될 값을 제공할 수 있다. GIVEN 단계를 지원하는 테스트 픽스쳐로 시작한다.

```
@pytest.fixture
def known_unknown_example_15() -> Known_Unknown:
  known_row: Row = {
    "species": "Iris-setosa",
    "sepal_length": 5.1,
    "sepal_width": 3.5,
    "petal_length": 1.4,
    "petal_width": 0.2,
  }
  k = TrainingKnownSample(**known_row)
  unknown_row = {
    "sepal_length": 7.9,
    "sepal_width": 3.2,
```

```
      "petal_length": 4.7,
      "petal_width": 1.4,
    }
    u = UnknownSample(**unknown_row)
    return k, u
```

후속 테스트에서 사용할 수 있는 TrainingKnownSample 및 UnknownSample 객체를 만들었다. 이 픽스쳐 정의는 여러 중요한 타입 힌트 및 정의에 의존한다.

```
from __future__ import annotations
import pytest
from model import TrainingKnownSample, UnknownSample
from model import CD, ED, MD, SD
from typing import Tuple, TypedDict

Known_Unknown = Tuple[TrainingKnownSample, UnknownSample]
class Row(TypedDict):
    species: str
    sepal_length: float
    sepal_width: float
    petal_length: float
    petal_width: float
```

거리 계산을 WHEN 단계로 제공하고 assert 문에서 최종 THEN 비교를 제공할 수 있다. 부동소수점 값으로 작업하고 있어서 정확한 비교가 제대로 작동하지 않기 때문에 비교를 위해 approx 객체를 사용해야 한다.

이 애플리케이션의 경우 테스트 케이스의 소수점 이하 자릿수가 과도하게 많아 보인다. 값이 approx에 의해 사용되는 기본값에 맞도록 모든 자릿수를 남겨두었으며, 이는 파이썬 표기법에서 1×10^{-6} 또는 1e-6의 상대적인 오차이다. 나머지 테스트 케이스는 다음과 같다.

```
def test_ed(known_unknown_example_15: Known_Unknown) -> None:
    k, u = known_unknown_example_15
    assert ED().distance(k, u) == pytest.approx(4.50111097)
```

이것은 짧고 핵심적이다. 두 개의 샘플이 주어지면 거리 결과는 손으로 계산하거나 sympy를 사용해 계산한 것과 일치해야 한다.

각 거리 클래스에 테스트 케이스가 필요하다. 다음은 두 가지 다른 거리 계산이다. 앞에서 했던 것처럼 공식을 검증하고 구체적인 값을 제공함으로써 예상된 결과가 나온다.

```
def test_cd(known_unknown_example_15: Known_Unknown) -> None:
  k, u = known_unknown_example_15
  assert CD().distance(k, u) == pytest.approx(3.3)

def test_md(known_unknown_example_15: Known_Unknown) -> None:
  k, u = known_unknown_example_15
  assert MD().distance(k, u) == pytest.approx(7.6)
```

체비쇼프 거리 및 맨해튼 거리의 경우 네 가지 속성 각각에 대한 개별 단계를 추가하고 합계를 계산하거나 가장 큰 개별 거리를 찾는다. 이것은 손으로 계산해도 예상 답변이 옳다는 것을 알 수 있다.

그러나 쇠렌센 거리는 조금 더 복잡하기 때문에 기호 표기법으로 계산한 결과와 비교하는 것이 좋을 것 같다. 다음은 공식적인 정의이다.

$$SD(k,u) = \frac{|k_{pl} - u_{pl}| + |k_{pw} - u_{pw}| + |k_{sl} - u_{sl}| + |k_{sw} - u_{sw}|}{k_{pl} + k_{pw} + k_{sl} + k_{sw} + u_{pl} + u_{pw} + u_{sl} + u_{sw}}$$

다음은 구현을 정의와 비교하기 위해 사용할 수 있는 기호 정의이다. 표시된 방정식은 공식 정의와 매우 유사해 예상 값을 계산하는 데 사용할 수 있다는 확신을 준다. 다음은 확인하려는 코드에서 추출한 정의이다.

```
>>> SD = sum(
...     [abs(k_sl - u_sl), abs(k_sw - u_sw), abs(k_pl - u_pl),
abs(k_pw - u_pw)]
... ) / sum(
...     [k_sl + u_sl, k_sw + u_sw, k_pl + u_pl, k_pw + u_pw])
>>> print(pretty(SD, use_unicode=False))
|k_pl - u_pl| + |k_pw - u_pw| + |k_sl - u_sl| + |k_sw - u_sw|
-------------------------------------------------------------
    k_pl + k_pw + k_sl + k_sw + u_pl + u_pw + u_sl + u_sw
```

ASCII 아트 버전의 공식은 정의와 매우 유사하기 때문에 sympy를 사용해 예상 답을 계산할 수 있다는 확신을 준다. 예상 결과가 무엇인지 확인하기 위해 특정 값으로 대체한다.

```
>>> e = SD.subs(dict(
...     k_sl=5.1, k_sw=3.5, k_pl=1.4, k_pw=0.2,
...     u_sl=7.9, u_sw=3.2, u_pl=4.7, u_pw=1.4,
... ))
>>> e.evalf(9)
0.277372263
```

이제 유효한 예상 결과가 나왔다고 확신할 수 있으므로 이 기대값을 단위 테스트 케이스에 넣을 수 있다. 테스트 케이스는 다음과 같다.

```
def test_sd(known_unknown_example_15: Known_Unknown) -> None:
    k, u = known_unknown_example_15
    assert SD().distance(k, u) == pytest.approx(0.277372263)
```

이렇게 sympy를 단위 테스트 케이스를 만들기 위한 디자인 보조 도구로 사용했다. 이것은 테스트 프로세스의 일부로 실행되지 않는다. 따라서 종이와 연필로 예상 답을 계산할 수 있는지 확신이 서지 않는 애매한 경우에만 사용했다.

이 장의 사례 연구 시작 부분에서 언급했듯이 알려진 샘플 속성과 미지의 샘플 속성 사이에서 서로 다른 16가지 값 조합이 존재한다. 여기서는 이 16가지 조합 중 하나만 제공했다.

coverage 도구를 사용하면 관련된 모든 코드가 이 하나의 케이스로 테스트됐음을 ??알 수 있다. 나머지 15가지 경우가 정말 필요한가? 여기에는 두 가지 관점이 있다.

- "블랙박스black box" 관점으로는 코드에 무엇이 있는지 알지 못하기 때문에 모든 조합을 테스트해야 한다. 이런 종류의 블랙박스 테스트는 값이 모든 케이스의 대상 검사를 통해서만 찾을 수 있는 복잡한 상호의존성을 가질 수 있다는 가정에 근거한다.

- "화이트박스^{white box}"의 관점에서 이 예제에서는 다양한 거리 함수의 구현을 볼 수 있으며 네 가지 속성이 모두 균일하게 처리된 것을 알 수 있다. 코드를 조사하면 단일 케이스로 충분하다는 것을 알 수 있다.

파이썬 애플리케이션의 경우 코드를 보지 말아야 할 강력한 이유가 없는 한 화이트박스 테스트를 따르는 것이 좋다. 커버리지 보고서를 사용해 한 케이스가 관련 코드를 실제로 테스트했는지 확인할 수 있다.

다양한 거리 알고리듬에 대해 16개의 서로 다른 테스트 케이스를 만드는 대신 애플리케이션이 신뢰할 수 있고 최소한의 컴퓨팅 리소스를 사용하는지 확인하는 데 집중할 수 있다. 또한 애플리케이션의 다른 부분을 테스트하는 데 집중할 수 있다. 다음으로 Hyperparameter 클래스는 Distance 계산 클래스의 계층 구조에 따라 달라지기 때문에 이를 살펴볼 것이다.

Hyperparameter 클래스 단위 테스트

Hyperparameter 클래스는 거리 계산에 의존한다. 이 복잡한 클래스를 테스트하기 위한 두 가지 전략은 다음과 같다.

- 이미 테스트된 거리 계산을 사용하는 통합 테스트

- Hyperparameter 클래스를 모든 거리 계산과 분리해 클래스가 작동하는지 확인하는 단위 테스트

일반적으로 모든 코드 줄은 적어도 하나의 단위 테스트를 거쳐야 한다. 그 다음에 통합 테스트를 사용해 모든 모듈, 클래스, 함수 등에서 인터페이스 정의를 준수하는지 확인할 수 있다. "모든 것을 테스트하라"는 정신은 "숫자를 정확히 맞추는 것"보다 더 중요하다. 코드 줄을 세는 것은 모든 것을 테스트했는지 확인하는 한 가지 방법이다.

이제 Mock 객체를 사용해 Hyperparameter 클래스의 classify() 메서드를 테스트해 거리 계산으로부터 Hyperparameter 클래스를 분리하는 방법을 살펴볼 것이다. 또한 이 클래

스의 인스턴스를 분리하기 위해 TrainingData 객체를 모의할 것이다.

테스트할 코드는 다음과 같다.

```python
class Hyperparameter:

    def __init__(
        self,
        k: int,
        algorithm: "Distance",
        training: "TrainingData"
    ) -> None:
        self.k = k
        self.algorithm = algorithm
        self.data: weakref.ReferenceType["TrainingData"] = \
            weakref.ref(training)
        self.quality: float

    def classify(
        self,
        sample: Union[UnknownSample, TestingKnownSample]) -> str:
        """k-NN 알고리듬"""
        training_data = self.data()
        if not training_data:
            raise RuntimeError("No TrainingData object")
        distances: list[tuple[float, TrainingKnownSample]] = sorted(
            (self.algorithm.distance(sample, known), known)
            for known in training_data.training
        )
        k_nearest = (known.species for d, known in distances[: self.k])
        frequency: Counter[str] = collections.Counter(k_nearest)
        best_fit, *others = frequency.most_common()
        species, votes = best_fit
        return species
```

Hyperparameter 클래스의 algorithm 속성은 거리 계산 객체 중 하나의 인스턴스에 대한 참조이다. 이것을 대체하기 위한 Mock 객체는 호출 가능해야 하고 정렬 가능한 숫자를 반환해야 한다.

data 속성은 TrainingData 객체에 대한 참조이다. data 객체를 대체할 Mock은 모의된 샘플 리스트인 training 속성을 제공해야 한다. 이 값은 중간 처리 없이 다른 모의에 제공되기 때문에 sentinel 객체를 사용해 모의 거리 함수에 학습 데이터가 제공됐음을 확인할 수 있다.

이 아이디어는 classify() 메서드가 "움직이는 과정"을 보는 것으로 요약할 수 있다. 요청이 이루어지고 해당 요청의 결과가 캡처되는지 확인하기 위해 모의 객체와 센티넬 객체를 제공한다.

더 복잡한 테스트를 위해서는 모의 샘플 데이터가 필요하다. 이것은 sentinel 객체에 의존한다. 이 객체는 모의 거리 계산을 통해 전달된다. 다음은 사용할 모의 샘플 객체의 정의이다.

```python
from __future__ import annotations
from model import Hyperparameter
from unittest.mock import Mock, sentinel, call

@pytest.fixture
def sample_data() -> list[Mock]:
  return [
    Mock(name="Sample1", species=sentinel.Species3),
    Mock(name="Sample2", species=sentinel.Species1),
    Mock(name="Sample3", species=sentinel.Species1),
    Mock(name="Sample4", species=sentinel.Species1),
    Mock(name="Sample5", species=sentinel.Species3),
  ]
```

이 픽스쳐는 KnownSamples에 대한 모의의 리스트이다. 디버깅을 위해 각 샘플에 고유한 이름을 제공했다. classify() 메서드에서 사용하는 속성이기 때문에 species 속성을 제공했다. 테스트되는 단위에서 사용되지 않기 때문에 다른 속성은 제공하지 않았다. 이 sample_data 픽스쳐를 사용해 모의 거리 계산과 이 모의된 데이터 컬렉션을 가질 Hyperparameter 인스턴스를 생성할 것이다. 다음은 사용할 테스트 픽스쳐이다.

```python
@pytest.fixture
def hyperparameter(sample_data: list[Mock]) -> Hyperparameter:
  mocked_distance = Mock(distance=Mock(side_effect=[11, 1, 2, 3, 13]))
  mocked_training_data = Mock(training=sample_data)
  mocked_weakref = Mock(
```

```
  return_value=mocked_training_data)
fixture = Hyperparameter(
  k=3, algorithm=mocked_distance, training=sentinel.Unused)
fixture.data = mocked_weakref
return fixture
```

mocked_distance 객체는 거리 계산의 결과처럼 보이는 일련의 결과를 제공한다. 거리 계산은 별도로 테스트되며 이 Mock을 사용해 특정 거리 계산과 classify() 메서드를 분리했다. 약한 참조처럼 동작하는 Mock 객체를 통해 모의된 KnownSample 인스턴스의 리스트를 제공했다. 이 모의 객체의 training 속성은 주어진 샘플 데이터가 될 것이다.

Hyperparameter 인스턴스가 올바른 요청을 하는지 확인하기 위해 classify() 메서드를 평가한다. 다음은 이 두 개의 최종 THEN 단계를 포함하는 전체 시나리오이다.

- GIVEN 두 개의 종을 반영하는 5개의 인스턴스로 샘플 데이터 픽스쳐가 주어졌을 때

- WHEN k-NN 알고리듬을 적용하면

- THEN 결과는 가장 가까운 거리인 5개 중 3개를 갖는 종이다.

- AND 그리고 모의 거리 계산은 모든 학습 데이터와 함께 호출됐다.

위의 픽스쳐를 사용한 최종 테스트는 다음과 같다.

```
def test_hyperparameter(sample_data: list[Mock], hyperparameter: Mock)
-> None:
  s = hyperparameter.classify(sentinel.Unknown)
  assert s == sentinel.Species1
  assert hyperparameter.algorithm.distance.mock_calls == [
    call(sentinel.Unknown, sample_data[0]),
    call(sentinel.Unknown, sample_data[1]),
    call(sentinel.Unknown, sample_data[2]),
    call(sentinel.Unknown, sample_data[3]),
    call(sentinel.Unknown, sample_data[4]),
  ]
```

이 테스트 케이스는 전체 학습 데이터셋이 사용됐는지 확인하기 위해 거리 알고리듬을 확인한다. 또한 가장 가까운 이웃이 미지의 샘플에 대한 종을 찾는 데 사용됐음을 확인한다.

거리 계산을 별도로 테스트했기 때문에 이런 다양한 클래스들을 작동하는 단일 애플리케이션으로 결합하는 통합 테스트를 실행하는 데 상당한 확신을 갖게 된다. 디버깅을 위해서는 각 구성 요소를 별도로 테스트된 단위로 분리하는 것이 매우 유용하다.

⁝⁝▶ 정리

파이썬으로 작성된 애플리케이션을 테스트하는 것과 관련된 여러 주제를 살펴봤다.

- 소프트웨어가 예상대로 작동하는지 확인하기 위한 방법으로 단위 테스트 및 테스트 주도 개발의 중요성을 설명했다.

- unittest 모듈은 표준 라이브러리의 일부이고 쉽게 사용할 수 있기 때문에 이 모듈을 먼저 설명했다. unittest는 약간 장황한 면이 있지만 소프트웨어가 작동하는지 확인하는 데 적합하다.

- pytest 도구는 별도의 설치가 필요하지만 unittest 모듈로 작성하는 것보다 더 간단하게 테스트를 생성한다. 더 중요한 것은 픽스쳐라는 개념을 통해 다양한 시나리오에 대한 테스트를 생성할 수 있다는 것이다.

- unittest 패키지의 일부인 mock 모듈을 사용하면 테스트되는 코드의 단위를 더 잘 분리하기 위해 mock 객체를 생성할 수 있다. 각 코드 조각을 분리함으로써 그것이 잘 작동하고 올바른 인터페이스를 가지고 있는지 확인하는 데 중점을 둘 수 있다. 또한 이것은 구성 요소들을 더 쉽게 결합할 수 있게 해준다.

- 코드 커버리지는 테스트가 적절한지 확인하는 데 유용한 지표이다. 단순히 숫자 목표가 전부일 수는 없지만 테스트 시나리오를 작성할 때 철저하고 신중한 노력을 기울였음을 확인하는 데 도움이 될 수 있다.

또한 다양한 도구를 사용해 여러 종류의 테스트를 살펴봤다.

- unittest 패키지 또는 pytest 패키지로 단위 테스트를 수행하며, 종종 Mock 객체를 사용해 테스트되는 픽스쳐나 단위를 분리한다.

- unittest 및 pytest를 사용한 통합 테스트도 구성 요소들의 완전한 통합 컬렉션을 테스트한다.

- 정적 분석은 mypy를 사용해 데이터 타입이 적절하게 사용되는지 확인할 수 있다. 이것은 소프트웨어의 코드 품질을 확인하기 위한 일종의 테스트이다. 다른 종류의 정적 테스트가 있으며 이런 추가 분석을 위해 flake8, pylint, pyflakes 등과 같은 도구를 사용할 수 있다.

일부 연구는 각 테스트 타입의 점수를 표시하기도 한다. 각 고유한 테스트 타입에는 소프트웨어 작동을 확인하기 위한 고유한 목표 또는 접근방식이 있다. 예를 들어 성능 테스트는 소프트웨어가 충분히 빠르며 수용 가능한 수의 리소스를 사용하는지 확인한다.

테스트가 얼마나 중요한지 아무리 강조해도 지나치지 않는다. 자동화된 테스트가 없으면 소프트웨어는 완전하거나 사용 가능한 것으로 간주될 수 없다. 테스트 케이스에서 시작하는 것은 SMART, 즉 구체적specific, 측정 가능measurable, 달성 가능achievable, 결과 기반results-based, 추적 가능trackable한 방식으로 예상되는 동작을 정의할 수 있게 해준다.

⠿ 연습

테스트 주도 개발을 실천하라. 그것이 당신의 첫 번째 연습이다. 새 프로젝트를 시작하는 경우 테스트 주도 개발을 수행하는 것이 쉽지만, 작업해야 하는 기존 코드가 있는 경우 구현할 각각의 새 기능에 대한 테스트를 작성하면서 시작할 수 있다. 자동화된 테스트에 반하게 될수록 점점 힘들어질 것이다. 오래되고 테스트되지 않은 코드는 단단하고 밀접하게 결합돼 유지 관리하기가 불편해지기 시작할 것이다. 변경 사항이 코드를 깨뜨리는 것처럼 느끼게 되지만 테스트가 없기 때문에 알 방법이 없다. 그러나 작게 시작해 기반 코드에 테스트를 추가하면 시간이 지남에 따라 개선된다. 애플리케이션 코드보다 테스트 코드가 더 많은 것은 이상한 일이 아니다.

따라서 테스트 주도 개발에 익숙해지려면 새로운 프로젝트를 시작해야 한다. 테스트의 이점을 이해하기 시작하고 테스트 작성에 소요된 시간은 코드 유지 관리 측면에서 빠르게 회복된다는 것을 깨닫고 나면 기존 코드에 대한 테스트 작성을 시작하고 싶을 것이다. 바로 이 때가 시작해야 할 때이다. 알고 있는 코드에 대한 테스트를 작성하는 것은 지루하다. 실제로 작동한다고 생각했던 코드가 얼마나 망가졌는지 깨닫기 전까지는 프로젝트에 관심을 갖기 어렵다.

내장된 unittest 모듈과 pytest를 모두 사용해 동일한 일련의 테스트를 작성해보라. 어느 것을 더 선호하는가? unittest는 다른 언어의 테스트 프레임워크와 유사하지만 pytest는 더 파이썬스럽다. 물론 둘 다 객체지향적인 테스트를 작성해 객체지향 프로그램을 쉽게 테스트할 수 있다.

사례 연구에서는 pytest를 사용했지만 unittest를 사용해 쉽게 테스트할 수 없는 기능은 건드리지 않았다. 테스트 건너뛰기 또는 픽스쳐를 사용한 테스트를 unittest에서 시도해보라. 다양한 설정 및 해제 메서드 등도 시도해보라. 어느 쪽이 더 자연스럽게 느껴지는가?

작성한 테스트에 대해 커버리지 보고서를 실행해보라. 테스트에서 코드 줄을 얼마나 놓쳤는가? 커버리지가 100%인 경우라면 가능한 모든 입력을 테스트했는가? 테스트 주도 개발을 수행하는 경우 해당 테스트를 충족하는 코드보다 먼저 테스트를 작성하므로 100% 커버리지는 매우 자연스럽게 따라와야 한다. 그러나 기존 코드에 대한 테스트를 작성하는 경우에는 테스트되지 않은 극단적인 조건이 있을 가능성이 더 크다.

사례 연구의 코드를 커버리지 100%로 만드는 것은 까다로울 수 있는데, 이는 여러 다른 방식으로 사례 연구의 일부 측면을 건너뛰고 구현했기 때문이다. 사례 연구 클래스의 여러 구현에 대해 몇 가지 유사한 테스트를 작성해야 할 수도 있다. 재사용 가능한 픽스쳐를 만들 수 있기 때문에 여러 구현 대안들에 일관된 테스트를 제공할 수 있다.

테스트 케이스를 생성할 때 다음과 같이 예상되는 값과 다소 다른 값에 대해 신중하게 생각하는 것이 도움이 될 수 있다.

- 가득 찬 리스트가 예상되는 경우에 빈 리스트

- 양의 정수에 대해 음수, 0, 1 또는 무한대

- 정확한 소수점 이하 자릿수에 대해 반올림하지 않은 부동소수점 수

- 숫자가 예상될 때 문자열

- ASCII를 예상했을 때 유니코드 문자열

- 의미 있는 무언가가 예상되는 경우 보편적인 None 값

테스트가 이런 극단적인 경우를 다룬다면 코드는 좋은 상태가 될 것이다.

거리 계산을 위한 메서드는 Hypothesis 프로젝트를 사용해 더 잘 테스트할 수 있는 것이다. 관련 문서는 다음 주소에서 확인하라. https://hypothesis.readthedocs.io/en/latest/. 이것을 사용하면 거리 계산에서 피연산자의 순서가 중요하지 않음을 쉽게 확인할 수 있다. 즉, 두 개의 샘플이 주어질 때 distance(s1, s2) == distance(s2, s1)이다. k-최근접 이웃 분류기 알고리듬이 무작위로 섞인 데이터에 대해 작동하는지 확인하기 위해 가설 테스트를 포함하는 것이 도움이 될 수 있다. 이것은 학습 데이터셋의 첫 번째 또는 마지막 항목에 대한 편향이 없음을 확인시켜 준다.

⁝∷ 요약

마침내 파이썬 프로그래밍에서 가장 중요한 주제인 자동화된 테스트를 다뤘다. 테스트 주도 개발은 모범 사례로 간주된다. 표준 라이브러리 unittest 모듈은 테스트를 위해 즉시 사용 가능한 솔루션을 제공하는 반면, pytest 프레임워크는 파이썬스러운 구문을 많이 갖고 있다. 모의 객체는 테스트에서 복잡한 클래스를 모방하기 위해 사용할 수 있다. 코드 커버리지는 테스트에 의해 실행되는 코드의 양에 대한 추정치를 제공하지만 테스트가 잘 됐는지는 알려주지 않는다.

다음 장에서는 완전히 다른 주제인 동시성으로 넘어갈 것이다.

14

동시성

동시성^{concurrency}은 컴퓨터가 한 번에 여러 작업을 수행하거나 또는 수행하는 것처럼 보이도록 하는 기술이다. 역사적으로 이것은 프로세서가 서로 다른 작업을 초당 여러 번 전환하도록 요청하는 것을 의미했다. 현대의 시스템에서는 문자 그대로 별도의 프로세서 코어에서 두 가지 이상의 작업을 동시에 수행하는 것을 의미한다.

동시성은 본질적으로 객체지향적인 주제가 아니지만 파이썬의 동시 처리 시스템은 이 책 전체에서 다룬 것처럼 객체지향 인터페이스를 제공한다. 이 장에서는 다음 주제를 소개할 것이다.

- 스레드

- 멀티프로세싱

- Futures

- AsyncIO

- 식사하는 철학자들^{The dining philosophers} 벤치마크

이 장의 사례 연구에서는 모델 테스트 및 하이퍼파라미터 튜닝의 속도를 높일 수 있는 방법을 설명한다. 계산을 없애지는 못하지만 최신 멀티코어 컴퓨터를 활용해 더 짧은 시간에 완료할 수 있다.

동시 처리^{concurrent processing}는 복잡해질 수 있다. 기본 개념은 매우 간단하지만 발생할 수 있는 버그는 일련의 상태 변경을 예측할 수 없을 때 추적하기 매우 어렵다. 그러나 많은 프로젝트에서 동시성은 필요한 성능을 얻을 수 있는 유일한 방법이다. 웹 서버가 한 사용자의 요청이 완료될 때까지 다른 사용자의 요청에 응답할 수 없다고 상상해보라. 이제 파이썬에서 동시성을 구현하는 방법과 피해야 할 몇 가지 일반적인 함정을 살펴볼 것이다.

파이썬 언어는 명시적으로 명령문을 순서대로 실행한다. 명령문의 동시 실행을 고려하려면 파이썬에서 한 발짝 떨어질 필요가 있다.

⠶ 동시 처리에 대한 배경지식

개념적으로 서로 볼 수는 없지만 한 작업에 대해 협업을 하는 사람들의 그룹을 상상함으로써 동시 처리를 생각하는 데 도움이 될 수 있다. 아마도 그들의 시야는 스크린에 의해 가려졌거나 또는 밖을 내다볼 수 없는 작업공간에 있을 수 있다. 그러나 이들은 서로 토큰이나 메모, 부품 등을 주고받을 수 있다.

미국 대서양 연안의 오래된 해변 휴양 도시에 있는 조악한 조리대를 가진 델리 식당을 상상해보자. 두 명의 샌드위치 셰프는 서로 보거나 들을 수 없다. 사장은 두 셰프에게 비용을 지불할 여유는 있지만 서빙용 트레이는 한 개 이상 감당할 수 없다. 오래된 건물의 이상한 복잡성으로 인해 셰프도 트레이를 실제로 볼 수 없다. 그들은 트레이가 제자리에 있는지 확인하기 위해 조리대 아래로 손을 내밀어야 한다. 트레이가 있는지 확인한 다음에 피클 및 칩스와 함께 완성된 자신의 작품을 트레이 위에 조심스럽게 내려 놓는다. 그들은 보이지 않는 트레이에 샌드위치, 피클, 칩스까지 완벽하게 담을 수 있는 스펙타클한 셰프들이다.

그러나 사장은 셰프들을 볼 수 있다. 실제로 지나가는 사람들은 셰프가 일하는 모습을 볼 수 있다. 멋진 쇼이다. 일반적으로 사장은 엄격하게 번갈아가며 각 셰프에게 주문서를 전달한다. 그리고 샌드위치가 테이블에 도착할 때까지 하나의 트레이만을 사용할 수 있다. 앞에서 말했듯이 셰프는 자신의 요리가 누군가의 미각을 따뜻하게 하기 전에 트레이를 기다려야 한다.

그러던 어느 날, 셰프 중에 모^{Mo}라고 불리는 한 명이 요리를 거의 마쳤지만 모두가 좋아하는 딜 피클을 더 가져오기 위해 냉장고로 달려갔다. 이로 인해 모의 준비 시간이 지연됐고, 사장은 다른 셰프인 콘스탄틴^{Constantine}이 모보다 먼저 끝내는 것을 봤다. 모가 피클과 함께 돌아와 샌드위치를 준비했지만 사장은 당황스러운 일을 했다. 규칙은 명확하다. 먼저 준비된 샌드위치를 트레이에 놓는다. 가게에 있는 모든 사람들이 이것을 알고 있다. 그런데 사장이 트레이를 모의 조리대 앞에서 콘스탄틴의 조리대 앞으로 옮겼고, 모는 그가 만든 샌드위치를 트레이가 있어야 할 빈 공간에 놓았다. 샌드위치는 식당 바닥에 떨어졌다.

트레이를 확인하고 샌드위치를 놓는 확실한 방법이 어떻게 작동하지 않을 수 있었을까? 수없이 바쁜 점심 시간의 테스트에서 살아남았지만 규칙적인 이벤트 순서에 발생한 약간의 혼란으로 난장판이 됐다. 트레이 확인과 샌드위치를 내려놓는 순간 사이의 시간 분리는 사장이 상태를 변경할 수 있는 기회이다.

사장과 셰프 사이에는 경합이 존재한다. 예기치 않은 상태 변경을 방지하는 것은 동시성 프로그래밍에서 중요한 디자인 문제이다.

한 가지 솔루션은 트레이에 대한 예기치 않은 변경을 방지하기 위한 플래그로서 세마포어^{semaphore}를 사용하는 것이다. 이것은 일종의 공유 잠금$^{shared lock}$이다. 각 셰프는 음식을 접시에 담기 전에 깃발을 획득해야 한다. 그리고 일단 깃발을 들면 조리대 사이에 있는 깃발 스탠드로 깃발을 돌려줄 때까지 사장이 트레이를 옮기지 않을 것이라고 확신할 수 있다.

동시 작업에는 공유 리소스에 대한 액세스를 동기화하기 위한 방법이 필요하다. 현대의 대형 컴퓨터의 필수 기능 중 하나는 커널^{kernel}이라고 하는 운영체제 기능을 통해 동시성을 관리하는 것이다.

단일 CPU에 단일 코어가 있는 구형 및 소형 컴퓨터는 모든 것을 인터리브^{interleave}해야 했다. 교묘한 조정으로 동시에 작동하는 것처럼 보이게 만들었다. 최신 멀티코어 컴퓨터 및 대형 멀티 프로세서 컴퓨터는 실제로 작업을 동시에 수행할 수 있으므로 작업 스케줄링을 좀 더 복잡하게 만들 수 있다.

동시 처리를 하기 위한 몇 가지 방법이 있다.

- 운영체제는 한 번에 둘 이상의 프로그램을 실행할 수 있게 해준다. 파이썬 subprocess 모듈을 사용하면 이런 기능을 즉시 사용할 수 있다. multiprocessing 모듈은 여러 가지 편리한 작업 방법을 제공한다. 이 모듈은 비교적 시작하기 쉽지만 각 프로그램은 다른 모든 프로그램들과 조심스럽게 분리된다. 그러면 어떻게 데이터를 공유할 수 있을까?

- 일부 소프트웨어 라이브러리를 사용하면 단일 프로그램이 동시에 여러 개의 스레드 작업을 수행할 수 있다. 파이썬 threading 모듈은 멀티스레딩에 대한 액세스를 제공한다. 이것은 사용하기 더 복잡하며 각 스레드는 다른 모든 스레드의 데이터에 완전하게 액세스할 수 있다. 그러면 공유 데이터 구조에 대한 업데이트를 어떻게 조정할 수 있을까?

또한 concurrent.futures 및 asyncio는 기본 라이브러리에 대해 사용하기 쉬운 래퍼를 제공한다. 이제 단일 OS 프로세스에서 동시에 많은 일이 발생하도록 허용하는 파이썬의 threading 라이브러리 사용을 살펴봄으로써 이 장을 시작할 것이다. 이 라이브러리는 간단하지만 공유 데이터 구조로 작업할 때 몇 가지 문제가 있다.

⋙ 스레드

스레드^{thread}는 중단되고 재개될 수 있는 파이썬 바이트 코드 명령의 시퀀스이다. 아이디어는 프로그램이 I/O를 기다리는 동안 계산을 진행할 수 있도록 별도의 동시 스레드를 만드는 것이다.

예를 들어 서버가 이전 요청의 데이터가 도착하기를 기다리는 동안 새 네트워크 요청 처리를 시작할 수 있다. 대화형 프로그램은 사용자가 키를 누르기를 기다리는 동안 애니메이션을 렌더링하거나 계산을 수행할 수 있다. 사람은 분당 500자 이상을 입력할 수 있지만 컴퓨터는 초당 수십억 개의 명령을 수행할 수 있다. 따라서 빠르게 입력하는 경우에도 개별 키를 누르는 사이에 수많은 처리가 발생할 수 있다.

이론적으로 프로그램 내 처리들 사이에서 이런 모든 전환을 관리하는 것은 가능하지만 정확히 수행하는 것은 사실상 불가능하다. 대신 파이썬과 운영체제에 의존해 까다로운 전환 부분을 처리하면서 동시에 그러나 독립적으로 실행되는 것처럼 보이는 객체를 생성할 수 있다. 이런 객체를 스레드라고 한다. 기초적인 예제를 살펴보자. 다음 클래스와 같이 스레드 처리에 대한 필수 정의부터 시작한다.

```python
class Chef(Thread):
  def __init__(self, name: str) -> None:
    super().__init__(name=name)
    self.total = 0

  def get_order(self) -> None:
    self.order = THE_ORDERS.pop(0)

  def prepare(self) -> None:
    """대규모 계산으로 많은 작업을 수행하는 것처럼 시뮬레이션한다."""
    start = time.monotonic()
    target = start + 1 + random.random()
    for i in range(1_000_000_000):
      self.total += math.factorial(i)
      if time.monotonic() >= target:
        break
    print(
      f"{time.monotonic():.3f} {self.name} made {self.order}")

  def run(self) -> None:
    while True:
      try:
        self.get_order()
        self.prepare()
      except IndexError:
        break # 더 이상 주문이 없음
```

실행 중인 애플리케이션의 스레드는 Thread 클래스를 확장하고 run 메서드를 구현해야
한다. run 메서드에 의해 실행되는 모든 코드는 독립적으로 예약되고 처리되는 별도의
스레드이다. 이 스레드는 공유 객체인 전역 변수 THE_ORDERS에 의존하고 있다.

```python
import math
import random
from threading import Thread, Lock
import time

THE_ORDERS = [
  "Reuben",
  "Ham and Cheese",
  "Monte Cristo",
  "Tuna Melt",
  "Cuban",
  "Grilled Cheese",
  "French Dip",
  "BLT",
]
```

이 경우 주문을 단순하고 고정된 값의 리스트로 정의했다. 더 큰 애플리케이션에서는
소켓이나 큐 객체에서 데이터를 읽을 수 있다. 다음은 실행을 시작하는 최상위 프로그
램이다.

```python
Mo = Chef("Michael")
Constantine = Chef("Constantine")

if __name__ == "__main__":
  random.seed(42)
  Mo.start()
  Constantine.start()
```

이렇게 하면 두 개의 스레드가 생성된다. 새 스레드는 객체에서 start() 메서드를 호출
할 때까지 실행을 시작하지 않는다. 두 스레드가 시작되면 둘 다 주문 리스트에서 값을
가져온 다음 대규모 계산을 수행하기 시작하고 마지막으로 상태를 보고한다.

출력은 다음과 같다.

```
1.076 Constantine made Ham and Cheese
1.676 Michael made Reuben
2.351 Constantine made Monte Cristo
2.899 Michael made Tuna Melt
4.094 Constantine made Cuban
4.576 Michael made Grilled Cheese
5.664 Michael made BLT
5.987 Constantine made French Dip
```

샌드위치는 THE_ORDERS 리스트에 표시된 순서대로 완성되지 않는다는 점에 주의하라. 각 셰프는 무작위화된 자신의 속도로 작업한다. 시드 값을 변경하면 시간이 변경되며 순서가 약간 조정될 수 있다.

이 예제에서 중요한 것은 스레드가 데이터 구조를 공유한다는 것이며, 동시성은 두 셰프 스레드의 작업을 인터리브하기 위해 스레드를 영리하게 스케줄링함으로써 만들어진 환상이다.

이 작은 예제에서 공유 데이터 구조에 대한 유일한 업데이트는 리스트에서 팝^{pop}하는 것이다. 자체 클래스를 생성하고 더 복잡한 상태 변경을 구현하면 스레드 사용과 관련된 흥미롭고 혼란스러운 여러 문제를 발견할 수 있다.

스레드의 많은 문제

스레드는 공유 메모리를 관리하기 위해 적절한 주의를 기울이면 유용할 수 있지만 현대의 파이썬 프로그래머는 몇 가지 이유로 스레드를 피하는 경향이 있다. 앞으로 보게 되겠지만 파이썬 커뮤니티에서 더 많은 관심을 받고 있는 동시성 프로그램을 코딩하는 다른 방법이 있다. 멀티스레드 애플리케이션의 대안으로 넘어가기 전에 스레드의 몇 가지 문제에 대해 논의해보자.

공유 메모리

스레드의 주요 문제는 또한 스레드의 주된 장점이기도 하다. 스레드는 모든 프로세스 메모리와 모든 변수에 액세스할 수 있다. 공유 상태를 무시하는 것은 불일치성을 너무 쉽게 발생시킬 수 있다.

하나의 조명에 두 개의 스위치가 있는데 두 명의 사람이 동시에 켜는 것을 상상해보라. 스레드인 각 사람은 자신의 동작으로 변수인 램프가 켜질 것으로 기대하지만 결과 값은 꺼져 있으며, 이것은 기대와 일치하지 않는다. 이제 이 두 스레드가 은행 계좌 간에 자금을 이체하거나 차량의 크루즈 컨트롤을 관리한다고 상상해보라.

스레드 프로그래밍에서 이 문제에 대한 솔루션은 공유 변수를 읽거나 쓰는 모든 코드에 대한 액세스를 동기화하는 것이다. 파이썬의 `threading` 라이브러리는 단일 스레드가 공유 객체를 업데이트할 수 있는 컨텍스트를 생성하기 위해 `with` 문을 통해 사용할 수 있는 Lock 클래스를 제공한다.

동기화는 일반적으로 잘 작동하지만 특정 애플리케이션 내에서 공유 데이터에 적용하는 것을 잊기가 너무 쉽다. 게다가 동기화의 부적절한 사용으로 인한 버그는 스레드가 작업을 수행하는 순서가 일관적이지 않기 때문에 추적하기 정말 어렵다. 오류를 쉽게 재현할 수도 없다. 일반적으로 잠금을 이미 적절하게 적용하고 있는 경량 데이터 구조를 사용해 강제적으로 스레드 간의 통신을 제어하는 것이 가장 안전한다. 파이썬은 이를 위해 `queue.Queue` 클래스를 제공한다. 한 스레드가 값을 소비하고 있는 하나의 큐에 여러 스레드가 데이터를 쓸 수 있다. 이것은 여러 스레드가 데이터 구조를 공유하도록 하는 깔끔하고 재사용 가능하며 입증된 기술을 제공한다. `multiprocessing.Queue` 클래스는 이와 거의 동일하다. 이 장의 '멀티프로세싱' 절에서 이에 대해 논의할 것이다.

어떤 경우에는 이런 단점보다 공유 메모리를 허용하는 장점이 더 클 수 있다. 바로 빠르다는 점이다. 여러 스레드가 거대한 데이터 구조에 액세스해야 하는 경우 공유 메모리가 해당 액세스를 빠르게 제공할 수 있다. 그러나 이 장점은 일반적으로 파이썬에서 서로 다른 CPU 코어에서 실행되는 두 스레드가 정확히 같은 시간에 계산을 수행하는 것이 불가능하다는 사실에 의해 무효화된다. 이것은 스레드에 대한 두 번째 문제로 이어진다.

전역 인터프리터 잠금

메모리 관리, 가비지 수집, 네이티브 라이브러리에서의 기계어 호출 등을 효율적으로 관리하기 위해 파이썬에는 전역 인터프리터 잠금GIL, Global Interpreter Lock이 적용된다. GIL

은 끄는 것이 불가능하며, 이는 두 스레드가 정확히 같은 시간에 계산을 수행하는 것을 방지하는 GIL에 의해 스레드 스케줄링이 제약을 받는다는 것을 의미한다. 즉 작업은 인위적으로 인터리브된다. 예를 들어 스레드가 디스크나 네트워크에 액세스하기 위해 OS 요청을 했을 때 스레드가 OS 요청이 완료되기를 기다리기 시작하자마자 GIL이 해제된다.

GIL이 무엇인지 또는 GIL이 파이썬에 가져오는 이점을 이해하지 못하는 사람들은 대부분 GIL을 폄하한다. 멀티스레드 계산집약적 프로그래밍을 방해할 수는 있지만 다른 종류의 워크로드^{workload}(작업부하)에 대한 영향은 종종 최소화된다. 계산 집약적인 알고리듬에 직면했을 때 프로세스를 관리하기 위해 dask 패키지를 사용하는 것으로 전환하는 것이 도움이 될 수 있다. 이 대안에 대한 자세한 내용은 https://dask.org를 참조하라. 『Scalable Data Analysis in Python with Dask』라는 책도 유익할 수 있다.

> **NOTE**
>
> GIL은 대부분의 사람들이 사용하는 파이썬의 참조 구현에서 문제가 될 수 있지만 IronPython에서는 선택적으로 비활성화할 수 있다. IronPython에서 계산 집약적인 처리를 위해 GIL을 해제하는 방법에 대한 자세한 내용은 『The IronPython Cookbook』을 참조하라.

스레드 오버헤드

나중에 논의할 다른 비동기 접근방식과 비교할 때 스레드의 또다른 제약은 각 스레드를 유지 관리하는 데 드는 비용이다. 각 스레드는 해당 스레드의 상태를 기록하기 위해 파이썬 프로세스와 운영체제 커널 모두에서 특정 양의 메모리를 차지한다. 스레드 사이를 전환할 때도 작지만 CPU 시간이 사용된다. start()를 호출하기만 하면 나머지는 알아서 처리되기 때문에 이런 작업은 추가적인 코딩 없이 원활하게 이루어지지만 작업은 여전히 어딘가에서 발생시켜야 한다.

이런 비용은 스레드를 재사용해 여러 작업을 수행함으로써 더 큰 워크로드에 대해 상각할 수 있다. 파이썬은 이를 처리하기 위해 ThreadPool 기능을 제공한다. 이것은 곧 논의할 ProcessPool과 동일하게 동작하므로 이 장의 뒷부분으로 그 논의를 미룰 것이다.

다음 절에서는 멀티스레딩의 핵심 대안을 살펴볼 것이다. multiprocessing 모듈을 사용하면 OS 수준의 하위 프로세스로 작업할 수 있다.

⁂ 멀티프로세싱

스레드는 단일 OS 프로세스 내에 존재한다. 이것이 여러 스레드가 공통 객체에 대한 액세스를 공유할 수 있는 이유이다. 프로세스 수준에서도 동시 처리를 수행할 수 있다. 스레드와 달리 별도의 프로세스는 다른 프로세스에서 설정한 변수에 직접적으로 액세스할 수 없다. 이런 독립성은 각 프로세스에 자체적인 GIL과 자체적인 비공개 리소스 풀이 있기 때문에 유용하다. 최신 멀티코어 프로세서에서 프로세스는 다른 코어와의 동시 작업을 허용하는 자체 코어를 가질 수 있다.

multiprocessing API는 원래 threading API를 모방해 디자인됐다. 하지만 multiprocessing 인터페이스가 발전하면서 파이썬의 최근 버전에서는 더 많은 기능을 더 강력하게 지원한다. multiprocessing 라이브러리는 CPU 집약적인 작업이 병렬로 발생하면서 여러 개의 코어를 사용할 수 있도록 디자인됐다. 멀티프로세싱은 프로세스가 네트워크, 디스크, 데이터베이스, 또는 키보드 등의 I/O를 기다리기 위해 대부분의 시간을 소비할 때는 유용하지 않지만 병렬 계산을 위해서는 유용한 방법이다.

multiprocessing 모듈은 작업을 수행하기 위해 새로운 운영체제 프로세스를 가동한다. 이것은 각 프로세스에 대해 실행되는 파이썬 인터프리터의 완전한 별도의 복사본이 있음을 의미한다. 다음과 같이 threading API에서 제공하는 것과 유사한 구성을 사용해 계산 집약적인 작업을 동시에 처리할 수 있다.

```python
from multiprocessing import Process, cpu_count
import time
import os

class MuchCPU(Process):
  def run(self) -> None:
    print(f"OS PID {os.getpid()}")
```

```
    s = sum(
      2*i+1 for i in range(100_000_000)
    )

if __name__ == "__main__":
  workers = [MuchCPU() for f in range(cpu_count())]
  t = time.perf_counter()
  for p in workers:
    p.start()
  for p in workers:
    p.join()
  print(f"work took {time.perf_counter() - t:.3f} seconds")
```

이 예제는 1억 개의 홀수의 합을 계산하는 CPU 계산을 묶는다. 유용한 작업이라고 생각하지 않을 수도 있지만 추운 날에는 노트북을 따뜻하게 만들 수 있다.

API는 친숙해야 한다. Thread가 아닌 Process를 서브클래싱하고 run 메서드를 구현한다. 이 메서드는 강도 높은 작업을 수행하기 전에 시스템의 각 프로세스에 할당된 고유 번호인 OS 프로세스 아이디, 즉 PID를 출력한다.

if __name__ == "__main__": 부분은 프로그램으로 직접 실행하지 않고 모듈로 임포트하는 경우에는 실행되지 않도록 하는 모듈 수준 코드인 것에 특별히 주의하라. 이것은 일반적으로 좋은 관례이지만 multiprocessing 모듈을 사용할 때는 필수이다. 그렇지 않으면 이면에서 multiprocessing 모듈은 클래스를 만들고 run() 메서드를 실행하기 위해 각각의 새 프로세스 내부에서 애플리케이션 모듈을 다시 임포트할 수 있다. 그 시점에서 전체 모듈이 실행되도록 허용되면 운영체제의 리소스가 소진돼 컴퓨터가 충돌할 때까지 새 프로세스를 재귀적으로 생성하기 시작한다.

이 데모는 컴퓨터의 각 프로세서 코어에 대해 하나의 프로세스를 구성한 다음 각 프로세스를 시작하고 결합한다. 2GHz 쿼드 코어 인텔 i5가 탑재된 2020년형 맥북 프로에서 출력은 다음과 같다.

```
% python src/processes_1.py
OS PID 15492
OS PID 15493
OS PID 15494
```

```
OS PID 15495
OS PID 15497
OS PID 15496
OS PID 15498
OS PID 15499
work took 20.711 seconds
```

처음 8줄은 각 MuchCPU 인스턴스 내부에서 출력된 프로세스 ID이다. 마지막 줄은 1억 개의 합산이 약 20초 안에 실행될 수 있음을 보여준다. 그 20초 동안 8개의 코어는 모두 100%로 실행됐고 팬은 열을 발산하기 위해 윙윙거렸다.

MuchCPU에서 `multiprocessing.Process` 대신 `threading.Thread`를 서브클래싱하면 출력은 다음과 같다.

```
% python src/processes_1.py
OS PID 15772
OS PID 15772
OS PID 15772
OS PID 15772
OS PID 15772
OS PID 15772
OS PID 15772
OS PID 15772
work took 69.316 seconds
```

이번에는 스레드가 동일한 OS 프로세스 내에서 실행되면서 실행 시간이 3배 이상 걸린다. 디스플레이는 특히 바쁜 코어가 없어서 작업이 다양한 코어 사이에서 분기되고 있음을 보여준다. 일반적으로 속도가 느려지는 것은 계산 집약적인 작업을 인터리빙하는 GIL의 비용이다.

단일 프로세스 버전이 8개 프로세스 버전보다 최소 8배 오래 걸릴 것으로 예상했을 것이다. 단순한 곱셈이 아니라는 것은 저수준 명령이 파이썬, OS 스케줄러, 심지어 하드웨어 자체에 의해 처리되는 방식과 관련된 여러 요인이 있음을 시사한다. 이는 예측이 어렵다는 것을 의미하며 여러 소프트웨어 아키텍처로 다양한 성능 테스트를 실행하는 계획을 세우는 것이 가장 좋다.

개별 Process 인스턴스를 시작하고 중지하는 것에는 많은 오버헤드가 포함된다. 가장 일반적인 유스 케이스는 작업자 풀^{worker pool}에서 작업을 할당하는 것이다. 다음으로 이에 대해 살펴보자.

멀티프로세싱 풀

각 프로세스는 운영체제에 의해 철저하게 분리되기 때문에 프로세스 간 통신이 중요한 고려사항이 된다. 이런 개별 프로세스 사이에서 데이터를 전달해야 한다. 한 가지 정말 일반적인 예는 한 프로세스가 다른 프로세스가 읽을 수 있는 파일을 작성하게 하는 것이다. 두 프로세스가 한 파일에서 읽고 쓰기를 동시에 실행하고 있을 때 reader는 writer가 데이터 생성하는 것을 대기중인지 확인해야 한다. 운영체제 파이프 구조를 통해 이를 수행할 수 있다. 셸 내에서 `ps -ef | grep python` 이라고 작성하면 ps 명령의 출력을 grep 명령으로 전달한다. 두 명령은 동시에 실행된다. 윈도우 파워셸 사용자의 경우 다른 명령 이름을 사용하는 유사한 파이프라인 처리가 있다. 이에 대한 예제는 https://docs.microsoft.com/en-us/powershell/scripting/learn/ps101/04-pipelines?view=powershell-7.1 을 참조하라.

`multiprocessing` 패키지는 프로세스 간 통신을 구현하는 몇 가지 방법을 제공한다. 풀(pool)은 프로세스들 사이에서 데이터가 이동하는 방식을 완벽하게 숨길 수 있다. 풀을 사용하는 것은 함수 호출과 매우 유사하다. 데이터를 함수에 전달하면 그것은 다른 프로세스 또는 다른 프로세스들에서 실행되고, 작업이 완료되면 값이 다시 반환된다. 이를 지원하기 위해 얼마나 많은 작업이 수행되고 있는지 이해하는 것이 중요하다. 한 프로세스 내의 객체가 피클링돼 운영체제 프로세스 파이프로 전달된다. 그 다음에 다른 프로세스가 파이프에서 데이터를 조회하고 이를 언피클링한다. 요청된 작업은 하위 프로세스에서 수행되고 결과가 생성된다. 생성된 결과는 피클링된 후 파이프를 통해 다시 역으로 전달된다. 마지막으로 처음의 프로세스가 받은 결과를 언피클해 반환한다. 전체적으로 이것은 데이터 직렬화를 통한 피클링, 전송, 언피클링이라고 할 수 있다. 자세한 내용은 9장 '문자열, 직렬화, 파일 경로'를 참조하라.

프로세스 간 통신을 위한 직렬화에는 시간과 메모리가 소요된다. 가장 적은 직렬화 비용으로 많은 계산을 수행하기를 원한다. 이상적인 조합은 교환되는 객체의 크기와 복잡성에 따라 달라진다. 즉, 데이터 구조 디자인에 따라 성능 수준이 달라진다.

이 지식으로 무장하면 이 모든 기계적인 작업 코드가 놀라울 정도로 간단해진다. 난수 리스트의 모든 소인수를 계산하는 문제를 살펴보자. 이것은 다양한 암호화 알고리듬에서 공통적인 부분이다. 해당 알고리듬에 대한 공격은 말할 것도 없다.

일부 암호화 알고리듬에서 사용되는 232자리 숫자를 인수분해 하려면 몇 개월, 아마도 몇 년의 처리 능력이 필요하다. 다음 구현은 읽을 수 있지만 전혀 효율적이지 않는다. 100자리 숫자도 인수분해 하려면 몇 년이 걸릴 것이다. 9자리 숫자를 인수분해 하기 위해 얼마나 많은 CPU 시간을 사용하는지 보기를 원하므로 다음 코드를 살펴보자.

```python
from __future__ import annotations
from math import sqrt, ceil
import random
from multiprocessing.pool import Pool

def prime_factors(value: int) -> list[int]:
    if value in {2, 3}:
        return [value]
    factors: list[int] = []
    for divisor in range(2, ceil(sqrt(value)) + 1):
        quotient, remainder = divmod(value, divisor)
        if not remainder:
            factors.extend(prime_factors(divisor))
            factors.extend(prime_factors(quotient))
            break
        else:
            factors = [value]
    return factors

if __name__ == "__main__":
```

```
    to_factor = [
      random.randint(100_000_000, 1_000_000_000)
      for i in range(40_960)
    ]
    with Pool() as pool:
      results = pool.map(prime_factors, to_factor)
    primes = [
      value
      for value, factor_list in zip(to_factor, results)
      if len(factor_list) == 1
    ]
    print(f"9-digit primes {primes}")
```

인수분해를 계산하기 위한 무차별 대입 재귀 알고리듬은 매우 명확하기 때문에 병렬처리 측면에 집중하자. 40,960개의 개별 숫자로 구성된 **to_factor** 리스트를 만든다. 그 다음에 멀티프로세싱 pool 인스턴스를 구성한다.

기본적으로 이 풀은 실행중인 머신에서 각 CPU 코어에 대해 별도의 프로세스를 생성한다.

풀의 map() 메서드는 함수와 이터러블을 받는다. 풀은 이터러블의 각 값을 피클링해 풀의 가용한 작업자 프로세스에 전달해 함수를 실행한다. 해당 프로세스가 작업을 마치면 인수의 결과 리스트를 피클링해 풀로 다시 전달한다. 그 다음에 풀에 작업이 더 있으면 작업자가 다음 작업을 수행한다.

시간이 지나 풀에 있는 모든 작업자가 처리를 마치면 results 리스트는 이 모든 작업이 완료될 때까지 참을성 있게 기다리고 있던 원래의 프로세스로 다시 전달된다. map()의 결과는 요청과 동일한 순서로 존재한다. 이를 zip()을 사용해 원래 값을 계산된 소인수와 매칭시켰다.

프로세스가 여전히 작동 중이더라도 결과 값이 즉시 반환되는 map_async() 메서드를 사용하는 것이 종종 더 유용하다. 이 경우 results 변수는 값 리스트가 아니라 클라이언트가 results.get()을 호출하는 미래에 값 리스트를 반환하기로 한 계약, 거래, 또는 의무가 된다. 이 미래 객체에는 ready() 및 wait()와 같은 메서드도 있어서 모든 결과가 다나왔는지 여부를 확인할 수 있다. 이것은 완료 시간이 매우 가변적인 처리에 적합하다.

또는 결과로 얻으려는 모든 값을 미리 알지 못하는 경우 apply_async() 메서드를 사용해 단일 작업을 큐에 넣을 수 있다. 풀에 아직 사용하지 않는 프로세스가 있으면 즉시 시작된다. 그렇지 않으면 사용 가능한 작업자 프로세스가 있을 때까지 작업을 보류한다.

풀도 폐쇄될^{closed} 수 있다. 이 경우에는 더 이상의 작업을 거부하지만 현재 큐에 있는 모든 것은 계속 처리한다. 풀은 종료될^{terminated} 수도 있으며, 이 경우에는 한 단계 더 나아가 현재 실행 중인 작업은 완료할 수 있지만 아직 큐에 있는 작업의 시작은 거부한다.

다음을 포함해 의미 있는 작업자 수에는 여러 가지 제약이 있다.

- cpu_count() 프로세스만 동시에 계산할 수 있으며, 어떤 수의 작업자라도 대기할 수 있다. 워크로드가 CPU를 집약적으로 사용하는 경우 작업자 풀이 더 커도 더 빠르게 계산하지 않는다. 그러나 워크로드에 많은 입출력이 포함되는 경우 큰 풀이 작업 완료 속도를 향상시킬 수 있다.

- 매우 큰 데이터 구조의 경우 메모리를 효과적으로 사용하려면 풀의 작업자 수를 줄여야 할 수 있다.

- 프로세스 간의 통신은 비용이 많이 든다. 쉽게 직렬화할 수 있는 데이터가 최상의 정책이다.

- 새 프로세스를 생성하는 것에도 0이 아닌 시간이 든다. 고정 크기의 풀은 이 비용의 영향을 최소화하는 데 도움이 된다.

멀티프로세싱 풀은 상대적으로 적은 작업으로 엄청난 양의 컴퓨팅 성능을 제공한다. 이를 위해서는 동시 계산을 수행할 수 있는 함수를 정의해야 하고 multiprocessing.Pool 클래스의 인스턴스를 사용해 해당 함수에 인수를 매핑해야 한다.

많은 애플리케이션에서는 매개변수 값으로부터 복잡한 결과로의 매핑 이상의 작업을 수행해야 한다. 이런 애플리케이션의 경우 간단한 pool.map()만으로는 충분하지 않을 수 있다. 더 복잡한 데이터 흐름의 경우 보류 중인 작업 및 계산된 결과에 대해 명시적인 큐를 사용할 수 있다. 다음으로 큐의 네트워크를 만드는 방법을 살펴볼 것이다.

큐

프로세스 간의 통신에 대한 더 많은 제어가 필요한 경우 queue.Queue 데이터 구조가 유용하다. 한 프로세스에서 하나 이상의 다른 프로세스로 메시지를 보내는 방법을 제공하는 여러 대안이 있다. 피클 가능한 모든 객체는 Queue로 보낼 수 있지만 피클링은 비용이 많이 드는 작업일 수 있으므로 이런 객체를 작게 유지해야 한다. 큐를 설명하기 위해 모든 관련 항목을 메모리에 저장하는 텍스트 컨텐츠에 대한 작은 검색 엔진을 구축해보자.

이 특별한 검색 엔진은 현재 디렉터리의 모든 파일을 병렬로 스캔한다. 프로세스는 CPU의 각 코어에 대해 구성된다. 이 각 프로세스는 일부 파일을 메모리에 로드한다. 로드 및 검색을 수행하는 함수를 살펴보자.

```python
from __future__ import annotations
from pathlib import Path
from typing import List, Iterator, Optional, Union, TYPE_CHECKING

if TYPE_CHECKING:
    Query_Q = Queue[Union[str, None]]
    Result_Q = Queue[List[str]]

def search(
    paths: list[Path],
    query_q: Query_Q,
    results_q: Result_Q
) -> None:
    print(f"PID: {os.getpid()}, paths {len(paths)}")
    lines: List[str] = []
    for path in paths:
        lines.extend(
            l.rstrip() for l in path.read_text().splitlines())

    while True:
        if (query_text := query_q.get()) is None:
            break
        results = [l for l in lines if query_text in l]
        results_q.put(results)
```

search() 함수는 큐를 생성한 메인 프로세스와 별개의 프로세스에서 실행된다는 것을 기억하라. 실제로는 별도의 `cpu_count()` 프로세스에서 실행된다. 이 각 프로세스는 `pathlib.Path` 객체의 리스트와 두 개의 `multiprocessing.Queue` 객체로 시작된다. 큐 중 하나는 들어오는 쿼리를 위한 것이고 다른 하나는 결과를 내보내기 위한 것이다. 이 큐는 큐의 데이터를 자동으로 피클링해 파이프를 통해 하위 프로세스로 전달한다. 이 두 개의 큐는 메인 프로세스에서 설정되고 파이프를 통해 하위 프로세스 내부의 검색 함수로 전달된다.

타입 힌트는 mypy가 각 큐의 데이터 구조에 대해 원하는 것을 반영한다. `TYPE_CHECKING`이 `True`이면 mypy가 실행 중이고 애플리케이션의 객체가 각 큐의 객체 설명과 매칭시키기에 충분한 세부 정보가 필요하다는 의미이다. `TYPE_CHECKING`이 `False`이면 애플리케이션의 일반 런타임이며 큐에 있는 메시지의 구조적 정보를 제공할 수 없다.

search() 함수는 두 가지 개별 작업을 수행한다.

1. 시작할 때 `Path` 객체의 리스트에 제공된 모든 파일을 열어서 읽는다. 해당 파일의 각 텍스트 줄은 리스트로 누적된다. 이 준비작업은 비교적 비용이 많이 들지만 정확히 한 번만 수행된다.

2. `while` 문은 검색을 위한 메인 이벤트 처리 루프이다. `query_q.get()`을 사용해 큐에서 요청을 가져온다. 텍스트 줄 리스트에서 검색한다. `result_q.put()`을 사용해 응답을 결과 큐에 넣는다.

`while` 문은 큐 기반 처리를 위한 특유의 디자인 패턴을 가지고 있다. 프로세스는 수행할 작업 큐에서 값을 가져와 작업을 수행한 다음 결과를 다른 큐에 넣는다. 매우 크고 복잡한 문제를 처리 단계와 큐로 분해하면 두 작업을 동시에 수행해 더 짧은 시간에 더 많은 결과를 생성할 수 있다. 이 기법은 프로세서를 최대한 활용하기 위해 처리 단계와 작업자 수도 조정할 수 있게 해준다.

애플리케이션의 메인에서 이 작업자 풀과 해당 큐를 빌드한다. 여기서는 퍼사드 디자인 패턴을 따를 것이다. 퍼사드에 대한 자세한 내용은 12장 '고급 디자인 패턴'을 참조하라.

여기서의 아이디어는 큐와 작업자 프로세스의 풀을 단일 객체로 래핑하기 위해 DirectorySearch 클래스를 정의하는 것이다.

이 객체는 큐와 작업자를 설정할 수 있으며, 애플리케이션은 쿼리를 게시하고 응답을 소비해 큐와 작업자 간에 상호작용할 수 있다.

```python
from __future__ import annotations
from fnmatch import fnmatch
import os

class DirectorySearch:
  def __init__(self) -> None:
    self.query_queues: List[Query_Q]
    self.results_queue: Result_Q
    self.search_workers: List[Process]

  def setup_search(
    self, paths: List[Path], cpus: Optional[int] = None) -> None:
    if cpus is None:
      cpus = cpu_count()
    worker_paths = [paths[i::cpus] for i in range(cpus)]
    self.query_queues = [Queue() for p in range(cpus)]
    self.results_queue = Queue()

    self.search_workers = [
      Process(
        target=search, args=(paths, q, self.results_queue))
      for paths, q in zip(worker_paths, self.query_queues)
    ]
    for proc in self.search_workers:
      proc.start()

  def teardown_search(self) -> None:
    # 시그널 프로세스 종료
    for q in self.query_queues:
      q.put(None)

    for proc in self.search_workers:
      proc.join()

  def search(self, target: str) -> Iterator[str]:
    for q in self.query_queues:
```

```
        q.put(target)

    for i in range(len(self.query_queues)):
      for match in self.results_queue.get():
        yield match
```

setup_search() 메서드는 작업자 하위 프로세스를 준비한다. [i::cpus] 슬라이스 연산을 통해 이 리스트를 동일한 크기의 여러 부분으로 나눌 수 있다. CPU 수가 8이면 단계의 크기는 8이 되며 0에서 7까지 8개의 서로 다른 오프셋 값을 사용한다. 또한 각 작업자 프로세스에 데이터를 보내기 위해 Queue 객체의 리스트를 구성한다. 마지막으로 단일한 결과 큐를 구성한다. 이것은 모든 작업자 하위 프로세스로 전달된다. 그들 각각은 큐에 데이터를 넣을 수 있으며 메인 프로세스에서 집계된다.

큐가 생성되고 작업자들이 시작되면 search() 메서드는 모든 작업자에게 한 번에 대상을 제공한다. 그 다음에 작업자들은 모두 별도의 데이터 컬렉션을 검사해 답변을 내보낼 수 있다.

상당히 많은 수의 디렉터리를 검색하기 때문에 제너레이터 함수 all_source()를 사용해 주어진 기본 디렉터리 아래에서 *.py인 모든 Path 객체를 찾는다. 모든 소스 파일을 찾는 기능은 다음과 같다.

```
def all_source(path: Path, pattern: str) -> Iterator[Path]:
  for root, dirs, files in os.walk(path):
    for skip in {".tox", ".mypy_cache", "__pycache__", ".idea"}:
      if skip in dirs:
        dirs.remove(skip)
    yield from (
      Path(root) / f for f in files if fnmatch(f, pattern))
```

all_source() 함수는 os.walk() 함수를 사용해 디렉터리 트리를 검사하고 보고 싶지 않은 파일로 채워진 파일 디렉터리는 제외시킨다. 이 함수는 fnmatch 모듈을 사용해 리눅스 셸이 사용하는 와일드카드 패턴의 종류와 파일 이름을 매칭한다. 예를 들어 '*.py'의 패턴 매개변수를 사용해 이름이 .py로 끝나는 모든 파일을 찾을 수 있다. 이것은

DirectorySearch 클래스의 setup_search() 메서드에 값을 시드한다.

DirectorySearch 클래스의 teardown_search() 메서드는 각 큐에 특별한 종료 시그널 값을 넣는다. 각 작업자는 search() 함수 내에서 while 문을 실행하고 요청 큐로부터 값을 읽는 별도의 프로세스임을 기억하라. None 객체를 읽으면 while 문에서 빠져나와 함수를 종료한다. 그 다음에 join()을 사용해 모든 하위 프로세스를 수집하고 정리할 수 있다. join()을 수행하지 않으면 일부 리눅스 배포판은 '좀비 프로세스'를 남길 수 있다. 좀비 프로세스는 부모 프로세스에 충돌이 발생해 부모와 제대로 다시 조인되지 않는 자식 프로세스이다. 이런 프로세스는 시스템 리소스를 소비하고 종종 재부팅이 필요하다.

이제 실제로 검색을 수행하는 코드를 살펴보자.

```python
if __name__ == "__main__":
    ds = DirectorySearch()
    base = Path.cwd().parent
    all_paths = list(all_source(base, "*.py"))
    ds.setup_search(all_paths)
    for target in ("import", "class", "def"):
        start = time.perf_counter()
        count = 0
        for line in ds.search(target):
            # print(line)
            count += 1
        milliseconds = 1000*(time.perf_counter()-start)
        print(
            f"Found {count} {target!r} in {len(all_paths)} files "
            f"in {milliseconds:.3f}ms"
        )
    ds.teardown_search()
```

이 코드는 DirectorySearch 객체인 ds를 만들고 base = Path.cwd().parent를 통해 현재 작업 디렉터리의 상위 디렉터리에서 시작하는 모든 소스 경로를 제공한다. 작업자가 준비되면 ds 객체는 "import", "class", "def" 등과 같은 몇 가지 공통 문자열에 대한 검색을 수행한다. 유용한 결과를 보여주는 print(line) 문을 주석 처리했다는 것에 주의하라. 지금은 성능에 관심이 있다. 초기 파일 읽기는 시작하는 데 몇 초 밖에 걸리지 않는다. 그러나 모든 파일을 읽은 후에는 검색을 수행하는 데 시간이 매우 더 적게 걸린다.

134개의 소스 코드 파일에 대해 맥북 프로에서 실행한 출력은 다음과 같다.

```
python src/directory_search.py
PID: 36566, paths 17
PID: 36567, paths 17
PID: 36570, paths 17
PID: 36571, paths 17
PID: 36569, paths 17
PID: 36568, paths 17
PID: 36572, paths 16
PID: 36573, paths 16
Found 579 'import' in 134 files in 111.561ms
Found 838 'class' in 134 files in 1.010ms
Found 1138 'def' in 134 files in 1.224ms
```

"import"를 검색하는 데 약 111밀리초, 즉 0.111초가 걸렸다. 다른 두 검색에 비해 왜 그 렇게 느릴까? 첫 번째 요청이 큐에 놓였을 때도 search() 함수가 여전히 파일을 읽고 있 기 때문이다. 첫 번째 요청의 성능은 파일 내용을 메모리로 로드하는 일회성 초기 비용 을 반영한다. 다음 두 요청은 각각 약 1밀리초 내에 실행된다. 정말 놀랍다. 몇 줄의 파 이썬 코드만으로 랩톱에서 초당 거의 1,000번의 검색을 수행한다.

작업자 사이에 데이터를 공급하기 위한 이 큐의 예는 분산 시스템이 될 수 있는 단일 호 스트 버전이다. 검색이 여러 호스트 컴퓨터로 전송된 다음 다시 결합된다고 상상해보 라. 이제 구글 데이터 센터에 있는 여러 컴퓨터에 액세스할 수 있고 검색 결과를 그렇게 빨리 반환할 수 있는 이유를 이해할 수 있을 것이다.

여기서는 논의하지 않겠지만 multiprocessing 모듈에는 앞의 코드에서 많은 상투적인 구문을 제거할 수 있는 관리자 클래스가 포함돼 있다. 원격 시스템의 하위 프로세스를 관리해 기본적인 분산 애플리케이션을 구성할 수 있는 multiprocessing.Manager 버전도 있다. 이 작업을 더 진행하는 데 관심이 있다면 파이썬의 multiprocessing 문서를 확인 하라.

멀티프로세싱의 문제점

스레드와 마찬가지로 멀티프로세싱에도 문제가 있으며 그중 일부는 이미 논의했다. 프로세스 간에 데이터를 공유하는 것은 비용이 많이 든다. 논의한 것과 같이 큐, OS 파이프, 또는 공유 메모리를 이용하는 프로세스 간의 모든 통신에는 객체 직렬화가 필요하다. 과도한 직렬화는 처리 시간을 다 차지할 수도 있다. 공유 메모리 객체는 직렬화를 공유 메모리의 초기 설정으로 제한함으로써 도움이 될 수 있다. 멀티프로세싱은 상대적으로 작은 객체가 프로세스 간에 전달되고 각각에 대해 엄청난 양의 작업이 수행돼야 할 때 가장 잘 작동한다.

공유 메모리를 사용하면 반복되는 직렬화 및 역직렬화 비용을 피할 수 있다. 공유할 수 있는 파이썬 객체의 종류에는 많은 제한이 있다. 공유 메모리는 성능에 도움이 될 수 있지만 다소 복잡한 파이썬 객체로 이어질 수도 있다.

멀티프로세싱의 또 다른 주요 문제는 스레드와 마찬가지로 어떤 프로세스에서 변수나 메서드가 액세스되고 있는지 알기 어려울 수 있다는 것이다. 멀티프로세싱에서 작업자 프로세스는 상위 프로세스에서 많은 양의 데이터를 상속한다. 이것은 공유되지 않으며 일회성 복사본이다. 하위 프로세스는 매핑이나 리스트의 복사한 후에 객체를 변경할 수 있다. 상위 프로세스는 하위 프로세스에서의 변경에 영향을 받지 않는다.

멀티프로세싱의 가장 큰 장점은 프로세스의 절대적인 독립성이다. 데이터가 공유되지 않기 때문에 잠금을 조심스럽게 관리할 필요가 없다. 또한 열린 파일 수에 대한 내부 운영체제 제한은 프로세스 수준에서 할당된다. 따라서 많은 리소스 집약적 프로세스를 가질 수 있다.

동시 처리 애플리케이션을 디자인할 때는 가능한 한 짧은 시간에 많은 작업을 수행하기 위해 CPU 사용을 최대화하는 데 중점을 둔다. 선택지가 너무 많기 때문에 사용 가능한 많은 솔루션 중 해당 문제에 가장 적합한 솔루션을 파악하기 위해 항상 문제를 조사해야 한다.

> 동시 처리의 개념은 너무 광범위해서 그것을 수행하는 하나의 답이 있을 수 없다. 각각의 고유한 문제에는 그에 대한 최상의 솔루션이 있다. 조정, 튜닝, 최적화를 허용하는 방식으로 코드를 작성하는 것이 중요하다.

동시성을 위한 파이썬의 두 가지 주요 도구인 스레드와 프로세스를 살펴봤다. 스레드는 단일 OS 프로세스 내에 존재하며 메모리 및 기타 리소스를 공유한다. 프로세스는 서로 독립적이므로 프로세스 간 통신에는 오버헤드가 발생한다. 이 두 접근방식 모두 작업을 위해 대기하고 있다가 미래의 예측할 수 없는 시간에 결과를 제공하는 작업자 풀의 개념에 적합하다. 미래에 사용가능하게 되는 결과에 대한 추상화는 concurrent.futures 모듈을 형성한다. 이에 대해서 다음으로 살펴보자.

⁞ Futures

동시성을 구현하는 보다 비동기적인 방법을 살펴보자. '미래' 또는 '약속'의 개념은 동시 작업을 설명하기 위한 편리한 추상화이다. 퓨처future는 함수 호출을 래핑하는 객체이다. 해당 함수 호출은 백그라운드, 스레드, 또는 별도의 프로세스에서 실행된다. future 객체는 계산이 완료됐는지 확인하고 결과를 얻을 수 있는 메서드를 갖고 있다. 이것을 미래에 결과가 도착할 계산으로 생각할 수 있으며, 결과를 기다리는 동안 다른 작업을 할 수 있다.

추가 정보는 https://hub.packtpub.com/asynchronous-programming-futures-and-promises/를 참조하라.

파이썬에서 concurrent.futures 모듈은 필요한 동시성의 종류에 따라 multiprocessing 또는 threading을 래핑한다. 퓨처는 실수로 공유 상태를 변경하는 문제를 완전히 해결하지는 못하지만, 퓨처스futures를 사용하면 코드를 구조화해 이런 일이 발생할 때 문제의 원인을 더 쉽게 추적할 수 있다.

퓨처스는 서로 다른 스레드나 프로세스 간의 경계를 관리하는 데 도움이 될 수 있다. 멀티프로세싱 풀과 유사하게 "호출 및 응답" 타입 상호작용에 유용하다. 처리는 다른 스레드 또는 다른 프로세스에서 발생한 다음에 적절한 이름을 가진 미래의 어느 시점에서 퓨처에게 그 결과를 요청할 수 있다. 이것은 멀티프로세싱 풀과 스레드 풀에 대한 래퍼 이지만 더 깨끗한 API를 제공하고 더 멋진 코드로 인도한다.

좀 더 정교한 파일 검색 및 분석 예제를 살펴보자. 앞에서는 리눅스 grep 명령 버전을 구현했다. 이번에는 파이썬 소스 코드 분석에 번들로 제공되는 find 명령의 간단한 버전을 만들 것이다. 동시에 수행해야 하는 작업의 핵심이기 때문에 분석 부분부터 시작한다.

```python
class ImportResult(NamedTuple):
    path: Path
    imports: Set[str]

    @property
    def focus(self) -> bool:
        return "typing" in self.imports

class ImportVisitor(ast.NodeVisitor):
    def __init__(self) -> None:
        self.imports: Set[str] = set()

    def visit_Import(self, node: ast.Import) -> None:
        for alias in node.names:
            self.imports.add(alias.name)

    def visit_ImportFrom(self, node: ast.ImportFrom) -> None:
        if node.module:
            self.imports.add(node.module)

def find_imports(path: Path) -> ImportResult:
    tree = ast.parse(path.read_text())
    iv = ImportVisitor()
    iv.visit(tree)
    return ImportResult(path, iv.imports)
```

여기에서 몇 가지를 정의했다. Path 객체와 문자열 집합을 함께 바인딩하는 명명된 튜플 인 ImportResult로 시작했다. 이 클래스는 문자열 집합에서 "typing"이라는 특정 문자열 을 찾는 focus 프로퍼티를 갖고 있다. 이 문자열이 왜 중요한지 잠시 후에 살펴볼 것이다.

ImportVisitor 클래스는 표준 라이브러리의 ast 모듈을 사용해 빌드된다. 추상 구문 트리[AST, Abstract Syntax Tree]는 일반적으로 공식 프로그래밍 언어에서 파싱된 소스 코드이다. 결론적으로 파이썬 코드는 단지 문자들의 뭉치일 뿐이다. 파이썬 코드에 대한 AST는 텍스트를 언어의 모든 구문 구성 요소인 의미 있는 명령문, 표현식, 변수 이름, 연산자 등으로 그룹화한다. 이 visitor는 파싱된 코드를 검사하는 메서드를 갖고 있다. 여기서는 NodeVisitor 클래스의 두 가지 메서드에 대한 재정의를 통해 import 문의 두 종류인 import x 및 from x import y만 찾는다. 각 node 데이터 구조가 작동하는 방식에 대한 자세한 내용은 이 예제를 약간 벗어나지만 표준 라이브러리의 ast 모듈 문서는 각 파이썬 언어 구성의 고유한 구조를 설명하고 있다.

find_imports() 함수는 소스를 읽고, 파이썬 코드를 파싱하고, import 문을 찾은 다음, 원래의 Path 및 visitor가 찾은 이름 집합을 갖는 ImportResult를 반환한다. 이것은 여러 면에서 "import"에 대한 단순한 패턴 매칭보다 훨씬 낫다. 예를 들어, ast.NodeVisitor를 사용하면 주석은 건너뛰고 리터럴 문자열 내부의 텍스트도 무시한다. 이 두 가지 작업은 정규식으로는 하기 어렵다.

find_imports() 함수에 특별한 것은 없지만 전역 변수에 액세스하지 않는 방법에 유의하라. 외부 환경과의 모든 상호작용은 함수 안으로 전달되거나 함수에서 반환되는 것이다. 이것은 기술적 요구 사항은 아니지만 퓨처스로 프로그래밍할 때 당신의 뇌를 두개골 안에 유지하는 가장 좋은 방법이다.

그런데 수십 개의 디렉터리에 있는 수백 개의 파일을 처리하고 싶다. 가장 좋은 접근방식은 가능한 많은 것을 동시에 실행해 수많은 컴퓨팅으로 CPU 코어를 차지하는 것이다.

```python
def main() -> None:
    start = time.perf_counter()
    base = Path.cwd().parent
    with futures.ThreadPoolExecutor(24) as pool:
        analyzers = [
            pool.submit(find_imports, path)
            for path in all_source(base, "*.py")
        ]
        analyzed = (
            worker.result()
```

```
        for worker in futures.as_completed(analyzers)
    )
  for example in sorted(analyzed):
    print(
      f"{'->' if example.focus else '':2s} "
      f"{example.path.relative_to(base)} {example.imports}"
    )
  end = time.perf_counter()
  rate = 1000 * (end - start) / len(analyzers)
  print(f"Searched {len(analyzers)} files at {rate:.3f}ms/file")
```

이 장의 앞부분에 있는 '큐' 절에서 본 것과 동일한 all_source() 함수를 활용했다. 이것은 검색을 시작하기 위한 기본 디렉터리와 .py 확장자를 가진 모든 파일을 찾기 위해 "*.py"와 같은 패턴이 필요하다. 무언가 수행하기를 기다리고 있는 24개의 작업자 스레드를 갖는 ThreadPoolExecutor를 만들어 pool 변수에 할당했다. analyzers 객체 안에 Future 객체의 리스트를 생성한다. 이 리스트는 pool.submit() 메서드를 검색 함수인 find_imports()와 all_source()의 출력에서 받은 Path에 적용하는 리스트 컴프리헨션에 의해 생성된다.

풀의 스레드는 제출된 작업 리스트에서 즉시 작업을 시작한다. 각 스레드가 작업을 완료하면 결과를 Future 객체에 저장한 후 다음으로 수행할 작업을 선택한다.

그 동안에 전면에서 애플리케이션은 제너레이터 표현식을 사용해 각 Future 객체의 result() 메서드를 평가한다. 퓨처스는 future.as_completed() 제너레이터를 사용해 방문한다는 점에 유의하라. 이 함수는 완전한 Future 객체를 사용할 수 있게 되면 제공하기 시작한다. 이는 결과가 원래 제출된 순서와 다를 수 있음을 의미한다. 퓨처스를 방문하는 다른 방법도 있다. 예를 들어, 순서가 중요한 경우 모든 것이 완료될 때까지 기다렸다가 제출된 순서대로 방문할 수 있다.

각 Future에서 결과를 추출한다. 타입 힌트로 이것이 Path와 문자열 집합을 갖는 Import Result 객체임을 알 수 있다. 즉 임포트된 모듈의 이름이다. 결과를 정렬해 파일을 보기 좋게 표시했다.

맥북 프로에서는 각 파일을 처리하는 데 약 1.689밀리초, 즉 0.001689초가 걸린다. 24 개의 개별 스레드는 운영체제에 부담을 주지 않고 단일 프로세스에 잘 수행된다. 스레드 수를 늘리는 것은 런타임 시간에 실질적으로 영향을 미치지 않으며, 이는 병목 현상이 동시 계산이 아니라 디렉터리 트리의 초기 스캔과 스레드 풀 생성임을 시사한다.

그런데 ImportResult 클래스의 focus는 무엇인가? typing 모듈이 특별한 이유는 무엇인가? 이 책의 소스 코드를 개발하는 동안 새로운 mypy 릴리즈가 나왔을 때 각 장의 타입 힌트를 검토해야 했다. 이 focus는 모듈을 주의 깊게 확인해야 하는 것과 수정할 필요가 없는 것으로 구분하는 데 도움이 됐다.

이것이 퓨처스 기반 I/O 바운드 애플리케이션을 개발하는 데 필요한 전부이다. 내부적으로는 이미 논의한 것과 동일한 스레드 또는 프로세스 API를 사용하고 있지만 더 이해하기 쉬운 인터페이스를 제공하고, 그와 동시에 실행 중인 함수 사이의 경계를 더 쉽게 볼 수 있도록 한다. 퓨처 내부에서 전역 변수에 액세스하려고 하지 말라.

NOTE

> 적절한 동기화 없이 외부 변수에 액세스하면 경합 조건(race condition)이라는 문제가 발생할 수 있다. 예를 들어 동시에 정수 카운터를 증가시키려고 시도하는 두 개의 쓰기 작업을 상상해보라. 그들은 동시에 시작하고 둘 다 공유 변수의 현재 값을 5로 읽었다. 한 스레드가 경합에서 우선순위를 얻었다. 값을 증가시키고 6을 쓴다. 다른 스레드가 두 번째로 온다. 변수값에 상관없이 또한 6으로 쓴다. 그러나 두 프로세스가 변수를 증가시키려는 경우 예상되는 결과는 2만큼 증가하므로 결과는 7이 돼야 한다.
>
> 이것을 피하는 가장 쉬운 방법은 가능한 한 많은 상태를 비공개로 유지하고 큐나 퓨처스와 같은 알려진 안전한 구성을 통해 공유하는 것이다.

많은 애플리케이션에서 concurrent.futures 모듈이 파이썬 코드 디자인을 시작하는 곳이다. 하위 수준의 threading 및 multiprocessing 모듈은 매우 복잡한 경우에 대한 몇 가지 추가적인 구성을 제공한다.

run_in_executor()를 사용하면 애플리케이션이 concurrent.futures 모듈의 ProcessPoolExecutor 또는 ThreadPoolExecutor 클래스를 활용해 여러 프로세스 또는 여러 스레드로 작업을 심을 수 있다. 이것은 깔끔하고 인체공학적인 API 내에서 많은 유연성을 제공한다.

어떤 경우에는 실제로 동시 처리 프로세스가 필요하지 않다. 어떤 경우에는 데이터를 기다리는 것과 데이터를 사용할 수 있게 됐을 때 계산 처리 사이를 왔다갔다 할 수 있으면 된다. asyncio 모듈을 포함한 파이썬의 비동기 기능은 단일 스레드 내에서 처리를 인터리브할 수 있다. 동시성의 다음 주제로 이것에 대해 살펴볼 것이다.

AsyncIO

AsyncIO는 파이썬 동시 처리 프로그래밍의 최신 기술이다. AsyncIO는 퓨처의 개념과 이벤트 루프를 코루틴coroutine과 결합한다. 그 결과는 입력을 기다리며 시간을 낭비하지 않는 것처럼 보이는 반응형 애플리케이션을 작성할 때 얻을 수 있는 것처럼 우아하고 이해하기 쉽다.

파이썬의 async 기능을 사용하기 위한 목적에 있어서 코루틴은 이벤트를 기다리는 함수이며 다른 코루틴에 이벤트를 제공할 수도 있다. 파이썬에서는 async def를 사용해 코루틴을 구현한다. async가 있는 함수는 이벤트를 기다리는 코루틴들 간에 제어를 전환하는 이벤트 루프의 컨텍스트 안에서 작동해야 한다. 이벤트 루프가 다른 async 함수로 전환할 수 있는 곳을 표시하기 위해 await 표현식을 사용하는 몇 가지 파이썬 구성을 살펴볼 것이다.

async 작업은 일반적으로 병렬 실행이 아니라 인터리브된다는 점을 인식하는 것이 중요하다. 많아야 하나의 코루틴이 제어 및 처리되고 있으며 다른 모든 코루틴은 이벤트를 기다리고 있다. 인터리브의 개념은 협력적 멀티태스킹cooperative multitasking으로 설명된다. 애플리케이션은 다음 요청 메시지가 도착하기를 기다리는 동안 데이터를 처리할 수 있다. 데이터를 사용할 수 있게 되면 이벤트 루프는 대기 중인 코루틴 중 하나로 제어를 전달할 수 있다.

AsyncIO는 네트워크 I/O에 주로 사용된다. 대부분의 네트워킹 애플리케이션, 특히 서버는 데이터가 네트워크에서 들어오기를 기다리면서 많은 시간을 보낸다. AsyncIO는 각 클라이언트를 별도의 스레드에서 처리하는 것보다 더 효율적일 수 있다. 별도의 스레드로 처리하면 다른 스레드가 대기하는 동안 일부 스레드가 작동할 수 있다. 하지만 문제는 스레드가 메모리 및 기타 리소스를 사용한다는 것이다. AsyncIO는 데이터를 사용할 수 있게 되면 코루틴을 사용해 처리 주기를 인터리브한다.

스레드 스케줄링은 스레드가 만드는 OS 요청에 따라 달라진다. 그리고 어느 정도까지는 GIL의 스레드 인터리브의 영향도 있다. 프로세스 스케줄링은 운영체제의 전체 스케줄러에 따라 달라진다. 스레드 및 프로세스 스케줄링은 모두 선점형preemptive이다. 스레드 또는 프로세스는 다른 더 높은 우선순위의 스레드 또는 프로세스가 CPU 제어권을 가져가면서 중단될 수 있다. 따라서 스레드 스케줄링은 예측할 수 없으며 여러 스레드가 공유 리소스를 업데이트하려는 경우에는 잠금이 중요하다. OS 수준에서 두 프로세스가 파일과 같은 공유 OS 리소스를 업데이트하려는 경우에는 공유 잠금이 필요하다. 스레드 및 프로세스와 달리 AsyncIO 코루틴은 비선점형non-preemptive이다. 처리의 특정 지점에서 서로에게 명시적으로 제어권을 넘겨주므로 공유 리소스를 명시적으로 잠글 필요가 없다.

asyncio 라이브러리는 내장 이벤트 루프를 제공한다. 이것은 실행 중인 코루틴 간의 인터리빙 제어를 처리하는 루프이다. 그러나 이벤트 루프에는 비용이 따른다. 이벤트 루프의 asyncio 작업에서 코드를 실행할 때 해당 코드는 즉시 반환돼야 하며 I/O나 장시간 실행되는 계산을 블로킹하지 않는다. 이것은 자체적으로 코드를 작성할 때는 사소한 일이지만 I/O를 블로킹하는 모든 표준 라이브러리 또는 써드파티 함수는 대기를 처리할 수 있는 async def 함수로 래핑돼야 함을 의미한다.

asyncio로 작업할 때 이벤트 루프를 통해 제어를 인터리브하기 위해 async 및 await 구문을 사용하는 일련의 코루틴으로 애플리케이션을 작성할 것이다. 그러면 최상위 "메인" 프로그램의 작업은 이벤트 루프를 실행하는 것으로 단순화돼 코루틴은 앞뒤로 제어를 주고 받으면서 대기 및 작업을 인터리브할 수 있다.

AsyncIO 실전

블로킹 함수의 표준적인 예는 time.sleep() 호출이다. time 모듈의 sleep()을 직접 호출할 수는 없다. 제어를 점유하고 이벤트 루프를 지연시키기 때문이다. asyncio 모듈의

sleep() 버전을 사용할 것이다. await 표현식에 사용되면 이벤트 루프는 sleep()이 완료되기를 기다리는 동안 다른 코루틴을 인터리브할 수 있다. 이 호출의 비동기 버전을 사용해 다음과 같이 AsyncIO 이벤트 루프의 기초를 설명할 것이다

```python
import asyncio
import random

async def random_sleep(counter: float) -> None:
    delay = random.random() * 5
    print(f"{counter} sleeps for {delay:.2f} seconds")
    await asyncio.sleep(delay)
    print(f"{counter} awakens, refreshed")

async def sleepers(how_many: int = 5) -> None:
    print(f"Creating {how_many} tasks")
    tasks = [
        asyncio.create_task(random_sleep(i))
        for i in range(how_many)]
    print(f"Waiting for {how_many} tasks")
    await asyncio.gather(*tasks)

if __name__ == "__main__":
    asyncio.run(sleepers(5))
    print("Done with the sleepers")
```

이 예제에서는 AsyncIO 프로그래밍의 여러 기능을 다룬다. 전체 처리는 asyncio.run() 함수에 의해 시작된다. 이것은 이벤트 루프를 시작해 sleepers() 코루틴을 실행한다. sleepers() 코루틴 내에서 소수의 개별 작업을 생성한다. 이들은 주어진 인수 값을 갖는 random_sleep() 코루틴의 인스턴스이다. random_sleep()은 asyncio.sleep()을 사용해 장시간 실행되는 요청을 시뮬레이션한다.

이것은 async def 함수와 asyncio.sleep() 주변의 await 표현식을 사용해 구축되기 때문에 random_sleep() 함수와 전체 sleepers() 함수의 실행이 인터리브된다. random_sleep() 요청은 counter 매개변수 값의 순서로 시작되지만 완전히 다른 순서로 완료된다. 다음은 그 예이다.

```
python src/async_1.py
Creating 5 tasks
Waiting for 5 tasks
0 sleeps for 4.69 seconds
1 sleeps for 1.59 seconds
2 sleeps for 4.57 seconds
3 sleeps for 3.45 seconds
4 sleeps for 0.77 seconds
4 awakens, refreshed
1 awakens, refreshed
3 awakens, refreshed
2 awakens, refreshed
0 awakens, refreshed
Done with the sleepers
```

counter 값이 4인 random_sleep() 함수가 가장 짧은 멈춤 시간을 갖고 await asyncio.
sleep() 표현식이 완료됐을 때 먼저 제어권을 받는 것을 볼 수 있다. 깨어나는 순서는 무작위 시간 간격과 코루틴에서 코루틴으로 제어권을 넘기는 ??이벤트 루프의 능력에 기초한다.

비동기 시스템의 프로그래머가 run() 함수 내에서 무슨 일이 일어나는지에 대해 너무 많이 알 필요는 없지만, 현재 시점에서 어떤 코루틴이 대기하고 있고 어떤 코루틴이 제어해야 하는지 추적하기 위해 많은 일이 진행되고 있다는 점을 유의해야 한다.

이 컨텍스트에서 작업은 asyncio가 이벤트 루프에서 스케줄링하는 방법을 알고 있는 객체이다. 여기에는 다음이 포함된다.

- async def 문으로 정의된 코루틴.

- asyncio.Future 객체. 이것들은 앞 절에서 본 concurrent.futures와 거의 동일하지만 asyncio와 함께 사용하기 위한 것이다.

- 대기 중인 모든 객체, 즉 __await__() 함수가 있는 객체.

이 예에서 모든 작업은 코루틴이다. 뒤쪽의 예제에서 코루틴이 아닌 다른 경우를 살펴볼 것이다.

sleepers() 코루틴을 좀 더 자세히 살펴보자. 먼저 random_sleep() 코루틴의 인스턴스를 구성한다. 이것들은 각각 asyncio.create_task() 호출로 래핑돼 루프의 작업 큐에 퓨처로서 추가되므로 제어가 루프에 반환될 때 즉시 실행 및 시작할 수 있다.

await를 호출할 때마다 제어가 이벤트 루프로 반환된다. 여기서는 모든 작업이 완료될 때까지 다른 코루틴에 제어를 넘기기 위해 await asyncio.gather()를 호출한다.

각 random_sleep() 코루틴은 시작 메시지를 출력한 다음 자신의 await 호출을 사용해 특정 시간 동안 이벤트 루프에 제어권을를 다시 보낸다. sleep이 완료되면 이벤트 루프는 관련 random_sleep() 작업에 제어권을 다시 전달해 반환하기 전에 각성 메시지를 출력한다.

async 키워드는 코루틴에 await 호출이 포함돼 있다는 것을 파이썬 인터프리터에 알리는 문서 역할을 한다. 이것은 또한 이벤트 루프에서 실행할 코루틴을 준비하는 역할도 한다. 이 키워드는 데코레이터와 매우 유사하게 작동한다. 실제로 파이썬 3.4에서는 @asyncio.coroutine 데코레이터로 구현됐다.

AsyncIO future 읽기

AsyncIO 코루틴은 await 표현식을 만날 때까지 각 코드 줄을 순서대로 실행하고, await 표현식을 만나는 시점에서 이벤트 루프에 제어를 반환한다. 그 다음에 이벤트 루프는 원래 코루틴이 기다리고 있던 작업을 포함해 실행할 준비가 된 다른 작업을 실행한다. 하위 작업이 완료될 때마다 이벤트 루프는 결과를 다시 코루틴으로 보내기 때문에 코루틴은 다른 await 표현식이나 반환문을 만날 때까지 실행할 수 있다.

이를 통해 명시적으로 무언가를 기다려야 할 때까지는 동기적으로 실행되는 코드를 작성할 수 있다. 결과적으로 스레드의 비결정적인 동작이 없으므로 공유 상태에 대해 거의 걱정할 필요가 없다.

AsyncIO의 진정한 가치는 다른 곳에서 다른 작업을 기다리고 있더라도 단일 코루틴 내에서 코드의 논리적 절을 함께 수집할 수 있도록 하는 방식이다. 특정한 예로서 `random_sleep()` 코루틴의 `await asyncio.sleep` 호출이 이벤트 루프 내에서 많은 일이 발생하도록 허용하더라도 코루틴 자체는 모든 것을 순서대로 수행하는 것처럼 보인다. 작업이 완료되기를 기다리는 부품에 대한 걱정 없이 비동기 코드의 관련 조각을 읽을 수 있는 이 능력은 AsyncIO 모듈의 주요 장점이다.

네트워킹을 위한 AsyncIO

AsyncIO는 네트워크 소켓과 함께 사용하도록 특별히 디자인됐으므로 asyncio 모듈을 사용해 서버를 구현해보자. 13장 '객체지향 프로그램 테스트'를 되돌아보면 소켓을 사용해 한 프로세스에서 다른 프로세스로 전송되는 로그를 포착하기 위해 상당히 복잡한 서버를 만들었다. 그 때는 이 예제를 각 테스트에 대해 설정 및 해제하고 싶지 않은 복잡한 리소스의 예로 사용했다.

그 예제를 다시 작성해 많은 클라이언트의 요청을 처리할 수 있는 asyncio 기반 서버를 만든다. 로그 레코드가 도착하기를 모두 기다리는 많은 코루틴을 가짐으로써 이를 수행할 수 있다. 레코드가 도착하면 한 코루틴이 계산을 수행해 레코드를 저장할 수 있으며, 나머지 코루틴은 대기한다.

13장에서는 로그 수집 프로세스와 별도의 로그 작성 클라이언트 애플리케이션 프로세스를 통합하는 테스트를 작성하는 데 관심이 있었다. 다음은 그들의 관계를 보여준다.

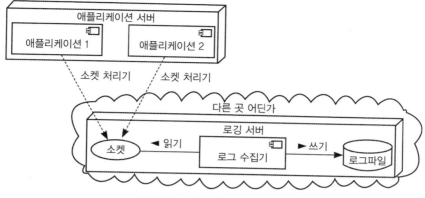

그림 14.1 그림 속의 로그 수집 서버

로그 수집 프로세스는 모든 클라이언트 애플리케이션의 연결을 기다리는 소켓 서버를 생성한다. 각 클라이언트 애플리케이션은 `logging.SocketHandler`를 사용해 대기 중인 서버에 로그 메시지를 보낸다. 서버는 메시지를 수집해 단일 중앙 로그 파일에 기록한다.

이 테스트는 약한 구현으로 어려움을 겪었던 13장의 예제를 기반으로 했다. 그 장에서는 간단하게 하기 위해 로그 서버는 한 번에 하나의 애플리케이션 클라이언트와만 작동했다. 로그 메시지를 수집하는 서버에 대한 아이디어를 다시 살펴보려고 한다. 이 개선된 구현은 AsyncIO 기술을 사용하기 때문에 매우 많은 수의 동시 클라이언트를 처리한다.

이 디자인의 중심 부분은 소켓에서 로그 항목을 읽는 코루틴이다. 여기에는 헤더를 구성하는 바이트를 기다린 다음 헤더를 디코딩해 페이로드의 크기를 계산하는 작업이 포함된다. 코루틴은 로그 메시지 페이로드에 대한 바이트 수를 읽은 다음 별도의 코루틴을 사용해 페이로드를 처리할 수 있다. 다음은 `log_catcher()` 함수이다.

```
SIZE_FORMAT = ">L"
SIZE_BYTES = struct.calcsize(SIZE_FORMAT)

async def log_catcher(
    reader: asyncio.StreamReader, writer: asyncio.StreamWriter
) -> None:
    count = 0
    client_socket = writer.get_extra_info("socket")
    size_header = await reader.read(SIZE_BYTES)
```

```
    while size_header:
        payload_size = struct.unpack(SIZE_FORMAT, size_header)
        bytes_payload = await reader.read(payload_size[0])
        await log_writer(bytes_payload)
        count += 1
        size_header = await reader.read(SIZE_BYTES)
    print(f"From {client_socket.getpeername()}: {count} lines")
```

이 log_catcher() 함수는 logging 모듈의 SocketHandler 클래스에 의해 사용되는 프로토콜을 구현한다. 각 로그 항목은 헤더와 페이로드로 나눌 수 있는 바이트 블록이다. 뒤따르는 메시지의 크기를 얻으려면 size_header에 저장된 처음 몇 바이트를 읽어야 한다. 크기가 정해지면 페이로드 바이트가 도착할 때까지 기다릴 수 있다. 두 읽기는 모두 await 표현식이므로 이 함수가 헤더 및 페이로드 바이트가 도착하기를 기다리는 동안 다른 코루틴이 작동할 수 있다.

log_catcher() 함수는 StreamReader 및 StreamWriter를 갖는 코루틴을 제공하는 서버에 의해 호출된다. 이 두 객체는 TCP/IP 프로토콜에 의해 생성된 소켓 쌍을 래핑한다. StreamReader와 StreamWriter는 비동기적으로 인식하는 객체이며 클라이언트로부터 바이트 읽기를 기다릴 때 await를 사용할 수 있다.

이 log_catcher() 함수는 소켓 데이터를 기다린 다음 변환 및 쓰기를 위해 다른 코루틴인 log_writer()에 데이터를 제공한다. log_catcher() 함수의 작업은 많은 수신 대기를 수행한 다음 데이터를 reader에서 writer로 전달하는 것이다. 또한 클라이언트의 메시지 수를 계산하기 위한 내부 계산을 수행한다. 카운터를 증가시키는 작업은 그리 많지는 않지만 데이터가 도착하기를 기다리는 동안 할 수 있는 작업이다.

다음은 로그 항목을 JSON 표기법으로 변환하는 함수 serialize()와 그것을 파일에 쓰는 코루틴인 log_writer()이다.

```
TARGET: TextIO
LINE_COUNT = 0

def serialize(bytes_payload: bytes) -> str:
    object_payload = pickle.loads(bytes_payload)
```

```
    text_message = json.dumps(object_payload)
    TARGET.write(text_message)
    TARGET.write("\n")
    return text_message

async def log_writer(bytes_payload: bytes) -> None:
    global LINE_COUNT
    LINE_COUNT += 1
    text_message = await asyncio.to_thread(serialize, bytes_payload)
```

serialize() 함수에는 로그 메시지가 기록되는 파일인 TARGET이 열려 있어야 한다. 파일 열기 및 닫기는 애플리케이션의 다른 곳에서 처리해야 한다. 아래에서 이런 작업을 살펴볼 것이다. serialize() 함수는 log_writer() 코루틴에서 사용된다. log_writer()는 async 코루틴이기 때문에 이 코루틴이 로그 메시지를 쓰는 동안 다른 코루틴은 입력 메시지를 읽고 디코딩하기 위해 대기하고 있다.

serialize() 함수는 실제로 상당한 양의 계산을 수행한다. 또한 심각한 문제를 안고 있다. 파일 쓰기 작업이 블로킹될 수 있는데, 이는 운영체제가 작업을 완료할 때까지 대기 상태에 빠질 수 있다. 디스크에 쓴다는 것은 작업을 디스크 장치로 넘기고 쓰기 작업이 완료됐다고 장치가 응답할 때까지 기다리는 것을 의미한다. 1,000 문자의 데이터를 작성하는 데 마이크로초가 빠른 것처럼 보일 수 있지만 CPU에게는 영원한 시간이다. 이는 모든 파일 작업이 그 작업이 완료되기를 기다리는 스레드를 블로킹 할 것임을 의미한다. 메인 스레드에서 다른 코루틴들과 원활하게 작업하기 위해 이 블로킹 작업을 별도의 스레드에 할당한다. 이것이 log_writer() 코루틴이 asyncio.to_thread()를 사용해 이 작업을 별도의 스레드로 할당하는 이유이다.

log_writer() 코루틴은 이 별도의 스레드에서 await를 사용하기 때문에 쓰기가 완료될 때까지 스레드가 기다리는 동안 이벤트 루프에 제어권을 반환한다. 이 await는 log_writer() 코루틴이 serialize()가 완료되기를 기다리는 동안 다른 코루틴이 작동하게 해준다.

두 종류의 작업을 별도의 스레드에 전달했다.

- 계산 집약적인 작업. 이것은 `pickle.loads()`와 `json.dumps()` 작업이다.

- 블로킹 OS 작업. 이것은 `TARGET.write()`이다. 이런 블로킹 작업에는 파일 작업을 비롯한 대부분의 운영체제 요청이 포함된다. 여기에는 이미 asyncio 모듈의 일부인 다양한 네트워크 스트림이 포함되지 않는다. 위의 `log_catcher()` 함수에서 보았듯이 스트림은 이미 이벤트 루프의 사용자이다.

스레드로 작업을 전달하는 이 기법은 이벤트 루프가 가능한 한 많은 시간을 대기하도록 할 수 있는 방법이다. 모든 코루틴이 이벤트를 기다리고 있다면 다음에 일어나는 모든 일은 가능한 한 빨리 응답될 것이다. 이 많은 웨이터^{waiter} 원칙이 바로 반응형 서비스의 비결이다.

`LINE_COUNT` 전역 변수는 눈살을 찌푸리게 할 수 있다. 이전 절을 상기해보면 공유 변수를 동시에 업데이트하는 여러 스레드의 결과에 대해 심각한 경고를 제기했었다. asyncio를 사용하면 스레드 간에는 선점을 하지 않는다. 각 코루틴은 이벤트 루프를 통해 다른 코루틴에 제어권을 제공하기 위해 명시적인 await 요청을 사용하기 때문에 상태 변경이 효과적으로 모든 코루틴 사이에서 분리할 수 없이 원자적으로 업데이트 될 것이라는 사실을 알고 `log_writer()` 코루틴에서 이 변수를 업데이트할 수 있다.

이 예제를 완성하기 위해 임포트는 다음과 같다.

```
from __future__ import annotations
import asyncio
import asyncio.exceptions
import json
from pathlib import Path
from typing import TextIO
import pickle
import signal
import struct
import sys
```

이 서비스를 시작하는 최상위 디스패처는 다음과 같다.

```
server: asyncio.AbstractServer
```

```
async def main(host: str, port: int) -> None:
    global server
    server = await asyncio.start_server(
        log_catcher,
        host=host,
        port=port,
    )

    if sys.platform != "win32":
        loop = asyncio.get_running_loop()
        loop.add_signal_handler(signal.SIGTERM, server.close)

    if server.sockets:
        addr = server.sockets[0].getsockname()
        print(f"Serving on {addr}")
    else:
        raise ValueError("Failed to create server")

    async with server:
        await server.serve_forever()
```

main() 함수에는 각 네트워크 연결에 대해 새 asyncio.Task 객체를 자동으로 생성하는 우아한 방법이 포함돼 있다. asyncio.start_server() 함수는 들어오는 소켓 연결을 위해 지정된 호스트 주소와 포트 번호에서 수신 대기한다. 각 연결에 대해 log_catcher() 코루틴을 사용해 새 Task 인스턴스를 생성한다. 이것은 이벤트 루프의 코루틴 컬렉션에 추가된다. 서버가 시작되면 main() 함수는 서버의 serve_forever() 메서드를 사용해 서비스를 영구적으로 제공할 수 있다.

루프의 add_signal_handler() 메서드는 설명이 필요하다. 윈도우가 아닌 운영체제의 경우 프로세스는 운영체제의 시그널을 통해 종료된다. 시그널은 숫자 식별자와 심볼 이름을 갖는다. 예를 들어, 종료 시그널의 숫자 코드는 15이고 이름은 signal.SIGTERM이다. 상위 프로세스가 하위 프로세스를 종료하면 이 시그널이 전송된다. 특별한 행동을 하지 않으면 이 시그널은 단순히 파이썬 인터프리터를 중지한다. 키보드에서 Ctrl+C 시퀀스를 사용하면 이것은 SIGINT 시그널이 돼 파이썬이 KeyboardInterrupt 예외를 발생시킨다.

루프의 `add_signal_handler()` 메서드를 사용하면 들어오는 시그널을 검사하고 AsyncIO 처리 루프의 일부로서 처리할 수 있다. 처리되지 않은 예외 때문에 멈추게 하고 싶지 않다. 다양한 코루틴을 끝내고 `serialize()` 함수를 실행하는 쓰기 스레드가 정상적으로 완료되도록 하고 싶다. 이를 수행하기 위해 시그널을 `server.close()` 메서드에 연결한다. 이렇게 하면 `serve_forever()` 프로세스가 깔끔하게 종료돼 모든 코루틴이 완료되게 할 수 있다.

윈도우의 경우에는 AsyncIO 처리 루프 외부에서 작업해야 한다. 이 추가 코드는 서버를 깔끔하게 종료하는 함수에 저수준 시그널을 연결하기 위해 필요하다.

```python
if sys.platform == "win32":
  from types import FrameType

  def close_server(signum: int, frame: FrameType) -> None:
    # print(f"Signal {signum}")
    server.close()

  signal.signal(signal.SIGINT, close_server)
  signal.signal(signal.SIGTERM, close_server)
  signal.signal(signal.SIGABRT, close_server)
  signal.signal(signal.SIGBREAK, close_server)
```

SIGINT, SIGTERM, SIGABRT라는 세 가지 표준 시그널과 윈도우 전용 시그널인 SIGBREAK를 정의했다. 이들은 모두 서버를 닫고 미완료된 모든 코루틴이 완료되면 요청 처리를 종료하고 처리 루프를 닫는다.

이전의 AsyncIO 예제에서 보았듯이 메인 프로그램은 이벤트 루프를 시작하는 간결한 방법이다.

```python
if __name__ == "__main__":
  # 다음 값은 명령줄 또는 환경변수 재정의를 통해 가져올 수 있다.
  HOST, PORT = "localhost", 18842

  with Path("one.log").open("w") as TARGET:
    try:
      if sys.platform == "win32":
```

```
        # https://github.com/encode/httpx/issues/914
        loop = asyncio.get_event_loop()
        loop.run_until_complete(main(HOST, PORT))
        loop.run_until_complete(asyncio.sleep(1))
        loop.close()
    else:
        asyncio.run(main(HOST, PORT))

except (
        asyncio.exceptions.CancelledError,
        KeyboardInterrupt):
    ending = {"lines_collected": LINE_COUNT}
    print(ending)
    TARGET.write(json.dumps(ending) + "\n")
```

이 코드는 파일을 열고, 이 파일을 serialize() 함수에서 사용되는 전역 TARGET 변수로 설정한다. main() 함수를 사용해 연결을 기다리는 서버를 만든다. serve_forever() 작업이 CancelledError 또는 KeyboardInterrupt 예외로 취소되면 로그 파일에 최종 요약으로 한 줄을 넣을 수 있다. 이를 통해 손실된 줄이 없는지 확인할 수 있고, 작업이 정상적으로 완료됐음을 알 수 있다.

윈도우의 경우에는 포괄적인 run() 메서드 대신 run_until_complete() 메서드를 사용해야 한다. 또한 다른 코루틴들의 최종 처리를 기다리기 위해 asyncio.sleep() 코루틴을 이벤트 루프에 추가해야 한다.

실용적으로 argparse 모듈을 사용해 명령줄 인수를 파싱할 수 있다. log_writer()에서 보다 정교한 파일 처리 메커니즘을 사용해 로그 파일의 크기를 제한할 수 있다.

디자인 고려 사항

이 디자인의 몇 가지 특징을 살펴보자. 먼저 log_writer() 코루틴은 serialize() 함수를 실행하는 외부 스레드의 안팎으로 바이트를 전달한다. 이것은 비교적 비용이 많이 드는 디코딩을 메인 스레드의 이벤트 루프를 중지하지 않으면서도 발생시킬 수 있기 때문에 메인 스레드의 코루틴에서 JSON을 디코딩하는 것보다 낫다.

이 serialize() 호출은 사실상 퓨처이다. 이 장의 앞부분인 Futures 절에서 concurrent.futures을 사용하기 위한 몇 줄의 상투적인 구문을 보았다. 하지만 AsyncIO와 함께 퓨처를 사용하면 상투적인 구문은 거의 없다. await asyncio.to_thread()를 사용할 때 log_writer() 코루틴은 퓨처에서 함수 호출을 래핑하고 이를 내부 스레드 풀 실행기executor에 제출한다. 그 다음에 코드는 퓨처가 완료될 때까지 이벤트 루프로 돌아가서 메인 스레드가 다른 연결, 다른 작업, 또는 다른 퓨처를 처리할 수 있도록 한다. 블로킹 I/O 요청을 별도의 스레드에 넣는 것이 특히 중요하다. 퓨처가 완료되면 log_writer() 코루틴은 대기를 끝내고 후속 처리를 수행할 수 있다.

main() 코루틴은 start_server()를 사용했다. 서버는 연결 요청을 수신한다. 각각의 연결을 처리하기 위해 생성된 각 작업에 클라이언트 종속적인 AsyncIO 읽기 및 쓰기 스트림을 제공한다. 작업은 log_catcher() 코루틴을 래핑한다. AsyncIO 스트림으로 스트림에서 읽는 것은 잠재적으로 블로킹 호출이므로 이것을 await로 호출할 수 있다. 이것은 바이트가 도착하기 시작할 때까지 이벤트 루프로 돌아가는 것을 의미한다.

이것은 이 서버 내에서 워크로드가 어떻게 증가하는지 고려하는 데 도움이 될 수 있다. 처음에는 main() 함수가 유일한 코루틴이다. 그것은 server를 생성하며, 이제 main()과 server는 모두 이벤트 루프의 대기 코루틴 컬렉션에 있다. 연결이 만들어지면 서버는 새 작업을 만들고, 이벤트 루프에는 이제 main(), server, 그리고 log_catcher() 코루틴의 인스턴스가 포함된다. 대부분의 경우 이 모든 코루틴은 서버에 대한 새 연결 또는 log_catcher()에 대한 새 메시지와 같이 수행할 작업을 기다리고 있다. 메시지가 도착하면 디코딩돼 log_writer()로 전달되며, 아직 사용할 수 있는 또 다른 코루틴이 있다. 다음에 무슨 일이 일어나든 애플리케이션은 응답할 준비가 돼 있다. 대기 코루틴의 수는 가용한 메모리에 의해 제한되므로 수많은 개별 코루틴이 작업이 수행되기를 참을성 있게 기다릴 수 있다.

다음으로 이 로그 수집 서버를 이용하는 로그 작성 애플리케이션을 간단히 살펴보자. 이 애플리케이션은 유용한 작업을 수행하지 않지만 오랜 시간 동안 많은 코어를 묶어 놓을 수 있다. 이 애플리케이션은 AsyncIO 애플리케이션이 얼마나 즉시 응답할 수 있는지 보여줄 것이다.

로그 작성 데모

로그 수집 서버의 작동 방식을 보여주기 위해 이 클라이언트 애플리케이션은 많은 메시지를 작성하고 엄청난 양의 컴퓨팅을 수행한다. 로그 수집 서버의 응답성을 확인하기 위해 이 애플리케이션의 여러 복사본을 실행해 로그 수집 서버에 대한 스트레스 테스트를 할 수 있다.

이 클라이언트는 asyncio를 활용하지 않는다. 이것은 몇 개의 I/O 요청이 래핑된 계산 집약적 작업의 인위적인 예이다. 코루틴을 사용해 계산과 동시에 I/O 요청을 수행하는 것은 이 예에서 도움이 되지 않는다.

보고 정렬bogosort 알고리듬의 변형을 임의의 데이터에 적용하는 애플리케이션을 작성했다. 이 정렬 알고리듬에 대한 정보는 다음을 참조하라. https://rosettacode.org/wiki/Sorting_algorithms/Bogosort.

이것은 실용적인 알고리듬은 아니지만 단순하다. 가능한 모든 순서를 열거하고 원하는 순서, 여기서는 오름차순을 검색한다. 다음은 정렬 알고리듬을 위한 임포트 및 추상 상위 클래스 Sorter이다.

```python
from __future__ import annotations
import abc
from itertools import permutations
import logging
import logging.handlers
import os
import random
import time
import sys
from typing import Iterable

logger = logging.getLogger(f"app_{os.getpid()}")

class Sorter(abc.ABC):
  def __init__(self) -> None:
    id = os.getpid()
    self.logger = logging.getLogger(
      f"app_{id}.{self.__class__.__name__}")
```

```
    @abc.abstractmethod
    def sort(self, data: list[float]) -> list[float]:
        ...
```

다음으로 추상 Sorter 클래스의 구상 구현을 정의한다.

```
class BogoSort(Sorter):

    @staticmethod
    def is_ordered(data: tuple[float, ...]) -> bool:
        pairs: Iterable[Tuple[float, float]] = zip(data, data[1:])
        return all(a <= b for a, b in pairs)

    def sort(self, data: list[float]) -> list[float]:
        self.logger.info("Sorting %d", len(data))
        start = time.perf_counter()

        ordering: Tuple[float, ...] = tuple(data[:])
        permute_iter = permutations(data)
        steps = 0
        while not BogoSort.is_ordered(ordering):
            ordering = next(permute_iter)
            steps += 1

        duration = 1000 * (time.perf_counter() - start)
        self.logger.info(
            "Sorted %d items in %d steps, %.3f ms",
            len(data), steps, duration)
        return list(ordering)
```

BogoSort 클래스의 is_ordered() 메서드는 객체의 리스트가 올바르게 정렬됐는지 확인한다. sort() 메서드는 데이터의 모든 순열을 생성하고, is_sorted()에 의해 정의된 제약 조건을 충족하는 순열을 검색한다.

n개 값이 있는 집합은 $n!$개의 순열을 가지므로 이것은 매우 비효율적인 정렬 알고리듬이다. 13개의 값은 60억 개 이상의 순열을 갖는다. 대부분의 컴퓨터에서 이 알고리듬은 13개 항목을 순서대로 정렬하는 데 몇 년이 걸릴 수도 있다.

main() 함수는 정렬을 처리하고 로그 메시지를 작성한다. 이것은 CPU 리소스를 묶어 특별한 유용성이 없는 많은 계산을 수행한다. 다음은 비효율적인 정렬이 처리 시간을 늘어지게 하는 동안 로그 요청을 하기 위해 사용할 수 있는 main 프로그램이다.

```python
def main(workload: int, sorter: Sorter = BogoSort()) -> int:
    total = 0
    for i in range(workload):
        samples = random.randint(3, 10)
        data = [random.random() for _ in range(samples)]
        ordered = sorter.sort(data)
        total += samples
    return total

if __name__ == "__main__":
    LOG_HOST, LOG_PORT = "localhost", 18842
    socket_handler = logging.handlers.SocketHandler(
        LOG_HOST, LOG_PORT)
    stream_handler = logging.StreamHandler(sys.stderr)
    logging.basicConfig(
        handlers=[socket_handler, stream_handler],
        level=logging.INFO)

    start = time.perf_counter()
    workload = random.randint(10, 20)
    logger.info("sorting %d collections", workload)
    samples = main(workload, BogoSort())
    end = time.perf_counter()
    logger.info(
        "sorted %d collections, taking %f s", workload, end - start)

    logging.shutdown()
```

최상위 스크립트는 SocketHandler 인스턴스를 생성하며 시작한다. 이렇게 하면 앞에서 본 로그 수집 서비스에 로그 메시지가 기록된다. StreamHandler 인스턴스는 콘솔에 메시지를 쓴다. 이 두 가지 모두가 정의된 모든 로거에 대한 처리기로 제공된다. 로깅이 구성되면 임의의 워크로드와 함께 main() 함수가 호출된다.

8코어 맥북 프로에서 이것은 128개의 작업자로 실행됐으며 모두 난수를 비효율적으로 정렬했다. 내부 OS time 명령은 코어의 700%를 사용하는 것으로 워크로드를 설명한다.

즉, 8개의 코어 중 7개가 완전히 사용됐다. 그러나 로그 메시지를 처리하고, 이 문서를 편집하고, 백그라운드에서 음악을 재생하기 위한 시간이 아직 많이 남아 있다. 더 빠른 정렬 알고리듬을 사용해 256개의 작업자를 시작하고 약 4.4초 만에 5,632개의 로그 메시지를 생성했다. 이것은 초당 1,280개의 트랜잭션이며 여전히 사용 가능한 800% 중 628%만 사용하고 있었다. 물론 각자 성능이 다를 수 있다. 네트워크 집약적 워크로드의 경우 AsyncIO는 수행해야 할 작업과 함께 귀중한 CPU 시간을 코루틴에 할당하고 스레드가 무언가를 기다리는 동안 블로킹되는 시간을 최소화하는 놀라운 일을 수행하는 것 같다.

AsyncIO가 소켓, 큐, OS 파이프를 포함한 네트워크 리소스에 크게 편중돼 있음을 아는 것이 중요하다. 파일 시스템은 asyncio 모듈에서 일등급으로 다루는 부분이 아니므로 연관된 스레드 풀을 사용해 운영체제에 의해 완료될 때까지 블로킹되는 처리를 다뤄야 한다.

다음으로 클라이언트 애플리케이션을 작성하기 위한 AsyncIO를 살펴보자. 이 경우에는 서버를 생성하지 않으며, 그 대신 이벤트 루프를 활용해 클라이언트가 데이터를 매우 빠르게 처리할 수 있게 한다.

AsyncIO 클라이언트

수천 개의 동시 연결을 처리할 수 있기 때문에 AsyncIO는 서버 구현에 매우 일반적이다. 하지만 이것은 일반 네트워킹 라이브러리이며 클라이언트 프로세스도 완벽하게 지원한다. 많은 마이크로서비스가 다른 서버에 대한 클라이언트 역할을 하기 때문에 이것은 매우 중요하다.

클라이언트는 들어오는 연결을 기다리도록 설정할 필요가 없기 때문에 서버보다 훨씬 간단할 수 있다. `await asyncio.gather()` 함수를 활용해 많은 작업을 분담하고, 작업이 완료되면 결과를 처리할 때까지 기다릴 수 있다. 이것은 별도의 스레드에 블로킹 요청을 할당하는 `asyncio.to_thread()`와 함께 잘 작동하며, 메인 스레드가 코루틴 간에 작업을 인터리브할 수 있도록 한다.

이벤트 루프에 의해 인터리브될 수 있는 개별 작업을 생성할 수도 있다. 이것은 작업을 구현하는 코루틴이 읽은 데이터를 계산하는 것과 함께 데이터 읽기를 협력적으로 스케줄링 할 수 있다.

이 예제에서는 httpx 라이브러리를 사용해 AsyncIO 친화적인 HTTP 요청을 제공할 것이다. 이 추가 패키지는 conda를 가상 환경 관리자를 사용하는 경우에는 conda install https 그렇지 않으면 python -m pip install httpx로 설치해야 한다.

다음은 asyncio를 사용해 구현된 미국 기상 서비스에 요청하는 애플리케이션이다. 체셔피크 만 지역의 선원들에게 유용한 기상 예보에 초점을 맞출 것이다. 몇 가지 정의부터 시작하자.

```python
import asyncio
import httpx
import re
import time
from urllib.request import urlopen
from typing import Optional, NamedTuple

class Zone(NamedTuple):
    zone_name: str
    zone_code: str
    same_code: str # Special Area Messaging Encoder

    @property
    def forecast_url(self) -> str:
        return (
            f"https://tgftp.nws.noaa.gov/data/forecasts"
            f"/marine/coastal/an/{self.zone_code.lower()}.txt"
        )
```

Zone이라는 명명된 튜플이 주어지면 해상 예보의 디렉터리를 분석하고 다음과 같이 시작하는 Zone 인스턴스의 리스트를 생성할 수 있다.

```python
ZONES = [
    Zone("Chesapeake Bay from Pooles Island to Sandy Point, MD",
        "ANZ531", "073531"),
```

```
    Zone("Chesapeake Bay from Sandy Point to North Beach, MD",
        "ANZ532", "073532"),
    . . .
  ]
```

항해하려는 위치에 따라 추가적으로 다른 구역이 필요할 수 있다.

수행할 작업을 설명하기 위해 `MarineWX` 클래스가 필요하다. 이 클래스는 각 인스턴스가 하고자 하는 각각의 다른 일인 커맨드 패턴의 예이다. 이 클래스에는 기상 서비스에서 데이터를 수집하는 run() 메서드가 있다.

```python
class MarineWX:
  advisory_pat = re.compile(r"\n\.\.\.(.*?)\.\.\.\n", re.M | re.S)

  def __init__(self, zone: Zone) -> None:
    super().__init__()
    self.zone = zone
    self.doc = ""

  async def run(self) -> None:
    async with httpx.AsyncClient() as client:
      response = await client.get(self.zone.forecast_url)
    self.doc = response.text

  @property
  def advisory(self) -> str:
    if (match := self.advisory_pat.search(self.doc)):
      return match.group(1).replace("\n", " ")
    return ""

  def __repr__(self) -> str:
    return f"{self.zone.zone_name} {self.advisory}"
```

이 예제에서 run() 메서드는 httpx 모듈의 AsyncClient 클래스 인스턴스를 통해 기상 서비스에서 텍스트 문서를 다운로드한다. 프로퍼티인 advisory()는 텍스트를 파싱해 해양 기상 주의보를 표시하는 패턴을 찾는다. 기상 서비스 문서의 구절은 실제로 세 개의 마침표, 텍스트 블록, 그리고 세 개의 마침표로 표시된다. 해양 예보 시스템은 크기가 작은 문서를 처리하기 쉬운 포맷으로 제공하도록 디자인됐다.

아직까지 독특하거나 놀랄 만한 것은 없다. 구역^{zone} 정보의 리포지터리와 그에 대한 데이터를 수집하는 클래스를 정의했다. 다음이 중요한 부분으로 AsyncIO 작업을 사용해 가능한 한 빨리 많은 데이터를 수집하는 main() 함수이다.

```python
async def task_main() -> None:
  start = time.perf_counter()
  forecasts = [MarineWX(z) for z in ZONES]

  await asyncio.gather(
    *(asyncio.create_task(f.run()) for f in forecasts))

  for f in forecasts:
    print(f)

  print(
    f"Got {len(forecasts)} forecasts "
    f"in {time.perf_counter() - start:.3f} seconds"
  )

if __name__ == "__main__":
  asyncio.run(main())
```

asyncio 이벤트 루프에서 실행될 때 main() 함수는 여러 작업을 시작할 것이고, 각 작업은 서로 다른 구역에 대해 MarineWX.run() 메서드를 실행한다. gather() 함수는 모든 작업이 완료돼 퓨처의 리스트를 반환할 때까지 기다린다.

이 경우에는 실제로 생성된 스레드로부터의 퓨처 결과를 원하지 않는다. 모든 MarineWX 인스턴스에 대한 상태 변경을 원한다. 이것은 Zone 객체 및 기상예측 정보의 컬렉션이다. 이 클라이언트는 매우 빠르게 실행된다. 약 300밀리초 안에 13개의 기상예측을 모두 얻었다.

httpx 프로젝트는 원시 데이터를 가져오는 것과 이 데이터 처리를 별도의 코루틴으로 분해할 수 있다. 이를 통해 처리와 함께 인터리브되는 데이터를 기다릴 수 있다.

이 절에서 AsyncIO의 가장 중요한 부분을 다뤘고, 이 장에서는 다른 많은 동시성 기초 요소를 다뤘다. 동시성은 해결하기 어려운 문제이며 모든 유스 케이스에 맞는 솔루션은 없다. 동시 처리 시스템 디자인에서 가장 중요한 부분은 사용 가능한 도구 중에서 문제에 맞는 도구를 결정하는 것이다. 앞에서 여러 동시 처리 시스템의 장점과 단점을 보았고, 이제 서로 다른 타입의 요구 사항에 대해 더 나은 선택이 무엇인지에 대한 통찰력을 얻었다.

다음 주제는 동시성 프레임워크나 패키지가 얼마나 "표현력"이 좋은지에 대한 질문을 다룬다. asyncio가 짧고 깔끔한 애플리케이션 프로그램으로 고전적인 컴퓨터 과학 문제를 해결하는 방법을 살펴볼 것이다.

⫶ 식사하는 철학자들 벤치마크

미국 대서양 연안의 오래된 해변 휴양 도시에 있는 대학의 철학과 교수진은 매주 일요일 밤에 함께 식사하는 오랜 전통을 가지고 있다. 음식은 모^{Mo}의 식당에서 제공되지만 언제나 항상 수북이 쌓인 스파게티이다. 왜 그런지는 아무도 기억하지 못하지만 모는 훌륭한 셰프이며 매주 그의 스파게티는 독특한 경험을 제공한다.

철학과에는 소규모로 5명의 종신 교수가 있다. 또한 그들은 가난해 5개의 포크만 가질 수 있다. 철학자들이 파스타를 즐기기 위해서는 각자 두 개의 포크가 필요하기 때문에 그들은 원형 테이블에 둘러앉으며, 각 철학자는 가까이에 있는 두 개의 포크에 접근할 수 있다.

먹을 때 두 개의 포크가 필요한 이 요구사항은 다음 다이어그램과 같이 흥미로운 리소스 경합 문제로 이어진다.

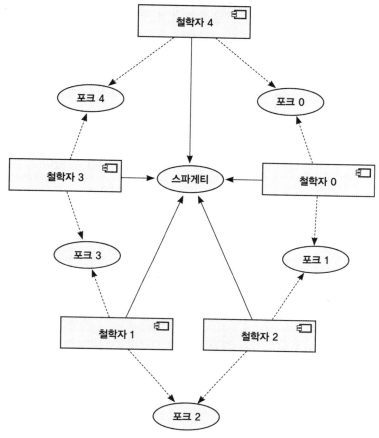

그림 14.2 식사하는 철학자들

이상적으로 한 철학자, 즉 학과장이자 존재론자인 철학자 4는 먹을 때 필요한 두 개의 가장 가까운 포크인 포크 4와 포크 0을 획득한다. 먹기를 마치면 포크를 놓고 철학을 사색하면서 시간을 보낼 수 있다.

해결해야 할 대기 문제가 있다. 각 철학자가 오른손잡이라면 그들이 모두 손을 뻗어 오른쪽 포크를 잡은 후 다른 쪽 포크를 잡을 수 없어서 멈추게 된다. 어느 철학자도 음식을 먹을 얻을 수 없기 때문에 시스템은 데드락^{deadlock}, 즉 교착 상태에 빠진다.

한 가지 가능한 솔루션은 타임아웃을 사용해 데드락 상태를 깰 수 있다. 철학자가 몇 초 안에 두 번째 포크를 획득할 수 없으면 첫 번째 포크를 내려놓고 몇 초 기다렸다가 다시 시도한다. 모두 같은 템포로 진행한다면 동시에 각 철학자가 포크를 하나씩 얻고 몇 초를 기다렸다가 포크를 내려 놓고 다시 시도하는 주기가 발생한다. 재미있지만 만족스럽지 않다.

더 나은 솔루션은 한 번에 네 명의 철학자만 테이블에 앉게 하는 것이다. 이것은 적어도 한 철학자는 두 개의 포크를 가져와 먹을 수 있게 보장한다. 식사를 마친 철학자가 사색을 하는 동안 포크는 이제 두 이웃에게 제공된다. 또한, 사색을 마친 첫 번째 사람은 테이블을 떠날 수 있으며, 다섯 번째 사람은 앉아서 대화에 참여할 수 있다.

이것은 코드로 어떻게 표현할 수 있을까? 다음은 코루틴으로 정의된 철학자이다.

```python
FORKS: List[asyncio.Lock]

async def philosopher(
    id: int,
    footman: asyncio.Semaphore
) -> tuple[int, float, float]:
  async with footman:
    async with FORKS[id], FORKS[(id + 1) % len(FORKS)]:
      eat_time = 1 + random.random()
      print(f"{id} eating")
      await asyncio.sleep(eat_time)
    think_time = 1 + random.random()
    print(f"{id} philosophizing")
    await asyncio.sleep(think_time)
  return id, eat_time, think_time
```

각 철학자는 몇 가지를 알아야 한다.

- 자신의 고유 식별자. 이것은 그들이 사용하도록 허용된 두 개의 인접한 포크로 안내한다.

- 테이블에 그들을 앉히는 하인^{footman}인 Semaphore. 얼마나 많은 사람이 앉을 수 있는지에 대한 상한선을 설정해 데드락을 피하는 것이 하인의 역할이다.

- 철학자들이 공유할 포크의 전역 컬렉션. 이것은 일련의 Lock 인스턴스로 표현된다.

철학자의 식사 시간은 리소스를 획득하고 사용하는 것으로 기술된다. 이것은 async with 문으로 구현된다. 이벤트 순서는 다음과 같다.

1. 철학자는 하인인 Semaphore로부터 테이블의 좌석을 얻는다. 하인은 4개의 "식사 가능" 토큰이 있는 은색 트레이를 들고 있다고 생각할 수 있다. 철학자는 앉기 전에 토큰이 있어야 한다. 테이블을 떠나는 철학자는 트레이에 토큰을 떨어뜨린다. 다섯 번째 철학자는 식사를 마친 첫 번째 철학자가 토큰을 내려놓기를 간절히 기다리고 있다.

2. 철학자는 ID 번호의 포크와 다음으로 높은 번호의 포크를 획득한다. 모듈로 연산자는 "다음"을 위한 계산이 0으로 돌아가도록 한다. 즉 $(4+1)\%5$는 0이다.

3. 테이블에 앉아 두 개의 포크로 철학자는 파스타를 즐길 수 있다. 모는 종종 칼라마타 올리브와 절인 아티초크 하트를 사용한다. 이것은 정말 마음에 든다. 한 달에 한 번 엔쵸비나 페타 치즈가 나올 수 있다.

4. 식사를 한 후 철학자는 리소스인 두 개의 포크를 해제한다. 그러나 그것으로 저녁 식사가 끝나지 않는다. 포크를 내려놓은 후에는 삶, 우주, 그리고 세상 모든 것에 대해 철학하는 데 시간을 보낸다.

5. 마지막으로 다른 철학자가 기다리고 있을 경우를 대비해 테이블에서 자리를 양보하고 "식사 가능" 토큰을 하인에게 반환한다.

philosopher() 함수를 보면 포크는 전역 리소스이지만 세마포어는 매개변수임을 알 수 있다. 포크를 나타내는 Lock 객체의 전역 컬렉션과 매개변수로서 세마포어를 구분해야 하는 강력한 기술적인 이유는 없다. 코루틴에 데이터를 제공하기 위한 두 가지 일반적인 선택을 설명하기 위해 둘 다 사용했다.

다음은 이 코드에 대한 임포트이다.

```
from __future__ import annotations
import asyncio
import collections
```

```
import random
from typing import List, Tuple, DefaultDict, Iterator
```

전체적인 식사는 다음과 같이 구성됐다.

```
async def main(faculty: int = 5, servings: int = 5) -> None:
  global FORKS
  FORKS = [asyncio.Lock() for i in range(faculty)]
  footman = asyncio.BoundedSemaphore(faculty - 1)
  for serving in range(servings):
    department = (
      philosopher(p, footman) for p in range(faculty))
    results = await asyncio.gather(*department)
    print(results)

if __name__ == "__main__":
  asyncio.run(main())
```

main() 코루틴은 포크 컬렉션을 생성한다. 포크는 철학자가 획득할 수 있는 Lock 객체로 모델링된다. 하인은 교수진의 크기보다 하나 작아야 한다는 제한이 있는 Bounded Semaphore 객체이다. 이것은 데드락을 방지한다. 각 서빙에 있어서 학과인 department는 philosopher() 코루틴의 컬렉션으로 표시된다. asyncio.gather()는 학과의 모든 코루틴이 식사 및 철학하기 작업을 완료하기를 기다린다.

이 벤치마크 문제의 장점은 주어진 프로그래밍 언어와 라이브러리에서 처리가 얼마나 잘 기술될 수 있는지를 보여주는 것이다. asyncio 패키지를 사용해 코드가 매우 우아하며, 문제에 대한 솔루션을 간결하고 완연하게 잘 표현한 것 같다.

concurrent.futures 라이브러리는 명시적으로 ThreadPool을 사용할 수 있다. 명확성을 이 수준으로 접근할 수 있지만 약간 더 많은 기술적 오버헤드가 요구된다.

threading 및 multiprocessing 라이브러리를 직접적으로 사용해 유사한 구현을 제공할 수도 있다. 이들 중 하나를 사용하는 것은 concurrent.futures 라이브러리보다 훨씬 더 많은 기술적 오버헤드를 필요로 한다. 먹거나 철학하는 작업이 단순히 멈춰있는 것이 아니라 실제 계산 작업과 관련된 경우에는 계산이 여러 코어에 분산될 수 있기 때문에

multiprocessing 버전이 가장 빨리 완료된다는 것을 알 수 있다. 먹거나 철학하는 작업이 I/O가 완료되기를 기다리는 것이라면 여기에 표시된 구현과 더 유사할 것이며 asyncio를 사용하거나 스레드 풀과 함께 concurrent.futures를 사용하는 것이 더 잘 작동할 것이다.

사례 연구

머신러닝 애플리케이션에서 작업하는 데이터 과학자를 종종 괴롭히는 문제 중 하나는 모델을 "학습"시키는 데 걸리는 시간이다. k-최근접 이웃 구현 예제에서 학습은 k의 최적값과 적합한 거리 알고리듬을 찾기 위해 하이퍼파라미터 튜닝을 수행하는 것을 의미한다. 사례 연구의 이전 장들에서 최적의 하이퍼파라미터 집합이 있을 것이라고 암묵적으로 가정했다. 이 장에서는 최적의 매개변수를 찾는 한 가지 방법을 살펴볼 것이다.

더 복잡하고 잘 정의되지 않은 문제일수록 모델을 학습하는 데 소요되는 시간이 상당히 길 수 있다. 데이터 양이 엄청난 경우 모델을 구축하고 학습하기 위해서는 매우 비싼 컴퓨팅 리소드 및 스토리지 리소스가 필요하다.

더 복잡한 모델의 예로서 MNIST 데이터셋을 살펴보라. 이 데이터셋의 소스 데이터와 수행된 일부 분석은 http://yann.lecun.com/exdb/mnist/를 참조하라. 이 문제는 최적의 하이퍼파라미터를 찾을 때 아이리스 분류 문제보다 훨씬 더 많은 시간이 걸린다.

이 사례 연구에서 하이퍼파라미터 튜닝은 계산 집약적인 애플리케이션의 한 예이다. I/O가 매우 작으며, 공유 메모리를 사용하면 I/O가 전혀 없다. 이는 병행 계산을 허용하는 프로세스 풀이 필수임을 의미한다. AsyncIO 코루틴에서 프로세스 풀을 래핑할 수 있지만 async 및 await 구문은 이런 종류의 계산 집약적인 예제에 도움이 되지 않는 것 같다. 대신에 여기서는 하이퍼파라미터 튜닝 함수를 구축하기 위해 concurrent.futures 모듈을 사용할 것이다. concurrent.futures의 디자인 패턴은 프로세스 풀을 사용해 다양한 테스트 계산을 여러 작업자에게 전달하고 결과를 수집해 최적의 조합을 결정하는 것이다. 프로세스 풀은 각 작업자가 별도의 코어를 차지해 컴퓨팅 시간을 최대화할 수 있음을 의미한다. 가능한 한 많은 Hyperparameter 인스턴스 테스트를 동시에 실행하기를 원한다.

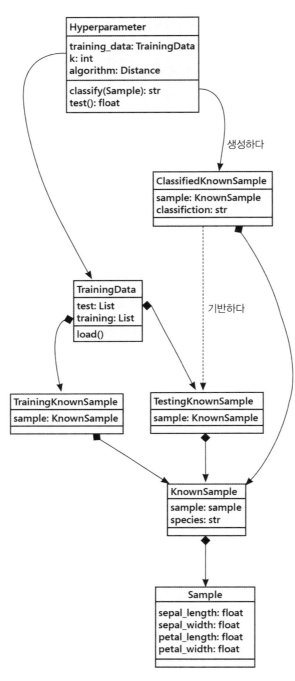

그림 14.3 Hyperparameter 모델

이전 장들에서 학습 데이터와 하이퍼파라미터 튜닝 값을 정의하는 몇 가지 방법을 살펴봤다. 여기서는 7장 '파이썬 데이터 구조'의 일부 모델 클래스를 사용한다. 이 장에서는 `TrainingKnownSample` 및 `TestingKnownSample` 클래스 정의를 사용할 것이다. 이것은 `TrainingData` 인스턴스에 갖고 있어야 한다. 그리고 가장 중요한 것은 `Hyperparameter` 인스턴스가 필요하다는 것이다.

모델은 다음과 같이 요약할 수 있다.

`TestingKnownSample` 및 `TraininingKnownSample` 클래스를 강조하고 싶다. 지금은 테스트 중이며 `UnknownSample` 인스턴스로는 아무것도 하지 않을 것이다.

이 튜닝 전략은 그리드 검색$^{grid\ search}$으로 설명할 수 있다. 위쪽 가로방향에는 k에 대한 대체 값들이 있고 왼쪽 아래 방향으로는 여러 다른 거리 알고리듬들이 있는 그리드를 상상할 수 있다. 이 그리드의 각 셀을 결과로 채울 것이다.

```python
for k in range(1, 41, 2):
  for algo in ED(), MD(), CD(), SD():
    h = Hyperparameter(k, algo, td)
    print(h.test())
```

이를 통해 k 값의 범위와 거리 알고리듬들을 비교해 어떤 조합이 가장 좋은지 확인할 수 있다. 하지만 결과를 출력하지는 않을 것이다. 최고 품질의 결과를 찾기 위해 그 결과를 리스트에 넣어 정렬한 후 저장해 미지의 샘플을 분류하기 위한 기본 `Hyperparameter` 구성으로 사용할 것이다.

스포일러 경고: 이 아이리스 데이터셋의 경우 모든 조합이 꽤 좋은 결과를 보여준다.

각 테스트 실행은 완전히 독립적이다. 따라서 이 모든 작업을 동시에 수행할 수 있다.

다음은 동시에 실행되는 것을 보여주기 위한 `Hyperparameter` 클래스의 테스트 메서드이다.

```python
def test(self) -> "Hyperparameter":
  """전체 테스트 스위트를 실행한다."""
  pass_count, fail_count = 0, 0
```

```
for sample in self.data.testing:
  sample.classification = self.classify(sample)
  if sample.matches():
    pass_count += 1
  else:
    fail_count += 1
self.quality = pass_count / (pass_count + fail_count)
return self
```

각 테스트 샘플을 사용해 분류 알고리듬을 수행한다. 알려진 결과가 classify() 알고리듬에 의해 할당된 종과 일치하면 이를 통과로 계수한다. 분류 알고리듬 결과가 알려진 결과와 일치하지 않으면 이를 실패로 간주한다. 일치하는 것의 백분율은 분류의 품질을 측정하는 한 가지 방법이다.

다음은 전체 테스트 함수인 grid_search_1()이다. 이 함수는 이 책의 코드 저장소에서 찾을 수 있는 bezdekiris.data 파일에서 메모리로 원시 데이터를 로드한다. 이 함수에는 ProcessPoolExecutor를 사용해 여러 작업자를 동시에 실행하는 것이 포함된다.

```
def grid_search_1() -> None:
  td = TrainingData("Iris")
  source_path = Path.cwd().parent / "bezdekiris.data"
  reader = CSVIrisReader(source_path)
  td.load(reader.data_iter())

  tuning_results: List[Hyperparameter] = []
  with futures.ProcessPoolExecutor(8) as workers:
    test_runs: List[futures.Future[Hyperparameter]] = []
    for k in range(1, 41, 2):
      for algo in ED(), MD(), CD(), SD():
        h = Hyperparameter(k, algo, td)
        test_runs.append(workers.submit(h.test))
    for f in futures.as_completed(test_runs):
      tuning_results.append(f.result())

  for result in tuning_results:
    print(
      f"{result.k:2d} {result.algorithm.__class__.__name__:2s}"
      f" {result.quality:.3f}"
    )
```

Hyperparameter 인스턴스 h의 test() 메서드를 작업자 풀에 함수로서 제공하기 위해 workers.submit()을 사용했다. 결과는 Hyperparameter를 결과로서 갖게 되는 Future [Hyperparameter]이다. 제출된 각 퓨처는 ProcessPoolExecutor에 의해 관리되며, 이 함수를 평가한 결과인 Hyperparameter 객체를 퓨처의 결과로 저장한다.

ProcessPoolExecutor의 사용하는 것이 최적인가? 데이터 풀이 작기 때문에 잘 작동하는 것 같다. 각 제출에 대한 학습 데이터 직렬화 오버헤드는 최소화된다. 더 큰 학습 및 테스트 데이터 샘플의 경우 모든 데이터를 직렬화하는 것은 성능 문제를 일으킨다. 샘플은 문자열 및 부동 소수점 객체이므로 공유 메모리를 사용하도록 데이터 구조를 변경할 수 있다. 이것은 12장 '고급 디자인 패턴'의 플라이웨이트 디자인 패턴을 활용하도록 하는 근본적인 구조 변경이다.

Future[Hyperparameter] 타입 힌트를 사용해 mypy 도구에 test() 메서드가 결과로서 Hyperparameter를 반환할 것으로 예상한다는 것을 알렸다. 예상 결과 타입이 submit()에 실제로 제공된 함수의 결과 타입과 일치하는지 확인하는 것은 중요하다.

Future[Hyperparameter] 객체를 조사할 때 결과 함수는 작업자 스레드에서 처리된 Hyperparameter를 제공한다. 이를 수집해 이 중에서 최적의 하이퍼파라미터 집합을 찾을 수 있다.

흥미롭게도, 이것들은 모두 97%에서 100%의 정확도로 매우 훌륭하다. 다음은 짧은 출력 결과이다.

```
5 ED 0.967
5 MD 0.967
5 CD 0.967
5 SD 0.967
7 ED 0.967
7 MD 0.967
7 CD 1.000
7 SD 0.967
9 ED 0.967
9 MD 0.967
9 CD 1.000
9 SD 0.967
```

품질이 일관적으로 높은 이유가 무엇일까? 여러 가지 이유가 있다.

- 원본 데이터는 원본 연구의 저자가 신중하게 선별하고 준비한 것이다.

- 각 샘플에는 4개의 피처만 있다. 분류가 복잡하지 않고, 목표에 근접했으나 명중하지 않은 상태인 니어미스[near-miss] 분류에 대한 기회가 많지 않다.

- 네 개의 피처 중 두 개는 결과 종과 매우 강한 상관관계가 있다. 다른 두 피처와 종 사이에는 약한 상관관계가 있다.

이 예제를 선택한 이유 중 하나는 잘못된 디자인 문제, 작업하기 어려운 데이터, 또는 데이터에 숨겨진 시그널을 무력화시키는 높은 수준의 잡음 등과 씨름하는 복잡성 없는 데이터를 통해 성공을 즐길 수 있도록 하기 위해서이다.

iris.names 파일의 8번째 절을 보면 다음과 같은 요약 통계를 볼 수 있다.

```
Summary Statistics:
              Min  Max  Mean    SD    Class Correlation
 sepal length: 4.3  7.9  5.84  0.83    0.7826
  sepal width: 2.0  4.4  3.05  0.43   -0.4194
 petal length: 1.0  6.9  3.76  1.76    0.9490 (high!)
  petal width: 0.1  2.5  1.20  0.76    0.9565 (high!)
```

이 통계는 피처 중 두 개만 사용하는 것이 네 개를 모두 사용하는 것보다 좋을 수도 있다는 것을 시사한다. 실제로 꽃받침 너비[sepal width]를 무시하면 더 좋은 결과를 얻을 수 있다.

더 복잡한 문제로 넘어가면 새로운 도전이 생길 것이다. 파이썬 프로그래밍이 더 이상 문제의 일부가 돼서는 안 된다. 파이썬은 실행 가능한 솔루션을 만드는 데 도움이 돼야 한다.

⠿ 정리

14장에서는 파이썬의 동시 처리와 관련된 다양한 주제를 자세히 살펴봤다.

- 스레드는 많은 경우 단순하다는 장점이 있다. 이것은 계산 집약적인 멀티스레딩을 방해하는 GIL과 균형을 이루어야 한다.

- 멀티프로세싱은 프로세서의 모든 코어를 최대한 활용할 수 있는 장점이 있다. 이것은 프로세스 간 통신 비용과 균형을 이루어야 한다. 공유 메모리를 사용하는 경우 공유 객체를 인코딩하고 액세스하는 것에 대한 복잡성이 있다.

- concurrent.futures 모듈은 스레드 또는 프로세스에 액세스하는 데 사용되는 애플리케이션 프로그래밍의 차이를 최소화할 수 있는 추상화인 퓨처를 정의한다. 이를 통해 쉽게 스레드와 프로세스 사이에서 전환할 수 있고 어떤 접근방식이 가장 빠른지 확인할 수 있다.

- AsyncIO 패키지는 파이썬 언어의 async/await 기능을 지원한다. 이것들은 코루틴이기 때문에 진정한 병렬 처리는 아니다. 코루틴 간의 제어권 전환을 통해 단일 스레드가 I/O 대기와 컴퓨팅 사이에서 인터리브할 수 있다.

- 식사하는 철학자들 벤치마크는 다양한 동시성 언어 기능과 라이브러리를 비교하는 데 도움이 될 수 있다. 이것은 몇 가지 흥미로운 복잡성이 있는 비교적 간단한 문제이다.

- 아마도 가장 중요한 관찰은 동시 처리에 대한 일률적인 솔루션은 없다는 것이다. 컴퓨팅 하드웨어를 최대한 활용하는 디자인을 결정하려면 다양한 솔루션을 만들고 측정하는 것이 중요하다.

⫶⫶⫶ 연습

14장에서 몇 가지 다른 동시성 패러다임을 다루었지만 각각이 언제 유용한지에 대한 명확한 아이디어는 없다. 사례 연구에서는 일반적으로 다른 전략보다 눈에 띄게 나은 전략을 적용하기 위해서는 그 전에 여러 가지 다른 전략을 개발하는 것이 일반적으로 최선임을 암시했다. 최종 선택은 멀티스레드 및 멀티프로세싱 솔루션의 성능 측정을 기반으로 해야 한다.

동시성은 거대한 주제이다. 첫 번째 연습으로는 웹을 검색해 최신의 파이썬 동시성 모범 사례들을 알아보는 것을 권한다. 세마포어, 잠금, 큐 등과 같은 운영체제 기본 요소를 이해하기 위해 파이썬에 종속적이지 않은 자료를 조사하는 것이 도움이 될 수 있다.

최근 애플리케이션에서 스레드를 사용한 적이 있다면 코드를 살펴보고 퓨처를 사용해 코드를 더 읽기 쉽고 버그가 덜 발생하도록 만들 수 있는지 확인하라. 스레드와 멀티프로세싱 퓨처를 비교해 멀티 CPU를 사용해 얻을 수 있는 것이 있는지 확인하라.

기본적인 HTTP 요청에 대해 AsyncIO 서비스를 구현해보라. 웹 브라우저가 간단한 GET 요청을 렌더링할 수 있는 수준까지 도달할 수 있다면 AsyncIO 네트워크 전송 및 프로토콜을 잘 이해한 것이다.

공유 데이터에 액세스할 때 스레드에서 발생하는 경합 조건을 이해해야 한다. 멀티스레드를 사용해 데이터가 의도적으로 손상되거나 무효가 되도록 공유값을 설정하는 프로그램을 생각해보라.

8장 '객체지향과 함수형 프로그래밍의 교차점'에서 subprocess.run()을 사용해 디렉터리 내의 파일에 대해 여러 개의 python -m doctest 명령을 실행하는 예를 살펴봤다. 해당 예제를 검토한 다음에 futures.ProcessPoolExecutor를 사용해 각 하위 프로세스를 병렬로 실행하는 코드를 다시 작성해보라.

12장 '고급 디자인 패턴'을 보면 각 장의 그림을 생성하기 위해 외부 명령을 실행하는 예제가 있다. 이것은 실행될 때 많은 CPU 리소스를 소비하는 경향이 있는 외부 애플리케이션인 자바에 의존한다. 이 예제에서 동시성이 도움이 될까? 여러 개의 자바 프로그램을 동시에 실행하는 것은 엄청난 부담으로 보인다. 이것이 프로세스 풀 크기의 기본값이 너무 크기 때문일까?

사례 연구를 보면 중요한 대안은 공유 메모리를 사용해 여러 동시 프로세스가 공통의 원시 데이터셋을 공유할 수 있도록 하는 것이다. 공유 메모리를 사용한다는 것은 바이트를 공유하거나 단순 객체 리스트를 공유하는 것을 의미한다. 바이트 공유는 NumPy와 같은 패키지에서 잘 작동하지만 파이썬 클래스 정의에서는 잘 작동하지 않는다. 이는 모든 샘플 값을 포함하는 `SharedList` 객체를 생성할 수 있음을 시사한다. 공유 메모리에 있는 리스트에서 추출한 유용한 이름을 가진 속성을 제공하려면 플라이웨이트 디자인 패턴을 적용해야 한다. 개별 `FlyweightSample`은 4개의 측정값과 할당된 종을 추출한다. 데이터가 준비됐다면 동시 프로세스와 프로세스 내 스레드 간의 성능 차이는 무엇 때문일까? 필요할 때까지 테스트 및 학습 샘플을 로드하지 않으려면 `TrainingData` 클래스에 어떤 변경이 필요한가?

⠿ 요약

14장에서는 그다지 객체지향적이지 않은 주제로 객체지향 프로그래밍에 대한 탐구를 끝냈다. 동시성은 어려운 문제이며 여기서는 단지 표면을 다뤘을 뿐이다. 프로세스 및 스레드의 기본 OS 추상화는 객체지향적인 API를 제공하지 않지만 파이썬은 이와 관련해 정말 좋은 객체지향적인 추상화를 제공한다. threading 및 multiprocessing 패키지는 둘 다 기본 메커니즘에 대한 객체지향 인터페이스를 제공한다. 퓨처는 지저분한 세부 사항을 단일 객체로 캡슐화할 수 있다. AsyncIO는 코루틴 객체를 사용해 마치 동기적으로 실행되는 것처럼 코드를 읽도록 하는 동시에 매우 단순한 루프 추상화 뒤에 추악하고 복잡한 상세 구현을 숨긴다.

이 책을 읽어준 독자들에게 감사한다. 즐거운 시간이 됐기를 바라며 앞으로의 모든 프로젝트에서 객체지향 소프트웨어 구현을 시작하길 바란다.

찾아보기

파이썬 객체지향 프로그래밍 4/e

다각도로 살펴보는 OOP 시스템

발 행 | 2022년 6월 30일

지은이 | 스티븐 로트 · 더스티 필립스
옮긴이 | 김 우 현

펴낸이 | 권 성 준
편집장 | 황 영 주
편 집 | 조 유 나
        김 다 예
        임 지 원
디자인 | 윤 서 빈

에이콘출판주식회사
서울특별시 양천구 국회대로 287 (목동)
전화 02-2653-7600, 팩스 02-2653-0433
www.acornpub.co.kr / editor@acornpub.co.kr

한국어판 ⓒ 에이콘출판주식회사, 2022, Printed in Korea.
ISBN 979-11-6175-654-7
http://www.acornpub.co.kr/book/python-oop-4e

책값은 뒤표지에 있습니다.